Optimizing Cloud Native Java

자바 최적화 2판

| 표지 설명 |

표지 동물은 마코르 염소(학명: *Capra falconeri*)로, 마치 마법사를 연상시키는 긴 턱수염과 나선형으로 뻗은 거대한 뿔이 특징입니다. 마코르 염소는 서부 또는 중앙아시아의 산악 지역에 서식하며, 해발 600~3,600 m의 고지대 몬순 숲에서 주로 발견됩니다.

마코르 염소는 초식 동물로, 다양한 식물을 섭취하며 생태계 내에서 중요한 역할을 합니다. 낮은 나무와 덤불에서 잎을 뜯어먹으며, 소화 과정에서 씨앗을 퍼뜨려 자연의 균형을 유지하는 데 기여합니다.

번식기는 겨울철이며, 이 시기에 수컷들은 서로 돌진하여 뿔을 맞대고 상대방이 균형을 잃게 만드는 방식으로 싸웁니다. 새끼들은 4월 말부터 6월 초 사이에 태어나며, 한 배에 한두 마리를 낳습니다. 성체 수컷은 주로 숲속에서 단독 생활을 하는 반면, 암컷과 새끼들은 높은 바위 능선에서 무리를 이루며 살아갑니다.

오라일리 책 표지에 나오는 많은 동물은 멸종 위기에 처해 있습니다. 이들은 모두 지구 생태계에서 중요합니다.

표지 그림의 출처는 『Riverside Natural History』입니다. 시리즈 디자인은 에디 프리드먼, 엘리 볼크하우젠, 캐런 몽고메리가 맡았습니다.

자바 최적화(2판)

클라우드 시대의 자바 성능 튜닝을 위한 실용적인 기법

초판 1쇄 발행 2019년 4월 29일
2판 1쇄 발행 2025년 5월 30일

지은이 벤저민 에반스, 제임스 고프 / **옮긴이** 오지영, 송지헌 / **펴낸이** 전태호
펴낸곳 한빛미디어(주) / **주소** 서울시 서대문구 연희로2길 62 한빛미디어(주) IT출판2부
전화 02-325-5544 / **팩스** 02-336-7124
등록 1999년 6월 24일 제25100-2017-000058호 / **ISBN** 979-11-6921-386-8 93000

책임편집 박지영 / **기획 · 편집** 안정민
디자인 표지 윤혜원 내지 박정우 / **전산편집** 강창효
영업마케팅 송경석, 김형진, 장경환, 조유미, 한종진, 이행은, 김선아, 고광일, 성화정, 김한솔 / **제작** 박성우, 김정우

이 책에 대한 의견이나 오탈자 및 잘못된 내용은 출판사 홈페이지나 아래 이메일로 알려주십시오.
파본은 구매처에서 교환하실 수 있습니다. 책값은 뒤표지에 표시되어 있습니다.
한빛미디어 홈페이지 www.hanbit.co.kr / 이메일 ask@hanbit.co.kr

Optimizing Cloud Native Java

자바 최적화 2판

O'REILLY® 한빛미디어 Hanbit Media, Inc.

지은이 **벤저민 에번스** Benjamin J. Evans

레드햇 런타임에서 수석 소프트웨어 엔지니어이자 관측성 총괄을 맡고 있는 아키텍트, 저자, 교육자입니다. 또한 자바 챔피언이며, 『자바 최적화』를 포함해 7권 이상의 프로그래밍 서적을 집필한 자바 전문가입니다. 전에는 뉴렐릭에서 계측 담당 수석 아키텍트로 재직했으며, 마이크로소프트에 인수된 제이클래리티jClarity의 공동 창립자이기도 합니다. 또한 자바 SE/EE 실행 위원회 멤버로 활동한 경력이 있습니다.

지은이 **제임스 고프** James Gough

모건 스탠리의 최고 엔지니어로서 클라우드 네이티브 아키텍처와 API 프로그램을 담당하고 있습니다. 자바 챔피언으로 활동 중이며, 런던 자바 커뮤니티를 대표해 자바 커뮤니티 프로세스 실행 위원회에서 활동했습니다. 또한 OpenJDK 프로젝트에 기여하였으며, 『Mastering API Architecture』의 공동 저자로, 소프트웨어 아키텍처와 저수준 자바 프로그래밍 기술에 대한 전문 지식과 경험이 풍부합니다.

옮긴이 **오지영** oz1115@naver.com

오랜 시간 소프트웨어 개발과 교육 현장을 넘나들며 활동한 컴퓨터 공학 박사입니다. 대학에서 자바, C, 파이썬을 비롯한 여러 프로그래밍 언어와 알고리즘, 자료구조, RDB 등 다양한 강의를 진행하며 기초 이론부터 실무 중심 개발까지 폭넓은 교육 경험을 쌓아왔습니다.

현재는 GS비즈플 AX사업센터 센터장으로 재직 중이며, AI 기반 서비스 개발과 이를 뒷받침할 플랫폼 구축을 총괄하고 있습니다. 특히 자바를 중심으로 한 지능형 서비스 플랫폼을 설계하고 있으며, 마이크로서비스 아키텍처, 비동기 처리, API 설계, 성능 최적화 등 기술 전반을 총괄하는 실무형 기술 리더 역할을 하고 있습니다.

옮긴이 **송지헌** datasong218@gmail.com

데이터 과학자이자 AI 개발자로 다양한 산업 분야에서 데이터 분석, AI/ML 모델 개발, 플랫폼 구축에 이르기까지 폭넓은 실무 경험을 보유하고 있습니다.

다양한 도메인에서의 실무와 컨설팅을 통해 확장성과 유연성이 요구되는 클라우드 환경 경험, 데이터 및 AI 산업 기술 전반에 대한 이해를 바탕으로, 현재는 클라우드 네이티브 기반 AI 서비스 및 SaaS 솔루션을 설계하고 개발하는 데 집중하고 있습니다.

최적화는 '무엇을', '왜', '어디에' 최적화할지 결정하는 문제입니다. 내 애플리케이션의 속도가 느린 이유는 무엇일까요? 시간이 주로 어디에서 소비되고 있을까요? 왜 그렇게 많은 자원이 사용되고 있을까요? 어떤 지표가 중요한지, 실제로 해결하려는 문제가 무엇인지 명확히 해야 합니다. 또한 겉보기에는 무해해 보이는 마이크로벤치마크가 어떤 오해를 불러일으킬 수 있는지, 사용자에게 어떤 의미가 있는지도 고민해야 합니다.

많은 사람이 자바 프로그래밍 방법을 배우지만, 자바 최적화 방법을 배우는 경우는 드뭅니다. 최적화는 매우 중요하지만, 문제를 겪기 전에는 최적화의 필요성을 깨닫지 못하는 경우가 많기 때문입니다. '느림은 새로운 장애다'라는 말처럼, 시스템 중단은 치명적이지만 성능 저하도 비용이 많이 들고, 성가시며, 불필요한 낭비를 초래하는 심각한 문제입니다. 일반적으로 최적화된 소프트웨어는 에너지를 덜 소비하고, 실행에 필요한 하드웨어도 적게 요구합니다. 디지털 세계가 상당한 탄소 발자국을 남기는 만큼, 최적화를 통해 이를 줄이는 것도 가능합니다.

하지만 최적화의 가장 중요한 이유는 '사람'입니다. 느린 애플리케이션은 사용자를 불편하게 하고, 최악의 경우 사용자와 비즈니스를 떠나게 만듭니다. 연구에 따르면, 응답 시간이 조금만 느려져도 사용자 만족도와 고객 유지율은 떨어집니다.

그렇다면 애플리케이션 속도를 어떻게 높일 수 있을까요? 이 책에서 저자 벤저민과 제임스가 강조하듯 마법 같은 책이나 원클릭 해답은 없습니다. 그들은 성능 조정을 위한 단순한 레시피를 제공하지 않는데, 그 이유는 이런 조언이 금방 시대에 뒤처지기 때문입니다.

대신 벤저민과 제임스는 원칙과 방법론에 초점을 맞춥니다. 먼저 처리량, 지연 시간, 수용량, 활용도, 효율성, 확장성, 성능 저하 같은 성능의 기본 관찰 가능 요소를 소개합니다. 이 중 어떤 요소가 중요한지 파악하는 것이 핵심입니다. 모든 요소를 동시에 최적화하는 것은 불가능하기 때문입니다. 예를 들어, 사용자가 실제로 지연 시간을 문제 삼는 상황에서 처리량 최적화에 시간을 낭비하는 것은 매우 어리석은 일입니다. 성능 최적화는 타협의 기술이며, 올바른 목표를 설정하고 이를 추구하는 과정입니다.

벤저민과 제임스는 성능을 측정하는 방법과 통계 분석을 통해 결과를 해석하는 방법을 개괄적으로 설명합니다. 이후 자바 가상 머신java virtual machine(JVM)의 작동 방식을 포괄적으로 다루며, 메모리 레이아웃, 가비지 컬렉션, 코드 실행, JIT 컴파일러just-in-time compiler를 다룹니다. 성능 튜닝은 전체 시스템에 대한 깊은 이해를 기반으로 진행되는 발견과 문제 해결의 과정이므로, 매우 중요합니다. 여기서 '전체 시스템'은 소프트웨어뿐만 아니라 하드웨어를 포함합니다. 이를 위해 저자들은 최신 하드웨어에 대한 훌륭한 소개도 제공합니다.

현실적인 소프트웨어 배포 환경에서 '전체 시스템'은 단순히 하나의 컴퓨터 본체를 뜻하는 것은 아닙니다. 성능 분석은 클라우드 환경의 고유한 특성뿐만 아니라 분산 컴퓨팅의 위험과 보상도 고려해야 합니다. 이 책은 방대한 분량이지만, 이를 모두 다룹니다. 이는 현대 소프트웨어 엔지니어가 알아야 할 내용도 마찬가지로 광범위하기 때문입니다.

성능 문제를 해결하려고 할 때, 반짝이는 것들 때문에 주의가 흐트러지거나 자신의 선입견에 영향을 받기 쉽습니다. 특히 복잡한 시스템에서는 엉뚱한 목표를 좇기 쉽습니다. 올바른 목표를 찾으려면 분산 애플리케이션을 광범위하게 살펴보고 자바의 가비지 컬렉션과 스레딩 내부를 깊이 분석해야 합니다. 이를 위해 체계적이고 엄격한 접근이 필요하며, 동시에 벤저민과 제임스가 강조한 공감 능력과 비즈니스 인식도 갖춰야 합니다. 성능은 절대적인 수치가 아니며, 느리다는 문제는 그 결과가 사용자 경험에 영향을 줄 때 비로소 중요한 문제가 됩니다.

이 책을 통해 여러분은 혼돈 속에서도 올바른 길을 찾으며, 이성과 이해의 힘으로 난관을 헤쳐 나갈 수 있을 것입니다.

홀리 커민스

레드햇Red Hat 미들웨어 수석 소프트웨어 엔지니어

옮긴이의 말

자바는 무겁습니다.

이 문장을 처음 들은 건 10년도 훨씬 전이지만, 아직도 여기저기서 종종 튀어나옵니다. 컨테이너, 쿠버네티스, 마이크로서비스가 당연해진 오늘, 자바가 무겁다는 편견은 여전히 유효할까요? 이 책을 읽어 보니 대답은 확실히 '아니요'였습니다. 자바가 어떻게 빨라지고 가벼워질 수 있는지를 한국어로 함께 나누고 싶어 번역을 시작했습니다.

이 책은 크게 세 가지 메시지를 전합니다. 첫째, '속도와 몸집, 둘 다 잡자'입니다. 그랄VM 네이티브 이미지, 클래스 데이터 공유, AOT 컴파일을 통해 JAR 파일을 네이티브 실행 파일로 바꾸는 과정을 따라가면, '시작 5초' 애플리케이션이 '0.05초 부팅'으로 변신하는 경험을 하게 됩니다.

둘째, '현대 자바 가상 머신 기술은 생각보다 진보적'입니다. 가상 스레드로 블로킹 I/O 부담을 덜고, ZGC와 범용 ZGC로 많게는 몇 초였던 가비지 컬렉션 멈춤 시간을 짧게는 몇 밀리초까지 줄이는 방법을 알려줍니다. 여기에 JFR[Java Flight Recorder]과 오픈텔레메트리를 엮어 '보이는 자바'를 완성하는 흐름도 놓치지 않습니다.

셋째, '운영까지 고려한 성능 최적화'입니다. 블루/그린과 카나리아 배포, 리소스 한계 설정, 헬스 체크 같은 실무 요소를 꼼꼼히 다룹니다. 덕분에 '코드만 빠르다고 끝'이 아니라, 서비스가 살아 있는 동안 어떻게 지켜볼 것인가까지 시야가 넓어집니다.

번역하며 중점을 둔 부분은 자칫 논문처럼 딱딱하게 느껴질 수 있는 내용을 현업 개발자들이 편하게 대화하는 것처럼 풀어쓴 것입니다. 또한 책 전반에서 반복되는 자바 가상 머신, 가비지 컬렉터, 비교와 교환, 가상 스레드 같은 키워드는 한글 표기를 통일해 독자의 혼란을 줄이고자 했습니다. 프로메테우스 연동 예제의 엔드포인트, 오픈텔레메트리 컬렉터 설정 등은 국내 클라우드나 온프레미스 환경에서도 바로 실습할 수 있게 경로와 명령어를 보완했습니다.

그렇다면 이 책은 누가 읽으면 좋을까요?

- 클라우드 플랫폼 엔지니어: 컨테이너 한 대당 메모리를 절반으로 줄이고 싶은 분
- 마이크로서비스 설계자: 스프링부트, 쿼커스 중 무엇이 우리 팀에 맞을지 고민하는 분
- 퍼포먼스, SRE 담당자: JFR, JIT 로그, ZGC 튜닝으로 지연 시간을 자유자재로 다뤄야 하는 분
- 주니어 개발자: '자바=느림'이라는 낡은 편견을 깨고 싶은 모든 분

어떻게 읽으면 좋을까요?

- 1~3장: 가비지 컬렉터, JIT, 하드웨어 기초를 다지며 '느려지는 원인'을 파악합니다.
- 4~6장: 그랄VM 네이티브 이미지와 AOT 컴파일 실습으로 '몸집 줄이기'를 체감합니다.
- 8~10장: 컨테이너와 가시성을 다뤄 '보이는 자바'를 구축합니다.
- 13~14장: 가상 스레드와 분산 패턴으로 클라우드 규모의 동시성을 정복합니다.
- 15장: 라이덴, 파나마, 발할라 등 자바 가상 머신의 미래까지 내다보며 책을 마무리합니다.

번역 내내 가장 많이 떠올린 말은 '자바가 이렇게까지 진화했구나!'였습니다. 이 책이 여러분의 서비스와 커리어에 시원한 돌파구가 되길 바랍니다. 부족하거나 아쉬운 부분이 있다면 언제든 알려주세요. 피드백은 다음 판을 더욱 빛나게 할 소중한 자양분이 됩니다. 마지막으로 번역 여정에 나침반이 되어주신 편집자 안정민 님과 함께 번역에 참여해주신 송지헌 님께 감사드립니다.

2025년 5월
오지영

옮긴이의 말

차가운 공기와 긴 겨울밤 속에서 한 줄 한 줄 정성을 담아 글을 옮기던 시간이 지나고 어느새 완연한 봄이 찾아왔습니다. 처음 시작한 번역 작업은 때로는 고단하고 더딘 여정이었지만, 페이지를 옮길 때마다 새로운 배움과 보람으로 가득 찬 소중한 시간이었습니다. 마침내 생동감과 따사로운 햇살이 느껴지는 계절에 이 책을 소개하게 되어 기쁨과 설렘이 교차합니다.

클라우드 네이티브 환경에서의 개발은 현대 소프트웨어 산업의 중요한 화두입니다. 빠르게 변화하는 인프라 환경과 복잡해지는 요구 사항 속에서 효율적이고 최적화된 자바 애플리케이션을 구축하는 일은 개발자들에게 새로운 도전이자 기회가 되고 있습니다.

클라우드 환경에서의 자바 성능 최적화는 단순한 코딩 기술을 넘어 인프라 전반에 걸친 깊이 있는 이해와 지속적인 관리가 요구되는 영역입니다. 이 책은 클라우드 네이티브 환경에서 자바를 효과적으로 활용하는 방법과 성능 최적화 전략을 체계적으로 다룹니다. 단순히 자바 개발자만을 위한 내용에 국한되지 않고, 클라우드 환경에서 시스템 최적화와 성능에 궁금증을 가진 모든 분께 유익한 길잡이가 될 것입니다.

JVM의 메모리 관리와 가비지 컬렉션부터 클라우드 환경에서의 배포 및 관측 가능성, 프로파일링, 병렬 처리 기법과 분산 시스템 패턴까지 폭넓게 다룹니다. 특히 성능 테스트 방법론, 하드웨어 및 운영 체제와의 상호작용, 컨테이너와 가상화 기술 등 현실적이고 실무적인 주제들을 꼼꼼하게 다룹니다. 더 나아가 현대적인 자바 애플리케이션 개발과 배포 전략, 마이크로서비스 환경에서의 성능 이슈와 해결 방법 등 현장에서 즉시 적용할 수 있는 유용한 지침도 담고 있습니다. 이 책은 여러분의 실무 역량을 한 단계 높이는 데 큰 도움이 될 것입니다.

이번 작업은 저의 첫 번째 번역서로, 그만큼 더욱 신중하고 세심하게 임하려 노력했습니다. 국내 IT 환경과 독자들의 이해를 돕기 위해 용어와 예시들을 국내 실정에 맞춰 최대한 자연스럽게 전달하고자 했습니다. 관련 자료와 트렌드를 함께 고민하며 국내 개발자들에게 가장 익숙한 표현을 선택하려 했음에도 불구하고 미진한 부분이 있을 수 있으니, 독자 여러분의 너그러운 양해와 건설적인 피드백을 부탁드립니다.

이 책이 여러분의 지식 확장과 실무 역량 강화에 도움이 되길 바라며, 클라우드에서 프로덕션 비즈니스 애플리케이션을 관리하고 운영하는 모든 분들과 함께 공감할 수 있는 내용이길 바랍니다. 마지막으로 이 책이 완성되기까지 함께 고생하신 오지영 님과 편집 과정에서 세심한 조언과 지원을 아끼지 않으신 편집자 안정민 님께 깊은 감사의 말씀을 전합니다.

2025년 5월

송지헌

이 책은 2019년에 출간된 『자바 최적화』의 개정판입니다. 그 이후로 세상은 여러 면에서 눈에 띄게 변했습니다. 자바 프로그래머에게 클라우드는 그 어느 때보다 중요해졌으며, 이제 애플리케이션은 클라우드에 배포될 가능성이 더 높아졌습니다.

클라우드 네이티브 배포는 성능 엔지니어링의 여러 측면을 근본적으로 변화시키므로 새로운 현실에 맞게 반영한 개정판을 제작하는 것이 적절하다고 생각합니다.

집필 이유

많은 경우 자바 개발자는 프로덕션 환경에서 애플리케이션을 배포하고 관리하는 것과는 큰 관련이 없습니다. 즉, 데브옵스DevOps와 같은 트렌드를 도입하는 데 있어 선구자가 되지 못하는 경향이 있습니다. 클라우드 도입이 증가함에 따라, 이에 따른 지식 격차가 발생할 가능성이 생겼고, 이 책은 그 격차를 해소하는 것을 목표로 하고 있습니다.

또는 데브옵스 전문가가 자바/자바 가상 머신 기술을 많이 접하지 못했지만 이제 자바 애플리케이션 또는 그 안에 구현된 인프라(예 카산드라Cassandra, 인피니스팬Infinispan, 카프카Kafka 등)를 관리해야 할 필요성을 느끼고 있을 수도 있습니다. 자바 프로세스는 고Go, 파이썬Python, 노드Node.js 등으로 구현된 것과는 근본적으로 다릅니다. 이러한 차이점을 최대한 활용하려면 이러한 차이점과 작업 방법을 어느 정도 이해해야 합니다.

최적화를 시작하게 된 배경은 다르지만 최종 목표는 동일합니다. 클라우드 기반 프로덕션 애플리케이션 관리에 자신감을 갖고 문제가 발생하면 이를 진단할 수 있도록 돕는 것입니다.

대상 독자

자바 성능 최적화는 개발자뿐만 아니라 다양한 전문가 그룹이 관심을 갖는 분야입니다. 따라서 다양한 배경을 가지고 이 주제에 접근할 수 있는 사람들을 위해 진입로를 제공하는 것이 중요합니다.

독자들이 가질 수 있는 직업 종류는 다음과 같습니다.

- 개발자
- 애플리케이션 지원 또는 운영 직원
- 데브옵스 엔지니어
- 아키텍처

각 그룹들은 초점을 맞추고 다루는 내용이 다르지만 모두 클라우드에서 프로덕션 비즈니스 애플리케이션을 관리한다는 공통된 관심사를 가지고 있습니다. 이들은 단일 자바 가상 머신 애플리케이션과 클라우드에 배포된 분산 시스템의 성능 동작을 모두 이해해야 합니다. 이 책에서는 클라우드 배포를 퍼블릭 클라우드, 프라이빗 클라우드 그리고 이 두 가지가 혼합된 것으로 간주합니다.

성능 방법론과 통계의 관련 측면에 대한 인식도 중요하므로, 일단 수집된 관찰 가능성 또는 기타 성능 데이터를 정확하게 분석합니다.

또한 이 책을 읽는 대부분의 사람들은 자신이 지원하는 시스템 내부에 대한 필요성이 있거나 최소한 관심을 가지고 있을 것으로 예상됩니다. 이런 이해는 특정 유형의 성능 문제를 진단할 때 매우 중요할 뿐만 아니라 지적 호기심이 많은 엔지니어에게 매력적인 요소이기도 합니다.

다루는 내용

이 책은 매우 다양한 주제를 다룹니다. 이 분야는 소프트웨어 개발의 경계를 넘어 다양한 다른 분야와 겹치기 때문입니다.

이 책에서는 AWS, 애저Azure, GCP, 오픈시프트OpenShift 등과 같은 클라우드 대규모 서비스 제공업체의 특정 기술에 대한 논의는 없습니다. 첫째, 책의 분량이 지나치게 길어지고, 둘째, 방대한 내용을 최신으로 유지하기 어렵기 때문입니다.

이러한 제품을 개발하는 팀의 진행 상황으로 책이 출간될 즈음에는 해당 제품에 대한 자세한 정보가 구식이 될 수 있습니다. 따라서 클라우드 챕터에서는 애플리케이션이 배포된 클라우드에 관계없이 가능한 기본 사항과 패턴에 초점을 맞춥니다.

목차

3장 자바 가상 머신 개요

4장 가비지 컬렉션 이해하기

5장 고급 가비지 컬렉션

6장 자바 가상 머신에서 코드 실행

7장 하드웨어와 운영 시스템

8장 클라우드 스택의 구성 요소

9장 클라우드에서의 자바 배포

10장 관측성 소개

11장 자바에서 관측성 구현

12장 프로파일링

13장 동시성 성능 기법

14장 분산 시스템 기법과 패턴

15장 현대적 성능과 미래

부록 A 마이크로벤치마킹

부록 B 성능 안티 패턴

1장

최적화와 성능 정의

자바를 포함한 코드 성능 최적화는 종종 난해하고 신비로운 기술로 여겨집니다. 성능 분석은 마치 이해하기 어려운 작업처럼 보이며, 할리우드가 자주 묘사하는 '고뇌에 잠긴 고독한 해커'라는 전형적인 컴퓨터 전문가의 이미지로 묘사되곤 합니다. 이는 시스템을 이해하고 마법 같은 해결책으로 성능을 개선하는 한 개인의 모습을 떠올리게 합니다.

이러한 이미지는 소프트웨어 팀에서 우선순위가 낮은 문제로 취급되는, 불행하지만 흔한 상황과 맞물립니다. 종종 시스템이 문제에 직면한 후에야 성능 분석이 시작되며, 그때는 '영웅'이 필요한 시나리오가 펼쳐집니다. 그러나 실제 상황은 이와 다소 다릅니다.

사실 성능 분석은 엄격한 실증주의와 인간 심리의 미묘함이 결합한 독특한 영역입니다. 중요한 것은 관찰할 수 있는 지표의 절대적인 수치뿐만 아니라 최종 사용자와 이해관계자가 이를 어떻게 생각하는지입니다. 이 명백한 역설의 모순을 해결하는 것이 이 책의 주요 주제 중 하나입니다.

초판 출간 이후, 이런 상황은 더욱 두드러졌습니다. 더 많은 작업이 클라우드로 이동하고 시스템이 점점 더 복잡해지면서, 매우 다른 요소들이 결합한 이 복합적 성격이 더욱 중요하고 널리 퍼지게 되었습니다. 성능에 관심이 있는 엔지니어가 고려해야 할 '관심 영역'은 계속해서 넓어지고 있습니다.

이는 운영 시스템이 더욱 복잡해졌기 때문입니다. 이제는 개별 애플리케이션 프로세스의 성능뿐만 아니라 분산 시스템의 특성도 고려해야 합니다. 시스템 아키텍처가 커지고 복잡해질수록 성능에 주목해야 하는 엔지니어의 역할도 더욱 중요해졌습니다.

새로운 개정판은 다음 네 가지 주요 목표를 제공합니다.

- 단일 자바 가상 머신에서 실행되는 애플리케이션 코드의 성능에 대한 심층 분석
- 자바 가상 머신 내부 구조에 대한 논의
- 현대 클라우드 스택이 자바/자바 가상 머신 애플리케이션과 상호 작용하는 방식에 대한 세부 사항
- 클라우드 환경에서 클러스터로 실행되는 자바 애플리케이션의 동작에 대한 첫 번째 고찰

이 장에서는 몇 가지 정의를 통해 기본 개념을 다지고, 성능을 논의할 때 사용할 프레임워크를 수립하는 것부터 시작합니다. 먼저, 자바 성능 논의에서 자주 등장하는 문제와 함정을 살펴보겠습니다.

1.1 잘못된 자바 성능 최적화 방법

몇 년 전까지만 해도 자바 성능 튜닝을 검색하면 상위 세 개의 결과 중 하나로 1997~1998년에 작성된 기사가 나타났습니다. 이 페이지는 구글Google 초기 검색 지수에 매우 일찍 포함되었고, 그 초기 순위 덕분에 꾸준히 상위권에 머물러 많은 트래픽을 끌어들였습니다. 이는 일종의 피드백 루프를 형성한 결과로 보입니다.

하지만 이 페이지의 조언은 완전히 시대에 뒤떨어져 있을 뿐 아니라, 많은 경우 애플리케이션에 해를 끼칠 정도였습니다. 그럼에도 검색 엔진에서 상위에 노출된 덕분에 많은 개발자들이 잘못된 조언에 노출되었습니다.

예를 들어, 초기 버전의 자바에서는 메서드 디스패치 성능이 매우 좋지 않았습니다. 이를 해결하기 위해 일부 자바 개발자는 작은 메서드를 피하고, 대신 단일 거대한 메서드를 작성할 것을 권장했습니다. 물론 시간이 지나면서 가상 디스패치의 성능은 크게 향상되었습니다.

특히 최신 자바 가상 머신 기술(특히 자동 관리 인라이닝)을 통해 현재는 많은 호출 지점에서 가상 디스패치가 제거되고 있으며, 그 비율은 아마도 대부분일 것입니다. '모든 코드를 하나의 메서드에 몰아넣으라'는 조언을 따른 코드는 이제 현대의 JIT 컴파일러와 매우 부조화여서 오히려 성능 저하를 초래합니다.

이 잘못된 조언을 따른 애플리케이션의 성능이 얼마나 손상되었는지는 알 수 없지만, 이 사례는 성능 문제에 정량적이고 검증할 수 있는 접근 방식을 사용하지 않을 때의 위험성을 잘 보여줍니다. 또한 인터넷에서 접한 모든 내용을 맹신해서는 안 된다는 교훈을 제공하는 좋은 사례이기도 합니다.

NOTE 자바 코드의 실행 속도는 매우 동적이며, 기본적으로 자바 가상 머신에 따라 달라집니다. 오래된 자바 코드라도 소스 코드를 다시 컴파일하지 않아도 최신 자바 가상 머신에서 더 빠르게 실행될 수 있습니다.

이러한 이유와 이후에 다룰 다양한 이유로, 이 책은 코드에 적용할 성능 팁을 모아 놓은 요리책이 아닙니다. 대신, 좋은 성능 엔지니어링을 이루기 위해 필요한 여러 핵심 측면에 집중합니다.

- 소프트웨어 수명 주기 내에서의 성능 방법론
- 성능에 적용되는 테스트 이론
- 측정, 통계, 도구 사용법
- 분석 기술(시스템과 데이터)
- 기반 기술과 메커니즘

이 요소들을 종합하여 독자가 다양한 성능 문제에 직면했을 때 이를 폭넓게 이해하고 해결할 수 있는 기반을 마련하는 것이 이 책의 목적입니다.

책의 후반부에서는 최적화를 위한 몇 가지 휴리스틱과 코드 수준의 기법을 소개합니다. 하지만 이를 사용할 때 개발자가 반드시 인지해야 할 경고와 트레이드오프가 뒤따릅니다.

TIP 해당 절로 바로 건너뛰어 기술을 적용하기 전에, 제공된 맥락을 충분히 이해하세요. 이러한 기법들은 올바르게 이해하지 않고 적용하면 득보다 해를 끼칠 수 있습니다.

다음과 같은 것은 존재하지 않습니다.

- 자바 가상 머신 성능을 획기적으로 높여주는 '마법 같은' 스위치
- 자바를 더 빠르게 만드는 '팁과 트릭'
- 숨겨진 비밀 알고리즘

이 책에서는 주제를 탐구하면서 이런 오해를 바로잡고, 개발자가 자바 성능 분석과 관련하여

흔히 저지르는 실수들에 대해서도 자세히 논의할 것입니다.

그럼 이제 성능에 대해 이야기해 봅시다.

1.2 자바 성능 개요

자바 성능이 지금과 같은 이유를 이해하기 위해, 먼저 자바의 창시자인 제임스 고슬링의 유명한 말을 떠올려 보겠습니다.

> 자바는 블루칼라 언어입니다. 박사 논문용이 아닌 실용적인 일을 위한 언어입니다.[1]
>
> — 제임스 고슬링

즉, 자바는 언제나 매우 실용적인 언어였습니다. 자바의 초기 성능 관점은 '환경이 **충분히 빠르다면**, 원시 성능을 어느 정도 희생하더라도 개발자의 생산성을 높이는 것이 더 중요하다'라는 것이었습니다. 이러한 사고 방식은 2005년경, 핫스팟hotspot과 같은 자바 가상 머신이 성숙하고 복잡해지면서 고성능 컴퓨팅 애플리케이션에 적합한 환경이 마련될 때까지 이어졌습니다.

자바의 이러한 실용성은 여러 방식으로 드러나며, 그중 가장 눈에 띄는 특징은 **관리되는 서브시스템**의 사용입니다. 개발자가 세부적인 저수준 제어를 포기하는 대신, 관리되는 기능의 내부 동작을 걱정하지 않아도 되도록 한 구조입니다.

대표적인 예가 메모리 관리입니다. 자바 가상 머신은 플러그형 **가비지 컬렉션** 서브시스템을 통해 자동으로 메모리를 관리하므로, 프로그래머는 메모리를 수동으로 추적할 필요가 없습니다.

> **NOTE** 관리되는 서브시스템은 자바 가상 머신 전반에 걸쳐 존재하며, 이러한 자바 가상 머신 애플리케이션의 런타임 동작에 추가적인 복잡성을 초래합니다.

다음 절에서 논의하겠지만, 자바 가상 머신 애플리케이션의 복잡한 런타임 동작은 애플리케이션을 실험 대상으로 다룰 필요성을 만들어 냅니다. 이는 관찰된 측정값의 통계를 분석하게 되

1 J. Gosling, "The Feel of Java," *Computer*, vol. 30, no. 6 (June 1997): 53–57.

며, 다소 불편한 사실을 발견하게 됩니다.

자바 가상 머신 애플리케이션의 성능 측정값은 종종 정규 분포를 따르지 않습니다. 이는 **표준 편차**나 **분산**과 같은 기본 통계 기법이 자바 가상 머신 애플리케이션의 결과를 분석하는 데 적합하지 않음을 의미합니다. 대부분의 기본 통계 방법은 결과 분포가 정상적이라는 전제를 기반으로 하기 때문입니다.

이를 이해하는 한 가지 방법은 자바 가상 머신 애플리케이션에서 이상치outlier가 매우 중요한 역할을 할 수 있다는 점을 인식하는 것입니다. 예를 들어, 저지연 시간이 중요한 거래 애플리케이션trading application이나 티켓 예약 시스템의 경우가 그러합니다. 이 경우, 측정값을 샘플링하는 방식이 문제를 일으킬 수 있는데, 중요한 이벤트를 쉽게 놓칠 수 있기 때문입니다.

마지막으로, 자바 성능 측정에 속기 쉽다는 점을 경고합니다. 환경의 복잡성 때문에 시스템의 개별 요소를 분리하여 분석하는 것이 매우 어렵기 때문입니다.

측정에는 오버헤드가 있으며, 빈번한 샘플링이나 모든 결과를 기록하는 방식은 기록된 성능 수치에 관측 가능한 영향을 미칠 수 있습니다. 자바 성능 데이터의 특성상 통계적으로 정교한 접근이 필요하며, 단순한 기법을 자바/자바 가상 머신 애플리케이션에 적용하면 잘못된 결과를 자주 산출합니다.

이러한 우려는 클라우드 네이티브 애플리케이션 영역에서도 통용됩니다. 특히 쿠버네티스와 같은 **오케스트레이션** 기술의 부상으로, 애플리케이션의 자동 관리가 클라우드 네이티브 경험의 중요한 부분이 되었습니다. 이 과정에서 데이터 수집 비용과 결론을 도출하기 위해 충분히 데이터를 수집해야 하는 요구 사이의 균형을 맞추는 것이 클라우드 네이티브 애플리케이션의 중요한 아키텍처적 고려 사항이 됩니다. 이 내용에 대해서는 10장에서 더 자세히 다루겠습니다.

1.3 실증 과학으로서의 성능

가장 먼저 이해해야 할 핵심 개념은 자바 가상 머신이 빠른 플랫폼이라는 점입니다. 일반적으로 각 버전이 출시될 때마다 성능은 더욱 개선됩니다. 그럼에도 자바 애플리케이션이 느려질 수 있는 이유는 자바 가상 머신 소프트웨어 스택이 대부분의 현대 소프트웨어 시스템처럼 매우 복잡하기 때문입니다.

실제로 자바 가상 머신은 매우 최적화되고 적응력이 뛰어난 플랫폼입니다. 따라서 자바 가상 머신 위에서 실행되는 프로덕션 시스템은 미묘하고 복잡한 성능 동작을 보일 수 있습니다. 이러한 복잡성은 **무어의 법칙**과 하드웨어 성능의 비약적 성장이 뒷받침했기에 가능했습니다.

> 컴퓨터 소프트웨어 산업의 가장 놀라운 성과는 컴퓨터 하드웨어 산업이 얻은 꾸준하고 엄청난 성과를 지속적으로 상쇄하고 있다는 것입니다.
>
> — 헨리 페트로스키

일부 소프트웨어 시스템은 이러한 하드웨어 성능 향상을 낭비했지만, 자바 가상 머신은 엔지니어링의 승리로 평가받고 있습니다. 1990년대 후반 도입된 이후, 자바 가상 머신은 이러한 성과를 효과적으로 활용하며 고성능의 범용 실행 환경으로 발전했습니다.

그러나 고성능 시스템에서 언제나 그렇듯, 자바 가상 머신의 성능을 최대한 잘 활용하려면 일정 수준의 기술과 경험이 필요합니다.

> 명확하게 정의되지 않은 측정은 활용할 수 없습니다.
>
> — 엘리 골드렛

따라서 자바 가상 머신 성능 튜닝은 기술, 방법론, 측정 가능한 양과 도구의 종합적으로 활용해 시스템 소유자나 사용자가 원하는 방식으로 측정 가능한 출력을 만들어 내는 목표로 합니다. 다시 말해, 성능은 실증 과학입니다. 성능 튜닝은 다음과 같은 단계를 거쳐 진행됩니다.

1. 원하는 결과를 정의합니다.
2. 기존 시스템을 측정합니다.
3. 요구 사항을 충족하기 위해 필요한 작업을 결정합니다.
4. 개선 작업을 수행합니다.
5. 다시 테스트합니다.
6. 목표가 달성되었는지 확인합니다.

성과 결과를 정의하고 결정하는 과정은 정량적 목표 설정을 기반으로 합니다. 어떤 항목을 측정할지 정하고 이를 기록하는 것은 프로젝트의 중요한 산출물이자 전달물 일부가 됩니다. 이는 성능 분석이 비기능적 요구 사항을 정의하고 달성하는 데 기반을 둔다는 점을 보여 줍니다.

이 과정은 앞서 언급했듯이 모호한 징조를 해석하는 일이 아닙니다. 대신, 통계적 접근과 결과의 적절한 처리와 해석에 의존합니다.

이 장에서는 단일 자바 가상 머신에 적용되는 성능 튜닝 기법을 다룹니다. 이어서 2장에서는 자바 가상 머신 성능 분석 프로젝트에서 생성된 데이터를 정확하게 다루기 위한 기본 통계 기법을 소개합니다. 이후 10장에서는 이러한 기법이 클러스터링된 애플리케이션으로 일반화되는 방식과 관찰 가능성의 개념을 논의할 것입니다.

많은 실제 프로젝트에서는 더욱 정교한 데이터와 통계에 대한 이해가 필수적입니다. 따라서 이 책에 소개된 통계 기법들을 최종 결론이 아니라 출발점으로 삼을 것을 권장합니다.

1.4 성능을 위한 분류 체계

이번 절에서는 성능 분석을 위한 기본적인 관찰 가능한 양을 소개합니다. 이러한 양들은 성능 분석에 필요한 용어를 제공하며, 튜닝 프로젝트의 목표를 정량적인 관점에서 설정할 수 있도록 도와줍니다. 이 목표들은 성능 목표를 정의하는 비기능적 요구 사항으로 표현됩니다. 다만 이 양들이 항상 바로 이용할 수 있는 것은 아니며, 시스템에서 얻은 원시 데이터를 기반으로 추가 작업을 통해 추출해야 할 수도 있습니다.

성능을 관측할 수 있는 지표는 다음과 같습니다.

- 처리량throughput
- 지연 시간latency
- 수용량capacity
- 활용도utilization
- 효율성efficiency
- 확장성scalability
- 성능 저하degradation

각 항목을 간략히 살펴보겠습니다. 대부분의 성능 프로젝트에서 모든 지표를 동시에 최적화하는 것은 불가능하다는 점에 유의해야 합니다. 한 번의 성능 반복iteration에서는 일부 지표만 개선될 수 있으며, 이는 한 번에 달성할 수 있는 최적의 범위일 수 있습니다. 실제 프로젝트에서는 한 지표를 최적화하면 다른 지표나 지표 그룹에 불리하게 작용할 가능성도 충분히 존재합니다.

1.4.1 처리량

처리량은 시스템이나 서브시스템이 수행할 수 있는 작업의 속도를 나타내는 지표입니다. 일반적으로 특정 시간 동안 처리된 작업 단위 수로 표현됩니다. 예를 들어, 초당 시스템이 처리할 수 있는 거래 수를 측정할 수 있습니다.

처리량 값이 의미 있으려면 참조 플랫폼의 설명이 포함되어야 합니다. 예를 들어 하드웨어 사양, 운영 체제 또는 소프트웨어 스택이 처리량에 중요한 영향을 미치며, 시스템이 단일 서버인지 클러스터인지도 고려해야 합니다. 또한 거래(또는 작업 단위)가 테스트 간에 동일해야 하므로, 처리량 테스트의 작업 부하를 일관되게 유지하는 것이 중요합니다.

성능 지표는 때때로 배관과 같은 비유로 설명됩니다. 물 파이프가 초당 100리터의 물을 생성할 수 있다면, 1초 동안 생성된 물의 양(100리터)이 처리량입니다. 이 값은 물의 속도와 파이프의 단면적에 따라 결정됩니다.

1.4.2 지연 시간

앞의 비유처럼, 지연 시간은 특정 리터의 물이 파이프를 통과하는 데 걸리는 시간입니다. 이는 파이프의 길이와 물이 이동하는 속도의 함수이며, 파이프의 직경과는 관계가 없습니다.

소프트웨어에서는 지연 시간이 보통 시작에서 끝까지 걸리는 시간으로 정의되며, 단일 거래를 처리하고 결과를 확인하는 데 걸리는 시간을 의미합니다. 작업 부하에 따라 다를 수 있으므로, 작업 부하가 증가함에 따라 지연 시간을 나타내는 그래프를 생성하는 것이 일반적입니다.

1.4.3 수용량

수용량은 시스템이 보유한 병렬paraller 처리 작업량을 의미하며, 시스템에서 동시에 진행할 수 있는 작업 단위(예 거래)의 수를 나타냅니다.

수용량은 처리량과 밀접한 관련이 있으며, 시스템의 동시 부하가 증가함에 따라 처리량(또는 지연 시간)에 영향을 미칠 수 있습니다. 예를 들어, 파이프의 시작 부분에 큰 저수조가 있다면 수용량이 증가할 수 있지만 전체 처리량에는 영향을 주지 않을 수 있습니다. 반대로, 매우 좁은 입구를 가진 파이프는 수용량이 적을 수 있습니다.

1.4.4 활용도

성능 분석의 가장 일반적인 작업은 시스템 리소스의 효율적인 사용을 달성하는 것입니다. 이상적으로 CPU는 작업 단위를 처리하는 데 사용되며, 유휴 상태로 남거나 운영 체제 작업을 처리하는 데 시간을 보내지 않아야 합니다.

작업 부하에 따라 자원별 활용도는 크게 다를 수 있습니다. 예를 들어, 그래픽 처리나 암호화 같은 계산 집약적인 작업 부하에서는 CPU가 거의 100%에 가깝게 사용될 수 있지만, 사용 가능한 메모리의 일부만을 사용할 수도 있습니다.

CPU뿐만 아니라 네트워크, 메모리, 때로는 저장소 I/O 서브시스템과 같은 다른 자원 유형도 클라우드 네이티브 애플리케이션에서 관리할 중요한 자원이 되어가고 있습니다. 많은 애플리케이션에서 CPU보다 더 많은 메모리가 낭비되며, 많은 마이크로 서비스에서 네트워크 트래픽이 진정한 병목 현상이 되고 있습니다.

예를 들어, 파이프의 입구가 좁을 경우 파이프 대부분이 높은 처리량을 가지더라도 입구 제한 때문에 전체 활용도가 낮을 수 있습니다(즉, 파이프 내 물 수준이 낮게 유지됨).

1.4.5 효율성

시스템의 처리량을 사용된 자원으로 나누면 시스템의 전체 효율성을 측정할 수 있습니다. 직관적으로 이는 의미가 있는데, 동일한 처리량을 생산하는 데 더 많은 자원이 필요하다면, 이는 덜 효율적이라는 유용한 정의 중 하나가 되기 때문입니다.

더 큰 시스템을 다룰 때는 원가 회계 형태를 사용하여 효율성을 측정하는 것도 가능합니다. 만약 솔루션 A의 총 소유 비용total cost of ownership(TCO)이 동일한 처리량을 위한 솔루션 B의 두 배라면, 솔루션 A는 명백히 효율성이 절반에 불과하다고 볼 수 있습니다.

1.4.6 확장성

시스템의 처리량이나 수용량은 당연히 처리에 사용 가능한 자원에 따라 달라집니다. 시스템 또는 애플리케이션의 확장성은 여러 가지로 정의할 수 있지만, 자원을 추가할 때 처리량이 어떻게 변하는지를 기준으로 정의하는 것이 유용합니다. 이상적인 시스템 확장성은 자원 증가에 따라 처리량이 정확히 비례하여 증가하는 것입니다.

서버 클러스터를 기반으로 한 시스템을 생각해 봅시다. 클러스터의 규모를 두 배로 확장하면 어떤 처리량을 달성할 수 있을까요? 만약 새 클러스터가 두 배의 거래량을 처리할 수 있다면, 이 시스템은 '완벽한 선형 확장성'을 보여주는 것입니다. 하지만 실제로 이는 다양한 부하 상황에서 달성하기 매우 어렵습니다.

시스템 확장성은 여러 요인에 의존하며, 일반적으로 단순한 선형 관계가 아닙니다. 일부 자원 범위에서는 시스템이 거의 선형적으로 확장되지만, 부하가 높아지면 완벽한 확장을 방해하는 한계를 마주하는 경우가 흔합니다.

1.4.7 성능 저하

시스템에 가해지는 부하를 증가시키면, 예를 들어 요청 도착 속도를 높이거나 개별 요청의 크기를 증가시킬 때, 관찰되는 지연 시간 또는 처리량에 변화가 나타날 수 있습니다.

이 변화는 활용도에 따라 달라집니다. 시스템의 활용이 낮은 상태라면 관측 가능한 지표가 변하기 전에 여유가 있을 수 있지만, 자원이 완전히 활용되고 있다면 처리량 증가가 멈추거나 지연 시간이 증가할 가능성이 높습니다. 이러한 변화는 일반적으로 추가 부하로 인한 시스템의 성능 저하라고 합니다.

성능 저하는 시스템 아키텍처의 견고함에도 영향을 받습니다. 예를 들어, 파이프가 어린이용 풍선과 같은 재질로 만들어졌다면 부하가 가해질 때 성능 저하는 상당히 치명적일 것입니다. 부하가 특정 수준을 초과하면 처리량이 0으로 떨어질 수 있습니다.

반면에, 더 견고한 시스템은 보다 현실적인 성능 저하 시나리오를 보일 것입니다. 예를 들어, 압력이 증가함에 따라 새는 부분이 생기고 점차 악화되거나, 요청이 시스템에 들어가기 전에 거부되는 상황이 발생할 수 있습니다. 이는 마치 수도꼭지를 너무 세게 틀었을 때 물이 튀어서 파이프에 들어가지 못하는 상황과 유사합니다.

1.4.8 관측 가능한 지표들 간의 상관관계

여러 성능 관측 지표의 동작은 일반적으로 어떤 방식으로든 연결되어 있습니다. 이 연결의 구체적인 양상은 시스템이 최대 성능에 가까운지 여부에 따라 달라집니다.

예를 들어, 일반적으로 시스템의 부하가 증가하면 활용도가 변하게 됩니다. 그러나 시스템이 낮은 활용 상태라면 부하를 증가시키더라도 활용도가 눈에 띄게 증가하지 않을 수 있습니다. 반대로 시스템이 이미 과부하 상태라면 부하 증가의 영향이 다른 관측 지표에서 나타날 수 있습니다.

또 다른 예로, 확장성과 성능 저하는 둘 다 부하가 증가함에 따라 시스템의 동작이 어떻게 변하는지를 나타냅니다. 확장성의 경우, 부하가 증가할 때 자원도 함께 추가되며, 시스템이 이러한 자원을 활용할 수 있는지가 핵심입니다. 반면에, 부하는 증가하나 추가 자원이 제공되지 않으면 일부 성능 지표(예 지연 시간)의 저하가 예상됩니다.

> **NOTE** 드문 경우이지만, 추가적인 부하가 직관에 반하는 결과를 초래할 수 있습니다. 예를 들어, 부하의 변화로 시스템의 일부가 자원을 더 많이 사용하지만 성능이 더 높은 모드로 전환될 수 있습니다. 이 경우 요청이 더 많이 들어오더라도 지연 시간이 감소하는 결과가 나타날 수 있습니다.

예를 들어, 6장에서 핫스팟의 JIT 컴파일러에 대해 자세히 논의할 것입니다. JIT 컴파일 대상으로 간주되려면 특정 메서드가 인터프리터 모드에서 충분히 자주 실행되어야 합니다. 따라서 낮은 부하에서는 주요 메서드가 인터프리터 모드에 머물 수 있지만, 메서드 호출 빈도가 높아지면 높은 부하 상태에서 컴파일 자격을 얻을 수 있습니다. 이렇게 되면 동일한 메서드의 후속 호출이 초기 실행보다 훨씬 빠르게 수행됩니다.

작업 부하의 특성은 매우 다를 수 있습니다. 예를 들어, 금융 시장에서 거래를 처음부터 끝까지 보면 실행 시간(즉, 지연 시간)이 몇 시간, 심지어 며칠까지 걸릴 수 있습니다. 하지만 대형 은행에서는 수백만 건의 거래가 동시에 진행될 수 있습니다. 따라서 시스템의 수용량은 매우 크지만 지연 시간 또한 큽니다.

하지만 은행 내 특정 서브시스템만 고려해 봅시다. 매수자와 매도자를 매칭하는 작업(가격에 대해 양측이 합의하는 작업)은 **주문 매칭**order matching으로 알려져 있습니다. 이 개별 서브시스템에는 주어진 시점에 수백 건의 주문만 대기 중일 수 있지만, 주문 수락에서 매칭 완료까지의 지연 시간은 1밀리초 정도(낮은 지연 거래의 경우 더 적은 시간)입니다.

이 절에서는 가장 자주 다뤄지는 성능 관측 지표에 대해 알아보았습니다. 가끔 약간 다른 정의나 다른 지표가 사용되기도 하지만, 대부분의 경우 이러한 지표가 성능 튜닝을 이끄는 기본적인 시스템 수치로 사용되며, 관심 있는 시스템 성능을 논의하는 데 있어 분류 체계로 작용할 것입니다.

1.5 성능 그래프 읽기

이 장을 마무리하면서 성능 테스트에서 발생하는 일반적인 동작 패턴을 살펴보겠습니다. 실제 관측 지표의 그래프를 통해 이러한 패턴을 탐구하고, 앞으로 데이터 그래프의 여러 예시도 함께 다룹니다.

[그림 1-1]의 그래프는 증가하는 부하 아래에서 성능(이 경우, 지연 시간)의 갑작스럽고 예기치 않게 저하되는 현상을 보여주며, 이는 **성능 엘보**performance elbow라고 불립니다.

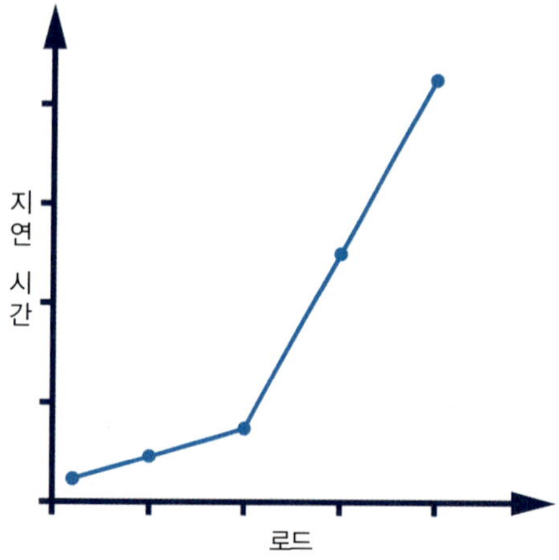

그림 1-1 성능 엘보

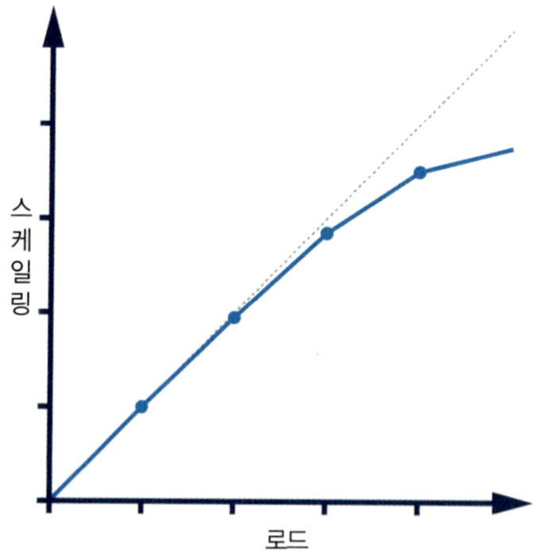

그림 1-2 거의 선형적인 확장

반대로, [그림 1-2]는 클러스터에 머신을 추가할 때 처리량이 거의 선형적으로 확장되는 훨씬 더 긍정적인 사례를 보여줍니다. 이는 이상적인 동작에 가까우며, 매우 유리한 상황에서만 달성될 가능성이 큽니다. 예를 들어, 세션 친화성session affinity이 필요 없는 무상태 프로토콜stateless protocol을 확장하는 경우가 이에 해당합니다.

13장에서 IBM의 유명한 컴퓨터 과학자이자 '메인프레임의 아버지'로 알려진 진 암달Gene Amdahl의 이름을 딴 암달의 법칙Amdahl's law을 다룰 것입니다. [그림 1-3]은 이 법칙이 제시하는 확장성의 근본적인 제약을 그래프로 나타낸 것으로, 작업에 할당된 프로세서 수를 증가시킬 때 성능 향상의 비율이 점점 감소하는 패턴을 보여줍니다.

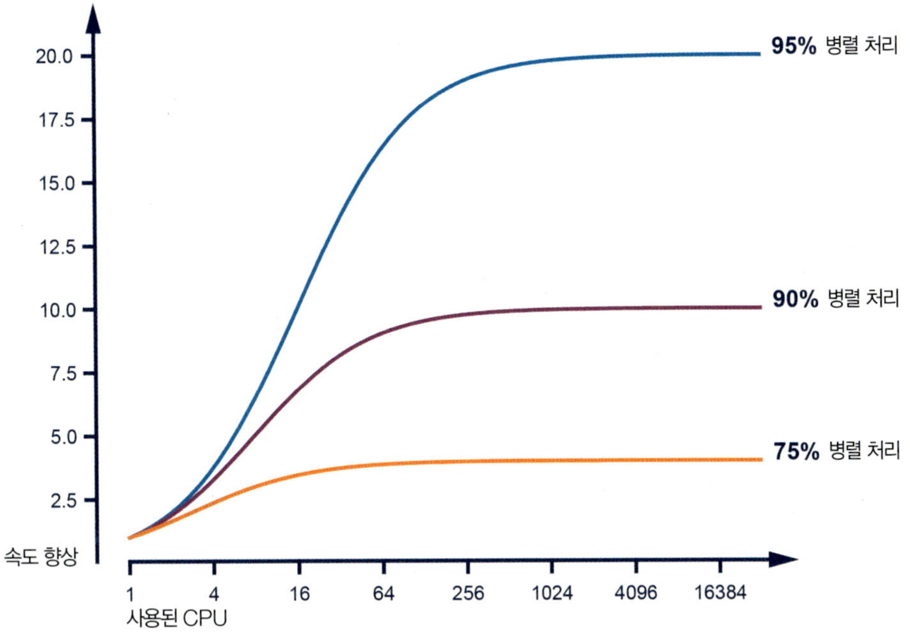

그림 1-3 암달의 법칙

세 가지 경우를 확인해 봅시다. 작업이 75%, 90%, 95%로 병렬 처리가 가능한 경우입니다. 작업 부하에서 반드시 직렬로 수행해야 하는 부분이 조금이라도 존재할 경우, 선형 확장성linear scalability은 불가능하며, 확장성의 한계가 엄격히 제한된다는 것을 명확히 보여줍니다. 이는 [그림 1-2]에 대한 설명을 정당화해 주며, 최상의 상황에서도 선형 확장성을 달성하는 것은 거의 불가능하다는 점을 시사합니다.

암달의 법칙이 부과하는 한계는 놀랍도록 제한적입니다. 특히 그래프의 x축이 로그 스케일임에 주목할 필요가 있습니다. 예를 들어, 병렬 처리 가능 비율이 95%인 알고리즘(즉, 5%는 직렬 처리만 가능)조차도, 12배의 속도 향상을 달성하려면 32개의 프로세서가 필요합니다. 더 나아가, 사용 가능한 코어 수와 관계없이 이 알고리즘의 최대 속도 향상은 20배에 불과합니다.

실제로는 많은 알고리즘의 직렬 처리 비율이 5%보다 훨씬 높기 때문에, 최대 속도 향상이 더욱 제한적입니다.

소프트웨어 시스템 성능 그래프에서 자주 다루는 또 다른 주제는 메모리 활용도memory utilization입니다. 4장에서 다루겠지만, 가상 머신의 가비지 컬렉션 하위 시스템에 사용된 기술은 자연스럽게 스트레스 받지 않는 정상적인 애플리케이션에서 메모리 사용량이 '톱니형sawtooth' 패턴으로 나타나게 만듭니다. [그림 1-4]에서 예시를 볼 수 있으며, 이는 이클립스 어답티움Eclipse Adoptium에서 제공하는 JDK 미션 컨트롤JDK mission control(JMC) 도구의 스크린샷을 보여줍니다.

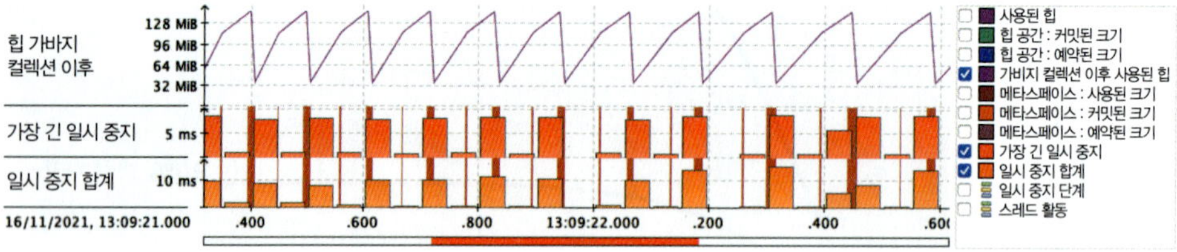

그림 1-4 정상적인 메모리 사용

자바 가상 머신의 주요 성능 지표 중 하나는 할당 속도allocation rate입니다. 이는 새로운 객체를 얼마나 빠르게 생성할 수 있는지를 나타냅니다(초당 바이트 단위). 4장과 5장에서 자바 가상 머신의 이러한 성능 측면에 대해 자세히 다룹니다.

[그림 1-5]는 JDK 미션 컨트롤에서 캡처한 할당 속도의 확대 화면입니다. 이 그래프는 자바 가상 머신의 메모리 서브시스템에 의도적으로 부하를 가하는 벤치마크 프로그램을 통해 생성되었습니다. 이 프로그램은 자바 가상 머신이 8 GiB/s의 할당 속도에 도달하도록 시도했지만, 그래프에서 알 수 있듯이 이는 하드웨어의 한계를 초과한 수치입니다. 대신 시스템의 최대 할당 속도는 4~5 GiB/s 사이로 나타납니다.

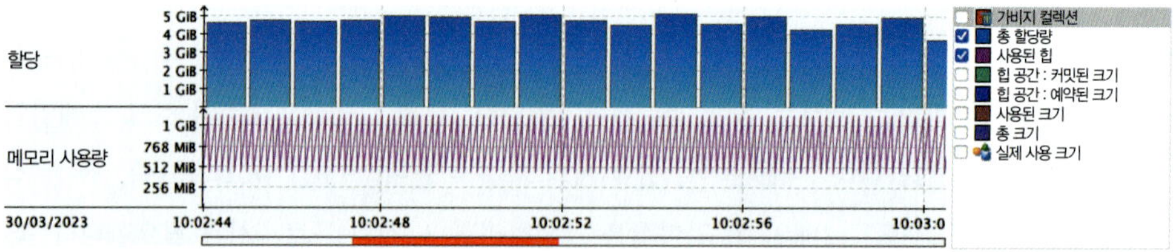

그림 1-5 할당 속도 문제의 예시

여기서 주목할 점은, 할당 한계에 도달한 상태와 시스템에 자원 누수가 발생한 상태는 다른 문제라는 것입니다. 자원 누수가 있을 경우에는 [그림 1-6]에서 보이는 것과 같은 방식으로 나타나는 경우가 많습니다. 관측 지표(이 경우 지연 시간)가 부하가 증가함에 따라 서서히 악화되다가, 어느 시점에서 급격히 악화되는 변곡점에 도달하는 형태로 나타나는 경우입니다.

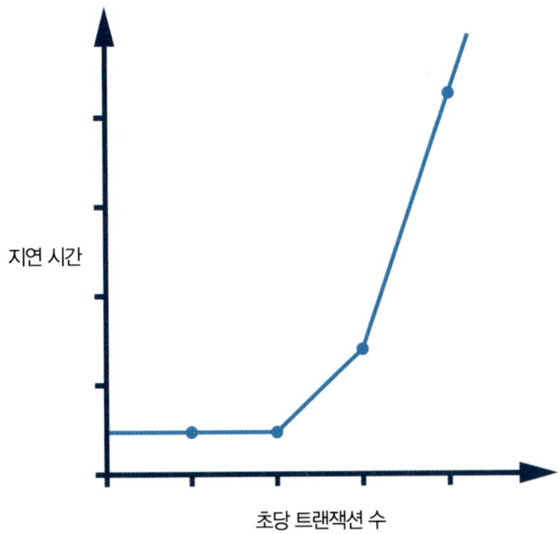

그림 1-6 높은 부하에서 지연 시간 저하

이제 클라우드 시스템 작업 시 고려해야 할 추가 사항을 논의하겠습니다.

1.6 클라우드 시스템의 성능

현대의 클라우드 시스템은 거의 항상 분산 시스템으로, 클러스터의 여러 노드(자바 가상 머신 인스턴스)가 공유 네트워크 자원을 통해 상호작용합니다. 이는 단일 노드 시스템의 복잡성에 더해, 또 다른 수준의 복잡성을 다루어야 함을 의미합니다.

분산 시스템 운영자는 다음과 같은 사항을 고려해야 합니다.

- 클러스터 내에서 작업이 어떻게 분배되는가?

- 소프트웨어의 새 버전(또는 새 구성)을 클러스터에 어떻게 배포할 것인가?
- 노드가 클러스터에서 이탈하면 어떻게 되는가?
- 새 노드가 클러스터에 추가되면 어떻게 되는가?
- 새 노드가 잘못 구성된 경우에는 어떻게 되는가?
- 새 노드가 클러스터의 나머지와 다르게 동작하면 어떻게 되는가?
- 클러스터 자체를 제어하는 코드에 문제가 발생하면 어떻게 되는가?
- 클러스터 전체 또는 클러스터가 의존하는 인프라에 치명적인 장애가 발생하면 어떻게 되는가?
- 클러스터가 의존하는 인프라의 구성 요소가 제한된 자원일 때, 확장성에 병목이 생기면 어떻게 되는가?

이러한 문제들은 이 책의 후반에서 자세히 탐구할 예정이며, 클라우드 시스템의 동작 방식에 큰 영향을 미칩니다. 이는 처리량, 지연 시간, 효율성, 활용도와 같은 주요 성능 지표에도 영향을 미칩니다.

또한, 클라우드 시스템에서는 단일 자바 가상 머신 환경과는 다른 두 가지 중요한 측면이 존재합니다. 이러한 차이점들은 클라우드 시스템에 익숙하지 않은 초보자들에게는 처음에는 명확하게 드러나지 않을 수 있습니다.

첫 번째는 클라우드에서 배포 가능한 코드의 단위가 애플리케이션의 자바 가상 머신프로세스(이는 대형, 물리적 서버 시대와 대비됩니다)가 아니라 **컨테이너**라는 점입니다(이에 대해서는 이후에 자세히 다룹니다). 또한 성능에 영향을 미칠 수 있는 많은 요인이 클러스터의 내부 동작에서 발생할 수 있으며, 이는 엔지니어에게 명확히 보이지 않을 수 있습니다.

이 문제는 10장에서 현대 시스템의 관측성observability 주제를 다룰 때 자세히 논의할 것입니다. 여기에서는 이러한 가시성 문제를 해결하기 위한 솔루션을 구현하는 방법에 대해서도 설명합니다.

두 번째는 서비스에서 클라우드 제공업체를 사용하는 방식에 따라 효율성이나 활용도가 서비스 운영 비용에 직접적인 영향을 미친다는 점입니다. 비효율이나 잘못된 설정은 서비스의 비용 구조에 훨씬 더 직접적으로 드러날 수 있습니다. 사실, 클라우드의 부상은 이러한 비용 구조의 변화로 이해할 수 있습니다.

과거에는 팀이 데이터 센터의 특정 구역(일반적으로 **케이지**라 부름)에 실제 물리 서버를 소유하는 경우가 많았습니다. 이 서버 구매는 **자본 지출**을 의미하며, 자산으로 관리되었습니다.

그러나 AWS나 애저 같은 클라우드 제공업체를 사용할 때는, 아마존Amazon이나 마이크로소프트Microsoft 같은 회사가 소유한 머신의 시간을 임대하게 됩니다. 이는 **운영 비용**에 해당하며, 서비스의 비용(혹은 부채)으로 관리됩니다. 이러한 변화는 우리의 시스템에 필요한 컴퓨팅 자원이 이제 재무 부서의 면밀한 검토 대상이 되었다는 것을 의미합니다.

전반적으로 클라우드 시스템은 본질적으로 시간이 지남에 따라 동적으로 변하는 프로세스(이 경우, 자바 가상 머신) 클러스터 구성된다는 점을 인식하는 것이 중요합니다. 클러스터는 규모가 커지거나 작아질 수 있으며, 시간이 지나면서 참여하는 프로세스가 변경됩니다. 이는 전통적인 호스트 기반 시스템과 현저히 대비됩니다. 전통적인 시스템에서 클러스터를 구성하는 프로세스가 훨씬 오래 유지되고, 안정적인 것으로 알려진 호스트 그룹에 속합니다.

1.7 요약

이 장에서는 자바 성능의 개념에 대한 논의를 시작했습니다. 실증 과학과 측정의 기본 개념, 효과적인 성능 분석에서 사용하는 기본 용어나 관측 가능한 지표들을 소개했습니다. 성능 테스트 결과에서 자주 관찰되는 몇 가지 일반적인 사례도 다루었고, 클라우드 시스템에서 발생할 수 있는 추가적인 문제의 기초적인 개념을 소개했습니다.

이제 다음 단계로 넘어가 성능 테스트의 주요 측면과 테스트에서 생성된 데이터를 다루는 방법을 논의하겠습니다.

2장

성능 테스트 방법론

성능 테스트는 다양한 이유로 수행됩니다. 이 장에서는 팀이 수행하고자 하는 여러 종류의 성능 테스트 유형을 소개하고, 각 테스트의 하위 유형에 대한 몇 가지 모범 사례를 논의하겠습니다.

이 장 이후, 성능 문제를 고려할 때 자주 간과되는 통계와 매우 중요한 인간적인 요소를 논의하겠습니다.

2.1 성능 테스트 종류

성능 테스트는 종종 잘못된 이유로 수행되거나, 부실하게 진행됩니다. 이러한 이유는 다양하지만, 대개는 성능 분석의 본질을 제대로 이해하지 못했거나, '아무것도 하지 않는 것 보다는, 무언가를 하는 것이 낫다'라는 믿음으로부터 시작됩니다. 이러한 믿음은 위험한 반쪽짜리 진실에 불과하다는 것을 이 책을 통해 알게 될 것입니다.

흔히 저지르는 실수 중 하나는 구체적인 사항을 고려하지 않은 채 단순히 성능 테스트라는 용어를 일반적으로 사용하는 것입니다. 실제로 시스템에 대해 수행할 수 있는 대규모 성능 테스트에는 여러 가지 종류가 있습니다.

> **NOTE** 좋은 테스트는 정량적입니다. 이러한 테스트는 실험 결과로 다루고 통계 분석에 적용할 수 있는 수치적 답변을 도출하는 질문을 합니다.

이 책에서 논의할 성능 테스트의 유형들은 일반적으로 독립적인 목표를 가지고 있습니다. 따라서 어떤 유형의 테스트를 수행할지 결정하기 전에, 답하고자 하는 정량적 질문을 이해하는 것이 중요합니다.

이 과정이 복잡할 필요는 없습니다. 테스트가 답하고자 하는 질문들을 간단히 적는 것만으로 충분합니다. 그러나 일반적으로 이러한 테스트가 애플리케이션에 왜 중요한지 고려하고, 그 이유를 애플리케이션 소유자 또는 주요 고객과 확인하는 것이 일반적입니다.

가장 일반적인 테스트 유형들과 각 유형의 예시 질문은 다음과 같습니다.

- 지연 테스트: 시작부터 끝까지의 트랜잭션 시간은 얼마나 걸립니까?
- 처리량 테스트: 현재 시스템 용량으로 몇 개의 동시 거래를 처리할 수 있습니까?
- 스트레스 테스트: 시스템의 한계점은 무엇인가요?
- 부하 테스트: 시스템이 특정 부하를 처리할 수 있나요?
- 내구성 테스트: 시스템을 장시간 실행했을 때 어떤 성능 이상이 발견될 수 있나요?
- 용량 계획 테스트: 추가 리소스를 투입했을 때 시스템이 예상대로 확장되나요?
- 성능 저하 테스트: 시스템이 부분적으로 장애가 발생했을 때 어떻게 처리되나요?

이제 각 테스트 유형에 대해 조금 더 자세히 살펴보겠습니다.

2.1.1 지연 테스트

지연은 가장 일반적인 성능 테스트 유형 중 하나입니다. 이는 관리자나 사용자가 관심을 갖는 중요한 시스템 관찰 지표이기 때문입니다. '우리 고객들이 트랜잭션이나 페이지 로드를 위해 얼마나 기다리고 있는가?'와 같은 지표입니다.

이 질문의 단순함 때문에 지연 테스트에만 너무 집중하게 되는 경우가 발생할 수 있어, 이는 양날의 검이 될 수 있습니다. 결국, 팀이 다른 성능 테스트 유형에 대한 정량적 질문을 식별하는 필요성을 간과하게 만들 수 있습니다.

> **NOTE** 지연 조정 작업의 목표는 보통 사용자 경험을 직접적으로 개선하거나 서비스 수준 계약service-level agreement(SLA)을 충족시키는 것입니다.

그러나 가장 간단한 경우에도 지연 테스트는 신중히 다뤄야 할 몇 가지 사항들이 있습니다. 가장 두드러지는 점은 단순한 평균값이 애플리케이션 요청에 얼마나 잘 반응하는지 측정하는데 크게 유용하지 않다는 것입니다. 이 주제에 대해서는 '자바 가상 머신 성능을 위한 통계'에서 더 자세히 다루겠습니다.

2.1.2 처리량 테스트

처리량은 아마 성능 테스트에서 두 번째로 일반적인 측정 지표일 것입니다. 처리량 테스트는 지연 테스트와 어느정도 이중적인 관계가 있습니다.

예를 들어, 지연 테스트를 수행할 때는 지연 결과 분포를 생성하는 동안 동시 트랜잭션 수를 명확히 명시하고 제어하는 것이 중요합니다. 마찬가지로 처리량 테스트를 수행할 때는 지연이 과도하게 증가하지 않도록 주의해야 합니다. 시스템의 지연은 알려진 처리량 수준에서 관찰되어야 하고, 그 반대도 마찬가지입니다.

> **NOTE** 시스템에서 관찰된 지연 시간은 알려지거나 제어된 처리량 수준에서 명시되어야 하며, 그 반대도 마찬가지입니다.

우리는 최대 처리량을 지연 분포가 갑자기 변화하는 순간을 관찰해서 결정합니다. 이는 사실상 시스템의 한계점(**변곡점**)입니다. 스트레스 테스트의 목적은 이러한 한계점과 그것이 발생하는 부하 수준을 찾는 것입니다.

반면에 처리량 테스트는 시스템이 성능 저하를 시작하기 전까지 관찰된 최대 처리량을 측정하는 것입니다. 이와 같이, 이 두가지 테스트 유형은 개별적으로 논의되지만, 실제로는 거의 완전 독립적으로 사용되지 않습니다.

2.1.3 스트레스 테스트

스트레스 테스트는 시스템의 여유 용량이 얼마나 있는지를 확인하기 위한 방법으로 생각할 수 있습니다. 이 테스트는 시스템을 일정한 상태의 트랜잭션 상태에 두고, 동시 트랜잭션 수를 천천히 증가시켜 시스템의 성능이 저하되기 시작하는 지점을 찾는 방식으로 진행합니다.

관측 가능 항목들이 저하되기 시작하기 직전의 값이 스트레스 테스트에서 달성된 최대 처리량을 결정합니다.

2.1.4 부하 테스트

부하 테스트는 처리량 테스트(또는 스트레스 테스트)와는 다릅니다. 보통 '시스템이 예상 부하를 처리할 수 있는가?'라는 이진적 테스트로 정의됩니다.

부하 테스트는 예상되는 비즈니스 이벤트 전에 수행되며, 예를 들어 새 고객의 온보딩 또는 시장 진입으로 애플리케이션에 크게 증가한 트래픽이 예상될 때 실시됩니다.

또한 광고 캠페인, 소셜 미디어 이벤트, '바이럴 콘텐츠'와 같은 이벤트 전에 이 유형의 테스트를 수행할 수 있습니다.

2.1.5 내구성 테스트

일부 문제들은 매우 오랜 시간 동안 또는 몇일 단위로 측정되곤 합니다. 여기에는 느린 메모리 누수, 캐시 오염, 메모리 단편화 등이 포함됩니다.

이러한 문제를 찾아내기 위해 내구성 테스트(또는 소크 테스트)가 일반적으로 사용됩니다. 이 테스트는 평균 사용률로 실행되며, 시스템의 실제 부하를 반영합니다. 테스트 중에 자원 수준을 면밀히 모니터링하여 자원의 소모나 고장을 감지합니다.

이러한 유형의 테스트는 저지연 시스템에서 더 흔히 수행되는데, 이러한 시스템은 전체 가비지 컬렉션 주기에 의한 스톱-더-월드stop-the-world (STW) 이벤트(자세한 내용은 4장 이후에서 다룹니다)로 발생하는 지연 시간을 견디지 못할 가능성이 높기 때문입니다.

내구성 테스트는 실행하는데 많은 시간이 걸리고 비용이 많이 들기 때문에, 아마도 필요한 만큼 자주 수행되지 않는 경우가 많습니다. 하지만 이 과정에서 지름길은 없습니다. 장기가 동안 현실적인 데이터나 사용 패턴으로 테스트하는 것 자체도 내재된 어려움이 있습니다. 이러한 상황 때문에 많은 팀이 결국 '프로덕션 환경에서 테스트'를 하게 됩니다.

이러한 유형의 테스트는 짧은 시간 내에 많은 코드 변경이 배포될 수 있는 마이크로서비스 또는 아키텍처에서는 항상 적용되지 않을 수도 있습니다.

2.1.6 용량 계획 테스트

용량 계획 테스트는 스트레스 테스트와 많은 유사점을 가집니다. 그러나 스트레스 테스트는 현재 시스템이 견딜 수 있는 한계를 찾는 것이 목적이라면, 용량 계획 테스트는 더 미래지향적입니다. 이는 업그레이드된 시스템이 어떤 부하를 처리할 수 있는지 찾는 것을 목표로 합니다.

이런 이유로 용량 계획 테스트는 특정 이벤트나 위협에 대응하기보다, 장기적인 계획 활동의 일환으로 수행되는 경우가 많습니다.

2.1.7 성능 저하 테스트

예전에는 엄격한 장애 조치와 복구 테스트가 대부분 높은 규제와 면밀한 검사가 이루어지는 환경에서만 수행되었습니다(예를 들면 은행이나 금융기관). 그러나 애플리케이션이 클라우드로 이동하면서 클러스터형 배포(예 쿠버네티스 기반)가 더 일반화되었고, 주요 결과 중 하나는 이제 더 많은 개발자들이 클러스터형 애플리케이션의 실패 모드에 대해 인지해야 한다는 점입니다.

> **NOTE** 회복력 또는 장애 조치 테스트의 모든 측면에 대한 자세한 논의는 이 책의 범위를 벗어납니다. 14장에서는 클러스터가 부분적으로 실패하거나 복구가 필요한 경우 클라우드 시스템에서 관찰될 수 있는 몇 가지 간단한 효과를 논의할 것입니다.

이 장에서는 성능 저하 테스트(**부분 실패** 테스트라고도 불립니다)라는 회복력 테스트의 한 유형에 대해서만 논의합니다.

이 테스트의 기본 접근 방식은 시스템이 정상적인 프로덕션 볼륨과 동등한 시뮬레이션된 부하에서 실행되는 동안, 특정 구성 요소나 전체 하위 시스템이 갑자기 용량을 상실할 때 시스템이 어떻게 동작하는지를 관찰하는 것입니다. 예를 들면, 애플리케이션 서버 클러스터가 갑자기 멤버를 잃거나 네트워크 대역폭이 갑자기 떨어지는 경우가 있습니다.

성능 저하 테스트의 주요 관찰 항목으로는 트랜잭션 지연 분포와 처리량이 포함됩니다.

부분 실패 테스트의 특히 흥미로운 하위 유형 중 하나는 **카오스 몽키**Chaos Monkey[1]입니다. 이는 넷플릭스Netflix가 자사 인프라의 강건성을 검증하기 위해 수행한 프로젝트에서 유래했습니다.

카오스 몽키의 기본 아이디어는 진정으로 회복력 있는 아키텍처에서는 단일 구성 요소의 실패가 연쇄적인 실패를 유발하거나 시스템 전체에 유의미한 영향을 미쳐서는 안 된다는 것입니다.

카오스 몽키는 운영자가 프로덕션 환경에서 무작위로 라이브 프로세스를 종료함으로써 이 가능성을 직접 확인하게 합니다.

카오스 몽키 유형의 시스템을 성공적으로 구현하려면 조직은 매우 높은 수준의 시스템 위생, 서비스 설계 그리고 운영 우수성을 유지해야 합니다. 그럼에도 불구하고, 이 접근 방식은 점점 더 많은 회사와 팀들이 관심을 가지고 목표로 삼는 영역입니다.

이 책에서는 잘 설계된 클라우드 시스템을 '실패를 대비하여 설계된 것'이라고 말합니다. 이는 충분히 큰 규모의 배포에서는 어느 시점이든 시스템의 일부가 고장 나 있다는 것을 의미합니다. 완벽하게 작동하는 시스템은 작은 시스템 규모의 산물일 뿐, 일반적인 상황은 아닙니다.

또한 많은 시스템들은 하드웨어와 인프라의 세부 사항에 대한 가정이 거의 없는 상태로 구축됩니다. 이러한 시스템들은 클라우드 공급자가 제공하는 특정 기능에 직접 결합하지 않기로 선택할 수 있으며, 이는 중복성과 장애 조치의 이유로 여러 플랫폼에서 실행되는 것을 가능하게 합니다.

이 경우, 소프트웨어 설계는 이러한 실패 가정을 반영하고 인코딩합니다. 그 결과, 클라우드를 위한 코딩은 정적 인프라에 대한 대규모 선투자를 기반으로 한 시스템(최소한으로 실패하도록 설계된 시스템)을 위해 코드를 작성하는 것과는 매우 다르게 보일 수 있습니다.

2.2 모범 사례 개론

성능 조정 작업에서 집중할 지점을 결정할 때, 다음 세 가지 규칙을 고려하는 것이 좋습니다.

- 중요한 요소가 무엇인지 파악하고, 이것을 측정하는 방법을 찾으세요.
- 최적화하기 쉬운 것보다 중요한 것을 최적화하세요.

---

1 *https://oreil.ly/TL_I2*

- 가장 큰 영향을 미치는 요소부터 최적화를 시작하세요.

두 번째 규칙에 관련해서 쉽게 측정할 수 있는 수치에 지나치게 집착하지 않도록 주의해야 합니다. 모든 관찰 가능한 수치가 비즈니스에 중요한 것은 아니므로, 단순히 측정하기 쉬운 것 대신 올바른 지표를 선택해야 합니다.

세 번째 규칙은 단순히 최적화하는 것 자체에 의미를 두고 사소한 부분을 최적화하는 함정에 빠지지 않도록 유의해야 합니다.

2.2.1 탑다운 성능

많은 엔지니어가 처음에 간과하는 자바 성능이 있습니다. 그중 하나는 자바 애플리케이션의 대규모 벤치마킹이 보통 코드의 작은 부분에서 정확한 수치를 얻는 것보다 훨씬 쉽다는 점입니다.

이 점은 워낙 오해가 많아 책 본문에서는 **마이크로벤치마킹**에 대해서는 다루지 않습니다. 대신 부록 A에서 소개하고 있으며, 이 기술이 대부분의 애플리케이션에서 갖는 유용성을 보다 적절하게 반영하고 있습니다.

> **NOTE** 애플리케이션 전체의 성능 동작을 분석하는 접근 방식을 일반적으로 '**탑다운 성능**'이라고 부릅니다.

탑다운 성능을 최대한 활용하려면 테스트 팀이 테스트 환경을 마련하고, 측정 또는 최적화 할 항목을 명확히 이해하며, 이러한 성능 분석 작업이 전체 소프트웨어 개발 수명 주기에서 어떤 역할을 하는지 파악해야 합니다.

2.2.2 테스트 환경 생성

테스트 환경을 설정은 대부분의 성능 테스트 팀이 가장 먼저 해야 할 작업 중 하나입니다. 이 환경은 가능한 한 프로덕션 환경과 모든 면에서 동일하게 구성되어야 합니다.

NOTE 일부 팀은 테스트 환경 구성하는 것을 생략하고 최신 배포 또는 관찰 기술을 사용하여 프로덕션 환경에서 직접 측정하는 경우도 있습니다. 이 주제는 10장에서 다루지만, 필요하지 않은 이상 권장하지 않는 접근 방식입니다.

여기에는 애플리케이션 서버(동일한 CPU 개수, 운영 체제, 자바 런타임 버전 등)뿐만 아니라 웹 서버, 데이터베이스, 메시지 큐 등이 포함됩니다. 프로덕션 환경과 동일한 부하를 처리할 수 없는 서드파티 네트워크 서비스 같은 요소는 현실적인 성능 테스트를 위해 목Mock 서비스로 대체해야 합니다.

NOTE 성능 테스트 환경이 실제 프로덕션 배포 환경과 크게 다를 경우, 테스트 결과가 실제 환경에서 활용할 만한 예측 가능하거나 유용한 정보를 제공하지 못할 수도 있습니다.

전통적인, 즉 클라우드 기반이 아닌 환경에서는 이론적으로 프로덕션과 유사한 성능 테스트 환경을 구성하는 것이 비교적 간단합니다. 팀은 프로덕션 환경에서 사용하는 것과 동일한 수의 장비를 구입한 뒤, 이를 프로덕션과 동일하게 설정하면 됩니다.

그러나 관리자는 추가 인프라 비용에 대한 부담을 느낄 수 있습니다. 하지만 이는 오히려 잘못된 경제적 판단일 수 있습니다. 많은 조직이 중단으로 발생하는 비용을 정확히 반영하지 않아, 발생하는 위험을 간과하는 경우가 많기 때문입니다.

클라우드 기술의 발전으로 상황은 달라졌습니다. 온디맨드on-demand 인프라, 자동 확장autoscaling 기능, 서버를 '애완동물'이 아닌 '가축'처럼 관리하는 **불변 인프라** 접근 방식이 널리 사용되면서, 프로덕션과 유사한 성능 테스트 환경을 보다 손쉽게 구성할 수 있게 되었습니다.

하지만 여전히 몇 가지 중요한 고려 사항이 남아 있습니다.

- 테스트 환경에서 변경 사항을 먼저 적용한 후 프로덕션에 반영할 수 있는 프로세스를 갖출 것
- 테스트 환경에서 의도치 않은 프로덕션 의존성을 제거할 것
- 테스트 환경에서 실제 인증 또는 권한 시스템을 적용하고, 더미 구성 요소를 사용하지 않을 것

이와 같은 사항들을 고려해야 합니다. 하지만 클라우드 기반 배포 환경의 장점 중 하나는 테스트 환경을 사용하지 않을 때 종료할 수 있다는 점입니다. 이를 통해 프로젝트 비용을 크게 절감

할 수 있습니다. 이를 위해 환경을 필요에 따라 시작하고 종료할 수 있는 적절한 절차를 마련해야 합니다.

2.2.3 성능 요구 사항 식별

시스템의 전체 성능은 애플리케이션 코드만으로 결정되지 않습니다. 이 책의 후반부에서 다루겠지만, 컨테이너, 운영 체제, 하드웨어 등 다양한 요소가 성능에 영향을 미칩니다.

> **NOTE** 간단한 시스템 모델을 통해 OS, 하드웨어, 자바 가상 머신, 코드 간 상호작용이 성능에 어떤 영향을 미치는지 자세히 설명할 예정입니다.

따라서 성능을 평가할 때 사용하는 지표를 특정 요소에만 한정해서는 안 됩니다. 시스템을 전체적으로 바라보며, 고객과 경영진에게 중요한 관찰 가능한 지표들을 고려해야 합니다. 이러한 지표들은 보통 성능 **비기능 요구 사항**(NFRs)이라고 하며, 최적화하려는 주요 대상입니다.

> **NOTE** 10장에서 설명할 서비스 수준 목표(SLOs)는 성능 평가에 유용한 접근 방식 중 하나입니다.

다음 성능 목표는 누구나 쉽게 이해할 수 있습니다.

- 95% 기준 트랜잭션 시간transaction time을 100밀리초 줄이기
- 현재 하드웨어로 처리량을 5배 높이기
- 평균 응답 시간을 30% 개선하기

하지만 일부 목표는 더 복잡할 수 있습니다.

- 고객 1명을 서비스하는 데 드는 리소스 비용을 50% 줄이기
- 애플리케이션 클러스터가 절반으로 줄어들더라도 목표 성능의 25% 이내로 유지하기
- 지연 시간을 10밀리초 단축해 고객 '이탈drop-off' 비율을 25% 낮추기

이처럼 구체적으로 무엇을 측정할지, 어떤 목표를 달성할지를 이해 관계자들과 미리 논의하는 것이 중요합니다. 이상적으로는 이러한 논의가 성능 개선 작업의 첫 번째 킥오프 회의에서 이루어져야 합니다.

2.2.4 소프트웨어 개발 수명 주기와 성능 테스트

일부 회사나 팀은 성능 테스트를 가끔 수행하는 일회성 활동으로 여기는 경우가 많습니다. 하지만 더 발전된 팀들은 성능 테스트performance tests, 특히 성능 저하 테스트performance regression testing를 소프트웨어 개발 수명 주기software development lifecycle(SDLC)의 중요한 부분으로 인식하고 지속적으로 수행합니다.

이를 위해 개발자와 인프라 팀이 협력하여, 성능 테스트 환경에서 언제 어떤 버전의 코드가 적용되는지를 체계적으로 관리해야 합니다. 또한 이러한 성능 테스트를 위해 전용 테스트 환경이 반드시 마련되어야 합니다.

2.2.5 자바 특유의 문제들

성능 분석에 관한 과학적 지식은 대부분 현대 소프트웨어 시스템에 적용될 수 있습니다. 하지만 자바 가상 머신의 특성상 성능 엔지니어가 추가적으로 고려해야 할 몇 가지 복잡한 요소가 있습니다. 이러한 요소들은 자바 가상 머신의 동적 자가 관리 기능에서 비롯되며, 메모리 영역의 동적 튜닝과 JIT 컴파일이 대표적입니다.

예를 들어, 현재 자바 가상 머신은 실행 중인 메서드를 분석해 최적화된 기계어 코드로 변환하기 위한 JIT 컴파일 후보를 자동으로 선정합니다. 만약 특정 메서드가 JIT 컴파일되지 않는다면, 그 이유는 다음 두 가지 중 하나일 가능성이 큽니다.

- 메서드가 컴파일될 만큼 자주 실행되지 않는다.
- 메서드가 너무 크거나 복잡하여 컴파일을 위한 분석이 불가능하다.

참고로 두 번째 조건은 첫 번째 조건에 비해 훨씬 드물게 발생합니다. 6장에서는 JIT 컴파일에 대해 자세히 다루며, 애플리케이션의 중요한 메서드가 자바 가상 머신에서 JIT 컴파일 대상으로 선택되도록 하는 간단한 기법도 소개할 예정입니다.

이제 성능 향상을 위한 일반적인 모범 사례를 논의한 후, 팀이 흔히 빠질 수 있는 함정과 안티패턴에 대해 살펴보겠습니다.

2.3 성능 안티 패턴의 원인

안티 패턴antipattern은 여러 소프트웨어 프로젝트나 팀에서 공통적으로 나타나는 바람직하지 않은 행동이나 방식입니다.[2] 이렇게 자주 발생하는 것을 보면, 이러한 원하지 않는 행동을 유발하는 근본적인 원인이 있을 것으로 추측됩니다. 일부 안티 패턴은 처음에는 그럴듯해 보이지만, 시간이 지나야 문제점이 드러나기도 하고, 또 다른 안티 패턴들은 부정적인 프로젝트 관행이 점차 쌓이면서 생기는 경우도 있습니다.

안티 패턴의 몇 가지 유형은 부록 B에서 찾아볼 수 있습니다. 예를 들어, 첫 번째 유형의 예시는 '**반짝이는 것에 한눈팔기**Distracted by Shiny'이고, 두 번째 유형의 예시는 '**입에서 입으로 전해진 방식으로 조정하기**Turning by Folklore'입니다.

이러한 안티 패턴은 때로는 팀 내부의 제약, 잘못된 관리 방식, 혹은 개발자 특유의 인간적인 성향 때문에 발생하기도 합니다. 이러한 문제들을 분류하고 정의함으로써 프로젝트에서 이를 논의하고 제거하는 데 도움이 되는 **패턴 언어**를 개발할 수 있습니다.

성능 최적화는 항상 명확한 목표를 세우고 계획 단계에서부터 객관적으로 접근해야 합니다. 그러나 이는 생각보다 쉽지 않습니다. 팀이 압박을 받거나 적절한 환경에서 작업하지 못할 경우, 이러한 접근이 무시될 수 있습니다.

많은 사람이 새로운 클라이언트가 서비스를 시작하거나 새로운 기능이 출시될 때 예상치 못한 오류가 발생하는 경험을 해봤을 것입니다. 운이 좋다면 사용자 수용 테스트user acceptance testing(UAT) 단계에서 발견하지만, 대부분은 실제 서비스 중에 문제가 드러납니다. 이런 상황에서는 팀이 급히 원인을 찾아 문제를 해결해야 하며, 이는 성능 테스트가 제대로 이루어지지 않았거나, 개인적인 판단에 의존한 누군가가 떠났기 때문입니다.

이렇게 운영되는 팀은 성능 테스트를 철저히 수행하고 열린 소통을 중시하는 팀보다 안티 패턴에 빠질 위험이 높습니다. 많은 개발 문제에서 기술적인 요소보다는 소통 부족과 같은 인간적인 요소가 애플리케이션 문제의 주요 원인이 되곤 합니다.

한편 케리 플리첼Carey Flichel이 작성한 블로그 글 '개발자들이 잘못된 기술 선택을 계속하는 이

---

2 이 용어는 윌리엄 J. 브라운, 라파엘 C. 말보, 헤이스 W. 맥코이 3세, 토마스 J. 모브레이가 저술한 『AntiPatterns: Refactoring Software, Architectures, and Projects in Crisis』(와일리, 1998)에서 대중화되었습니다.

유'[3]에서는 개발자들이 잘못된 결정을 내리는 다섯 가지 주요 원인을 설명합니다.

2.3.1 지루함

대부분의 개발자는 일을 하면서 지루함을 느껴본 적이 있을 것입니다. 일부 개발자는 그 지루함이 오래가지 않더라도 새로운 도전이나 역할을 찾기 위해 움직이곤 합니다. 이는 회사 내에서 새로운 기회를 찾을 수도 있고, 경우에 따라 이직을 고려할 수도 있습니다. 하지만 회사 내에 적절한 기회가 없거나 이직이 어려운 상황일 수도 있습니다.

많은 사람이 일에서 의욕을 잃고 그저 버티는 개발자나, 더 쉬운 일을 찾아 떠나는 개발자를 본 적이 있을 겁니다. 그러나 지루함을 느끼는 개발자는 프로젝트에 여러 가지 부정적인 영향을 미칠 수 있습니다.

예를 들어, 불필요하게 복잡한 코드를 도입할 수도 있습니다. `Collectioins.sort()`처럼 간단한 기능으로 충분한 경우에도 직접 정렬 알고리즘을 작성하는 식입니다. 또 자신의 지루함을 해소하기 위해 프로젝트와 맞지 않거나 잘 모르는 기술을 사용하여 새로운 컴포넌트를 만들려 할 수도 있습니다. 이런 문제는 다음 절에서 다룰 주제와도 연결됩니다.

2.3.2 이력 부풀리기

때로는 개발자가 특정 기술을 과도하게 사용하는 이유가 지루함이 아닌, 이력서나 CV에 해당 기술 경험을 추가하여 경력 시장에서 자신을 더 유리한 위치에 두기 위한 것일 수도 있습니다.

이러한 경우, 개발자는 곧 구직 시장에 나설 준비를 하면서 잠재적인 연봉과 시장성을 높이기 위해 적극적으로 새로운 기술을 시도하는 것입니다. 잘 운영되는 팀 내에서는 이런 행동이 쉽게 드러나지 않지만, 여전히 프로젝트를 불필요한 방향으로 이끄는 원인이 될 수 있습니다.

개발자의 지루함이나 이력서 관리를 위해 불필요한 기술이 추가되면 그 결과는 광범위하고 오래 지속될 수 있습니다. 특히, 원래 개발자가 떠난 후에도 해당 기술의 도입으로 팀이 여러 해 동안 부담을 안게 될 가능성이 있습니다.

---

3 *https://oreil.ly/62DPf*

2.3.3 사회적 압박

기술적 결정이 가장 나쁠 때는 결정을 내리는 과정에서 우려 사항이 충분히 표현되거나 논의되지 않았을 때입니다. 이는 여러 방식으로 나타날 수 있습니다. 예를 들어, 주니어 개발자가 시니어 앞에서 실수를 드러내고 싶지 않아 의견을 내지 않거나, 특정 주제에 대한 무지를 드러낼까 두려워 침묵하는 경우가 있습니다.

특히 경쟁이 치열한 팀에서는 개발 속도를 중시하는 분위기 속에서 중요한 결정을 서둘러 내리는 일이 발생할 수 있으며, 이 때문에 충분한 고려 없이 진행된 선택이 문제로 이어질 가능성이 큽니다.

2.3.4 이해 부족

개발자가 문제를 해결하기 위해 새로운 도구를 도입하려는 시도는 종종 기존 도구의 기능을 충분히 이해하지 못한 곳에서 비롯됩니다. 새로운 기술이 특정 작업에서 뛰어난 성능을 발휘할 수 있지만, 도입 시 기술적 복잡성이 추가될 수 있으며 기존 도구가 해결할 수 있는지 신중하게 따져봐야 합니다.

예를 들어, 하이버네이트Hibernate는 객체와 데이터베이스 간의 변환을 단순화하는 솔루션으로 보일 수 있습니다. 그러나 이를 충분히 이해하지 못한 상태에서는 오히려 시스템의 복잡성을 더하거나 장애를 유발할 위험이 있습니다. 익숙한 JDBC 호출을 사용하는 것은 이러한 위험을 줄이는 방법이 될 수 있습니다.

저자 중 한 명이 진행한 하이버네이트 강의에서도 이와 유사한 사례가 있습니다. 한 참석자는 애플리케이션을 복구하기 위해 하이버네이트를 배우려고 했지만, 결국 주말 동안 하이버네이트를 제거할 수밖에 없었습니다. 결코 바람직한 상황은 아니었습니다.

2.3.5 문제에 대한 오해 또는 문제 자체의 부재

기술을 도입하려는 이유가 명확하게 검토되지 않으며, 문제 자체를 제대로 파악하지 않은 상태에서 해결책이 제시되는 경우가 있습니다. 성능 값을 측정하지 않으면 특정 솔루션이 성공적인지 판단하기 어려우며, 성능 측정을 통해 문제를 보다 정확히 이해할 수 있습니다.

기술적 문제에 대한 논의가 팀 내에서 자유롭게 이루어지도록 독려하고, 불확실한 점이 있다면 실제 데이터를 수집하거나 프로토타입을 만들어 검증하는 과정을 거쳐야 합니다. 새로운 기술이 매력적으로 보이더라도, 프로토타입 결과가 기대에 미치지 못한다면 팀은 보다 신중한 결정을 내릴 수 있습니다.

이러한 요인들은 다양한 성능 안티 패턴으로 이어질 수 있으며, 이에 대한 자세한 사례는 부록 B에서 확인할 수 있습니다.

2.4 자바 가상 머신 성능을 위한 통계

성능 분석이 진정한 실험이라면, 결국 데이터 결과의 분포를 다루어야 합니다. 통계학자와 과학자들은 실제 데이터가 명확하고 깨끗한 신호로 나타나지 않는다는 사실을 잘 알고 있습니다. 성능 분석 또한 이상적인 환경이 아니라, 현실 세계의 데이터와 씨름해야 하는 과정입니다.

> 우리는 신을 믿습니다. 하지만 다른 모든 사람은 데이터를 사용해야 합니다.[4]
>
> — W. 에드워즈 데밍

모든 측정에는 어느 정도의 오차가 포함되므로, 각 실행에서 발생할 수 있는 오차를 최소화하기 위해 반복 측정이 필요합니다. 자바 성능 평가의 표준은 2007년에 발표된 「통계적으로 엄격한 자바 성능 평가」[5] 논문에서 제시되었습니다. 이 논문에 따르면, 동적인 소프트웨어 시스템(예 자바 가상 머신)에서 통계적으로 유의미한 결과를 얻으려면 최소 30번의 실행이 필요합니다.

다음 절에서는 자바 개발자가 성능 분석을 할 때 예상할 수 있는 두 가지 주요 오차 유형을 설명합니다.

2.4.1 오차 유형

엔지니어가 성능 분석에서 마주할 수 있는 주요 오차는 두 가지가 있습니다.

---

4 메리 월턴, 『데밍 경영 방법』(머큐리 북스, 1989)

5 `https://oreil.ly/mjhzo`, Andy Georges, Dries Buytaert, and Lieven Eeckhout. 2007. "Statistically Rigorous Java Performance Evaluation," *ACM SIGPLAN Notices*, vol. 42, iss. 10(October 2007): 57–76.

- 무작위 오차: 측정 과정에서 발생하는 오차로, 서로 관련 없는 다양한 요인이 결과에 영향을 미치는 경우를 말합니다.
- 체계적 오차: 특정 요인이 지속적으로 결과 측정에 영향을 미치는 경우를 말합니다.

이 두 가지 오차 유형과 관련된 용어가 있습니다. 예를 들어, **정확도**accuracy는 측정의 체계적 오차systematic error 정도를 나타내며, 높은 정확도는 체계적 오차가 적음을 의미합니다. **정밀도**precision는 무작위 오차random error에 해당하며, 높은 정밀도는 무작위 오차가 적음을 의미합니다.

[그림 2-1]은 이 두 가지 오차 유형이 측정에 미치는 영향을 보여줍니다. 맨 왼쪽 그림은 실제 결과(타겟의 중심) 주변에 측정값(샷)이 모여 있는 경우로, 높은 정확도와 높은 정밀도를 가진 측정입니다. 두 번째 그림은 체계적인 요인(예를 들어, 조준이 잘못된 경우)으로 측정값이 모두 타겟에서 벗어난 경우입니다. 이 경우 정밀도는 높지만 정확도가 낮습니다. 세 번째 그림은 타겟 주변에 넓게 분포되어 있어 낮은 정밀도를 보이지만, 평균적으로 타겟 중심에 가깝기 때문에 높은 정확도를 나타냅니다. 마지막 그림은 뚜렷한 패턴 없이 측정값이 흩어져 있는 경우로, 낮은 정밀도와 정확도를 의미합니다.

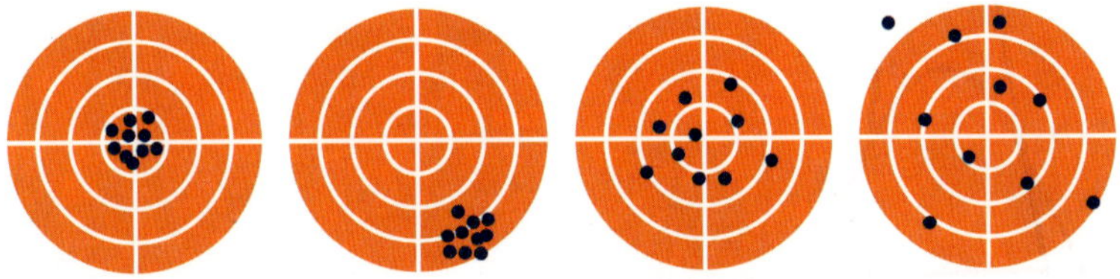

그림 2-1 다양한 유형의 오류

이제 무작위 오차의 유형을 좀 더 자세히 살펴보겠습니다.

무작위 오차

무작위 오차는 많은 사람에게 익숙한 개념입니다. 이미 충분히 연구된 주제이지만, 관찰 데이터를 다룰 때 반드시 어느 정도는 고려해야 하므로 여기에서 짚고 넘어갈 필요가 있습니다.

NOTE 이 논의는 독자가 정규 분포된 측정치의 기본 통계 처리(평균, 최빈값, 표준 편차 등)에 익숙하다는 전제하에 진행됩니다. 익숙하지 않은 독자는 『Handbook of Biological Statistics』[6]와 같은 기본서를 참고하는 것이 좋습니다.

무작위 오차는 환경의 예측할 수 없거나 알 수 없는 변화로 발생합니다. 일반적인 과학 용어로 이러한 변화는 측정 도구나 환경에서 발생할 수 있습니다. 그러나 소프트웨어의 경우, 측정 장치가 신뢰할 수 있다고 가정하기 때문에 무작위 오차의 원인은 운영 환경에서만 발생한다고 봅니다.

무작위 오차는 일반적으로 정규(가우스) 분포를 따르는 것으로 간주됩니다. 정규 분포의 몇 가지 일반적인 예는 [그림 2-2]에 나와 있습니다.

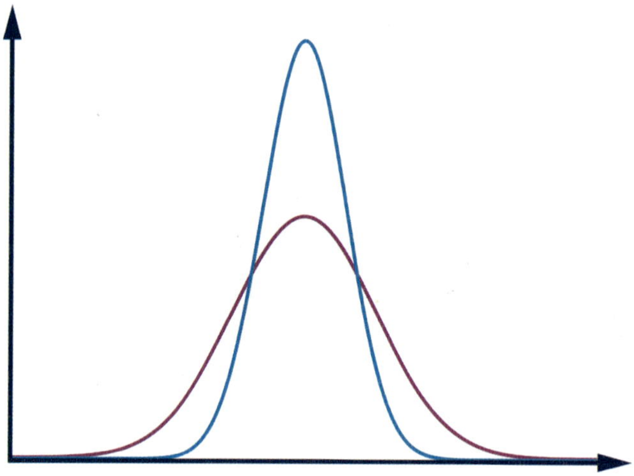

그림 2-2 정규 분포(가우스 분포 또는 종 모양 곡선)

이 정규 분포는 오차가 관측값에 미치는 양의 영향과 음의 영향이 동일한 확률로 발생하는 경우를 모델링하는 데 적합합니다. 그러나 이후에 다룰 '비정규 통계'에서 살펴보겠지만, 자바 가상 머신 측정에서는 이보다 더 복잡한 요인이 작용합니다.

---

6 `http://biostathandbook.com`, John H. McDonald, *Handbook of Biological Statistics*, 3rd ed.(Baltimore, MD: Sparky House Publishing, 2014).

체계적 오차

체계적 오차의 예로, JSON을 송수신 하는 백엔드 자바 웹 서비스 그룹에 대해 성능 테스트를 수행하는 경우를 생각해 보겠습니다. 부하 테스트를 위해 애플리케이션 프런트엔드를 직접 사용하는 것이 어렵다면, 이런 유형의 테스트가 자주 사용됩니다.

아파치 제이미터Apache JMeter 부하 생성 도구에서 생성한 [그림 2-3]에는 두 가지 체계적 효과가 나타나 있습니다. 첫 번째는 최상단 선(이상치 서비스)에서 관찰되는 선형 패턴으로, 이는 서버의 제한된 리소스가 서서히 소진되는 현상을 보여줍니다.

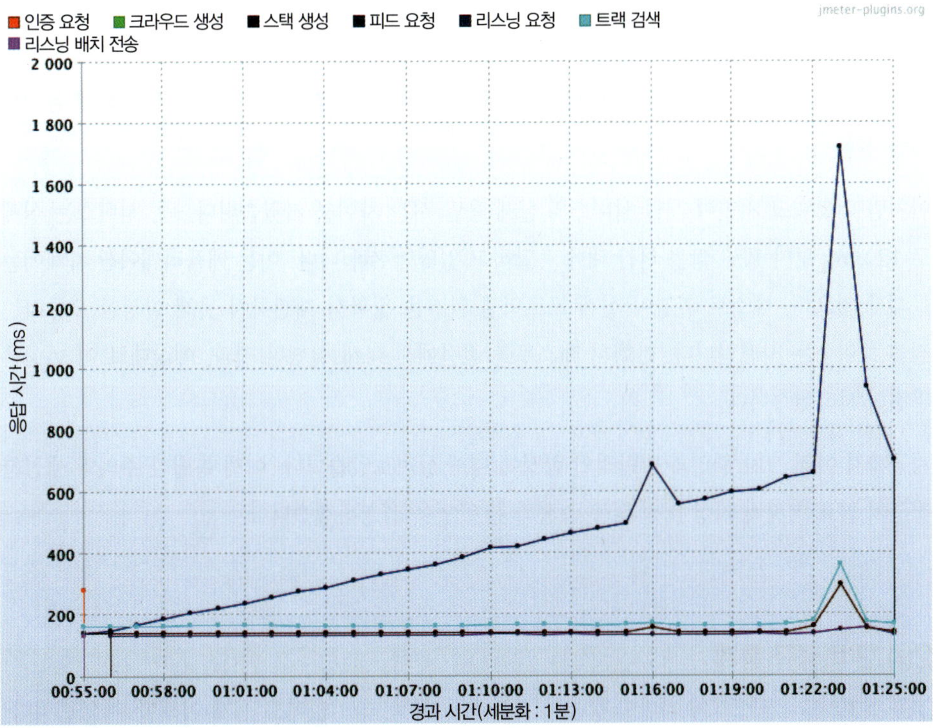

그림 2-3 체계적 오류

이런 유형의 패턴은 주로 메모리 누수memory leak나 요청 처리 과정에서 스레드가 사용한 리소스가 적절히 해제되지 않는 경우와 관련이 있으며, 조사할 잠재적 문제로 간주됩니다. 실제 문제일 가능성이 있기 때문에 주의 깊게 살펴봐야 합니다.

NOTE 영향을 받은 리소스 유형을 확인하려면 추가 분석이 필요합니다. 단순히 메모리 누수라고 단정할 수는 없습니다.

두 번째로 주목해야 할 효과는 대부분의 다른 서비스가 약 180 ms 수준에서 일관된 응답 시간을 보인다는 점입니다. 서비스마다 요청 처리량이 크게 다름에도 불구하고 동일한 패턴이 나타난 것은 의문을 자아냅니다. 그렇다면 왜 이러한 일관성이 나타나는 것일까요?

그 이유는 테스트 대상 서비스가 런던에 위치해 있지만, 이번 부하 테스트가 인도 뭄바이에서 실행되었기 때문입니다. 관찰된 응답 시간에는 뭄바이와 런던 간 왕복 네트워크 지연 시간이 포함되며, 이는 최소 120~150 ms에 달합니다. 이 지연 시간이 대부분의 서비스 응답 시간에 큰 영향을 미쳤으며, 그 결과 이상치를 제외한 나머지 서비스의 응답 시간이 일정하게 유지되었습니다.

이처럼 네트워크 지연이 개별 서비스의 실제 응답 시간 차이를 가렸습니다. 즉, 서비스는 실제로 120 ms 보다 훨씬 짧은 시간 내에 응답하고 있었던 것입니다. 이는 애플리케이션 자체에는 문제가 없으며, 테스트 환경이 실제 프로덕션 환경을 정확히 재현하지 못해 발생한 오류라는 점을 보여주는 사례입니다. 다행히 테스트를 런던에서 다시 실행한 결과, 예상대로 이 현상은 완전히 사라졌습니다.

지금까지 여러 오차 원인과 일반적인 함정에 대해 살펴보았습니다. 이제 특별한 주의와 세심한 접근이 필요한 자바 가상 머신 성능 측정의 한 측면을 설명하겠습니다.

2.4.2 비정규 통계

정규 분포normal distribution에 기반한 통계는 복잡한 수학적 지식 없이도 쉽게 이해할 수 있습니다. 이 때문에 고등학교나 학부 수준에서 가르치는 통계는 주로 정규 분포 데이터를 분석하는 데 중점을 둡니다.

학생들은 평균과 표준 편차standard deviation(또는 분산) 계산 방법을 배우고, 때로는 왜도skew와 첨도kurtosis 같은 고차 모멘트higher moment도 다룹니다. 그러나 이러한 기법에는 한계가 있습니다. 분포에서 조금만 벗어난 이상치가 포함되더라도 결과가 쉽게 왜곡될 수 있기 때문입니다.

NOTE 자바 성능 분석에서 이상치는 느린 거래나 불만을 가진 고객을 의미합니다. 따라서 이러한 데이터를 특별히 주의 깊게 살펴봐야 하며, 이상치의 중요성을 희석시키는 기법은 피해야 합니다.

다음 그림에서는 메서드(또는 트랜잭션) 시간 분포를 보다 현실적으로 나타낸 곡선을 볼 수 있습니다. 이 분포는 정규 분포와 다릅니다.

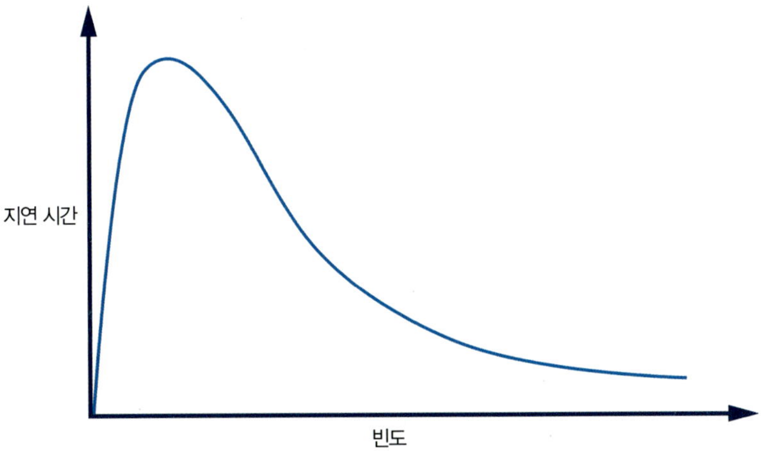

그림 2-4 트랜잭션 시간 분포의 보다 현실적인 모습

[그림 2-4]에 나타난 분포 형태는 자바 가상 머신의 동작을 직관적으로 설명해 줍니다. 즉, 이미 JIT 컴파일이 완료된 모든 관련 코드가 포함된 핫 패스hot path가 존재하며, 가비지 컬렉터가 실행되지 않은 상태를 반영하고 있습니다. 이는 최상의 시나리오(또한 자주 발생하는 시나리오)를 나타내며, 단순한 무작위 효과 때문에 '조금 더 빠른a bit faster' 호출이 발생하는 것은 아닙니다.

이 점은 정규 분포의 기본 가정을 벗어나며, 비정규 분포를 고려해야 하는 이유가 됩니다.

NOTE 비정규 분포에서는 많은 '기본 규칙'이 적용되지 않습니다. 특히 표준 편차, 분포, 기타 고차 모멘트들은 거의 의미를 가지지 않게 됩니다.

다른 관점에서 보면, 고객들이 대거 불만을 제기하지 않는 이상, 평균 응답 시간을 개선하는 것이 실질적인 성능 목표가 되기는 어렵습니다. 물론 평균 응답 시간을 줄이면 모든 사용자 경험이 향상되지만, 현실적으로는 몇몇 불만족스러운 고객 사례를 해결하기 위해 지연 시간 최적화 작업이 이루어지는 경우가 더 많습니다. 이는 대다수 고객이 만족스러운 서비스를 받고 있음에도, 이상치 이벤트가 더 큰 관심을 끈다는 것을 암시합니다.

자바 가상 머신이 생성하는 비정규의 '롱테일long-tail' 분포를 다룰 때 유용한 기법 중 하나는 수정된 백분위수 체계를 사용하는 것입니다. 데이터 분포는 단순히 하나의 숫자로 요약하기 어려우며, 전체적인 데이터 포인트 집합(데이터의 모양)을 고려해야 합니다.

평균처럼 분포 전체를 단일 결과로 표현하기보다는, 일정한 간격을 두고 샘플을 추출하는 방법을 활용할 수 있습니다. 정규 분포 데이터에서는 보통 일정한 간격으로 샘플을 채취됩니다. 그러나 이 방식을 약간 변형하면 자바 가상 머신 통계에 더 효과적으로 적용할 수 있습니다.

이 수정된 방법에서는 평균을 기준으로 90번째 백분위수까지 이동한 후, 그 이후부터는 로그 스케일을 적용하여 샘플을 추출합니다. 이를 통해 데이터의 특성을 더욱 잘 반영하는 방식으로 샘플링할 수 있습니다.

```
50.0% level was 23 ns
90.0% level was 30 ns
99.0% level was 43 ns
99.9% level was 164 ns
99.99% level was 248 ns
99.999% level was 3,458 ns
99.9999% level was 17,463 ns
```

샘플 데이터를 보면, `getter` 메서드를 평균 실행 시간은 23 ns였지만, 1,000번 중 1번의 요청은 평균보다 10배 더 오래 걸렸으며, 100,000번 중 1번의 요청은 평균보다 100배 더 오래 걸렸습니다.

이러한 롱테일 분포는 **고동적 범위**high dynamic range(HDR) 분포라고도 불립니다. 관측값의 동적 범위는 일반적으로 가장 큰 기록값을 가장 작은 값(0이 아닌 경우)을 나눈 값으로 정의됩니다.

로그 스케일의 백분위수는 롱테일 분포를 이해하는 데 유용한 도구입니다. 하지만 더 정교한 분석이 필요할 경우, 고동적 범위를 가진 데이터셋을 다룰 수 있는 공개 라이브러리를 사용할 수 있습니다. 대표적인 예로 **HdrHistogram**이 있으며, 깃허브[7]에서 이용 가능합니다. 이 라이브러리는 길 테네Gil Tene(아줄 시스템즈Azul Systems)가 처음 개발했으며, 마이크 바커Mike Barker와 여러 기여자들이 추가 작업을 진행했습니다.

> **NOTE** 히스토그램은 고유한 범위 집합(버킷Bucket)을 사용해 데이터를 요약하며, 각 버킷에 얼마나 자주 데이터가 포함되는지를 보여주는 방식입니다.

HrdHistogram은 메이븐 센트럴Maven Central에서도 사용할 수 있습니다. 작성 시점에서 최신 버전은 2.2.2이며, 프로젝트의 **pom.xml**에 다음과 같은 종속성 항목을 추가하여 사용할 수 있습니다.

```
<dependency>
    <groupId>org.hdrhistogram</groupId>
    <artifactId>HdrHistogram</artifactId>
    <version>2.1.12</version>
</dependency>
```

HrdHistogram을 사용한 간단한 예제를 살펴보겠습니다. 이 예제는 숫자가 포함된 파일을 입력으로 받아, 연속된 값 간 차이에 대한 **HrdHistogram**을 계산합니다.

```
public class BenchmarkWithHdrHistogram {
    private static final long NORMALIZER = 1_000_000;

    private static final Histogram HISTOGRAM
            = new Histogram(TimeUnit.MINUTES.toMicros(1), 2);

    public static void main(String[] args) throws Exception {
        final List<String> values = Files.readAllLines(Paths.get(args[0]));
        double last = 0;
        for (final String tVal : values) {
            double parsed = Double.parseDouble(tVal);
            double gcInterval = parsed - last;
            last = parsed;
            HISTOGRAM.recordValue((long)(gcInterval * NORMALIZER));
```

7 *https://oreil.ly/6Ax3R*

```
        }
        HISTOGRAM.outputPercentileDistribution(System.out, 1000.0);
    }
}
```

출력은 연속적인 가비지 컬렉션 사이의 시간을 보여줍니다. 4장과 5장에서 살펴보겠지만, 가비지 컬렉션은 일정한 간격으로 발생하지 않으며, 얼마나 자주 실행되는지를 파악하는 것이 중요할 수 있습니다. 다음은 샘플 가비지 컬렉션 로그를 기반으로 히스토그램 플로터가 생성한 결과입니다.

```
Value     Percentile TotalCount 1/(1-Percentile)

     14.02 0.000000000000          1           1.00
   1245.18 0.100000000000         37           1.11
   1949.70 0.200000000000         82           1.25
   1966.08 0.300000000000        126           1.43
   1982.46 0.400000000000        157           1.67

...

  28180.48 0.996484375000        368         284.44
  28180.48 0.996875000000        368         320.00
  28180.48 0.997265625000        368         365.71
  36438.02 0.997656250000        369         426.67
  36438.02 1.000000000000        369
#[Mean    =       2715.12, StdDeviation   =       2875.87]
#[Max     =      36438.02, Total count    =           369]
#[Buckets =            19, SubBuckets     =           256]
```

포매터의 원시 출력은 그대로 분석하기 다소 어렵지만, 다행히 **HrdHistogram** 프로젝트에서는 이 원시 출력을 활용해 시각적 히스토그램을 생성할 수 있는 온라인 포매터formatter[8]를 제공합니다.

이 예제를 실행하면 [그림 2-5]와 같은 출력이 생성됩니다.

8 *https://oreil.ly/gMwqt*

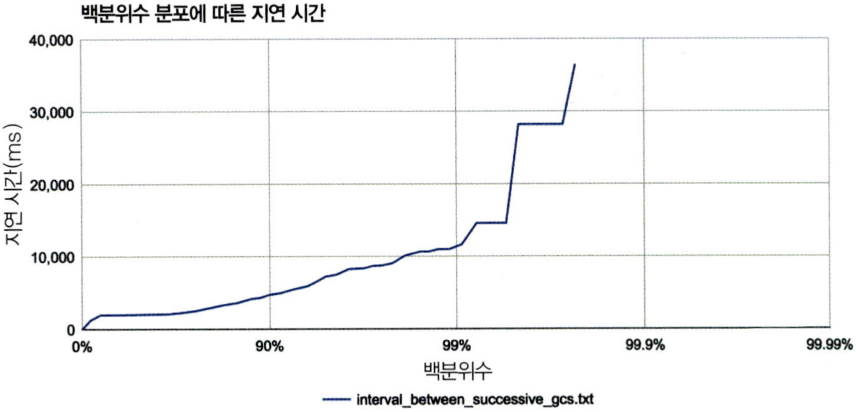

그림 2-5 HrdHistogram 시각화 예시

자바 성능 튜닝에서 측정하는 많은 관측값은 비정규 분포를 나타내는 경우가 많으며, HrdHistogram은 데이터의 형태를 이해하고 시각화하는 데 매우 유용한 도구입니다.

이 도구는 **조정된 누락**coordinated omission을 감지하고 이해하는 데도 큰 도움이 될 수 있습니다. 이는 측정 시스템이 측정 대상 시스템과 의도치 않게 동기화되어 이상치를 잘못 측정하거나, 일부 요청이 누락되어 전송되지 않는 현상을 설명하는 용어입니다.[9]

2.5 통계 해석

실제 데이터와 관측된 결과는 별개로 존재하는 것이 아니며, 애플리케이션을 측정하여 얻은 결과를 정확하게 해석하는 것이 가장 어려운 작업입니다.

> 어떤 문제든 결국 사람의 문제입니다.
>
> — 제럴드 와인버그

해석 과정에서는 다양한 문제가 발생할 수 있습니다. 그 중에서도 체계적 오류와 함께 자주 발생하는 대표적인 문제로 거짓 상관관계spurious correlation가 있습니다. 먼저 이 개념을 살펴보겠습니다.

---

9 자세한 내용은 이반 프리아즈니의 「On Coordinated Omission」(Scylla, 2021년 4월 22일)에서 확인할 수 있습니다. *https://oreil.ly/VoW98*

2.5.1 거짓 상관관계

통계에서 가장 유명한 격언은 '상관관계는 인과관계를 의미하지 않는다correlation does not imply causation'입니다. 즉, 두 변수가 유사한 패턴을 보인다고 해서 실제로 서로 연결되어 있다고 단정할 수는 없습니다.

이 개념은 성능 엔지니어가 반드시 이해해야 할 중요한 원칙으로, 보다 자세한 설명이 필요합니다. 위키피디아에서는 이를 설명하기 위해 네 가지 가능한 관계를 제시하고 있습니다.[10] 상호 연관된 두 이벤트 A와 B 사이에는 다음과 같은 관계가 있을 수 있습니다.

- A가 B를 유발한다(직접적 인과관계direct causation).
- B가 A를 유발한다(역방향 인과관계reverse causation).
- A와 B는 C라는 공통 요인으로 동시에 유발된다(공통 인과관계common causation).
- A와 B 사이에는 아무런 연관이 없으며, 상관관계는 단순히 우연이다.

첫 번째와 두 번째는 비교적 이해하기 쉽습니다. 세 번째 경우인 공통 인과관계는 두 변수가 실제로 연결되어 있지만, 이를 잘못 해석하여 인과관계를 추론하는 상황을 의미합니다. 즉 상관관계는 존재하지만, 그렇다고 해서 인과관계를 단정할 수는 없습니다.

예를 들어, 의료 분야에서 유아기에 모유 수유를 한 아기들이 성장 후 더 높은 IQ 점수를 보인다는 연구 결과가 있습니다. 이는 여러 연구에서 확인된 사실이지만, 그 원인은 단순히 모유 수유 자체가 아니라 다른 요인과 관련이 있을 수도 있습니다. 실제로 모유 수유 비율이 높은 계층은 대체로 더 높은 사회경제적 수준이 높은 경우가 많으며, 이에 아이의 정신적 발달을 위해 더 많은 시간을 투자할 가능성이 큽니다.

네 번째 경우의 극단적 예로, 전혀 관련 없는 측정값 사이에서도 상관관계를 찾아낼 수 있는 상황이 있습니다.[11] 예를 들어, [그림 2-6]에서는 미국의 닭고기 소비량과 미국 원유 총 수입량 사이에서 높은 상관관계가 나타나는 것을 확인할 수 있습니다.[12]

---

10 *https://oreil.ly/w0jt1*

11 *https://oreil.ly/nY8Kb*

12 이 허위 상관관계 예시는 '타일러 비겐(Tyler Vigen)' 웹사이트에서 가져온 것이며, CC BY 4.0 라이선스에 따라 허가를 받아 재사용되었습니다. 더 많은 사례가 궁금하다면 해당 웹사이트에서 추가 예시를 확인할 수 있습니다.

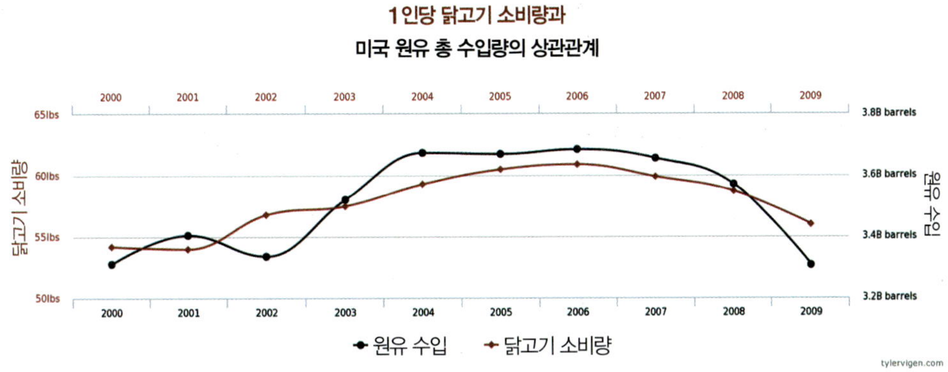

그림 2-6 완전히 허구적인 상관관계

이 수치들은 인과관계를 반영하지 않으며, 원유 수입과 닭 소비를 동시에 증가시키는 공통 요인도 존재하지 않습니다. 그러나 전문가가 경계해야 할 것은 이처럼 명백히 비현실적인 상관관계가 아닙니다.

[그림 2-7]에서는 비디오 게임 아케이드에서 발생한 수익과 컴퓨터 과학 박사 학위 수여 건수 사이에 상관관계가 나타나는 것을 볼 수 있습니다. 이는 '스트레스를 받은 박사 과정 학생들이 몇 시간 동안 비디오 게임을 하며 휴식을 취했다'는 식의 사회학적 연구로 이어질 수도 있지만, 실제로는 이러한 공통 요인이 존재하지 않는 경우가 많습니다.

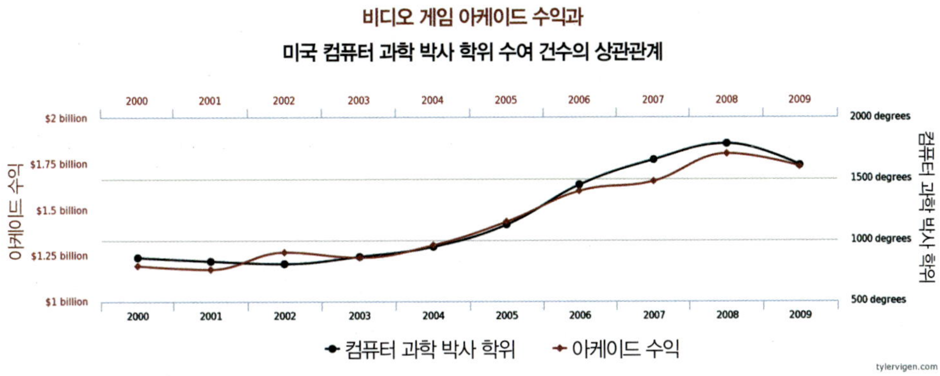

그림 2-7 덜 허구적인 상관관계?

자바 가상 머신과 성능 분석에서는 단순한 상관관계를 근거로 측정값 간의 인과관계를 추정하지 않도록 특히 주의해야 합니다. 또한 특정한 연결이 '그럴듯해 보인다' 는 이유만으로 속단해서는 안 됩니다.

> 첫 번째 원칙은 스스로를 속이지 않는 것입니다. 가장 속이기 쉬운 사람은 바로 자신입니다.[13]
>
> — 리처드 파인먼

[그림 2-8]에서는 실제 자바 애플리케이션의 메모리 할당 속도의 예를 보여줍니다. 이 예시는 비교적 성능이 잘 나오는 애플리케이션을 대상으로 합니다.

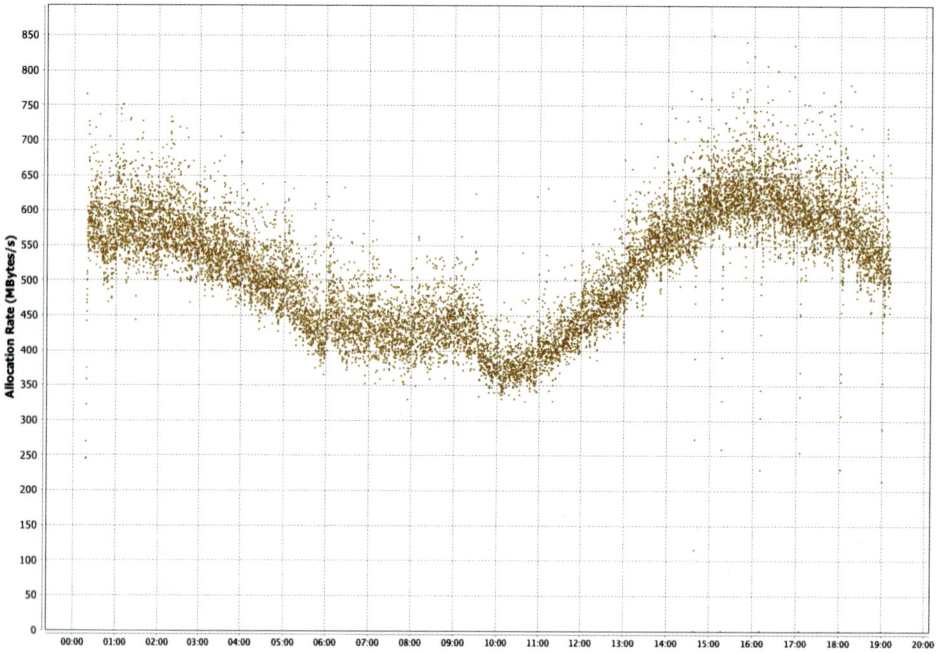

그림 2-8 할당 속도 예시

할당 데이터 해석은 비교적 간단하며, 명확한 신호가 나타나 있습니다. 관찰 기간(약 하루) 동안 할당 속도는 초당 350 MB에서 700 MB 사이로 안정적이었습니다. 자바 가상 머신이 시작된 지 약 5시간 후부터 하락세가 시작되었고, 9~10시간 사이에 최저점을 기록한 후 다시 상승하기 시작했습니다.

13 『파인만 씨 농담도 잘하시네』(사이언스북스, 2000)

이러한 추세는 매우 일반적인 현상입니다. 할당 속도는 애플리케이션이 실제로 처리하는 작업량을 반영하며, 이는 시간대에 따라 크게 변동할 수 있습니다. 그러나 실제 관측값을 해석할 때는 다양한 변수들이 영향을 미치므로 상황이 복잡해질 수 있습니다.

2.5.2 모자와 코끼리

이 문제는 흔히 모자와 코끼리 문제라고 불리며, 앙투안 드 생텍쥐페리Antonie de Saint-Exupéry의 『어린왕자』에 등장하는 한 장면에서 유래합니다. 책에서 화자는 여섯 살 때 코끼리를 삼킨 보아뱀 그림을 그렸지만, 어른들의 눈에는 단순히 모양이 흐릿한 모자로만 보였습니다.

이 비유는 독자에게 상상력을 발휘하고, 단순한 표면적 설명에 만족하지 말고 더 깊이 생각할 것을 강조하는 메시지를 담고 있습니다.

소프트웨어에서 이 문제를 적용한 예시는 [그림 2-9]에서 볼 수 있습니다. 처음에는 HTTP 요청-응답 시간의 복잡한 히스토그램이 보이지만 『어린왕자』의 화자처럼 조금 더 깊이 분석해 보면 이 복잡한 그림이 실제로는 몇 가지 단순한 요소로 구성되어 있음을 알 수 있습니다.

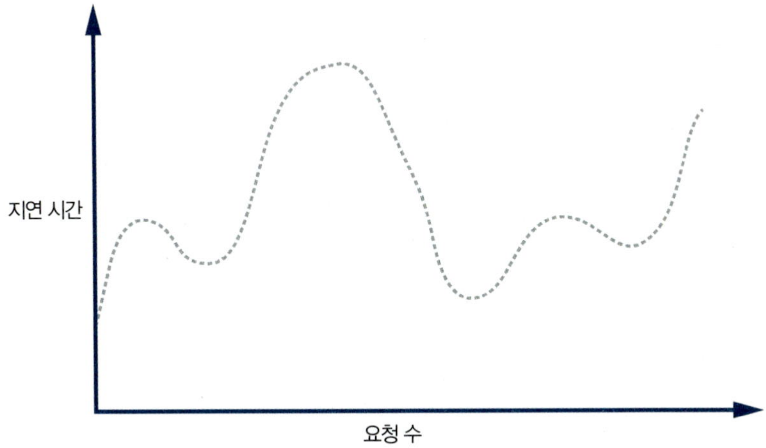

그림 2-9 모자일까, 코끼리를 삼킨 보아뱀일까?

응답 히스토그램을 해석하는 핵심은 '웹 애플리케이션 응답' 이라는 범주가 매우 포괄적이며, 다양한 응답을 포함한다는 점을 이해하는 것입니다. 여기에는 성공적인 요청(일명 2xx 응답),

클라이언트 오류(4xx, 특히 잘 알려진 404 오류), 서버 오류(5xx, 특히 500 내부 서버 오류)가 포함됩니다.

각 유형의 응답 시간은 서로 다른 분포 특성을 가집니다. 예를 들어, 클라이언트가 존재하지 않는 URL에 요청을 보낸 경우(404 오류), 웹 서버는 즉시 응답할 수 있습니다. 따라서 클라이언트 오류 응답만을 따로 분석한 히스토그램은 [그림 2-10]과 유사한 형태를 보입니다.

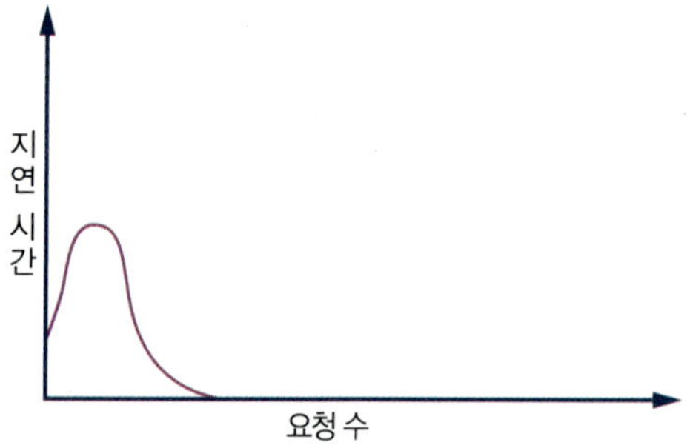

그림 2-10 클라이언트 오류

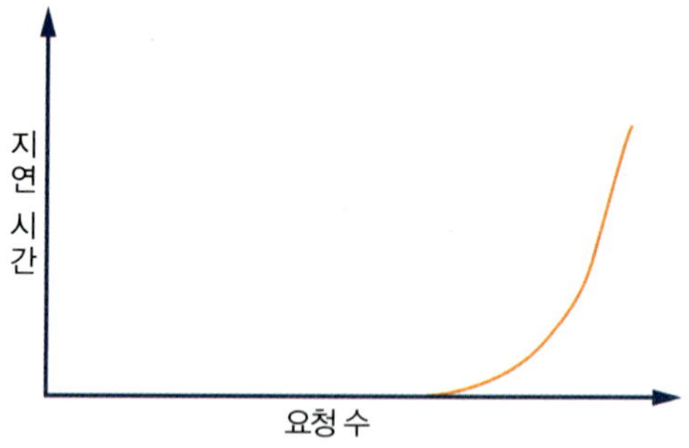

그림 2-11 서버 오류

반면, 서버 오류는 많은 처리 시간이 소요된 후 발생하는 경우가 많습니다(예 백엔드 리소스의 과부하나 시간 초과). 따라서 서버 오류 응답에 대한 히스토그램은 [그림 2-11]과 유사한 형태를 보일 수 있습니다.

성공적인 요청의 응답 시간은 긴 꼬리 분포를 나타내겠지만, 실제로는 여러 개의 국소 최댓값을 가진 다봉 분포multimodal distribution 형태일 수도 있습니다. [그림 2-12]는 서로 다른 두 가지 응답 시간을 갖는 애플리케이션에서 공통된 실행 경로가 존재할 가능성을 보여주는 예시입니다.

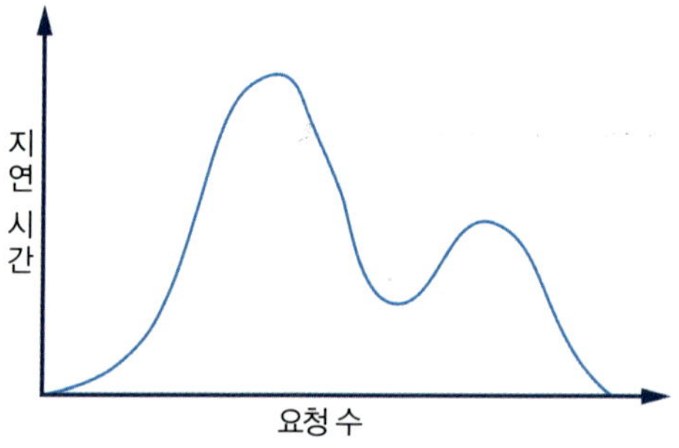

그림 2-12 성공적인 요청

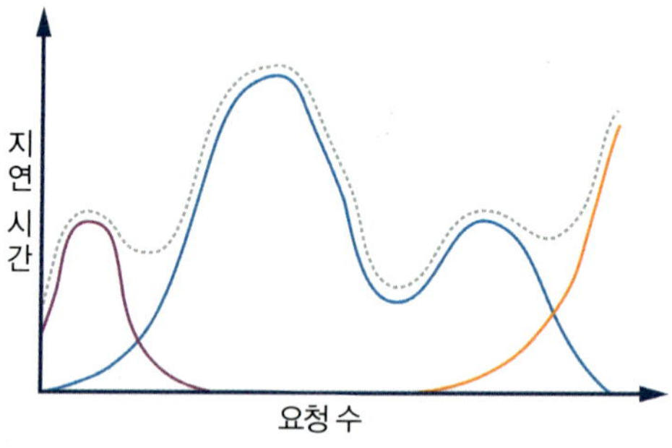

그림 2-13 다시 보는 모자 또는 코끼리를 삼킨 보아뱀

이러한 다양한 유형의 응답을 하나의 그래프로 합치면 [그림 2-13]과 같은 형태가 됩니다. 이는 개별 히스토그램을 합쳐서 다시 원래의 모자 형태를 재구성한 것입니다.

일반적인 관측값을 더 의미 있는 하위 집단으로 분해하는 개념은 매우 유용합니다. 결과에서 결론을 도출하기 전에, 데이터와 도메인을 충분히 이해해야 합니다. 따라서 데이터를 더 작은 집합으로 세분화하는 것이 중요합니다. 예를 들어, 성공적인 요청이라도 읽기 요청과 업데이트 또는 업로드 요청은 서로 매우 다른 분포를 가질 수 있습니다.

페이팔PayPal의 엔지니어링 팀은 통계와 분석 기법을 광범위하게 활용하며, 우수한 자료를 담은 블로그[14]를 운영하고 있습니다. 특히 마흐무드 하셰미Mahmoud Hashemi의 「Statistics for Software」[15]는 그들의 방법론을 잘 소개하며, 앞서 논의한 모자와 코끼리 문제의 변형 사례도 포함하고 있습니다.

또한 '데이터사우루스 더즌Datasaurus Dozen'도 주목할 만한 개념입니다. 기본 통계는 같지만 시각적으로는 전혀 다른 형태를 띠는 데이터셋 모음입니다.[16]

2.6 인지적 편향과 성능 테스트

사람은 빠르고 정확한 판단을 결정하는 데 어려움을 겪을 수 있습니다. 과거 경험이나 유사한 상황에서 얻은 지식을 활용할 수 있는 경우에도 마찬가지입니다.

인지 편향cognitive bias은 인간의 뇌가 잘못된 결론을 내리게 유도하는 심리적 효과입니다. 특히, 인지 편향을 겪는 사람은 대개 이를 인식하지 못하며, 오히려 자신이 합리적인 판단을 한다고 믿기 때문에 문제가 됩니다.

성능 분석에서 관찰되는 많은 안티 패턴(부록 B에 있는 사례들이 대표적이며, 이 절과 함께 읽어 보면 도움이 됩니다)은 대부분 하나 이상의 인지 편향에서 비롯됩니다. 이러한 편향은 무의

14 https://oreil.ly/CHgkJ

15 https://oreil.ly/ZLK_v. 마흐무드 하셰미는 이 글을 페이팔에서 근무할 당시 작성했으나, 현재는 페이팔 기술 블로그 팀의 글로 귀속되어 있습니다.

16 Justin Matejka and George Fitzmaurice, "Same Stats, Different Graphs: Generating Datasets with Varied Appearance and Identical Statistics through Simulated Annealing," *ACM SIGCHI Conference on Human Factors in Computing Systems 2017*, Denver(2017).

식적인 가정을 기반으로 발생하는 경우가 많습니다.

예를 들어, 책임 전가Blame Donkey 안티 패턴에서는 특정 컴포넌트가 최근 여러 차례 장애를 일으킨 경우, 팀은 새로운 성능 문제의 원인도 해당 컴포넌트일 것이라고 쉽게 단정하는 경향이 있습니다. 그리고 분석된 데이터가 이 가설을 뒷받침하는 것처럼 보이면, 해당 데이터를 더욱 신뢰할 만한 정보로 받아들이게 됩니다.

이 안티 패턴은 확증 편향confirmation bias과 최신성 편향recency bias의 특성이 결합된 사례입니다. 확증 편향은 자신의 기존 믿음이나 가설을 뒷받침하는 정보만을 찾으려는 경향을 의미하며, 최신성 편향은 최근에 일어난 일이 계속 발생할 것이라고 가정하는 경향을 의미합니다.

> **NOTE** 자바의 단일 컴포넌트는 런타임 최적화 방식에 따라 애플리케이션마다 다르게 동작할 수 있습니다. 따라서 기존 편향을 없애기 위해서는 애플리케이션 전체를 분석하는 것이 중요합니다.

편향은 서로 보완적이거나 대조적일 수 있습니다. 예를 들어, 일부 개발자는 문제가 소프트웨어가 아니라 실행 환경인 인프라에 있다고 단정하는 경향이 있습니다. 이는 '내 환경에서는 문제없음' 안티 패턴에서 흔히 볼 수 있으며, '사용자 수용 테스트(UAT)에서는 정상 작동했으니 프로덕션 장비에 문제가 있을 것이다'와 같은 형태로 나타납니다. 반대로, 시스템의 모든 문제가 소프트웨어에서 비롯된다고 가정하는 편향도 존재합니다. 이는 개발자가 주로 소프트웨어 영역만을 다루며, 직접적인 영향을 미칠 수 있는 부분이 한정적이기 때문입니다.

모든 성능 엔지니어가 주의해야 할 대표적인 편향을 소개하겠습니다.

> 함정을 아는 것, 그것이 회피의 첫 걸음입니다.[17]
>
> — 레토 아트레이드 공작 1세

우리 자신과 타인의 편향을 인식함으로써 성능 분석을 더 건전하게 수행하고 시스템 문제를 효과적으로 해결할 가능성을 높일 수 있습니다.

17 프랭크 허버트, 『듄』(황금가지, 2021)

2.6.1 환원주의적 사고 편향

환원주의적 사고 편향reductionist thinking cognitive bias은 시스템을 충분히 작은 부분으로 나누면 구성 요소를 이해함으로써 전체 시스템을 파악할 수 있다는 분석적 접근에 기반합니다. 각 부분을 이해하면 잘못된 가정을 줄일 수 있다고 생각하는 것입니다.

하지만 복잡한 시스템에서는 이 관점이 성립되지 않습니다. 복잡한 소프트웨어나 물리적 시스템에서는 예측하기 어려운 창의적 행동이 자주 나타납니다. 이는 전체 시스템이 단순히 개별 구성 요소의 합 이상이라는 것을 의미합니다.

2.6.2 확증 편향

확증 편향은 성능 테스트나 애플리케이션을 객관적으로 분석하는 과정에서 큰 문제를 일으킬 수 있습니다. 이 편향은 보통 의도하지 않게 발생하며, 부적절한 테스트 집합이 선택되거나 통계적으로 타당한 분석이 이루어지지 않을 때 나타납니다. 특히, 팀 내에서 특정 의견을 증명하려는 동기나 감정적인 요인이 종종 작용하면서 더욱 극복하기 어려운 편향 중 하나입니다.

예를 들어, '반짝이는 것에 한눈팔기Distracted by Shiny' 안티 패턴을 생각해 보겠습니다. 팀원이 최신 NoSQL 데이터베이스를 도입하려고 한다고 가정해 봅시다. 이들은 전체 스키마를 평가하기엔 너무 복잡하다는 이유로, 실제 데이터와 유사하지 않은 데이터로 테스트를 진행합니다.

테스트 환경에서 NoSQL 데이터베이스가 로컬 머신에서 뛰어난 액세스 속도를 제공하는 결과를 빠르게 확인할 수 있습니다. 개발자는 이미 이 결과를 예상하고 있었으며, 이를 확인하자마자 전체 구현에 착수합니다. 하지만 여기에는 여러 가지 안티 패턴이 적용되었고, 그 결과 새로운 라이브러리 스택에 검증되지 않은 가정들이 추가되었습니다.

2.6.3 혼란 속의 행동 편향

혼란 속의 행동 편향action bias은 시스템이 예상대로 작동하지 않거나 장애가 발생했을 때, 팀이 압박을 받는 상황에서 자주 나타납니다. 일반적인 원인은 다음과 같습니다.

- 시스템이 실행되는 인프라의 변형(영향이 있을지 몰랐거나, 알림 없이 변경된 경우)
- 시스템이 의존하는 라이브러리의 변경

- 바쁜 날에만 발생하는 이상한 버그나 경쟁 조건

적절한 관측 도구가 있는 잘 유지된 애플리케이션에서는 문제의 원인을 파악할 수 있는 명확한 신호가 나타나야 합니다. 그러나 많은 애플리케이션은 실패 시나리오에 대한 테스트가 부족하거나, 진단을 위한 도구가 충분하지 않습니다.

이러한 상황에서 숙련된 엔지니어조차 장애를 해결해야 한다는 압박을 느끼기 쉽고, 단순한 움직임을 문제 해결 속도와 혼동하여 전쟁의 안개 속으로 빠져들 수 있습니다.

이때 문제 해결 접근 방식을 체계적으로 관리하지 않으면, 이 장에서 논의된 여러 인간적인 요소가 영향을 미칠 수 있습니다.

예를 들어, 책임 전가 안티 패턴은 전체적인 조사를 생략하고 특정 경로로 조사를 진행하도록 유도하여, 문제의 큰 그림을 놓칠 수 있습니다. 또한, 문제의 원인을 먼저 확인하지 않은 채 시스템을 개별 구성 요소로 나누어 코드의 세부적인 부분부터 검토하고자 하는 유혹에 빠질 수도 있습니다.

2.6.4 위험 편향

사람은 본래 위험을 회피하려는 성향이 강하며, 변화에 저항하는 경향이 있습니다. 이는 대부분 변화가 상황을 악화시킬 수 있다는 경험에서 비롯되며, 이를 피하려는 시도로 이어집니다. 하지만 계산된 작은 위험을 감수하면 제품을 발전시킬 수 있을 때에도, 이러한 성향은 오히려 큰 장애가 될 수 있습니다. 특히 성능 프로필에 영향을 줄 수 있는 변경을 주저하는 팀에서 이러한 위험 회피 성향이 두드러지게 나타납니다.

강력한 단위 테스트와 프로덕션 저하 테스트를 통해 이런 위험 편향을 상당 부분 줄일 수 있습니다. 성능 저하 테스트는 시스템의 비기능적 요구 사항(NFR)을 반영하는 중요한 요소가 될 수 있으며, 저하 테스트에 이러한 요구 사항이 반영되도록 보장할 수 있습니다.

그러나 팀이 이 테스트들을 충분히 신뢰하지 못하면, 변화는 더욱 어려워지고 위험 요소를 효과적으로 통제할 수 없습니다. 이러한 편향은 애플리케이션 문제(서비스 중단 포함)에서 교훈을 얻지 못하고, 적절한 대응 방안을 마련하지 못하는 형태로 자주 드러납니다.

2.7 요약

성능 결과를 평가할 때는 데이터를 적절히 처리하고 비과학적이거나 주관적인 사고에 빠지지 않는 것이 중요합니다. 특히 적절하지 않은 상황에서 정규 분포 모델에 의존하는 통계적 오류를 피하는 것이 필요합니다.

이 장에서는 다양한 성능 테스트 유형, 테스트 모범 사례, 성능 분석과 관련된 인간적 문제들을 다루었습니다.

다음 장에서는 자바 가상 머신 개요를 시작으로, 기본 하위 시스템, 클래식 자바 애플리케이션의 수명 주기, 모니터링 또는 도구 사용에 대해 처음으로 살펴보겠습니다.

3장

자바 가상 머신 개요

자바는 세계에서 가장 널리 사용되는 기술 플랫폼 중 하나로, 전 세계적으로 1,000만 명 이상의 개발자가 이를 사용하고 있는 것으로 추정됩니다.

자바는 고수준의 설계를 바탕으로 개발자의 부담을 줄이는 것을 목표로 합니다. 가비지 컬렉션과 실행 최적화 같은 작업을 자바 가상 머신이 대신 처리하여 복잡성을 낮춰 주는 것이 대표적인 예입니다. 이러한 설계 철학 덕분에, 많은 개발자는 플랫폼의 저수준 세부 사항을 깊이 알지 않아도 개발할 수 있습니다. 그 결과, 내부적인 동작 방식은 성능 문제가 발생하여 고객이 이를 제기하는 등의 상황에서야 비로소 직면하는 경우가 많습니다.

그러나 성능에 관심이 있는 개발자라면 자바 가상 머신 기술 스택의 기본을 이해하는 것이 중요합니다. 이를 깊이 이해하면 더 효율적인 소프트웨어를 작성할 수 있을 뿐만 아니라, 성능 문제를 효과적으로 분석하고 해결하는 데 필요한 이론적 배경도 갖출 수 있습니다.

이 장에서는 자바가 자바 가상 머신에서 실행되는 방식을 소개하여, 이후 장에서 이러한 주제를 더 깊이 탐구하기 위한 기초를 마련합니다. 특히 6장에서는 여기서 다룬 내용을 보완하는 개념으로 바이트코드에 대한 심층 논의를 포함하고 있습니다.

이 장을 처음 읽어보는 것도 좋지만, 6장을 읽은 후 다시 한번 돌아와 읽어 보기를 권장합니다.

3.1 인터프리팅과 클래스 로딩

자바 가상 머신을 정의하는 사양(보통 가상 머신 사양이라고 불림)에 따르면, 자바 가상 머신은 스택 기반 인터프리터 머신stack-based interpreted machine입니다. 이는 하드웨어 CPU처럼 레지스터를 사용하는 대신, 연산의 중간 결과를 저장하는 실행 스택을 사용하며, 스택의 최상위 값(또는 값들)을 기반으로 계산을 수행한다는 것을 의미합니다.

인터프리터의 작동 방식에 익숙하지 않다면, 자바 가상 머신 인터프리터의 기본 동작을 'while loop 안의 switch 문'으로 이해하면 됩니다. 인터프리터는 프로그램의 각 연산 코드opcode를 이전 연산과 독립적으로 처리하며, 계산 결과와 중간 결과를 평가 스택에 저장합니다.

NOTE 오라클Oracle/OpenJDK 가상 머신(핫스팟)의 내부 구조를 깊이 탐구하면, 실제 프로덕션 환경에서 사용되는 자바 인터프리터는 훨씬 더 복잡하다는 것을 알게 될 것입니다. 하지만 지금은 'while loop 안의 switch 문'이라는 간단한 개념만으로도 기본적인 이해를 하는 데 충분합니다.

애플리케이션을 java HelloWorld 명령어로 실행하면, 운영 체제는 가상 머신 프로세스(즉, 자바 바이너리)를 시작합니다. 이 과정에서 자바 가상 환경이 설정되고, 사용자 코드가 포함된 HelloWorld.class 파일을 실제로 실행할 인터프리터를 초기화됩니다.

애플리케이션의 진입점은 HelloWorld.class의 main() 메서드입니다. 이 클래스가 실행되려면, 프로그램 시작 전에 자바 가상 머신이 해당 클래스를 로드해야 합니다. 이를 위해 자바 클래스 로딩 메커니즘이 사용됩니다.

새로운 자바 프로세스가 초기화될 때, 클래스 로더class loader 체인이 활용됩니다. 초기 로더는 부트스트랩 클래스 로더(과거에는 '기초 클래스 로더'라고도 불림)이며, 핵심 자바 런타임에 필요한 클래스를 로드합니다. 부트스트랩 클래스 로더는 java.lang.Object, Class, ClassLoader와 같은 필수적인 클래스를 불러와 자바 시스템의 나머지 부분이 정상적으로 동작할 수 있도록 합니다.

이 시점에서 자바 모듈 시스템이 애플리케이션 시작 방식에 어떻게 변화를 주었는지 간단히 살펴볼 필요가 있습니다. 자바 9부터 모든 자바 가상 머신은 모듈화되어 있으며, 자바 8에서 사용되던 모놀리식 자바 가상 머신 런타임을 복원하는 '호환성 모드' 또는 '클래식 모드'는 더 이상 존재하지 않습니다.

이는 애플리케이션이 모듈화되어 있지 않더라도, 실행 시 반드시 모듈 그래프가 생성됩니다. 이 그래프는 방향이 있는 비순환 그래프directed acyclic graph(DAG)여야 하며, 만약 애플리케이션의 모듈 메타데이터가 순환을 포함하는 모듈 그래프를 생성하려고 하면 치명적인 오류가 발생합니다.

모듈 그래프는 여러 가지 장점을 제공합니다.

- 필요한 모듈만 로드됩니다.
- 모듈 간 메타데이터의 유효성을 시작 시점에서 확인할 수 있습니다.

모듈 그래프에는 진입 클래스가 속하는 주요 모듈이 포함됩니다. 애플리케이션이 아직 완전히 모듈화되지 않았다면, 모듈 경로와 클래스 경로를 모두 사용하게 되며, 애플리케이션 코드는 `UNNAMED` 모듈에 포함될 수 있습니다.

> **NOTE** 모듈 시스템에 대한 전체 세부 사항은 이 책의 범위를 벗어납니다. 더 확장된 설명은 『Java in a Nutshell (8th Edition)』(오라일리, 2023)에서 찾을 수 있습니다. 보다 심층적인 참조 자료로는 『자바 9 모듈화』(터닝포인트, 2018)를 참고할 수 있습니다.

실제로 부트스트랩 클래스 로더의 역할은 `java.base` 모듈을 비롯해 `java.security.sasl`, `java.datatransfer` 등 몇 가지 추가적인 지원 모듈을 로드하는 것을 포함합니다. 일부 항목은 예상치 못한 모듈일 수도 있지만, 자바의 런타임 환경을 구성하는 데 필수적인 요소들입니다.

자바는 클래스 로더를 자체 런타임 또는 타입 시스템 내 객체로 모델링하기 때문에, 초기 클래스 세트를 생성하는 별도의 방법이 필요합니다. 그렇지 않으면 클래스 로더를 정의하는 과정에서 순환 문제가 발생할 수 있습니다.

부트스트랩 클래스 로더는 대개 시작 성능을 향상시키기 위해 로드하는 클래스를 검증하지 않습니다. 대신 부트 클래스 경로가 안전하다는 전제에 의존합니다. 부트스트랩 클래스 로더가 로드한 모든 항목은 전체 보안 권한이 부여되므로, 이 모듈 그룹은 가능한 한 최소한으로 유지됩니다.

NOTE 자바 8을 포함한 이전 레거시 버전의 자바는 모놀리식 런타임을 사용했으며, 부트스트랩 클래스 로더는 `rt.jar`의 내용을 로드했습니다.

기본 시스템의 나머지 부분(즉, 자바 8이나 이전 버전에서 사용된 `rt.jar`의 나머지 클래스들)은 플랫폼 클래스 로더가 로드합니다. 이 로더는 `ClassLoader::getPlatformClassLoader` 메서드를 통해 액세스할 수 있으며, 부트스트랩 클래스 로더를 부모로 가집니다. 기존의 확장extension 클래스 로더는 제거됩니다.

자바의 새로운 모듈 시스템에서는 자바 프로세스를 부트스트랩하는 데 필요한 코드가 훨씬 줄어들었습니다. 따라서, 가능한 한 많은 JDK 코드(현재는 모듈로 표현됨)가 부트스트랩 로더의 범위에서 제외되고, 대신 플랫폼 로더가 이를 처리합니다.

마지막으로, 애플리케이션 클래스 로더가 생성됩니다. 이 로더는 클래스 경로에서 사용자 클래스를 로드하는 역할을 합니다. 일부 문서에서는 이를 '시스템 클래스 로더'라고 부르기도 하지만, 이 용어는 적절하지 않습니다.시스템 클래스를 로드하지 않기 때문입니다(시스템 클래스는 부트스트랩 클래스 로더 또는 플랫폼 클래스 로더가 로드함). 애플리케이션 클래스 로더는 매우 자주 사용되며, 플랫폼 로더를 부모로 가집니다.

자바는 프로그램 실행 중 새로운 클래스가 처음 참조될 때 해당 의존성을 로드합니다. 만약 클래스 로더가 클래스를 찾지 못하면, 일반적으로 조회 작업을 부모 클래스 로더에 위임합니다. 조회 체인이 부트스트랩 클래스 로더까지 도달했음에도 클래스를 찾을 수 없으면, `ClassNotFoundException`이 발생합니다. 따라서 개발자는 반드시 프로덕션 환경과 동일한 클래스 경로로 컴파일되는 빌드 프로세스를 사용해야 하며, 이를 통해 잠재적인 문제를 방지할 수 있습니다.

자바는 한 클래스를 한 번만 로드하며, 런타임 환경에서 해당 클래스를 나타내는 `Class` 객체가 생성됩니다. 하지만 특정 상황에서는 동일한 클래스가 서로 다른 클래스 로더로 중복 로드될 수도 있습니다. 따라서 시스템 내의 클래스는 클래스 로더와 패키지 이름을 포함한 완전히 정규화된 클래스 이름fully qualified class name(FQCN)을 기준으로 구분됩니다.

> **NOTE** 일부 실행 컨텍스트(예 애플리케이션 서버인 톰캣[Tomcat] 또는 제이보스[JBoss] EAP)에서는 동일한 클래스가 서로 다른 클래스 로더로 여러 번 로드되는 동작이 의도적으로 발생할 수 있습니다. 이는 여러 테넌트 애플리케이션이 서버에서 실행될 때, 각 테넌트가 필요한 클래스의 다른 버전을 사용할 수 있도록 하기 위함입니다.

또한, 일부 도구(예 자바 에이전트)는 바이트코드 위빙[bytecode weaving]의 과정에서 클래스를 다시 로드하거나 변환할 수 있습니다. 이러한 기능은 주로 모니터링 또는 관측성을 강화하는 목적으로 활용됩니다.

3.2 바이트코드 실행

자바 소스 코드는 실행되기 전에 여러 단계의 변환 과정을 거친다는 점을 이해해야 합니다. 첫 번째 단계는 자바 컴파일러 `javac`를 사용하는 컴파일 과정이며, 이는 보통 더 큰 빌드 프로세스의 일부로 호출됩니다.

`javac`의 역할은 자바 코드를 `.class` 파일로 변환하여 바이트코드를 생성하는 것입니다. 이 과정은 비교적 단순한 변환으로 이루어지며, [그림 3-1]에서 이를 잘 보여줍니다. 해당 다이어그램은 클래스 파일 생성이 전체 과정의 일부일 뿐이며, 자바 가상 머신의 강력함이 주로 런타임에서 일어나는 작업에서 비롯된다는 점을 명확히 보여줍니다.

그에 따라, `javac`는 컴파일 과정에서 최적화를 거의 수행하지 않습니다. 그 결과, 생성된 바이트코드는 표준 `javap`과 같은 디스어셈블리 도구를 통해 확인할 경우, 여전히 자바 코드와 유사한 형태로 읽고 이해하기 쉽습니다.

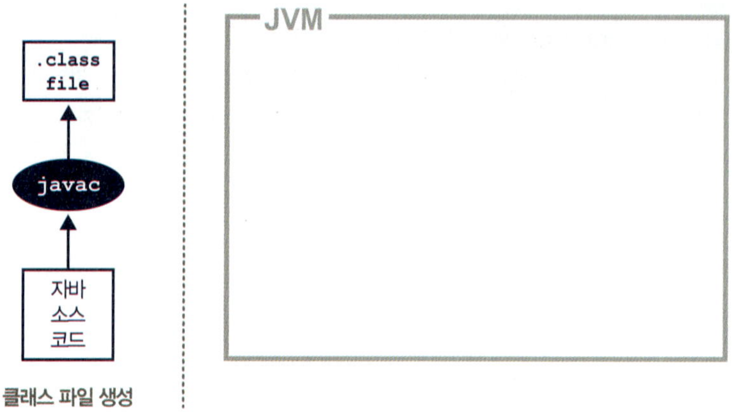

그림 3-1 자바 클래스 파일 컴파일

바이트코드는 특정 머신 아키텍처에 종속되지 않은 중간 표현intermediate representation입니다. 이를 통해 하드웨어 아키텍처와 분리된 이식성을 제공하며, 이미 개발(또는 컴파일)된 소프트웨어는 자바 가상 머신이 지원하는 모든 플랫폼에서 실행될 수 있습니다. 또한, 자바 언어의 세부적인 구현 방식으로부터도 독립적인 추상화를 제공합니다. 이는 자바 가상 머신이 코드를 실행하는 방식을 이해하는 데 있어 중요한 첫 번째 통찰을 제공합니다.

> **NOTE** 자바 언어와 자바 가상 머신은 서로 독립적으로 발전했습니다. 따라서 자바 가상 머신의 'J'는 다소 오해를 불러일으킬 수 있습니다. 자바 가상 머신은 유효한 클래스 파일을 생성할 수 있는 모든 언어를 실행할 수 있기 때문입니다.
>
> 실제로, [그림 3-1]은 코틀린Kotlin 컴파일러가 자바 가상 머신에서 실행할 바이트코드를 생성하는 과정을 보여주는 것으로 쉽게 대체할 수 있습니다.

소스 코드 컴파일러와 관계없이, [표 3-1]에서 볼 수 있듯이 생성된 클래스 파일은 가상 머신 사양에 따라 명확히 정의된 구조를 가집니다. 자바 가상 머신이 클래스를 로드할 때, 실행을 허용하기 전에 해당 클래스가 예상되는 형식에 부합하는지 검증합니다.

표 3-1 클래스 파일의 구성 요소

구성 요소	설명
매직 넘버	`0xCAFEBABE`(클래스 파일임을 나타내는 고유 식별자)
버전	클래스 파일 형식의 마이너 버전 또는 메이저 버전
상수 풀	클래스의 상수 풀(문자열, 숫자, 메서드, 클래스 등의 참조 포함)
접근 제어 플래그	클래스가 추상적, 정적 등인지 나타내는 플래그
현재 클래스	현재 클래스의 이름
슈퍼 클래스	슈퍼 클래스의 이름
인터페이스	클래스가 구현하는 인터페이스 목록
필드	클래스에 정의된 필드(멤버 변수) 목록
메서드	클래스에 정의된 메서드 목록 (바이트코드 포함)
속성	클래스의 속성 (예 소스 파일 이름 등)

모든 클래스 파일은 `0xCAFEBABE`로 시작합니다. 이 값은 클래스 파일 형식이 올바르게 정의되었음을 나타내는 고유 식별자로, 첫 4바이트를 차지합니다. 그 뒤의 4바이트는 해당 클래스 파일을 컴파일하는 데 사용된 마이너 버전과 메이저 버전을 나타냅니다.

자바 가상 머신은 클래스 파일의 버전을 확인하여 현재 실행 중인 자바 가상 머신이 해당 파일을 실행할 수 있는지 검증합니다. 클래스 로더는 마이너 또는 메이저 버전을 검사하여 호환성을 확인하며, 만약 버전이 맞지 않으면 실행 시 `UnsupportedClassVersionError`가 발생합니다. 이는 런타임 환경의 자바 가상 머신 버전이 클래스 파일을 컴파일한 버전보다 낮다는 것을 의미합니다.

> **NOTE** 매직 넘버는 유닉스 환경에서 파일 유형을 식별하는 방법을 제공합니다(반면, 윈도우는 주로 파일 확장자를 사용함). 매직 넘버는 한 번 결정되면 변경하기 어렵기 때문에, 자바는 앞으로도 `0xCAFEBABE`라는 다소 논란이 될 수 있는 값을 유지할 가능성이 큽니다. 다만, 자바 9에서는 모듈 파일을 위해 새로운 매직넘버 `0xCAFEDADA`를 도입했습니다.

- 상수 풀: 클래스, 인터페이스, 필드의 이름을 저장하는 테이블로, 자바 가상 머신이 코드를 실행할 때 이를 참조하여 값을 검색합니다. 이 덕분에 실행 시 메모리 구조의 정확한 레이아웃에 의존하지 않아도 됩니다.
- 접근 제어 플래그: 클래스에 적용된 수정자modifier 정보를 포함합니다. 클래스가 `public`인지 여부, `final`로 선언되어 서브클래싱이 불가능한지 여부, 인터페이스인지 또는 추상 클래스인지 등을 나타냅니다. 또한 소스 코드에 존재하지 않는 합성 클래스, 어노테이션 타입, 열거형인지도 결정합니다.

- 현재 클래스 또는 타입 계층 구조: 현재 클래스, 슈퍼 클래스, 인터페이스 정보는 상수 풀의 인덱스를 통해 참조되며, 이를 통해 클래스의 타입 계층 구조를 식별할 수 있습니다.
- 필드와 메서드: 필드나 메서드의 시그니처를 정의하며, 각각에 적용된 수정자 정보도 포함됩니다.
- 속성: 크기가 고정되지 않은 복잡한 구조를 표현하는 데 사용됩니다. 예를 들어, 메서드는 해당 메서드에 연결된 바이트코드를 포함하는 `Code` 속성을 사용합니다.

[그림 3-2]는 클래스 파일 구조를 기억할 수 있도록 돕는 암기법을 제공합니다.

My	Very	Cute	Animal	Turns	Savage	In	Full	Moon	Areas
M	**V**	**C**	**A**	**T**	**S**	**I**	**F**	**M**	**A**
매직	버전	상수	접근 제어	현재 클래스	슈퍼 클래스	인터페이스	필드	메서드	속성

그림 3-2 클래스 파일 구조를 위한 암기법

간단한 코드 예제를 통해 `javac`를 실행한 결과를 확인하고, 클래스 파일 구조의 각 요소가 어떻게 생성되는지 살펴볼 수 있습니다.

```
public class HelloWorld {
    public static void main(String[] args) {
        for (int i = 0; i < 10; i++) {
            System.out.println("Hello World");
        }
    }
}
```

자바는 클래스 파일을 디스어셈블러할 수 있는 도구인 `javap`를 제공합니다. 이를 사용하면 `.class` 파일의 내부 구조를 확인할 수 있습니다. 예를 들어, `HelloWorld.class` 파일에 대해

`javap -c HelloWorld` 명령어를 실행하면 다음과 같은 출력이 나타납니다.

```
public class HelloWorld {
  public HelloWorld();
    Code:
       0: aload_0
       1: invokespecial #1    // Method java/lang/Object."<init>":()V
       4: return

  public static void main(java.lang.String[]);
    Code:
       0: iconst_0
       1: istore_1
       2: iload_1
       3: bipush        10
       5: if_icmpge     22
       8: getstatic     #2    // Field java/lang/System.out ...
      11: ldc           #3    // String Hello World
      13: invokevirtual #4    // Method java/io/PrintStream.println ...
      16: iinc          1, 1
      19: goto          2
      22: return
}
```

이 레이아웃은 `HelloWorld.class` 파일의 바이트코드를 설명합니다. 더 자세한 정보를 확인하려면, `javap-v` 옵션을 사용하면 클래스 파일 헤더 정보와 상수 풀 세부 사항을 확인할 수 있습니다.

이 클래스 파일에는 두 개의 메서드가 포함되어 있습니다. 소스 코드에서는 `main()` 메서드만 정의했지만, `javac`가 클래스에 기본 생성자default constructor를 자동으로 추가했기 때문에 생성자가 하나 더 포함되었습니다.

생성자에서 실행되는 첫 번째 명령어는 `aload_0`으로, `this` 참조를 스택의 첫 번째 위치에 배치합니다. 이후 `invokespecial` 명령어가 실행되는데, 이는 부모 생성자super constructor를 호출하거나 **객체 생성을 하는** 특정 인스턴스 메서드를 실행할 때 사용됩니다. 이 기본 생성자는 `Object` 클래스의 기본 생성자를 호출하며, 사용자 정의 생성자가 제공되지 않기 때문에 자동으로 기존과 동일하게 추가됩니다.

NOTE 자바 가상 머신의 연산 코드는 명령어를 간소화하여 가상 머신에서 효율적이고 플랫폼 독립적인 코드 실행을 지원합니다. 데이터 타입, 수행되는 연산, 로컬 변수, 상수 풀, 스택 간의 상호작용을 나타냅니다. 더 자세한 내용은 6장을 참고하세요.

`main()` 메서드로 넘어가면, `iconst_0` 명령어는 정수 상수 `0`을 평가 스택에 푸시합니다. 이어서 `istore_1` 명령어가 이 값을 로컬 변수의 인덱스 `1`에 저장합니다(반복문에서 `i`로 표현).

로컬 변수의 인덱스는 `0`부터 시작하지만, 인스턴스 메서드에서는 0번 슬롯이 항상 `this`를 나타냅니다. 따라서 반복문 변수 `i`는 인덱스 `1`에 저장됩니다. 이후 이 변수가 다시 스택으로 로드되며, 정수 상수 `10`이 비교를 위해 푸시됩니다. 비교는 `if_icmpge` 명령어(정수 비교: 크거나 같은 경우)를 사용합니다. 이 연산은 현재 값이 `10` 이상일 때만 참이 됩니다.

처음 10번의 반복에서는 비교가 거짓이므로, 실행 흐름은 명령어 8번으로 계속 진행됩니다. 여기서 `System.out`의 정적 메서드가 호출되고, 상수 풀에서 '`Hello World`' 문자열을 로드합니다. 이어서 `invokevirtual` 명령어가 실행되어 클래스 기반의 인스턴스 메서드를 호출합니다. 이후 정수가 증가하고, `goto` 명령어를 호출하여 다시 명령어 2번으로 돌아가 루프를 반복합니다.

이 과정은 `if_icmpge` 비교 연산이 최종적으로 참이 될 때까지 계속됩니다(즉, 반복문 변수 `i`가 `10` 이상이 될 때). 루프의 해당 반복에서 제어는 명령어 22번으로 전달되며, 메서드는 종료됩니다.

3.3 핫스팟 소개

1999년 4월, 썬 마이크로시스템즈Sun Microsystems는 자바 구현의 성능을 획기적으로 개선하는 변화를 도입했습니다. 핫스팟 가상 머신은 자바 성능을 C나 C++와 비교할 수 있는 수준까지 끌어올렸으며, 일부 경우에는 이를 능가하는 핵심 기술로 발전했습니다 ([그림 3-3] 참조). 이러한 성능 향상이 어떻게 가능했는지 설명하기 위해, 먼저 애플리케이션 개발 목적으로 설계된 자바 언어 구조를 더 깊이 살펴보겠습니다.

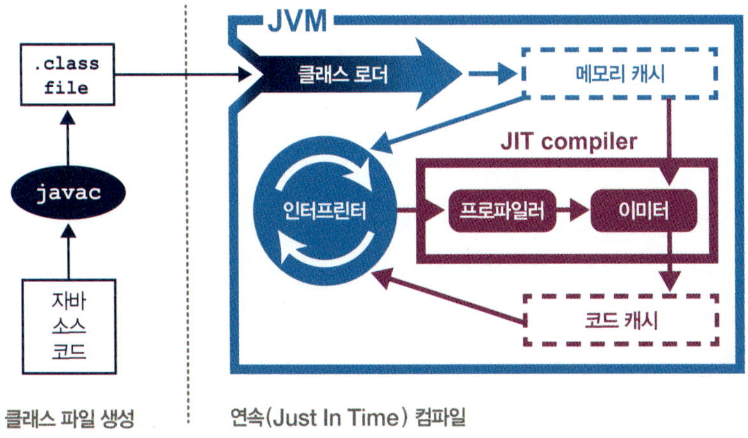

그림 3-3 자바 가상 머신 핫스팟

언어 또는 플랫폼 설계는 종종 다양한 기능 간의 선택과 절충이 필요합니다. 특히 두 가지 주요 접근 방식이 있습니다. 하나는 하드웨어에 가까운 수준에서 동작하며 '제로-코스트 추상화'와 같은 아이디어를 사용하는 방식입니다. 다른 하나는 저수준 제어보다는 개발자 생산성과 작업 완료를 더 중시하는 방식입니다.

> 보통 C++ 구현은 제로-오버헤드 원칙을 따릅니다. 사용하지 않으면 비용이 들지 않습니다. 사용하는 경우, 직접 코딩하는 것보다 더 나은 코드를 제공합니다.[1]
>
> — 비야네 스트로스트루프

제로-오버헤드 원칙은 이론적으로 훌륭해 보이지만, 현실에서는 언어 사용자가 운영 체제와 컴퓨터의 저수준 동작 방식을 직접 다뤄야 한다는 부담을 줍니다. 원시 성능이 최우선이 아닌 개발자에게는 상당한 인지적 부담을 줍니다.

게다가 이 원칙을 따르려면 소스 코드를 빌드 시점에 특정 플랫폼에 맞는 기계어 코드로 변환해야 하며, 이를 AOT 컴파일ahead-of-time compilation이라고 합니다. 인터프리터, 가상 머신, 이식성 계층과 같은 실행 모델들은 이러한 방식과 달리 일정 수준의 오버헤드를 수반하기 때문입니다.

1 Bjarne Stroustrup, "Abstraction and the C++ Machine Model," *Lecture Notes in Computer Science*, vol. 3605 (Springer, 2005).

'사용하는 경우, 직접 코딩하는 것보다 더 나은 코드'라는 문구는 중요한 의미를 내포합니다. 즉, 컴파일러와 같은 자동화 시스템이 개발자가 작성할 수 있는 코드보다 최적화된 코드를 생성한다는 뜻입니다.

자바는 제로-오버헤드 추상화 철학을 따르지 않았습니다. 대신, 핫스팟 가상 머신은 프로그램의 런타임 동작을 분석하여 성능을 극대화할 수 있는 부분에 최적화를 적용하는 방식을 선택했습니다. 핫스팟 가상 머신의 목표는 개발자가 자바 언어의 관용적 사용을 따르고, 좋은 설계 원칙을 지키면서 성능을 최적화할 수 있도록 돕는 것입니다. 이는 개발자가 가상 머신에 맞추기 위해 프로그램 구조를 왜곡하지 않도록 합니다.

3.4 JIT 컴파일 소개

자바 프로그램은 실행 시 바이트코드 인터프리터에서 시작하며, 명령어는 가상화된 스택 머신에서 처리됩니다. CPU로부터 추상화된 이 방식은 클래스 파일의 이식성이라는 장점을 제공하지만, 최적의 성능을 얻으려면 프로그램이 네이티브 기능을 최대한 활용해야 합니다.

핫스팟 가상 머신은 해석된 바이트코드를 네이티브 코드로 컴파일하여 성능을 향상시킵니다. 네이티브 코드는 인터프리터를 거치지 않고 직접 실행됩니다. 핫스팟 가상 머신에서 컴파일 단위는 메서드와 루프이며, 이 과정을 JIT 컴파일이라고 합니다.

JIT 컴파일은 애플리케이션이 해석 모드에서 실행되는 동안 실행 빈도가 높은 코드 부분을 관찰하며 작동합니다. 이 과정에서 프로그램 실행 정보를 수집하여 더 정교한 최적화를 가능하게 합니다. 특정 메서드의 실행 빈도가 일정 임계값을 초과하면, 프로파일러가 해당 코드를 컴파일하고 최적화를 적용합니다.

JIT 컴파일 접근 방식의 큰 장점 중 하나는 메서드가 해석되는 동안 수집된 실행 추적 정보trace information를 기반으로 최적화 결정을 내릴 수 있다는 점입니다. 이 정보를 활용하면 핫스팟 가상 머신이 컴파일 대상이 된 코드에 대해 보다 정밀한 최적화를 수행할 수 있습니다.

> **NOTE** 일부 JIT 컴파일러는 실행 중 더 나은 최적화가 가능하다고 판단되면, 기존에 컴파일된 코드를 다시 컴파일할 수 있습니다. 이러한 기능은 핫스팟의 일부 컴파일러에서도 제공됩니다.

핫스팟은 수십 년에 걸친 엔지니어링 노력이 축적된 결과물이며, 거의 모든 새로운 릴리스마다 새로운 최적화와 기능이 추가되고 있습니다. 덕분에 자바 애플리케이션을 다시 컴파일하지 않아도 최신 핫스팟의 성능 최적화를 그대로 활용할 수 있습니다.

TIP 자바 소스 코드가 바이트코드로 변환된 후, JIT 컴파일을 거치면서 실제로 실행되는 코드는 원래 작성된 소스 코드와 매우 다르게 변합니다. 이는 중요한 사실로, 성능 문제를 조사할 때 어떤 접근 방식을 취해야 할지를 결정하는 핵심 요소가 됩니다. JIT 컴파일된 코드는 자바 가상 머신에서 실행될 때 원래의 자바 소스 코드와 전혀 다른 형태일 가능성이 높습니다.

C++와 러스트 같은 언어는 예측할 수 있는 성능을 제공하지만, 그만큼 개발자가 저수준의 복잡성을 다뤄야 하는 경우가 많습니다.

다만, '더 예측할 수 있다'는 것이 반드시 '더 우수한 성능'을 의미하지는 않는다는 점도 주목해야 합니다. AOT 컴파일러는 다양한 프로세서에서 실행될 코드를 생성해야 하므로, 특정 프로세서 기능이 지원된다고 가정할 수 없습니다.

반면, 자바처럼 프로파일 기반 최적화profile-guided optimization(PGO)를 사용하는 환경은 런타임 정보를 활용할 수 있는 잠재력을 가집니다. 이는 대부분의 AOT 플랫폼에서는 불가능한 방식이며, 동적 인라이닝dynamic inlining이나 가상 호출 최적화virtual call optimization 같은 성능 최적화를 적용하는 데 유리합니다.

핫스팟은 가산 머신이 실행될 때 CPU의 정확한 유형을 감지하고, 이를 기반으로 특정 프로세서 기능을 활용한 최적화를 활성화할 수 있습니다.

TIP 정확한 프로세서 기능을 감지하는 기술은 자바 가상 머신 고유 기능으로 알려져 있습니다. 이는 `synchronized` 키워드에서 소개된 내부 잠금intrinsic lock과 혼동해서는 안 됩니다.

프로파일 기반 최적화와 JIT 컴파일에 대한 자세한 내용은 6장에서 다룹니다.

핫스팟이 채택한 정교한 접근 방식은 일반 개발자에게 큰 이점을 제공합니다. 그러나 제로-오버헤드 추상화를 포기한 이러한 접근 방식은, 특히 고성능 자바 애플리케이션을 개발할 때 주의해야 할 사항이 있습니다.

즉, 개발자가 '상식적인' 추론이나 자바 애플리케이션의 실행 방식에 대한 지나치게 단순한 사고 모델을 기반으로 판단해서는 안 됩니다.

NOTE 다시 말해, 자바 코드의 작은 부분(마이크로벤치마크)을 분석하는 것은 전체 애플리케이션을 분석하는 것보다 훨씬 어렵습니다. 이는 매우 전문적인 작업으로, 대부분의 개발자가 섣불리 시도해서는 안 됩니다.

핫스팟의 컴파일 하위 시스템은 가상 머신이 제공하는 두 가지 기능 중 하나입니다. 또 다른 핵심 기능은 자동 메모리 관리로, 이는 자바가 초기부터 주요 강점으로 내세운 기능입니다.

3.5 자바 가상 머신 메모리 관리

C, C++, 오브젝티브 C와 같은 언어에서는 프로그래머가 직접 메모리를 할당하고 해제해야 합니다. 이러한 방식은 객체의 생성 또는 삭제를 명확하게 제어할 수 있어 성능을 예측하기 쉬우며, 리소스 수명 주기도 관리할 수 있습니다. 그러나 동시에 막대한 비용을 수반하는데, 메모리 관리를 정확하게 처리하려면 개발자가 메모리 구조와 동작을 완벽히 이해해야 하기 때문입니다.

하지만 수십 년간의 실무 경험에 따르면, 많은 개발자가 메모리 관리에 필요한 관용구와 패턴을 제대로 이해하지 못한다는 점이었습니다. 이후 C++과 오브젝티브 C는 스마트 포인터 같은 기술을 도입하여 이를 개선했지만, 자바가 만들어졌을 당시에는 잘못된 메모리 관리가 애플리케이션 오류의 주요 원인이었습니다. 이에 개발자와 관리자들 사이에서는 큰 우려가 있었습니다. 개발자가 언어 기능을 처리하는 데 많은 시간을 들이다 보니, 정작 비즈니스 가치를 창출하는 데 집중하지 못할 위험이 있었기 때문입니다.

자바는 이 문제를 해결하기 위해 **가비지 컬렉션**을 통해 자동으로 관리되는 힙heap 메모리를 도입했습니다. 즉, 자바 가상 머신이 더 많은 메모리 할당이 필요할 때, 더 이상 필요하지 않은 메모리를 회수하고 재사용하는 비결정적 프로세스를 수행합니다.

가비지 컬렉션에는 비용이 따릅니다. 전통적으로 가비지 컬렉션이 실행되면 애플리케이션이 멈추는 '정지된 세상stopped the world' 상태가 발생합니다. 이 정지 시간은 매우 짧지만, 애플리케이션이 과부하 상태에 놓이면 길어질 수 있습니다.

그럼에도 불구하고, 자바 가상 머신의 가비지 컬렉션은 업계 최고 수준으로, 컴퓨터 과학 학부 과정에서 다루는 기본 알고리즘보다 훨씬 정교합니다. 예를 들어, 최신 알고리즘에서는 애플리케이션이 멈추는 시간을 최소화하거나 아예 제거하는 방식으로 발전하고 있습니다. 이는 이후에 더 자세히 살펴볼 것입니다.

개발자가 직접 메모리를 관리하지 않아도 되면, 애플리케이션의 안정성과 정확성이 향상되는 장점이 있습니다. 가비지 컬렉션은 성능에 영향을 미치며, 자바 가상 머신의 핵심 하위 시스템입니다. 가비지 컬렉션은 실행 중인 애플리케이션에 긍정적인 영향이나 부정적인 영향을 미칠 수 있습니다.

자바 성능 최적화에서 가비지 컬렉션은 핵심 주제이므로, 이에 대한 자세한 내용은 4장과 5장에서 다룰 예정입니다.

3.6 스레딩과 자바 메모리 모델

자바가 처음 출시될 때 도입한 주요 혁신 중 하나는 멀티스레드 프로그래밍을 기본적으로 지원하는 것이었습니다. 자바 플랫폼은 개발자가 쉽게 실행 스레드를 생성할 수 있으며, 예를 들어 자바 8에서는 다음과 같이 작성할 수 있습니다.

```
Thread t = new Thread(() -> {System.out.println("Hello World!");});
t.start();
```

게다가 모든 프로덕션 자바 가상 머신은 멀티스레드 방식으로 동작합니다. 즉, 모든 자바 프로그램이 본질적으로 멀티스레드 환경에서 실행되며, 자바 가상 머신 프로세스의 일부로 동작하기 때문에 멀티스레드 환경의 복잡성을 자연스럽게 수반합니다. 이는 성능 분석을 더 어렵게 만들기도 하지만, 반대로 자바 가상 머신이 사용할 수 있는 모든 코어를 활용할 수 있도록 하여 성능 최적화 측면에서는 장점을 제공합니다.

자바의 애플리케이션 스레드와 운영 체제의 플랫폼 스레드는 과거에 차이가 있었습니다. 초기 자바에서는 애플리케이션 스레드가 플랫폼 스레드 풀에 매핑되거나 다중화되었으며, 솔라리스Solaris의 M:N 모델이나 리눅스Linux의 그린 스레드 모델이 이런 방식을 사용했습니다. 그러나 이러한 접근 방식은 만족스러운 성능을 제공하지 못했고, 불필요한 복잡성을 초래했습니다. 그 결과, 주류 자바 가상 머신 구현에서는 각 애플리케이션 스레드가 하나의 플랫폼 스레드에 정확히 대응하는 방식으로 변경되었습니다.

이야기는 여기서 끝나지 않습니다. '애플리케이션 스레드 == 플랫폼 스레드'로의 전환 이후 20여 년 동안, 애플리케이션은 대규모로 성장하고 확장되었습니다. 그 과정에서 이와 함께 애플리케이션이 생성하려는 스레드(또는 더 일반적으로 실행 컨텍스트)의 수 또한 크게 증가했습니다. 그 과정에서 '스레드 병목thread bottleneck' 문제가 발생했으며, 이를 해결하는 것이 OpenJDK의 '룸 프로젝트Project Loom'의 주요 연구 과제가 되었습니다.

그 결과로 나온 것이 가상 스레드virtual threads입니다. 가상 스레드는 자바 21 이상에서만 사용할 수 있는 새로운 스레드 형태로, 특히 네트워크 I/O와 같이 많은 동시 실행 컨텍스트를 필요로 하는 작업에서 강력한 성능을 발휘합니다.

프로그래머는 스레드를 명시적으로 가상 스레드로 생성하도록 선택해야 합니다. 그렇지 않으면 플랫폼 스레드로 생성되며 기존과 동일한 동작을 유지합니다. 따라서 가상 스레드 기능이 추가된 자바 가상 머신에서도 기존 자바 프로그램의 동작은 그대로 보장됩니다.

NOTE 자바 21 이전의 모든 스레드(또는 플랫폼 스레드)는 `Thread` 객체의 `start()` 메서드가 호출될 때 생성되는 고유한 운영 체제(OS) 스레드로 지원된다고 간주해도 안전합니다.

가상 스레드는 여러 현대적인 프로그래밍 언어에서 쓰이는 아이디어를 자바에 맞게 구현한 것입니다. 예를 들어, 고 프로그래머는 자바의 가상 스레드를 고루틴goroutine과 대략 유사한 개념으로 볼 수 있습니다. 가상 스레드에 대해서는 13장에서 더 자세히 논의할 예정입니다.

멀티스레드 프로그램에서 데이터를 다루는 자바의 접근 방식도 간략히 살펴볼 필요가 있습니다. 이 방식은 1990년대 후반에 설계되었으며, 다음과 같은 기본 설계 원칙을 따릅니다.

- 자바 프로세스의 모든 스레드는 하나의 공통적인 가비지 컬렉션 힙을 공유합니다.
- 하나의 스레드에서 생성된 객체는 해당 객체에 대한 참조를 가진 다른 스레드에서 접근할 수 있습니다.
- 객체는 기본적으로 변경 가능합니다. 즉, 객체 필드에 저장된 값은 프로그래머가 명시적으로 `final` 키워드를 사용해 불변임을 표시하지 않는 한 변경될 수 있습니다.

자바 메모리 모델Java memory model(JMM)은 메모리를 정형화된 방식으로 설명하며, 서로 다른 실행 스레드가 객체에 저장된 변화를 어떻게 관찰하는지 정의합니다. 예를 들어, 스레드 A와 B가 모두 객체 `obj`에 대한 참조를 가지고 있을 때, 스레드 A가 이를 변경하면 스레드 B가 그 변화를 어떻게 볼 수 있는지를 설명합니다.

이 질문은 단순해 보이지만, 실제로는 훨씬 더 복잡합니다. 그 이유는 운영 체제의 스케줄러(7장에서 자세히 다룸)가 플랫폼 스레드를 CPU 코어에서 강제로 제거할 수 있기 때문입니다. 이 과정에서 다른 스레드가 실행을 시작하면, 원래 스레드가 객체 처리를 완료하기 전에 객체에 접근할 수 있습니다. 그 결과, 객체가 이전 상태로 되돌아가거나 심지어 유효하지 않은 상태로 간주될 수 있습니다.

자바는 동시 실행 중 발생할 수 있는 객체 손상을 방지하기 위해 상호 배제 잠금mutual exclusion lock이라는 핵심 메커니즘을 제공합니다. 하지만 실제 애플리케이션에서 이를 사용하는 것은 상당히 복잡할 수 있습니다. 13장에서는 자바 메모리 모델의 작동 방식과 스레드 또는 잠금을 활용하는 방법에 대해 자세히 다룰 예정입니다.

3.7 자바 가상 머신 모니터링 또는 도구

자바 가상 머신은 성숙한 실행 플랫폼으로, 실행 중인 애플리케이션의 계측instrumentation, 모니터링, 관측성을 지원하기 위한 다양한 기술적 대안을 제공합니다. 자바 가상 머신 애플리케이션을 위한 주요 도구는 다음과 같습니다.

- 자바 관리 확장 프로그램java management extensions(JMX)
- 자바 에이전트
- 자바 가상 머신 도구 인터페이스JVM tool interface(JVMTI)
- 서비스 지원 에이전트serviceability agent(SA)

자바 관리 확장 프로그램은 자바 가상 머신과 그 위에서 실행되는 애플리케이션을 제어하고 모니터링하기 위한 범용 기술입니다. 이를 통해 클라이언트 애플리케이션에서 매개변수를 변경하거나 메서드를 호출할 수 있는 일반적인 방법을 제공합니다. 자바 관리 확장 프로그램의 구현 방식에 대한 자세한 설명은 이 책의 범위를 벗어납니다. 그러나 자바 관리 확장 프로그램와 그와 관련된 네트워크 전송 기술인 원격 메서드 호출Remote Method Invocation(RMI)은 자바 가상 머신 관리 기능의 근본적인 요소입니다.

자바 에이전트는 java.lang.instrument 인터페이스를 활용하여, 클래스가 로드될 때 메서드의 바이트코드를 수정할 수 있도록 지원하는 도구 구성 요소입니다. 바이트코드 수정 기능을 통해 메서드 실행 시간 측정이나 분산 추적(10장에서 자세히 다룸)과 같은 계측 로직을 추가할 수 있습니다. 이를 통해 애플리케이션이 이러한 기능을 지원하지 않더라도 적용할 수 있는 강력한 기술을 제공합니다.

자바 에이전트는 매우 강력한 기능을 갖고 있으며, 설치하면 기존의 표준 애플리케이션 수명 주기가 변경될 수 있습니다. 에이전트를 설치하려면, 에이전트를 JAR 파일로 패키징한 후 자바 가상 머신 시작 시 플래그를 통해 제공해야 합니다.

```
-javaagent:<path-to-agent-jar>=<options>
```

에이전트 JAR 파일에는 META-INF/MANIFEST.MF라는 매니페스트menifast 파일이 포함되어야 하며, 이 파일에는 Premain-Class 속성이 반드시 포함되어야 합니다.

이 속성은 에이전트 클래스의 이름을 포함하며, 해당 클래스는 자바 에이전트를 위한 등록 훅hook으로 동작하는 public static premain() 메서드를 반드시 구현해야 합니다. 이 메서드는 애플리케이션의 main() 메서드가 **실행되기 전에** 메인 애플리케이션 스레드에서 실행됩니다(이름이 premain입니다). premain() 메서드가 종료되지 않으면 메인 애플리케이션이 시작되지 않는다는 점에 유의해야 합니다.

바이트코드 변환은 에이전트의 주된 목적이며, 이는 ClassFileTransformer 인터페이스를 구현한 바이트코드 변환 객체를 생성하고 등록하여 수행됩니다.

그러나 자바 에이전트는 단지 자바 코드일 뿐이므로, 다른 자바 프로그램이 할 수 있는 모든 작업을 수행할 수 있습니다. 예를 들어, 에이전트는 추가 스레드를 시작하여 애플리케이션의 전체 수명 주기 동안 데이터를 수집하고 이를 외부 모니터링 시스템으로 전송할 수도 있습니다.

> **NOTE** 11장에서는 자바 관리 확장 프로그램와 에이전트가 클라우드 관측 도구에서 어떻게 사용되는지에 대해 더 자세히 논의할 것입니다.

자바 계측 API가 충분하지 않은 경우, 자바 가상 머신 도구 인터페이스를 대신 사용할 수 있습니다. 이는 자바 가상 머신의 네이티브 인터페이스이기 때문에 이를 사용하는 에이전트는 본질적으로 C 또는 C++와 같은 네이티브 컴파일 언어로 작성되어야 합니다. 자바 가상 머신 도구 인터페이스는 네이티브 에이전트가 자바 가상 머신에서 발생하는 이벤트를 모니터링하거나 통보받을 수 있도록 하는 통신 인터페이스로 간주할 수 있습니다.

네이티브 에이전트를 설치하려면, 다음과 같이 약간 다른 플래그를 사용해야 합니다.

```
-agentlib:<agent-lib-name>=<options>
```

혹은 다음과 같습니다.

```
-agentpath:<path-to-agent>=<options>
```

자바 가상 머신 도구 인터페이스 에이전트를 네이티브 코드로 작성해야 한다는 요구 사항은 이러한 에이전트를 작성하고 디버깅하는 것을 더 어렵게 만듭니다. 자바 가상 머신 도구 인터페이스 에이전트에서 발생하는 프로그래밍 오류는 실행 중인 애플리케이션을 손상시키거나 심지어 자바 가상 머신을 충돌시킬 수도 있습니다.

따라서 가능하다면, 자바 가상 머신 도구 인터페이스 코드 대신 자바 에이전트를 작성하는 것이 일반적으로 더 선호됩니다. 자바 에이전트는 작성이 훨씬 더 쉽지만, 자바 API를 통해 얻을 수 없는 정보가 있을 수 있습니다. 이러한 데이터를 액세스하려면 자바 가상 머신 도구 인터페이스 가 유일한 대안일 수 있습니다.

마지막 접근 방식은 서비스 지원 에이전트입니다. 서비스 지원 에이전트는 자바 객체와 핫스팟 데이터 구조를 모두 노출할 수 있는 API와 도구의 집합입니다.

서비스 지원 에이전트는 대상 자바 가상 머신에서 코드를 실행할 필요가 없습니다. 대신, 핫스팟 서비스 지원 에이전트는 심볼 조회 또는 프로세스 메모리 읽기와 같은 기본 기능을 사용하여 디버깅 기능을 구현합니다. SA는 실행 중인 자바 프로세스뿐만 아니라 코어 파일(**또는 크래시 덤프 파일**)도 디버깅할 수 있는 기능을 제공합니다.

비주얼 가상 머신[VisualVM]은 NetBeans 플랫폼을 기반으로 한 그래픽 도구로, 이 시점에서 소개할 가치가 있는 도구입니다. 과거에는 JDK의 일부로 제공되었으며, 오라클 JDK 6–8 버전 또는 그랄VM[GraalVM] 19–23.0 버전에 포함되어 있었습니다.

하지만 이후 메인 배포에서 제외되었기 때문에, 개발자는 비주얼 가상 머신 웹사이트에서 바이너리를 별도로 다운로드해야 합니다. 다운로드 후 `jvisualvm` 바이너리를 시스템 경로에 추가하지 않으면, 이전 자바 버전에서 사용되던 오래된 버전이 실행될 수 있습니다.

TIP `jvisualvm`은 이전 자바 버전에서 사용되던, 이제는 더 이상 사용되지 않는 `jconsole` 도구를 대체합니다. 여전히 `jconsole`을 사용하고 있다면, 비주얼 가상 머신으로 전환하는 것이 좋습니다. 비주얼 가상 머신은 `jconsole` 플러그인을 실행할 수 있도록 호환성 플러그인을 제공합니다.

비주얼 가상 머신을 처음 실행하면 실행 중인 머신을 캘리브레이션합니다. 이 과정에서 성능 캘리브레이션에 영향을 줄 수 있는 다른 애플리케이션은 실행하지 않는 것이 좋습니다.

비주얼 가상 머신 데스크톱 애플리케이션을 처음 실행하면, 짧은 캘리브레이션 후 [그림 3–4]와 유사한 화면이 표시됩니다.

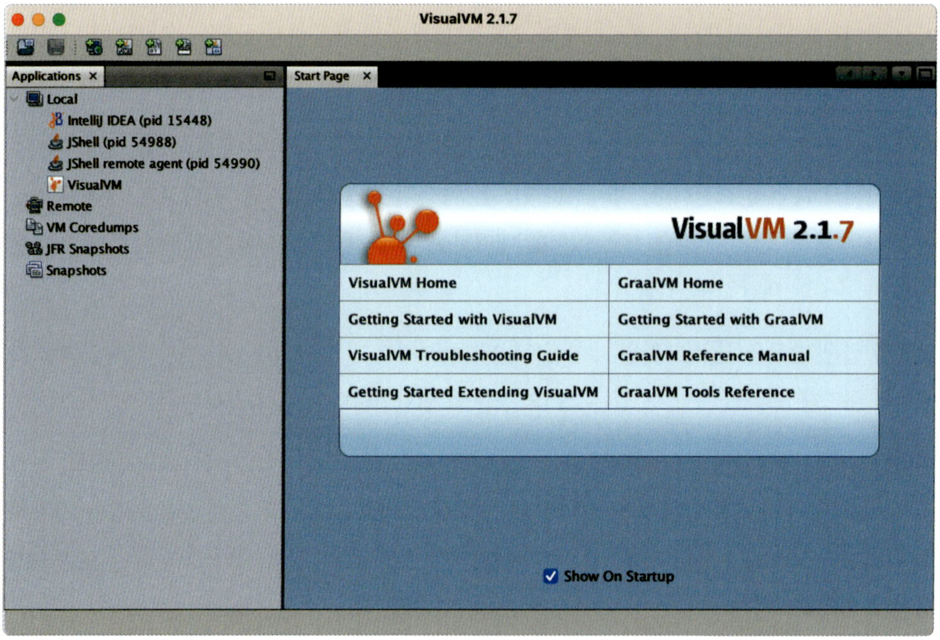

그림 3-4 비주얼 가상 머신 시작 화면

왼쪽에는 로컬 자바 가상 머신, 원격 자바 가상 머신, 스냅샷, 그리고 덤프 파일을 선택할 수 있는 옵션이 표시됩니다. 참고로, 비주얼 가상 머신 자체도 자바 애플리케이션입니다.

사이드바에서 자바 가상 머신을 선택하면 [그림 3-5]에 표시된 기본 뷰가 나타납니다.

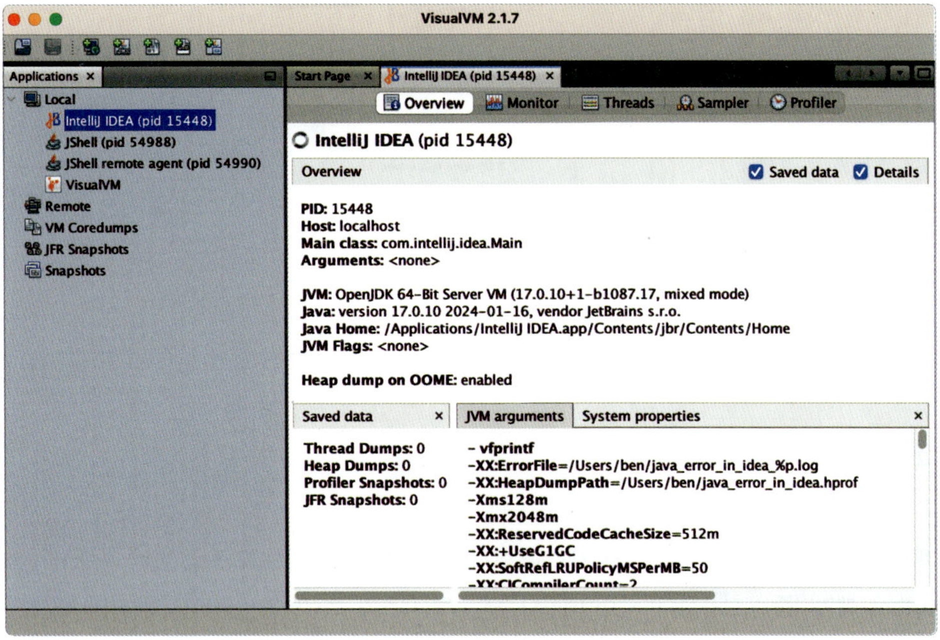

그림 3-5 비주얼 가상 머신 기본 뷰

비주얼 가상 머신에서 가장 익숙한 화면은 모니터 화면으로, [그림 3-6]과 유사한 형태로 표시됩니다.

그림 3-6 비주얼 가상 머신 모니터 화면

비주얼 가상 머신은 실행 중인 프로세스를 실시간으로 모니터링하는 도구로, 자바 가상 머신의 **attach 메커니즘**을 활용합니다. 이 메커니즘은 프로세스가 로컬인지 원격인지에 따라 약간 다르게 작동합니다.

로컬 프로세스는 비교적 간단합니다. 비주얼 가상 머신은 로컬 프로세스를 화면 왼쪽에 나열합니다. 목록에서 하나를 더블 클릭하면 해당 프로세스가 오른쪽 창의 새 탭으로 나타납니다.

원격 프로세스에 연결하려면 원격 측에서 자바 관리 확장 프로그램를 통해 인바운드 연결을 허용해야 합니다. 일반적인 자바 프로세스의 경우, 원격 호스트에서 `jstatd`가 실행 중이어야 합니다(자세한 내용은 `jstatd`의 매뉴얼 페이지 참조).

> **NOTE** 많은 애플리케이션 서버와 실행 컨테이너는 서버 내부에서 `jstatd`와 동일한 기능을 제공합니다. 이러한 프로세스는 자바 관리 확장 프로그램와 원격 메서드 호출(RMI) 트래픽을 포트 포워딩할 수 있는 경우, 별도의 `jstatd` 프로세스가 필요하지 않습니다.

원격 프로세스에 연결하려면, 호스트 이름과 탭에 표시될 이름을 입력해야 합니다. 기본 연결 포트는 `1099`이지만, 쉽게 변경할 수 있습니다.

비주얼 가상 머신은 기본적으로 사용자에게 다섯 개의 탭을 제공합니다.

개요

자바 프로세스에 대한 요약 정보를 제공합니다. 전달된 모든 플래그와 시스템 속성, 실행 중인 정확한 자바 버전이 포함됩니다.

모니터

기존 `jconsole` 뷰와 가장 유사한 탭입니다. CPU 또는 힙 사용량을 포함한 자바 가상 머신의 상위 수준 텔레메트리를 표시합니다. 또한 로드 또는 언로드된 클래스 수와 실행 중인 스레드 개요를 보여줍니다.

스레드

실행 중인 애플리케이션의 각 스레드를 타임라인과 함께 표시합니다. 여기에는 애플리케이션 스레드와 가상 머신 스레드가 모두 포함됩니다. 각 스레드의 상태를 확인할 수 있으며, 간단한 히스토리도 확인 가능합니다. 필요하면 스레드 덤프를 생성할 수도 있습니다.

샘플러와 프로파일러

CPU 또는 메모리 사용량의 간소화된 샘플링을 제공합니다. 이 내용은 12장에서 더 자세히 다룰 예정입니다.

비주얼 가상 머신의 플러그인 아키텍처는 코어 플랫폼에 추가 도구를 쉽게 통합하여 기본 기능을 확장할 수 있습니다. 이 플러그인에는 자바 관리 확장 프로그램 콘솔과의 상호작용이나 레거시 JConsole과의 연결, 매우 유용한 가비지 컬렉션 플러그인 VisualGC 등이 포함됩니다.

3.8 자바 구현, 배포 또는 릴리스

이번 절에서는 자바 구현과 배포본의 전반적인 상황과 자바 릴리스 주기에 대해 간략히 논의합니다.

이 분야는 시간이 지나면서 크게 변화할 가능성이 크므로, 여기서 설명하는 내용은 작성 시점에서만 정확할 수 있습니다. 예를 들어, 이후에 새로운 벤더가 자바 배포 사업에 참여하거나, 기존 벤더가 사업을 철수할 가능성이 있으며, 릴리스 주기가 변경될 수도 있습니다. 이 점을 유의하며 주의해야 합니다.

많은 개발자가 오라클이 제작한 자바 바이너리(오라클 JDK)에만 익숙할 수 있습니다. 그러나 2023년 기준[2] 으로 자바의 전반적인 상황은 상당히 복잡하며, 이를 구성하는 기본 요소를 이해하는 것이 중요합니다.

먼저, 바이너리로 빌드되는 소스 코드가 있습니다. 자바 구현을 빌드하는 데 필요한 소스 코드는 두 부분으로 나뉩니다.

- 가상 머신 소스 코드
- 클래스 라이브러리 소스 코드

OpenJDK 프로젝트는 자바의 오픈 소스 레퍼런스 구현을 개발하는 프로젝트로, OpenJDK 웹사이트에서 확인할 수 있습니다. 이 프로젝트는 GNU 공용 라이선스 버전 2 또는 클래스 패스 예외 조항(GPLv2+CE)에 따라 라이선스가 부여됩니다. 이 프로젝트는 오라클이 주도하며, OpenJDK 코드베이스 작업에 참여하는 대부분의 엔지니어는 오라클이 지원합니다.

OpenJDK의 중요한 점은 소스 코드만 제공한다는 것입니다. 이는 가상 머신(핫스팟)과 클래스 라이브러리 모두에 해당합니다.

핫스팟과 OpenJDK 클래스 라이브러리를 결합한 조합은 현재 프로덕션 환경에서 사용되는 자바 배포본(오라클의 배포본 포함)의 대부분을 형성합니다. 그러나 이 책에서 간단히 논의할 몇 가지 다른 자바 가상 머신도 있습니다. 여기에는 이클립스 OpenJ9와 그랄VM이 포함됩니다. 이들 가상 머신도 OpenJDK 클래스 라이브러리와 결합하여 완전한 자바 구현을 생성할

2 옮긴이_ 2023년 기준으로 OpenJDK 중심으로 다양한 벤더들이 배포판을 제공하고, 개발자들이 많이 사용하고 있습니다. 이러한 상황은 2025년에도 크게 변하지는 않았습니다. 다만, 로우코드나 노코드 개발이 70%까지 증가되었으며, AI와 생성형 AI 통합으로 소프트웨어 개발 프로세스에 통합되어 코드생성, 테스트 자동화, 버그 예측 등 다양한 분야에서 개발 효율성성을 향상시킬 것입니다.

수 있습니다.

그러나 소스 코드는 그 자체만으로는 개발자에게 크게 유용하지 않습니다. 이를 활용하려면 바이너리 배포판으로 빌드되고, 테스트되며, 필요에 따라 인증 절차를 거쳐야 합니다.

이 상황은 리눅스와 다소 유사합니다. 리눅스의 소스 코드는 존재하며 자유롭게 사용할 수 있지만, 실제로는 차기 버전을 개발하는 사람들을 제외하면 거의 아무도 소스를 직접 작업하지 않습니다. 대신, 대부분의 개발자는 바이너리 리눅스 배포본을 사용합니다.

자바에서도 비슷하게, 여러 벤더가 다양한 배포본을 제공합니다. 이제 이러한 벤더들을 만나보고 그들의 주요 제품들을 간략히 살펴보겠습니다.

3.8.1 배포본 선택

자바 배포본 선택은 개발자와 아키텍트에게 매우 중요한 결정입니다. 일부 대규모 조직(예 트위터Twitter, 알리바바Alibaba)은 OpenJDK를 기반으로 한 자체 프라이빗 또는 세미-퍼블릭 빌드를 유지하기도 하지만, 이는 대부분의 회사가 감당하기 어려운 엔지니어링 노력을 요구합니다.

이를 염두에 두고, 일반적으로 조직이 자바 가상 머신 배포본을 선택할 때 중요하게 여기는 주요 요소는 다음과 같습니다.

- 프로덕션에서 사용하려면 비용을 지불해야 하는가?
- 발견한 버그를 어떻게 수정할 수 있는가?
- 보안 패치를 어떻게 받을 수 있는가?

지금부터 위의 내용을 하나씩 설명합니다.

OpenJDK 소스 코드(GPLv2+CE 라이선스 기반)에서 빌드된 바이너리는 프로덕션 환경에서 무료로 사용할 수 있습니다. 여기에는 이클립스 어답티움, 레드햇, 아마존, 마이크로소프트에서 제공하는 모든 바이너리뿐만 아니라 벨소프트BellSoft와 같은 덜 알려진 공급업체의 바이너리도 포함됩니다. 오라클의 일부 바이너리도 이 범주에 속하지만, 전부는 아닙니다.

다음으로, OpenJDK에서 발견된 버그를 수정하려면 발견자는 두 가지 일을 할 수 있습니다. 첫 번째는 지원 계약을 구매하여 벤더가 이를 수정하도록 요청하는 것입니다. 두 번째는 OpenJDK 기여자에게 요청하여 OpenJDK 리포지터리에 버그를 등록한 후, 누군가 이를 수정해 주기를 바라거나 정중히 요청하는 것입니다. 또는 모든 오픈 소스 소프트웨어가 제공하는 세 번째 방법, 즉 스스로 수정한 뒤 패치를 제출하는 방법도 항상 가능합니다.

마지막으로, 보안 업데이트에 대한 부분은 조금 더 신중하게 다뤄야 할 문제입니다. 먼저, 자바에 대한 거의 모든 변경 사항은 깃허브의 공개 OpenJDK 리포지터리에 커밋으로 시작된다는 점에 유의해야 합니다. 예외는 아직 공개되지 않은 특정 보안 수정입니다.

수정 사항이 공개되고 일반에 발표되면, 패치는 다양한 OpenJDK 리포지터리로 다시 전달되는 과정을 거칩니다. 그런 다음 벤더는 해당 소스 코드 수정을 가져와 이를 포함한 바이너리를 빌드하고 릴리스할 수 있습니다. 그러나 이 과정에는 몇 가지 미묘한 차이가 있으며, 이는 대부분의 자바 조직이 장기 지원long-term support(LTS) 버전을 유지하려고 하는 이유 중 하나입니다. 자바 버전에 대한 절에서 이에 대해 더 자세히 다루겠습니다.

이제 배포본을 선택할 때 고려해야 할 주요 기준을 논의했으니, 사용 가능한 주요 배포본들을 설명합니다.

오라클

오라클의 자바(오라클 JDK)는 아마도 가장 널리 알려진 구현일 것입니다. 본질적으로 OpenJDK 코드베이스를 기반으로 하며, 오라클의 독점 라이선스로 다시 라이선스됩니다.

다만, 2024년 기준으로 오라클 JDK의 라이선스 정책이 변경되었습니다. 예를 들어, 특정 용도에서는 무료로 사용할 수 있지만, 상업적 사용이나 프로덕션 환경에서는 유료 구독이 필요할 수 있습니다. 오라클은 여전히 OpenJDK에 기여하고 있으며, OpenJDK 코드베이스를 유지하면서도 독점 기능과 추가적인 지원을 포함한 상용 배포판을 제공하고 있습니다.

이클립스 어답티움

이 커뮤니티 주도 프로젝트는 AdoptOpenJDK에서 시작되었으며, 이클립스 재단으로 전환되면서 이름이 변경되었습니다. 어답티움 프로젝트의 구성원(주로 레드햇, 구글, 마이크로소프트, 아줄 등에서 참여)은 대부분 빌드 또는 테스트 엔지니어로 구성되어 있으며, 새로운 기능을 구현하고 버그를 수정하는 개발 엔지니어는 아닙니다. 이는 의도된 것으로, 어답티움의 많은 회원사는 자체 회사 이름으로 OpenJDK 개발에 주요 기여를 하며, 어답티움 이름 아래에서는 기여하지 않습니다. 어답티움 프로젝트는 OpenJDK 소스를 가져와 여러 플랫폼에서 완전히 테스트된 바이너리를 빌드합니다. 커뮤니티 프로젝트로서 어답티움은 유료 지원을 제공하지 않지만, 레드햇과 같은 회원사가 일부 운영 체제에 대해 지원을 제공할 수도 있습니다.

레드햇

레드햇은 가장 오래된 비오라클 자바 바이너리 제공업체 중 하나이며, OpenJDK의 두 번째로 큰 기여자(오라클 다음)입니다. 레드햇은 RHEL 또는 페도라 운영 체제와 윈도우(역사적 이유로)에 대한 빌드 또는 지원을 제공합니다. 또한 유니버설 베이스 이미지Universal Base Image(UBI) 리눅스 시스템을 기반으로 한 무료 컨테이너 이미지를 제공합니다.

아마존 코레토

코레토Corretto는 아마존의 OpenJDK 배포판으로, 주로 AWS 클라우드 인프라에서 실행되도록 설계되었습니다. 아마존은 일관된 개발자 경험을 제공하고 모든 환경에서 아마존 빌드를 사용하도록 권장하기 위해 맥, 윈도우, 리눅스 빌드를 제공합니다.

마이크로소프트 OpenJDK

마이크로소프트는 2021년 5월부터 바이너리를 제공하고 있으며(OpenJDK 11.0.11), 맥, 윈도우, 리눅스를 지원합니다. 마이크로소프트 배포판은 주로 애저 클라우드 인프라에서 배포할 개발자를 위해 설계되었습니다.

마이크로소프트는 2021년 5월부터 OpenJDK 11.0.11 기반의 바이너리를 제공하기 시작했으며, 현재 OpenJDK 11, 17, 21 버전을 지원합니다. 맥OS, 윈도우, 리눅스뿐만 아니라 ARM64 아키텍처도 지원합니다. 마이크로소프트 배포판은 주로 애저 클라우드 환경에서 자바 애플리케이션을 배포하는 개발자를 위해 설계되었으며, LTS 릴리스에 대해 최소 6년간 지원합니다. 또한 애저와 애저 스택, 애저 ARC 환경에서 실행되는 자바 워크로드에 대해 상업적 지원을 제공합니다.

애저 시스템

애저 시스템은 무료 OpenJDK 구현인 줄루Zulu를 제공합니다. 또한 애저 플랫폼 프라임Azul Platform Prime(이전의 징Zing)이라는 고성능 독점 자바 가상 머신을 제공합니다. 프라임은

OpenJDK 배포본이 아닙니다.

그랄VM

그랄VM은 이 목록에 비교적 새롭게 추가된 항목입니다. 원래 오라클 Labs의 연구 프로젝트로 시작되었으나, 완전히 프로덕션에 적합한 자바 구현으로 발전했습니다. 그랄VM은 동적 가상 머신 모드에서 작동할 수 있으며, 자바로 작성된 JIT 컴파일러가 포함된 OpenJDK 기반 런타임을 제공합니다. 그러나 그랄VM은 자바의 **네이티브 컴파일**(AOT 컴파일)도 지원할 수 있습니다. 이에 대해서는 책 후반부에서 더 자세히 논의할 예정입니다.

OpenJ9

OpenJ9는 IBM의 독점 자바 가상 머신 (J9)으로 시작되었으며, 2017년에 오픈 소스화 되었습니다(핫스팟과 비슷한 과정을 거침). 이제 이클립스의 OMR 프로젝트를 기반으로 구축되었으며, 자바 인증을 완전히 준수합니다. IBM 세메루 런타임IBM Semeru Runtimes은 OpenJDK 클래스 라이브러리와 이클립스 OpenJ9 자바 가상 머신으로 빌드 된 무료 런타임입니다.

안드로이드

구글의 안드로이드Android 프로젝트는 종종 '자바 기반'으로 간주되지만, 실제로는 약간 더 복잡합니다. 안드로이드는 크로스 컴파일러를 사용해 클래스 파일을 다른 형식(`.dex`)으로 변환하며, 이 `.dex` 파일은 안드로이드런타임(ART)에서 실행됩니다. ART는 자바 가상 머신이 아닙니다. 사실, 구글은 이제 안드로이드 애플리케이션 개발에 자바보다 코틀린을 권장합니다. 이 기술 스택은 다른 예제들과 상당히 거리가 있기 때문에, 이 책에서는 안드로이드에 대해 더 이상 다루지 않을 것입니다.

이 목록이 완전하지 않다는 점에 유의하세요. 여기에 포함되지 않은 다른 배포판들도 존재합니다.

이 책의 대부분은 핫스팟에서 사용되는 기술에 초점을 맞추고 있습니다. 이는 오라클의 자바 또는 어답티움, 레드햇, 아마존, 마이크로소프트, 애저 줄루, 기타 모든 OpenJDK 기반 자바 가상 머신 배포본에 동일하게 적용된다는 뜻입니다.

또한, 일부는 이클립스 OpenJ9와 관련된 내용도 포함되어 있습니다. 이는 대안을 소개하기 위한 것으로, 자세한 가이드를 제공하려는 것은 아닙니다. 일부 독자는 이러한 기술을 더 깊이 탐구하고 싶을 수 있으며, 그럴 경우 성능 목표를 설정하고 일반적인 방식으로 측정과 비교를 진행할 것을 권장합니다.

마지막으로 자바 릴리스 주기에 대해 논의하기 전에, 다양한 OpenJDK 배포본의 성능 특성에 대해 한 가지 짚고 넘어가겠습니다.

팀들은 특정 배포본이 다른 OpenJDK 기반 배포본에는 없는 JIT 또는 가비지 컬렉션 구성 요소를 포함한다고 믿으며, 이에 대한 성능 질문을 가끔 제기합니다.

이 점을 분명히 짚고 넘어가겠습니다. 모든 OpenJDK 배포판은 동일한 소스에서 빌드 되므로, 동일한 버전 간에는 기능적 차이가 없습니다. 이는 모든 배포판에서 OpenJDK 빌드에 대해 매우 강력한 테스트 스위트를 실행하는 것이 큰 도움을 줍니다.

또한, 동일 버전과 빌드 플래그 구성에서 비교할 때, 다양한 핫스팟 기반 구현 간에 체계적인 성능 관련 차이가 없어야 합니다. 단, 사소한 예외로 오라클은 레드햇과 아마존에서 개발한 셰넌도어Shenandoah 가비지 컬렉터를 제공하지 않으며, 대신 자체 ZGC 컬렉터를 홍보합니다.

NOTE 일부 벤더는 특정 클라우드 환경에 매우 특화된 빌드 플래그 조합을 선택합니다. 일부 연구에 따르면 이러한 조합이 특정 작업 부하에 도움이 될 수 있다고 하지만, 이는 명확하지 않은 부분이 많습니다.

가끔 소셜 미디어에서는 특정 배포 본 간에 상당한 성능 차이가 발견되었다는 흥미로운 보고가 나오기도 합니다. 그러나 이러한 테스트를 충분히 통제된 환경에서 수행하는 것은 매우 어렵습니다. 따라서 결과가 독립적으로 검증되고 통계적으로 신뢰할 수 있다는 점이 입증되지 않는 한, 이러한 결과는 신중하게 받아들여야 합니다.

3.8.2 자바 릴리스 주기

이제 자바 릴리스 주기에 대해 간략히 논의함으로써 전체 그림을 완성할 수 있습니다.

새로운 기능 개발은 깃허브의 여러 저장소에서 공개적으로 이루어집니다. 작은 규모에서 중간

규모의 기능 추가와 버그 수정은 OpenJDK의 메인 브랜치에 직접 풀 리퀘스트pull request로 제출됩니다. 더 큰 기능이나 주요 프로젝트는 종종 별도로 포크된 저장소에서 개발된 후 준비가 되면 메인 라인으로 통합됩니다.

자바의 새로운 릴리스는 6개월마다 메인 브랜치의 최신 내용을 기반으로 생성됩니다. 특정 기능이 해당 릴리스에 포함되지 못하면 다음 릴리스를 기다려야 하며, 6개월 주기와 엄격한 일정은 2017년 9월 이후로 유지되고 있습니다. 이러한 릴리스는 기능 릴리스라고 하며, 오라클이 자바 관리자로서 이를 주관합니다.

오라클은 다음 기능 릴리스가 등장하면 이전 기능 릴리스에 대한 작업을 중단합니다. 그러나 적합한 역량과 지위를 가진 OpenJDK 멤버는 오라클이 물러난 후 해당 릴리스를 계속 유지하도록 제안할 수 있습니다. 지금까지 이러한 상황은 특정 릴리스(주로 자바 8, 11, 17, 21)에서만 발생했으며, 이는 '업데이트 릴리스'로 알려져 있습니다.

이들 업데이트 릴리스의 중요성은 오라클의 장기 지원(LTS) 릴리스 개념과 일치한다는 점입니다. 기술적으로, 이는 순전히 오라클의 판매 프로세스에서 나온 개념으로, 6개월마다 자바를 업그레이드하고 싶지 않은 고객들을 위해 오라클이 특정 안정 버전을 지원하는 방식입니다.

그러나 실질적으로, 자바 생태계는 오라클의 '6개월마다 JDK를 업그레이드하라'는 공식 지침을 거의 받아들이지 않았습니다. 프로젝트 팀과 엔지니어링 매니저들은 이러한 주기에 관심이 없기 때문입니다. 대신 팀들은 한 오라클의 장기 지원(LTS) 버전에서 다음 오라클의 장기 지원(LTS) 버전으로 업그레이드하며, 업데이트 릴리스 프로젝트(8u, 11u, 17u, 21u)는 활성 상태를 유지하면서 보안 패치와 소수의 버그 수정 또는 역이식을 제공합니다. 오라클과 커뮤니티는 이러한 모든 유지보수 코드 스트림을 함께 관리하며 보안을 유지합니다.

이제 자바 배포본을 선택하는 방법에 대해 논의하기 위해 필요한 마지막 요소를 다루겠습니다. 보안 패치를 받고, 보안 문제(가능하다면 버그) 수정의 가능성이 있는 무료 자바 배포본을 원한다면, OpenJDK 벤더 중 하나를 선택하고 오라클의 장기 지원(LTS) 버전을 사용하는 것이 가장 좋습니다.

이클립스 어답티움, 레드햇, 아마존, 마이크로소프트와 같은 배포본은 모두 훌륭한 선택지이며, 벨소프트와 같은 다른 벤더도 적절한 대안이 될 수 있습니다. 또한, 배포 방식과 사용 환경에 따라 특정 배포본을 선택할 수도 있습니다. 예를 들어, AWS에서 배포되는 애플리케이션의 경우 아마존의 코레토 배포판을 선호할 수 있습니다.

다양한 옵션과 라이선스 복잡성에 대한 더 심층적인 정보를 원한다면, '자바는 여전히 무료입니다Java Is Still Free' 문서를 참조할 수 있습니다. 이 문서는 자바 챔피언Champions 그룹이라는 독립적인 자바 전문가와 리더 그룹에서 작성한 자료입니다.

3.9 요약

이 장에서는 자바 가상 머신의 전반적인 구조를 빠르게 살펴보았습니다. 주요 내용은 다음과 같습니다.

- 바이트코드 컴파일
- 인터프리테이션
- JIT 컴파일을 통한 네이티브 코드 변환
- 메모리 관리와 스레딩
- 자바 프로세스의 수명 주기 모니터링
- 자바의 빌드와 배포 방식

이 장에서는 가장 중요한 개념들만 간략히 다루었으며, 여기에서 언급된 거의 모든 주제는 추가적으로 심층적인 연구 가치가 있는 중요한 내용들입니다.

다음 4장에서는 가비지 컬렉션에 대해 본격적으로 탐구합니다. 기본적인 마크 앤 스윕mark-and-sweep 개념부터 시작하여, 핫스팟이 가비지 컬렉션을 구현하는 내부 구조까지 세부적으로 다룰 예정입니다.

4장

가비지 컬렉션 이해하기

이 장에서는 자바 가상 머신의 가비지 컬렉션 하위 시스템에 대해 소개합니다. 먼저 **마크 앤 스웝**(**추적 가비지 컬렉션**으로 알려져 있음)의 기본 개요부터 시작합니다. 그런 다음, 핫스팟 런타임의 저수준 기능과 런타임에서 자바 객체를 어떻게 표현하는지 살펴봅니다.

장 후반부에서는 할당과 수명 주기의 주요 개념에 대해 이야기한 후, 핫스팟이 할당을 돕기 위해 사용하는 두 가지 주요 기술을 논의합니다. 마지막으로 지금까지 다룬 모든 주제를 종합하여 핫스팟의 프로덕션 컬렉터 중 가장 단순한 **병렬 컬렉터**parallel collector를 소개하고, 이 컬렉터가 다양한 프로덕션 작업에 유용한 이유와 몇 가지 세부 사항을 설명합니다.

> **NOTE** 가비지 컬렉션은 매우 방대한 주제이므로, 이 장에서는 기본적인 입문 내용만 다룰 수 있습니다. 5장에서는 더 고급 주제를 다룰 예정입니다.

자바 환경에서는 여러 상징적이고 중요한 특징들이 있는데, 그 중 하나가 바로 가비지 컬렉션입니다.

자바의 가비지 컬렉션의 핵심은 시스템 내 모든 객체의 정확한 수명 주기를 이해해야 할 필요없이, 런타임이 이를 대신 관리한다는 점입니다. 더 이상 필요하지 않은 객체를 자동으로 제거하며, 이렇게 회수된 메모리를 초기화된 후 재사용할 수 있습니다.

그러나 플랫폼이 처음 출시되었을 때, 가비지 컬렉션에 대한 반감이 컸습니다. 이는 자바가 언어 수준에서 컬렉터의 동작을 제어할 방법을 의도적으로 제공하지 않았기 때문입니다(지금 버전도 여전히 그렇습니다).

> **NOTE** `System.gc()` 메서드가 존재하기는 하지만, 실제로 사용하기에는 거의 쓸모가 없습니다.[1]

초창기에는 자바의 가비지 컬렉션 기능에 대해 어느 정도 불만이 있었습니다. 특히 자바 가비지 컬렉션의 성능이 그다지 좋지 않았기 때문에 이러한 불만은 더욱 커졌습니다. 때문에 자바 플랫폼 전체에 대한 부정적인 인식이 생겼고, 심지어 오늘날에도 자바의 가비지 컬렉션이 문제라고 잘못 생각하는 사람들이 여전히 있을 수 있습니다. 그러나 사실, 현재의 자바 가비지 컬렉션은 매우 빠르고(업계 최고 수준) 대부분의 프로덕션 작업에 완벽히 적합합니다.

실제로, 사용자가 제어할 필요 없는 필수적인 가비지 컬렉션이라는 초기 개념은 옳았음이 입증되었습니다. 오늘날, 메모리를 수동으로 관리해야 한다는 의견을 방어하려는 애플리케이션 개발자는 거의 없습니다. 심지어 러스트와 고 같은 현재 시스템 프로그래밍 언어조차 메모리 관리를 각각 컴파일러와 런타임의 적절한 역할로 간주합니다.[2]

모든 가비지 컬레션 구현은 다음 두 가지 기본 규칙을 준수하려고 노력합니다.

- 활성 객체는 절대 수집되지 않아야 합니다.
- 알고리즘은 모든 가비지를 수집해야 합니다.

이 두 가지 원칙 중 첫 번째가 훨씬 더 중요합니다. 활성 객체를 수집하려면 세그멘테이션 오류segmentation fault가 발생하거나 심지어 더 나쁜 경우, 프로그램 데이터가 조용히 손상silent corruption될 수 있습니다. 자바의 가비지 컬렉션 알고리즘은 프로그램이 여전히 사용 중인 객체를 절대 수집하지 않도록 보장해야 합니다.

가비지 컬렉션 알고리즘이 일부 가비지를 지속적으로 수집하지 못한다면, 최악의 경우 시간이 지나면서 애플리케이션이 메모리를 모두 소진하고 결국 충돌하게 될 것입니다. 이는 심각한 문제이지만, 활성 객체를 잘못 수집하여 메모리 손상을 유발하는 것보다는 상대적으로 나은 상황입니다.

---

1 `Unsafe` 클래스와 그 기능에 대해서도 다룰 예정이며, 이를 사용하지 말아야 하는 이유는 13장에서 설명하겠습니다.

2 이는 예외적인 상황에서만 사용해야 합니다.

두 번째 규칙은 비교적 유연하게 적용될 수 있습니다. 예를 들어, 이 장에서 다룰 세대별 가비지 컬렉션 알고리즘은 종종 오래된 객체를 힙에 오랫동안 남겨두고, 전체 가비지 컬렉션 사이클이 실행될 때까지 이를 수집하지 않습니다. 또한 다음 장에서 만나게 될 알고리즘 중에는 특정 메모리 영역에 가비지가 충분히 쌓이지 않았다면 해당 영역을 수집하지 않는 방식도 있습니다.

전반적으로 프로그래머가 세부적인 저수준 메모리 관리를 직접 제어하는 대신, 가비지 컬렉션을 통해 이를 자동으로 처리하는 방식은 자바의 관리형 메모리 모델을 잘 보여줍니다. 이는 자바를 실무 중심의 '블루칼라 언어'로 설계했다는 제임스 고슬링James Gosling의 개념을 반영하는 특징이기도 합니다.

4.1 마크 앤 스윕 소개

대부분의 자바 프로그래머는 자바의 가비지 컬렉션이 **마크 앤 스윕** 알고리즘을 기반한다는 사실을 기억하고 있지만, 이 과정이 실제로 어떻게 작동하는지에 대한 세부 사항은 잘 떠올리지 못합니다.

이 절에서는 마크 앤 스윕 알고리즘의 기본 형태를 소개하고, 이를 통해 힙 메모리를 자동으로 회수하는 방식을 설명합니다. 이 내용은 이해를 돕기 위해 단순화된 개념으로, 몇 가지 기본 원리를 소개하는 데 목적이 있습니다. 실제 프로덕션 환경에서 자바 가상 머신이 가비지 컬렉션을 수행하는 방식과는 다르며, 이에 대한 내용은 이후에 다룰 예정입니다.

기본적인 마크 앤 스윕 알고리즘은 할당된 객체 리스트를 사용하여, 회수되지 않은 객체들의 포인터를 유지하는 방식으로 동작합니다. 이 과정은 다음과 같이 정리할 수 있습니다.

1. 할당된 리스트를 순회하며 마크 비트mark bit를 초기화합니다.
2. 힙으로의 모든 포인터를 시작점으로 하여 접근 가능한 모든 객체를 찾습니다.
3. 도달한 각 객체에 마크 비트를 설정합니다.
4. 할당된 리스트를 순회하며, 마크 비트가 설정되지 않은 객체에 대해 다음 작업을 수행합니다.
   - 힙에서 해당 객체의 메모리를 회수하여 자유 리스트free list에 다시 추가합니다.
   - 객체를 할당된 리스트에서 제거합니다.

활성 객체는 보통 깊이 우선 탐색depth-first search으로 탐색되며, 이렇게 만들어진 객체의 그래프를 **활성 객체 그래프**live object graph라고 합니다. 이는 **접근 가능한 객체의 추이적 폐쇄**transitive closure of reachable object라고도 부르며, 이에 대한 예시는 [그림 4-1]에 나와 있습니다.

반대로, 접근할 수 없는 객체는 종종 **죽은 객체**라고 합니다니다.

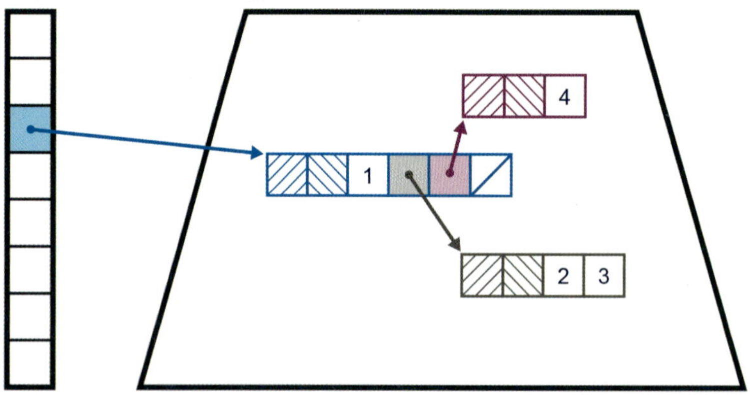

그림 4-1 메모리 레이아웃 개요

힙의 상태를 시각화하는 것은 어렵지만, 이를 돕는 간단한 도구들이 있습니다. 그중에서도 가장 기본적인 도구는 명령줄 도구인 `jmap -histo`입니다. 이 도구는 타입별로 할당된 바이트 수와 메모리 사용량을 차지하는 인스턴스 개수를 보여줍니다.

다음은 출력 예시입니다.

```
 num     #instances         #bytes  class name
 ----------------------------------------------
   1:         20839       14983608  [B
   2:        118743       12370760  [C
   3:         14528        9385360  [I
   4:           282        6461584  [D
   5:        115231        3687392  java.util.HashMap$Node
   6:        102237        2453688  java.lang.String
   7:         68388        2188416  java.util.Hashtable$Entry
   8:          8708        1764328  [Ljava.util.HashMap$Node;
   9:         39047        1561880  jdk.nashorn.internal.runtime.CompiledFunction
```

```
10:         23688      1516032  com.mysql.jdbc.Co...$BooleanConnectionProperty
11:         24217      1356152  jdk.nashorn.internal.runtime.ScriptFunction
12:         27344      1301896  [Ljava.lang.Object;
13:         10040      1107896  java.lang.Class
14:         44090      1058160  java.util.LinkedList$Node
15:         29375       940000  java.util.LinkedList
16:         25944       830208  jdk.nashorn.interna...FinalScriptFunctionData
17:            20       655680  [Lscala.concurrent.forkjoin.ForkJoinTask;
18:         19943       638176  java.util.concurrent.ConcurrentHashMap$Node
19:           730       614744  [Ljava.util.Hashtable$Entry;
20:         24022       578560  [Ljava.lang.Class;
```

이 명령은 힙의 스냅샷을 보여줍니다. 물론 이클립스 MAT과 같은 더 복잡하고 강력한 도구도 사용할 수 있습니다. 하지만 실시간으로 힙을 분석해야 할 때도 있습니다.

이럴 때는 비주얼 가상 머신(3장에서 소개된)이나 비주얼 가상 머신의 VisualGC 플러그인에 있는 샘플링 탭 같은 GUI 도구를 활용할 수 있습니다. 이런 도구들은 힙의 변화를 실시간으로 보여주기 때문에, 힙의 변화를 실시간으로 시각화하여 힙이 어떻게 변하는지를 빠르게 파악하는 데 유용합니다.

그러나 일반적으로 힙의 특정 순간 상태만으로는 충분히 정확한 분석을 하기 어렵습니다. 이런 경우에는 JFR[JDK Flight Recorder]이나 가비지 컬렉션 로그 같은 도구를 활용하는 것이 더 적절합니다. 이런 도구를 통해 '힙 크기는 얼마나 되는가?', '힙이 어떻게 변하고 있는가?', '메모리 누수가 있는가?' 같은 질문에 대해 더 깊은 통찰을 얻을 수 있습니다.

4.2 가비지 컬렉션 용어집

가비지 컬렉션 알고리즘을 설명하는 데 사용되는 전문 용어는 다소 혼란스러울 수 있으며, 일부 용어의 의미는 시간이 지나면서 변경되기도 했습니다. 명확성을 위해, 이 절에서는 우리가 특정 용어를 어떻게 사용하는지에 대한 기본 용어집을 제공합니다.

STW

가비지 컬렉션 사이클이 진행되는 동안 모든 애플리케이션 스레드를 멈춰야 합니다. 이는 애플리케이션 코드가 가비지 컬렉션 스레드가 보는 힙 상태를 무효화하지 않도록 방지하는 역할을 합니다. 간단한 가비지 컬렉션 알고리즘에서는 일반적으로 이런 방식을 사용합니다.

동시성

가비지 컬렉션 스레드가 애플리케이션 스레드가 실행되는 동안에도 동작할 수 있습니다. 이는 구현이 더 어렵고, 계산 자원을 더 많이 소모합니다. 자바 9부터 핫스팟의 기본 가비지 컬렉터는 **G1**[garbage first]이며, 이후에 살펴보겠지만 G1은 일부 **동시성** 측면을 가지고 있습니다.

병렬

가비지 컬렉션 작업을 여러 스레드와 여러 코어를 사용해 실행합니다.

정확성

정확한 가비지 컬렉션 방식에서는 힙 상태에 대한 타입 정보를 충분히 가지고 있어, 단일 사이클에서 모든 가비지를 수집할 수 있습니다. 보다 느슨한 정의로, 정확한 방식에서는 `int` 필드와 객체 참조 필드를 항상 구별할 수 있습니다.

보수성

보수적인 방식은 정확한 방식과 달리 타입 정보를 충분히 제공하지 않습니다. 그 결과, 보수적인 방식은 자원을 낭비하는 경우가 많고, 표현하려는 타입 시스템을 완벽히 이해하지 못해 일반적으로 효율성이 낮습니다.

이동

이동형 컬렉터에서는 객체가 메모리 내에서 재배치될 수 있습니다. 즉, 객체가 고정된인 주소를 갖지 않음을 의미합니다. 자바와 달리 원시 포인터에 대한 직접 다룰 수 있는 환경에서는 이동형 컬렉터를 적용하기 어렵습니다.

압축

가비지 컬렉션 사이클이 끝날 때, 할당된 메모리(생존 객체)는 단일 연속 영역(보통 해당 영역의 시작 부분)에 배치되고, 새로운 객체를 기록할 수 있는 빈 공간의 시작 지점을 가리키는 포인터가 존재합니다. 압축 컬렉터는 메모리 단편화를 방지합니다.

대피

가비지 컬렉션 사이클이 끝날 때, 수집된 영역은 완전히 비워지고, 모든 활성 객체가 다른 메모리 영역으로 이동(대피)됩니다. 우수한 대피형 컬렉터는 메모리 단편화를 방지합니다.

대부분의 다른 언어와 환경에서도 동일한 용어가 사용되지만, 일부 환경에서는 동시성concurrent 또는 병렬의 의미를 다르게 사용하거나, 이동moving을 복사copying라고 부르는 경우가 있으니 주의해야 합니다.

동시성이라는 용어는 이진 상태가 아니라 슬라이딩 스케일sliding scale 개념으로 이해하는 것이 가장 좋습니다. 사용 중인 컬렉터에 따라 컬렉션 작업 중 일부 또는 전부가 애플리케이션 스레드와 동시적으로 수행될 수 있습니다.

4.3 핫스팟 런타임 소개

일반적인 가비지 컬렉션 용어 외에도, 핫스팟은 구현에 특화된 추가적인 용어를 사용합니다. 이 자바 가상 머신에서 가비지 컬렉션이 어떻게 작동하는지를 완전히 이해하려면, 핫스팟 내부의 세부적인 동작 방식까지 파악할 필요가 있습니다.

이후 내용을 이해하려면 자바에는 두 가지 종류의 값만 있다는 점을 기억하는 것이 중요합니다.

- 기본 타입primitive types(`byte`, `int` 등)
- 객체 참조object references

많은 자바 프로그래머는 **객체**에 대해 느슨하게 표현하는 경향이 있지만, 여기에서 중요한 점은 C++과 달리 자바는 일반적인 주소 역참조dereference 메커니즘을 제공하지 않는다는 것입니다. 대신 자바는 오직 **오프셋 연산자**(`.` 연산자)를 사용하여 **객체 참조**에서 필드에 접근하거나 메서드를 호출할 수 있습니다.

또한 자바의 메서드 호출은 항상 값 복사 방식으로 이루어진다는 점을 기억해야 합니다. 객체 참조의 경우, 이는 힙에 있는 객체의 주소가 복사된다는 것을 의미합니다.

4.3.1 런타임에서 객체 표현

핫스팟은 런타임에 자바 객체를 **oop**ordinary object pointer라는 구조를 통해 표현합니다. 이 oop는 C 언어에서 사용하는 진정한 포인터의 역할을 합니다. 이러한 포인터는 참조 타입의 로컬 변수에 저장될 수 있으며, 자바 메서드의 스택 프레임에서 자바 힙의 메모리 영역으로 연결됩니다.

기억해야 할 중요한 점은 핫스팟이 자바 힙을 관리할 때 시스템 호출을 사용하지 않는다는 것입니다. 5장에서 살펴보겠지만, 핫스팟은 사용자 공간 코드에서 힙 크기를 관리합니다. 따라서, 간단한 관찰만으로 가비지 컬렉션 하위 시스템이 특정 성능 문제를 유발하는지 확인할 수 있습니다.

oop 데이터 구조에는 여러 종류가 있습니다. 자바 클래스의 인스턴스를 표현하는 oop는 **instanceOop**라고 하며, 배열을 표현하는 경우에는 **arrayOop**라고 부릅니다. 자바 힙에 있는 모든 데이터는 반드시 객체 헤더를 포함해야 합니다.

따라서, instanceOop의 메모리 레이아웃은 모든 객체에 존재하는 두 개의 머신 워드로 시작됩니다(arrayOop는 여기에 추가로 배열의 길이를 나타내는 32비트 헤더를 가집니다). 첫 번째는 마크 워드mark word로, 객체의 인스턴스 별 메타데이터를 가리키는 포인터입니다. 두 번째는 **klass 워드**로, 클래스 전체의 메타데이터를 가리키는 포인터입니다.

klass 워드는 klass 메타데이터(klass)를 찾는 데 사용됩니다. 이 메타데이터는 자바 힙의 주요 부분 외부에 저장되지만, 자바 가상 머신 프로세스의 C 힙 외부에 있는 것은 아닙니다. klass는 자바 힙 외부에 존재하기 때문에 객체 헤더가 필요하지 않습니다.

> **NOTE** 'klass'의 시작 문자 **k**는 가상 머신 수준의 klass와 자바의 `Class<?>` 객체를 나타내는 instanceOop를 구분하기 위해 사용됩니다. 이 둘은 동일하지 않습니다.

[그림 4-2]와 같이 간단한 예를 통해 차이를 확인할 수 있습니다. 왼쪽 위에는 `HashMap`에서 사용하는 `Map.Entry`와 유사한 엔트리entry 객체가 있고, 오른쪽 위에는 `Entry.class` 객체(예 `getClass()` 메서드를 통해 얻은 객체)가 있습니다. 이 두 자바 객체 모두 klass를 가지며, 이는 점선 아래 표시되어 있습니다.

```
record Entry<K,V> (int hash, K key, V value, Entry<K,V> next) {}
```

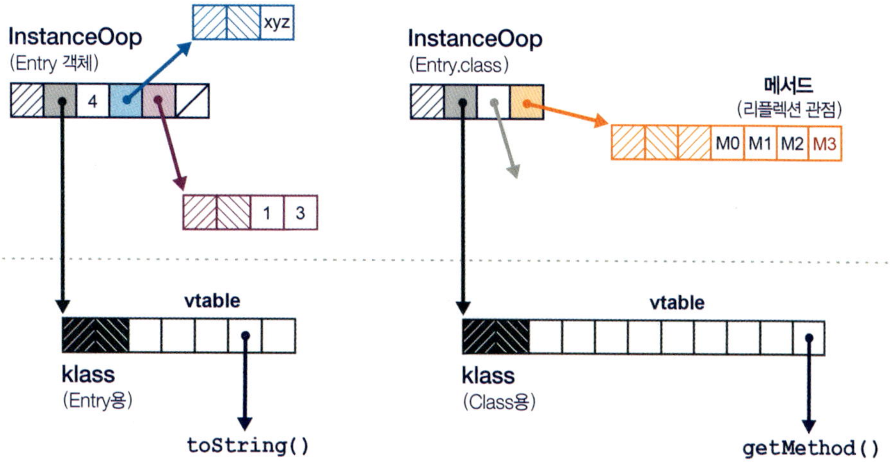

그림 4-2 Klass와 Class 객체

기본적으로 klass는 클래스에 대한 가상함수 테이블(**vtable**)을 포함하고 있으며, 반면에 `Class` 객체는 (그 외의 여러 데이터와 함께) 리플렉션 호출에 사용되는 메서드 객체 배열을 포함합니다. 이 주제에 대해서는 6장에서 JIT 컴파일을 논의할 때 더 자세히 다룰 예정입니다.

Oop는 일반적으로 머신 워드 크기를 따릅니다. 따라서 구형 32비트 머신에서는 32비트이고, 현대적인 프로세서에서는 64비트입니다. 그러나 이는 상당한 메모리를 낭비할 가능성이 있습니다. 이를 완화하기 위해 핫스팟은 **압축 oop**라는 기술을 제공합니다.

다음 옵션을 통해 이 기술을 사용할 수 있습니다.

```
-XX:+UseCompressedOops
```

해당 옵션이 설정되면(64비트 힙에서 기본적으로 활성화됩니다), 힙 내의 다음 Oop가 압축됩니다.

- 힙에 있는 모든 객체의 klass 워드
- 참조 타입의 인스턴스 필드
- 객체 배열의 각 요소

이때 핫스팟 객체 헤더는 다음과 같이 구성됩니다.

- 네이티브 크기의 마크 워드
- Klass 워드(압축될 수 있음)
- 객체가 배열인 경우, 길이를 나타내는 32비트 값
- 정렬 규칙에 따라 필요한 경우 32비트 간격
- 헤더 바로 뒤에 객체의 인스턴스 필드

압축 oop의 메모리 레이아웃은 [그림 4-3]에서 확인할 수 있습니다.

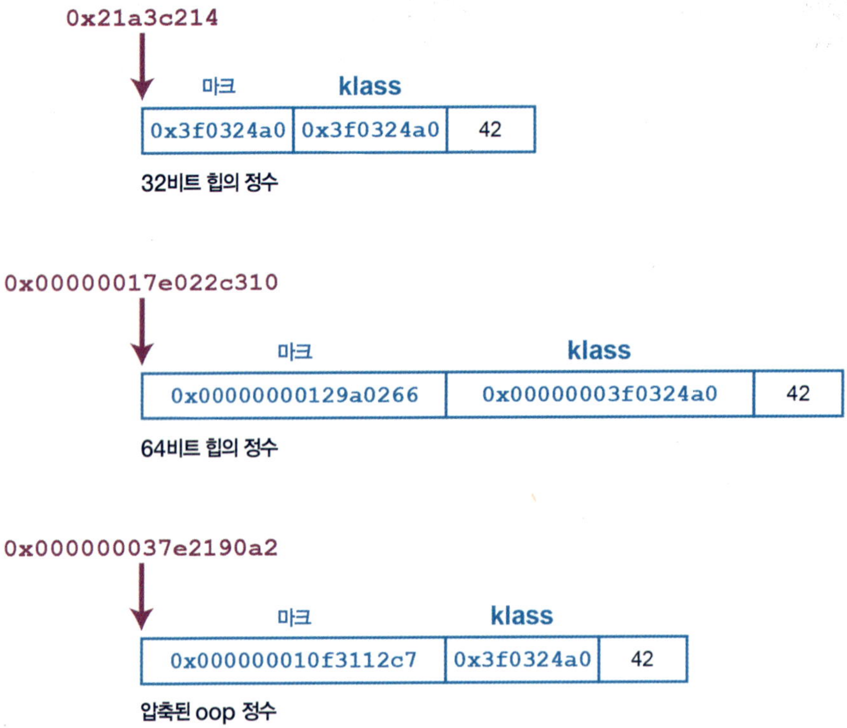

그림 4-3 압축 oop

과거에는 지연에 매우 민감한 애플리케이션에서 압축 oop 기능을 비활성화하면 성능이 개선되는 경우가 가끔 있었습니다. 하지만 이 경우 힙 크기가 증가하는 대가를 치러야 했고, 보통 힙 크기가 10%에서 50%까지 증가했습니다. 하지만 이러한 방식이 측정 가능한 성능 이점을 얻는 애플리케이션은 매우 적습니다. 대부분의 애플리케이션에는 이를 '**스위치 만지작거리기** fiddling with switches'라는 안티 패턴의 대표적인 예로 볼 수 있습니다(자세한 내용은 부록 B를 참고하세요).

기본적인 자바 지식에서 알 수 있듯이, 배열도 객체입니다. 이는 자바 가상 머신의 배열도 oop로 표현된다는 것을 의미합니다. 따라서 배열에는 일반적인 마크 워드와 klass 워드 외에도 배열의 길이를 나타내는 세 번째 메타데이터 워드가 추가됩니다. 또한 자바에서 배열의 인덱스가 32비트 값으로 제한되는 이유도 여기에서 비롯됩니다. 자바의 초기 버전은 순전히 32비트 아키텍처를 위해 설계되었기 때문입니다.

> **NOTE** 배열의 길이를 나타내기 위한 추가 메타데이터는 C와 C++에서 흔히 발생하는 문제를 완화합니다. C와 C++에서는 배열의 길이를 알 수 없는 경우, 함수에 추가 매개변수를 전달해야 하는 번거로움이 생기기 때문입니다.

자바 가상 머신의 관리 환경에서는 자바 참조가 **oop** 또는 **null** 외의 다른 위치를 가리키는 것이 허용되지 않습니다. 이는 저수준에서 다음을 의미합니다.

- 자바 값은 기본 값에 해당하는 비트 패턴이거나, oop의 주소(즉, 자바 참조)에 해당하는 비트 패턴입니다.
- 포인터로 간주되는 자바 참조는 자바 힙의 주요 부분에 있는 객체의 시작 지점을 참조합니다.
- 자바 참조가 가리키는 주소는 마크 워드를 포함하며, 그다음 머신 워드에는 klass 워드가 옵니다.
- klass와 `Class<?>`의 인스턴스는 서로 다른 인스턴스입니다(klass는 힙의 메타데이터 영역에 위치하므로 자바 변수에 저장될 수 없습니다)

핫스팟은 OpenJDK 소스 트리의 메인 가지에 있는 `src/hotspot/share/oops` 디렉토리 내의 `.hpp` 파일에서 oop 계층 구조를 정의합니다.

자바 22기준으로 oop의 기본적인 상속 계층 구조는 다음과 같습니다.

```
oop (abstract base)
  instanceOop (instance objects)
    stackChunkOop
  arrayOop (array abstract base)
    objArrayOop (array object)
    objArrayOop (array of primitives)
```

oop를 사용해 클래스와 인스턴스의 메타데이터를 각각의 별도 포인터로 저장하는 방식은 핫스팟만의 특별한 방식이 아닙니다. 많은 다른 자바 가상 머신이나 실행 환경에서도 비슷한 메커니즘을 사용합니다.

4.3.2 가비지 컬렉션 루트

핫스팟에 대한 기사와 블로그 글에서 자주 언급되는 **가비지 컬렉션 루트**는 메모리의 앵커 포인트anchor point입니다. 이는 특정 메모리 풀 외부에서 시작하여 해당 메모리 풀 내부를 가리키는 **외부** 포인터를 의미합니다. 반면, 메모리 풀 내부에서 시작하여 같은 메모리 풀 내의 다른 위치를 가리키는 포인터는 **내부** 포인터로 간주됩니다.

[그림 4-1]에서 가비지 컬렉션 루트를 살펴보았습니다. 하지만 다음과 같은 다른 유형의 가비지 컬렉션 루트도 존재합니다.

- 스택 프레임stack frames
- 자바 네이티브 인터페이스java native interface(JNI)
- 레지스터[3]
- 코드 루트(자바 가상 머신 코드 캐시에서 유래)
- 글로벌 변수
- 로드된 클래스의 메타데이터

이 정의가 복잡하게 보이기는 하지만, 참조 타입의 로컬 변수가 가비지 컬렉션 루트의 가장 간단한 예입니다. 이 변수는 `null`이 아닌 한 항상 힙에 있는 객체를 가리킵니다.

다음 절에서는 자바나 자바 가상 머신 워크로드에서 가비지 컬렉션의 동작을 결정하는 두 가지 중요한 특성에 대해 더 자세히 살펴보겠습니다. 이 특성을 잘 이해하는 것은 자바 가비지 컬렉션(자바 성능의 주요 요인 중 하나)를 제대로 이해하고자 하는 개발자에게 매우 중요합니다.

4.4 할당과 수명 주기

자바 애플리케이션의 가비지 컬렉션 동작을 결정하는 두 가지 주요 요인은 다음과 같습니다.

3 이는 JIT 컴파일된 코드에서 객체 참조가 레지스터로 이동했을 때 발생할 수 있습니다.

- 할당 속도
- 객체의 수명 주기

할당 속도는 일정 시간 동안 새로 생성된 객체가 사용하는 메모리의 양을 나타냅니다(보통 MB/s로 측정됨). 자바 가상 머신은 기본적으로 할당 속도를 직접 보여주지 않지만, 비교적 쉽게 추정할 수 있으며 JFR 같은 도구가 이를 제공할 수 있습니다. 하지만 이를 사용하는 데 있어 성능에 영향을 미칠 가능성이 있으며, 이에 대해서는 책 후반부에서 다룹니다.

반면, 객체의 수명 주기는 보통 측정하거나 추정하기가 훨씬 어렵습니다. 실제 애플리케이션에서 객체의 수명 주기를 제대로 이해하는 것은 매우 복잡하며, 따라서 수동 메모리를 관리하는 것을 반대하는 이유입니다. 결과적으로 객체의 수명 주기는 할당 속도보다 훨씬 더 근본적인 요소라 할 수 있습니다.

> **NOTE** 가비지 컬렉션은 메모리 회수와 재사용으로도 생각할 수 있습니다. 객체의 수명이 짧기 때문에 동일한 물리적 메모리를 반복적으로 사용할 수 있다는 점이 가비지 컬렉션 기술의 핵심 요소입니다.

객체는 생성되고 일정 시간 동안 존재하며, 이러한 객체의 수명이 짧다면 동일한 물리적 메모리를 반복적으로 재사용할 수 있습니다. 이 개념이 없다면 가비지 컬렉션은 전혀 작동하지 않을 것입니다. 5장에서 살펴보겠지만, 가비지 컬렉터는 다양한 트레이드오프를 균형 있게 조정해야 하며, 이러한 트레이드 오프는 객체의 수명 주기와 속도에 따라 중요하게 결정됩니다.

4.5 약한 세대 가설

자바 가상 머신의 메모리 관리의 중요한 부분 중 하나는 소프트웨어 시스템의 런타임에서 관찰되는 약한 세대 가설을 기반으로 합니다.

이 가설에 따르면, 자바 가상 머신과 유사한 소프트웨어 시스템에서 객체의 수명 분포는 이중 분포bimodal를 나타냅니다. 대부분의 객체는 수명이 매우 짧은 반면, 일부 객체는 훨씬 더 긴 수명을 가지는 경향이 있습니다.

이는 [그림 4-4]에서 그래픽으로 확인할 수 있습니다.

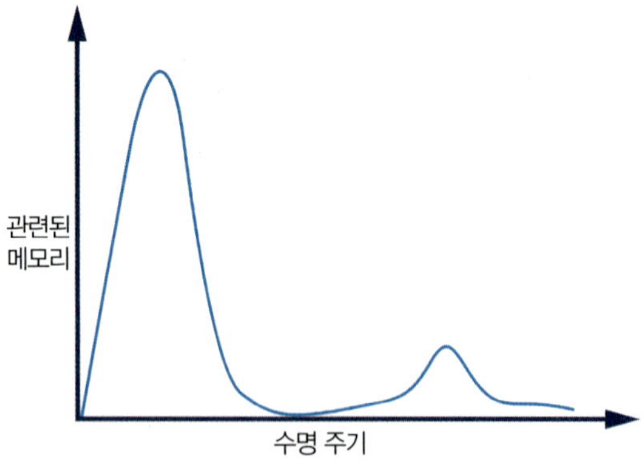

그림 4-4 약한 세대 가설

이 가설은 객체 지향 워크로드의 동작을 실험적으로 검증한 결과이며, 명확한 결론을 도출합니다. 즉, 가비지 컬렉션 힙은 짧은 수명을 가진 객체를 쉽고 빠르게 수집할 수 있도록 구조화되어야 하며, 긴 수명을 가진 객체는 짧은 수명의 객체와 분리되어야 합니다.

이는 힙이 두 개의 별도 영역, 짧은 수명의 영역과 긴 수명의 영역을 가져야 하며, 각각 **젊은 세대** 컬렉션과 **전체** 컬렉션에서 별도로 수집되어야 한다는 것을 의미합니다.

주요 기술 중 하나는 최근 생성된 객체가 있는 영역(보통 **에덴**Eden이라고 불림)에 마크 앤 스윕 컬렉션을 사용하는 것입니다. 스윕 단계에서 컬렉터는 대피evacuation 단계를 통해 생존한 객체를 긴 수명의 공간으로 이동시킵니다. 그런 다음 에덴 공간 전체를 한 번에 회수합니다.

이 과정은 [그림 4-5]와 같습니다.

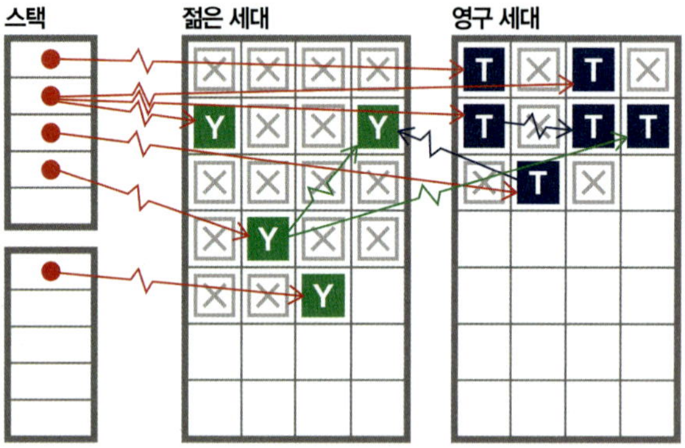

그림 4-5 단순 세대별 힙

세대별 힙을 사용하는 주요 이점 중 하나는 죽은 객체를 수집하는 데 비용이 전혀 들지 않는다는 점입니다. 죽은 객체에 대한 기록은 전혀 필요하지 않으며, 관심의 대상은 오직 활성 개체뿐입니다.

핫스팟은 약한 세대 가설을 활용하고 세대별 힙의 구조를 개선하기 위해 여러 메커니즘을 이용합니다. 다음 두 절에서는 이러한 메커니즘 중 일부를 살펴보면서 실제 가비지 컬렉터의 기능을 탐구합니다.

4.6 핫스팟의 프로덕션 가비지 컬렉션 기술

이 절에서는 지금까지 배운 내용을 바탕으로 핫스팟에서 가장 단순한 형태의 프로덕션 가비지 컬렉터가 작동하는 방식을 이해하는 데 도움이 되는 몇 가지 기술을 소개하겠습니다. 먼저 할당 성능을 개선하기 위해 사용되는 핵심 기술부터 살펴보겠습니다.

4.6.1 스레드-로컬 할당

에덴은 힙의 영역 중 대부분의 객체가 생성되는 영역이며, 수명이 매우 짧은 객체가 존재하는 곳입니다. 다음 가비지 컬렉션 사이클이 실행되기 전까지 생존하지 못하는 객체는 이 영역을 벗어나지 않습니다. 따라서 에덴을 효율적으로 관리하는 것이 매우 중요합니다. 약한 세대 가설에 따르면, 이 영역에서 많은 객체를 추가 비용 없이 수집할 수 있기 때문입니다.

할당 효율성을 개선하기 위해 핫스팟은 에덴을 여러 개의 버퍼로 분할하고, 각 애플리케이션 스레드에 독립적인 에덴 영역을 할당하여 새 객체를 생성하도록 합니다. 이 방식의 장점은 각 스레드가 자신에게 할당된 버퍼에서만 작업하므로, 다른 스레드가 동일한 버퍼에서 할당 작업을 수행하는 것을 걱정할 필요가 없다는 점입니다. 이러한 영역을 **스레드-로컬 할당 버퍼**thread-local allocation buffer(TLAB)라고 합니다.

> **NOTE** 핫스팟은 애플리케이션 스레드에 할당하는 스레드-로컬 할당 버퍼(TLAB)의 크기를 동적으로 조정합니다. 따라서 특정 스레드가 메모리를 빠르게 소모하는 경우, 해당 스레드에 더 큰 TLAB을 할당하여 버퍼를 제공하는 과정에서 발생하는 오버헤드를 줄일 수 있습니다.

애플리케이션 스레드가 스레드-로컬 할당 버퍼를 독점적으로 제어할 수 있다는 것은, 자바 가상 머신 스레드에서 객체 할당이 O(1) 시간 복잡도로 이루어진다는 것을 의미합니다. 이는 스레드가 새 객체를 생성할 때, 해당 객체를 위한 저장 공간이 할당되고 스레드 로컬 포인터가 다음 사용 가능한 메모리 주소로 업데이트되기 때문입니다. C 코드로 설명하자면, 이는 단순히 포인터를 이동하는 작업으로, '다음 사용 가능' 포인터를 앞으로 옮기는 추가 명령 하나로 처리됩니다.

이 동작은 [그림 4-6]에서 확인할 수 있습니다. 여기에서 각 애플리케이션 스레드는 새 객체를 할당하기 위해 별도의 버퍼를 보유합니다.

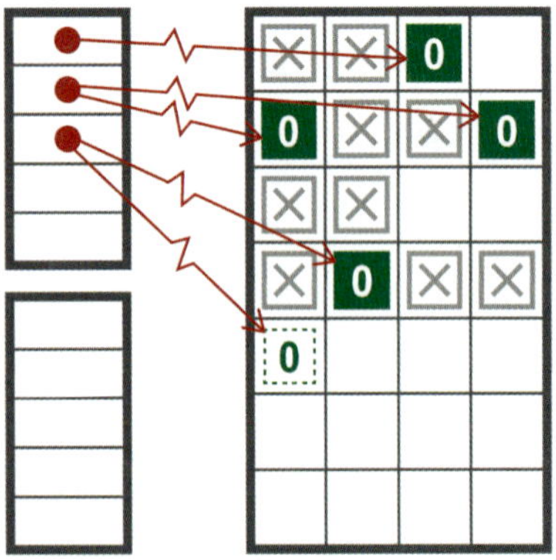

그림 4-6 스레드 로컬 할당

애플리케이션 스레드가 현재 스레드-로컬 할당 버퍼를 모두 채우면, 자바 가상 머신은 에덴의 새로운 영역을 할당하여, 새로운 스레드-로컬 할당 버퍼에 대한 포인터를 제공합니다. 이는 자바 가상 머신이 더 이상 할당할 스레드-로컬 할당 버퍼가 없을 경우, 젊은 세대 가비지 컬렉션이 발생한다는 것을 뜻합니다.

4.6.2 반구형 컬렉션

특히 주목할 만한 대피형 컬렉터의 사례 중 하나는 **반구형 대피 컬렉터**hemispheric evacuating collector입니다. 이 유형의 컬렉터는 보통 같은 크기의 두 개 공간을 사용합니다. 이 방식의 핵심 개념은 한 공간을 실제로 오래 지속되지 않는 객체의 임시 보관 장소로 활용하는 것입니다. 이를 통해 짧은 수명의 객체가 영구 세대tenured generation에 혼입되는 것을 방지하고, 전체 가비지 컬렉션의 빈도를 줄일 수 있습니다.

이 공간에는 몇 가지 기본 속성이 있습니다.

- 컬렉터가 현재 활성화된 반구를 수집할 때, 객체는 압축 방식으로 다른 반구로 이동되며, 수집된 반구는 재사용을 위해 비워집니다.
- 공간의 절반은 항상 완전히 비워진 상태로 유지됩니다.

이 방식은 컬렉터의 반구형 영역에 실제로 저장할 수 있는 메모리의 두 배를 사용하게 됩니다. 다소 비효율적으로 보일 수 있지만, 공간 크기가 과도하지 않다면 유용하게 활용됩니다. 핫스팟은 에덴 공간과 결합된 이 반구형 방식을 젊은 세대 컬렉터를 적용합니다.

핫스팟 젊은 힙의 반구형 영역은 **서바이버 공간**이라고 합니다. [그림 4-7]에서 VisualGC를 통해 확인할 수 있듯이, 서바이버 공간은 일반적으로 에덴 공간보다 상대적으로 작으며, 젊은 세대 컬렉션이 진행될 때마다 역할이 교대됩니다.

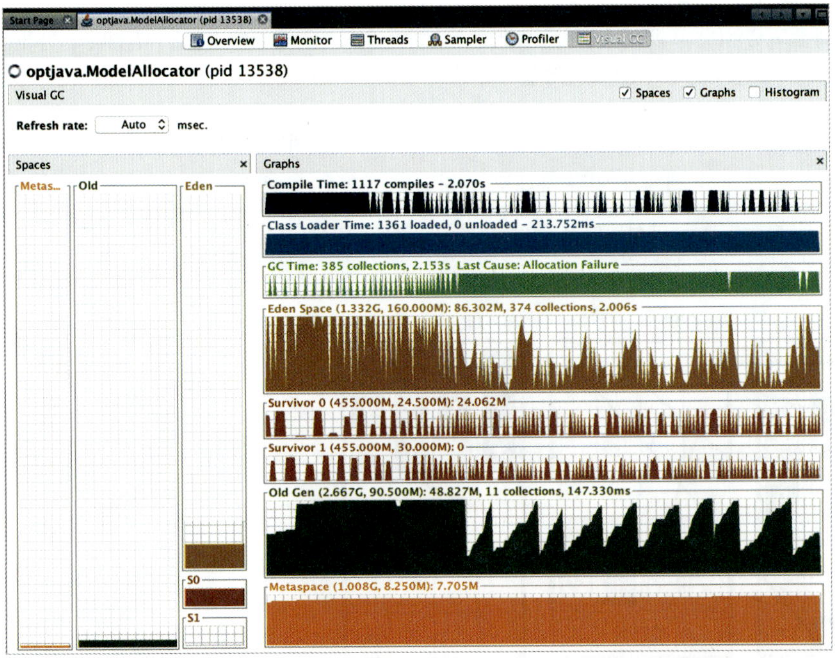

그림 4-7 VisualGC 플러그인

비주얼 가상 머신의 VisualGC 플러그인은 초기 가비지 컬렉션 디버깅에 매우 유용한 도구입니다. 5장에서 설명하겠지만, 가비지 컬렉션 로그는 훨씬 더 많은 정보를 포함하고 있으며, VisualGC가 사용하는 순간적인 자바 관리 확장 프로그램 데이터보다 더 깊이 있는 가비지 컬렉션 분석이 가능합니다. 하지만 새로운 분석을 시작할 때는 애플리케이션의 메모리 사용량을 간단히 시각적으로 확인하는 것이 도움이 될 때가 많습니다.

VisualGC를 사용하면, 힙에서 객체가 재배치되는 모습이나 젊은 세대 컬렉션young collection이 발생할 때마다 서바이버 공간 사이에서 역할이 전환되는 등의 가비지 컬렉션의 종합적인 효과를 확인할 수 있습니다.

4.6.3 클래식 핫스팟 힙

이제 모든 내용을 종합하여 핫스팟 힙의 기본적인 특징을 설명하겠습니다.

- 각 객체의 '세대 카운트'(지금까지 생존한 가비지 컬렉션 수)를 추적합니다.
- 큰 객체를 제외하고, 새 객체는 '에덴' 공간(또는 '영 세대nursery')에 생성되며, 생존한 객체는 두 개의 서바이버 공간 중 하나로 이동됩니다.
- 메모리의 별도 영역(오래되었거나 영구한 세대)을 유지하여, 일정 기간 생존한 객체를 저장합니다. 이러한 객체는 오래 지속될 가능성이 높다고 간주됩니다.

이 접근 방식은 [그림 4-8]에 단순화된 형태로 표현하고 있습니다. 이 그림에서는 일정 횟수의 가비지 컬렉션을 생존한 객체가 영구 세대로 승격되는 과정을 보여줍니다. 또한 그림처럼 각 영역이 연속적contiguous으로 구성된다는 점에 주목할 필요가 있습니다.

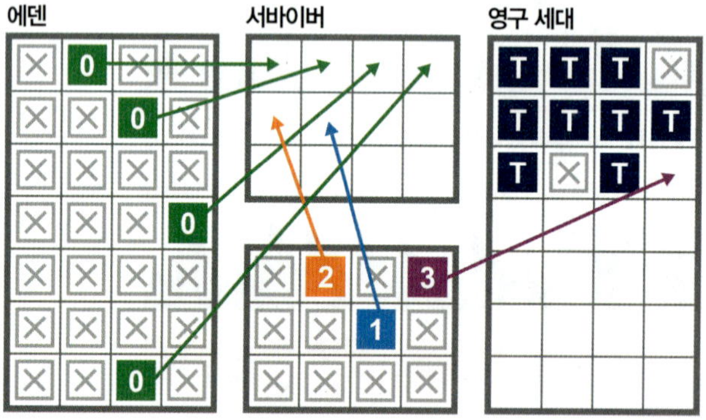

그림 4-8 핫스팟의 힙

메모리를 세대별 수집generational collection을 위해 여러 영역으로 나누는 것은 핫스팟이 마크 앤 스윕 컬렉션을 구현하는 방식에 몇 가지 추가적인 영향을 미칩니다. 그중 중요한 기술 중 하나는 외부에서 젊은 세대를 가리키는 포인터를 추적하는 것입니다. 이를 통해 가비지 컬렉션 사이클이 전체 객체 그래프를 모두 순회하지 않고도 여전히 살아 있는 젊은 객체를 효율적으로 식별할 수 있습니다.

> **NOTE** '오래된 객체에서 젊은 객체로의 참조는 상대적으로 적다'는 약한 세대 가설weak generational hypothesis의 보조적인 원칙으로 자주 언급됩니다.

이 과정을 지원하기 위해 핫스팟은 **카드 테이블**이라는 구조를 유지합니다. 카드 테이블은 오래된 세대의 객체가 젊은 객체를 가리킬 가능성을 기록하는 데 사용됩니다. 이는 기본적으로 자바 가상 머신에서 관리되는 바이트 배열로, 배열의 각 요소는 오래된 세대 공간의 512바이트 영역을 나타냅니다.

> **NOTE** 나중에 카드 테이블보다 더 정교한 구조인 **기억 집합**remembered set을 다룰 예정입니다.

이 기술의 핵심은 오래된 객체 `o`의 참조 타입 필드가 수정될 때, `o`가 포함된 카드의 카드 테이블 항목을 **더티**dirty로 표시하는 것입니다. 핫스팟은 참조 필드가 업데이트될 때 간단한 **쓰기 장벽**write barrier을 사용하여 이를 처리합니다. 이는 필드 값이 저장된 후 다음과 같은 코드가 실행되는 방식으로 작동합니다.

```
cards[*oop >> 9] = 0;
```

카드의 더티 값은 `0`이며, `9`비트를 오른쪽으로 이동하면 카드 테이블의 크기가 512바이트임을 알 수 있습니다.

또한, 젊은 세대와 오래된 세대 영역을 연속적으로 관리하는 힙 구조에 대한 설명은 과거의 방식이라는 점을 기억하세요. 이는 자바 컬렉터가 전통적으로 메모리를 관리하던 방식입니다. 그러나 현대적인 컬렉터인 G1 은 세대를 연속적인 저장소로 관리하지 않습니다. 대신, 세대에 속하더라도 서로 인접하지 않아도 되는 **영역**region 기반 구조를 사용합니다.

이러한 **영역 기반 컬렉터**regional collectors는 5.3절에서 더 자세히 다룰 예정입니다. 현재로서는 핫스팟 힙의 고전적인 관점이 추적 가비지 컬렉션의 기본 개념을 넘어 프로덕션 환경에서의 컬렉터를 이해하는 첫걸음을 제공한다는 점을 인지하는 것이 중요합니다.

또한, C/C++와 같은 환경과는 달리, 자바는 동적 메모리를 관리하기 위해 운영 체제를 사용하지 않습니다. 대신, 자바 가상 머신은 프로세스 시작 시 메모리를 미리 할당(또는 예약)하고 사용자 공간에서 단일 연속 메모리 풀을 관리합니다.

이 메모리 풀은 특정 용도를 가진 여러 영역으로 나뉘며, 객체가 위치하는 주소는 컬렉터가 객체를 이동시키면서 종종 변경됩니다. 이러한 객체 이동을 수행하는 컬렉터를 '대피형 컬렉터'라고 부르며, 이는 '가비지 컬렉션 용어집'에서 언급되었습니다.

핫스팟에서 제공되는 컬렉터 대부분은 대피형 컬렉터이지만, 모든 컬렉터가 그런 것은 아닙니다. 다음 절에서 몇 가지 간단한 예를 살펴보겠습니다.

4.7 병렬 컬렉터

자바 8 또는 이전 버전에서 자바 가상 머신의 기본 가비지 컬렉터는 병렬 컬렉터이었습니다. 이 컬렉터들은 젊은 세대와 전체 컬렉션 모두에서 STW stop-the-world 방식으로 작동하며, 처리량 최적화에 중점을 둡니다. 애플리케이션 스레드를 모두 중지한 후, 병렬 컬렉터는 사용 가능한 모든 CPU 코어를 활용하여 메모리를 가능한 한 빠르게 수집합니다.

사용 가능한 병렬 컬렉터는 다음과 같습니다.

병렬 가비지 컬렉션

젊은 세대를 위한 가장 간단한 컬렉터입니다.

ParNew

병렬 가비지 컬렉션의 변형된 버전으로, 더 이상 사용되지 않는 동시 마크 스윕 컬렉터와 함께 사용되었습니다.

ParallelOld

영구 세대를 위한 병렬 컬렉터입니다.

병렬 컬렉터는 여러 면에서 서로 비슷합니다. 이들은 가능한 한 빠르게 활성 객체를 식별하기 위해 여러 스레드를 사용하도록 설계되었으며, 최소한의 기록 관리bookkeeping으로 작동하도록 만들어졌습니다.

> **NOTE** 자바 17부터 동시 마크 스윕 컬렉터가 제거되었으며, 하나의 병렬 가비지 컬렉션만 존재합니다. 이 병렬 가비지 컬렉션은 젊은 세대와 오래된 세대의 병렬 컬렉션으로 구성됩니다.

컬렉션마다 차이점이 있으므로, 이를 좀 더 자세히 살펴보겠습니다.

4.7.1 젊은 병렬 컬렉션

가장 일반적인 컬렉션 유형은 젊은 세대 컬렉션입니다. 이는 보통 스레드가 에덴에 객체를 할당하려고 시도했을 때 스레드-로컬 할당 버퍼에 충분한 공간이 없고, 자바 가상 머신이 해당 스레드에 새로운 스레드-로컬 할당 버퍼를 할당할 수 없는 경우에 발생합니다. 이런 상황이 발생하면 자바 가상 머신은 모든 애플리케이션 스레드를 중지할 수밖에 없습니다. 한 스레드가 할당할 수 없는 상태라면, 곧 모든 스레드가 할당할 수 없는 상태에 도달하기 때문입니다.

> **NOTE** 스레드는 스레드-로컬 할당 버퍼 외부에서도 메모리를 할당할 수 있습니다(예 메모리 블록의 사이즈가 클 경우). 이상적인 상황은 비-스레드-로컬 할당 버퍼 할당의 비율이 낮을 때입니다. 예를 들어, 수명이 짧은 큰 객체를 너무 많이 할당하면 추가적인 전체 가비지 컬렉션를 유발하게 되며, 이는 젊은 세대 컬렉션보다 비용이 더 많이 들기 때문에 매우 중요합니다.

애플리케이션 스레드가 모두 중지되면, 핫스팟은 젊은 세대(즉, 에덴과 현재 비어 있지 않은 서바이버 공간)를 확인하고, 가비지가 아닌 모든 객체를 식별합니다. 이 과정은 가비지 컬렉션 루트(그리고 오래된 세대로부터 오는 가비지 컬렉션 루트를 식별하기 위한 카드 테이블)를 시작점으로 하여 병렬 마킹 스캔을 수행합니다.

병렬 가비지 컬렉션 컬렉터는 생존한 모든 객체를 현재 비어 있는 서바이버 공간으로 이동시키고 (이동하면서 객체의 세대 카운트를 증가시킴), 최종적으로 에덴과 방금 대피한 서바이버 공간 재 사용 가능한 공간으로 표시합니다. 이 과정은 [그림 4-9]와 [그림 4-10]에 나타나 있습니다.

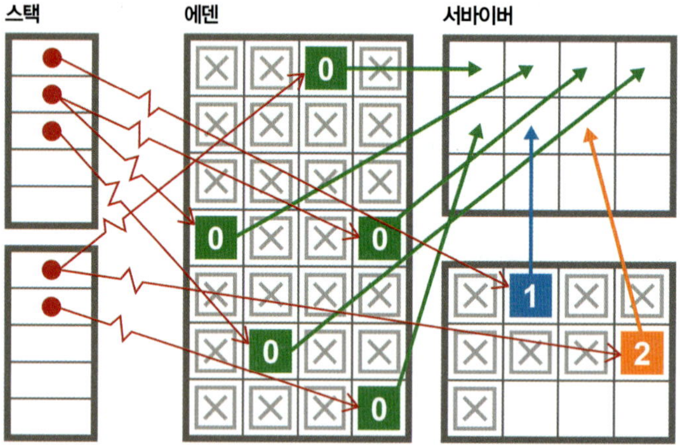

그림 4-9 젊은 세대 수집

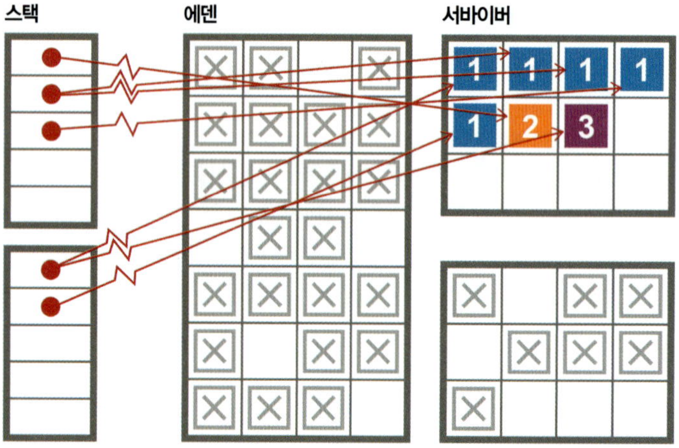

그림 4-10 젊은 세대를 대피시키기

이 접근 방식은 약한 세대 가설을 최대한 활용하여 활성 객체만 처리하도록 설계되었습니다. 또한, 가능한 한 효율적으로 동작하며, 모든 코어를 최대한 활용하여 STW 일시 중지 시간을 줄이는 것을 목표로 합니다.

4.7.2 오래된 병렬 컬렉션

ParallelOld 컬렉터는 자바 8까지 오래된 세대를 위한 기본 컬렉터였으며, 지속적인 처리량 성능을 중시하는 일부 애플리케이션에서는 여전히 G1 보다 더 나은 성능을 보여줍니다.[4]

> **NOTE** 다음 장에서 다루겠지만, 자바 11 이상에서는 G1 컬렉터가 기본으로 설정되어 있습니다.

ParallelOld 컬렉터는 병렬 가비지 컬렉션와 몇 가지 공통점을 가지고 있지만, 근본적인 차이점도 존재합니다. 특히, 병렬 가비지 컬렉션는 반구형 대피 컬렉터이지만, ParallelOld는 단일 연속 메모리 공간을 사용하는 압축형 컬렉터입니다.

오래된 세대에 대피할 공간이 없기 때문에, 병렬 컬렉터는 오래된 객체가 소멸하며 남겨진 공간을 회수하기 위해 오래된 세대 내에서 객체를 재배치합니다. 이를 통해 컬렉터는 메모리를 매우 효율적으로 사용할 수 있으며, 메모리 단편화 문제를 피할 수 있습니다.

이 접근 방식은 효율적인 메모리 레이아웃을 제공하지만, 전체 가비지 컬렉션 사이클에서는 상당한 CPU 사용량을 초래할 수 있습니다. [그림 4-9]와 [그림 4-10]에서 대피 방식을 확인했으며, 이 방식과 제자리 압축in-place compaction 방식의 차이는 [그림 4-11]에서 볼 수 있습니다.

4 이 내용은 주로 자바 8을 사용하는 애플리케이션에 해당됩니다. 자바 11에서는 그 영향이 줄어들었으며, 자바 17에서는 병렬 가비지 컬렉터가 G1 가비지 컬렉터보다 더 나은 성능을 내는 경우를 찾기가 거의 어렵습니다. 즉, 최신 자바 버전으로 갈수록 G1 가비지 컬렉터가 더 효과적이라는 뜻입니다. 하지만 가비지 컬렉션 알고리즘을 바꾸기 전에 반드시 프로그램 성능을 측정하여 어떤 방식이 더 적합한지 확인해야 합니다.

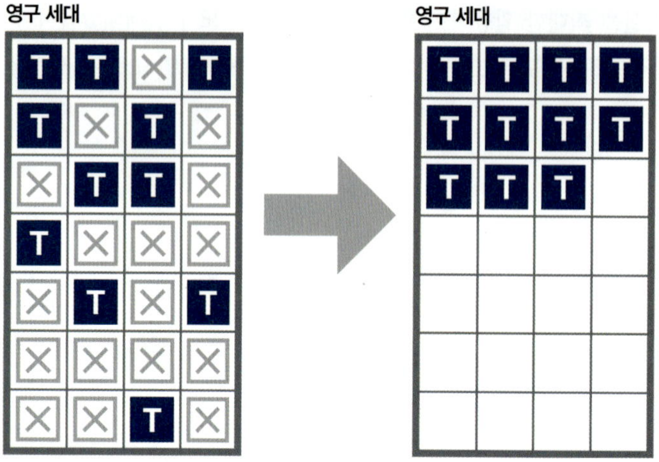

그림 4-11 대피 컬렉션

두 메모리 공간의 동작은 목적이 다르기 때문에 완전히 다릅니다. 젊은 세대 컬렉션은 수명이 짧은 객체를 처리하는 데 목적이 있으며, 따라서 젊은 공간의 점유율은 할당과 가비지 컬렉션 이벤트에서의 정리 작업에 따라 크게 변동합니다.

반면에 오래된 공간은 눈에 띄는 변동이 적습니다. 간혹 큰 객체가 영구 공간에 직접 생성되기도 하지만, 일반적으로 공간은 컬렉션 시에만 변경됩니다. 이러한 변경은 젊은 세대에서 객체가 승격되거나, 오래된 세대나 전체 컬렉션에서 객체를 다시 검사하고 재배치하는 과정을 통해 이루어집니다.

4.7.3 직렬 또는 SerialOld

직렬과 SerialOld 컬렉터는 주로 경고의 사례로 이 절에 포함되어 있습니다.

이 컬렉터들은 병렬 가비지 컬렉션와 ParallelOld 컬렉터와 유사하게 작동하지만, 중요한 차이점이 하나 있습니다. 바로 가비지 컬렉션를 수행할 때 단일 CPU 코어만 사용한다는 점입니다. 즉, 이 컬렉터들은 동시 실행을 지원하지 않으며 여전히 STW 방식입니다.

멀티코어 시스템에서 이러한 컬렉터를 사용하는 것은 비효율적입니다. 단일 코어만 STW 가비지 컬렉션를 수행하는 동안 나머지 CPU는 모두 유휴 상태로 남기 때문에, 불필요하게 긴 일시 중지 시간을 초래합니다. 따라서 특별한 이유가 없는 한 이러한 컬렉터는 사용하지 않는 것이 좋습니다(자세한 내용은 9.4.1절의 '컨테이너와 가비지 컬렉션'에서 확인할 수 있습니다).

4.7.4 병렬 컬렉터의 한계

병렬 컬렉터는 한 번에 세대 전체를 처리하며 가능한 한 효율적으로 수집하려고 설계되었습니다. 하지만 이 방식에는 몇 가지 단점이 있습니다. 먼저, 병렬 컬렉터는 완전히 STW 방식으로 작동합니다. 다만, 약한 세대 가설 덕분에 젊은 세대 컬렉션에서는 생존 객체가 매우 적기 때문에, 일반적으로 큰 문제가 되지는 않습니다.

> **NOTE** 젊은 병렬 컬렉터는 죽은 객체를 전혀 건드리지 않도록 설계되어 있으며, 마킹 단계의 길이는 생존 객체의 (적은) 수에 비례합니다.

이 기본 설계와 젊은 세대 영역의 작은 크기를 고려하면, 대부분의 워크로드에서 젊은 세대 컬렉션의 일시 중지 시간은 매우 짧습니다. 현대적인 2GB 자바 가상 머신 (기본 설정 기준)의 경우, 젊은 세대 컬렉션의 일시 중지 시간은 몇 밀리초에 불과하거나 심지어 밀리초 이하일 수도 있습니다.

하지만 오래된 세대의 수집은 상황이 매우 다를 수 있습니다. 기본적으로 오래된 세대는 젊은 세대 크기의 7배입니다. 이 사실만으로도 전체 컬렉션의 STW 시간이 젊은 세대 컬렉션보다 훨씬 길어질 가능성이 있습니다.

또한, 마킹 시간은 해당 영역에 있는 활성 객체의 수에 비례합니다. 오래된 객체는 수명이 긴 경우가 많기 때문에, 전체 컬렉션에서 생존하는 객체의 수가 많아질 가능성이 큽니다.

이러한 특성은 ParallelOld 컬렉션의 주요 약점을 잘 보여줍니다. STW 시간은 힙 크기에 거의 선형적으로 비례하여 증가합니다. 힙 크기가 계속 커지면 ParallelOld는 일시 중지 시간 문제로 확장성에 한계를 드러내기 시작합니다.

가비지 컬렉션 이론을 처음 접하는 사람들은 마크 앤 스윕 알고리즘에 약간의 수정을 가하면 STW 일시 중지 시간을 줄일 수 있다고 생각하는 경우가 있습니다. 하지만 이는 현실적으로 불가능합니다.

가비지 컬렉션은 40년 넘게 연구되어 온 컴퓨터 과학의 중요한 분야이며, 프로덕션 컬렉터는 매우 복잡하고 다양한 트레이드오프를 고려해야 합니다. 단순한 '이렇게 하면 되지 않을까?'라는 수정이 일반적으로 적용 가능한 개선을 가져올 가능성은 거의 없습니다.

5장에서 살펴보겠지만, 대부분 동시적으로 작동하는 컬렉터도 존재하며, 이를 통해 일시 중지 시간을 크게 줄일 수 있습니다. 그러나 이런 방식도 만능은 아니며, 가비지 컬렉션과 관련된 몇 가지 근본적인 문제는 여전히 남아 있습니다.

예를 들어, 스레드-로컬 할당 버퍼의 할당을 생각해 봅시다. 스레드-로컬 할당 버퍼는 할당 성능을 크게 향상시키지만, 컬렉션 사이클에서는 아무런 도움이 되지 않습니다. 이를 이해하기 위해 다음 코드를 살펴보겠습니다.

```
public static void main(String[] args) {
    int[] anInt = new int[1];
    anInt[0] = 42;
    Runnable r = () -> {
        anInt[0]++;
        System.out.println("Changed: "+ anInt[0]);
    };
    new Thread(r).start();
}
```

`anInt` 변수는 단일 `int` 값을 포함하는 배열 객체입니다. 이 객체는 메인 스레드의 스레드-로컬 할당 버퍼에서 할당되지만, 곧바로 새 스레드로 전달됩니다. 다시 말해, 스레드-로컬 할당 버퍼의 주요 특징인 '단일 스레드 전용' 속성은 객체가 할당되는 순간에만 유지됩니다. 객체가 할당된 이후에는 이 속성이 쉽게 깨질 수 있습니다.

자바 환경에서 새로운 스레드를 간단히 생성할 수 있는 기능은 플랫폼의 기본적이고 매우 강력한 특징입니다. 하지만 이 기능은 가비지 컬렉션을 복잡하게 만드는데, 새로운 스레드는 실행 스택을 가지며, 이 스택의 각 프레임이 가비지 컬렉션 루트의 출처가 되기 때문입니다.

4.8 할당의 역할

자바의 가비지 컬렉션은 보통 메모리 할당 요청 시, 필요한 메모리를 제공할 만큼 충분한 여유 메모리가 없을 때 발생합니다. 따라서 가비지 컬렉션 사이클은 정해진 일정이나 예측 가능한 주기로 실행되지 않고, 필요에 따라 실행됩니다.

이것이 가비지 컬렉션의 핵심적인 특징 중 하나입니다. 가비지 컬렉션은 결정론적이지 않으며, 규칙적인 간격으로 발생하지 않습니다.[5] 대신, 힙의 메모리 공간 중 하나 이상이 거의 가득 차 객체를 더 이상 생성할 수 없게 될 때 가비지 컬렉션 사이클이 트리거됩니다. 이는 10장에서 설명한 바와 같이, 가비지 컬렉션 동작이 이벤트로 나타나며, 이를 집계하여 지표를 생성해야 함을 의미합니다.

TIP 가비지 컬렉션 이벤트가 필요에 따라 발생한다는 특성은 이를 전통적인 시계열 분석 기법으로 처리하기 어렵게 만듭니다. 가비지 컬렉션 이벤트 간의 발생 간격이 규칙적이지 않다는 점은 대부분의 시계열 라이브러리가 다루기 힘든 요소입니다.

STW 가비지 컬렉션이 발생하면 모든 애플리케이션 스레드가 중지됩니다. 이는 객체를 더 이상 생성할 수 없기 때문이며, 대부분의 자바 코드는 새로운 객체를 생성하지 않고는 오랜 시간 실행될 수 없기 때문입니다. 자바 가상 머신은 모든 코어를 사용해 가비지 컬렉션을 수행하여 메모리를 회수한 뒤, 애플리케이션 스레드를 다시 시작합니다.

할당이 왜 이렇게 중요한지 이해하기 위해, 아래와 같은 단순화된 사례를 살펴보겠습니다. 힙 매개변수는 아래와 같이 설정되며, 시간이 지나도 변경되지 않는다고 가정합니다. 물론 실제 애플리케이션에서는 힙 크기가 동적으로 조정되는 경우가 일반적이지만, 이 예는 간단한 설명을 위해 사용됩니다.

힙 영역	크기
전체 힙	2 GB
오래된 세대	1.5 GB
젊은 세대	500 MB

5 일부 자바 가비지 컬렉션은 시간 기반으로 주기적인 가비지 컬렉션을 구성할 수 있는 방법을 제공합니다. 이 기능은 시간 기반으로 동작하며, 예를 들어 N밀리초마다 가비지 컬렉션을 한번 시행하도록 설정할 수 있습니다. 이 기능은 처음에는 좋아 보일 수 있지만, 실제로는 거의 쓸모가 없고 성능 문제를 일으킬 가능성이 높습니다. 왜냐하면 개발자들이 '가비지 컬렉션보다 더 잘 판단하려고' 노력하면서 오히려 성능을 저하시킬 수 있기 때문입니다.

힙 영역	크기
에덴 공간	400 MB
서바이버 공간 1 (SS1)	50 MB
서바이버 공간 2 (SS2)	50 MB

애플리케이션이 안정 상태에 도달한 후 관찰된 가비지 컬렉션 지표는 다음과 같습니다.

지표	값들
할당 속도	100 MB/s
젊은 세대 가비지 컬렉션 시간	2 ms
전체 가비지 컬렉션 시간	100 ms
객체 수명 주기	200 ms

이 데이터를 통해, 에덴 공간은 4초 안에 가득 찬다는 것을 보여주며, 안정 상태에서 4초마다 한 번씩 젊은 세대 가비지 컬렉션이 발생합니다. 에덴이 가득 차면 가비지 컬렉션이 트리거 되고, 에덴의 대부분의 객체는 소멸했지만, 여전히 살아 있는 객체는 서바이버 공간(S1, 예시를 위해 사용)에 대피됩니다.

이 단순한 모델에서는, 마지막 200ms 동안 생성된 객체는 소멸할 시간이 충분하지 않아 생존합니다. 따라서 결과는 다음과 같습니다.

GC0	@4 s	20 MB Eden → SS1 (20 MB)

또 4초가 지나면 에덴 공간이 다시 가득 차며 대피가 필요합니다(이번에는 SS2로 이동합니다). 그러나 이 단순화된 모델에서는 GC0에 의해 SS1으로 승격된 객체가 생존하지 않습니다. 이 객체들의 수명 주기는 단지 200ms이며, 추가로 4초가 경과했으므로 GC0 이전에 할당된 모든 객체는 이미 소멸되었습니다.

결과적으로, 현재 상태는 다음과 같습니다.

GC1	@8.002 s	20 MB Eden → SS2 (20 MB)

쉽게 말해, GC1 이후 SS2에는 에덴에서 새로 이동된 객체들만 남아 있으며, SS2의 모든 객체

의 세대 연령은 1 이하입니다. 컬렉션을 한 번 더 수행하면 이 패턴이 분명히 드러날 것입니다.

GC2	@ 12.004 s	20 MB Eden → SS1 (20 MB)

이 이상적이고 단순화된 이상적인 모델에서는 어떤 객체도 오래된 세대로 승격되지 않으며, 실행 내내 오래된 세대 공간이 비어 있게 됩니다. 하지만 이러한 상황은 실제로는 매우 비현실적입니다.

실제로 약한 세대 가설에 따르면, 객체의 수명 주기는 하나의 분포를 이루며, 이 분포의 불확실성으로 일부 객체는 오래된 세대까지 생존하게 됩니다.

이제 간단한 시뮬레이터를 통해 이 할당 시나리오를 살펴보겠습니다. 이 시뮬레이터는 객체를 할당하며, 대부분의 객체는 수명이 매우 짧지만, 일부는 더 긴 수명을 갖습니다. 시뮬레이터는 몇 가지 할당 파라미터를 가집니다.

- x와 y는 각 객체의 크기를 정의합니다.
- mbPerSec는 초당 할당 속도(MB)를 나타냅니다.
- shortLivedMS는 짧은 수명을 가진 객체의 수명 주기를 나타냅니다.
- nThreads는 애플리케이션이 시뮬레이션할 스레드 수를 나타냅니다.

기본 값은 다음과 같습니다.

```
public class ModelAllocator implements Runnable {
    private volatile boolean shutdown = false;

    private double chanceOfLongLived = 0.02;
    private int multiplierForLongLived = 20;
    private int x = 1024;
    private int y = 1024;
    private int mbPerSec = 50;
    private int shortLivedMs = 100;
    private int nThreads = 8;
    private Executor exec = Executors.newFixedThreadPool(nThreads);
```

main() 함수와 다른 초기화 또는 파라미터 설정 코드를 제외하면, ModelAllocator의 나머지 코드는 다음과 같습니다.

```
public void run() {
        final int mainSleep = (int) (1000.0 / mbPerSec);

        while (!shutdown) {
            for (int i = 0; i < mbPerSec; i++) {
                ModelObjectAllocation to =
                    new ModelObjectAllocation(x, y, lifetime());
                exec.execute(to);
                try {
                    Thread.sleep(mainSleep);
                } catch (InterruptedException ex) {
                    shutdown = true;
                }
            }
        }
    }

    // Simple function to model weak generational hypothesis
    // Returns the expected lifetime of an object - usually this
    // is very short, but there is a small chance of an object
    // being "long-lived"
    public int lifetime() {
        if (Math.random() < chanceOfLongLived) {
            return multiplierForLongLived * shortLivedMs;
        }

        return shortLivedMs;
    }
}
```

할당기의 메인 실행 코드는 애플리케이션의 객체 할당을 시뮬레이션하는 간단한 목 객체mock object와 함께 작동합니다.

```
public class ModelObjectAllocation implements Runnable {
    private final int[][] allocated;
    private final int lifeTime;

    public ModelObjectAllocation(final int x, final int y, final int liveFor) {
        allocated = new int[x][y];
        lifeTime = liveFor;
    }
```

```
    @Override
    public void run() {
        try {
            Thread.sleep(lifeTime);
            System.err.println(System.currentTimeMillis() +": "
                + allocated.length);
        } catch (InterruptedException ex) {
        }
    }
}
```

비주얼 가상 머신에서 보면, 이는 자바 애플리케이션이 힙을 효율적으로 사용할 때 자주 나타나는 단순한 톱니형 메모리 패턴을 보여줍니다. 이 패턴은 [그림 4-12]에 나와 있습니다.

그림 4-12 단순 톱니 패턴

관심 있는 독자는 이 장에서 소개된 할당 또는 수명 주기 시뮬레이터를 다운로드해 할당 속도와 긴 수명을 가진 객체 비율이 미치는 영향을 직접 실험해볼 수 있습니다.

TIP 아마존은 히포세시스Heapothesys 프로젝트[6]의 일부로 HyperAlloc이라는 도구를 제공합니다. 이 벤치마크 도구는 '가비지 컬렉터 지연 시간에 영향을 미치는 애플리케이션의 기본 특성을 시뮬레이션하는 합성 워크로드'를 제공합니다.

이제 할당에 대한 논의를 마무리하며, 할당 동작에서 자주 관찰되는 일반적인 패턴으로 초점을 옮겨 보겠습니다. 실제 환경에서는 할당 속도가 크게 변동하거나 '버스트형bursty'으로 나타나는 경우가 많습니다. 이전에 설명한 안정 상태 동작을 가진 애플리케이션의 다음 시나리오를 살펴 보겠습니다.

2초간 안정 상태 할당	100 MB/s
1초간 할당률 급증	1 GB/s
100초 후 다시 안정 상태로 복귀	100 MB/s

초기 안정 상태에서는 에덴에 200 MB가 할당되어 있으며, 긴 수명을 가진 객체가 없는 경우 이 메모리의 수명은 100 ms입니다. 이후 할당 스파이크allocation spike가 발생하여 에덴공간의 나머지 200 MB가 단 200 ms 만에 추가로 할당됩니다. 이 중 100 MB는 100 ms의 수명 제한을 초과하지 않았습니다. 그러나 생존 객체의 크기가 서바이버 공간보다 커지기 때문에, 자바 가상 머신은 이 객체들을 영구 세대로 직접 승격promote할 수밖에 없습니다.

결과적으로 다음과 같은 상태가 됩니다.

GC0	@2.2 s	100 MB Eden → Tenured (100 MB)

할당 속도가 급격히 증가하면서 100MB의 생존 객체가 생성되었습니다. 그러나 이 모델에서는 이 '생존 객체'들이 모두 실제로 수명이 짧은 객체로, 곧바로 소멸하여 영구 세대를 가득 채우는 가비지가 될 것입니다. 이러한 객체들은 전체 컬렉션이 발생하기 전까지 회수되지 않습니다.

컬렉션을 몇 번 더 진행하면 이 패턴이 점점 더 뚜렷해집니다.

6 https://oreil.ly/N5xzt

GC1	@2.602 s	200 MB Eden → Tenured (300 MB)
GC2	@3.004 s	200 MB Eden → Tenured (500 MB)
GC3	@7.006 s	20 MB Eden → SS1 (20 MB) [+ Tenured (500 MB)]

앞서 설명한 것처럼, 가비지 컬렉터는 일정한 간격으로 실행되지 않고 필요에 따라 작동합니다. 할당 속도가 높아질수록 가비지 컬렉션은 더 자주 발생하며, 할당 속도가 지나치게 높을 경우 객체가 조기에 승격되는 상황이 발생합니다.

이 현상을 조기 승격premature promotion이라고 하며, 이는 가비지 컬렉션의 가장 중요한 간접적 영향 중 하나로, 많은 튜닝 작업의 시작점이 됩니다. 이에 대해서는 다음 장에서 더 자세히 살펴보겠습니다.

4.9 요약

가비지 컬렉션은 자바 플랫폼 초기부터 자바 커뮤니티에서 활발히 논의되어 온 주제입니다. 이 장에서는 자바 가상 머신의 가비지 컬렉션 서브시스템을 효과적으로 다루기 위해 성능 엔지니어가 알아야 할 핵심 개념을 소개했습니다.

- 마크 앤 스윕 컬렉션
- 핫스팟의 객체에 대한 내부 런타임 표현 방식
- 약한 세대 가설
- 핫스팟 메모리 서브시스템의 실무적 측면
- 병렬 또는 직렬 컬렉터
- 할당과 그것이 가지는 핵심적인 역할

다음 장에서는 현대적인 가비지 컬렉션 주제를 다룰 것입니다. 여기에는 동시 컬렉터concurrent collector, 핫스팟의 기본 컬렉터(G1), 그리고 셰넌도어와 ZGC와 같은 덜 일반적인 대안이 포함됩니다.

이 장에서 다룬 여러 개념, 특히 할당과 조기 승격과 같은 특정 효과는 다음 장에서 더 중요하게 다뤄질 것입니다. 필요할 경우, 이 내용을 자주 참고하면 도움이 될 것입니다.

5장

고급 가비지 컬렉션

앞의 장에서는 자바 가비지 컬렉션의 기본 이론과 개념적으로 가장 간단한 프로덕션 컬렉터(병렬 컬렉터)를 소개했습니다. 이번에는 가장 널리 사용되는 현대적인 자바 가비지 컬렉터의 일부를 소개하고, 핫스팟(또는 그랄VM)에서 기본적으로 사용되는 가비지 컬렉터(G1)를 다룹니다.

일반적으로 대부분의 작업에서는 G1으로 충분합니다. 하지만 특정 상황에서는 가비지 컬렉터가 가진 트레이드오프(서로 다른 요소 간의 균형을 맞추는 것) 특성을 고려해 다른 컬렉터를 선택해야 하는 시나리오가 필요합니다. 이 장에서는 잘 알려져 있지 않은 컬렉터를 소개합니다.

- 셰넌도어
- Z 가비지 컬렉터(ZGC)
- Balanced
- 레거시 핫스팟 컬렉터

참고로 이 모든 컬렉터가 핫스팟 가상 머신에서 사용되지는 않습니다. Balanced 컬렉터는 이클립스 OpenJ9에서 사용되는 컬렉터입니다.

5.1 트레이드오프와 플러그형 컬렉터

자바 플랫폼에서 초보자들이 놓치지 쉬운 점 중 하나는, 자바와 가상 머신 스펙에는 가비지 컬렉터를 어떻게 구현해야 하는지에 대한 설명이 없다는 것입니다. 심지어 가비지 컬렉터가 전혀 구현되지 않은 자바 환경도 있습니다. 뒤에서 설명할 엡실론Epsilon과 레고 마인드스톰Lego Mindstorm이 그 예입니다.[1]

오라클/OpenJDK 환경에서 가비지 컬렉터 서브시스템은 플러그인이 가능한 형태로 사용이 됩니다. 즉, 동일한 자바 프로그램에서도 다른 가비지 컬렉터로 바꾸어 실행할 수 있으며, 프로그램은 동일한 의미로 동작됩니다. 물론 어떤 컬렉터를 사용하느냐에 따라 성능은 크게 달라질 수 있습니다.

가비지 컬렉터는 매우 일반적인 컴퓨팅 기법이므로, 플러그인 방식으로 제공되는 것이 중요합니다. 특히 하나의 알고리즘이 모든 작업에 적합하지 않기 때문에, 가비지 컬렉터 알고리즘은 상충하는 문제들 사이에서 타협이나 절충안을 제시합니다.

NOTE 모든 가비지 컬렉터 문제를 동시에 최적화할 수 있는 단일 가비지 컬렉터 알고리즘은 존재하지 않습니다.

개발자가 가비지 컬렉터를 선택할 고려할 주요 사항은 다음과 같습니다.

- 애플리케이션 STW(일시 중지 시간 또는 지속 시간)
- 처리량(애플리케이션 실행 시간에 대비 가비지 컬렉터 실행 시간의 비율로 측정됨)
- 일시 중지 빈도(컬렉터가 애플리케이션을 중지해야 하는 빈도)
- 회수 효율성(단일 가비지 컬렉터가 수집할 수 있는 가비지의 양)
- 일시 중지의 일관성(모든 일시 중지가 대부분 일정한 길이인지 여부)

이 중에서도 일시 중지 시간은 매우 중요한 요소로 작용할 수 있습니다. 일시 중지는 많은 애플리케이션에서 중요하지만, 단독으로 고려해서는 안 됩니다.

1 이런 시스템은 프로그래밍하기가 매우 어렵습니다. 왜냐하면, 프로그램에서 새로 생성하는 모든 객체를 반드시 재사용해야 하기 때문입니다. 또한 프로그램에서 더 이상 필요하지 않게 된 객체(범위를 벗어난 객체)가 자동으로 삭제되지 않으면, 메모리 누수가 발생하기 때문입니다.

TIP 많은 작업에서는 일시 중지 시간은 성능을 평가하는 중요한 요소이지만, 반드시 유용한 특성이라고 할 수는 없습니다.

대규모 병렬 처리 애플리케이션을 예시로 들어 보겠습니다. 이 애플리케이션은 가비지 컬렉션으로 발생하는 지연 시간보다 처리량을 더 중요하게 고려할 가능성이 큽니다. 배치 작업에서 몇 초 동안의 일시 중지는 크게 문제되지 않습니다. 애플리케이션의 처리량이 많고 작업이 정해진 시간 내에 완료될 수 있다면 수십 초의 일시 중지도 큰 영향을 미치지 않습니다.

따라서 일시 중지 시간을 줄이는 것보다 CPU 효율성을 최적화하는 가비지 컬렉터 알고리즘이 더 적합할 수 있습니다. 그러나 처리량은 단순한 개념이 아닙니다. 앞서 표준적인 정의를 제공했지만, 가비지 컬렉터에 소요되는 시간을 줄이는 데만 집중하면 오히려 애플리케이션 전체 처리량에 나쁜 영향을 줄 수도 있습니다.

예를 들어, 외부 요인으로 성능이 저하된 애플리케이션을 가정해 보겠습니다. 작업량이 줄어들면 가비지 생성량도 감소합니다. 가비지가 줄어들면 가비지 컬렉터가 처리해야 할 작업이 줄고, 가비지 수집에 소요되는 시간 비율도 줄어듭니다. 하지만 애플리케이션 성능이 실제로 좋아진 것은 아닙니다.

두 번째로 고려해야 할 요소는 압축입니다. 4장에서 소개한 ParallelOld 컬렉터는 압축을 특징으로 하며, 다른 많은 컬렉터도 압축 기능을 포함하고 있습니다.[2] 압축은 관련 객체들을 인접한 메모리 위치에 배치하는 방식으로 동작하며, 캐시 라인에서 이미 적재 상태일 가능성이 더 높습니다. 따라서 객체들이 가까이 있을수록 메모리 접근이 더 효율적입니다.

애플리케이션은 메모리를 할당하고 읽는 데 많은 시간을 소비하므로, 가비지 컬렉터에 좀 더 시간을 소모하더라도 메모리 접근 속도를 높이는 것이 바람직합니다. 다만 추측이 아닌 측정을 통해 판단하는 것 중요합니다.

또한, 성능 엔지니어는 가비지 컬렉터를 선택할 때 다양한 트레이드오프와 중요한 고려 요소들이 있다는 점을 유념해야 합니다. 오라클/OpenJDK 기준으로 자바 21부터 네 가지 주요 가비지 컬렉터가 제공됩니다. 이 중에서 처리량 컬렉터는 이미 다뤘으며, 개념적으로 가장 이해하기 쉬운 컬렉터입니다. 이 장에서는 또 다른 주류 컬렉터인 G1 컬렉터를 살펴보고, 병렬 가비지 컬렉션과 어떻게 다른지 설명할 것입니다.

2 이동 수집기는 객체를 이동시키는 과정에서 기본적으로 메모리 압축을 '무료로' 얻을 수 있습니다.

이후에서는 셰넌도어Shenandoah를 시작으로 다른 컬렉터를 다룰 예정입니다. 그러나 이들 컬렉터 중 모든 작업 부하에 대해 프로덕션 사용이 권장되지 않을 수도 있으며, 일부는 현재 사용 중단deprecated 상태임을 유념해야 합니다.

이제 동시 가비지 컬렉션의 기본 사항을 논의하며 본격적으로 시작하겠습니다.

5.2 동시 가비지 컬렉션 이론

가비지 컬렉션의 비결정성nondeterminism은 직접적인 메모리 할당 동작으로 발생하며, 자바가 사용되는 많은 시스템은 매우 가변적인 메모리 할당 특성을 보입니다. 더 큰 문제는 범용적으로 설계된 가비지 컬렉터가 특정 사용 도메인에 대한 정보를 전혀 가지고 있지 않아서, 일시 정지pause의 결정성determinism을 개선할 수 있는 방법이 없습니다.

예를 들어, 그래픽 또는 애니메이션 디스플레이 시스템과 같은 특수화된 시스템에서는 종종 고정된 프레임 속도를 유지해야 하는 경우가 많습니다. 이런 환경에서는 가비지 컬렉션을 일정한 간격으로 수행할 기회가 제공됩니다. 하지만 자바 플랫폼의 철학은 가비지 컬렉션을 관리하는 하위 시스템managed subsystem으로 유지하는 것이므로, 애플리케이션이 가비지 컬렉션을 직접 제어할 수 있는 메커니즘을 제공하지 않습니다.

가비지 컬렉터는 애플리케이션의 세부 사항을 알지 못하며, 단지 힙에 있는 실제 사용 중인 객체live object의 그래프만을 추적할 뿐입니다. 이는 자바 가비지 컬렉션에서 비결정성이 더욱 심화됩니다.

> 이 방식의 단점은 적절한 계산이 지연된다는 점이며, 주요 문제는 이러한 가비지 컬렉션 간섭의 예측 불가능성입니다.[3]
>
> — 데이크스트라 외

현대 가비지 컬렉션 이론의 출발점은 데이크스트라가 지적한 것처럼 STW의 지속 시간과 빈도가 비결정적이라는 점이 가비지 컬렉션 기술을 사용하는 데 있어 주요한 불편 요소라는 통찰에

3 Edsger Dijkstra, Leslie Lamport, A. J. Martin, C. S. Scholten, and E. F. M. Steffens, "On-the-Fly Garbage Collection: An Exercise in Cooperation," *Communications of the ACM* 21 (1978): 966-975.

서 시작되었습니다.

하나의 해결책으로 동시(또는 적어도 부분적/대부분 동시)로 작동하는 컬렉터를 사용하는 것입니다. 이 방식은 애플리케이션 스레드가 실행되는 동안 일부 가비지 컬렉션 작업을 수행함으로써 일시 정지 시간을 줄이려는 시도입니다. 그러나 이 방법은 애플리케이션이 사용할 수 있는 처리 능력을 줄이며, 가비지 컬렉션을 수행하는 코드의 복잡성이 증가하는 단점이 있습니다.

그러나 동시 컬렉터를 논의하기 전에, 현대 가비지 컬렉터의 핵심 개념과 동작 방식을 이해하는 데 필수적인 자바 가비지 컬렉션 용어와 기술을 먼저 정리할 필요가 있습니다.

5.2.1 자바 가상 머신 세이프포인트

STW 가비지 컬렉션을 수행하려면, 핫스팟의 병렬 컬렉터가 하는 것처럼 모든 애플리케이션 스레드를 중지해야 합니다. 이는 거의 자명해 보이지만, 자바 가상 머신이 이를 어떻게 구현하는지는 아직 다루지 않았습니다.

> **NOTE** 자바 가상 머신은 실제로 완전히 선점형preemptive 멀티스레딩 환경이 아닙니다. 이는 자바 세계에서 잘 알려지지 않은 사실입니다.

이는 자바 가상 머신이 순전히 협력형cooperative 환경이라는 뜻은 아닙니다. 오히려 그 반대입니다. 운영 체제는 얼마든지 스레드를 선점(예 스레드를 코어에서 제거)할 수 있습니다. 예를 들어, 스레드가 할당된 타임슬라이스를 소진했거나 `wait()` 상태로 전환되었을 때 이러한 일이 발생합니다.

운영 체제의 이러한 핵심 기능 외에도, 자바 가상 머신은 조정된 작업을 수행해야 합니다. 이를 가능하게 하기 위해 런타임은 각 애플리케이션 스레드가 세이프포인트safepoint라고 불리는 특정 실행 지점을 가지도록 요구합니다. 이 지점에서 스레드의 내부 데이터 구조는 안정된 상태를 유지하며, 스레드는 조정된 작업을 위해 중단될 수 있습니다.

NOTE 세이프포인트의 효과는 STW 가비지 컬렉션(대표적인 예)과 스레드 동기화에서 확인할 수 있지만, 이외의 상황에서도 나타납니다.

세이프포인트의 목적을 이해하려면, 병렬 가비지 컬렉터와 같은 완전한 STW 가비지 컬렉터의 동작을 생각해 봅시다. 이러한 컬렉터가 실행되려면 안정적인 객체 그래프가 필요합니다. 이를 위해 모든 애플리케이션 스레드가 일시 중지되어야 합니다.

그러나 사용자 공간에서 실행된 가비지 컬렉션 스레드가 운영 체제를 통해 애플리케이션 스레드를 강제로 중단시킬 방법은 없습니다. 따라서 자바 가상 머신 내부에서 실행되는 애플리케이션 스레드가 협력하여 이를 달성해야 합니다.

자바 가상 머신의 세이프포인트 접근 방식을 규정하는 두 가지 주요 원칙은 다음과 같습니다.

- 자바 가상 머신은 스레드를 강제로 세이프포인트 상태로 전환할 수 없습니다.
- 자바 가상 머신은 스레드가 세이프포인트 상태를 벗어나는 것을 막을 수 있습니다.

이에 자바 가상 머신 인터프리터 구현에서는 세이프포인트가 필요할 경우를 감지하고 양보하도록 하는 코드가 포함되어야 합니다. JIT 컴파일된 메서드에서는 생성된 기계어 코드에 해당 장벽이 삽입되어야 합니다.

세이프포인트에 도달하는 일반적인 과정은 다음과 같습니다.

1. 자바 가상 머신이 전역적으로 '세이프포인트로 진입할 시간' 플래그를 설정합니다.
2. 개별 애플리케이션 스레드가 이 플래그를 감지하고 설정된 상태인지 확인합니다.
3. 스레드가 중단된 후 다시 깨울 때까지 대기합니다.

이 플래그가 설정되면, 모든 애플리케이션 스레드는 멈춰야 합니다. 빠르게 멈춘 스레드는 더 늦게 멈추는 스레드를 기다려야 하며, 이 시간은 일시 정지 시간 통계에 완전히 반영되지 않을 수도 있습니다.

일반 애플리케이션 스레드는 폴링polling 메커니즘을 사용합니다. 인터프리터 모드에서는 두 바이트코드 실행 사이마다 이 플래그를 확인합니다.[4] JIT 컴파일된 코드에서는 주로 컴파일된 메

4 최근 자바 가상 머신 버전에서는 '스레드 로컬 핸드셰이크 폴링'이라는 새로운 기능이 추가되었습니다. 이 기능은 기존 메커니즘에 변화를 주었지만, 이 분야를 처음 접하는 개발자들에게는 여전히 이전 방식을 기반으로 이해하는 것이 효과적인 접근 방법입니다.

서드를 종료할 때와 루프가 뒤로 분기할 때(예 루프의 시작 부분으로 돌아갈 때) 폴링 지점이 삽입됩니다.

스레드가 세이프포인트으로 진입하는 데 오랜 시간이 걸릴 수도 있지만, 이는 일반적으로 비정상적인 상황이며, 의도적으로 유발되는 경우에 해당합니다.

> **NOTE** 모든 스레드가 완전히 멈춰야 STW 단계가 시작될 수 있다는 개념은 `java.util.concurrent` 라이브러리의 `CountDownLatch`가 구현하는 래치latch와 유사합니다.

특정 세이프포인트 조건은 다음과 같이 요약할 수 있습니다.

- 스레드가 자동으로 세이프포인트에 진입하는 경우
  - 모니터에서 차단된 경우
  - 자바 네이티브 인터페이스(JNI) 코드를 실행 중인 경우
- 스레드가 반드시 세이프포인트에 있는 것은 아닌 경우
  - 바이트코드를 실행 중인 경우(인터프리터 모드)
  - 운영 체제가 스레드를 인터럽트한 경우
  - JIT 컴파일된 코드에서 명시적인 세이프포인트에 있지 않은 경우

세이프포인트 메커니즘은 자바 가상 머신 내부 동작에서 중요한 요소이며, 이후에도 다시 살펴보게 될 것입니다.

이제 동시 가비지 컬렉션을 이해하는 데 필요한 컴퓨터 과학 이론에 대해 논의해 보겠습니다.

5.2.2 삼색 마킹

데이크스트라와 램포트의 논문은 동시 알고리즘의 정확성 증명과 가비지 컬렉션 분야에서 중요한 이정표가 되었으며, 논문에서 설명한 삼색 마킹tri-color marking 알고리즘은 여전히 가비지 컬렉션 이론에서 중요한 역할을 합니다.

이 알고리즘은 회색 노드 집합을 유지하면서 작동하며, 이는 발견되었지만 아직 완전히 처리되지 않은 노드를 의미합니다. 알고리즘의 동작 방식은 다음과 같습니다.

- 가비지 컬렉션(GC) 루트는 회색으로 표시됩니다.
- 다른 노드(객체)는 흰색으로 표시됩니다.
- 마킹 스레드는 무작위로 회색 노드를 선택합니다.
- 선택된 노드에 흰색 자식 노드가 없으면, 해당 노드는 검은색으로 변경됩니다.
- 반대로 흰색 자식 노드가 있다면, 마킹 스레드는 해당 자식 노드를 회색으로 변경한 후 탐색을 계속합니다.
- 이 과정을 회색 노드가 남지 않을 때까지 반복합니다.
- 검은색 객체는 도달 가능한 것으로 판명되므로 수집되지 않습니다.
- 반면, 흰색 노드는 도달할 수 없는 객체로 간주되어 가비지 컬렉션의 대상이 됩니다.

이 알고리즘의 기본 구조는 위와 같지만, 실제 구현에서는 더 복잡한 요소들이 존재합니다. 이러한 알고리즘의 예시는 [그림 5-1]에서 확인할 수 있습니다.

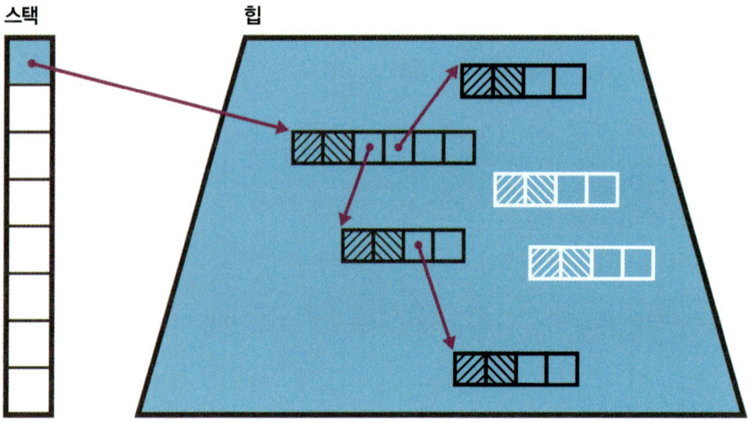

그림 5-1 삼색 마킹

동시 컬렉션에서는 즉시 스냅샷snapshot at the beginning(SATB)이라는 기법을 자주 사용합니다. 이 기법은 컬렉션이 시작될 때 도달 가능한 객체나 컬렉션 도중 새로 생성된 객체를 '살아있는' 객체로 간주하는 방식입니다. 이 과정에서는 몇 가지 추가적인 작업이 필요한데, 예를 들어 컬렉션이 실행 중일 때는 새로운 객체는 검은색 상태로, 컬렉션이 진행 중이지 않을 때는 흰색 상태로 표시됩니다.

삼색 마킹 알고리즘을 사용하는 동시 컬렉터에서는, 실행 중인 애플리케이션 스레드에서 변경된 객체가 잘못 수집되지 않도록 추가적인 처리가 필요합니다. 이는 동시 컬렉터 환경에서 애플리케이션(변경자) 스레드가 객체 그래프를 변경하는 동안, 마킹 스레드는 삼색 마킹 알고리즘을 실행하기 때문입니다.

예를 들어, 마킹 스레드가 이미 객체를 검은색으로 표시한 후, 애플리케이션(변경자) 스레드가 해당 객체를 흰색 객체로 업데이트했다고 가정해 보겠습니다. 이 상황은 [그림 5-2]에서 확인할 수 있습니다.

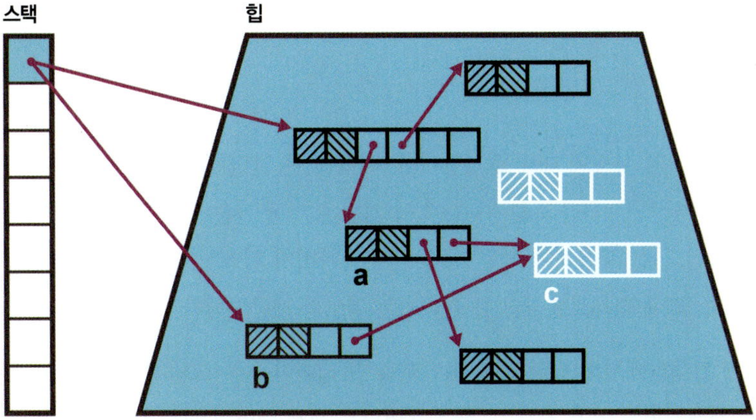

그림 5-2 변경자 스레드가 삼색 마킹을 무효화하는 상황

만약 회색 개체에서 새 흰색 개체에 대한 모든 참조가 삭제된 경우, 해당 흰색 객체에 여전히 도달해야 하지만, 알고리즘 규칙에 따라 찾을 수 없으므로 삭제됩니다.

이 문제는 여러 가지 방법으로 해결할 수 있습니다. 예를 들어, 검은색 객체를 다시 회색으로 바꾸고, 업데이트 과정에서 다시 처리해야 할 노드 집합에 추가하는 방법이 있습니다. 이러한 접근 방식은 업데이트에 '쓰기 장벽'을 사용하는 방법으로, 알고리즘 속성이 마킹 사이클 전체에서 삼색 불변성을 유지할 수 있는 장점을 가지고 있습니다.

> **NOTE** 삼색 불변성: 동시 마킹 중에는 검은 객체가 흰색 객체를 참조할 수 없습니다.

하지만 이 방법은 마킹 알고리즘이 종료된다는 단순한 증명을 위해 필요한 '단조성monotonicity' 속성을 파괴한다는 단점이 존재합니다.

다른 방법으로는 불변성을 위반할 가능성이 있는 모든 변경 사항을 추적하는 큐를 유지하고, 주요 단계가 완료된 후 이를 수정하는 보정fixup 단계를 실행하는 것입니다. 이 보정 단계는 필연적으로 STW를 동반해야 하지만, 실제로는 매우 짧습니다.

현대적인 범용 가비지 컬렉터인 G1은 두 번째 접근 방법(리마크 단계로 알려진 기법)을 사용합니다. 이에 대해서는 5.3절 'G1'에서 자세히 다룰 예정입니다.[5] 우선, 동시 가비지 컬렉션을 위한 다른 중요한 기술들에 대해 이야기해 보겠습니다.

5.2.3 포워딩 포인터

이 절에서는 포워딩 포인터의 사용에 대해 설명합니다. 이 기술은 발명가 로드니 브룩스의 이름을 따서 '브룩스 포인터Brooks Pointer'라고 불립니다.[6] 이 기법은 가장 단순한 형태로, 각 객체에 추가적인 메모리 공간(워드)를 사용하여 해당 객체에 이전 가비지 컬렉션 단계에서 재배치되었는지 여부를 나타내고, 객체의 새로운 위치를 가리키는 정보를 제공합니다.

초기 버전의 셰넌도어 컬렉터에서 사용된 객체 포인터의 힙 레이아웃은 [그림 5-3]에 나와 있습니다. 만일 객체가 재배치되지 않은 경우, 브룩스 포인터는 객체 헤더의 시작을 가리킵니다.

그림 5-3 브룩스 포인터

5 실제로 G1은 대부분의 작업을 동시에 수행하므로, 리마크 단계에서 발생하는 STW 시간이 크게 증가하지 않습니다.

6 Rodney Brooks, "Trading Data Space for Reduced Time and Code Space in Real-Time Garbage Collection on Stock Hardware," in LFP'84, *Proceedings of the 1984 ACM Symposium on LISP and Functional Programming* (New York: ACM, 1984): 256-262.

NOTE 브룩스 포인터 메커니즘은 하드웨어의 비교와 교환compare-and-swap(CAS) 연산이 가능해야 포워딩 주소를 원자적 연산으로 업데이트할 수 있다는 원리에 기반합니다.

동시 마킹 단계가 진행되는 동안, 컬렉터 스레드는 힙을 추적하며 살아있는 객체들을 마킹합니다. 객체 참조가 포워딩 포인터를 가진 객체 포인터를 가리킬 때, 참조는 새롭게 위치한 객체를 가리키도록 업데이트됩니다. 이 과정은 [그림 5-4]에 나와 있습니다.

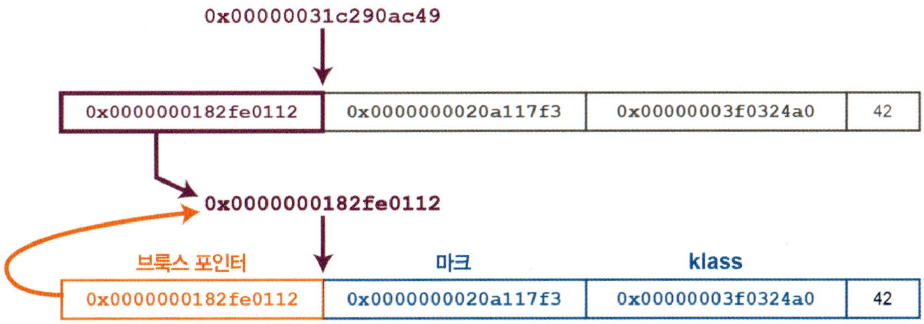

그림 5-4 포워딩 포인터 업데이트

이 기법은 유용지만, 명확한 단점이 있습니다. 객체당 하나의 메모리 단어가 추가로 필요합니다. 예를 들어, 이 기법을 사용하면 `Integer` 객체의 힙 공간이 20바이트에서 28바이트로 증가할 수 있으며, 이는 상당한 추가 오버헤드를 초래합니다.

이 기법은 셰넌도어와 같은 고급 컬렉터에서 사용되며, 나중에 이에 대한 실용적인 사용 방법과 메모리 요구 사항을 줄이는 방법에 대해 더 자세히 설명합니다.

이제 다음 주요 주제인 G1 컬렉터로 넘어가 보겠습니다. G1 컬렉터는 자바 8 이후 버전에서 핫스팟 가상 머신의 기본 가비지 컬렉터입니다.

5.3 G1

G1 컬렉터는 병렬 컬렉터와는 매우 다른 방식의 컬렉터입니다. G1은 처음 자바 6에서 매우 실험적이고 불안정한 형태로 도입되었으며, 자바 7 동안 광범위하게 다시 작성되었습니다. 이후 자바 8u40에서 안정적이고 프로덕션 환경에서 사용할 수 있는 상태가 되었습니다.

TIP 어떤 종류의 작업 부하를 고려하든 자바 8u40 이전 버전에서는 G1 사용을 권장하지 않습니다.

G1은 원래 짧은 일시 정지 시간을 목표로 동시 마크 스윕concurrent mark sweep(CMS) 컬렉터를 대체하기 위해 설계되었습니다(동시 마크 스윕은 더 이상 지원되지 않습니다). G1은 다음과 같은 특징을 가진 컬렉터로 설계되었습니다.

- 동시 마크 스윕보다 튜닝이 훨씬 쉬움
- 조기 승격에 덜 취약함
- 큰 힙에서 더 나은 확장성(특히 일시 정지 시간)을 가짐
- 전체 STW 컬렉션으로 돌아갈 필요성을 크게 줄임

그러나 시간이 지나면서 G1은 범용 컬렉터로 인식되기 시작했습니다. G1은 자바 9에서 기본 컬렉터가 되어 병렬 컬렉터를 대체했습니다. 이후 자바 릴리스에서도 G1은 지속적으로 개선되었습니다. 특히 자바 11에서 크게 향상되었으며, 자바 17과 21에서는 더욱 개선되었습니다.

G1에서 가장 중요한 개념은 일시 정지 목표입니다. 이 기능을 통해 개발자는 애플리케이션이 가비지 컬렉션 주기마다 일시 정지해야 하는 최대 시간을 설정할 수 있습니다.

하지만 이는 목표로 표현될 뿐이며, 애플리케이션이 이를 달성할 수 있다는 보장은 없습니다. 이 값이 너무 낮게 설정되면, 가비지 컬렉션 서브시스템은 목표를 달성할 수 없을 것입니다.

일시 정지 목표의 기본값은 200 ms입니다. 하지만 실제로 일시 정지 시간은 이보다 훨씬 짧은 경우가 많아, 일반적인 힙 크기를 가진 대부분의 애플리케이션에서는 기본값으로 충분합니다. 그러나 힙 크기가 매우 큰 애플리케이션(수십 또는 수백 GB의 힙 크기)의 경우, 일시 정지 목표를 조정해야 할 수 있습니다.

NOTE 가비지 컬렉션은 메모리 할당에 의해 구동되며, 이는 많은 자바 애플리케이션에서 매우 예측하기 어렵습니다. 이는 G1이 일시 정지 목표를 달성하는 능력을 제한하거나 파괴할 수 있습니다.

G1 컬렉터의 설계에서 또 다른 큰 차이점은 지금까지 살펴본 세대 개념을 재구성했다는 점입니다. 특히 병렬 컬렉터와 달리, G1은 각 세대마다 연속된 전용 메모리 공간을 갖고 있지 않고, 대신 영역을 도입합니다.

5.3.1 G1 힙 레이아웃과 영역

G1 힙은 고정 크기의 영역 개념을 기반으로 하며, 이러한 영역이 모여 세대generation를 구성합니다. 기본적으로 이 영역들은 1 MB 크기이지만, 더 큰 힙에서는 그 크기가 더 커질 수 있습니다. 영역을 사용하는 것은 비연속적인 세대non-contiguous generation를 가능하게 하며, 각 실행 시 모든 가비지를 수집할 필요가 없는 컬렉터 단계적 수집incremental collection를 가능하게 합니다.

> **NOTE** 전체 G1 힙은 여전히 메모리에서 연속적이지만, 각 세대를 구성하는 메모리가 더 이상 연속적일 필요는 없습니다.

G1 힙의 영역 기반 레이아웃은 [그림 5-5]에 나와 있습니다.

그림 5-5 G1 영역

G1에는 여전히 젊은 세대young generation 개념이 있으며, 이는 에덴과 서바이버survivor 영역으로 구성됩니다.

자바 21부터 G1의 알고리즘은 2의 제곱 MB 크기의 영역을 허용합니다. 예를 들어, 1, 2, 4, … MB 크기이며 최대 크기는 512MB입니다. 기본적으로 G1은 힙에서 2,048에서 4,095개의 영역을 기대하며, 이를 달성하기 위해 영역 크기를 조정합니다.

영역 크기를 계산하기 위해 다음 값을 사용합니다.

```
<Heap size> / 2048
```

계산된 값을 가장 가까운 허용 영역 크기 값으로 내림 처리합니다. 그런 다음 영역의 수를 다음과 같이 계산합니다.

```
Number of regions = <Heap size> / <region size>
```

평소처럼 영역 크기 값을 변경할 수 있는 설정 옵션을 적용할 수 있지만, 실제로 이 작업이 필요한 경우는 거의 없습니다.

애플리케이션에서 영역 크기의 절반보다 큰 객체를 생성하는 경우, 이를 거대한 객체humongous object로 간주합니다.

이러한 객체들은 거대한 영역humongous region에 직접 할당됩니다. 이 영역들은 자유롭고 연속적인 영역으로, 즉시 젊은 세대가 아닌 영구 세대의 일부가 됩니다. 이러한 경우의 일반적인 예는 거대 배열입니다(배열도 자바에서는 객체이기 때문입니다).

5.3.2 G1 컬렉션

G1 컬렉터에는 두 가지 유형의 컬렉션이 있습니다.

젊은 세대 가비지 컬렉션

수집 대상이 되는 영역은 젊은 세대 영역만 포함합니다.

혼합 컬렉션

컬렉션 집합에 영 영역과 오래된 영역이 모두 포함됩니다.

젊은 세대 가비지 컬렉션은 가능한 한 빨리 힙을 회수하려고 하는 STW 컬렉션입니다. 이 과정에서 메모리 영역을 완전히 비워 즉시 재사용할 수 있도록 합니다.

워밍업 중에, 컬렉터는 가비지 컬렉션 실행 당 얼마나 많은 '일반적인' 영역을 수집할 수 있는지를 추적합니다. 만약 이전 가비지 컬렉션 이후 할당된 새로운 객체의 양을 상쇄할 만큼 충분한 메모리를 수집할 수 있다면, 컬렉터는 메모리 할당 속도에 뒤처지지 않으며 G1 New 컬렉션이 계속 진행될 것입니다. 이는 컬렉터가 할당 속도보다 앞서 나갈 수 있는 한, 일시 정지 시간을 제어할 수 있음을 의미합니다.

혼합 컬렉션은 대부분 동시로 수행되며, 오래된 객체의 수가 충분히 증가하여 젊은 세대 가비지 컬렉션만으로는 충분한 메모리를 회수할 수 없을 때 사용됩니다. 이 시점에서는 오래된 객체를 회수하고 자유 영역의 수를 늘리기 위해 추가적인 노력을 기울이는 것이 가치가 있습니다.

혼합 컬렉션이 시작되는 시점을 초기 힙 점유율 비율initiating heap occupancy percent(IHOP) 임계값이라고 합니다. G1은 이전 애플리케이션의 동작을 바탕으로 초기 힙 점유율 비율을 자동으로 결정합니다. 기본 초기 값은 45%이며(이 값은 설정 스위치로 변경할 수 있습니다), 애플리케이션은 적응적으로 이 값을 조정합니다.

G1은 다음과 같은 개념으로 설명할 수 있습니다.

- 영역 기반이며, 세대별 컬렉터입니다.
- 객체를 이동시키는 방식의 가비지 컬렉터입니다.
- '통계적 압축statistical compaction'을 제공합니다.
- 혼합 컬렉션을 위해 동시 마킹 단계concurrent marking phase를 사용합니다.

스레드-로컬 할당 버퍼 할당, 서바이버 공간으로의 이동, 영구 세대로의 승격 개념은 이미 다룬 다른 핫스팟 가비지 컬렉션과 대체로 유사합니다.

그러나 G1 혼합 컬렉션은 앞서 논의한 다른 컬렉션보다 조금 더 복잡합니다. 이제 이를 좀 더 자세히 살펴보겠습니다.

5.3.3 혼합 컬렉션

G1의 가장 자주 간과되는 측면 중 하나는 놀랍게도 G1의 강점입니다. 구체적으로 말하면, G1 혼합 컬렉션은 대부분 애플리케이션 스레드와 동시에 실행된다는 점입니다. 기본적으로 사용 가능한 코어 중 일부(최소 하나)는 G1의 동시 단계를 수행하고, 나머지 코어는 애플리케이션 코드를 계속해서 실행합니다.

> **NOTE** ConcGCThreads(동시 가비지 컬렉션에 사용되는 코어 수)의 정확한 공식은 다소 복잡합니다.
>
> ```
> max(1, (ParallelGCThreads + 2) / 4)
> ```
>
> 여기서 ParallelGCThreads는 보통 코어 수이며, 특히 작은 머신에서 그렇습니다.

이에 두 가지 주요 결과가 발생합니다.

1. 혼합 컬렉션이 실행되는 동안 애플리케이션 처리량이 감소합니다.
2. 동시 컬렉션이 진행 중일 때 젊은 세대 가비지 컬렉션을 수행해야 할 수 있습니다.

혼합 컬렉션 도중 젊은 세대 가비지 컬렉션가 실행되어야 하는 경우, 일반적으로 완료 시간이 더 길어집니다. 이는 젊은 세대 가비지 컬렉션가 사용할 수 있는 코어 수가 줄어들기 때문입니다.

G1 Old에는 네 가지 단계가 있습니다.

1. 동시 시작(STW G1 New 포함)
2. 동시 마킹
3. 재마킹 (STW)
4. 클린업 (STW)

동시 마킹 단계는 일반적으로 다른 단계들보다 훨씬 오래 걸립니다. G1 Old는 대부분의 실행 시간 동안 애플리케이션 스레드와 나란히 실행됩니다. 그러나 세 가지 단계(동시시작, 재마킹, 클린업) 동안은 모든 애플리케이션 스레드가 중지되어야 합니다. 전반적인 효과는 (ParallelOld와 비교했을 때) 긴 STW 일시 정지 하나를 세 번의 STW 일시 정지로 대체하는 것입니다. 이들 일시 정지는 보통 매우 짧습니다.

동시시작 단계의 목적은 각 영역내에 안정적인 시작 지점을 제공하는 것입니다. 이 지점들이 수집 주기의 가비지 컬렉션 루트 역할을 합니다. 초기 마킹이 완료된 후, 동시 마킹 단계가 시작됩니다. 이 단계에서는 기본적으로 힙에 대해 삼색 마킹 알고리즘을 실행하며, 나중에 수정이 필요할 수 있는 변경 사항을 추적합니다.

동시 마킹 이후, G1 Old는 가비지 컬렉터의 첫 번째 규칙(여전히 살아있는 객체를 수집하지 않는 규칙)을 위반하지 않도록 기록을 수정해야 합니다. 이것이 재마킹 단계입니다. 많은 작업들이 이 STW 단계에서 제거되어 동시 마킹 단계로 옮겨졌습니다.[7]

클린업 단계는 대부분 STW로 이루어져 있으며, 현재 완전히 비워져 재사용할 준비가 된 영역(예 에덴 영역)을 식별하는 회계 작업을 포함합니다.

5.3.4 기억 집합

ParallelOld 컬렉터를 다룰 때 '약한 세대 가설'의 일부로 '오래된 객체에서 젊은 객체로의 참조가 적다'는 휴리스틱이 언급되었습니다. 핫스팟은 병렬 컬렉터와 동시 마크 스윕(CMS) 컬렉터에서 이 현상을 활용하기 위해 카드 테이블이라는 메커니즘을 사용합니다.

G1 컬렉터는 영역 추적을 돕기 위해 이와 관련된 기능을 제공합니다. **기억 집합**remembered set (**RSet**)은 영역별로 존재하며, 힙 영역으로 포인팅하는 외부 참조를 추적합니다.

이렇게 함으로써 G1은 영역으로 포인팅하는 참조를 찾기 위해 전체 힙을 추적하는 대신 기억 집합만 검사하고, 해당 영역을 스캔하여 참조를 찾으면 됩니다.

[그림 5-6]은 기억 집합이 G1 컬렉터에서 할당자와 컬렉터 사이의 작업 분할을 구현하는 방법을 보여줍니다.

7 2024년 8월 기준으로 리마크 단계에서 성능 문제가 발생할 수 있는 주요 요인은 약한 참조를 처리하는 부분입니다. 약한 참조를 처리하는 과정에서 작업량이 예측할 수 없을 정도로 많아질 수 있기 때문에, 이 단계가 시간이 많이 걸릴 가능성이 있습니다.

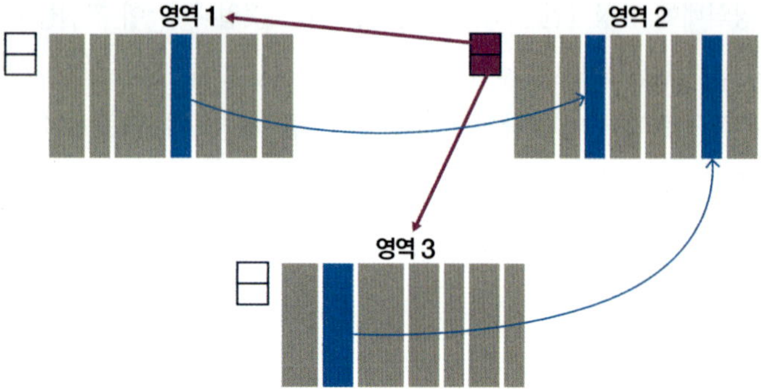

그림 5-6 기억 집합

기억 집합(그리고 병렬 컬렉터의 카드 테이블) 기법은 부유 가비지라는 가비지 컬렉션 문제를 초래할 수 있습니다. 부유 가비지floating garbage란, 현재 수집 집합에 포함되지 않은 죽은 객체에서 오는 참조 때문에 실제로는 죽은 객체가 계속 살아남게 되는 문제를 말합니다. 즉, 전역 마킹에서는 죽은 객체로 간주되지만, 더 제한적인 로컬 마킹local marking에서는 사용된 루트 집합에 따라 잘못 살아있는 것으로 보고될 수 있습니다. 기억 집합은 해당 영역 내 죽은 객체로부터의 포인터 스캔으로 부유 가비지를 증가시킬 수 있습니다.

혼합 컬렉션의 클린업 단계 동안 G1 은 기억 집합 '세척scrubbing' 작업을 수행합니다. 이 과정은 비워진 영역evacuated region으로 포인팅하던 영역의 기억 집합을 검사하고, 다른 영역으로 이동된 객체에 대한 참조를 업데이트하는 작업입니다.

5.3.5 전체 컬렉션

전체 컬렉션full GC은 STW 방식으로 수행되며, 이는 병렬 컬렉터에서 다뤘던 전체 컬렉션과 유사합니다.

전체 컬렉션은 힙 전체(젊은 세대와 영구 세대 공간 모두)를 정리합니다. 또한, 거대한 객체가 할당된 영역 내의 객체를 제자리에서 압축합니다. 이러한 객체는 복사 오버헤드를 줄이기 위해 일반적인 비우기 단계에 포함되지 않습니다.

전체 컬렉션은 여러 가지 이유로 발생할 수 있으며, 그중 하나는 거대한 영역의 단편화입니다. 이러한 단편화가 발생하면 충분한 여유 메모리가 있더라도 연속된 블록으로 공간이 확보되지 않아 거대한 객체의 할당이 실패할 수 있습니다.

또 다른 가능성은, 혼합 컬렉션 중 동시 마킹 단계가 애플리케이션이 사용 가능한 힙 메모리를 모두 할당하기 전에 완료되지 못하는 경우입니다. 이 경우 G1은 전체 컬렉션을 수행할 수밖에 없으며, 이를 '동시 모드 실패concurrent mode failure'라고 부르기도 합니다.

일반적으로 초기 힙 점유율 비율 임계값은 이러한 상황이 발생하지 않도록 동적으로 설정됩니다. 하지만 애플리케이션의 할당 프로파일allocation profile이 변경되면, 과거의 동작을 기반으로 한 예측 값이 잘못될 수 있습니다.

이러한 유형의 전체 컬렉션을 피하기 위해, 명백한 해결책은 동시 마킹 단계를 더 일찍 시작하는 것입니다. 이는 보통 적응적으로 이루어지지만, 특정 작업 부하의 경우 다른 초기 힙 점유율 비율 임계값을 수동으로 설정해야 할 수도 있습니다. 이는 설정 스위치로 조정할 수 있습니다.

5.3.6 G1을 위한 자바 가상 머신 설정 플래그

자바 8을 사용하고 있는 경우, G1을 활성화하려면 다음 스위치를 사용해야 합니다.

```
+XX:UseG1GC
```

현대적인 자바 버전에서는 G1을 활성화하기 위한 스위치가 필요하지 않습니다. 하지만 컨테이너에서 실행할 때 주의가 필요합니다. 만약 컨테이너에 하나의 코어만 보이는 경우, G1은 동시 실행을 할 수 없으며(코어가 하나뿐이기 때문) 직렬 컬렉터로 대체됩니다. 이는 대부분 원하는 동작이 아닐 가능성이 큽니다.

앞서 언급했듯이, G1은 일시 정지 목표를 기반으로 합니다. 이 컬렉터의 핵심 동작을 제어하는 스위치는 다음과 같습니다.

```
-XX:MaxGCPauseMillis=200
```

다시 말해, 기본 일시 정지 시간 목표는 200 ms입니다. 실제로 힙 크기가 한 자릿수 GB 정도라면, 컬렉터가 이 값에 근접하지 않을 가능성이 크며, STW 시간은 훨씬 짧을 것입니다.

만약 동시 모드가 실패하여 전체 가비지 컬렉션이 너무 자주 발생한다면, 초기 힙 점유율 비율 임계값을 조정할 수 있습니다. 먼저 시도할 것은 혼합 컬렉션을 시작하는 임계값을 낮추도록 자바 가상 머신에 요청하는 것입니다. 이는 초기 힙 점유율 비율 계산에 사용되는 버퍼 크기를 늘림으로써 수행할 수 있습니다.

```
-XX:G1ReservePercent=10
```

힙 점유율 비율의 적응적 계산을 비활성화하고 수동으로 설정할 수도 있지만, 이는 대부분의 애플리케이션에는 권장되지 않습니다. 적응적 접근이 효과가 없을 때만 시도해야 합니다. 이를 위해 다음 두 가지 스위치를 사용할 수 있습니다.

```
-XX:-G1UseAdaptiveIHOP
-XX:InitiatingHeapOccupancyPercent=45
```

특정 상황에서는 적응적 동작을 유지하면서 초기 힙 점유율 비율의 초기 값만 변경하고 싶을 수 있습니다. 이 경우에는 다음과 같이 `-XX:InitiatingHeapOccupancyPercent=<n>`만 설정하면 됩니다.

또 다른 옵션으로는 기본 알고리즘을 무시하고 영역 크기를 변경하는 방법이 있습니다.

```
-XX:G1HeapRegionSize=<n>m
```

<n>은 이전과 마찬가지로 1에서 512 사이의 2의 거듭제곱이어야 하며, 단위는 MB입니다. `m` 접미사는 필수이며, 생략할 경우 예상치 못한 결과가 발생할 수 있습니다.

G1은 도입 이후 크게 개선되어 탁월한 범용 컬렉터가 되었습니다. 그러나 G1만이 핫스팟에서 사용할 수 있는 유일한 컬렉터는 아닙니다. 다른 컬렉터들도 존재하지만, 일반적으로 특정 작업 부하에만 적합합니다.

이제 이러한 대체 컬렉터 중 첫 번째인 셰넌도어에 대해 알아보겠습니다.

5.4 셰넌도어

셰넌도어Shenandoah 컬렉터는 G1의 대안으로, 레드햇이 OpenJDK 프로젝트 내에서 개발했습니다. 처음 자바 12에서 실험적 컬렉터로 도입되었으며, 자바 15에서 프로덕션용으로 만들어졌고 자바 17 또는 21에서 완전히 지원되는 컬렉터가 되었습니다.[8]

> **NOTE** 레드햇은 자체 OpenJDK 배포판을 위해 셰넌도어 가비지 컬렉션을 자바 8 또는 11 버전으로 역이식backporting했습니다.

셰넌도어의 목표는 대용량 힙(수십에서 수백 GB 크기)에서 일시 정지 시간을 줄이는 것입니다. 그러나 이러한 목표를 달성하기 위해 셰넌도어는 G1보다 더 많은 CPU 자원을 사용할 가능성이 큽니다.

셰넌도어가 대용량 힙에서 낮은 대기 시간을 달성하기 위해 사용하는 접근 방식은 동시 압축concurrent compaction을 수행하는 것입니다. 셰넌도어의 수집 단계는 다음과 같습니다.

1. 초기 마킹
2. 동시 마킹
3. 최종 마킹
4. 동시 클린업
5. 동시 이동
6. 초기 참조 업데이트
7. 동시 참조 업데이트
8. 최종 참조 업데이트
9. 동시 클린업

이러한 단계들은 처음에는 G1에서 본 단계들과 유사해 보일 수 있으며, 즉시 스냅샷과 같은 유사한 접근 방식도 셰넌도어에서 사용됩니다. 하지만 근본적인 차이점도 존재합니다.

5.4.1 동시 이동

이제 가비지 컬렉션 스레드가 애플리케이션 스레드와 동시에 실행되면서 어떻게 비우기를 수행하는지 살펴보겠습니다. 이해를 돕기 위해, 포워딩 포인터를 사용하여 구현된 초기 버전의 셰넌도어를 기준으로 설명하겠습니다.

8 오라클은 셰넌도어 가비지 컬렉션을 제공하지 않지만, 다른 모든 OpenJDK 빌드에서는 사용할 수 있습니다.

1. 객체를 스레드-로컬 할당 버퍼에 추정적으로 복사합니다.
2. 비교와 교환 연산을 사용하여 포워딩 포인터를 추정 복사본을 가리키도록 업데이트합니다.
3. 이 연산이 성공하면, 압축 스레드가 경쟁에서 이긴 것이며, 이후 이 객체에 대한 모든 접근은 브룩스 포인터를 통해 이루어집니다.
4. 이 연산이 실패하면, 압축 스레드는 경쟁에서 진 것이며, 추정 복사를 되돌리고, 승리한 스레드가 남긴 브룩스 포인터를 따라갑니다.

셰넌도어는 동시 컬렉터이기 때문에 수집 주기가 실행되는 동안 애플리케이션 스레드에 의해 더 많은 가비지가 생성됩니다. 따라서 수집은 새로운 가비지 생성 속도를 따라잡아야 하며, 그렇지 않으면 애플리케이션은 동시 모드 실패를 겪게 됩니다.

5.4.2 셰넌도어를 위한 자바 가상 머신 설정 플래그

셰넌도어는 다음 스위치를 사용하여 활성화할 수 있습니다.

```
-XX:+UseShenandoahGC
```

셰넌도어와 다른 컬렉터의 지연 시간 결과는 [그림 5-7]에서 확인할 수 있습니다.

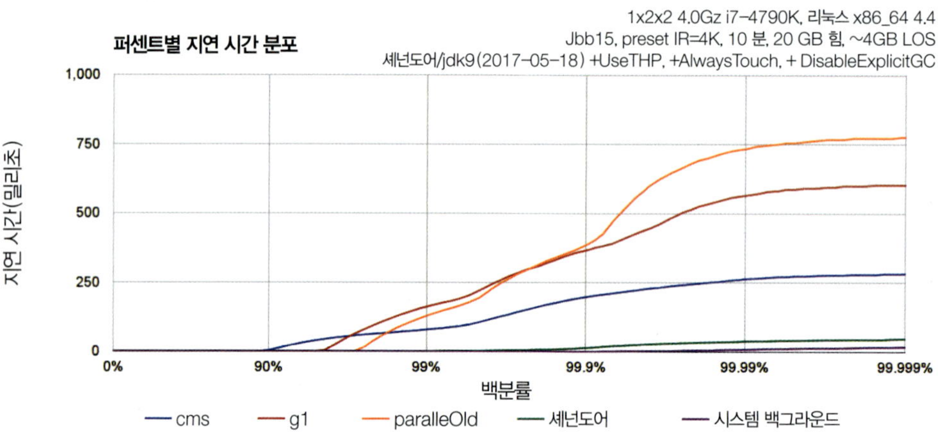

그림 5-7 다른 컬렉터와 비교한 셰넌도어(쉬필료프)

G1이나 병렬과 같은 가비지 컬렉터와 비교했을 때, 대부분의 사용자들이 셰넌도어를 사용하기 위해 특별한 설정이 요구될 가능성은 낮습니다.

5.4.3 셰넌도어의 발전

셰넌도어의 설계는 시간이 지나며 발전해 왔으며, 현재 구현은 초기 버전과는 상당히 다릅니다. 이 변화를 볼 수 있는 한 가지 영역은 브룩스 포인터의 사용 방식입니다. 셰넌도어의 초기 설계는 브룩스 포인터의 고전적 버전을 사용하여, 음수 오프셋에 추가 헤더 단어를 포함하고 있었습니다.

그러나 추가적인 메모리 워드memory word를 소비하지 않기 위해 트릭을 사용할 수 있습니다. 이 트릭이 어떻게 작동하는지 이해하려면 포워딩 포인터 사용이 두 가지 측면을 가지고 있음을 주목할 필요가 있습니다.

- 현재 객체 버전이 유효하지 않을 수 있음을 나타냅니다.
- 유효한 객체 버전의 주소를 나타냅니다.

이것은 마크 워드에서 이전에 사용되지 않았던 특정 비트 조합을 사용하여 객체가 유효하지 않음을 나타낼 수 있다는 것을 의미합니다. 즉, 마크 단어에서 객체가 포워딩 되었음을 직접 나타낼 수 있습니다.

이 객체의 나머지 저장소 내용은 중요하지 않게 되며, 포워딩 포인터를 따라가면 올바른 객체 버전을 찾을 수 있습니다. 따라서 객체 헤더의 추가 메모리 단어가 더 이상 필요하지 않으며, 객체의 일부 메모리를 포워딩 포인터를 저장하는 데 사용할 수 있게 됩니다.

이 트릭은 셰넌도어의 초기 버전에서도 구현할 수 있었지만, 당시에는 성능 상의 균형이 맞지 않았습니다. 그러나 자바 13에서 핫스팟에 로드된 참조 장벽loaded-reference barriers라는 기술이 도입되면서 상황이 바뀌었습니다.[9] 이를 통해 자바 13에 개선된 새로운 셰넌도어 버전이 등장할 수 있었습니다.[10]

이후 버전에서 추가적인 개선이 이루어졌습니다.

---

9 JDK 13, Part 1 내의 셰넌도어 가비지 컬렉션 *https://oreil.ly/BY66L*

10 JDK 13, Part 2 내의 셰넌도어 가비지 컬렉션 *https://oreil.ly/X92lH*

- 자바 14: 자체 수정 장벽self-fixing barriers
- 자바 14: 동시 클래스 언로드concurrent class unloading
- 자바 15: 동시 참조 처리concurrent reference processing
- 자바 17: 동시 스레드 스택 처리concurrent thread-stack processing

결과적으로 자바 17 버전의 셰넌도어는 프로덕션 준비가 완료된 상태이며, 레드햇의 역이식 버전도 마찬가지입니다. 그러나 셰넌도어는 범용 컬렉터로 간주되지 않으며, 대용량 힙에서만 사용하도록 설계되었습니다.

또한 주의할 점은, 작성 시점 기준으로 셰넌도어는 세대별 컬렉터가 아니라는 것입니다. 이 기능을 추가하기 위한 시도가 진행 중이지만, 아직 사용 가능하지 않습니다.[11]

이제 핫스팟의 다음 대체 컬렉터인 ZGC를 살펴보겠습니다.

5.5 ZGC

오라클 또한 셰넌도어와 비슷한 목적을 가진 ZGC라는 컬렉터를 개발 중입니다. 이 컬렉터의 목표는 힙 크기나 메타스페이스 크기에 따라 확장되는 모든 가비지 컬렉션 작업을 세이프포인트(즉 STW 단계)에서 제거하고 동시 단계로 이동시키는 것입니다.

TIP ZGC의 주요 사용자 목표는 힙 크기 최대 1TB(ZGC는 최대 16TB까지 처리 가능)에서 가비지 컬렉션 세이프포인트에서 보내는 시간이 1 밀리초를 넘지 않도록 하는 것입니다.

ZGC는 처음 리눅스/x64용 실험적 컬렉터로 자바 11에 도입되었으며, 초기 버전에서 크게 발전했습니다. 현재는 다양한 운영 체제에서 자바 17 또는 21에서 완전히 지원되는 컬렉터입니다.

이론적인 측면에서 보면 ZGC는 다음과 같습니다.

- 동시
- 영역 기반region-based
- 압축compacting

---

11 JEP 404 : 세대별 셰넌도어 (실험적) `https://openjdk.org/jeps/404`

- 비균일 메모리 접근non-uniform memory access (NUMA)
- 컬러 포인터colored pointers 사용
- 로드 장벽load barriers 사용

이러한 특성 때문에 ZGC는 일부 측면에서 G1 또는 셰넌도어와 유사합니다. 예를 들어, ZGC는 동시적이며 영역 기반의 컬렉터입니다.

뿐만 아니라, 셰넌도어가 의존하는 일부 주요 기술 또는 기법(예 동시 참조 처리 또는 스레드 스택 처리)은 처음 ZGC 팀에 의해 구현되었으며, 이후 두 컬렉터에서 모두 사용되었습니다. ZGC는 또한 기억 집합의 버전을 사용합니다(이는 G1과 유사).

하지만 다른 측면에서 보면, ZGC는 다른 컬렉터와는 상당히 다릅니다.

예를 들어, 중요한 구현 세부 사항 중 하나는 ZGC가 브룩스 포인터를 사용하지 않고 대신 컬러 포인터를 사용한다는 것입니다.

이 기법은 객체 포인터나 oop 자체에 객체 수명 주기에 대한 추가 메타데이터를 저장합니다. 이 메타데이터는 객체가 살아 있는지 여부와 주소가 올바른지(즉, 해당 객체의 정규 사본인지)를 나타냅니다. 이러한 oop 레이아웃은 [그림 5-8]에서 확인할 수 있습니다.

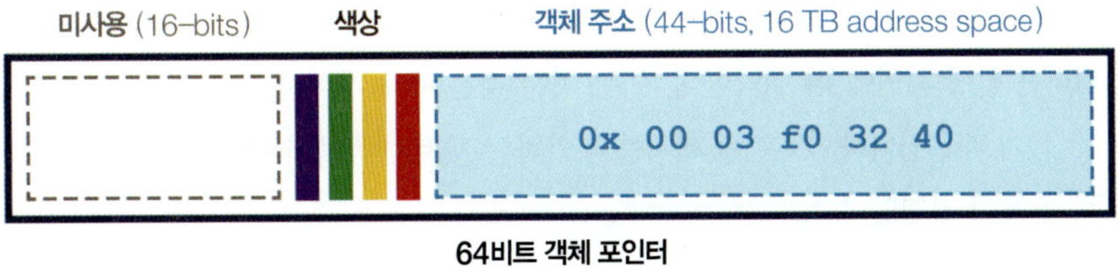

그림 5-8 ZGC 컬러 포인터

로드 장벽를 만났을 때, 가비지 컬렉션 스레드는 컬러 포인터를 확인하고 예상된 값인지 확인한 후 진행합니다.

> **NOTE** ZGC에는 압축된 oop가 없으며, 컬러 포인터는 항상 64비트입니다. 이를 통해 44비트의 힙 주소 지정이 가능하며, 이는 최대 16TB 크기의 힙에 충분합니다.

표준 ZGC는 다중 매핑을 사용하여 메모리의 각 물리 페이지가 여러 가상 페이지에 의해 참조됩니다. 이에 기존의 RSS 값은 ZGC 사용 시 힙 사용량을 최대 3배까지 과대 보고할 수 있으며, 이는 정확한 PSS 값과 비교했을 때 발생하는 문제입니다.

ZGC를 활성화하려면 다음 스위치를 사용합니다.

```
-XX:+UseZGC
```

ZGC의 주요 목표 중 하나는 사용자가 컬렉터를 조정할 필요가 없도록 하는 것입니다.

예를 들어, ZGC에는 G1과 같은 초기 힙 점유율 비율이 없으며, 대신 비용 모델을 사용하여 언제 컬렉션을 시작할지 결정합니다. 또 다른 예로, 가비지 컬렉션에 사용되는 스레드 수 또한 ZGC의 동적 속성으로, 컬렉션 중에도 가비지 컬렉션 스레드 풀의 크기를 변경할 수 있습니다.

ZGC는 수년 동안 프로덕션 워크로드에서 널리 사용되어 왔으나, 그동안 잠재적인 문제가 있었습니다. 바로 세대별 컬렉터가 아니라는 점입니다.

자바 21에서 새로운 버전의 ZGC, 즉 세대별 ZGC^generational ZGC^가 도입되었습니다. 이전의 비세대별 ZGC^non-generational ZGC^는 세대를 활용하여 런타임 특성을 최적화하지 않았다는 점에서 이름에서 알 수 있듯이 그 차이가 있습니다.

비세대별 컬렉터는 할당 지연에 더 취약한데, 이는 빠른 젊은 세대 가비지 컬렉션을 수행해 공간을 회수할 수 없기 때문입니다. ZGC에 세대를 추가하는 것은 변동성이 큰 할당 속도의 영향을 줄이기 위해 유용한 발전입니다.

세대별 ZGC는 마이너 또는 메이저 컬렉션이라는 용어를 사용합니다. 마이너 컬렉션은 영 객체에만 영향을 미치며, 반면 메이저 컬렉션은 전체 힙에 대해 수행됩니다. 이러한 방식으로 세대별 ZGC는 G1의 젊은 세대 가비지 컬렉션이나 혼합 컬렉션과 유사합니다.

앞서 언급했듯이, 비세대별 ZGC는 다중 매핑 메모리를 사용하여 메모리 사용량을 과다 보고할 수 있는 문제가 있었습니다. 세대별 ZGC는 대신 메모리 장벽에서 명시적인 코드를 사용하여 이 문제를 피합니다.

또한, 세대별 ZGC는 컬러 포인터에 대한 접근 방식이 다릅니다. 12비트의 색상 비트를 사용하며, 이는 이전의 4비트와 차이가 있습니다. 이를 [그림 5-9]에서 확인할 수 있습니다.

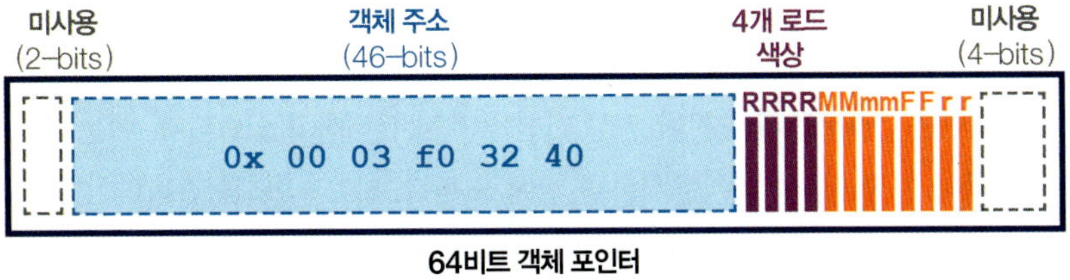

그림 5-9 세대별 ZGC의 컬러 포인터

참고할 점은 자바 가상 머신 스택에 저장된 참조가 무색 포인터로 구현된다는 것이며, 가비지 컬렉션 알고리즘은 이를 컬러 포인터로 변환한 후 힙에서 사용할 수 있습니다.

이것은 비세대별 ZGC에서 사용된 버전에 비해 복잡성이 상당히 증가했지만, 몇 가지 흥미로운 최적화 가능성을 열어줍니다. 장기적으로는 세대별 ZGC가 비세대별 ZGC를 완전히 대체하는 것을 목표로 하고 있습니다.

> **NOTE** 세대별 ZGC의 구현에 대한 자세한 내용은 JEP 439[12]에서 확인할 수 있습니다.

세대별 ZGC는 다음 커맨드라인 옵션을 사용하여 활성화할 수 있습니다.

```
-XX:+UseZGC -XX:+ZGenerational
```

현재 이전 버전의 ZGC를 사용하고 있는 사용자들은 새로운 세대별 ZGC로 전환할 것을 권장합니다.

이제 이 장에서 논의할 마지막 컬렉터인 OpenJ9 자바 가상 머신의 Balanced 컬렉터를 살펴보겠습니다.

12 https://openjdk.org/jeps/439

5.6 Balanced(이클립스 OpenJ9)

이클립스 오픈 소스 재단은 OpenJ9라는 자바 가상 머신을 유지 관리하고 있습니다. 이는 과거 IBM이 제작한 독점 자바 가상 머신이었지만, 몇 년 전에 오픈 소스로 전환되었습니다. Open J9에는 병렬 컬렉터와 유사한 고처리량 컬렉터high-throughput collector를 포함해 여러 가지 다른 컬렉터를 활성화할 수 있습니다.

하지만 이 절에서는 Balanced 가비지 컬렉션 컬렉터에 대해 논의할 것입니다. Balanced는 64비트 자바 가상 머신에서 사용할 수 있는 영역 기반 컬렉터로, 4 GB 이상의 힙에 적합하게 설계되었습니다. 이 컬렉터의 주요 설계 목표는 다음과 같습니다.

- 대규모 자바 힙에서 일시 정지 시간의 확장성을 개선합니다.
- 최악의 경우의 일시 정지 시간을 최소화합니다.
- 비균일 메모리 접근 성능을 고려한 최적화를 활용합니다.

첫 번째 목표를 달성하기 위해 힙을 여러 영역으로 분할하고, 이를 독립적으로 관리 또는 수집합니다. Balanced 컬렉터는 G1과 마찬가지로 최대 2,048개의 영역을 관리하려 하며, 이를 달성하기 위해 적절한 영역 크기를 선택합니다. 영역 크기는 G1처럼 2의 거듭제곱이지만, Balanced는 최소 512 KB 크기의 영역도 허용합니다.

세대별 영역 기반 컬렉터에서 예상할 수 있듯이, 각 영역에는 연관된 연령이 있으며, 새로운 객체 할당을 위해 연령이 0인 영역(에덴)이 사용됩니다. 에덴 영역이 가득 차면 수집 작업을 수행해야 합니다. IBM에서는 이를 부분 가비지 컬렉션partial garbage collection(PGC)이라고 부릅니다.

부분 가비지 컬렉션은 STW 작업으로 모든 에덴 영역을 수집하며, 컬렉터가 가치 있다고 판단하는 경우 더 높은 연령의 영역도 추가로 수집할 수 있습니다. 이러한 방식에서 부분 가비지 컬렉션은 G1의 혼합 컬렉션mixed collections과 유사합니다.

> **NOTE** 부분 가비지 컬렉션이 완료되면, 생존 객체를 포함하는 영역의 연령이 1 증가합니다. 이러한 영역을 가끔 세대별 영역이라고 부르기도 합니다.

다른 OpenJ9 가비지 컬렉션 정책과 비교했을 때 또 다른 이점은 클래스 언로드가 점진적으로 수행될 수 있다는 점입니다. Balanced 가비지 컬렉션은 부분 가비지 컬렉션 중 현재 컬렉션 세트에 포함된 클래스 로더를 수집할 수 있습니다. 이는 클래스 로더를 전역 컬렉션global collection 중에만 수집할 수 있는 다른 OpenJ9 가비지 컬렉터와는 대조적입니다.

한 가지 단점은 부분 가비지 컬렉션이 선택한 영역만 볼 수 있기 때문에, 이러한 수집 유형은 부유 가비지 문제를 겪을 수 있다는 점입니다. 이를 해결하기 위해 Balanced는 전역 마크 단계global mark phase(GMP)를 사용합니다. 전역 마크 단계는 자바 힙 전체를 스캔하여 죽은 객체를 수집하기 위해 표시하는 부분 동시 작업입니다. 전역 마크 단계가 완료되면, 이후의 부분 가비지 컬렉션은 이 데이터를 바탕으로 작업을 수행합니다. 따라서 힙에 있는 부유 가비지의 양은 마지막 전역 마크 단계가 시작된 이후 사라진 객체의 수로 제한됩니다.

Balanced에서 수행하는 마지막 가비지 컬렉션 작업 유형은 전역global 가비지 컬렉션입니다. 이것은 힙을 압축하는 전체 STW 수집 작업으로, 핫스팟에서 동시 모드 실패로 트리거되는 전체 수집과 유사합니다.

5.6.1 OpenJ9 객체 헤더

OpenJ9의 기본 객체 헤더는 클래스 슬롯class slot이며, 그 크기는 64비트 또는 32비트입니다. 다만, 압축 참조compressed reference가 활성화된 경우 32비트로 줄어듭니다.

TIP 압축 참조는 57 GB 미만의 힙에 대해 기본값으로 사용되며, 핫스팟의 압축된 oop기술과 유사합니다.

그러나 객체의 종류에 따라 헤더에는 추가 슬롯이 있을 수 있습니다.

- 동기화된 객체는 모니터 슬롯monitor slot을 가집니다.
- 내부 자바 가상 머신 구조에 포함된 객체는 해시 슬롯hashed slot을 가집니다.

또한, 모니터 슬롯과 해시 슬롯은 반드시 객체 헤더와 인접해 있지 않아도 되며, 정렬로 낭비될 수 있는 공간을 활용하여 객체 내 어디에나 저장될 수 있습니다. OpenJ9의 객체 레이아웃은 [그림 5-10]에서 확인할 수 있습니다.

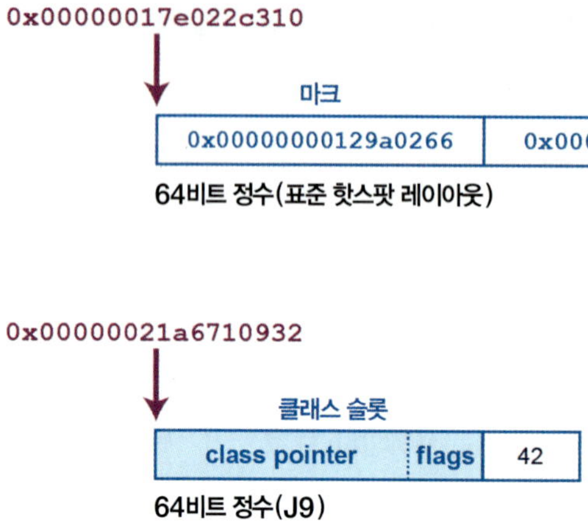

그림 5-10 OpenJ9 객체 레이아웃

클래스 슬롯의 가장 높은 24비트(또는 56비트)는 클래스 구조체를 가리키는 포인터로, 이는 자바의 메타스페이스와 유사하게 힙 외부에 존재합니다. 하위 8비트는 사용 중인 가비지 컬렉션 정책에 따라 다양한 목적으로 사용되는 플래그입니다.

5.6.2 Balanced에서의 거대 배열

자바에서 거대 배열을 할당하는 것은 압축 컬렉션compacting collection을 트리거하는 일반적인 원인입니다. 할당을 만족시키기 위해 충분한 연속적인 공간을 찾아야 하기 때문입니다. 이전에 G1에 대해 논의할 때도 이와 관련된 측면을 보았습니다. 거대 객체 할당은 단편화를 일으키며, 큰 할당을 위한 충분한 공간 부족으로 이어져 동시 모드 실패가 발생하게 됩니다.

영역 기반 컬렉터region-based collector의 경우, 자바에서 단일 영역의 크기를 초과하는 배열 객체를 할당하는 것이 가능합니다. 이를 해결하기 위해 Balanced는 불연속 조각으로 거대 배열을 할당할 수 있는 대체 표현 방식을 사용합니다. 이 표현 방식은 **어레이릿**arraylet이라고 하며, 힙 객체가 영역을 넘나드는 유일한 경우입니다.

어레이릿은 사용자 자바 코드에서는 보이지 않으며, 대신 자바 가상 머신에 의해 투명하게 처리됩니다. 할당자는 거대 배열을 스파인spine와 배열 리프array leaves 세트로 나타냅니다. 리프는 배열의 실제 항목을 포함하며, 스파인 항목들에 의해 가리켜집니다. 이를 통해 각 항목을 읽을 때 단일 간접 참조의 추가 오버헤드만 발생하게 됩니다. 이에 대한 예시는 [그림 5-11]에서 볼 수 있습니다.

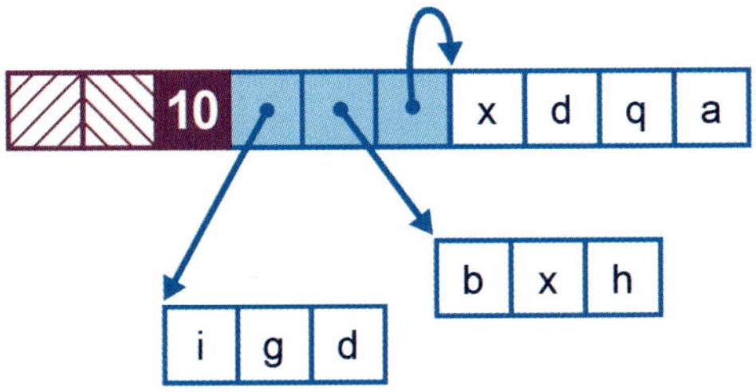

그림 5-11 OpenJ9에서의 어레이릿

> **NOTE** 어레이릿은 자바 네이티브 인터페이스(JNI) API를 통해 잠재적으로 볼 수 있습니다(일반적인 자바에서는 볼 수 없음). 따라서 다른 자바 가상 머신에서 자바 네이티브 인터페이스(JNI) 코드를 포팅할 때, 스파인과 리프 표현 방식을 고려해야 할 수 있습니다.

영역에서 부분 가비지 컬렉션을 수행하면 평균 일시 정지 시간이 줄어들지만, 스파인 또는 리프의 영역에 대한 정보를 유지하는 오버헤드로 전체 가비지 컬렉션 작업에 소요되는 시간은 더 길어질 수 있습니다. 중요한 점은, 힙이 가득 찼을 때 마지막 수단으로 전체 STW 수집이나 압축을 수행하는 경우를 제외하고는, 이러한 최악의 경우의 일시 정지 시간이 필요할 가능성이 크게 줄어든다는 점입니다.

영역과 불연속적인 거대 배열을 관리하는 데 오버헤드가 있기 때문에, Balanced는 전체 처리량보다 큰 일시 정지 시간을 피하는 것이 더 중요한 애플리케이션에 적합합니다.

5.6.3 비균일 메모리 접근과 Balanced

비균일 메모리 접근은 멀티프로세서 시스템, 주로 중대형 서버에서 사용되는 메모리 아키텍처입니다. 이러한 시스템은 메모리와 프로세서 사이의 거리 개념을 포함하며, 프로세서와 메모리가 노드로 구성되어 있습니다. 특정 노드의 프로세서는 어느 노드의 메모리라도 접근할 수 있지만, 로컬 메모리(즉, 동일한 노드에 속하는 메모리)에 대한 접근 시간이 훨씬 빠릅니다.

여러 비균일 메모리 접근 노드에서 실행되는 자바 가상 머신의 경우, Balanced 컬렉터는 자바 힙을 각 노드에 분할할 수 있습니다. 애플리케이션 스레드는 특정 노드에서의 실행을 선호하도록 배열되며, 객체 할당은 해당 노드의 로컬 메모리 내의 영역을 선호합니다. 이러한 배열 방식의 도식적인 모습은 [그림 5-12]에서 확인할 수 있습니다.

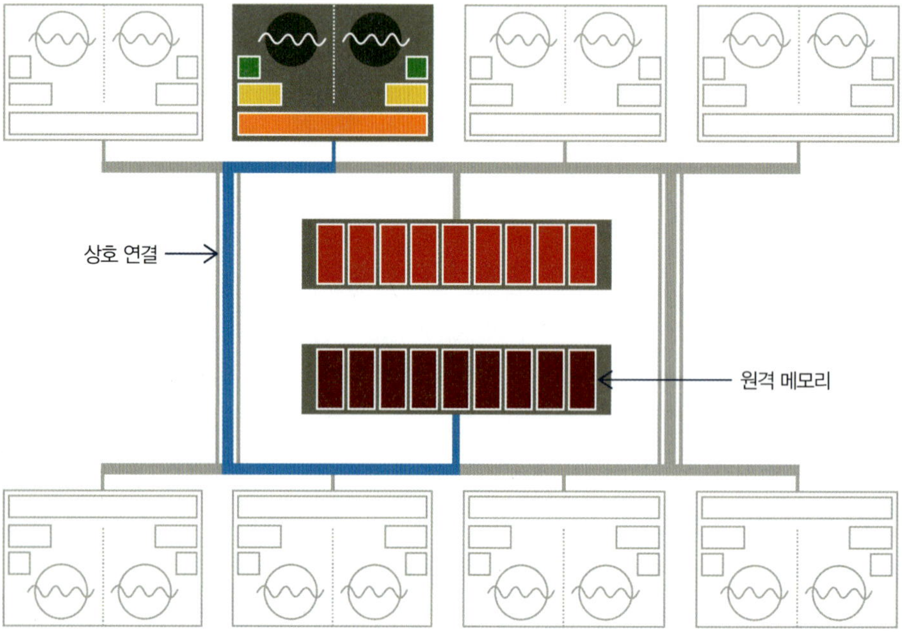

그림 5-12 비균일 메모리 접근

추가로, 부분 가비지 컬렉션은 객체와 이를 참조하는 스레드에 더 가까운 메모리로 객체를 이동하려고 시도합니다. 이는 스레드가 참조하는 메모리가 로컬일 가능성을 높여 성능을 개선합니다. 이 과정은 애플리케이션에는 보이지 않게 처리됩니다.

5.7 니치 핫스팟 컬렉터

이전 버전의 핫스팟에서는 다양한 다른 컬렉터들이 사용 가능했습니다. 대부분은 제거되었지만, 자바 21 기준으로 두 가지 특수한 컬렉터가 여전히 존재합니다. 이들은 여기에서 완전성을 위해 언급하지만, 어느 것도 실무 환경에서 사용하기를 권장하지 않습니다.

5.7.1 동시 마크 스윕

동시 마크 스윕 컬렉터는 매우 짧은 일시 정지 시간을 목표로 영구 세대 공간만을 수집하도록 설계된 컬렉터였습니다. 이는 젊은 세대를 수집하기 위해 병렬 가비지 컬렉션 대신 ParNew라는 약간 수정된 병렬 컬렉터와 함께 사용되었습니다.

자바 8과 자바 11에서는 동시 마크 스윕이 존재하지만, 자바 9에서 사용 중단되었고, 자바 14부터는 더 이상 사용할 수 없습니다.[13] 자바 8의 경우, 동시 마크 스윕은 여전히 낮은 일시 정지 가비지 컬렉션을 요구하는 특정 워크로드에 대해 G1보다 뛰어난 성능을 보입니다. 하지만, 자바 8과 11 사이에 G1이 크게 개선되었습니다. 그 결과, 자바 11에서는 동시 마크 스윕이 최선의 선택인 경우가 훨씬 드물며, 자바 17 또는 21에서는 이 컬렉터를 사용할 수 없습니다.

동시 마크 스윕 컬렉터는 다음 플래그로 활성화됩니다.

```
-XX:+UseConcMarkSweepGC
```

동시 마크 스윕은 가비지 컬렉션 작업 주기 측면에서 G1 혼합 수집과 대체로 유사한 단계 구조를 가지고 있습니다. 따라서 중요한 질문은 다음과 같습니다. 동시 마크 스윕이 실행 중일 때 에덴이 가득 차면 어떻게 될까요?

답은 예상대로, 애플리케이션 스레드가 계속 진행할 수 없기 때문에 일시 정지 상태가 되고, 동시 마크 스윕이 실행 중일 때 젊은 세대 가비지 컬렉션이 실행됩니다. 이 경우, 병렬 컬렉터에서보다 젊은 세대 가비지 컬렉션이 더 오래 걸리는 경우가 많습니다. 이는 젊은 세대 가비지 컬렉션을 위한 가용 코어가 절반밖에 없기 때문입니다(나머지 절반의 코어는 동시 마크 스윕을 실행 중).

정상적인 상황에서는, 젊은 세대 가비지 컬렉션은 영구 세대로 소량의 객체만 승격하고, 동시 마크 스윕 영구 세대 수집이 정상적으로 완료되어 영구 세대에서 공간을 확보합니다. 이후, 애

13 자바의 기능을 제거하는 과정은 사용 중단 권고, 제거 예정, 제거입니다. 기능이 첫 번째와 두 번째 단계 상태로 여러 버전 동안 유지될 수 있습니다. 어떤 기능은 '사용 중단 권고' 상태에만 머무르며, 실제로는 제거되지 않을 가능성도 있습니다.

플리케이션은 모든 코어가 애플리케이션 스레드에 할당되며 정상적인 처리를 재개합니다.

하지만, 매우 높은 할당률이 있는 경우, 아마도 조기 승격이 발생하는 경우도 고려해 보아야 합니다. 이는 젊은 세대 가비지 컬렉션에서 승격할 객체가 너무 많아 영구 세대의 가용 공간을 초과하는 상황을 초래할 수 있습니다.

이는 동시 모드 실패의 한 형태로, 이 시점에서 자바 가상 머신은 전적으로 STW 방식으로 작동하는 ParallelOld 컬렉션을 실행할 수밖에 없습니다. 실질적으로는, 할당 압력이 매우 높아 동시 마크 스윕이 영구 세대를 처리하는 작업을 완료하기 전에, 새롭게 승격된 객체를 수용하기 위한 '여유 공간[headroom]'이 모두 소진된 상황입니다.

잦은 동시 모드 실패를 피하기 위해, 동시 마크 스윕은 영구 세대가 완전히 채워지기 전에 컬렉션 주기를 시작해야 합니다. 이는 5.4.1절의 '동시 이동'에서 다루었던 G1의 초기 힙 점유율 비율 동작과 유사합니다.

5.7.2 엡실론

엡실론 컬렉터는 레거시 컬렉터가 아닙니다. 하지만 어떤 경우에도 실무 환경에서 사용해서는 안 되기 때문에 여기서 언급됩니다. 만약 동시 마크 스윕이 사용 중인 환경을 발견하면, 이는 높은 위험 요소로 간주되어 즉각적인 분석 또는 제거 대상이 되어야 하지만, 엡실론은 약간 다릅니다.

엡실론은 실험용 컬렉터로, 테스트 목적으로만 설계되었습니다. 이는 제로-이펙트 컬렉터[zero-effort collector]입니다. 즉, 실제로 가비지를 수집하려는 시도조차 하지 않습니다. 엡실론에서 실행되는 동안 할당된 모든 힙 메모리 바이트는 효과적으로 메모리 누수로 간주됩니다. 이 메모리는 회수될 수 없으며, 결국 매우 빠르게 자바 가상 머신이 메모리 부족으로 충돌하게 될 가능성이 높습니다.

> 메모리 할당만 처리하고 실제 메모리 회수 메커니즘은 구현하지 않는 가비지 컬렉터를 개발합니다. 자바 힙 메모리가 모두 소진되면, 자바 가상 머신을 정리된 방식으로 종료합니다.
>
> —JEP 318: 엡실론: 작업이 없는(No-Op) 가비지 컬렉터

이러한 '컬렉터'는 다음 목적에 매우 유용할 수 있습니다.

- 성능 테스트 또는 마이크로벤치마크
- 저하 테스트
- 낮은/제로 할당의 자바 애플리케이션 또는 라이브러리 코드 테스트

특히, JMH java microbenchmark harness 테스트는 가비지 컬렉션 이벤트가 성능 수치에 방해되지 않도록 확신할 수 있는 기능을 통해 이점을 얻을 수 있습니다. 메모리 할당 저하 테스트는 코드 변경이 할당 동작을 크게 변경하지 않도록 보장하며, 이를 간편하게 수행할 수 있습니다. 개발자는 엡실론 구성을 사용하여 할당 횟수가 제한된 테스트를 작성하고, 힙 고갈로 추가 할당이 실패하도록 할 수 있습니다.

마지막으로, 제안된 가상 머신-가비지 컬렉션 인터페이스도 엡실론을 최소 테스트 케이스로 활용하여 인터페이스 자체에 대한 테스트에 이점을 얻을 수 있습니다.

5.8 요약

가비지 컬렉션은 자바 성능 분석과 튜닝에서 매우 중요한 요소입니다. 자바의 풍부한 가비지 컬렉터 생태계는 플랫폼의 큰 장점이지만, 특히 각 선택의 절충점과 성능 결과에 대한 문서가 부족하다는 점에서 초심자에게는 다소 어렵게 느껴질 수 있습니다.

이 장에서는 성능 엔지니어들이 직면하는 결정과 적절한 컬렉터를 선택할 때 그들이 고려해야 할 절충점에 대해 개략적으로 설명했습니다. 또한 기본 이론을 일부 논의하고, 이러한 아이디어를 구현하는 다양한 현대적인 가비지 컬렉션 알고리즘을 소개했습니다.

다음 장에서는 이 이론 중 일부를 실제로 적용하고, 로그 기록, 모니터링, 도구 사용을 통해 가비지 수집 성능 튜닝 논의에 과학적 엄격함을 도입하는 방법을 소개하겠습니다.

6장

자바 가상 머신에서 코드 실행

자바 가상 머신이 제공하는 두 가지 주요 서비스는 메모리 관리와 애플리케이션 코드를 실행하기 위한 쉽고 간단한 컨테이너입니다. 4장과 5장에서 가비지 컬렉션을 깊이 다루었으므로, 이번 장에서는 코드 실행 방식에 대해 설명하겠습니다.

> **NOTE** 자바 가상 머신 사양은 자바 구현이 표준에 맞게 동작하기 위해 따라야 할 규칙을 정의합니다.

가상 머신 사양에 따르면, 자바 바이트코드는 인터프리터 방식으로 실행되어야 합니다. 그러나 일반적으로 인터프리터 방식은 머신 코드를 직접 실행하는 방식보다 성능이 떨어집니다. 대부분의 현대 프로덕션 수준 자바 환경에서는 이를 해결하기 위해 동적 컴파일 기능을 제공합니다.

3장에서 설명한 것처럼, 이러한 동적 컴파일 기능은 JIT 컴파일이라고도 불립니다. 이 메커니즘은 자바 가상 머신이 실행 중인 메서드를 추적해 각 메서드가 직접 실행 가능한 코드로 컴파일될 자격이 있는지 판단합니다.

이 장에서는 현재 일반적으로 사용되는 자바 애플리케이션의 기본적인 수명 주기를 먼저 설명합니다. 그다음 바이트코드 해석이 무엇인지 간략히 다루며, 핫스팟이 다른 인터프리터와 어떻게 다른지 살펴보겠습니다.

다음으로 JIT 컴파일과 프로파일 기반 최적화의 기본 개념, 코드 캐시, 핫스팟의 컴파일 서브시스템의 기본 구조를 설명합니다.

마지막으로 클라우드 환경으로의 전환과 새로운 배포 환경에 대응하기 위해 자바 플랫폼에서 최근에 이루어진 변화를 다룰 것입니다. 이러한 발전은 클라우드 배포 환경의 변화와 새로운 배포 방식의 요구를 해결하기 위한 필요성에서 시작되었습니다.

6.1 전통적인 자바 애플리케이션 수명 주기

유닉스 계열 시스템(예 리눅스나 맥)에서 자바 `HelloWorld`를 입력하면 어떤 일이 일어나는지 더 자세히 살펴봅니다(윈도우에서도 비슷하게 적용됩니다).

가장 기본적인 수준에서는 자바 가상 머신을 실행하기 위해 표준 프로세스 실행이 이루어지며, 이는 하나의 단일 프로세스로 동작합니다. 이 과정에서 셸은 자바 가상 머신 바이너리(예 `$JAVA_HOME/bin/java`에 있을 가능성이 높음)을 찾아 해당 파일을 실행하고, 엔트리 포인트 클래스 이름을 포함한 명령줄 인수를 전달합니다.

이렇게 시작된 새 프로세스는 명령줄 플래그를 분석하고, 플래그에 따라 가상 머신 초기화를 준비합니다(예 힙 크기, 가비지 컬렉션 설정 등). 동시에 실행 중인 머신을 조사하여 시스템 정보를 수집합니다. 여기에는 CPU 코어 수, 메모리 용량, 사용 가능한 CPU 명령 집합 등이 포함됩니다.

자바 가상 머신은 이렇게 수집된 세부 정보를 활용해 자신의 설정을 맞춤화하고 최적화합니다. 예를 들어, CPU 코어 수를 기반으로 가비지 컬렉션에서 사용할 스레드 수를 정하거나, **공용 스레드 풀**의 크기를 설정합니다.

TIP 자바 가상 머신의 자동 탐지와 자체 구성 기능은 자바 애플리케이션이 컨테이너 환경에서 어떻게 동작하는지에 영향을 미치므로 반드시 이해해야 합니다. 이에 대한 자세한 내용은 8장에서 다룰 예정입니다.

초기 과정 중 하나는 자바 힙(모든 자바 객체가 저장되는 영역)을 위해 `Xmx` 값(또는 기본값)과 동일한 크기의 사용자 공간 메모리(운영 체제에서 제공, 즉 C 힙)를 예약하는 것입니다. 또 다른 중요한 단계는 자바 클래스와 관련 메타데이터를 저장할 저장소를 초기화하는 것으로, 핫스팟에서는 이를 **메타공간**Metaspace이라고 부릅니다.

그다음, 새로운 스레드에서 보통 `JNI_CreateJavaVM` 함수를 사용해 가상 머신이 생성됩니다.

이 과정에서 가비지 컬렉션 스레드나 JIT 컴파일 스레드 같은 가상 머신의 내부 스레드도 함께 시작해야 합니다.

앞에서 언급했듯이, 부트스트래핑 클래스는 준비된 후 초기화됩니다. 클래스가 로드되면, 초기화 블록(`static {}` 블록, 즉 `clinit` 메서드)를 통해 부트스트래핑 클래스의 첫 번째 바이트코드가 실행되고, 동시에 첫 번째 객체가 생성됩니다.

이 과정이 중요한 이유는 자바 가상 머신의 기본 기능(예 JIT 컴파일과 가비지 컬렉션)이 애플리케이션 수명 주기의 초기 단계부터 실행되기 때문입니다. 가상 머신이 시작될 때, 엔트리포인트 클래스에 실행 제어가 도달하기 전에도 일부 가비지 컬렉션 또는 JIT 작업이 수행될 수 있습니다. 엔트리포인트 클래스가 실행되기 시작하면, 애플리케이션이 필요한 클래스를 실행하면서 클래스 메타데이터 캐시에 없는 새로운 클래스가 로드되는 과정이 추가로 진행됩니다.

대부분의 프로덕션 애플리케이션에서는 시작 단계에서 클래스 로딩, JIT 작업, 그리고 가비지 컬렉션 활동이 급증하면서 이후 애플리케이션이 안정 상태에 도달합니다. 안정 상태에 도달하면 다음과 같은 이유로 JIT 작업과 클래스 로딩이 크게 줄어듭니다.

- 애플리케이션에 필요한 모든 클래스가 이미 로드됨
- 자주 호출되는 메서드가 JIT 컴파일러를 통해 머신 코드로 변환됨

하지만 안정 상태가 곧 완전한 정적 상태를 의미하지는 않습니다. 애플리케이션에서는 여전히 추가적인 클래스 로딩이나 JIT 작업(예 **비최적화**deoptimization, **재최적화**reoptimization)이 발생할 수 있으며, 이는 드물게 실행되는 코드 경로를 만나 새로운 클래스를 로드해야 하는 상황에서 발생할 수 있습니다.

시작-안정 상태 모델의 또 다른 중요한 특수 사례는 흔히 '이단계 클래스 로딩two-phase classloading' 이라고 불립니다. 이는 스프링과 같은 의존성 주입 기술을 사용하는 애플리케이션에서 주로 나타납니다.

이 경우, 핵심 프레임워크 클래스가 먼저 로드 됩니다. 이후 프레임워크가 애플리케이션 코드와 설정을 분석하여, 애플리케이션을 실행하는 데 필요한 객체의 그래프를 결정합니다. 이 과정에서 애플리케이션 코드와 기타 종속성이 로드되는 두 번째 클래스 로딩 단계가 시작됩니다.

가비지 컬렉션 동작의 경우 약간 다릅니다. 특정 성능 문제가 없는 애플리케이션에서는 안정 상태에 도달하면 가비지 컬렉션 패턴이 변할 가능성이 높지만, 가비지 컬렉션 이벤트는 여전히

발생합니다.

이는 자바 애플리케이션에서 객체가 생성되고, 일정 시간 동안 존재하다가 자동으로 수집되기 때문입니다(아주 드물게 발생하는 병적인 사례를 제외하고). 이것이 바로 자동 메모리 관리 목적의 핵심입니다. 그러나 안정 상태의 가비지 컬렉션 패턴은 시작 단계의 가비지 컬렉션 패턴과는 상당히 다를 수 있습니다.

이 설명에서 얻어야 할 전체적인 인상은 매우 동적인 런타임이라는 점입니다. 이러한 환경에서 실행되는 애플리케이션은 명확히 정의된 시작 단계를 거친 뒤, 소규모(하지만 보통 0이 아닌) 변화가 지속적으로 발생하는 안정 상태로 전환되는 런타임 특성을 보여줍니다. 커뮤니티에서는 이러한 전통적인 자바 애플리케이션 수명 주기를 **동적 가상 머신 모드**dynamic VM mode라고 부릅니다.

그러나 클라우드 네이티브 자바의 부상과 함께, 컨테이너와 클라우드 환경에서 보다 적합한 새로운 운영 또는 배포 방식에 대한 관심이 증가했습니다. 이는 여러 면에서 기존의 동적 가상 머신 모드와는 다른 방향으로 나아가고 있습니다.

이러한 최근의 발전은 이 장의 후반에서 다루겠지만, 먼저 자바 가상 머신에서 코드가 실행되는 기본 원리를 논의할 필요가 있습니다.

6.2 바이트코드 해석 개요

우리가 '바이트코드 실행'에서 간략히 살펴본 바와 같이, 자바 가상 머신 인터프리터는 스택 머신으로 동작합니다. 이는 물리적 CPU와는 달리, 계산을 위한 임시 저장 영역으로 레지스터를 사용하지 않는다는 것을 의미합니다. 대신, 모든 연산에 필요한 값은 **평가 스택**에 배치되며, 스택 머신 명령어는 스택 맨 위의 값(들)을 변환하는 방식으로 작동합니다.

자바 가상 머신은 데이터를 저장하기 위한 세 가지 주요 영역을 제공합니다.

- 평가 스택: 특정 메서드에 국한되어 사용됩니다.
- 로컬 변수: 결과를 임시로 저장하며, 역시 메서드에 국한됩니다.
- 객체 힙: 메서드 간, 그리고 스레드 간에 공유됩니다.

평가 스택을 사용하는 일련의 가상 머신 작업은 [그림 6-1]부터 [그림 6-5]에 나와 있으며, 이는 자바 프로그래머들이 쉽게 이해할 수 있도록 의사코드pseudocode 형태로 표현되어 있습니다.

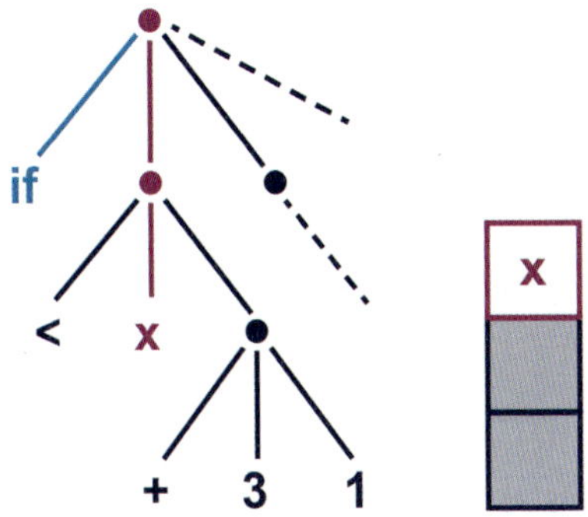

그림 6-1 초기 해석 상태

인터프리터는 이제 오른쪽 서브트리를 계산하여 x의 내용과 비교할 값을 결정해야 합니다.

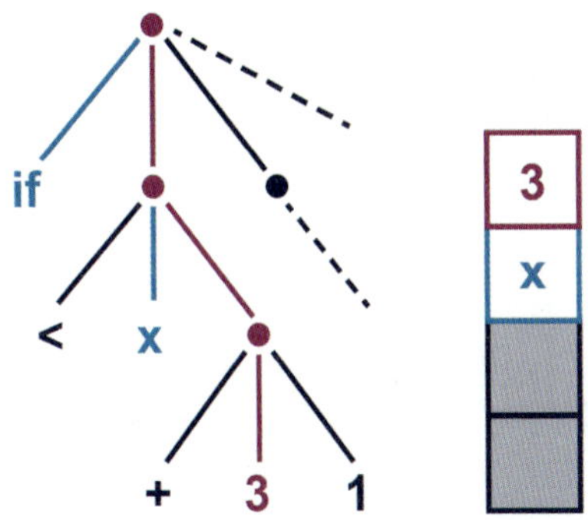

그림 6-2 서브트리 평가

다음 서브트리의 첫 번째 값인 정수 상수 3이 스택에 로드됩니다.

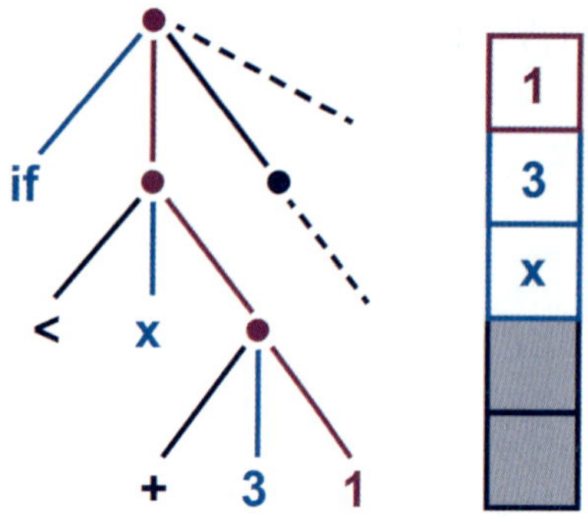

그림 6-3 서브트리 평가(2단계)

이제 또 다른 정수 값인 1도 스택에 로드됩니다. 실제 자바 가상 머신에서는 이러한 값들이 클래스 파일의 상수 영역에서 로드되거나, 일반적이고 작은 상수에 대해 '단축 형식shortcut form'을 사용할 수 있습니다.

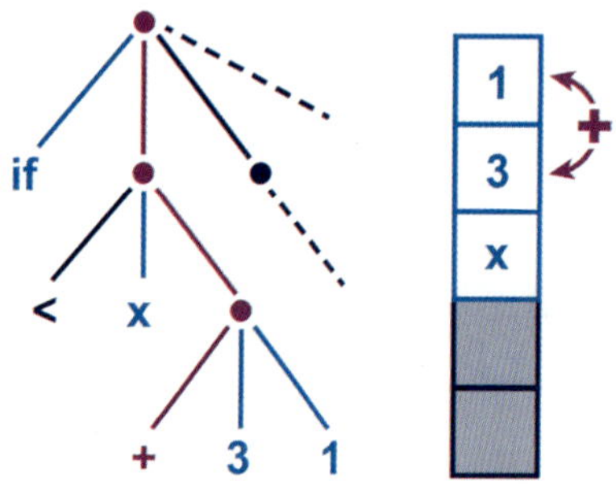

그림 6-4 서브트리 평가(3단계)

이 시점에서 덧셈 연산이 스택의 맨 위 두 요소에 작용하며, 이를 제거한 후 두 숫자를 더한 결과로 대체합니다.

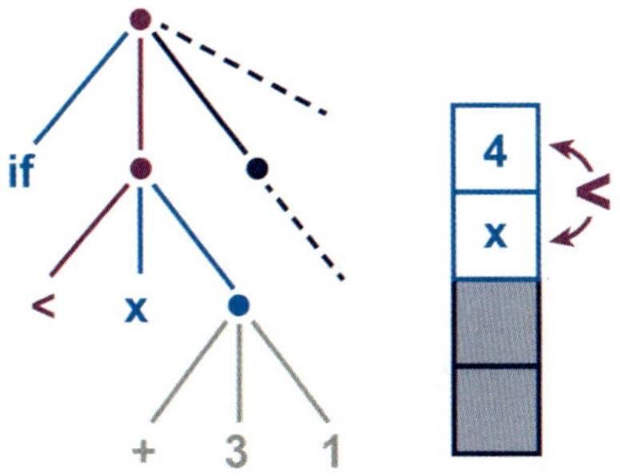

그림 6-5 최종 서브트리 평가

이제 계산된 결과 값이 x에 저장된 값과 비교할 수 있습니다. 이 과정에서 x의 값은 다른 서브트리를 계산하는 동안 평가 스택에 그대로 유지됩니다.

6.2.1 자바 가상 머신 바이트코드 소개

자바 가상 머신의 경우, 각 스택 머신 연산 코드는 1바이트로 표현되므로 이를 **바이트코드**bytecode라고 부릅니다. 따라서 연산 코드는 0에서 255까지의 범위를 가지며, 자바 23 기준으로 약 200개가 사용되고 있습니다. 바이트코드 명령어는 타입을 고려하여 동작합니다. 예를 들어, `iadd`와 `dadd`는 각각 두 개의 `int` 값과 두 개의 `double` 값이 스택의 맨 위 두 위치에 있어야 작동합니다.

많은 바이트코드 명령어는 계열families을 이루며, 각 기본 타입과 객체 참조에 대해 각각 하나씩 명령어를 가지는 경우가 많습니다.

예를 들어, `store` 계열에서는 특정 명령어가 특정 의미를 가집니다.

- `dstore`: '스택 맨 위의 값을 `double` 타입의 로컬 변수에 저장한다'
- `astore`: '스택 맨 위의 값을 참조 타입 로컬 변수에 저장한다'

이 두 경우 모두 로컬 변수의 타입은 들어오는 값의 타입과 일치해야 합니다.

자바는 높은 이식성을 목표로 설계되었기 때문에, 자바 가상 머신 사양은 **빅 엔디언**big-endian과 **리틀 엔디언**little-endian 하드웨어 아키텍처에서 같은 바이트코드가 수정 없이 실행될 수 있도록 설계되었습니다. 따라서 자바 가상 머신 바이트코드는 특정 엔디언 방식을 따르도록 정의되어 있으며, 반대 방식의 하드웨어에서는 이 차이를 소프트웨어적으로 처리합니다.

TIP 바이트코드는 빅 엔디언 방식으로 되어 있어, 여러 바이트로 이루어진 데이터에서 가장 중요한 바이트가 가장 먼저 옵니다.

일부 연산 코드 계열에는 **단축 형태**가 있습니다. 이를 통해 인수를 생략할 수 있으며, 이는 클래스 파일에서 인수 바이트의 비용을 절약할 수 있습니다. 예를 들어, `aload_0`은 현재 객체(`this`)를 스택 맨 위에 올리는 역할을 합니다. 이 작업은 매우 자주 사용되므로, 이를 단축 형태로 제공하며 클래스 파일 크기를 줄일 수 있습니다.

그러나 자바 클래스는 일반적으로 매우 간결하기 때문에, 이러한 설계 결정은 플랫폼 초기 시절에 더 중요한 의미를 가졌습니다. 당시 클래스 파일이 14.4 kbps 모뎀을 통해 다운로드해야 했던 시대를 떠올려 보면, 그 이유를 이해할 수 있습니다.

NOTE 자바 1.0 이후로 새로운 바이트코드 연산 코드는 단 하나(`invokedynamic`)만 도입되었으며, 반대로 두 개(`jsr`과 `ret`)는 더 이상 사용되지 않도록 폐기되었습니다.

단축 형태와 타입별 명령어 사용은 동일한 개념적 작업을 표현하기 위해 여러 연산 코드를 필요로 하므로, 필요한 연산 코드의 개수를 크게 증가시킵니다. 이에 할당된 연산 코드의 개수는 실제 바이트코드가 표현하는 기본 작업 수보다 훨씬 많습니다. 그러나 개념적으로 바이트코드는 매우 단순합니다.

이제 주요 바이트코드 범주들은 연산 코드 계열 별로 살펴보겠습니다. 아래 표에서 `c1`은 2바이트 상수 풀 인덱스를, `i1`은 현재 메서드의 로컬 변수를 나타냅니다. 또한 괄호는 해당 계열에 단축 형태의 연산 코드가 포함되어 있음을 의미합니다.

먼저 살펴볼 범주는 `load`와 `store` 범주이며, 이는 [표 6-1]에 나와 있습니다. 이 범주는 데이터를 스택에 올리거나 스택에서 내리는 연산 코드를 포함합니다. 예를 들어, 상수 풀에서 데이터를 로드하거나, 스택 맨 위의 데이터를 힙에 있는 객체 필드에 저장하는 연산 등이 여기에 해당됩니다.

표 6-1 로드 또는 저장 범주

계열 이름	인수	설명
load	(i1)	로컬 변수 i1에서 값을 스택으로 로드합니다.
store	(i1)	스택의 최상위 값을 로컬 변수 i1에 저장합니다.
ldc	c1	CP# c1에서 값을 스택으로 로드합니다.
const		간단한 상수 값을 스택으로 로드합니다.
pop		스택의 최상위 값을 버립니다.
dup		스택의 최상위 값을 복제합니다.
getfield	c1	스택의 최상위 객체에서 CP# c1 로 저장된 필드 값을 스택으로 로드합니다.
putfield	c1	스택의 최상위 값을 CP# c1로 저장된 필드에 저장합니다
getstatic	c1	CP# c1로 저장된 정적 필드 값을 스택으로 로드합니다.
putstatic	c1	스택의 최상위 값을 CP# c1로 저장된 정적 필드에 저장합니다.

ldc와 const의 차이는 명확히 이해해야 합니다. ldc 바이트코드는 현재 클래스의 상수 풀에서 문자열, 기본 타입 상수, 클래스 리터럴 그리고 프로그램 실행에 필요한 기타 내부 상수가 포함되어 있습니다.[1]

반면, const 연산 코드는 매개변수를 받지 않으며, aconst_null, dconst_0, iconst_m1과 같이 제한된 수의 상수를 로드하는 데 사용됩니다(iconst_m1은 -1을 int 타입으로 로드하는 연산 코드입니다).

다음 범주는 **산술 연산 바이트코드**로, 이는 기본 타입에만 적용됩니다. 이 연산들은 순수 스택 기반 작업을 수행하므로, 매개변수를 받지 않습니다. 이 간단한 범주는 [표 6-2]에 정리되어 있습니다.

표 6-2 산술 연산 범주

계열 이름	설명
add	스택의 최상위 두 값을 더합니다.
sub	스택의 최상위 두 값을 뺍니다.
div	스택의 최상위 두 값을 나눕니다.
mul	스택의 최상위 두 값을 곱합니다.
(cast)	스택의 최상위 값을 다른 기본형 타입으로 변환합니다.

1 최근 자바 가상 머신 버전은 현대의 고급 가상 머신 기술을 지원하기 위해 더 독창적인 상수들도 허용합니다.

계열 이름	설명
neg	스택의 최상위 값을 부정negate합니다.
rem	스택의 최상위 두 값의 나머지(정수 나눗셈)를 계산합니다.

[표 6-3]에서는 **흐름 제어**flow control 범주를 확인할 수 있습니다.

이 범주는 소스 코드에서 사용되는 반복문과 조건문 같은 구조를 바이트코드로 표현한 것입니다. 예를 들어, 자바의 `for`, `if`, `while`, `switch` 문은 컴파일되면 모두 흐름 제어 관련 바이트코드로 변환됩니다.

표 6-3 흐름 제어 범주

계열 이름	인수	설명
if	(i1)	조건이 참일 경우 인수로 제공된 위치로 분기합니다.
goto	i1	조건 없이 제공된 오프셋으로 분기합니다.
return		현재 메서드에서 호출자로 반환하며, 스택 상단의 값을 (있는 경우) 반환합니다.
tableswitch		점프 테이블에서 레이블을 점프 인덱스로 사용하여 지정된 위치로 점프합니다.
lookupswitch		점프 테이블에서 키를 점프 인덱스로 사용하여 지정된 위치로 점프합니다.

NOTE `Tableswitch`와 `lookupswitch`의 동작 방식에 대한 자세한 설명은 이 책에서 설명하지 않습니다. 더 많은 정보를 원하시면 최신 자바 가상 머신 사양[2]을 참고하세요.

흐름 제어 범주는 크기가 작아 보이지만, 실제 흐름 제어 연산 코드의 종류는 놀랄 만큼 많습니다. 이는 if 연산 코드 계열의 멤버가 매우 다양하기 때문입니다. 3장에서 `javap` 예제를 통해 `if_icmpge`(if-integer-compare-greater-or-equal) 연산 코드를 살펴봤지만, 자바의 `if` 문을 표현하는 다양한 변형 연산 코드가 더 많이 존재합니다.

또한 폐기된 `jsr`과 `ret` 바이트코드 (이는 자바 6 이후 `javac`에서 출력되지 않음)도 이 계열에 속합니다. 하지만 이들은 최신 플랫폼 버전에서 더 이상 허용되지 않으므로 표에서 제외되었습니다.

2 *https://oreil.ly/_4_H5*

가장 중요한 연산 코드 범주 중 하나는 [표 6-4]에 나오는 메서드 호출 범주method invocation category 입니다. 이 범주는 자바 프로그램에서 새로운 메서드로 제어를 넘기는 유일한 메커니즘을 제공합니다. 플랫폼은 로컬 흐름 제어(메서드 내부의 흐름)과 다른 메서드로의 제어 이동을 명확히 분리해 설계되었습니다.

표 6-4 메서드 호출 범주

연산 코드 이름	인수	설명
`invokevirtual`	`c1`	CP#c1에서 발견된 메서드를 가상 디스패치virtual dispatch를 통해 호출합니다.
`invokespecial`	`c1`	CP#c1에서 발견된 메서드를 '특별한'(정확한) 디스패치special dispatch 방식으로 호출합니다.
`invokeinterface`	`c1, count, 0`	CP#c1에서 발견된 인터페이스 메서드를 인터페이스 오프셋 조회를 통해 호출합니다.
`invokestatic`	`c1`	CP#c1에서 발견된 정적static 메서드를 호출합니다.
`invokedynamic`	`c1, 0, 0`	호출할 메서드를 동적으로 조회하고 실행합니다.

자바 가상 머신의 설계와 명시적인 메서드 호출 연산 코드 사용 방식으로 기계어에서 흔히 볼 수 있는 `call` 연산에 해당하는 동작은 자바 가상 머신에서 존재하지 않습니다.

대신, 자바 가상 머신 바이트코드는 전문 용어를 사용합니다. 호출 지점call site은 한 메서드(호출자caller) 내에서 다른 메서드(피호출자callee)가 호출되는 위치를 뜻합니다. 특히, 비정적nonstatic 메서드 호출의 경우, 메서드가 호출되는 대상 객체가 항상 존재합니다. 이를 수신 객체receiver object라 하고, 해당 객체의 런타임 탑을 수신 타입receiver type이라고 합니다.

> **NOTE** 정적 메서드 호출은 항상 `invokestatic` 바이트코드로 변환되며, 수신 객체를 사용하지 않습니다.

자바 가상 머신을 처음 접하는 개발자는 자바 객체의 메서드 호출이 호출되는 맥락에 따라 `invokevirtual`, `invokespecial`, `invokeinterface` 중 하나의 바이트코드로 변환된다는 점에 놀랄 수 있습니다.

TIP 간단한 자바 코드를 작성한 뒤, `javap`를 사용해 이를 디스어셈블하면 각 상황에서 어떤 바이트코드가 생성되는지 직접 확인할 수 있습니다.

인스턴스 메서드 호출은 보통 invokevirtual 명령어로 변환됩니다. 하지만 수신 객체의 정적 타입이 인터페이스 타입으로만 알려진 경우에는 호출이 invokeinterface 명령어로 표현됩니다.

한편, 컴파일 시점에 호출할 메서드가 정확히 결정되는 경우(예 private 메서드나 슈퍼클래스 호출), invokespecial 명령어가 생성됩니다.

이제 invokedynamic이 어떻게 이 과정에 들어오게 되었는지 궁금해질 수 있습니다. 간단히 말해, 자바 23 버전에서도 invokedynamic에 직접적으로 접근할 수 있는 언어 수준의 방법은 없습니다.

사실, 자바 7에서 런타임에 invokedynamic이 추가되었을 때, javac가 이를 생성하도록 강제할 방법이 없었습니다. 이 초기 자바 버전에서 invokedynamic 기술은 주로 장기적인 실험과 자바와 동적 언어(특히 제이루비[JRuby])를 지원하기 위해 추가되었습니다.

하지만 자바 8 이후, invokedynamic은 자바 언어의 핵심적인 부분이 되었으며, 고급 언어 기능을 지원하는 데 사용되고 있습니다. 자바 8의 람다[lambda]에서 나온 간단한 예를 통해 이를 살펴보겠습니다.

```
public class LambdaExample {
    private static final String HELLO = "Hello";

    public static void main(String[] args) throws Exception {
        Runnable r = () -> System.out.println(HELLO);
        Thread t = new Thread(r);
        t.start();
        t.join();
    }
}
```

아래는 간단한 람다 표현식을 사용했을 때 생성되는 바이트코드입니다.

```
public static void main(java.lang.String[]) throws java.lang.Exception;
  Code:
    0: invokedynamic #2,  0  // InvokeDynamic #0:run:()Ljava/lang/Runnable;
    5: astore_1
    6: new           #3      // class java/lang/Thread
```

```
 9: dup
10: aload_1
11: invokespecial #4      // Method java/lang/Thread.
                          //         "<init>":(Ljava/lang/Runnable;)V
14: astore_2
15: aload_2
16: invokevirtual #5      // Method java/lang/Thread.start:()V
19: aload_2
20: invokevirtual #6      // Method java/lang/Thread.join:()V
23: return
```

다른 정보를 전혀 모른다 하더라도, invokedynamic 명령어의 형태는 어떤 메서드가 호출되고, 그 반환 값이 스택에 저장된다는 것을 보여줍니다.

바이트코드를 더 자세히 살펴보면, 이 반환 값이 람다 표현식에 해당하는 객체 참조라는 것을 알 수 있습니다. 이 객체는 invokedynamic 명령어가 호출한 플랫폼 팩토리 메서드에서 생성됩니다. 이 호출은 클래스 상수 풀에 확장된 항목을 참조하여 호출의 동적 런타임 특성을 지원합니다.

이 사용 사례는 자바 프로그래머에게 있어 invokedynamic의 가장 명확한 예일 수 있지만, 이것이 전부는 아닙니다. 이 명령어는 코틀린, 제이루비, 스칼라[Scala]와 같은 자바 가상 머신 기반 비자바 언어뿐만 아니라, 점점 더 많은 자바 프레임워크에서도 폭넓게 사용되고 있습니다. 이 책의 후반부에서 invokedynamic과 관련된 추가적인 내용을 살펴보겠습니다.

우리가 다룰 마지막 연산 코드 범주는 **플랫폼 연산 코드**입니다. [표 6-5]에서 확인할 수 있으며, 새로운 힙 메모리 할당 작업과 객체의 내부 잠금(즉, 동기화에서 사용되는 모니터)을 다루는 작업들이 포함합니다.

표 6-5 플랫폼 오퍼코드 범주

연산 코드 이름	인수	설명
new	c1	CP#c1에서 발견된 타입의 객체 공간을 할당합니다.
newarray	prim	기본형[primitive] 타입 배열 공간을 할당합니다.
anewarray	c1	CP#c1에서 발견된 타입의 객체 배열 공간을 할당합니다.
arraylength		스택의 최상위 배열을 배열 길이로 대체합니다.
monitorenter		스택의 최상위 객체에 대한 모니터를 잠급니다.
monitorexit		스택의 최상위 객체에 대한 모니터를 잠금 해제합니다.

`newarray`와 `anewarray` 명령어를 실행할 때는, 할당된 배열의 길이가 스택 맨 위에 있어야 합니다. 바이트코드에는 '세밀한fine-grained 바이트코드'와 '거친coarse 바이트코드'의 차이가 있습니다. 이는 각 명령어를 구현하는 데 필요한 복잡성에서 드러납니다.

예를 들어, 산술 연산은 매우 세밀한 작업으로, 핫스팟에서 순수 어셈블리 코드로 구현됩니다. 반면, 상수 풀 조회나 메서드 디스패치 같은 거친 작업은 핫스팟 가상 머신으로 다시 호출해야 합니다.

바이트코드의 동작과 함께 세이프포인트도 알아 둘 필요가 있습니다. 5장에서 배웠듯, 세이프포인트는 자바 가상 머신이 내부 상태를 정리하거나 관리 작업housekeeping을 수행해야 할 때 일관된 상태를 요구하는 지점입니다. 여기에는 실행 중인 애플리케이션 스레드가 일반적으로 변경할 수 있는 그래프도 포함됩니다.

이 일관성을 유지하려면, 자바 가상 머신이 정리 작업을 수행하는 동안 모든 애플리케이션 스레드가 중지되어 공유 힙을 수정하지 못하도록 해야 합니다. 그렇다면 스레드는 어떻게 중지될까요?

자바 가상 머신 애플리케이션의 모든 스레드가 실제 운영 체제(OS) 스레드라는 점이 중요합니다.[3] 특히, 해석된 메서드를 실행 중인 스레드는 명령어 실행 직전에 사용자 코드가 아닌 자바 가상 머신 인터프리터 코드를 실행하고 있다는 점에서, 이 시점의 힙은 일관된 상태를 유지합니다. 따라서 스레드는 안전하게 중지될 수 있습니다.

결과적으로, 바이트코드 간이 순간은 애플리케이션 스레드를 중지하기에 가장 적합한 시점이며, 세이프포인트의 가장 단순한 예라 할 수 있습니다.[4]

JIT 컴파일된 메서드의 경우에는 상황이 더 복잡하지만, 기본적으로 동일한 장벽이 JIT 컴파일러가 생성한 기계 코드에 삽입됩니다.

6.2.2 간단한 해석기

3장에서 언급했듯, 가장 단순한 형태의 인터프리터는 `while` 루프의 `switch` 문으로 구성할 수

3 적어도 주류 서버 자바 가상 머신은 그렇습니다.

4 핫스팟의 최신 버전에서는 스레드-로컬 핸드셰이크와 같은 기술 발전으로 모든 바이트코드 사이에서 검사를 수행할 필요가 없을 수 있지만, 자바 가상 머신 내부 구조를 처음 접하는 개발자에게 여전히 유용한 개념 모델입니다.

있습니다. 이제 자바로 작성된 간단한 예제를 통해 이 구조를 살펴보겠습니다 이 예제는 자바 가상 머신 바이트코드의 일부만 실행할 수 있는 아주 작은 범위의 인터프리터입니다.[5]

인터프리터의 `execMethod()` 메서드는 바이트코드로 작성된 하나의 메서드를 해석합니다. 여기에는 정수 연산과 간단한 'Hello World' 출력을 실행할 수 있도록 몇 가지 연산 코드만 구현되어 있으며, 일부는 더미dummy 구현으로 처리되어 있습니다.

비록 단순한 프로그램조차 제대로 처리하려면 상수 풀 조회와 같은 복잡한 기능이 필요하지만, 이러한 기본적인 예제만으로도 인터프리터의 핵심 구조를 이해할 수 있습니다.

```
public EvalValue execMethod(final byte[] instr) {
    if (instr == null || instr.length == 0)
        return null;

    EvaluationStack eval = new EvaluationStack();

    int current = 0;
    LOOP:
    while (true) {
        byte b = instr[current++];
        Opcode op = table[b & 0xff];
        if (op == null) {
            System.err.println("Unrecognized opcode byte: " + (b & 0xff));
            System.exit(1);
        }
        byte num = op.numParams();
        switch (op) {
            case IADD:
                eval.iadd();
                break;
            case ICONST_0:
                eval.iconst(0);
                break;
// ...
            case IRETURN:
                return eval.pop();
            case ISTORE:
                istore(instr[current++]);
```

5 이 코드는 ocelotvm(*https://oreil.ly/NZ_5R*) 버전 0.1.1을 기반으로 합니다. 이는 교육용으로 설계된 자바 가상 머신 인터프리터의 부분 구현입니다.

```
                break;
            case ISUB:
                eval.isub();
                break;
            // Dummy implementation
            case ALOAD:
            case ALOAD_0:
            case ASTORE:
            case GETSTATIC:
            case INVOKEVIRTUAL:
            case LDC:
                System.out.print("Executing " + op + " with param bytes: ");
                for (int i = current; i < current + num; i++) {
                    System.out.print(instr[i] + " ");
                }
                current += num;
                System.out.println();
                break;
            case RETURN:
                return null;
            default:
                System.err.println("Saw " + op + " : can't happen. Exit.");
                System.exit(1);
        }
    }
}
```

바이트코드는 메서드에서 하나씩 순차적으로 읽히며, 각 코드에 따라 실행이 처리됩니다. 매개변수를 포함한 연산 코드의 경우, 매개변수 역시 바이트 스트림에서 읽어들여, 읽기 위치가 항상 정확히 유지되도록 처리됩니다.

임시 연산 값은 평가 스택(EevaluationStatck)에 저장되며, 이는 execMethod() 메서드 내부의 로컬 변수로 관리됩니다. 산술 연산 코드들은 이 스택을 활용해 정수 계산을 수행합니다.

현재 가장 단순한 인터프리터 버전에서는 메서드 호출 기능이 구현되어 있지 않습니다. 하지만 만약 메서드 호출이 구현된다면, 상수 풀에서 해당 메서드를 검색한 뒤, 호출할 메서드에 연결된 바이트코드를 찾아내고, execMethod()를 재귀적으로 호출하여 해당 메서드를 실행하는 방식으로 동작할 것입니다.

6.2.3 핫스팟 전용 세부 사항

핫스팟은 프로덕션 수준의 고품질 자바 가상 머신으로, 해석모드에서도 빠른 실행이 가능하도록 다양한 고급 기능을 포함하고 있습니다. 단순 인터프리터 예제에서 보았던 간단한 방식과는 달리, 핫스팟은 **템플릿 인터프리터**를 사용하여 실행될 때마다 인터프리터를 동적으로 생성합니다.

이 방식은 이해하기 훨씬 복잡하며, 심지어 인터프리터의 소스 코드를 읽는 것 조차 초보자에게는 어려운 작업이 될 수 있습니다. 핫스팟은 단순한 가상 머신 작업(예 산술 연산)을 구현하기 위해 비교적 많은 어셈블리 언어를 사용하며, 성능을 더 향상시키기 위해 네이티브 플랫폼의 스택 프레임 구조를 활용합니다.

또한, 놀랍게도 핫스팟은 자바 가상 머신 사양에는 나타나지 않는 자바 가상 머신 전용(또는 비공개) 바이트코드를 정의하고 사용합니다. 이러한 바이트코드는 특정 연산 코드의 일반적인 사용 사례와 자주 발생하는 특별한 경우를 구분하기 위해 사용됩니다.

이 설계는 예상치 못한 많은 엣지 케이스를 처리하기 위해 만들어졌습니다. 예를 들어, `final` 메서드는 재정의될 수 없으므로, 개발자는 이러한 메서드가 호출될 때 `javac`가 `invokespecial` 연산 코드를 생성할 것이라고 생각할 수 있습니다.

그러나 자바 언어 사용은 이 경우에 대해 별도의 지침을 제시하고 있습니다.

> `final`로 선언된 메서드를 `final` 키워드를 제거하여 변경하더라도, 기존 바이너리와의 호환성에는 문제가 발생하지 않습니다.
>
> —JLS 13.4.17

다음 자바 코드 예제를 살펴보겠습니다.

```
public class A {
    public final void fMethod() {
        // ... do something
    }
}

public class CallA {
    public void otherMethod(A obj) {
```

```
        obj.fMethod();
    }
}
```

javac가 final 메서드 호출을 invokespecial로 컴파일한다고 가정해 봅시다. 그렇다면 CallA::otherMethod의 바이트코드는 다음과 같은 형태일 것입니다.

```
public void otherMethod()
  Code:
     0: aload_1
     1: invokespecial #4                  // Method A.fMethod:()V
     4: return
```

이제 클래스 A에서 fMethod가 더 이상 final로 선언되지 않았다고 가정해 봅시다. 이렇게 되면 해당 메서드는 서브클래스에서 오버라이드가 가능해지며, 이를 위해 B라는 서브클래스를 정의합니다. 이제 B의 인스턴스가 otherMethod()에 전달되었다고 가정하면, 바이트코드 상에서는 invokespecial 명령어가 실행되어 잘못된 메서드 구현이 호출되는 상황이 발생할 수 있습니다.

이런 상황은 자바 객체 지향 설계 원칙을 위반하는 것으로, 특히 리스코프 치환 원칙Liskov Substitution Principle에 위배됩니다. 이 원칙은 객체 지향 프로그래밍의 선구자인 바바라 리스코프Barbara Liskov의 이름을 딴 것으로, 슈퍼클래스가 기대되는 곳에 서브클래스의 인스턴스를 사용할 수 있어야 한다는 내용을 담고 있습니다. 이는 또한 SOLID 원칙에서 L에 해당하는 중요한 규칙입니다.

따라서, final 메서드 호출은 invokespecial이 아닌 반드시 invokevirtual 명령어로 컴파일되어야 합니다. 하지만 자바 가상 머신은 final 메서드가 오버라이드되지 않는다는 점을 알고 있으므로, 핫스팟 인터프리터는 이러한 메서드를 처리하기 위해 전용 비공개 바이트코드를 사용합니다. 이 비공개 바이트코드는 성능을 최적화하기 위해 컴파일 시점에서 정적으로 바인딩된 함수 호출을 가능하게 합니다. 만약 이러한 최적화가 없다면, 런타임에 동적 호출을 통해 올바른 함수 호출을 확인해야 하는 비효율적인 과정이 필요할 것입니다.

다른 사례를 들어보겠습니다. 자바 언어 사양에 따르면, 종료 작업 대상 객체는 반드시 생성자 Object::<init> 호출이 완료된 직후에 종료화(파이널라이제이션finalization) 서브시스템에 등록되어야 합니다. 그러나 자바 가상 머신 도구 인터페이스와 같은 바이트코드 재작성 기술을 사용하는 경우, 이 코드의 정확한 위치가 모호해질 수 있습니다. 이를 보완하기 위해, 핫스팟은 원래 `Object` 생성자에서 반환되는 지점을 표시하는 비공개 바이트코드를 제공합니다.

핫스팟에 사용되는 명령어 전체 목록은 `hotspot/src/share/vm/interpreter/bytecodes.cpp`에서 확인할 수 있으며, 핫스팟에 특정한 명령어는 자바 가상 머신 바이트코드로 분류되어 있습니다.

바이트코드를 해석하는 자바 가상 머신의 기본 원리는 이해했다면, 이제 JIT 컴파일 방식을 살펴볼 차례입니다.

6.3 핫스팟에서의 JIT 컴파일

JIT 컴파일은 프로그램을 실행 시점에 고성능 기계어로 변환하는 일반적인 기술입니다. 이 변환은 보통 중간 형식에서 시작되며, 핫스팟과 같은 주류 프로덕션급 자바 가상 머신은 이러한 JIT 컴파일 기술을 주요 성능 향상 도구로 사용합니다.

JIT 컴파일의 효율성을 극대화하기 위해, 런타임에서 수집된 정보를 바탕으로 최적화 과정을 수행합니다. 이러한 최적화 방식은 **프로파일 기반 최적화**로 알려져 있으며, 이어지는 절에서 자세히 다룰 예정입니다.

6.3.1 프로파일 기반 최적화

프로파일 기반 최적화의 기본적인 형태는 프로그램 실행 중 데이터를 수집하고 이를 바탕으로 프로파일을 생성하는 것입니다. 이 프로그램은 프로그램 내에서 가장 자주 실행되는 부분을 파악하여, JIT 컴파일을 통해 최적화의 이점을 최대화할 수 있는 부분을 결정하는 데 활용됩니다.

> **NOTE** JIT 서브시스템은 실행 중인 프로그램과 동일한 가상 머신 자원을 공유합니다. 따라서 프로파일링 작업과 최적화 수행에 드는 비용은 프로그램의 실행 기간 동안 얻을 수 있는 성능 향상 효과와 적절히 균형을 맞춰야 합니다.

바이트코드를 네이티브 코드로 컴파일하는 작업은 런타임에서 이루어지며, 이는 CPU 사이클과 메모리 같은 자원을 소모합니다. 이러한 자원은 원래 프로그램 실행에 사용될 수 있는 것이기 때문에, JIT 컴파일은 신중하고 제한적으로 수행됩니다. 가상 머신은 프로그램의 실행통계를 수집하며, 이 과정에서 핫스팟을 찾아 최적화가 가장 효과적인 부분을 결정합니다.

[그림 3-3]에서 소개된 전체 아키텍처를 기억해 보면, 프로파일링 서브시스템은 프로그램에서 실행 중인 메서드를 지속적으로 추적합니다. 특정 메서드가 컴파일 기준 임계값을 초과하면, 에미터 서브시스템emitter subsystem이 컴파일 스레드를 시작하여 바이트코드를 네이티브 기계어machine code로 변환합니다.

> **NOTE** 최신 버전의 `javac`는 단순 바이트코드를 생성하도록 설계되었습니다. 이는 최소한의 최적화만 수행하며, JIT 컴파일러가 프로그램 구조를 보다 쉽게 해석하고 처리할 수 있도록 만들어졌습니다.

3장에서 자바 가상 머신의 준비 과정warmup 문제를 소개했는데, 이는 프로파일 기반 최적화의 특성에서 기인한다는 점을 이제 이해할 수 있습니다. 애플리케이션이 시작될 때 경험하는 불안정한 성능은 자바 개발자들로 하여금 다음과 같은 의문을 제기하게 만듭니다.

'컴파일된 코드를 디스크에 저장해서, 애플리케이션을 다시 시작할 때 재사용하면 안 될까?', '최적화된 컴파일 작업을 애플리케이션 실행 시마다 반복하는 것은 낭비가 아닌가?' 하지만 이러한 질문들은 실행 중인 애플리케이션 코드의 특성에 대한 잘못된 가정을 포함하고 있습니다. 이를 설명하기 위해 금융 업계의 사례를 살펴보겠습니다.

미국의 **비농업 고용 지표**nonfarm payroll (NFP)는 한달에 한번 발표됩니다. 이 발표일은 거래 시스템에서 매우 특이한 트래픽 패턴을 만들어 내며, 일반적인 한 달의 나머지 기간 동안 관찰되지 않는 패턴을 나타냅니다.

만약 이전 날에 계산된 최적화를 저장했다가 NFP 발표일에 다시 사용한다면, 이러한 최적화는 새로 계산된 최적화만큼 효과적이지 않을 것입니다. 결과적으로, 사전에 계산된 최적화를 사용하는 거래 시스템은 프로파일 기반 최적화 기반 애플리케이션보다 낮은 성능을 보여 경쟁력을 잃게 될 가능성이 높습니다.

TIP 프로파일 기반 최적화는 단순히 한 번의 최적화로 끝나는 과정이 아닙니다. 프로파일 변화로 런타임 성능이 저하되는 경우, 컴파일 결정은 런타임 중에도 조정될 수 있습니다. 그러나 그랄VM과 라이덴Leyden과 같은 프로젝트가 등장하면서, 자바 생태계에서 '사전 컴파일을 선택할 것인가, 아니면 프로파일 기반 최적화를 사용할 것인가?'라는 질문은 훨씬 더 복잡한 문제로 변했습니다. 이 주제는 이후 새로운 기술들을 살펴보면서 다시 논의할 예정입니다.

애플리케이션의 실행 결과가 실행마다 성능이 크게 달라지는 것은 매우 흔한 현상이며, 이는 자바와 같은 환경이 개발자를 보호하고자 하는 도메인 특성 중 하나를 잘 보여줍니다.

이러한 이유로, 핫스팟은 애플리케이션 코드에 대해 프로파일링 정보를 저장하지 않으며, 가상 머신 종료 시 이를 폐기해야 합니다. 따라서 애플리케이션이 실행될 때마다 프로파일은 처음부터 다시 생성되어야 합니다.

다음 절에서는 4장에서 논의했던 객체 레이아웃을 기반으로, 핫스팟이 JIT 컴파일을 구현하는 매커니즘을 더 깊이 살펴봅니다.

6.3.2 Klass 워드, 가상 함수 테이블, 포인터 스위즐링 수명 주기

먼저 핫스팟이 멀티스레드 C++로 만들어진 프로그램이라는 사실을 기억해 봅시다. 이게 단순한 말처럼 들릴 수 있지만, 중요한 점은 운영 체제 입장에서 모든 자바 프로그램은 항상 멀티스레드 환경에서 실행된다는 것입니다. 단일 스레드로 작동하는 자바 프로그램조차도 가상 머신 스레드와 함께 실행되기 때문에 멀티스레드 애플리케이션의 일부로 간주됩니다.

핫스팟에서 중요한 스레드 그룹 중 하나는 JIT 컴파일 시스템을 담당하는 스레드들입니다. 여기에는 메서드가 컴파일할 준비가 되었는지 확인하는 프로파일링 스레드와, 실제 기계 코드(컴퓨터가 실행 가능한 코드)를 만드는 컴파일러 스레드가 포함됩니다.

핫스팟의 JIT 컴파일은 메서드 단위로 작동하며, 가상 함수 테이블vtables이 그 핵심 역할을 합니다.

이 과정은 대략 다음과 같습니다. 컴파일이 필요하다는 신호가 감지되면, 해당 메서드는 컴파일러 스레드로 보내지고, 그곳에서 백그라운드에서 컴파일됩니다. 이 전체 과정은 [그림 6-6]에 나와 있습니다.

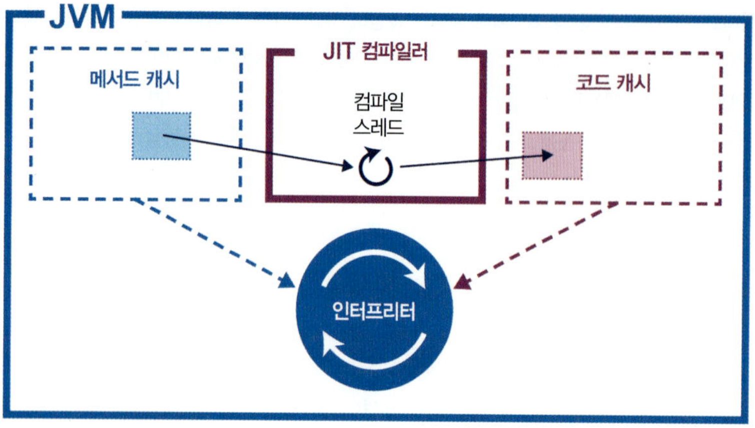

그림 6-6 단일 메서드의 간단한 컴파일

최적화된 기계 코드가 생성되면, 해당 클래스의 가상 함수 테이블이 새로 생성된 코드로 연결되도록 업데이트됩니다.

TIP 가상 함수 테이블 포인터를 업데이트하는 과정을 **포인터 스위즐링**pointer swizzling이라는 다소 특이한 이름으로 부릅니다.

이 말은, 메서드를 새로 호출할 때는 컴파일된 형태로 실행되지만, 이미 실행 중인 스레드는 현재 작업을 해석 모드(느린 실행 방식)로 끝낸 뒤, 다음 호출부터는 컴파일된 형태를 사용하게 된다는 뜻입니다.

핫스팟에서 컴파일은 메서드 단위로 이루어집니다. 즉, 하나의 메서드에 포함된 모든 바이트코드가 한 번에 네이티브 코드로 변환됩니다. 하지만 핫스팟은 스택 내 교체on-stack replacement(OSR)라는 기술을 사용해 반복문(루프)만 따로 컴파일할 수도 있습니다.

스택 내 교체는 메서드가 자주 호출되지 않아 전체 메서드가 컴파일되지 않더라도, 그 안에 포함된 반복문이 독립적인 메서드였다면 컴파일 대상이 될 수 있는 경우를 처리하기 위해 사용됩니다.

최적화된 기계 코드를 사용할 때, 핫스팟의 최적화가 해당 컴퓨터 아키텍처에서 작동해야 이점이 있다는 점이 중요합니다. OpenJDK 핫스팟은 다양한 아키텍처에 맞춰 개발되었으며, 주요 대상은 x86, x86-64, ARM입니다. SPARC, Power, MIPS, S390도 일부 지원됩니다. 오라클은 공식적으로 리눅스, 맥OS, 윈도우 운영 체제를 지원하지만, BSD와 임베디드 시스템 같은 더 다양한 환경을 지원하기 위한 오픈 소스 프로젝트도 존재합니다.

6.3.3 핫스팟 내부 컴파일러

핫스팟 자바 가상 머신에는 JIT 컴파일러가 하나가 아니라 두 개가 들어 있습니다. 각각 C1과 C2로 불리는데, 흔히 클라이언트 컴파일러와 서버 컴파일러라고도 합니다. 과거에는 C1이 GUI 프로그램 같은 '클라이언트' 애플리케이션에 주로 사용되고, C2는 오래 실행되는 '서버' 애플리케이션에 사용되었습니다. 하지만 요즘 자바 애플리케이션은 이런 구분이 잘 적용되지 않으며, 핫스팟도 이에 맞게 변화했습니다.

> **NOTE** 컴파일된 코드 단위는 **nmethod**(네이티브 메서드의 줄임말)라고 알려져 있습니다.

두 컴파일러(C1과 C2)는 메서드가 **호출된 횟수(호출 카운트)**를 기준으로 컴파일을 시작합니다. 호출 카운터가 정해진 임계값에 도달하면 가상 머신이 이를 감지하고 메서드를 컴파일 작업 대기열에 추가합니다.

컴파일 과정은 먼저 메서드의 내부 표현을 만드는 것으로 시작됩니다. 그런 다음, 해석 모드로 실행하는 동안 수집된 프로파일링 정보를 사용해 최적화를 적용합니다. 하지만 C1과 C2가 생성하는 코드의 내부 표현 방식은 서로 다릅니다. C1은 C2보다 단순하며, 컴파일 속도가 더 빠릅니다. 대신 C1은 C2만큼 완벽하게 최적화하지는 못합니다.

두 컴파일러 모두 **단일 정적 할당**single static assignment이라는 기법을 사용합니다. 이 기법은 프로그램을 변수 재할당 없이 작성된 형태로 변환합니다. 자바에서 말하자면, 프로그램의 모든 변수를 final로 선언한 것처럼 보이게 다시 작성하는 방식입니다.

과거에는 자바 가상 머신이 애플리케이션 시작 시 C1이나 C2 중 하나를 선택하도록 개발자에게 요구했습니다. 하지만 자바 6 이후로는 **계층적 컴파일**tiered compilation이라는 모드가 도입되어 현대 애플리케이션의 기본 설정으로 자리 잡았습니다.

계층적 컴파일은 해석 모드로 실행하다가 간단한 C1 컴파일된 코드가 준비되면 이를 사용하고, 그동안 C2는 더 고급 최적화를 완료하는 방식으로 작동한다고 설명할 수 있습니다.

하지만 위 설명은 완전히 정확하지 않습니다. `advancedThresholdPolicy.hpp` 소스 파일을 보면, 자바 가상 머신에서 실행은 다섯 가지 단계로 나뉜다는 것을 알 수 있습니다.

- 0단계: 인터프리터
- 1단계: C1 전체 최적화(프로파일링 없음)
- 2단계: C1 호출 또는 백엣지 카운터 포함
- 3단계: C1 전체 프로파일링 활성화
- 4단계: C2

그리고 [표 6-6]에서 볼 수 있듯, 각 컴파일 방식이 이 모든 단계를 사용하는 것은 아닙니다.

표 6-6 컴파일 경로

패스웨이	설명
0-3-4	인터프리터 → C1 전체 프로파일링 → C2
0-2-3-4	인터프리터 → C2가 바쁠 때 빠른 C1 컴파일 → C1 전체 컴파일 → C2
0-3-1	트리비아Ttrivial 메서드
0-4	계층적 컴파일 없이 바로 C2로 진행

간단한 메서드의 경우, 처음에는 해석 모드로 실행되지만, C1(전체 프로파일링 활성화)이 메서드가 매우 단순하다고 판단할 수 있습니다. 이때 C2 컴파일러가 C1보다 더 나은 코드를 생성하지 못할 것이라고 확신 되면, 컴파일은 그 지점에서 종료됩니다.

앞서 말했듯이, 계층적 컴파일 이미 기본값으로 오랫동안 사용되고 있어, 성능 튜닝 과정에서 이를 따로 조정할 필요는 거의 없습니다. 하지만 계층적 컴파일의 작동 방식을 이해하는 것은 여전히 중요할 때가 있습니다. 이 방식은 컴파일된 메서드의 실행 결과를 더 복잡하게 보이게 할 수 있으며, 이를 잘 모르는 성능 엔지니어가 혼란을 겪을 가능성이 있기 때문입니다.

6.3.4 코드 캐시

JIT로 컴파일된 코드는 **코드 캐시**code cache라는 메모리 영역에 저장됩니다. 이 영역에는 가상 머신의 다른 네이티브 코드(예 인터프리터의 일부)도 포함됩니다.

코드 캐시의 크기는 가상 머신이 시작될 때 설정되며, 고정된 최대 크기를 초과할 수 없습니다.

만약 코드 캐시가 가득 차면 더 이상 JIT 컴파일이 불가능해지고, 컴파일되지 않은 코드는 인터프리터로만 실행됩니다. 이에 성능이 저하되어 애플리케이션이 최대 성능에 크게 못 미칠 수 있습니다.

코드 캐시는 내부적으로 미 할당된 영역과 해제된 블록들로 구성된 힙 형태로 구현됩니다. 네이티브 코드가 제거되면 해당 블록은 자유 리스트에 추가됩니다. **스위퍼**sweeper라는 프로세스가 이 블록들을 재활용하는 역할을 합니다.

새로운 네이티브 메서드를 저장할 때는 자유 리스트에서 해당 코드를 저장할 크기의 블록을 찾습니다. 만약 적절한 블록이 없다면, 코드 캐시에 여유 공간이 있을 경우 미 할당 영역에서 새 블록이 생성됩니다.

네이티브 코드는 다음 상황에서 코드 캐시에서 제거될 수 있습니다.

- 비최적화de-optimized된 경우(추측 기반 최적화speculative optimization를 뒷받침하는 가정이 틀린 것으로 판명됨)
- 다른 컴파일된 버전으로 대체(계층적 컴파일의 경우)
- 해당 메서드를 포함하는 클래스가 언로드된 경우

코드 캐시의 최대 크기는 가상 머신 스위치를 사용해 조정할 수 있습니다.

```
-XX:ReservedCodeCacheSize=<n>
```

계층적 컴파일이 활성화되면 더 많은 메서드가 C1 클라이언트 컴파일러의 낮은 컴파일 기준에 도달합니다. 이를 고려해, 추가된 컴파일된 메서드를 저장할 수 있도록 코드 캐시의 기본 최대 크기가 더 크게 설정됩니다.

자바 8의 리눅스 x86-64 환경에서 코드 캐시의 기본 최대 크기는 다음과 같습니다.

```
251658240 (240MB) when tiered compilation is enabled (-XX:+TieredCompilation)
 50331648  (48MB) when tiered compilation is disabled (-XX:-TieredCompilation)
```

단일 코드 캐시는 조각화fragmentation가 발생할 수 있습니다. 예를 들어, C1 컴파일러가 생성한 중간 단계의 컴파일 코드가 C2 코드로 대체되면서 제거되는 일이 반복되면, 미 할당된 공간이 부족해지고 자유 리스트에만 빈 공간이 남게 됩니다.

이 경우, 코드 캐시 할당기는 새로운 컴파일된 네이티브 코드를 저장할 수 있는 충분히 큰 블록을 찾기 위해 자유 리스트의 연결 리스트를 검색해야 합니다. 동시에 스위퍼는 재활용 가능한 블록을 찾아 자유 리스트로 반환하기 위해 더 많은 작업을 수행해야 합니다.

결론적으로, 메모리 블록을 재배치하지 않는 모든 가비지 컬렉션 방식은 조각화의 영향을 받을 수 있으며, 코드 캐시도 예외가 아닙니다.

압축 방식이 없다면 코드 캐시는 조각 화 될 수 있으며, 이는 컴파일이 중단되는 결과를 초래할 수 있습니다. 이는 결국 캐시 고갈cache exhaustion의 또 다른 형태일 뿐입니다. 자바 9에서는 JEP 197을 통해 세분화된 코드 캐시segmented code cache가 도입되어 단일 코드 캐시의 문제를 해결하려 했습니다. 계층적 컴파일로 컴파일된 코드의 양이 약 200–400% 증가했으며, 코드 캐시 세분화는 컴파일된 코드의 유형을 수명 주기에 따라 그룹화하여 조각화와 관련된 문제를 줄이고, 스윕과 수집 작업도 줄이는 데 도움을 줍니다.

이 그룹화는 코드 접근 속도를 향상시키는 지역성locality 효과를 제공합니다. 세분화된 코드 캐시는 다음 세 가지 그룹으로 나뉩니다.

- 비메서드 코드 힙non-method code heap: 메서드가 아닌 컴파일 코드를 저장하며, 애플리케이션 실행 동안 코드 캐시에 유지됩니다. 크기는 `-XX:NonMethodCodeHeapSize` 옵션으로 설정할 수 있습니다.
- 프로파일 코드 힙profiled code heap: 가볍게 최적화된 컴파일 코드를 저장하며, 일반적으로 수명 주기가 짧습니다. 크기는 `-XX:ProfiledCodeHeapSize` 옵션으로 설정할 수 있습니다.
- 비프로파일 코드 힙non-profiled code heap: 완전히 최적화된 비프로파일된 메서드를 저장하며, 일반적으로 수명 주기가 깁니다. 크기는 `-XX:NonProfiledCodeHeapSize` 옵션으로 설정할 수 있습니다.

> **WARNNING** 크기는 고정되어 있으며, 애플리케이션과 충분히 테스트하지 않고 조정하면 예상치 못한 문제가 발생할 수 있습니다.

6.3.5 JIT 컴파일 로깅

모든 성능 엔지니어가 반드시 알아야 할 중요한 자바 가상 머신 스위치는 다음과 같습니다.

```
-XX:+PrintCompilation
```

이 설정은 컴파일 이벤트를 표준 출력(STDOUT)에 기록하게 하며, 이를 통해 엔지니어는 어떤 코드가 컴파일되고 있는지 기본적으로 파악할 수 있습니다.

예를 들어, [예제 7-1]의 캐싱 예제가 다음과 같이 실행된다고 가정해 봅시다.

```
java -XX:+PrintCompilation optjava.Caching 2>/dev/null
```

그 결과 생성된 로그(자바 21 기준)는 대략 다음과 같습니다.

```
50   1  3  java.lang.Object::<init> (1 bytes)
55   2  3  java.lang.String::hashCode (60 bytes)
55   3  3  jdk.internal.util.ArraysSupport::signedHashCode (37 bytes)
56   5  3  java.util.ImmutableCollections$SetN::probe (56 bytes)
56   6  3  java.lang.Math::floorMod (20 bytes)
56   4  3  jdk.internal.util.ArraysSupport::vectorizedHashCode (158 bytes)
58   7  3  java.lang.StringLatin1::hashCode (52 bytes)
58   8  3  java.lang.String::equals (56 bytes)
58   9  3  java.lang.StringLatin1::equals (36 bytes)
58  11  4  java.lang.Object::<init> (1 bytes)
59  10  3  java.util.Objects::equals (23 bytes)
59  12  3  java.lang.module.ModuleDescriptor$Exports::<init> (20 bytes)
59   1  3  java.lang.Object::<init> (1 bytes)   made not entrant
59  13  3  java.util.Objects::requireNonNull (14 bytes)
59  16  3  java.util.Set::of (4 bytes)
59  14  3  java.util.AbstractCollection::<init> (5 bytes)
60  15  3  java.util.ImmutableCollections$AbstractImmutableCollection::<init> ↵
(5 bytes)
60  17  3  java.lang.module.ModuleDescriptor::modsHashCode (43 bytes)
60  18  3  java.util.Set::of (68 bytes)
61  19  3  java.lang.String::coder (15 bytes)
61  21  3  java.lang.String::length (11 bytes)
61  20  1  java.lang.module.ModuleDescriptor::name (5 bytes)
62  22  3  java.lang.String::isLatin1 (19 bytes)
62  23  1  java.lang.module.ModuleReference::descriptor (5 bytes)
65  24  3  java.lang.String::charAt (25 bytes)
66  25  3  java.lang.StringLatin1::charAt (15 bytes)
...
```

대부분의 JRE 표준 라이브러리는 자바로 작성되었기 때문에, 애플리케이션 코드와 함께 JIT 컴파일 대상이 됩니다. 따라서 컴파일된 코드에 애플리케이션 외의non-application 메서드가 많이 포함되어 있는 것을 보더라도 놀랄 필요는 없습니다.

TIP 컴파일된 메서드 목록은 실행마다 약간씩 달라질 수 있습니다. 이는 프로파일 기반 최적화(PGO)의 동적 특성 때문에 발생하는 자연스러운 현상이며, 크게 신경 쓸 필요는 없습니다.

`PrintCompilation` 출력은 비교적 단순한 형식으로 표시됩니다. 먼저 메서드가 컴파일된 시점(밀리초 단위, 가상 머신 시작 이후의 시간)이 표시되고, 이어서 해당 실행 중 몇 번째로 컴파일되었는지 나타내는 숫자가 나옵니다. 기타 필드는 다음과 같은 정보를 포함합니다.

- `n`: 메서드가 네이티브인지 표시
- `s`: 메서드가 동기화되었는지 표시
- `!`: 메서드에 예외 처리기[exception handler]가 포함되었는지 표시
- `%`: 메서드가 스택 내 교체[on-stack replacement](OSR) 방식으로 컴파일되었는지 표시

`PrintCompilation` 출력은 제공하는 정보에 제한이 있습니다. 핫스팟 JIT 컴파일러의 세부적인 결정 과정을 더 자세히 확인하려면 다음 옵션을 사용할 수 있습니다.

```
-XX:+LogCompilation
```

이 옵션은 진단용으로 설계되었으며, 추가 플래그를 통해 활성화할 수 있습니다.

```
-XX:+UnlockDiagnosticVMOptions
```

이 플래그를 사용하면, 가상 머신이 바이트코드를 네이티브 코드로 변환하는 과정에서 대기열 처리 또는 최적화 정보를 XML 태그 형식으로 담은 로그 파일을 생성합니다. `LogCompilation` 옵션은 상세한 정보를 기록하며, 수백 메가바이트에 달하는 XML 파일이 생성될 수 있습니다.

하지만 다음 장에서 다룰 오픈 소스 도구 JITWatch를 사용하면, 이 로그 파일을 분석해 더 이해하기 쉬운 형식으로 정보를 제공받을 수 있습니다.

IBM의 J9(테스타로사 JIT[Testarossa JIT])와 같은 다른 가상 머신도 JIT 컴파일러 정보를 기록할 수 있지만, JIT 로깅에 대한 표준 형식은 없습니다. 따라서 개발자는 각 가상 머신의 로그 형식을 직접 해석하거나 적합한 도구를 사용해야 합니다.

6.3.6 간단한 JIT 튜닝

코드 튜닝 작업을 진행할 때, 애플리케이션이 JIT 컴파일을 제대로 활용하고 있는지 확인하는 것은 비교적 간단합니다.

JIT 컴파일 튜닝의 기본 원칙은 '컴파일이 필요한 메서드가 모두 필요한 리소스를 제공받아야 한다' 입니다. 이를 달성하기 위한 체크리스트는 다음과 같습니다.

1. PrintCompilation 플래그를 켜고 애플리케이션을 실행합니다.
2. 컴파일된 메서드에 대한 로그를 수집합니다.
3. ReservedCodeCacheSize 옵션으로 코드 캐시 크기를 늘립니다.
4. 애플리케이션을 다시 실행합니다.
5. 확장된 캐시로 컴파일된 메서드의 변화를 확인합니다.

성능 엔지니어는 JIT 컴파일이 본질적으로 비결정적인 특성을 가진다는 점을 염두에 둬야 합니다. 이를 고려해 다음과 같은 명확한 징후를 살펴볼 수 있습니다.

- 캐시 크기를 늘리면 컴파일된 메서드의 수가 유의미하게 증가하는가?
- 주요 트랜잭션 경로에 필요한 메서드들이 모두 컴파일되고 있는가?

만약 캐시 크기를 늘려도 컴파일된 메서드 수가 증가하지 않는다면(즉, 코드 캐시가 부족하지 않다면), 주어진 부하 패턴이 적절하다고 가정했을 때 JIT 컴파일러는 리소스 부족 상태가 아닌 것입니다.

이 단계에서 트랜잭션 핫 경로에 포함된 모든 메서드가 컴파일 로그에 나타나는지 확인하십시오. 만약 나타나지 않는다면, 해당 메서드가 컴파일되지 않은 이유를 분석하는 것이 다음 단계입니다.

이 접근법의 핵심은 자바 가상 머신의 코드 캐시가 부족하지 않도록 보장하여 JIT 컴파일이 중단되지 않게 하는 것입니다. 이후 더 정교한 기법들을 다룰 예정이지만, 이 간단한 JIT 튜닝 방식은 놀랍게도 많은 애플리케이션에서 성능을 향상시키는 데 도움을 줄 수 있습니다.

6.4 자바 프로그램 실행의 진화

이 장의 시작에서 자바 애플리케이션의 전형적인 수명 주기 단계를 소개했습니다. 이 프로세스는 [그림 6-7]에 그래픽으로 묘사되어 있습니다.

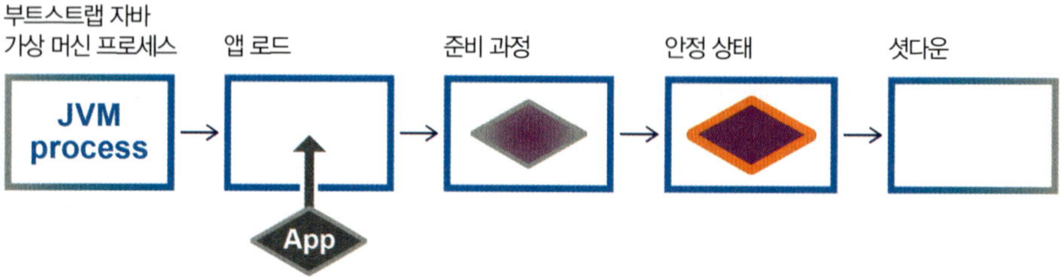

그림 6-7 자바 애플리케이션의 간단한 수명 주기

이 그림은 자바 애플리케이션의 전반적인 수명 주기를 이해하는 데 사용되는 표준적인 사고 모델을 나타냅니다. 이 모델은 자바에 JIT 컴파일이 도입된 이후로 널리 사용되고 있습니다. 하지만 몇 가지 한계가 있으며, 그중 가장 큰 문제는 애플리케이션이 안정 상태(즉, '자바 가상 머신 워밍업' 상태)에 도달하기까지 실행 속도가 느릴 수 있다는 점입니다.

이 전환 시간은 애플리케이션 시작 후 수십 초에 이를 수 있습니다. 장시간 실행되는 애플리케이션에서는 큰 문제가 되지 않는데, 이는 JIT 컴파일된 코드의 이점이 초기 생성 비용을 훨씬 능가하기 때문입니다.

하지만 클라우드 네이티브 환경에서는 프로세스가 훨씬 짧은 시간 동안 실행되는 경우가 많습니다. 다음과 같은 질문들이 제기됩니다.

- 자바의 시작 시간과 JIT 컴파일 비용을 감안할 때, 이 비용이 실제로 가치 있는 상황은 무엇인가?
- 자바 애플리케이션의 시작 속도를 높이고 이러한 비용을 줄이기 위해 무엇을 할 수 있을까?
- 많은 클라우드 네이티브 워크로드에서 실제로 필요하지 않은 동적 기능을 지원하기 위해 과도한 리소스(특히 메모리)를 사용하는 것은 아닌가?

이 문제를 이해하기 위해 먼저 AOT 컴파일에 대해 알아보고, 이후 이러한 질문들을 염두에 두고 설계된 현대적이고 인기 있는 프레임워크 중 하나인 쿼커스Quarkus를 논의하겠습니다.

6.4.1 AOT 컴파일

C나 C++ 같은 언어로 프로그래밍해 본 경험이 있다면, AOT 컴파일이 익숙할 것입니다(이를 그냥 '컴파일'이라고 불렀을 가능성도 있습니다). 이는 컴파일러가 사람에게 읽기 쉬운 소스를 받아 바로 실행 가능한 기계어 코드로 변환하는 과정입니다.

> **WARNNING** AOT 컴파일은 소스 코드를 미리 컴파일하면서 단 한 번의 최적화 기회를 제공합니다.

보통 실행하려는 플랫폼과 프로세서 아키텍처에 맞춘 실행 파일을 생성하려 할 것입니다. 이렇게 타겟팅된 바이너리는 특정 프로세서 기능을 활용하여 프로그램의 속도를 높일 수 있습니다.

그러나 대부분의 경우, 실행 파일은 실행될 플랫폼에 대한 구체적인 정보를 모른 채 생성됩니다. AOT 컴파일은 보수적인 선택을 해야 하고, 특정 기능을 사용할 수 있다는 가정이 틀릴 경우 바이너리가 전혀 실행되지 않을 수 있습니다.

AOT 컴파일된 바이너리는 CPU의 모든 성능을 활용하지 못하며, 성능 향상의 기회를 놓치는 경우가 많습니다.

핫스팟의 고급 JIT 컴파일러는 이러한 제한이 없습니다. 핫스팟 은 실행 시 CPU를 검사하여 사용 가능한 명령어를 확인하고, 이를 기반으로 자바 가상 머신은 프로세서 고유의 최적화(**컴파일러 고유 기능**이라 불림)를 활성화하여 JIT 컴파일러를 실제 실행 환경에 맞게 조정합니다. 이렇게 하면 자바 애플리케이션이 코드를 재컴파일하지 않고도 자바 가상 머신 업그레이드만으로도 성능 향상을 얻을 수 있습니다.

전통적으로 자바 애플리케이션은 AOT 컴파일되지 않았습니다.[6] 여러가지 이유가 있지만, 자바 가상 머신이 실제로 매우 동적인 실행 환경이라는 점입니다. 이는 자바가 정적 언어라는 개발자들의 관점과 대조됩니다. 특히 **리플렉션**은 많이 사용되는 동적인 매커니즘으로, 자바의 많은 일반적인 프레임워크와 개발 도구(예 디버거, 코드 브라우저)가 이 메커니즘에 의존합니다.

기본적으로 자바 애플리케이션은 컴파일 시점에 이름이 알려지지 않은 클래스와 메서드를 로드하고 호출하기 위해 리플렉션을 사용할 수 있습니다. 이는 매우 강력한 기능으로 개방적이고

---

6 물론 예외도 있습니다. iOS 앱 스토어가 그러한데, 앱 스토어 규칙에서 JIT 컴파일과 같은 기술을 금지하기 때문에 AOT로 컴파일된 자바 애플리케이션만 허용합니다.

동적인 시스템을 구현할 수 있지만, AOT 컴파일과 같은 더 캡슐화된 시스템과는 충돌할 수 있습니다.

자바를 위한 AOT 스키마는 결국 리플렉션이나 기타 동적 기술이 자바 생태계 전반에 걸쳐 있다는 사실을 다뤄야 합니다. 이 주제에 대해서는 이 장의 후반부에서 그랄VM을 논의하며 더 자세히 설명할 것입니다.

마지막으로, AOT 컴파일은 하나의 **메커니즘**일 뿐이고, 애플리케이션 소유자와 SRE(사이트 안정성 엔지니어)가 실제로 관심을 가지는 것은 애플리케이션의 성능(즉, **결과**)입니다. 기술자들이 이 둘을 혼동하는 경우가 흔한데, 특히 AOT 컴파일이 지적인 도전 과제를 제공할 때 더욱 그렇습니다.

이제 클라우드 네이티브 배포에 중점을 두고 AOT 컴파일을 활용할 수 있지만 반드시 필요하지는 않은 쿼커스라는 현대적이고 인기 있는 애플리케이션 개발 프레임워크를 살펴보겠습니다.

6.4.2 쿼커스

쿼커스[7]는 레드햇과 커뮤니티가 공동 개발한 유명한 자바 프레임워크로, 클라우드 네이티브 환경(예 마이크로서비스 또는 서버리스 애플리케이션)을 위해 설계되었습니다.[8] 빠른 시작 속도와 개발자의 생산성을 높이는 데 최적화되어 있습니다.

쿼커스는 스스로를 'OpenJDK 핫스팟 또는 그랄VM에 최적화된 쿠버네티스 네이티브 자바 스택'이라고 소개하며, 자카르타Jakarta EE 또는 마이크로프로파일MicroProfile API와 같은 표준을 구현하고 오픈텔레메트리OpenTelemetry 같은 신기술 표준도 지원합니다.[9]

쿼커스의 주요 특징 중 하나는 자바 애플리케이션의 수명 주기에 **빌드 단계**build phase를 추가한 것입니다. 이 단계의 목적은 일반적으로 애플리케이션 시작 시점에 수행되는 작업의 상당 부분을 미리 처리하여, 계산 작업을 실행 시점에서 컴파일 시점으로 옮기는 것입니다.

예를 들어, 쿼커스는 의존성 주입을 위해 ArC라는 CDI 기반 라이브러리를 사용합니다. ArC

7 https://quarkus.io

8 쿼커스는 코어에서 코틀린을 지원하며, 스칼라는 커뮤니티가 지원하는 Quarkiverse 확장을 통해 지원합니다.

9 자카르타 EE는 2017년 이클립스 재단으로 이관된 자바 EE 표준의 후속 프로젝트입니다.

는 쿼커스 애플리케이션의 수명 주기에 맞춰 설계되었습니다.[10]

또한, 쿼커스는 클래스패스 어노테이션 스캐닝과 같은 작업을 실행 시점에서 빌드 시점으로 이동('왼쪽으로 이동')시킵니다. 이를 위해 모든 의존성을 빌드 시점에 선언해야 하며, 쿼커스는 이를 지원하기 위해 Jandex라는 인덱싱 기능을 제공합니다. 그리고 Gizmo라는 바이트코드 생성 라이브러리를 활용해 리플렉션 사용을 줄이거나 제거합니다.

이러한 접근은 클라우드 네이티브 환경에서 매우 적합합니다. 애플리케이션은 주로 컨테이너로 배포되며, 컨테이너는 실행 시점에 새로운 의존성을 추가하지 않기 때문에 불변 상태를 유지합니다. 게다가, 이처럼 정적인 코드를 생성하면 C2 JIT가 더 효율적으로 최적화를 수행할 수 있어 성능 향상에 기여합니다.

프로덕션 환경에서 쿼커스는 두 가지 모드로 실행될 수 있습니다. 첫 번째는 전통적인 방식으로 핫스팟 자바 가상 머신을 사용하는 동적 가상 머신 모드, 두 번째는 그랄VM 네이티브 이미지 컴파일러가 제공하는 AOT 기능을 사용하는 **네이티브 모드**native mode입니다.

많은 개발자가 쿼커스 애플리케이션의 빠른 시작 속도를 위해 네이티브 모드가 반드시 필요하다고 생각합니다. 하지만, 실제로는 시작 시점에 필요한 많은 계산 작업을 빌드 시점으로 이동할 수 있습니다. 예를 들어, 애플리케이션의 객체 의존성 그래프를 빌드하는 작업 등이 빌드 시점으로 처리됩니다.

예를 들어, 전통적인 스택에서 자바로 REST 서비스를 시작하고 요청에 응답하는 데 약 4.3초가 소요됩니다. 반면, 쿼커스 + JIT는 0.943초, 네이티브 컴파일은 0.016초에 완료됩니다.[11]

쿼커스는 가능한 모든 작업을 빌드 시점으로 이동시키는 접근을 통해, 동적 가상 머신 모드에서도 전통적인 자바 시스템보다 훨씬 빠르게 시작됩니다. 네이티브 모드는 추가적인 성능 향상을 제공할 수 있지만, 그 정도는 애플리케이션의 특성에 따라 다릅니다. 많은 팀은 쿼커스의 동적 가상 머신 모드에서 충분히 빠른 시작 속도와 뛰어난 성능을 경험하며, 네이티브 모드를 위해 복잡성을 추가할 필요성을 느끼지 않습니다.

이 두 가지 실행 모드의 단계를 [그림 6-8]에서 확인할 수 있습니다.

---

10 ArC는 CDI Lite 명세를 구현합니다.

11 *https://quarkus.io.* 로 부터의 데이터

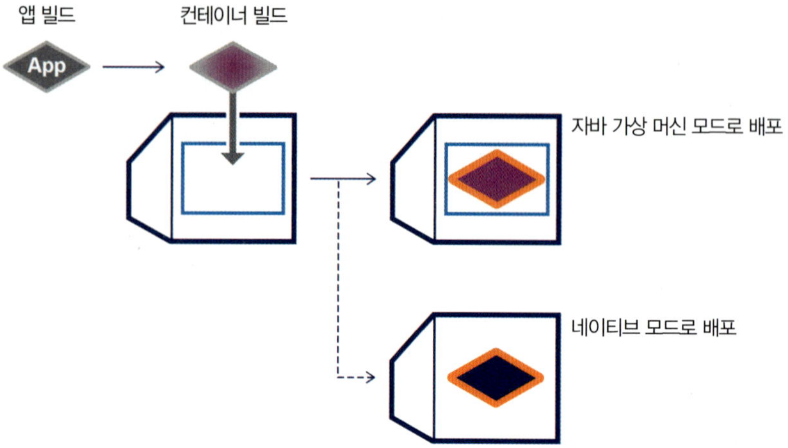

그림 6-8 쿼커스 빌드 또는 배포

쿼커스는 개발자의 생산성을 강조하며, 많은 팀들이 쿼커스가 제공하는 개발자 경험 때문에 이를 사용하고 있습니다.

예를 들어, 쿼커스는 개발 모드를 제공하는데, 로컬 애플리케이션의 경우 `./mvnw quarkus:dev` 명령만 실행하면 됩니다. 이렇게 하면 쿼커스가 **라이브 리로드**와 백그라운드 컴파일 기능과 함께 시작됩니다. 즉, 자바 파일이나 리소스 파일(구성 파일 포함)을 수정하고 브라우저를 새로 고침하면, 변경된 내용이 자동으로 적용됩니다.

쿼커스 프레임워크는 명령형과 반응형 두 가지 스타일의 애플리케이션 개발을 모두 지원합니다. 그래서 스프링부트Spring Boot와 같은 명령형 모델을 사용하던 팀들도 쉽게 쿼커스로 전환할 수 있습니다. 애플리케이션에 높은 확장성이 필요하면, 쿼커스는 반응형(논블로킹) 프로그래밍을 사용할 수 있는 기능을 제공합니다.

이렇게 명령형과 반응형 프로그래밍 스타일을 선택할 수 있고, 동적 가상 머신과 네이티브 모드의 유연성도 제공하기 때문에, 쿼커스가 점점 더 많은 조직과 팀에서 사용되고 있는 것은 당연한 일입니다.

6.4.3 그랄VM

그랄VM[12]은 '자바 또는 기타 자바 가상 머신 언어로 작성된 애플리케이션의 실행 성능을 가속화하기 위해 설계된 고성능 JDK'로 소개됩니다.

오라클은 그랄VM을 자사의 연구 부서에서 개발한 뒤 제품으로 출시했으며, 현재 두 가지 배포판을 제공합니다.

1. 오라클 그랄VM 커뮤니티 에디션Community Edition(CE): 오픈 소스 버전
2. 오라클 그랄VM 엔터프라이즈 에디션Enterprise Edition(EE): 유료 라이선스가 필요한 독점 소프트웨어

그랄VM에는 자바로 작성된 트러플Truffle이라는 언어 구현 프레임워크가 포함되어 있습니다. 트러플은 다양한 프로그래밍 언어의 인터프리터를 생성하며, 이 인터프리터는 그랄VM에서 실행됩니다.

트러플도 흥미로운 기술이지만, 더 주목할 점은 네이티브 이미지native image 기능입니다. 이는 그랄 컴파일러(JIT와 AOT 컴파일러로 모두 작동 가능)를 통해 구현된 그랄VM의 주요 기능입니다.[13]

그랄VM의 네이티브 이미지는 지속적으로 발전해 왔으며, 현재 많은 팀이 자바 애플리케이션의 빠른 시작 속도를 위해 이를 활용하고 있습니다.

다만, 한가지 중요한 주의사항은 네이티브 이미지를 빌드하려면, 리플렉션으로 접근되는 프로그램 요소를 빌드 시점에 알아야 합니다. 그랄VM은 리플렉션 API 호출을 감지하는 정적 분석을 통해 이를 자동으로 감지하려고 하지만, 분석이 실패하거나 리플렉션 경로가 너무 복잡하면 애플리케이션의 빌드 스크립트에서 실행시 리플렉션으로 접근될 요소를 수동으로 지정해야 합니다.

쿼커스는 그랄VM의 네이티브 이미지 기능[14]을 활용해 네이티브 실행 파일을 생성할 수 있습니다. 많은 개발자와 팀은 쿼커스에서 네이티브 모드를 사용하는 것이 단독으로 그랄VM을 사용하는 것보다 더 쉽다고 느낍니다.

그 이유는 여러 가지가 있지만, 가장 큰 이유는 쿼커스를 사용하면 네이티브 컴파일이 훨씬 더

---

12 https://www.graalvm.org

13 그랄 컴파일러는 기본적으로 '스스로를 컴파일'하여 그랄VM의 JIT 컴파일러로 배포할 수 있는 네이티브 라이브러리를 생성합니다.

14 https://oreil.ly/ktROy

간단하기 대문입니다. 이는 이는 쿼커스가 이미 라이브러리를 네이티브 모드에서 작동하도록 조정해 놓았기 때문입니다. 프레임워크 없이 그랄VM을 직접 사용해 프로덕션 품질의 빌드를 만드는 것은 까다로울 수 있습니다.

레드햇은 맨드릴Mandrel이라는 그랄VM CE의 하위 분포판을 사용하는 것을 권장합니다. 맨드릴은 쿼커스 애플리케이션과 함께 사용하도록 최적화되어 있습니다.

6.5 요약

자바 가상 머신의 초기 코드 실행 환경은 바이트코드 인터프리터입니다. 우리는 자바 가상 머신 코드 실행을 제대로 이해하기 위해 바이트코드의 기본 개념을 살펴보았으며, JIT 컴파일의 기본 이론도 간단히 소개했습니다.

그러나 대부분의 성능 최적화 작업에서는 인터프리터의 동작보다 JIT 컴파일된 코드의 동작이 훨씬 더 중요합니다. 많은 애플리케이션에서는 이 장에서 다룬 코드 캐시 튜닝만으로도 충분할 수 있습니다. 하지만 성능에 특히 민감한 애플리케이션은 JIT 동작에 대한 더 심도 있게 분석해야 할 수도 있습니다.

또한 클라우드 네이티브 환경에서의 실행 방식, 특히 클라우드에 배포된 자바 애플리케이션의 수명 주기와 관련 개념도 논의했습니다.

다음 장에서는 현대 클라우드 네이티브 자바 애플리케이션의 배포 측면을 탐구하며, 첫 번째 단계로 애플리케이션 스택의 기반이 되는 하드웨어와 운영 체제의 핵심 요소를 살펴보겠습니다.

7장

하드웨어와 운영 시스템

자바 개발자는 왜 하드웨어에 관심을 가져야 할까요?

오랜 세월 동안 컴퓨터 산업은 인텔 창립자인 고든 무어가 제안한 프로세서 성능의 장기적인 발전 추세를 기반으로 성장해 왔습니다. 이는 흔히 '무어의 법칙Moore's Law'으로 알려져 있으며, 다양한 방식으로 정의될 수 있지만, 가장 일반적인 형태는 다음과 같습니다.

> 대량 생산된 칩에 포함된 트랜지스터의 수는 약 18개월마다 두 배로 증가한다.
>
> — 무어의 법칙(비공식 정의)

이 현상은 시간이 지남에 따라 컴퓨터 성능이 지수적으로 증가함을 나타냅니다. 1965년 처음 언급된 이후, 무어의 법칙은 컴퓨팅 역사상 유례없는 장기적인 발전 패턴을 보여주었습니다. 무어의 법칙은 현대 세계의 많은 분야에서 변혁적인 역할을 했습니다. 무어의 법칙이 끝났다는 선언은 수십 년 동안 반복적으로 제기되어 왔습니다. 실제로 이러한 칩 기술의 놀라운 발전은 결국 한계에 도달할 수밖에 없는 매우 합리적인 이유들이 존재합니다.

> 트랜지스터는 더 이상 작아질 수 없는 한계에 도달했으며, 결국 물리학의 법칙이 장애물로 작용합니다. 현재 트랜지스터는 원자 단위로 측정할 수 있을 정도로 작아졌고, 상용화된 가장 작은 트랜지스터는 너비는 3 nm에 불과합니다. 이는 인간 DNA 한 가닥(약 2.5 nm)보다 약간 더 넓은 수준입니다.
>
> 2021년, IBM은 2 nm 칩을 성공적으로 개발했다고 발표했지만, 이제 이러한 발전은 비용이 과도

> 하게 증가하고 진행 속도가 매우 느려졌습니다. 따라서 안정적인 성능 향상이 가능할지 의문이 제기되고 있습니다. 또한, 현재 재료 물리학의 한계를 고려하면 원자보다 얇은 전선을 만들 수는 없습니다.
>
> — 오드리 우즈, '무어의 법칙의 종말: 그것이 의미하는 바와 앞으로 그 공백을 채울 가능성이 있는 것들'[1]

현대 컴퓨터에서 가능한 트랜지스터 예산을 효율적으로 활용하기 위해 하드웨어는 점점 더 복잡해지고 있습니다. 이러한 하드웨어에서 실행되는 소프트웨어 플랫폼 또한 새로운 기능을 활용하기 위해 복잡성이 증가했습니다. 결과적으로 컴퓨팅 성능 자체는 증가했지만, 이를 활용하기 위한 소프트웨어 엔지니어의 작업도 늘어났습니다. 소프트웨어 오버헤드가 증가함에 따라 실제 제공되는 성능은 오히려 저하되는 경향이 있습니다.

소프트웨어 애플리케이션은 이제 전 세계 거의 모든 영역에 침투해 있으며, 애플리케이션 개발자들이 가용 성능을 최대한 활용하고자 함에 따라 소프트웨어는 계속해서 복잡해지고 있습니다.

다른 방식으로 표현하자면 다음과 같습니다.

> 소프트웨어가 세상을 집어삼키고 있습니다.
>
> — 마크 앤드리슨

자바는 컴퓨터 성능 증가의 혜택을 누려온 대표적인 사례입니다. 자바 언어와 런타임의 설계는 프로세서 성능 발전의 추세를 잘 활용하도록 설계되었거나, 어쩌면 운이 좋았다고 볼 수 있습니다. 그러나 성능을 중요시하는 자바 개발자라면 플랫폼의 기반이 되는 원리와 기술을 이해하여 가용 자원을 최적화해야 합니다.

이는 특히 중요한데, 이후 장에서 다루게 될 클라우드 네이티브 애플리케이션 개발이 성능의 판도를 다소 변화시켰기 때문입니다. 본격적으로 그 주제를 다루기 전에, 현대 하드웨어와 운영 체제를 간략히 살펴보겠습니다. 이 주제에 대한 이해는 이후 내용을 이해하는 데 큰 도움이 됩니다.

1 https://oreil.ly/dU1Us

7.1 현대 하드웨어 소개

많은 대학의 하드웨어 아키텍처 강의에서는 여전히 이해하기 쉬운 고전적인 하드웨어 관점을 가르칩니다. 이 추상화된 논리적 하드웨어 관점은 간단한 레지스터 기반 기계를 중심으로, 산술 연산, 논리 연산, 그리고 데이터의 로드와 저장 작업에 초점을 맞춥니다. 1990년대 이후, 애플리케이션 개발자의 세계는 대부분 인텔Intel x86/x64 아키텍처를 중심으로 돌아갔습니다. 최근 들어서는 ARM 칩의 부상이 점점 주목받고 있습니다.

하지만 이러한 기술 영역은 급격한 변화를 겪어 왔습니다. 프로세서 작동에 대한 단순한 사고 모델은 이제 더 이상 올바르지 않으며, 이를 기반으로 한 직관적인 추론은 완전히 잘못된 결론을 초래할 가능성이 큽니다.

이를 해결하기 위해, 이 장에서는 CPU 기술의 여러 발전에 대해 논의할 것입니다. 가장 중요한 주제인 메모리의 동작부터 시작하겠습니다. 이는 현대 자바 개발자에게 가장 중요한 부분이기 때문입니다.

7.2 메모리

무어의 법칙에 따라 트랜지스터 수가 지수적으로 증가하면서, 초기에는 이를 이용해 클럭 속도clock speed를 점점 더 빠르게 만드는 데 집중했습니다. 클럭 속도가 빨라질수록 초당 처리할 수 있는 명령어 수가 많아지기 때문에 이는 명확한 이유가 있었습니다. 그 결과 프로세서의 속도는 엄청나게 발전했습니다. 오늘날 우리가 사용하는 2 GHz 이상의 프로세서는 초기 IBM PC에 사용된 4.77 MHz 칩보다 수백 배 더 빠릅니다.

그러나 이러한 발전은 문제를 동반합니다. CPU가 데이터를 기다리는 상황에서는 클럭 속도가 빨라져도 성능이 향상되지 않습니다. [그림 7-1]에서 보듯이, 데이터가 도착할 때까지 CPU는 단순히 유휴 상태로 대기해야 하기 때문입니다.

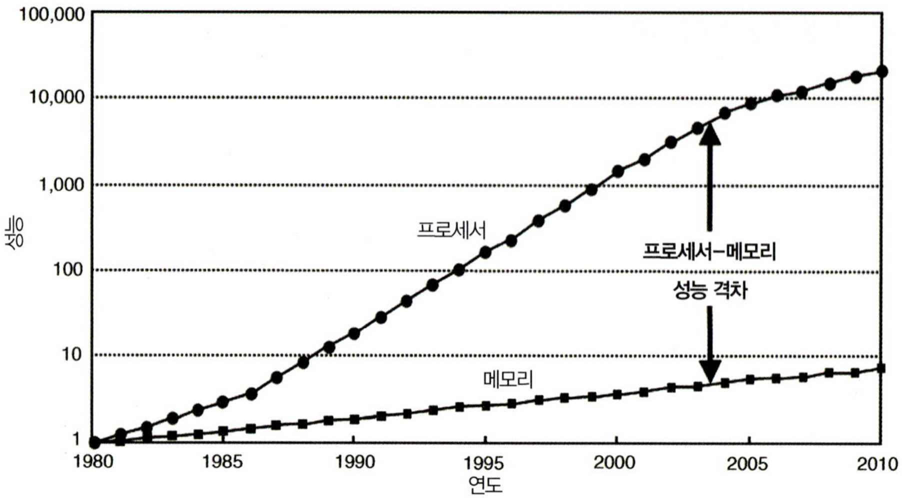

그림 7-1 프로세서와 메모리 성능 간의 격차[2]

또한, 클럭 속도가 빨라지면서 또 다른 문제가 발생했습니다. 더 빠른 프로세서는 더 빠른 데이터 스트림을 요구한다는 점입니다. 그러나 시간이 지나면서 주 메모리는 프로세서 코어가 요구하는 데이터를 제공하는 속도를 따라가지 못하게 되었습니다.

7.2.1 메모리 캐시

이 문제를 해결하기 위해 CPU 캐시가 도입되었습니다. CPU 캐시는 CPU 레지스터보다는 느리지만 주 메모리보다는 빠른 메모리 영역입니다. 이 캐시의 기본 개념은, CPU가 주 메모리를 반복적으로 접근하지 않고 자주 접근하는 메모리 위치를 복사해 캐시에 저장하는 것입니다.

현대 CPU는 여러 계층의 캐시를 가지고 있으며, 가장 자주 접근하는 캐시는 프로세싱 코어 가까이 배치됩니다. CPU와 가장 가까운 캐시는 보통 **L1** 캐시(1수준 캐시)라 불리며, 그 다음은 **L2** 캐시, 그 이후로도 계속 이어집니다. 프로세서 아키텍처에 따라 캐시의 수와 구성은 다르지만, 일반적으로 다음과 같은 구조를 따릅니다. 각 실행 코어는 전용 L1과 L2 캐시를 가지고 있으며, L3 캐시는 여러 코어가 공유합니다. 이 캐시들은 접근 시간을 크게 단축하여 CPU의 데

2 John L. Hennessy and David A. Patterson, *Computer Architecture: A Quantitative Approach*, 5th ed. (Burlington, MA: Morgan Kaufmann, 2011).

이터 처리 속도를 향상시키고, 그 효과는 [그림 7-2]에서 확인할 수 있습니다.[3]

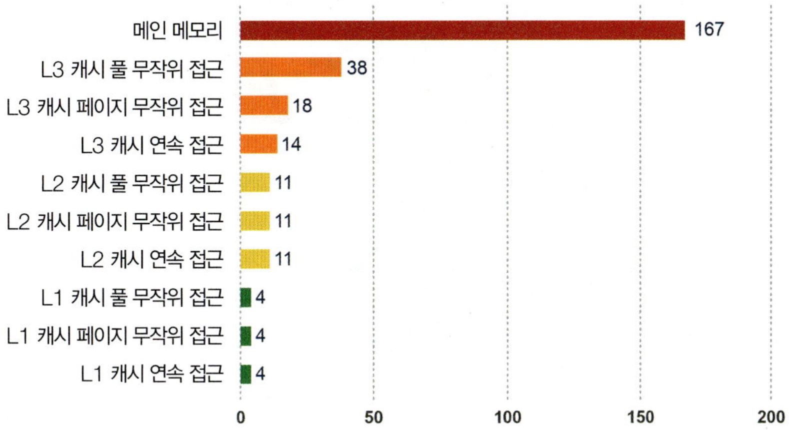

그림 7-2 다양한 메모리 유형의 접근 시간

이러한 캐시 아키텍처 접근 방식은 데이터 접근 시간을 개선하고, 프로세서 코어가 작업에 필요한 데이터를 충분히 확보할 수 있도록 지원합니다. 클럭 속도와 데이터 접근 시간 간의 격차를 줄이기 위해, 현대 CPU는 더 많은 트랜지스터를 캐시 설계에 할당하고 있습니다.

그 결과로 나온 설계는 [그림 7-3]에서 확인할 수 있습니다. 여기에는 각 CPU 코어에 전용으로 배치된 L1과 L2 캐시와, CPU의 모든 코어가 공유하는 L3 캐시가 표시되어 있습니다. 주 메모리는 노스브릿지northbridge 컴포넌트를 통해 접근되며, 이 버스를 통과하는 과정에서 주 메모리 접근 시간이 크게 증가하는 원인이 됩니다.

3 작업당 클록 사이클 수로 표시된 엑세스 시간(데이터 제공: 구글)

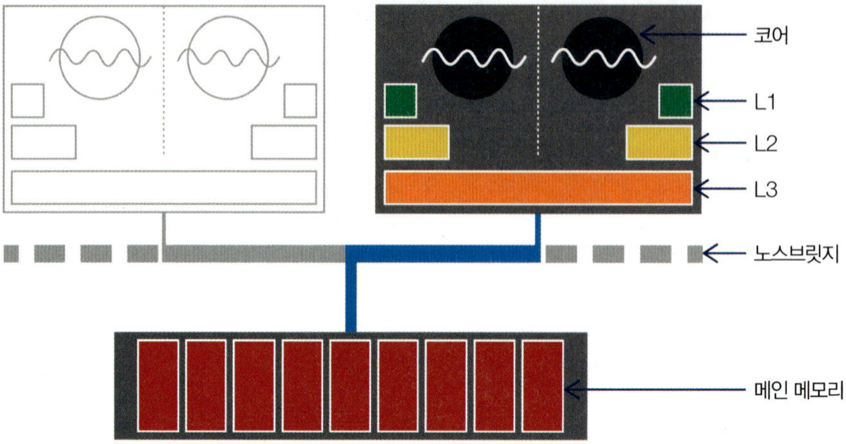

그림 7-3 전체적인 CPU와 메모리 아키텍처

캐시 아키텍처의 추가는 프로세서의 처리량을 크게 개선하지만, 동시에 새로운 문제를 발생시킵니다. 이러한 문제 중 하나는 메모리를 캐시로 불러오고, 캐시에서 다시 메모리로 기록하는 방식을 결정하는 것입니다. 이 문제를 해결하기 위한 방법은 일반적으로 **캐시 일관성 프로토콜** cache consistency protocol이라고 불립니다.

> **NOTE** 이러한 유형의 캐싱이 병렬 처리 환경에서 적용될 때 또 다른 문제가 발생할 수 있습니다. 이러한 문제들에 대해서는 이 책의 후반부에서 다룰 예정입니다.

가장 낮은 수준에서 MESI 프로토콜(또는 그 변형들)이 다양한 프로세서에서 일반적으로 사용됩니다. 이 프로토콜은 캐시에 저장된 각 라인(일반적으로 64바이트)의 네 가지 상태를 정의합니다. 각 상태는 다음과 같습니다.

- 수정modified: 수정되었지만 아직 주 메모리로 반영되지 않은 상태
- 단독eclusive: 현재 캐시에만 존재하며 주 메모리와 일치하는 상태
- 공유shared: 다른 캐시에도 존재할 수 있는 상태로, 주 메모리와 일치함
- 무효화invalid: 사용 불가능한 상태로, 가능한 한 빨리 삭제될 상태

이 프로토콜의 기본 개념은, 여러 프로세서가 동시에 공유 상태를 유지할 수 있다는 것입니다. 그러나 한 프로세서가 단독 또는 수정 상태로 전환되면, 다른 모든 프로세서는 강제로 무효화

상태로 전환됩니다. 이 동작은 [표 7-1]에서 확인할 수 있으며, 여기서 Y는 허용되는 전환을, -는 허용되지 않는 전환을 나타냅니다.

표 7-1 MESI 프로토콜에서 프로세서 간 허용되는 상태

	M	E	S	I
M	-	-	-	Y
E	-	-	-	Y
S	-	-	Y	Y
I	Y	Y	Y	Y

이 프로토콜은 프로세서가 상태를 변경하려는 의도를 전송하는 방식으로 작동합니다. 공유 메모리 버스를 통해 전기 신호를 전송하여, 다른 프로세서들에게 이 변경 사항을 알립니다. 상태 전환에 대한 전체 논리는 [그림 7-4]에 자세히 나타나 있습니다.

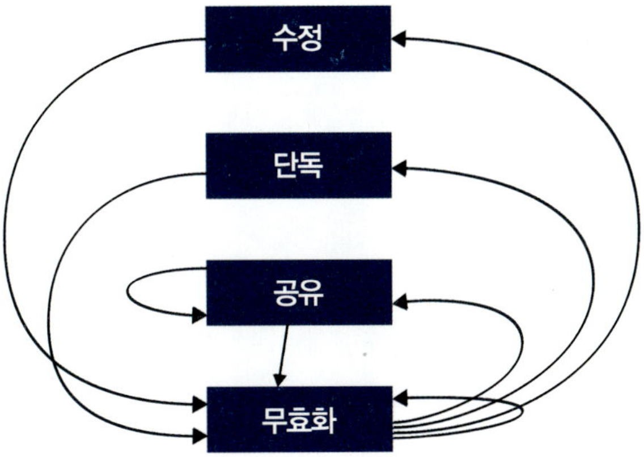

그림 7-4 MESI 상태 전이 다이어그램

초기에는 프로세서가 모든 캐시 작업을 주 메모리에 직접 기록했습니다. 이를 **동기식 쓰기**write-through라고 불렀으며, 매우 비효율적이었고 주 메모리에 대해 대규모 대역폭을 요구했습니다. 이후에 보다 현대적인 프로세서는 **쓰기 반영**write-back 동작을 구현하게 되었습니다. 이는 캐시 블록이 교체될 때, 수정된(더티) 캐시 블록만 주 메모리에 기록하도록 하여 주 메모리로의 트래픽을 크게 줄였습니다. 캐싱 기술의 전체적인 효과는 데이터를 메모리에 쓰거나 읽는 속도를

크게 증가시키는 것입니다. 이 속도는 메모리 대역폭으로 표현할 수 있습니다. 이론적인 최대 대역폭인 **버스트 속도**burst rate는 다음과 같은 여러 요인에 따라 결정됩니다.

- 메모리의 클럭 주파수
- 메모리 버스의 폭(일반적으로 64비트)
- 인터페이스 수(현대 시스템에서는 보통 두 개)

DDR RAMdouble data rate RAM의 경우 이 값이 두배로 증가하는데, 클럭 신호의 상승과 하강 에지 모두에서 통신하기 때문입니다.

이 공식을 2024년 기준 상용 하드웨어에 적용하면, 코어당 이론적인 최대 쓰기 속도는 17 GB/s 이상이며, 시스템 전체 대역폭은 70~90 GB/s에 달합니다.[4] 물론 실제로는 시스템 내의 여러 다른 요인에 따라 이 값이 제한될 수 있습니다. 하지만 이러한 값은 하드웨어와 소프트웨어가 얼마나 이론적 한계에 가까이 접근할 수 있는지 평가하는 데 실용적인 기준점을 제공합니다.

이제 캐시 하드웨어를 테스트하기 위해 [예제 7-1]과 같이 간단한 코드를 작성해 보겠습니다.

예제 7-1 캐싱 예제

```
public class Caching {

    private final int ARR_SIZE = 2 * 1024 * 1024;
    private final int[] testData = new int[ARR_SIZE];

    private void run() {
        System.err.println("Start: "+ System.currentTimeMillis());
        for (int i = 0; i < 15_000; i++) {
            touchEveryLine();
            touchEveryItem();
        }
        System.err.println("Warmup finished: "+ System.currentTimeMillis());
        System.err.println("Item     Line");
        for (int i = 0; i < 100; i++) {
            long t0 = System.nanoTime();
            touchEveryLine();
            long t1 = System.nanoTime();
```

4 인텔 코어 i9-13900K 프로세서의 문서 참조(*https://oreil.ly/xOBYg*)

```
            touchEveryItem();
            long t2 = System.nanoTime();
            long elItem = t2 - t1;
            long elLine = t1 - t0;
            double diff = elItem - elLine;
            System.err.println(elItem + " " + elLine +" "+  (100 * diff / elLine));
        }
    }

    private void touchEveryItem() {
        for (int i = 0; i < testData.length; i++)
            testData[i]++;
    }

    private void touchEveryLine() {
        for (int i = 0; i < testData.length; i += 16)
            testData[i]++;
    }

    public static void main(String[] args) {
        Caching c = new Caching();
        c.run();
    }
}
```

직관적으로 보면, touchEveryItem()은 touchEveryLine()보다 16배 더 많은 작업을 수행합니다. 이는 16배 더 많은 데이터 항목을 업데이트해야 하기 때문입니다. 그러나 이 간단한 예제의 핵심은 자바 가상 머신 성능을 다룰 때 직관이 얼마나 잘못된 결론으로 이끌릴 수 있는지를 보여주는 데 있습니다.

이제 캐싱 클래스의 샘플 출력 결과를 살펴보겠습니다. 이 결과는 [그림 7-5]에 나와 있습니다.

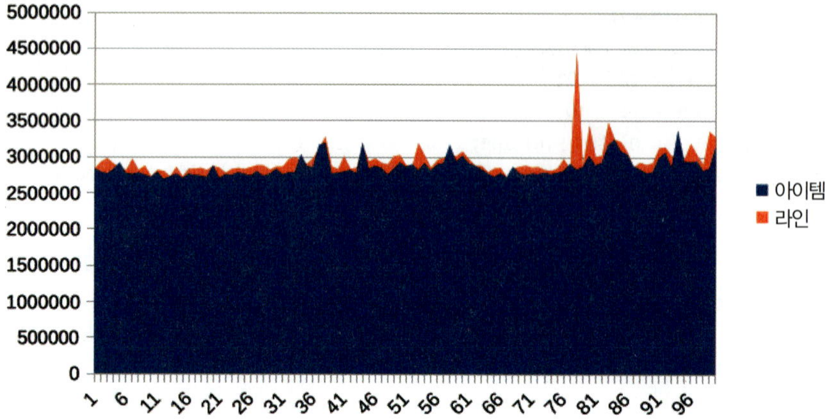

그림 7-5 캐싱 예제에 소요된 시간(ns)

그래프는 각 함수에 대해 100번 실행한 결과를 보여주며, 여러 가지 중요한 효과를 설명합니다. 우선, 두 함수의 실행 시간은 매우 비슷하다는 점에 주목해야 합니다. 따라서 '16배 더 많은 작업'이라는 직관적인 예상은 명백히 잘못된 것임을 알 수 있습니다.

대신, 이 코드의 주된 영향은 메모리 버스를 활용하는 데 있습니다. 즉, 배열의 내용을 주 메모리에서 캐시로 전송하여 `touchEveryItem()`와 `touchEveryLine()`이 작업을 수행할 수 있도록 하는 것입니다.

통계적으로 보면 결과는 비교적 일관성이 있지만, 개별 실행에서는 중간값과 30~35% 차이가 나는 이상치도 나타납니다. 전체적으로 이 간단한 메모리 함수의 각 반복은 약 3밀리초(평균 2.86 ms)가 소요되며, 100 MB의 메모리 청크를 순회합니다. 이를 통해 계산된 효과적인 메모리 대역폭은 약 3.5 GB/s로, 이론적 최대치보다는 낮지만 여전히 합리적인 값입니다. 이론적 한계를 기준으로 설계를 진행하면 실망(혹은 재앙)으로 이어질 가능성이 높습니다. 경험적으로 얻은 수치는 기준선 설정과 계획을 세우는 데 더 유용합니다. 이론적 한계와 크게 다른 결과(예 크기가 아예 다른 수준의 차이)는 비합리적으로 간주될 수 있으며, 추가적인 탐구가 필요합니다.

> **NOTE** 현대 CPU에는 하드웨어 프리페처hardware prefetcher가 내장되어 있어 데이터 접근에서 예측 가능한 패턴(주로 규칙적인 '간격stride'으로 데이터를 순회하는 패턴)을 감지할 수 있습니다. 이 예제에서는 이러한 프리페처의 동작을 활용하여 메모리 접근 대역폭의 현실적인 최대치에 가까운 성능을 달성하고자 합니다.

자바 성능의 주요 주제 중 하나는 객체 할당 속도에 대한 애플리케이션의 민감성입니다. 이 주제는 이후 여러 차례 다시 다룰 예정이지만, 이 간단한 예제는 객체 할당 속도의 상한선에 대한 기본적인 기준을 제공합니다.

7.3 현대 프로세서의 특징

하드웨어 엔지니어들은 종종 무어의 법칙 덕분에 가능해진 새로운 기능들을 '트랜지스터 예산을 활용한다'고 표현합니다. 메모리 캐시는 증가한 트랜지스터 수를 활용한 가장 눈에 띄는 예이지만, 그 외에도 수년간 다양한 기술들이 등장했습니다.

7.3.1 변환 조회 버퍼

하드웨어 캐싱의 매우 중요한 활용 사례 중 하나는 변환 조회 버퍼translation lookaside buffer(TLB)입니다. 변환 조회 버퍼는 페이지 테이블을 위한 하드웨어 캐시로, 애플리케이션 코드에서 사용하는 가상 메모리 주소를 하드웨어의 물리적 메모리 주소에 매핑합니다. 이 캐시는 가상 주소에서 물리적 주소로의 접근이라는 매우 빈번한 작업을 크게 가속화합니다.

> **NOTE** 우리는 이미 핫스팟의 가비지 컬렉션에서 사용하는 스레드-로컬 할당 기능을 4장에서 다룬 바 있습니다. 일부 자료에서는 스레드-로컬 할당 기능을 변환 조회 버퍼라고 부르기도 하는데, 이는 두 개념이 전혀 관련이 없기 때문에 혼란을 초래할 수 있습니다. 변환 조회 버퍼라는 용어가 나왔을 때는 항상 어떤 기능을 다루는지를 확인해야 합니다.

변환 조회 버퍼가 없다면, 가상 주소 조회는 **페이지 테이블**page tables이 L1 캐시에 저장되어 있더라도 16 사이클이 소요됩니다. 이는 성능 측면에서 용납할 수 없는 수준입니다. 따라서 변환 조회 버퍼는 모든 현대적인 칩에서 기본적으로 필수적인 구성 요소입니다.

7.3.2 분기 예측과 추측 실행

현대 프로세서에서 사용되는 고급 기술 중 하나는 분기 예측입니다. 이 기술은 조건부 분기 conditional branch에 필요한 값을 평가하기 위해 프로세서가 대기하지 않도록 설계되었습니다.

현대 프로세서는 다단계 명령어 파이프라인을 가지고 있습니다. 이는 하나의 CPU 명령어 처리를 여러 단계로 나누어 수행하는 구조입니다. 따라서 조건부 분기의 경우, 조건이 평가될 때까지는 분기 이후 어떤 명령어가 실행될지 알 수 없습니다. 이때 프로세서는 여러 사이클(실제로는 최대 20사이클) 동안 멈춤 상태stall에 빠질 수 있습니다. 이는 분기 뒤에 위치한 다단계 파이프라인이 사실상 비워진 상태로 대기해야 함을 의미합니다.

이 문제를 해결하기 위해 **분기 예측**이 도입되었습니다. 이 기술은 조건부 분기에 필요한 값을 평가하기 위해 프로세서가 대기하지 않도록 설계되었습니다.

> **NOTE** 추측 실행speculative execution은 2018년 초 발견된 멜트다운meltdown과 스펙터spectre[5]를 포함한 주요 보안 문제의 원인으로 잘 알려져 있습니다. 이 문제는 대규모의 CPU에 영향을 미쳤습니다.

이를 방지하기 위해, 현대 프로세서는 어느 분기가 더 가능성이 높은지 추정하기 위한 휴리스틱을 구축하는 데 트랜지스터를 활용할 수 있습니다. 이 추정을 바탕으로, CPU는 예측된 경로를 기준으로 파이프라인을 채워 실행을 진행합니다. 예측이 맞을 경우 CPU는 아무 문제없이 계속 실행을 진행합니다. 예측이 틀릴 경우 부분적으로 실행된 명령어를 폐기하고, 파이프라인을 비우는 대가를 치러야 합니다. 이 과정은 CPU의 성능에 영향을 줄 수 있지만, 대체로 분기 예측은 성능을 향상시키는 데 매우 효과적입니다.

7.3.3 하드웨어 메모리 모델

멀티코어 시스템에서 메모리와 관련해 가장 중요한 질문은 '여러 CPU가 동일한 메모리 위치를 어떻게 일관되게 접근할 수 있는가?' 입니다.

이 질문에 대한 답은 하드웨어에 크게 좌우됩니다. 하지만 일반적으로 `javac`, JIT 컴파일러 그

5 *https://spectreattack.com*

리고 CPU는 코드 실행 순서를 변경할 수 있습니다. 이 변경은 현재 스레드에서 관찰할 수 있는 결과에 영향을 주지 않는 범위에서만 허용됩니다.

예를 들어, 다음과 같은 코드가 있다고 가정해 봅시다.

```
myInt = otherInt;
intChanged = true;
```

두 개의 할당 문장 사이에 다른 코드가 없으므로, 실행 중인 스레드는 이 두 작업이 실행 순서를 신경 쓸 필요가 없습니다. 따라서 실행 환경은 명령어의 순서를 자유롭게 변경할 수 있습니다.

그러나 이렇게 되면 해당 데이터를 볼 수 있는 다른 스레드에서는 순서가 달라질 수 있습니다. 이 경우, 다른 스레드에서 `intChanged`가 `true`로 관찰되더라도, `myInt`의 값은 이전 값으로 읽힐 가능성이 생깁니다.

이러한 종류의 재배열(스토어 명령이 다른 스토어 뒤로 이동)은 x86 아키텍처에서는 발생하지 않습니다. 하지만 [표 7-2]에 볼 수 있듯이, 다른 아키텍처에서는 이러한 재배열이 발생할 수 있으며 실제로 발생합니다.

표 7-2 하드웨어 메모리 지원

	ARMv7	POWER	SPARC	x86	AMD64	zSeries
로드 후 로드 이동	Y	Y	-	-	-	-
스토어 후 로드 이동	Y	Y	-	-	-	-
스토어 후 스토어 이동	Y	Y	-	-	-	-
로드 후 스토어 이동	Y	Y	Y	Y	Y	Y
로드와 함께 이동된 원자적 연산	Y	Y	-	-	-	-
스토어와 함께 이동된 원자적 연산	Y	Y	-	-	-	-
비일관적인 명령어	Y	Y	Y	Y	Y	Y

자바 환경에서 자바 메모리 모델은 다양한 프로세서 아키텍처 간의 메모리 접근 일관성의 차이를 고려하여 의도적으로 약한 모델로 설계되었습니다. 멀티스레드 코드가 올바르게 동작하도록 보장하려면, 올바른 잠금lock과 `volatile` 키워드를 올바르게 사용하는 것이 중요합니다. 이 주제는 매우 중요하며, 13장에서 다시 다룰 예정입니다.

최근 몇 년 동안 소프트웨어 개발자들은 더 나은 성능을 얻기 위해 하드웨어 동작 방식을 깊이 이해하려는 경향을 보이고 있습니다. 이러한 접근 방식을 설명하기 위해 **기계적 공감**mechanical sympathy라는 용어가 만들어졌으며, 특히 저지연 또는 고성능 분야에서 많이 사용됩니다.

> '기계적 공감'라는 개념은 전설적인 F1 드라이버이자 3회 월드 챔피언인 재키 슈트어트에게서 유래되었습니다. 그는 최고의 드라이버란 자동차의 구조와 작동 원리를 깊이 이해하고, 이를 최대한 활용해 차량과 조화를 이루는 사람이라고 믿었습니다.
>
> — 마틴 톰프슨

이 개념은 잠금이 없는 알고리즘과 데이터 구조에 대한 최근 연구에서 볼 수 있으며, 이에 대해서는 13장에서 다룰 예정입니다.

7.4 운영 체제

운영 체제의 핵심 목적은 여러 실행 프로세스 간에 공유해야 하는 자원에 대한 접근을 제어하는 것입니다. 모든 자원은 유한하며, 모든 프로세스는 자원을 최대한 사용하려는 경향이 있기 때문에, 중앙 시스템이 접근을 중재하고 자원 사용량을 조정하는 것이 필수적입니다. 이러한 제한된 자원 중 가장 중요한 두 가지는 보통 메모리와 CPU 시간입니다.

메모리 관리 장치memory management unit (MMU)와 그 페이지 테이블을 통한 가상 주소 지정은 메모리 접근 제어를 가능하게 하는 핵심 기능입니다. 이를 통해 한 프로세스가 다른 프로세스의 메모리 영역을 손상시키는 것을 방지할 수 있습니다.

이 장의 앞부분에서 다룬 변환 조회 버퍼는 물리적 메모리 조회 시간을 개선하는 하드웨어 기능입니다. 이러한 버퍼의 사용은 소프트웨어가 메모리에 접근하는 시간 성능을 향상시킵니다. 그러나 메모리 관리 장치는 일반적으로 너무 저수준이라 개발자가 이를 직접 측정하거나 다루기 어렵습니다.

대신, 운영 체제의 프로세스 스케줄러를 자세히 살펴보겠습니다. 스케줄러는 CPU 접근을 제어하며, 운영 체제 커널의 일부 중에서 개발자가 훨씬 더 직접적으로 관찰할 수 있는 기능입니다.

7.4.1 스케줄러

프로세스 스케줄러의 역할은 CPU 코어에 대한 접근을 관리하고 인터럽트에 대응하는 것입니다. 현대 시스템에서는 동시에 실행할 수 있는 플랫폼 스레드보다 더 많은 스레드가 존재하는 경우가 거의 항상 발생하기 때문에, 이러한 CPU 경쟁을 해결하기 위한 접근 제어 메커니즘이 필요합니다.

> **NOTE** 이 절에서는 운영 체제 수준의 플랫폼 스레드를 다룹니다. 자바 21 이상에서 제공하는 가상 스레드는 이 모델을 따르지 않습니다. 대신, 가상 스레드가 다중화되는 **캐리어 스레드**carrier threads가 이 모델을 따릅니다. 자세한 내용은 13장에서 다룹니다.

이 접근 제어 메커니즘에서는 **실행 대기 큐**run queue라는 대기 영역을 사용합니다. 이 큐는 실행할 자격은 있지만 CPU를 사용하기 위해 순서를 기다려야 하는 **플랫폼 스레드**platform threads를 보관하는 공간입니다. 플랫폼 스레드의 전체 수명 주기는 [그림 7-6]에 나타나 있습니다.

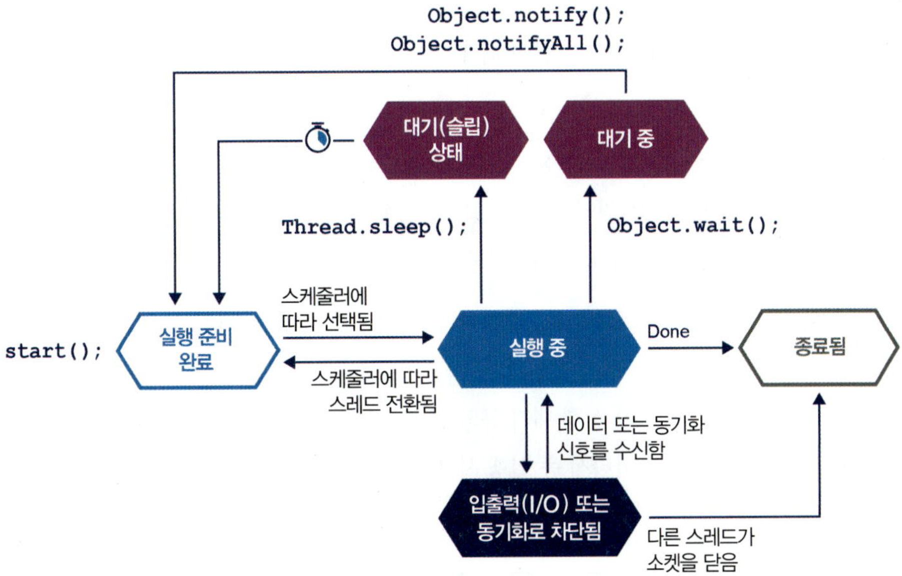

그림 7-6 스레드 생명주기

이 간단한 모델에서는 운영 체제 스케줄러가 플랫폼 스레드를 시스템의 단일 코어에 올리거나 내리는 작업을 수행합니다. 시간 할당량이 끝나면(보통 이전 운영 체제에서는 10 ms 또는 100 ms), 스케줄러는 해당 스레드를 실행 대기 큐의 끝으로 이동시키고, 스레드가 다시 대기열의 맨 앞으로 올 때까지 기다린 후 실행될 수 있도록 합니다.

스레드는 자신의 시간 할당량을 자발적으로 포기할 수 있는데, `sleep()`을 통해 시간을 고정시키거나 `wait()`를 사용하여 특정 조건이 충족될 때까지 대기 상태로 전환할 수 있습니다. 또한 스레드는 I/O 작업이나 소프트웨어 잠금에 의해 차단될 수도 있습니다.

이 모델을 처음 접할 때는 단일 실행 코어single execution core만 있는 시스템을 생각해 보면 이해하는데 도움이 될 수 있습니다. 물론 실제 하드웨어는 훨씬 더 복잡하며, 현대 시스템은 대부분 여러 코어를 가지고 있어, 여러 실행 경로의 진정한 동시 실행이 가능합니다. 이러한 이유로 진정한 멀티프로세싱 환경에서의 실행에 대한 논리는 매우 복잡하고, 직관적으로 예측하기 어렵습니다.

운영 체제에서 간과되는 특징 중 하나는, 본질적으로 코드가 CPU에서 실행되지 않는 시간을 만들어낸다는 점입니다. 프로세스가 할당된 시간을 소진하면, 해당 프로세스는 실행 대기 큐의 맨 앞으로 다시 올때까지 CPU에서 실행되지 않습니다. 또한 CPU는 제한된 자원이기 때문에, 코드가 실행되는 시간보다 대기하는 시간이 더 길어지는 경우가 많습니다.

관찰하고 싶은 특정 프로세스에서 수집된 통계 데이터는, 같은 시스템에서 실행 중인 다른 프로세스의 영향을 받게 됩니다. 이러한 현상을 '지터jitter'라고 하며, 스케줄링 오버헤드는 관찰된 결과에 노이즈를 유발하는 주요 원인 중 하나입니다. 2장에서 통계적 속성과 실제 결과를 다루는 방법을 논의했고, 이를 `Caching.java`에서도 확인했습니다.

스케줄러의 동작과 영향을 관찰하는 가장 간단한 방법은, 스케줄링을 수행하기 위해 운영 체제가 발생시키는 오버헤드를 살펴보는 것입니다. 아래 코드는 1,000번의 1 ms 슬립sleep을 실행합니다. 각 슬립은 해당 스레드가 실행 대기 큐의 끝으로 보내지고, 새로운 시간 할당량을 기다려야 하는 과정을 포함합니다. 따라서 총 실행 시간은 일반적인 프로세스에서 발생하는 스케줄링 오버헤드를 가늠하게 하는데 도움이 됩니다.

```
long start = System.currentTimeMillis();
        for (int i = 0; i < 1_000; i++) {
            Thread.sleep(1);
        }
```

```
long end = System.currentTimeMillis();
System.out.println("Millis elapsed: " + (end - start) / 1000.0);
```

이 코드를 실행하면 운영 체제에 따라 결과가 달라집니다. 대부분의 유닉스 계열 운영 체제는 약 10~20%의 오버헤드를 보고합니다. 반면, 초기 버전의 윈도우는 스케줄러 성능이 악명이 높았으며, 일부 윈도우 XP 버전에서는 스케줄링 오버헤드가 최대 180%에 달하기도 했습니다. 즉, 1,000번의 1 ms 슬립이 2.8초가 소요될 수 있습니다. 심지어 일부 독점 운영 체제 벤더가 벤치마크 실행을 감지하고 측정치를 속이기 위한 코드를 추가했다는 보고도 있습니다.

이제 스케줄링 시간 할당량과 그것이 프로세스 스레드 실행에 미치는 영향을 이해했으므로, 자바 가상 머신이 운영 체제를 호출하는 일반적인 방식에 대해 더 깊이 살펴보겠습니다.

7.4.2 자바 가상 머신과 운영 체제

자바 가상 머신은 자바 코드에 공통 인터페이스를 제공하여 운영 체제와 독립적인 실행 환경을 구성합니다. 그러나 스레드 스케줄링이나 시스템 시계에서 현재 시간을 가져오는 작업과 같은 기본적인 서비스에는 기본 운영 체제에 접근해야 합니다.

이 기능은 네이티브 메서드native methods를 통해 제공되며, 이는 `native` 키워드로 표시됩니다. 네이티브 메서드는 C 언어로 작성되지만, 일반 자바 메서드처럼 접근할 수 있습니다. 이 인터페이스는 자바 네이티브 인터페이스java native interface(JNI)라고 불립니다. 예를 들어, `java.lang.Object` 클래스는 여러 개의 네이티브 메서드를 선언하며, 이 메서드들은 상대적으로 저수준의 플랫폼 작업을 처리합니다.

이제 더 간단하고 익숙한 예시를 살펴보겠습니다. 시스템 시간을 가져오는 경우, `os::javaTimeMillis()` 함수는 자바의 `System.currentTimeMillis()` 정적 메서드를 구현하는 역할을 하는 시스템 종속 코드입니다. 이 실제 작업은 C++로 구현되며, 자바에서는 C 코드 '브릿지'를 통해 접근합니다. 이제 이 코드가 핫스팟 자바 가상 머신에서 실제로 호출되는 방식을 살펴보겠습니다.

[그림 7-7]에서 볼 수 있듯이, 네이티브 메서드인 `System.currentTimeMillis()`는 자바 가상 머신의 진입점 메서드인 `JVM_CurrentTimeMillis()`에 매핑됩니다. 이 매핑은 `java/lang/System.c`에 포함된 자바 네이티브 인터페이스 `Java_java_lang_System_register`

Natives() 메커니즘을 통해 이루어집니다.

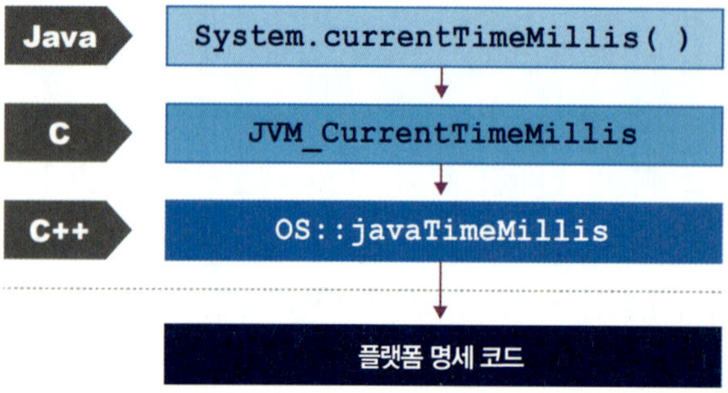

그림 7-7 핫스팟 호출 스택

JVM_CurrentTimeMillis()는 가상 머신 엔트리 포인트 메서드를 호출하는 메서드입니다. 이 메서드는 C 함수로 표현되지만, 실제로는 C 호출 규칙으로 내보내진 C++ 함수입니다. 이 호출은 몇 가지 OpenJDK 매크로로 감싸진 `os::javaTimeMillis()` 호출로 이어집니다.

이 메서드는 `os`네임스페이스에 정의되어 있으며, 운영 체제에 따라 구현이 달라집니다. OpenJDK 소스 코드의 운영 체제 별 하위 디렉토리에서 이 메서드의 정의가 제공됩니다. 이를 통해, 자바의 플랫폼 독립적인 부분이 어떻게 기본 운영 체제와 하드웨어가 제공하는 서비스에 접근할 수 있는지를 간단히 보여줍니다.

이제 스케줄러가 현재 실행 중인 스레드를 변경해야 할 때 어떤 일이 발생하는지 살펴보겠습니다.

7.4.3 컨텍스트 스위치

컨텍스트 스위치context switch는 운영 체제 스케줄러가 현재 실행 중인 플랫폼 스레드를 제거하고 다른 스레드로 교체하는 과정입니다. 컨텍스트 스위치에는 여러 종류가 있지만, 일반적으로 실행 중인 명령어와 스레드의 스택 상태를 교체하는 작업이 포함됩니다.

컨텍스트 스위치는 사용자 스레드 간 또는 사용자 모드에서 커널 모드로 전환될 때(**모드 스위치**mode switch라고도 함)도 발생하며, 상당한 비용이 소요됩니다. 특히 후자의 경우, 사용자 스레드는 자신의 시간 할당량 중간에 특정 기능을 수행하기 위해 커널 모드로 전환해야 할 수도 있습입니다. 하지만 이러한 전환은 명령어 캐시와 기타 캐시를 비우게 만듭니다. 이는 사용자 공간 코드가 접근하는 메모리 영역과 커널이 접근하는 메모리 영역이 일반적으로 겹치지 않기 때문입니다.

컨텍스트 스위치에서 커널 모드로 전환되면 변환 조회 버퍼를 무효화하며, 잠재적인 다른 캐시들도 무효화됩니다. 호출이 반환될 때, 이러한 캐시는 다시 채워져야 하며, 커널 모드 전환의 영향은 제어가 사용자 공간으로 돌아온 후에도 지속됩니다. 시스템 호출의 실제 비용이 가려질 수 있습니다.[6]

예를 들어, [그림 7-8]은 인터프로세스 통신(IPC) 호출의 비용을 강조합니다. 이는 사용자 모드에서 이루어지지만 커널 모드로의 전환이 필요합니다. 전환이 발생하면('시스템 호출 예외'로 표현되지만, 이는 자바 예외가 아니라 인터럽트를 의미합니다), 성능이 하락하고 캐시가 다시 채워지는 동안 천천히 회복됩니다.

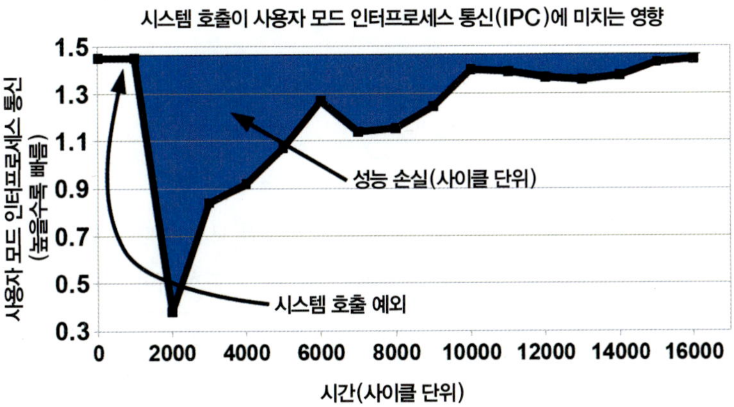

그림 7-8 시스템 호출의 영향 (Soares and Stumm, 2010)

컨텍스트 스위치의 비용을 줄이기 위해, 리눅스는 **가상 동적 공유 객체**virtual dynamically shared object(vDSO)라는 메커니즘을 제공합니다. 가상 동적 공유 객체는 사용자 공간 내 메모리 영역으로, 커널 권한이 실제로 필요하지 않은 시스템 호출을 가속화하기 위해 사용됩니다. 이를 통

---

6 Livio Soares and Michael Stumm, 「FlexSC: Flexible System Call Scheduling with Exception-Less System Calls」, OSDI'10, *Proceedings of the 9th USENIX Conference on Operating Systems Design and Implementation* (Berkeley, CA: USENIX Association, 2010): 33-46

해 커널 모드로의 컨텍스트 스위치를 수행하지 않고도 속도 향상을 이룰 수 있습니다. 이제 실제 시스템 호출 예제를 통해 이 동작을 살펴보겠습니다.

예를 들어, 유닉스에서 매우 흔한 시스템 호출인 `gettimeofday()`는 운영 체제가 이해하는 '실제 경과 시간wallclock time'을 반환합니다. 이 호출은 내부적으로 시스템 시계 시간을 얻기 위해 커널 데이터 구조를 읽는 작업을 수행합니다. 하지만 이 작업은 부작용이 없으므로 실제로 특권 접근privileged access이 필요하지 않습니다.

만약 가상 동적 공유 객체를 사용하여 이 데이터 구조를 사용자 프로세스의 주소 공간에 매핑할 수 있다면, 커널 모드로 전환할 필요가 없어집니다. 그 결과, [그림 7-7]에서 설명된 캐시 재충전 페널티를 피할 수 있습니다.

대부분의 자바 애플리케이션이 시간 정보를 자주 조회한다는 점을 고려하면, 이러한 최적화는 성능 향상에 매우 유용합니다. 가상 동적 공유 객체 메커니즘은 이 개념을 약간 일반화한 형태로 제공되며, 리눅스에서만 사용 가능하더라도 매우 유용한 기술로 간주됩니다.

7.5 간단한 시스템 모델

이 절에서는 잠재적인 성능 문제의 기본 원인을 설명하기 위한 단순한 모델을 다룹니다. 이 모델은 운영 체제의 기본 서브시스템에 대한 관찰 가능 항목을 기반으로 표현되며, 표준 유닉스 명령줄 도구의 출력과 직접 연결될 수 있습니다.

NOTE 이 모델은 현대 클라우드 애플리케이션의 기준에서 보면 너무 저수준이거나 구식으로 보일 수 있습니다. 하지만 핵심은 문제를 진단하기 위해 사용할 데이터(예 관측성 데이터)를 다룰 때 활용할 수 있는 기초 모델을 확립하는 것입니다.

이 모델은 유닉스 또는 유닉스 계열 운영 체제에서 실행되는 자바 애플리케이션을 기반으로 한 단순한 개념을 따릅니다. [그림 7-9]는 이 모델의 기본 구성 요소를 보여주며, 다음과 같습니다.

- 애플리케이션이 실행되는 하드웨어와 운영 체제

- 애플리케이션이 실행되는 자바 가상 머신(또는 컨테이너)
- 애플리케이션 코드 자체
- 애플리케이션이 호출하는 외부 시스템
- 애플리케이션으로 들어오는 요청 트래픽

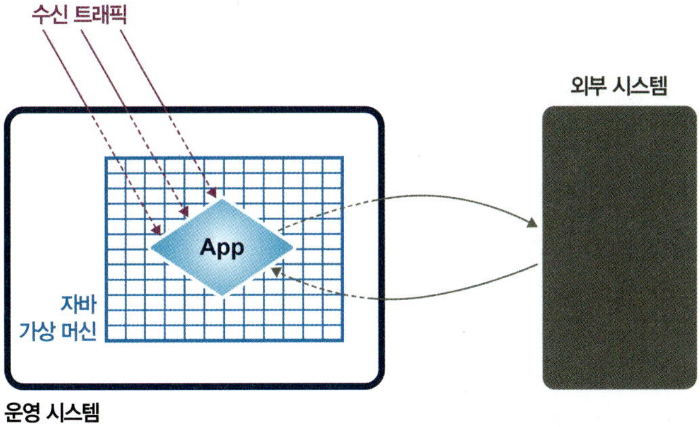

그림 7-9 간단한 시스템 모델

시스템의 구성 요소 중 어느 하나라도 성능 병목의 원인이 될 수 있습니다. 특정 시스템 부분을 잠재적인 문제 원인으로 좁히거나 분리하기 위해 사용할 수 있는 간단한 진단 기술들이 존재합니다.

실제로, 잘 작동하는 애플리케이션의 한 가지 정의는 시스템 자원을 효율적으로 사용하는 것입니다. 여기에는 CPU 사용률, 메모리, 네트워크 또는 I/O 대역폭이 포함됩니다.

TIP 애플리케이션이 하나 이상의 자원 한계에 도달한다면, 이는 곧 성능 문제로 이어질 것입니다.

성능 진단의 첫 번째 단계는 어떤 자원 한계에 도달했는지 인식하는 것입니다. 자원의 부족 문제를 해결하지 않고는 성능을 조정할 수 없습니다. 이를 해결하려면 가용 자원을 늘리거나, 자원의 사용 효율성을 높이는 방법이 필요합니다. 또한, 운영 체제 자체가 일반적으로 시스템 자원 사용률에 주요한 영향을 미쳐서는 안 된다는 점도 중요합니다. 운영 체제의 역할은 사용자 프로세스를 대신하여 자원을 관리하는 것이지, 스스로 자원을 소비하는 것이 아닙니다.

이 규칙의 유일한 예외는 자원이 극도로 부족하여 운영 체제가 사용자 요구를 충족시키기에 충분한 자원을 할당하기 어려운 경우입니다. 대부분의 현대 서버급 하드웨어에서는 이런 상황이 발생하는 경우는 드물며, 주로 I/O 요구 사항(간혹 메모리 요구 사항)이 시스템 용량을 크게 초과할 때만 발생합니다.

7.5.1 CPU 활용

애플리케이션 성능의 주요 지표 중 하나는 CPU 활용률입니다. CPU 사이클은 애플리케이션에 필요한 가장 중요한 자원이며, 이를 효율적으로 사용하는 것은 좋은 성능을 유지하는 데 필수적입니다. CPU에 의존적인 애플리케이션은 높은 부하 상태에서 가능한 한 100%에 가까운 CPU 사용률을 목표로 해야 합니다. 하지만 애플리케이션의 기타 의존성으로 실제로 이를 달성하기는 어렵습니다. 프로세스를 높은 수준에서 분석하며, 애플리케이션의 제약 사항을 더 쉽게 파악할 수 있습니다.

TIP 애플리케이션 성능을 분석할 때, 시스템이 충분한 부하를 받고 있어야 분석이 의미가 있습니다. 유휴 상태의 애플리케이션에서의 동작은 일반적으로 성능 분석에 의미가 없습니다.

모든 성능 엔지니어가 알아야 할 세 가지 기본 도구는 다음과 같습니다.

`vmstat`

가상 메모리 통계를 보고하며, 메모리 크기, I/O, 접근과 관련된 정보를 제공합니다.

`ifstat`

네트워크 인터페이스 통계를 제공하며, 네트워크 수준의 프로세스 상호작용을 디버그하는 출발점으로 사용됩니다.

`iostat`

디바이스의 입력/출력을 모니터링하며, 디바이스와의 상호작용이 문제를 야기하는지 확인하는 데 사용됩니다.

리눅스와 기타 유닉스 계열 시스템에서 이 명령줄 도구들은 각각 가상 메모리와 I/O 서브시스템의 현재 상태를 즉각적이고 유용하게 파악할 수 있는 정보를 제공합니다.

이 도구들은 호스트 전체 수준에서의 통계를 제공하지만, 이는 종종 더 자세한 진단 접근 방식을 결정하는 데 충분합니다. 이제 vmstat의 사용법을 예로 들어 살펴보겠습니다.

```
$ vmstat 1
 r  b swpd  free    buff  cache   si   so  bi  bo   in   cs us sy  id wa st
 2  0    0 759860 248412 2572248   0    0   0  80   63  127  8  0  92  0  0
 2  0    0 759002 248412 2572248   0    0   0   0   55  103 12  0  88  0  0
 1  0    0 758854 248412 2572248   0    0   0  80   57  116  5  1  94  0  0
 3  0    0 758604 248412 2572248   0    0   0  14   65  142 10  0  90  0  0
 2  0    0 758932 248412 2572248   0    0   0  96   52  100  8  0  92  0  0
 2  0    0 759860 248412 2572248   0    0   0   0   60  112  3  0  97  0  0
```

vmstat 명령의 뒤에 오는 매개변수 1은 1초에 한 번씩 샘플링하여 지속적으로 출력하라는 의미입니다(실행 중 Ctrl-C로 중단하지 않는 한 계속 실행). 새 출력 라인이 매초에 출력되므로 퍼포먼스 엔지니어는 초기 성능 테스트를 수행하는 동안 이 출력을 실행하거나 로그로 캡처할 수 있습니다.

vmstat의 출력은 이해하기 비교적 쉽고 유용한 정보를 많이 포함하고 있으며, 다음과 같이 여러 항목으로 구분할 수 있습니다.

1. 첫 번째 두 열은 실행 가능한 프로세스(r)와 차단된 프로세스(b)의 수를 보여줍니다.
2. 메모리 영역에서는 스왑된 메모리와 사용 가능한 여유 메모리의 양이 표시되며, 그 뒤로 버퍼와 캐시로 사용되는 메모리의 양이 나옵니다.
3. 스왑 영역에서는 디스크로부터 스왑된 메모리(si)와 디스크로 스왑된 메모리(so)의 양이 표시됩니다. 최신 서버급 머신에서는 일반적으로 스왑 활동이 거의 없어야 정상입니다.
4. 블록 입출력 영역에서 512바이트 블록 단위로 I/O장치에서 읽어온 데이터(bi)와 보낸 데이터(bo)의 개수를 표시합니다.
5. 시스템 영역에서는 초당 인터럽트 수(in)와 컨텍스트 스위치 수(cs)가 표시됩니다.
6. CPU 영역은 CPU 시간을 백분율(%) 단위로 나타내는 여러 주요 지표를 포함하고 있습니다. 순서대로 사용자 시간(us), 커널 시간(sy, '시스템 시간'), 유휴 시간(id), 대기 시간(wa) 그리고 가상 머신의 '도난 시간'(st)이 있습니다.

이 책의 뒷부분에서는 더 복잡하고 정교한 도구를 다룰 예정입니다. 그러나 기본 도구를 간과하지 않는 것이 중요합니다. 복잡한 도구는 잘못된 방향으로 이끌 수 있는 반면, 프로세스와 운영 체제에 가까운 단순한 도구는 시스템 동작을 명확하고 간결하게 보여줄 수 있습니다.

예제에 대해 알아보겠습니다. '자바 가상 머신과 작동 시스템'에서 컨텍스트 스위치의 영향을 논의하고, 커널 공간으로의 전체 컨텍스트 스위치가 미칠 수 있는 영향을 [그림 7-7]에서 살펴보았습니다. 하지만 사용자 스레드 간 또는 커널 공간으로의 전환 모두 CPU 자원의 불가피한 낭비를 초래합니다.

잘 조정된 프로그램은 자원을 최대한 활용해야 하며, 특히 CPU 자원을 최대로 사용하는 것이 중요합니다. 주로 계산이 중점적인 작업('CPU 제한' 문제)의 경우, 사용자 작업에 대해 100%에 가까운 CPU 활용률을 달성하는 것이 목표입니다. 다르게 표현하자면, CPU 사용률이 100%의 사용자 시간에 도달하지 않는 것을 관찰했다면, 다음에 당연히 던져야 할 질문은 '왜 그런가?'입니다. 프로그램이 최대 성능을 내지 못하는 원인은 무엇일까? 이는 잠금 때문에 비자발적 컨텍스트 스위치involuntary context switches가 문제인가? 또는 입출력 경합contention으로 차단 상태가 발생하는가? 등과 같은 문제를 고민해야 합니다.

`vmstat` 도구는 대부분의 운영 체제 (특히 리눅스)에서 컨텍스트 스위치 발생 횟수를 보여줄 수 있으므로, `vmstat 1` 실행을 통해 실시간으로 컨텍스트 스위치의 영향을 확인할 수 있습니다. 사용자 공간의 CPU 사용률이 100%에 도달하지 못하고, 동시에 높은 컨텍스트 스위치 비율을 보인다면, 해당 프로세스는 I/O에서 차단되었거나, 스레드 잠금 경합을 겪고 있거나, 불필요한 컨텍스트 스위치를 유발하는 방식으로 작성된 것으로 보입니다.

하지만 `vmstat`의 출력만으로는 이 원인을 완전히 구별할 수 없습니다. `vmstat`은 I/O 문제를 간접적으로 나타낼 수 있지만, I/O 작업에 대한 정확한 세부 정보는 부족합니다. 보다 자세한 진단은 JDK 미션 제어, JFR, 또는 상용 프로파일링 도구와 같은 도구를 통해 가능합니다. 이에 대한 자세한 내용은 10장, 11장, 12장에서 다룹니다.

7.5.2 가비지 컬렉션

4장에서 다뤘듯이, 핫스팟 자바 가상 머신(가장 널리 사용되는 자바 가상 머신)에서는 메모리가 시작 시 할당되고 사용자 공간에서 관리됩니다. 이는 메모리를 할당할 때 `sbrk()`와 같은 시스템 호출이 필요하지 않음을 의미합니다. 따라서, 가비지 컬렉션으로 인한 커널 전환 활동은 매우 적은 편입니다.

따라서 시스템이 높은 수준의 시스템 CPU 사용량을 보이고 있다면, 이는 가비지 컬렉션으로 인해 발생한 것이 아닙니다. 가비지 컬렉션 활동은 사용자 공간의 CPU 사이클을 소모하며, 커널 공간의 사용량에는 영향을 주지 않기 때문입니다.

반대로, 자바 가상 머신 프로세스가 사용자 공간에서 100%에 가까운 CPU 사용률을 보인다면, 가비지 컬렉션이 원인일 가능성이 있습니다. 성능 문제를 분석할 때, `vmstat`과 같은 간단한 도구로 일관된 100% CPU 사용률을 확인했지만, 거의 모든 CPU 사이클이 사용자 공간에서 소비되고 있다면, '이 CPU 사용률은 자바 가상 머신 때문인지, 아니면 사용자 코드 때문인지?' 와 같은 질문을 해봐야 합니다.

많은 경우, 자바 가상 머신에 의한 높은 사용자 공간 활용은 가비지 컬렉션 서브시스템에 의해 발생합니다. 따라서 유용한 규칙은 가비지 컬렉션 로그를 확인하여 새로운 항목이 얼마나 자주 추가되는지 확인하는 것입니다.

자바 가상 머신의 가비지 컬렉션 로깅은 비용이 매우 낮습니다. 전체 비용에 대한 가장 정확한 측정조차도 임의의 배경 잡음과 구별하기 어려울 정도입니다. 또한 가비지 컬렉션 로그는 분석을 위한 매우 유용한 데이터 소스입니다. 따라서 모든 자바 가상 머신 프로세스에서 가비지 컬렉션 로그를 활성화하는 것이 필수적입니다. 특히 프로덕션 환경에서는 더욱 중요합니다.

여러분이 직접 운영 팀과 상의하여 프로덕션 환경에서 가비지 컬렉션 로그가 활성화되어 있는지 확인하기를 권장합니다. 10장과 11장에서 논의할 관측성 도구는 일부 가비지 컬렉션 지표를 보고하지만, 이는 집계된 데이터일 뿐, 개별 가비지 컬렉션 이벤트의 세부 사항은 포함되지 않습니다. 그러나 이러한 세부 사항 중 일부는 문제 진단에 매우 중요할 수 있습니다.

7.5.3 I/O

파일 I/O는 전통적으로 시스템 성능 분석에서 가장 복잡한 영역으로 여겨졌습니다. 이는 부분적으로 베어메탈과 더 밀접하게 연결되어 있기 때문입니다. 엔지니어들은 종종 하드 디스크를 '회전하는 러스트spinning rust'라고 농담하며 이를 언급하곤 합니다. 하지만 또한, I/O는 운영 체제의 다른 영역에서 볼 수 있는 것처럼 정리된 추상화를 제공하지 못하기 때문이기도 합니다.

메모리의 경우, 가상 메모리라는 우아한 분리 메커니즘이 잘 작동합니다. 하지만 I/O에는 이와 유사한 추상화 계층이 없어 애플리케이션 개발자에게 적절한 격리를 제공하지 못합니다.

다행히도 대부분의 자바 프로그램은 간단한 I/O 작업만 수행합니다. I/O 서브시스템을 많이 사용하는 애플리케이션은 상대적으로 적으며, 특히 대부분의 애플리케이션은 CPU나 메모리를 동시에 포화 상태로 사용하는 것과 I/O를 과도하게 사용하는 작업을 동시에 시도하지 않습니다.

게다가, I/O의 제약을 이미 알고 있는 운영 엔지니어들은 프로덕션 환경에서 I/O 사용량이 많은 프로세스를 적극적으로 모니터링하는 문화가 자리 잡고 있습니다.

성능 분석/엔지니어링 측면에서는 애플리케이션의 I/O 동작을 인식하는 것으로 충분할 때가 많습니다. `iostat`(또는 심지어 `vmstat`)과 같은 도구는 기본 카운터(예 블록 입력/출력)를 제공하며, 이는 기본적인 진단에 종종 충분합니다. 특히, 호스트당 하나의 I/O 집약적 애플리케이션만 가정할 경우 더욱 그렇습니다.

가상화 환경(거의 모든 클라우드 애플리케이션에서 사용됨)에서는 I/O 집약적인 애플리케이션이 '노이즈 네이버noisy neighbor' 문제를 야기할 수 있습니다. 이는 하나의 컨테이너가 대역폭 또는 디스크 I/O와 같은 자원에 대해 높은 요구를 가질 때 발생하며, 동일한 물리적 머신에서 실행 중인 다른 사용자들의 성능에 부정적인 영향을 미칩니다.

성능 엔지니어는 이러한 가능성에 특히 주의를 기울여야 합니다. 이 문제는 직접적으로 탐지하기 어려운 경우가 많기 때문입니다.

7.5.4 기계적 공감

기계적 공감은 하드웨어에 대한 이해가 최대 성능을 끌어내야 할 경우 매우 중요하다는 개념입니다.

> 레이싱 드라이버가 엔지니어일 필요는 없지만, 기계적 공감은 반드시 필요합니다.
>
> — 재키 스튜어트

이 표현은 마틴 톰슨이 재키 스튜어트와 그의 자동차를 직접 언급하며 만들어낸 용어입니다. 하지만 극단적인 사례뿐만 아니라, 이 장에서 다룬 개념들을 기초적으로 이해하는 것은 프로덕션 문제를 해결하거나 애플리케이션의 전반적인 성능을 향상시키는 데 매우 유용합니다.

대부분의 자바 개발자에게는 기계적 공감을 무시하는 것이 가능합니다. 이는 자바 가상 머신이 하드웨어로부터 일정 수준의 추상화 계층을 제공하여, 개발자가 성능 관련 문제를 덜 신경 쓰도록 해주기 때문입니다. 그러나 자바 가상 머신 또는 하드웨어와의 상호작용을 이해하면 자바와 자바 가상 머신을 활용하여 고성능 또는 저지연 환경에서 성공적으로 애플리케이션을 개발할 수 있습니다.

다만, 주의할 점은 자바 가상 머신이 성능 문제와 기계적 공감을 다루는 것을 더 어렵게 만든다는 것입니다. 자바 가상 머신은 고려해야 할 요소를 더 많이 추가하기 때문입니다. 기계적 공감이 프로젝트에서 중요한지는 애플리케이션의 비즈니스 목표와 서비스 수준 계약에 따라 달라질 것입니다.

예제로 캐시 라인의 동작을 살펴보겠습니다.

이 장의 앞부분에서 이미 프로세서 캐싱의 이점을 논의했습니다. 캐시 라인은 메모리 블록을 가져오는 데 유용하지만, 멀티스레드 환경에서는 문제가 될 수 있습니다. 두 개의 스레드가 동일한 캐시 라인에 위치한 변수에 접근하려고 할 때 경쟁 상태가 발생할 수 있습니다. 첫 번째 스레드가 캐시 라인을 수정하면, 두 번째 스레드의 캐시 라인을 무효화시킵니다. 두 번째 스레드가 메모리를 다시 읽은 후 작업을 수행하면, 이제 첫 번째 스레드의 캐시 라인이 무효화됩니다. 이러한 핑퐁 동작은 성능 저하를 초래하며, 이를 '**거짓 공유**false sharing'라고 부릅니다.

기계적 공감 관점에서, 첫 번째 단계는 이 문제가 발생하고 있음을 이해하는 것입니다. 그런 다음, 이를 해결할 방법을 결정해야 합니다.

자바에서는 객체의 필드 레이아웃이 보장되지 않으므로, 변수들이 같은 캐시 라인을 공유하게 되는 일이 흔합니다. 이를 피하는 한 가지 방법은 변수 주위에 패딩을 추가하여 변수들이 서로 다른 캐시 라인에 배치되도록 강제하는 것입니다.

7.6 요약

프로세서 설계와 현대 하드웨어는 엄청난 변화를 겪어왔습니다. 무어의 법칙과 엔지니어링의 한계(특히 상대적으로 느린 메모리 속도)에 의해 발전한 프로세서 설계는 점점 더 난해한 영역으로 발전하고 있습니다. 캐시 누락 비율은 애플리케이션 성능을 평가하는 가장 중요한 지표가 되었습니다.

자바 환경에서는 자바 가상 머신 설계 덕분에 단일 스레드 애플리케이션 코드에서도 추가적인 프로세서 코어를 활용할 수 있습니다. 자바 애플리케이션은 다른 환경과 비교해 하드웨어 발전으로 인한 성능 이점을 크게 누리고 있습니다.

무어의 법칙이 점차 한계에 도달함에 따라, 소프트웨어의 상대적 성능에 다시 초점이 맞춰질 것입니다. 성능을 중시하는 엔지니어는 현대 하드웨어와 운영 체제의 기본적인 원리를 이해해야 하며, 이를 통해 하드웨어를 최대한 활용하고, 하드웨어와의 불필요한 충돌을 피할 수 있습니다.

다음 장에서는 단일 호스트와 해당 하드웨어, 운영 체제에 대한 논의에서 벗어나, 점점 더 많은 자바 애플리케이션이 배포되고 있는 고도로 가상화되고 컨테이너화된 환경을 살펴보겠습니다.

8장

클라우드 스택의 구성 요소

단일 머신에서 자바 성능을 분석하는 것은 어렵습니다. 이는 자바 가상 머신 하위 시스템과 기본 하드웨어에서 발생하는 다양한 변수 때문입니다. 이전 장에서는 이러한 문제에 접근하는 방법을 탐구하고 논의해왔습니다. 자바 가상 머신의 내부 구조와 진단 도구, 운영 체제 성능 도구를 활용해 실행 중인 프로세스를 분석하는 방법을 다루었습니다.

또한 기계적 공감, 즉 자바 가상 머신과 하드웨어 간의 상호작용을 이해하는 능력은 단일 자바 가상 머신 환경에서 고성능 문제를 해결하는 데 중요한 역할을 합니다.

이 장에서는 단일 자바 가상 머신 모델에서 벗어나 자바 프로세스의 수평적 배포를 지원하는 플랫폼을 살펴보겠습니다. 자바 프로세스를 호스팅하는 플랫폼이 어떻게 크게 변화했는지, 특히 클라우드 네이티브cloud native 환경이 이 분야에 어떤 영향을 미쳤는지 알아봅니다.

1.4절의 '성능을 위한 분류 체계'에서 제시한 핵심 질문 외에도, 클라우드 기반 플랫폼에서 작업하는 개발자들이 추가로 고려해야 할 상황들이 있습니다.

- 비용 최적화optimization for cost
- 신뢰성 최적화optimization for reliability
- 수평적 확장scaling horizontally

즉, 비용, 신뢰성, 그리고 탄력적인 확장성(다수의 자바 프로세스 인스턴스에서 성능을 효과적으로 관리)을 최적화하는 것이 성능에 대한 기존 분류 체계를 보완하는 핵심 요소가 될 것입니다.

이 장에서는 주요 클라우드 네이티브 구성 요소와 관련 표준에 대한 개요를 설명합니다. 또한 클라우드 네이티브 어플리케이션 개발에 필요한 자바 표준도 다룹니다. 여기에는 가상화, 컨테이너, 이미지에 대한 기본적인 개념이 포함됩니다.

이어지는 부분에서는 네트워킹을 다룰 텐데, 클라우드 네이티브 환경에서는 설계를 고려할 때 주의해야 할 중요한 차이점이 존재하기 때문입니다. 마지막으로, 다음 장에서 새 개념을 실습하며 익힐 때 사용하는 Fighting Animals 저장소를 소개합니다.

8.1 클라우드 스택을 위한 자바 표준

자바 프레임워크는 JDK의 핵심 자바 라이브러리를 확장하여 현실적인 문제 해결을 지원합니다. 이를 통해 개발자들은 공통적인 배포 대상과 플랫폼에서 자주 발생하는 문제를 더 쉽게 해결할 수 있습니다. 최근에는 마이크로서비스 기반 아키텍처를 활용한 분산 플랫폼이 점점 더 널리 사용되고 있습니다. 따라서 단일 프레임워크뿐만 아니라, 분산 배포 방식에 적용할 수 있는 표준을 함께 고려하는 것이 중요합니다.

이러한 표준은 쿼커스, 헬리돈Helidon, 오픈 리버티Open Liberty와 같은 다양한 클라우드 네이티브 자바 제품 간의 호환성을 보장합니다.[1]

특히 주목할 만한 두 가지 오픈 표준은 다음과 같습니다.

- 자카르타 EE[2]: 6장에서 언급했듯이, 엔터프라이즈 자바 표준의 집합을 제공하며 널리 사용되고 있지만, 이 책의 범위를 벗어나 자세히 다루지는 않습니다.
- 마이크로프로파일[3]: 클라우드 네이티브 플랫폼의 분산 시스템을 위한 표준으로 버전 6.1에서는 자카르타 EE 10을 관련 있지만 독립적인 표준화된 구성 요소로 분해한 것이 특징입니다.

마이크로프로파일은 마이크로서비스 기반 아키텍처와 분산 시스템의 모범 사례를 지원하는 벤더 중립적 표준을 제공합니다. 이는 12팩터 앱twelve-factor apps을 개발하기 위한 라이브러리의 표준화를 제공하기 때문에 자바 개발자와 아키텍트에게 매우 중요합니다.[4] 표준이 없을 경우, 개발자들이 각자 솔루션을 만들거나 특정 프레임워크에 종속되는 상황에 쉽게 빠질 수 있습니다.

1 스프링과 같이 일부 인기 있는 프레임워크는 역사적으로 표준화 작업에 참여하지 않았습니다.

2 *https://jakarta.ee*

3 *https://microprofile.io*

4 *https://12factor.net*

NOTE 이클립스 재단은 마이크로프로파일과 자카르타 EE 작업 그룹의 중심 역할을 합니다. 그들은 마이크로서비스 표준을 정의하고, 엔터프라이즈 자바 표준을 정의합니다. 또한 이클립스 재단은 OpenJDK의 어댑티움Adoptium 커뮤니티 빌드도 주관하고 있습니다.

[그림 8-1]은 마이크로프로파일 6.1에서 제공하는 표준과 클라우드 네이티브 환경에서 애플리케이션을 개발할 때 주의해야 할 핵심 요소를 보여줍니다. 마이크로서비스 기반 아키텍처의 설계 방식이 진화함에 따라, 자카르타 EE와 마이크로프로파일 역시 변화에 발맞춰 새로운 표준을 도입할 가능성이 큽니다.

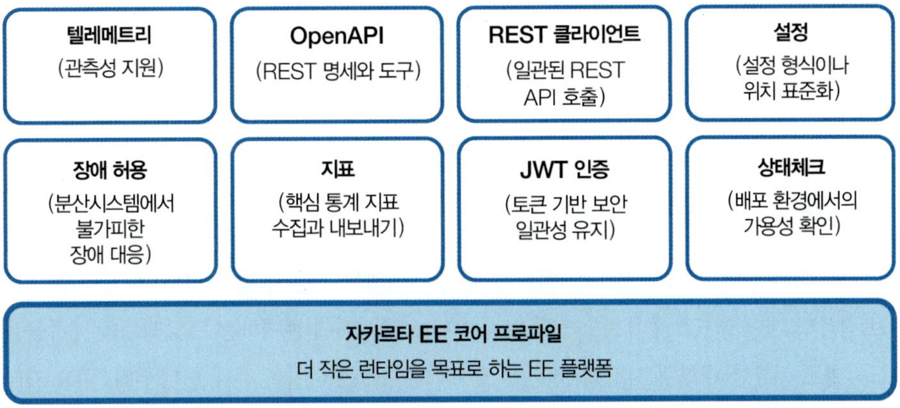

그림 8-1 마이크로프로파일 표준 구조

자바 표준은 유용하지만, 목표 플랫폼에서 벤더 중립성과 이식성을 확보할 수 있는 전략도 필요합니다. 오픈 소스 소프트웨어는 이러한 문제를 해결하기 위해 오픈 재단을 활용하는 오랜 전통을 가지고 있습니다.

8.2 클라우드 네이티브 컴퓨팅 재단

클라우드 네이티브 컴퓨팅 재단cloud native computing foundation(CNCF)은 클라우드 네이티브 컴퓨팅을 보편적으로 확산시키기 위해 설립된 벤더 중립적 오픈 소스 소프트웨어 재단입니다.

> 클라우드 네이티브 기술은 공용, 사설, 하이브리드와 같은 현대적이고 동적인 환경에서 확장 가능한 애플리케이션을 구축하고 실행할 수 있도록 조직을 지원합니다. 컨테이너, 서비스 매시, 마이크로서비스, 불변 인프라, 선언적 API등이 대표적인 사례입니다.
>
> — 클라우드 네이티브 컴퓨팅 재단 헌장

벤더 중립성과 이식성은 중요한 아키텍처 문제이며, 여러 클라우드 네이티브 컴퓨팅 재단 프로젝트가 클라우드 네이티브 애플리케이션 제공에 있어 매우 중요한 역할을 한다는 점은 놀랄 일이 아닙니다.

TIP 컴퓨팅 플랫폼은 특정 언어 스택에 국한되지 않습니다. 따라서 이 장의 나머지 부분에서 다룰 조언은 자바의 범위를 넘어 확장됩니다.

여러 서비스로 구성된 시스템을 설계할 때, 비기능적 요구 사항이 변화됨에 따라 특정 구성 요소를 어디에, 어떻게 배치해야 할지 재검토해야 할 가능성이 높습니다. 클라우드 네이티브 컴퓨팅 재단은 이 과정에서 핵심적인 역할을 하며, 다양한 이점을 제공하는 중요한 프로젝트를 통해 비즈니스와 비정기적 요구 사항을 충족할 수 있도록 지원합니다.

수많은 프로젝트 중에서 특정 용도에 적합한 것을 선택하는 일은 쉽지 않습니다. 클라우드 네이티브 컴퓨팅 재단 랜드스케이프landscape[5]는 네이티브 생태계에 존재하는 프로젝트와 제품들을 카테고리별로 분류한 대화형 지도입니다. 이 랜드스케이프는 다양한 문제를 다루며, 주요 카테고리 다섯 가지는 다음과 같습니다.

- 애플리케이션 정의definition와 배포deployment
- 오케스트레이션과 관리orchestration and management
- 런타임
- 프로비저닝provisioning
- 관측성과 분석observability and analysis

클라우드 네이티브 컴퓨팅 재단, 랜드스케이프의 각 카테고리에는 개별 클라우드 네이티브 컴퓨팅 재단 프로젝트, 해당 프로젝트의 통계, 그리고 프로젝트의 소유권 정보를 확인할 수 있습니다.

---

5 https://landscape.cncf.io/

컨테이너 이미지 형식과 표준은 클라우드 네이티브 컴퓨팅 재단에서 관리하지 않으며, 별도의 표준화 이니셔티브인 OCI(open container initiative)[6]에서 관리된다는 점에 유의해야 합니다. 클라우드 네이티브 컴퓨팅 재단 랜드스케이프에 포함된 프로젝트는 벤더 중립적이지만, 일부는 영리 목적의 프로젝트도 포함되어 있습니다. 클라우드 네이티브 컴퓨팅 재단 오픈 소스 프로젝트는 성숙도에 따라 다음과 같이 분류되어 개발자와 아키텍트가 클라우드 네이티브 배포에 적합한 기술을 선택하는 데 도움을 줍니다.

샌드박스

초기 단계의 혁신적인 프로젝트로, 아직 개발 초기 단계에 있으며 프로덕션에서 사용하기에는 적합하지 않을 수 있습니다.

인큐베이팅

프로덕션 준비가 완료된 프로젝트로, 활발히 채택되며 신뢰성을 입증받은 상태입니다. 이러한 프로젝트는 적절한 거버넌스와 유지 관리 체계, 커뮤니티, 엔지니어링 원칙, 보안, 생태계를 갖추고 있어야 하며, 인큐베이팅 템플릿의 기준을 충족해야 합니다.[7]

졸업

여러 산업과 프로젝트에서 프로덕션 사용의 입증된 실적을 보유한 프로젝트입니다. 졸업 템플릿의 기준을 충족해야 합니다.[8]

> **NOTE** 아키텍트들은 클라우드 네이티브 컴퓨팅 재단 랜드스케이프를 자주 사용합니다. 이는 특정 문제 영역에서 기술을 식별하고, 프로젝트의 장점을 발견하며, 개념 증명과 기능 확대에 집중하기 위한 메커니즘으로 사용됩니다.

클라우드 네이티브 자바 개발자와 성능 엔지니어에게 특히 중요한 클라우드 네이티브 컴퓨팅 재단 프로젝트 세 가지가 있습니다.

---

6 *https://opencontainers.org*

7 *https://oreil.ly/PbrIF*

8 *https://oreil.ly/yLkPN*

8.2.1 쿠버네티스

쿠버네티스는 오픈 소스 컨테이너 오케스트레이션 시스템open source container-orchestration system입니다. 이 시스템은 컴퓨팅 노드(호스트)로 구성된 클러스터를 활용하여 시스템 운영자와 데브옵스 팀이 분산 애플리케이션distributed application을 클러스터 전반에 걸쳐 배포, 확장, 조율할 수 있도록 합니다. 쿠버네티스는 2018년에 클라우드 네이티브 컴퓨팅 재단의 졸업 프로젝트로 지정되었습니다.

9장에서 컨테이너와 쿠버네티스를 사용해 자바 애플리케이션을 배포하는 방법을 배울 것입니다.

8.2.2 프로메테우스

프로메테우스Prometheus는 지표 데이터를 저장하기 위한 시계열 데이터베이스와 지표 형식입니다. 이 프로젝트는 2016년 5월 클라우드 네이티브 컴퓨팅 재단의 인큐베이팅 프로젝트로 승인되었고, 2018년 8월에 졸업 프로젝트로 전환되었습니다.

8.2.3 오픈텔레메트리

오픈텔레메트리OpenTelemetry(OTel) 애플리케이션의 관측성 데이터를 수집, 집계, 전송하여 관측성 시스템으로 전달하기 위한 표준, 형식, 라이브러리 세트입니다.

오픈텔레메트리[9]는 클라우드 네이티브 컴퓨팅 재단 프로젝트로, 기술 개발은 깃허브[10]에서 진행되고 있습니다. 오픈텔레메트리는 크로스 플랫폼 기술로 설계되었으며, 특정 언어에 국한되지 않습니다. 하지만 자바는 이 표준을 구현하는 데 있어 성숙한 기술을 제공합니다. 따라서 여러 프로그래밍 언어로 작성된 다양한 프로젝트들이 존재합니다.

오픈텔레메트리는 클라우드 네이티브 컴퓨팅 재단의 인큐베이팅 프로젝트에 속하지만, 폭발적으로 성장하며 이미 많은 조직에서 프로덕션 환경에 적용되고 있습니다. 11장에서 오픈텔레메트리에 대해 심도 있게 다룰 예정입니다.

---

9 https://oreil.ly/S2mhd

10 https://github.com/open-telemetry

이와 같은 기술들을 뒷받침하는 핵심은 배포 모델입니다. 이제 클라우드 네이티브 스택에서 가상화가 왜 중요한지 알아보겠습니다.

8.3 가상화

가상화를 논하기에 앞서, 더 근본적인 질문인 '**클라우드**란 무엇인가?'를 먼저 살펴보아야 합니다. '**클라우드는 그냥 누군가의 컴퓨터일 뿐이다**'라는 말을 자주 듣게 되지만, 클라우드는 그보다 더 복잡한 개념입니다. 이에 대한 정의는 다음과 같습니다.

> 클라우드를 가장 간단히 정의하면, 동일한 하드웨어로 가득 찬 데이터 센터입니다. 처음 설치할 때와 고장 나서 폐기할 때를 제외하고는 아무도 이를 물리적으로 만지지 않으며, 모든 배포, 업데이트, 점검, 관리가 자동화한 환경입니다.
>
> — 메리 브랜즈컴[11]

클라우드 환경에서 인프라는 상품화된 상태로 제공되며, 다양한 애플리케이션 사용 사례에 대해 즉시 실행할 준비가 되어 있습니다. 그러나 인프라와 하드웨어에 직접 접근할 수 있는 경우는 드뭅니다. 대신, 고객의 런타임 환경이 인프라 또는 다른 고객과 명확히 분리되도록 관리와 제어가 이루어져야 합니다.

자바 개발자와 성능 엔지니어에게 이것은 클라우드로 전환할 때 직면하게 되는 첫 번째 트레이드오프입니다.

기본 운영 체제와 하드웨어에 접근하려면 상당한 비용이 들며, 물리적 플랫폼에 대한 정보는 매우 제한적이거나 거의 제공되지 않을 수 있습니다. 흥미롭게도, 가상화 기술은 1970년대 초 IBM 메인프레임 환경에서 처음 개발되었습니다. 하지만 x86 아키텍처가 '진정한' 가상화virtualization를 지원할 수 있게 된 것은 최근의 일입니다.

TIP 전통적인 시스템 관리 기법인 'SSH로 서버에 접속해 확인하기SSH into a box and have a look around'는 클라우드 환경에서 일반적으로 사용할 수 없습니다. 대신 간접적인 관리 방식을 채택하는 것이 표준이 되었습니다.

---

11 https://oreil.ly/pfG-e

가상화는 다음 세가지 조건으로 정의됩니다.

- 가상화된 운영 체제에서 실행되는 프로그램은 베어메탈bare metal에서 실행될 때와 동일하게 동작해야 합니다.[12]
- **하이퍼바이저**hypervisor라는 구성 요소가 하드웨어 리소스에 대한 모든 접근을 중지해야 합니다.
- 가상화로 인한 오버헤드는 가능한 한 작아야 하며, 실행 시간에 큰 영향을 주어서는 안 됩니다.

전통적인 비가상화unvirtualized 시스템에서는 운영 체제 커널이 특별한 권한 모드에서 실행되며(이를 위해 커널 모드로 전환이 필요), 운영 체제가 하드웨어에 직접 접근할 수 있습니다. 예를 들어, 개발자 노트북에서 로컬로 작업할 때 이런 방식이 사용됩니다.

하지만 가상화된 시스템에서는 게스트 운영 체제가 하드웨어에 직접 접근할 수 없습니다. [그림 8-2]는 클라우드 인프라의 기본 계층을 구성하는 클라우드 호스트 운영 체제 구조를 설명합니다. 또한 `Feline`과 `Mustelid` 구성요소는 이 장의 후반부에서 다룰 전형적인 REST 마이크로서비스를 나타냅니다.

그 다음 계층은 하이퍼바이저로, 운영 체제와 게스트 운영 체제 사이에서 간접적인 연결 역할을 합니다. 개발자는 컨테이너를 사용해 게스트 운영 체제에 자유롭게 애플리케이션을 배포할 수 있으며, 이에 대한 세부 사항은 곧 다루겠습니다.

그림 8-2 가상화 스택

하이퍼바이저는 가상화의 중심에 있으며, 이를 보면 과거의 느린 가상화 환경 이야기가 떠오를

12 우리는 베어메탈이라는 용어를 단일 운영 체제에서 가상화 없이 직접 소프트웨어를 실행하는 환경을 의미하는 데 사용하겠습니다.

수 있습니다. 하지만 클라우드에서 가상 머신과 하이퍼바이저가 널리 사용되면서, 하이퍼바이저 오버헤드에 대한 연구와 개선이 크게 진전되었습니다.

공용 클라우드로 이전할 때, 일반적으로 대상 플랫폼은 하이버바이저와 함께 제공되는 가상 머신이 됩니다. 이는 성능에 영향을 미치며, 적어도 일부는 사용자가 통제할 수 없는 영역에 속합니다. 그러나 공용 클라우드 제공업체는 사용자가 선택할 수 있는 다양한 가상 머신 옵션을 제공합니다.

적절할 가상 머신을 선택하는 것은 공용 클라우드에서 특정 작업 부하를 실행할 때 중요한 고려 사항이 됩니다.

이제 클라우드 제공업체에서 제공하는 가상 머신 유형과 아키텍트와 개발자로서 어떤 결정을 내려야 하는지 살펴보겠습니다.

8.3.1 적절한 가상 머신 선택하기

공용 클라우드 제공 업체들은 다양한 작업 부하 프로파일에 적합하도록 설계된 여러 유형의 가상 머신을 제공합니다.

아마존 EC2[13]는 사용 사례에 따라 선택할 수 있는 방대한 가상 머신 구성 옵션을 제공합니다. AWS는 가상 머신 외에도 베어메탈 서버를 제공합니다. 아래는 작업 부하를 실행할 수 있는 몇 가지 EC2 옵션입니다.

일반 목적

애플리케이션의 시작점으로 사용됩니다. 일반 목적 내에서는 다양한 컴퓨팅 옵션이 있습니다. 예를 들어, M7g 시리즈에서는 vCPU 1개와 메모리 4GB를 가진 소형 가상 머신(중형 가상 머신부터 CPU와 메모리 256GB를 갖춘 베어메탈(`m7gd.metal`)까지 선택할 수 있습니다.

컴퓨팅 최적화

높은 CPU 부하를 가진 작업 부하를 지원합니다.

13 *https://oreil.ly/FBJOg*

메모리 최적화

대규모 데이터 세트와 메모리에서 대량의 읽기와 쓰기가 이루어지는 작업 부하에 적합합니다. 이 범주는 데이터베이스, 인메모리 캐싱in-memory caching, 데이터 분석 등을 포함합니다.

가속 컴퓨팅

하드웨어 가속acceleration을 사용하며, 그래픽 처리, 복잡한 계산, 생성형 AI 애플리케이션generative AI application에 특화되어 있습니다.

저장소 최적화

로컬 저장소에서 읽기와 쓰기 작업에 최적화된 설계입니다. 트랜잭션 데이터베이스와 아파치 스파크Apache Spark 스타일의 작업에 초점을 맞추고 있습니다.

고성능 컴퓨팅

복잡한 시뮬레이션과 딥러닝 스타일의 작업에 적합합니다.

애저[14]는 일반적인 컴퓨팅에 사용되는 D-시리즈에서 자정소 최적화된 가상 머신에 사용되는 L-시리즈까지 폭넓은 옵션을 제공합니다.

구글 클라우드[15]는 범용적 목적, 초고용량 메모리ultra-high memory, 컴퓨팅 집중 작업 부하, GPU가 필요한 애플리케이션 등 다양한 옵션을 제공합니다.

클라우드에서 애플리케이션을 설계할 때는 일반 목적의 가상 머신으로 시작하는 것이 가장 좋습니다. 일반 목적 가성 머신은 다양한 작업에 적합하고, 처음 시작하기에 효율적입니다.

인스턴스 유형은 주로 2의 제곱수로 크기가 설정됩니다. 만일 CPU 성능이 5%만 더 필요하다면, 더 큰 가상 머신으로 업그레이드하는 것은 비용적인 부담이 될 수 있습니다. 따라서 필요에 따라 신중히 선택하는 것이 중요하며, 인스턴스 계열은 CPU, 메모리, 네트워크 처리량, 저장소의 일정한 비율을 유지하면서 선택할 수 있는 기준점을 제공합니다.

이러한 단계를 거치며 변경 사항이 성능과 비용 간의 적절한 균형을 제공하는지 측정해 나가는

14 https://oreil.ly/RNTDZ

15 https://oreil.ly/E9s_g

것이 중요합니다.

9장에서는 애플리케이션 배포내에서 가상 머신을 혼합해 사용하는 방법을 자세히 다룹니다. 클라우드 기반 애플리케이션의 스케줄링과 배포는 중요한 과제입니다. 쿠버네티스와 같은 오케스트레이션 플랫폼은 가상 머신을 혼합하여 사용할 수 있는 기능을 제공하며, 특정 작업 부하에 특화된 노드 풀과 일반적 용도의 노드를 함께 사용할 수 있습니다.

8.3.2 가상화 고려 사항

클라우드 애플리케이션을 설계할 때는 비용, 신뢰성, 확장성을 최적화할 수 있는 가상 머신을 선택하는 것이 중요합니다. 예를 들어, CPU를 많이 사용하는 작업을 하거나 그렇게 될 가능성이 있다면, 실제로 비슷한 환경에서 성능 테스트를 실행하고 영향을 측정하는 것이 필요합니다.

TIP 클라우드의 큰 장점 중 하나는 테스트를 위한 임시 환경ephemeral environment을 쉽게 생성할 수 있다는 점입니다. 이 개념은 9장에서 다시 설명합니다.

또 다른 옵션은 '최상의 두가지 방법best of both worlds' 플랫폼을 실행하는 것입니다. 이 모델에서는 일부 작업은 공용 클라우드에서, 다른 일부는 베어메탈에서 실행합니다. 이를 통해 버스트 스케일과 신뢰성이 필요한 특정 작업을 최적화할 수 있으며, 동시에 핵심 프로세싱에 기계적 공감과 성능을 고민할 수 있습니다.

이 내용은 '컨테이너 오케스트레이션container orchestration'에서 오케스트레이션 시스템과 프로세스 배치에 대해 더 자세히 설명합니다. 이 접근 방식의 좋은 예로 레드햇의 오픈시프트('하이브리드 클라우드' 기술)가 있습니다.

이제 가상 머신에 대한 기본 이해를 바탕으로, 클라우드 네이티브 배포, 이미지, 컨테이너를 구성하는 기본 요소들을 더 자세히 살펴보겠습니다.

8.4 이미지와 컨테이너

1990년대 후반에 자바가 처음 등장했을 때, **'한 번 작성하면 어디서나 실행할 수 있다**write once, run everywhere'라는 슬로건으로 큰 주목을 받았습니다. 이 말은 자바 가상 머신을 실행할 수 있는 모든 우영 체제와 컴퓨터에서 자바 코드를 실행할 수 있다는 뜻입니다. 이 목표는 매우 대담한 것이었고, 특히 초기에는 이러한 추상화가 항상 완벽하지는 않았습니다.

그럼에도 불구하고, 현대 소프트웨어의 많은 측면과 마찬가지로, 자바는 많은 소프트웨어 기술들이 주류로 자리잡는 데 큰 역할을 했습니다.

> 가상 머신, 동적 자기 관리dynamic self-management, JIT 컴파일, 가비지 컬렉션과 같은 거대한 아이디어들은 이제 프로그래밍 언어의 일반적인 기술로 자리 잡았습니다.
>
> — 벤저민 에번스, 『97 Things Every Java Programmer Should Know』

지금의 기술 환경은 계속 변화하고 있으며, 빅 데이터, 인공지능 클라우드 네이티브 라우팅, 네트워크 수준 제품을 겨냥한 프로그래밍 언어와 플랫폼이 폭발적으로 증가했습니다. 이러한 복잡한 기술들을 지원하기 위해, 업계는 다양한 운영 체제, 환경, 그리고 더 다양한 의존성을 가진 소프트웨어 배포에 대응해야 합니다.

이식성은 클라우드 네이티브 애플리케이션의 설계 목표 중 하나지만, 자바 바이트코드의 이식성으로 나타난 것이 아니라, 약간 더 높은 수준인 컨테이너 이미지에서 구현되었습니다. **컨테이너 이미지**container image(단순이미지)는 오케스트레이션 애플리케이션 프로세스를 생성할 수 있는 파일로, 컨테이너 관리 시스템이나 오케스트레이션 도구의 제어로 실행됩니다.

8.4.1 이미지 구조

전통적인 유닉스 시스템 환경에서 프로그램의 실행 파일은 디스크에 저장된 고정된 형태의 프로그램입니다. 이 파일을 실행하면, 프로그램이 활성화되어 애플리케이션으로 실행됩니다. 컨테이너 이미지도 마찬가지로 고정된 버전으로 생각할 수 있으며, 스케줄링과 오케스트레이션을 통해 활성화된 애플리케이션으로 변환됩니다. 구성 요소의 다양성과 복잡성이 증가하면서, 애플리케이션 스택을 관리하고 제어하기 위한 표준화가 중요해졌습니다. 도커docker가 2015년에 만든 오픈 컨테이너 이미지 OCI가 좋은 예입니다.

이미지는 자바 애플리케이션을 포함한 모든 애플리케이션을 패키징하는데 선호되는 표준 방식이 되어 가고 있습니다. 이 이미지는 애플리케이션을 실행하기 위해 필요한 모든 것을 포함하고 있습니다. 여기에는 사용자 영역 구성 요소(운영 체제의 일부)와 자바 가상 머신도 포함됩니다. 심지어 베어메탈 서버에서 실행할 때도 이미지는 유용합니다.

OCI는 이미지의 형식, 이미지가 컨테이너로 실행되는 방식, 그리고 이미지를 배포하는 방식을 표준화하는 역할을 맡고 있습니다.

이제 컨테이너를 만들고 실행할 때 알아야 할 중요한 점들과 주의해야 할 문제들을 살펴보겠습니다.

8.4.2 이미지 구축

소프트웨어 빌드 과정에서 이미지를 생성하는 방법으로 `Dockerfile` 명령어가 있습니다. `Dockerfile`의 한 줄 한 줄은 이미지의 새로운 레이어를 만들어냅니다. 레이어는 파일 시스템의 변경 내용을 의미하여, 컨테이너 안에서 사용되고 빌드 캐시에 저장됩니다. 빌드 캐시에 있는 기존 레이어는 새 이미지를 생성하기 위한 구성 요소로 다시 사용할 수 있습니다.

> **NOTE** 도커는 기술로서의 사용과 상업적 엔티티와 레지스트리 제공자로서의 역할이 혼동될 수 있습니다. 여기서는 도커를 오픈 소스와 다양한 도구에서 널리 사용되는 표준 형식으로 언급합니다.

아래 예제에서는 `FROM`이라는 명령어를 사용하여 자바 애플리케이션 `animals-demo-1.0-SNAPSHOT.jar`를 추가하기 위한 기반 이미지를 설정합니다.

명령어 `USER`, `RUN`, `COPY`, `WORKDIR`는 app 폴더를 설정하고, 빌드된 `jar` 파일을 **/app** 폴더로 이동시킵니다. 이후, `CMD`라는 명령어를 통해 컨테이너가 `jar` 파일을 실행할 준비를 완료합니다.

```
FROM registry.access.redhat.com/ubi8/openjdk-17:1.13-1
USER root
RUN mkdir /app
COPY target/animals-demo-1.0-SNAPSHOT.jar  /app
```

```
WORKDIR /app
CMD ["java", "-jar" , "animals-demo-1.0-SNAPSHOT.jar", \
     "io.opentelemetry.examples.animal.AnimalApplication"]
```

Dockerfile 외에도, 빌드와 레이어 최적화 결정을 내리는데 더 많은 정보를 제공할 수 있는 대안이 개발되었습니다.

Jib[16]는 자바 애플리케이션을 빌드 할 때 사용하는 메이븐Maven과 같은 빌드 시스템의 일부로 실행됩니다. 따라서 자바 애플리케이션의 구조와 의존성에 대한 더 많은 정보를 가질 수 있다는 장점이 있습니다. Jib는 이미지를 의존성, 리소스, 클래스와 같은 개별 레이어로 구성합니다. Jib는 변경된 레이어만 수정합니다. 기본적인 이론은 자바 라이브러리 의존성과 프로젝트의 리소스는 애플리케이션 코드의 클래스에 비해 변경 빈도가 낮다는 것입니다. 이러한 방식으로 레이어를 분리함으로써 변경되지 않은 레이어는 덜 변경되어, 개발 중 빌드 시간과 시작 시간을 줄일 수 있습니다.

Jib를 사용하면 자바 라이브러리와 하위 이미지 레이어에서 애플리케이션을 빌드 할 때마다 모든 의존성을 최신 상태로 유지할 수 있다는 장점이 있습니다. Dockerfile을 사용하는 방식도 가능하지만, Dockerfile을 사용할 경우, 기본 이미지가 패치 되거나 새 버전이 출시될 때마다 수동으로 업데이트해야 합니다. Jib는 이런 업데이트 과정을 더 쉽게 해주며, 보안과 성능을 개선할 수 있습니다.

멀티스테이지 빌드multistage build를 사용하면 도커에서도 효율적인 빌드가 가능합니다. 이를 통해 jar 파일을 빌드한 다음, 두번째 단계에서 jar파일을 사용해 최종 이미지를 만듭니다. 첫번째 단계에서 사용된 레이어는 삭제되고, 최종 이미지에는 필요한 jar 파일만 포함됩니다. 이렇게 하면 빌드 환경이 더 표준화되고 단순화됩니다.

아래 Dockerfile 예제는 이런 멀티스테이지 빌드를 보여줍니다. 첫 번째 부분에서는 메이븐과 OpenJDK 17을 사용해 jar 파일을 생성합니다. 두번째 부분에서는 생성된 jar 파일을 가져와 최종 이미지를 만듭니다. As builder는 첫 번째 단계의 빌드를 나타내며, -from=builder는 jar 파일을 가져오는 명령입니다.

```
#This first stage acts as a builder using a maven base image to create the jar
```

16 https://oreil.ly/hnAr-

```
FROM maven:3.9-openjdk-17 AS builder
COPY src /usr/src/app/src
COPY pom.xml /usr/src/app
RUN mvn -f /usr/src/app/pom.xml package

FROM registry.access.redhat.com/ubi8/openjdk-17:1.13-1
USER root
RUN mkdir /app
#Copy the jar created by the first stage
COPY --from=builder /usr/src/app/target/animals-demo-1.0-SNAPSHOT.jar /app
WORKDIR /app
CMD ["java", "-jar" , "animals-demo-1.0-SNAPSHOT.jar"]
```

자바 애플리케이션의 일반적인 이미지 스택에는 운영 체제 의존성 그리고 jar 파일이 포함됩니다. 최소한의 베이스 이미지는 레드햇의 UBI^Universal Base Image^ 미니멀[17]로 압축 크기가 37.1 MB입니다. AMD64 아키텍처에서 OpenJDK를 계층화하면 베이스 이미지의 압축 크기는 147.8 MB가 됩니다. 최종 레이어 크기는 애플리케이션 빌드 크기에 따라 달라집니다.

이미지는 상당히 커질 수 있습니다. 예를 들어, 윈도우 AMD64용 **이클립스 테뮤린**Eclipse temurin 이미지는 2.27 GB입니다.

'컨테이너와 스케줄링의 문제점Challenges with Containers and Scheduling'에서는 이미지 크기가 스케줄링에 미칠 수 있는 잠재적 영향을 살펴보겠습니다.

8.4.3 컨테이너 실행

컨테이너는 애플리케이션을 독립된 환경에서 실행하기 위한 메커니즘을 제공합니다. 이는 두 가지 리눅스 커널의 **네임스페이스**namespaces와 **cgroups**control groups 두 가지 기능을 사용해 제어됩니다. 네임스페이스namespace는 호스트 머신의 리소스에 대한 접근과 가시성을 제어하고, cgroups는 머신 리소스(특히 CPU 사용률과 메모리)에 대한 제한을 적용합니다.

컨테이너 추상화 목표 중 하나는 서로 다른 컨테이너 간의 프로세스 격리를 제공하는 것입니다. 이는 가상 머신과 비슷하지만, 중요한 차이점이 있습니다. 컨테이너는 가상 머신처럼 하이퍼바이저를 사용하지 않는다는 점입니다. 대신, 컨테이너 안의 애플리케이션은 호스트 운영 체

17 https://oreil.ly/OFTvm

제에서 직접 실행되고, 하이퍼바이저의 추가적인 간접 계층 없이 호스트의 커널에 접근합니다.

이제 컨테이너는 가볍고 빠르게 시작할 수 있으며, 이는 9장에서 오케스트레이션의 기반을 형성합니다.

컨테이너 실행 시 네트워킹의 중요성을 살펴봅니다.

8.5 네트워킹

컨테이너와 오케스트레이션 시스템은 **임시 컴퓨팅**ephemeral computing를 사용합니다. 이는 작업이 항상 같은 '장소'(예 물리적 서버나 가상 서버)에서 실행되지 않을 수도 있다는 뜻입니다. 임시 컴퓨팅의 장점은 비용을 절약할 수 있다는 점입니다. 필요에 따라 작업량이 늘어나면 서버를 더 추가하고, 줄이면서 서버를 줄일 수 있습니다.

확장은 주어진 환경 내에서 이루어질 수도 있고, 필요에 따라 환경에 동적으로 추가되기도 합니다(예 클러스터에 더 많은 노드를 추가). 이를 통해 스팟 컴퓨팅spot computing의 이점을 활용할 수도 있습니다. 스팟 컴퓨팅은 미사용 자원을 낮은 비용으로 사용할 수 있는 기능을 말합니다. 하지만 스팟 인스턴스stop instance는 예약되거나 보장되지 않으며, 해당 자원에 대한 수요가 발생하면 사전 통보 없이 종료됩니다.

네트워크 관점에서 보면, 고정된 온프레미스 데이터 센터처럼 안정적이지 않을 수 있으며, 구성 요소들이 항상 고정된 IP 주소나 지속적으로 사용 가능한 컴퓨팅 자원을 가지지 않을 수 있습니다. 따라서 네트워킹과 애플리케이션 통신을 생각할 때는 트래픽 추상화를 고려하는 것이 최선의 방법입니다. 트래픽을 일반적으로 북에서 남, 동에서 서와 같이 두 가지 범주로 나눌 수 있습니다.

북에서 남 트래픽은 시스템의 일부가 아닌 트래픽으로, 클라우드 내 다른 위치나 인터넷에서 발생할 수 있습니다. 북에서 남 트래픽은 고정된 IP 주소를 가져야 하며, 종종 인그레스ingress라고 불립니다. 이에 대해 더 자세한 내용은 9.2.5절의 '클러스터의 서비스에 연결하기'에서 더 상세히 다룹니다.

인그레스를 설정하는 한 가지 방법은 고가용성 로드 밸런서highly available load balancer를 사용하는 것입니다. 로드 밸런서는 클라우드 제공업체에서는 제공하는 도구로, 외부에서 들어오는 트래픽을 내부 애플리케이션으로 전달합니다. 이를 통해 외부에서 고정된 IP 주소를 사용할 수 있으면서도, 내부적으로는 서버를 추가하거나 작업 부하를 조정하여 더 많은 요청을 처리할 수 있습니다.

동에서 서 트래픽은 오케스트레이션 계정 내에서 서비스 간 호출을 의미하며, 여기서는 오케스트레이션 플랫폼에서 제공하는 내부 서비스 디스커버리internal service discovery를 사용하여 확장하거나 축소할 수 있습니다. 쿠버네티스와 같은 오케스트레이션 시스템에서는 클러스터 내 다른 서비스에서 사용할 수 있는 로컬 DNS 항목을 생성하기 위해 서비스를 사용할 수 있습니다. 이에 대해서는 '서비스'에서 더 깊이 설명합니다.

마지막으로, 이 장에서는 클라우드 네이티브 애플리케이션의 개념을 설명하고, 이후 빌드와 배포, 그리고 관측성을 다루기 위해 확장된 예제 시스템을 소개합니다.

8.6 Fighting Animals 예제 소개

이 책에서는 `'Hello World'` 수준을 넘어서지만, 여전히 이해하기 쉽고 실제 시스템을 시작하는 데 사용할 수 있는 완전한 예제를 제공합니다. 그 이유 중 하나는 클라우드 기술에 입문한 사람들이 기본적인 샘플 프로젝트에서 더 발전하기 어렵기 때문입니다.

관측성이라는 개념을 예제에 추가하면 상황은 더 복잡해집니다. 지나치게 단순한 예제는 실제로 운영 환경에서 사용할 수 있는 관찰 시스템으로 확장하기 어렵기 때문입니다. 관찰 시스템 사용을 위해서는 여러가지 복잡한 설정이 필요합니다. 관찰 대상 시스템에 따라 적용될 수도, 그렇지 않을 수도 있는 여러 가지 옵션과 변수들이 많기 때문에 처음 설정하는 것이 까다로울 수 있습니다.

이 책에서는 Fighting Animals 예제 애플리케이션을 먼저 소개하겠습니다. 이후 10장과 11장에서 관측성 관련 사항을 더 자세히 살펴봅니다.

Fighting Animals는 깃허브[18]에서 제공되는 마이크로서비스 아키텍처를 가진 간단한 자바

18 *https://oreil.ly/NMV7j*

애플리케이션입니다. 주요 버전은 스프링부트로 작성되었지만, 쿼커스를 기반으로 한 대안 버전[19]도 존재합니다. 이 책에서는 스프링부트 버전을 기준으로 설명합니다.

이 애플리케이션은 도커 컨테이너로 실행되며(예 도커 컴포즈docker compose 사용), 포트 8080에서 REST 엔드포인트를 제공합니다. 이 엔드 포인트에 요청을 보내면 여러 Fighting Animal을 JSON 형식으로 반환합니다.[20]

`GET/battle`을 호출하여 다음과 같은 battle 결과를 얻을 수 있습니다.

```
{
  "good": <animal1>,
  "evil": <animal1>
}
```

대부분 다음장에서 다루겠지만, 다음과 같은 여러 사항을 설명합니다.

- `main`: 관측 불가능
- `micrometer_only`: 마이크로미터Micrometer 지표만 사용
- `Micrometer_with_prom`: 프로메테우스를 활용한 마이크로미터 지표
- `Manual_tracing`: 수동 스팬을 이용한 오픈텔레메트리 추적trace
- `Auto_otel`: 오픈텔레메트리 자바 에이전트를 사용하여 자동으로 추적
- `K8s-with-argo`: 쿠버네티스를 활용한 예제와 배포 전략을 사용한 변경 롤아웃
- `Logging_only`: SLF4J 로깅을 오픈텔레메트리로 내보내기
- `Micrometer_with_otel`: 마이크로미터와 오픈텔레메트리 지표 사용
- `Otel_metrics_raw_api`: 오픈텔레메트리 지표를 Raw API를 사용해 구현
- `Distributed_systems`: 카프카를 사용해 Fighting Animals 시스템 확장
- `With_infinispan`: 카프카와 인프니스팬을 사용해 Fighting Animals 시스템 확장

[그림 8-3]에서는 Fighting Animals 시스템의 간단한 구조와 API 호출을 확인할 수 있습니다.

19 *https://oreil.ly/TSeKt*

20 이 애플리케이션은 처음에는 유명 엔터테인먼트 기업의 캐릭터를 사용한 'battle' 애플리케이션으로 개발되었습니다. 그러나 저작권 문제로, 책에서는 이를 수정해야 했습니다.

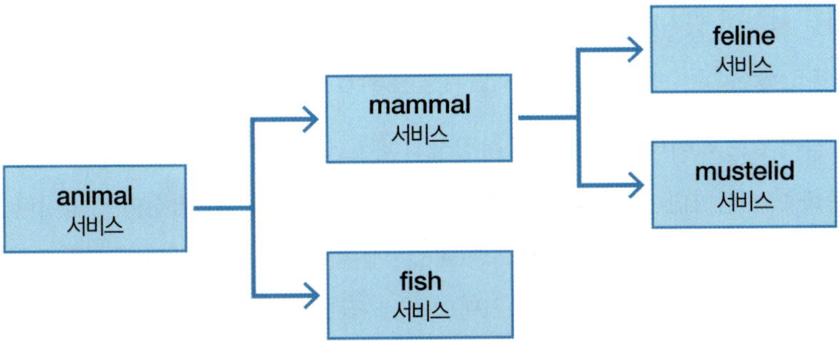

그림 8-3 Fighting Animals 마이크로서비스

초기 호출은 수신된 요청을 처리하기 위해 다른 마이크로서비스로 추가적인 다운스트림 호출을 발생시킵니다.

> **버전 번호에 대한 안내**
>
> Fighting Animals 예제들에서는 의존성과 컨테이너의 고정된 버전pinned versions을 사용하고 있습니다. 이는 예제들이 재현 가능하며 시간이 지나도 변하지 않도록 보장하기 위함입니다. Latest와 같은 유동적인 버전floating versions을 사용하는 시스템에서는 시간이 지나면서 버전이 변경됩니다. 이는 어떤 변화가 있었고 왜 발생하는지를 이해하기 매우 어렵게 만듭니다. 그리고 시스템이 복잡해 질수도록 이 문제는 더욱 심각해집니다. 우리는 자체 애플리케이션 컨테이너의 경우 최신 버전을 사용하지만, 이는 우리가 이를 관리하며 항상 최신 상태를 유지할 수 있기 때문입니다.

8.7 요약

마이크로프로파일은 클라우드 네이티브와 마이크로서비스 기반 아키텍처를 위한 애플리케이션을 구축하는 데 탁월한 표준입니다. 자바 표준만을 고려하는 것 이상으로, 클라우드 네이티브 컴퓨팅 재단은 클라우드 네이티브 아키텍처 접근 방식을 위한 고려해야 할 플랫폼 요소와 프로젝트에 대한 지침을 제공합니다.

가상화는 클라우드 네이티브 스택에서 중요한 측면이며, 컴퓨팅의 주요 구성 요소입니다. 가상화에는 저수준의 세부 사항이 있지만, 더 큰 이점은 작업에 적합한 가상 머신 구성을 선택함으로써 얻을 수 있습니다. 클러스터 배포에는 베어메탈과 가상화를 혼합하는 것도 가능합니다.

이미지와 컨테이너 클라우드 네이티브 환경에서 사실상의 배포 단위입니다. 자바를 위한 이미지를 생성하고 계층화하는 다양한 접근 방식과 함께 주의해야 할 일반적인 함정이 있습니다. 네트워킹은 클라우드 네이티브 스택의 중요한 요소이며, 이에 따라 서비스 검색과 트래픽 라우팅에 대한 고려가 필요합니다. 우리는 클라우드 스택의 더 복잡한 내용을 설명하기 위해 앞으로의 장에서 사용할 Fighting Animals 프로젝트를 소개했습니다.

다음 장에서는 클라우드 네이티브 자바 프로세스를 실행하는 방법을 더 자세히 살펴보겠습니다. 먼저 로컬에서 컨테이너를 실행하는 방법을 살펴본 후 클라우드 네이티브 인프라에서 이를 스케줄링하고 배포하는 방법을 알아볼 것입니다.

9장

클라우드에서의 자바 배포

8장에서 우리는 클라우드 스택의 기초를 다루었습니다. 이 장에서는 이 주제를 더 확장하여 자바 프로세스를 클라우드 네이티브 플랫폼에 배포하는 실질적인 방법을 살펴보겠습니다.

우리는 먼저 로컬 환경에서 컨테이너를 다루는 방법과 컨테이너가 배포될 때 상호작용하는 기본 원리를 이해하는 것부터 시작할 것입니다. 이 과정에서 컨테이너 오케스트레이션의 동작방식과 주의해야 할 사항을 다루게 됩니다.

클라우드 네이티브 플랫폼의 주요 장점으로는 휘발성 컴퓨팅에 대한 접근성과 스케일링 기능을 꼽을 수 있습니다. 이러한 기능을 효과적으로 활용하려면 적절한 **조율**coordinated이 필수입니다. 기본 사항을 학습한 후, 배포와 릴리스 패턴을 살펴볼 예정입니다. 특히, 자바 가상 머신 기반 프로세스에 변경 사항을 빠르게 반영하면서도 버그 발생 위험을 최소화하는 배포 기술에 대해 알아봅니다.

개발자라면 자바 배포가 정말로 자신이 고려해야 할 중요한 요소인지 의문이 들 수 있습니다. 전통적으로는 소프트웨어를 개발한 후 운영 팀에 넘겨 실행하도록 하는 방식이 일반적이었습니다. 그러나 클라우드 네이티브 개발 환경에서는 운영과 개발의 경계가 흐려졌으며, 이에 따라 '데브옵스' 라는 개념이 등장했습니다.

예를 들어, 클라우드 환경에서는 프로덕션 시스템과 비 프로덕션 시스템 간의 일관된 환경을 더 쉽게 만들 수 있습니다. 그 결과, 많은 팀들이 '빌드와 실행build and run' 팀으로 운영 방식을 변경하고 있습니다. 이는 서비스를 개발하고 지원하는 균형을 찾는 방식입니다.

하나의 팀으로 빌드와 운영을 통합하면 효율성(속도)이 향상됩니다. 이는 개발과 운영 팀 간의 오해와 좌절, 오류를 줄이고, 빌드와 운영 팀이 스택 전체에 대한 깊은 전문성과 책임감을 발전시키기 때문입니다. 결과적으로, 빌드와 운영을 통합하는 팀은 더 높은 업무 만족도를 가지며, 팀 참여도가 증가합니다.

이제 로컬 환경에서 컨테이너를 다루는 방법부터 시작해 보겠습니다.

9.1 로컬 환경에서 컨테이너 작업하기

8.4절 '이미지와 컨테이너'에서 이미지와 컨테이너의 기본 개념을 살펴보았습니다. 컨테이너의 장점 중 하나는 로컬 머신에서 배포 시점과 더 유사한 환경을 만든다는 점입니다. 이를 통해 개발자의 머신 운영 체제와 실제 런타임 환경 간의 차이가 문제되는 일을 방지합니다.

Fighting Animals 데모에서 mammal_demo를 빌드하고 실행하려면 다음 명령어를 사용할 수 있지만, 다른 서비스가 사용할 수 없을 때는 curl 명령어가 작동하지 않을 수 있습니다.

```
git clone https://github.com/kittylyst/fighting-animals.git .
git checkout main

mvn clean package
docker build -t mammal_demo -f src/main/docker/mammal/Dockerfile .
docker run -p 8081:8081 -t mammal_demo
curl localhost:8081/getAnimal
 {"timestamp":"2024-04-29T17:18:00.170+00:00","status":500,
 "error":"Internal Server Error","path":"/getAnimal"}
```

MammalController의 서비스 맵을 보면, 아래 코드에서 DNS 의존성이 코드 수준에서 나타납니다. mustelid와 feline 서비스는 URL에서 각각 mustelid-service와 feline-service로 참조됩니다.

이 장의 뒷부분에서 오케스트레이션 플랫폼에서 DNS가 작동하는 방식을 보여드리겠지만, 지금은 이를 로컬에서 재현할 방법이 필요합니다.

```
private static final Map<String, String> SERVICES =
  Map.of(
      "mustelids", "http://mustelid-service:8084/getAnimal",
      "felines", "http://feline-service:8085/getAnimal");
```

한 가지 방법은 로컬에서 쿠버네티스 클러스터를 실행하는 것이고, 또 다른 방법은 도커 컴포즈를 사용하는 것으로, 이는 보다 간단한 시작점이 될 수 있습니다.

9.1.1 도커 컴포즈

도커 컴포즈는 개발 중에 멀티 컨테이너 도커 애플리케이션을 로컬에서 정의하고 실행하기 위한 도구입니다. `docker-compose.yml` 파일을 사용하여 애플리케이션의 서비스를 구성하고, 서비스 간의 의존성을 정의합니다. 그런 다음, `docker-compose up` 명령 하나로 구성에 따라 모든 서비스를 생성하고 시작할 수 있습니다.

다음은 `docker-compose.yml`의 예입니다. Fighting Animals 예제는 5개의 서비스로 구성된 간단한 설정을 가지고 있으며, 각각의 서비스는 별도의 `Dockerfile`로 정의됩니다. `depends_on` 절은 서비스의 토폴로지[topology]를 정의하며, 서비스 이름(예 `mustelid-service`)은 다른 컨테이너가 참조할 수 있는 경량 DNS 엔트리를 생성합니다.

```
# Fish service
  fish-service:
    image: fish_demo:latest
    ports:
      - "8083:8083"
  # Mustelid service
  mustelid-service:
    image: mustelid_demo:latest
    ports:
      - "8084:8084"
  # Feline service
  feline-service:
    image: feline_demo:latest
    ports:
      - "8085:8085"
  # Mammal service
```

```
mammal-service:
  image: mammal_demo:latest
  ports:
    - "8081:8081"
  depends_on:
    - feline-service
    - mustelid-service
# Animal service
animal-service:
  image: animals_demo:latest
  ports:
    - "8080:8080"
  depends_on:
    - fish-service
    - mammal-service
```

`docker-compose up` 명령을 실행하면 이 예제에서 5개의 마이크로서비스가 각각 시작되며, 각각은 서로 다른 TCP 포트를 사용해 수신 대기합니다. 예를 들어, `curl localhost:8081/getAnimal` 명령을 실행하면 mammal 서비스로부터 응답을 받을 수 있습니다. feline과 mustelid 의존성은 명명된 서비스로 설정되며, 다른 컨테이너에서 이를 참조할 수 있습니다.

여기서 중요한 점은, `curl` 명령은 `localhost`에서 실행해야 한다는 것입니다. 컨테이너 외부에서는 명명된 서비스가 보이지 않기 때문입니다. 명명된 서비스의 추상화는 로컬 서비스 이름을 생성하는 데 유용하며, 이는 오케스트레이션 시스템에서도 일관되게 작동합니다.

TIP 개발자가 마주하는 큰 어려움 중 하나는 개발 주기에서 다양한 도구를 사용해야 한다는 점입니다. 이 예제에서는 메이븐, 도커, 도커 컴포즈를 활용합니다.

빌드와 로컬 배포 도구를 변경하지 않고도, 코드를 수정하고 그 변경 사항이 로컬 실행 환경에 반영되는 것을 확인할 수 있다면 개발에 매우 유용할 것입니다.

9.1.2 틸트

틸트tilt[1]는 마이크로서비스를 사용한 로컬 워크플로를 만들기 위해 다양한 도구를 효율적으로

1 *https://tilt.dev*

조율하는 툴킷입니다. 설치 후[2]에는 Tiltfile을 생성하여 필요한 레시피를 정의합니다. 이 레시피는 애플리케이션을 컴파일, 실행, 배포하기 위한 여러 작업을 포함하며, local_resource로 식별된 파일이 변경되었을 때 애플리케이션의 일부를 자동으로 다시 배포합니다. 다음은 Tiltfile의 예제입니다.

monorepo-java-compile 작업은 코드가 변경된 후 이를 다시 컴파일합니다. 이후 docker_build가 모든 이미지를 빌드하며, 이를 docker_compose에 설정된 구성에 따라 다시 배포합니다.

```
local_resource(
  'monorepo-java-compile',
  'mvn clean package',
  deps=['src', 'pom.xml'])

docker_build(
  'animals_demo',
  '.',
  dockerfile='./src/main/docker/animal/Dockerfile')

// ... All other docker_build tasks elided

docker_compose("deploy/docker-compose.yml")
```

[그림 9-1]은 틸트 UI의 예제로, 빌드와 실행 중인 컨테이너의 상태에 대한 시각적 피드백을 제공합니다. 틸트 UI는 로컬 배포의 현재 상태를 확인할 수 있는 기본 기능 외에도, 실행 중인 컨테이너의 로그를 빠르게 확인할 수 있는 등 유용한 기능들을 제공합니다.

2 https://oreil.ly/oUlW-

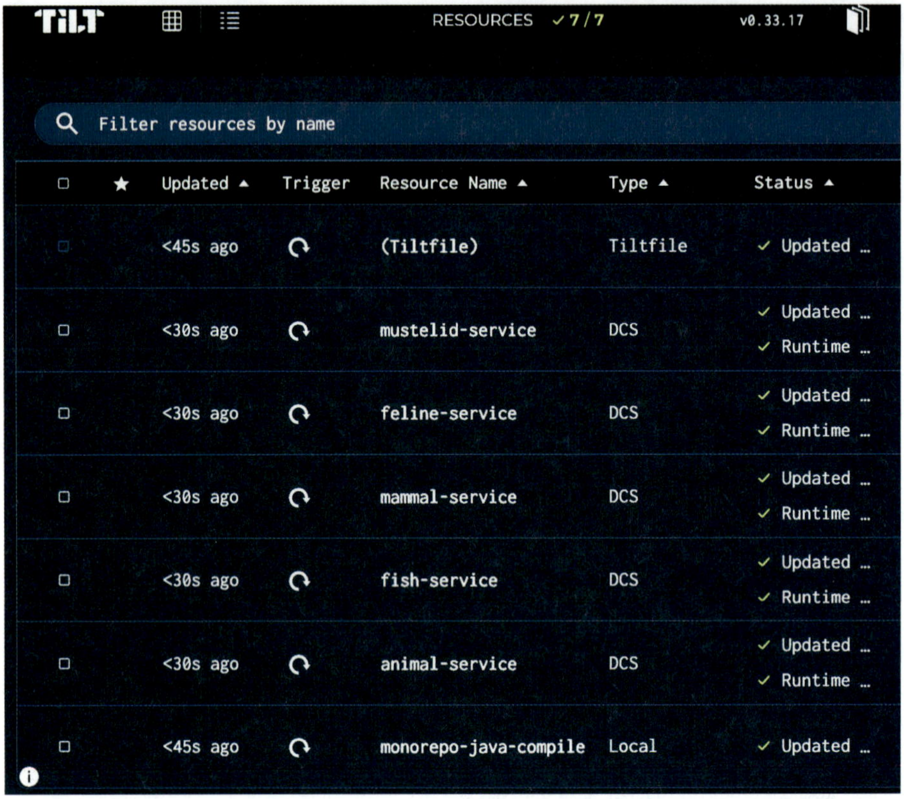

그림 9-1 틸트 사용자 인터페이스

9.2 컨테이너 오케스트레이션

컨테이너를 오케스트레이션 하는 방법에는 여러 가지가 있지만, 이 장에서는 가장 널리 사용되는 선택지인 쿠버네티스에 초점을 맞추겠습니다.

> **NOTE** '쿠버네티스'라는 이름은 고대 그리스어에서 유래했으며, '조타수' 또는 '부 파일럿'을 의미합니다. 관련 도구들 상당수가 이 주제를 따라 이름을 지었습니다.

클라우드 네이티브 컨테이너 오케스트레이션은 일반적으로 제어 플레인control plane과 데이터 플레인이라는 두 가지 주요 구성 요소로 구현됩니다. 제어 플레인은 데이터 플레인의 상태를 조정하기 위해 작업이 수행되는 곳입니다. 데이터 플레인은 작업이 실제로 수행되는 곳으로, 5개의 Fighting Animals 서비스가 실행됩니다.

개발자 관점에서는 서비스가 실행되는 위치와 이를 어떻게 참조할지에 대한 고민이 제어 플레인이 처리하는 플랫폼 문제로 추상화됩니다.

> **NOTE** 제어 플레인의 작업은 결국 일관성을 가지며, 작업이 데이터 플레인에 적용되기까지 시간이 걸립니다. 쿠버네티스는 설계상 일관성과 가용성 간의 균형에서 가용성을 우선시합니다. 14장에서 분산 패턴에 대해 더 자세히 배울 것입니다.

로컬에서 쿠버네티스[3] 클러스터를 구성하는 데 사용할 수 있는 몇 가지 접근 방식이 있습니다. 이 장에서는 사용자가 이러한 구성 옵션 중 하나를 선택했다고 가정하며, 모든 지침은 선택한 구성과 상관없이 적용 가능합니다.

이제 mammal 서비스를 예로 들어, 쿠버네티스 제어 플레인과의 상호작용을 통해 서비스를 실행하는 방법을 살펴보겠습니다. 쿠버네티스 작업을 수행하는 핵심 명령은 `kubectl`입니다. 이는 '쿠버네티스 제어'의 약어입니다. 실무에서는 많은 개발자들이 `kubectl`에 대해 별칭alias을 만들어 사용하며, `k`는 문서나 예제에서 자주 볼 수 있는 일반적인 별칭입니다.

9.2.1 배포

배포는 데이터 플레인에서 실행 중인 워크로드에 대해 어떤 작업이 수행되어야 하는지를 정의합니다. 예제 배포에서는 `mammal-service`와 해당 컨테이너 사양(`container specification`)이 함께 정의됩니다. 다음 예제는 `deployment-mammal.yaml` 파일에 정의된 배포를 보여줍니다.

`kubectl apply -f deployment-mammal.yaml` 명령을 실행하면 클러스터에 해당 배포가 적용됩니다.

---

3 *https://kubernetes.io/docs/setup*

```yaml
apiVersion: apps/v1
kind: Deployment
metadata:
  name: mammal-service
spec:
  replicas: 1
  selector:
    matchLabels:
      app: mammal-service
  template:
    metadata:
      labels:
        app: mammal-service
    spec:
      containers:
        - name: mammaldemo
          image: mammal_demo
          ports:
            - containerPort: 8081
```

Deployment가 적용되면, 쿠버네티스 스케줄러는 Pod를 생성한 뒤 이를 데이터 플레인 노드에 배포합니다. Pod는 쿠버네티스 클러스터의 노드에 하나 이상의 컨테이너가 함께 배포되는 단위를 말합니다. mammal 서비스의 배포에서는 단일 Pod가 생성되며, 이 안에는 단일 컨테이너가 포함됩니다.

예를 들어, 다음 출력에서는 Pod가 고유한 이름을 가지고 있으며, 1/1 컨테이너가 실행 중임을 보여줍니다. 이는 Pod에 하나의 컨테이너가 실행 중이고, 예상대로 하나의 컨테이너가 실행될 상태를 의미합니다. 즉, 이 Pod는 안정적인 상태에 도달한 것입니다.

```
kubectl get Pods
NAME                              READY   STATUS    RESTARTS   AGE
mammal-service-79b4ccb9bb-4bqrj   1/1     Running   0          3m56s
```

이제 Pod 내에서 여러 컨테이너를 실행해야 할 이유를 몇 가지 살펴보겠습니다.

9.2.2 Pod 내부 공유

Pod를 사용한 개발은 강력한 추상화를 제공하며, 여러 일반적인 배포 아키텍처의 핵심 요소가 됩니다.

- Pod 내부에서 실행되는 컨테이너는 공유 저장소 볼륨과 네트워크에 대한 접근 권한을 공유합니다.
- Pod에 함께 배포된 컨테이너는 서로 긴밀한 연결 또는 구성적 의존성을 가지고 있습니다.
- 단일 Pod에 배포된 컨테이너는 `localhost`를 공유합니다. 이는 프로세스 외부에서 통신하는 지연에 민감한 서비스를 함께 배포할 수 있게 합니다. 이는 네트워크 스택을 물리적 네트워크에 도달하기 전에 트래픽을 가로채는 루프백 어댑터loopback adapter 덕분에 가능합니다. 이러한 사실은 애플리케이션 배포 설계의 일부로 고려될 수 있으며, 이는 인프라 수준 프로젝트에서도 일반적으로 사용됩니다.

하나의 Pod에서 다른 Pod로 데이터를 송신하는 경우, 추가적인 네트워크 지연이 발생하며, 이는 전체 요청 흐름의 성능에 영향을 미칠 수 있습니다. 연결된 서비스가 클러스터 내의 다른 노드에 위치해 있을 경우, 이 영향은 더 커질 수 있습니다.

서비스 메시service mesh는 Pod를 기반으로 구성되며, 네트워크 트래픽과 라우팅을 제어할 수 있도록 설정된 클라우드 네이티브 컴퓨팅 재단 프로젝트들의 집합입니다. 서비스 메시에 대한 자세한 내용은 제임스 고프의 『Mastering API Architecture』(오라일리, 2022)에서 확인할 수 있습니다.

Istio[4]와 같은 서비스 메시 프로젝트는 사용자의 애플리케이션 컨테이너와 동일한 Pod에 엔보이 프록시envoy proxy를 배포합니다. 이때 애플리케이션 코드 변경 없이 프록시를 통한 라우팅이 가능해 보이지만, 실제로는 Pod 내부 IP 테이블(라우팅과 방화벽 규칙)을 조작하여 로컬 Pod 수준 네트워크 동작을 변경합니다.

이 설정 과정에서는 Istio가 제공하는 `init-container` 프로세스가 Pod 내부에서 실행됩니다. 해당 프로세스는 Pod의 IP 테이블에 필요한 상태와 구성을 설정한 뒤 종료되는 방식으로 동작합니다.

서비스 메시는 쿠버네티스에서 기본적으로 제공되는 기능을 넘어서는 추가 기능을 제공합니다.

- 프록시는 클러스터를 통과하는 모든 트래픽에 대해 TLS 또는 mTLS 사용을 강제할 수 있습니다. 이 과정은 개발자에게 투명하게 처리되며, Pod 수준에서의 인터셉트intercept 덕분에 가능합니다. 애플리케이션은 로컬 프록시에 연결하고, 프록시가 암호화를 담당합니다.

---

4 *https://istio.io*

- 트래픽이 프록시에서 암호화되므로, 프록시는 암호화되지 않은 페이로드에 접근할 수 있습니다. 이를 통해 네트워크 수준에서 텔레메트리 데이터를 통합할 수 있는 지점이 생깁니다.
- 프록시는 대상 서비스 가는 트래픽을 세분화하여 라우팅할 수 있습니다. 예를 들어, 실제 사용자의 트래픽을 배치 작업이나 장시간 실행되는 프로세스보다 우선 처리하는 라우팅이 가능합니다.

Pod는 더 복잡한 시스템의 구성 요소로 일관된 추상화를 제공합니다. 공유 자원을 일관되게 조작하고 구성할 수 있는 기능 덕분에, Pod는 물리적 노드 위에서 유연하고 일관된 추상화 계층을 제공합니다.

9.2.3 컨테이너와 Pod의 수명 주기

분산되고 스케줄링된 환경에서 실행되는 애플리케이션은 추가적인 비기능적 요구 사항을 충족해야 합니다.

중요한 요구 사항 중 하나는 **생존성**liveness과 **준비**readiness 상태 검사 기능을 제공하는 것입니다. 준비 상태 검사는 프로세스가 요청을 처리할 준비가 되었는지를 나타내며, 생존성 검사는 애플리케이션이 정상적으로 실행 중인지 평가합니다. 이러한 건강 상태 검사의 정확성은 오케스트레이션 시스템이나 트래픽 흐름 시스템이 신뢰성과 회복력을 제공하도록 보장합니다.

준비 상태를 정의하는 것은 구현자나 설계자의 몫이며, 모든 의존성이 요청을 성공적으로 처리할 준비가 되었는지를 고려해야 합니다. 독립적인 컨테이너 상태와 시스템 전체의 건강 상태를 관찰할 수 있는 것이 중요합니다.

Pod는 컨테이너 수준의 생존성 및 준비 상태 검사와 직접 연결된 현재 수명 주기 단계를 통해 실행됩니다. Pod의 조건은 `PodScheduled`, `ContainersReady`, `Initialized`, `Ready`를 포함합니다. 더 자세한 내용은 쿠버네티스 문서의 Pod 수명 주기[5] 절을 참고하십시오.

애플리케이션에서 정확한 생존성 및 준비 상태 검사를 구현하면, Pod가 준비 상태가 되기 전에는 서비스에 연결되거나 로테이션에 포함되지 않습니다. 이에 대한 자세한 내용은 라벤트 오귀트Levent Ogut의 블로그 게시물 「Kubernetes Probes: Startup, Liveness, Readiness」[6]에서 확인할 수 있습니다.

---

5 *https://oreil.ly/iGoqq*

6 *https://oreil.ly/RiZA9*

Pod는 휘발성이기 때문에 내부에서 실행 중인 컨테이너에 일관되게 연결하려면 클러스터 전체에서 여러 Pod로 라우팅하는 기능이 필요합니다. 이것이 바로 서비스가 필요한 이유입니다.

9.2.4 서비스

`Service`는 클러스터에 배포된 Pod에 대한 추상화 계층을 제공하며, 경량 DNS 엔트리를 광고하고 클러스터 내에서 라우팅하는 기본 역할을 합니다.

다음 예제에서는 `mammal-service`라는 이름의 서비스를 배포합니다. 이를 통해 클러스터 수준에서 DNS 엔트리가 생성되며, 이는 `docker-compose`에서 사용된 것과 유사합니다. 선택자는 배포와 매칭되지만, 특정 버전 매칭이나 다른 메타데이터를 기준으로 매칭을 지정하는 것도 가능합니다.

```
apiVersion: v1
kind: Service
metadata:
  name: mammal-service
spec:
  selector:
    app: mammal-service
  ports:
    - protocol: TCP
      port: 8081
      targetPort: 8081
```

TIP 간단한 배포에서는 문자열 메타데이터를 수동으로 입력하고 재입력하는 것이 괜찮을 수 있습니다. 하지만 이는 금방 복잡해질 수 있습니다. 헬름Helm[7]이나 커스터마이즈Kustomize[8]와 같은 도구는 데이터 타입, 템플릿, 변수 등을 도입하여 이러한 문제를 해결하는 데 도움을 줍니다.

`kubectl get services` 명령을 실행하면, 기본 네임스페이스에서 실행 중인 서비스가 출력됩니다. 아래 출력 예시와 같이 생성된 서비스는 클러스터 내부에서의 통신을 위해 설계된 것입니다.

---

7 *https://helm.sh*

8 *https://kustomize.io*

```
kubectl get services
NAME            TYPE        CLUSTER-IP       EXTERNAL-IP   PORT(S)    AGE
kubernetes      ClusterIP   10.96.0.1        <none>        443/TCP    16d
mammal-service  ClusterIP   10.105.113.150   <none>        8081/TCP   57s
```

클러스터가 외부 트래픽을 수락하려면 외부 인그레스 지점을 구성해야 합니다.

9.2.5 클러스터의 서비스에 연결하기

지금까지 생성된 Pod와 서비스는 클러스터 내부에서만 보입니다. 이는 클러스터 배포의 중요한 특징이지만, 많은 애플리케이션에서는 클러스터에 외부 진입점을 제공해야 합니다. 이를 위해 여러 가지 방법이 있지만, 일반적으로는 클러스터 외부에서 접근할 수 있는 IP 주소를 가진 LoadBalancer를 만드는 방식을 사용합니다.

Fighting Animals 예제에서는 animal service만 클러스터 외부에 노출해야 합니다. 다른 서비스들은 내부용으로만 참조되며, 클러스터 내부 라우팅을 위해 Service를 활용할 수 있습니다.

다음 서비스 YAML 정의에서, animal service는 LoadBalancer를 사용하여 생성됩니다. 이를 통해 외부 IP 주소를 가진 로드 밸런서가 등록되어야 한다는 것을 나타냅니다.

```
apiVersion: v1
kind: Service
metadata:
  name: animal-service
spec:
  type: LoadBalancer
  selector:
    app: animal-service
  ports:
    - protocol: TCP
      port: 8080
      targetPort: 8080
```

이 인그레스 포인트를 생성하면 외부 IP 주소가 노출되어 클러스터 외부에서 연결할 수 있습니다. 아래 출력 예에서 kubectl get services 명령을 실행하면, ClusterIP 유형의 서비스와 함께 animal-service의 LoadBalancer 유형 서비스가 표시됩니다. 여기에는 외부 IP 주소(20.108.87.2)와 포트(8080)가 포함됩니다. 이제 *http://20.108.87.2:8080*으로 외부 IP 주소를 사용하여 연결할 수 있습니다.

```
NAME              TYPE           CLUSTER-IP      EXTERNAL-IP   PORT(S)
animal-service    LoadBalancer   10.106.223.136  20.108.87.2   8080:31762/TCP
feline-service    ClusterIP      10.101.233.232  <none>        8085/TCP
fish-service      ClusterIP      10.101.40.193   <none>        8083/TCP
kubernetes        ClusterIP      10.96.0.1       <none>        443/TCP
mammal-service    ClusterIP      10.111.138.65   <none>        8081/TCP
mustelid-service  ClusterIP      10.98.142.128   <none>        8084/TCP
```

LoadBalancer 구현은 사용하는 쿠버네티스 배포판에 따라 다릅니다. 예를 들어, 클라우드 제공자 환경에 배포할 경우, 이는 제공자의 네트워크에서 제공하는 로드 밸런싱 솔루션을 사용하게 됩니다.

이제 쿠버네티스를 프로덕션 환경으로 사용할 때 흔히 직면하는 문제를 살펴보겠습니다.

9.2.6 컨테이너와 스케줄링의 도전 과제

다른 많은 배포 환경과 마찬가지로, 쿠버네티스에서 로컬 환경에서의 설정과 실행은 비교적 간단합니다. 하지만 대규모 운영 환경에서는 다양한 문제에 직면할 수 있습니다. 쿠버네티스 클러스터의 전체 운영은 이 책의 범위를 벗어나지만, 개발자가 흔히 마주칠 수 있는 몇 가지 문제를 다뤄보겠습니다.

클러스터의 애플리케이션 수와 노드 수가 증가함에 따라, 현재 문제나 과거 문제의 근본 원인을 찾는 것이 어려워질 수 있습니다. 또한, 여러 서비스를 통과한 오류 요청의 경로를 파악하기도 까다롭습니다. 로그를 수동으로 살펴볼 수도 있지만, 실행 중인 여러 인스턴스가 있는 경우 어떤 Pod과 컨테이너가 오류 요청에 관여했는지 찾는 데 시간이 많이 소요되고 복잡할 수 있습니다.

쿠버네티스 워크로드를 대규모로 운영하려면 3가지 관측성(3-pillar observability)이 필수입니다. 이는 10장에서 더 자세히 다룰 것입니다. 3가지 관측성을 채택하면 클러스터의 전체 상태 모니터링도 가능하며, 이를 통해 용량 관리를 지원할 수 있습니다.

컨테이너 스케줄링에서 이미지 로딩은 중요한 측면입니다. 특히, **콜드 스타트**cold start 비용을 고려할 때 이미지 크기는 중요한 논의 대상입니다. 콜드 스타트는 로컬 컨테이너 레지스트리에 없는 컨테이너를 요청할 때 발생하는 상황을 말합니다. 이미지가 클수록 다운로드와 프로세스 시작에 걸리는 시간이 길어집니다. 이 때문에 네트워킹 인프라에 더 많은 부하가 걸리며, 경우에 따라 대역폭 비용도 발생할 수 있습니다. 장시간 실행되는 프로세스의 경우 시작 비용이 긴 실행 시간에 비례해 상쇄되므로 큰 영향을 주지 않습니다. 하지만 몇 초만 실행되는 애플리케이션의 경우 이 비용은 매우 크게 작용합니다.

이미지 크기는 문제의 일부일 뿐입니다. 특정 프레임워크에서는 자바의 시작 시간이 느리다는 문제가 있습니다. 이 때문에 자바가 클라우드 네이티브 플랫폼에 적합하지 않다는 오해가 생겼습니다. 그러나 6.4.1절의 'AOT 컴파일'에서 살펴봤듯이, AOT 컴파일 기술을 활용하면 자바 애플리케이션은 약 0.029초 만에 시작할 수 있고 이미지 크기도 크게 줄일 수 있습니다.

쿠버네티스는 노드 수준에서 로컬 컨테이너 레지스트리를 유지 관리하며, 캐시된 이미지를 저장함으로써 콜드 스타트 영향을 줄입니다. `Deployment` 객체에는 쿠버네티스가 로컬이나 원격 컨테이너 레지스트리 간의 관계를 어떻게 처리할지 결정하는 `imagePullPolicy`가 설정되어 있습니다. `imagePullPolicy`는 다음 값을 가질 수 있습니다.

- `IfNotPresent`는 노드에 이미지가 없는 경우 이미지를 가져옵니다. 이미지를 가져오는 비용을 한 번만 지불한다는 개념입니다. 이는 이미지에 `:latest` 태그를 사용하지 않은 경우 기본값입니다.
- `Always`는 항상 원격 컨테이너 레지스트리에서 새 이미지를 가져옵니다. 이는 비효율적으로 보일 수 있지만, 필요한 새로운 레이어만 가져오는 검사가 수행됩니다. 만약 레지스트리 태그가 불변하지 않거나 기존 이미지 태 그를 업데이트할 수 있는 경우에는 `Always`가 필요할 수 있습니다.
- `Never`는 원격 컨테이너 레지스트리를 절대 참조하지 않습니다. 그러나 이 옵션을 사용하려면 컨테이너 레지스트리에 이미지를 로드 할 기타 메커니즘이 구성되어 있어야 합니다.

하나 피해야 할 점은 프로덕션 클러스터에서 이미지를 지정할 때 `:latest` 태그를 사용하는 것입니다. 그 이유는 두 가지입니다. 첫째, `Always` 정책을 설정하는 것과 같으며, 불필요한 네트워크 트래픽을 유발할 수 있습니다. 둘째, 더 중요한 점은 버전화 된 이미지를 사용하지 않으면 프로덕션 환경에 통제되지 않은 변경이 일어날 수 있다는 것입니다.

최악의 경우, 이는 호환성을 깨는 변경사항breaking changes을 의미할 수 있습니다. 하지만 더 위험한 점은 배포가 의도하지 않게 변경되는 가능성입니다. 예를 들어, 애플리케이션이 자동 스케일링 되어 이전과 새로운 버전이 혼합될 수 있습니다. 이는 큰 위험 신호(규제된 산업이나 감사 산업에서는 심지어 법적 책임을 초래할 수 있음)이며, 프로덕션에서 무엇이 실행되고 있는지 정확히 알 수 있어야 하며, 필요할 경우 시스템 상태를 재구성할 수 있어야 합니다.

자바 생태계에서 정적 클래스 경로와 라이브러리 기반 바이너리 의존성에 익숙하다면 이 점이 명확하지 않을 수 있습니다. 의미 있는/버전화 된 태그를 사용하는 것은 고정된 버전을 받을 수 있게 하며, `IfNotPresent`를 사용하면 예기치 않게 새로운 이미지를 가져오는 위험을 줄일 수 있습니다.

> **WARNNING** 태그는 불변하지 않으므로, 이미지 의존성이 어떻게 작동하는지 조사하는 것은 클러스터 운영 시 중요한 고려 사항입니다.

프로덕션 클러스터는 항상 여러 노드를 포함해야 합니다. 노드 배치는 중요한 고려 사항이며, 노드는 다른 데이터 센터나 공개 클라우드 가용성 영역에 위치해야 합니다. 쿠버네티스에서 노드를 잃는 것은 큰 문제가 되어서는 안 되지만, 정확한 배치와 충분한 용량이 필요하여 나머지 노드들이 컨테이너를 배치할 수 있도록 해야 합니다.

쿠버네티스는 일반적으로 클러스터의 여러 노드에 컨테이너를 원활하게 분배합니다. 그러나 운영자는 노드 친화성node affinity을 사용하여 노드에 대한 컨테이너 배치/비배치를 제어할 수도 있습니다. 특정 워크로드에 특화된 노드를 사용하는 경우, 성능 테스트를 통해 사용할 수 있는 리소스를 최대한 활용할 수 있도록 해야 합니다.

쿠버네티스 클러스터의 보안은 중요한 도전 과제로, 신중하게 고려해야 합니다. 쿠버네티스 제어 플레인은 해커의 주요 타겟입니다. 기본적으로 제어 플레인을 조작하면 전체 클러스터를 위험에 빠뜨릴 수 있기 때문입니다. OWASP 보안 차트 시트[9]는 제어 플레인과 클러스터의 보안을 보장하는 데 유용한 출발점입니다. 인그레스 포인트는 처음부터 보안을 설정해야 하며, 이들은 종종 널리 공개됩니다. 저자는 워크숍에서 보안이 취약한 애플리케이션을 데모로 실행했으며, 15분 후에는 활발한 공격을 받았습니다.

`namespaces` 사용은 이 책의 범위를 벗어난 큰 주제이지만, 애플리케이션 그룹이 커짐에 따라 운영 위험을 줄이기 위한 핵심 메커니즘입니다. 네임스페이스는 본질적으로 클러스터에서 리

9 *https://oreil.ly/IalaA*

소스를 그룹화하는 것이며, 격리와 네임스페이스 내에서만 적용되는 설정을 제공합니다. 제어 플레인에서 네임스페이스로의 접근을 차단할 수 있으므로, 한 팀의 운영자만 해당 팀의 네임스페이스에 리소스를 배포할 수 있습니다.

브렌든 번스의 『Kubernetes Best Practices』(오라일리, 2023)는 이 주제를 다루는 훌륭한 자료입니다.

9.2.7 'Remocal' 개발을 활용한 원격 컨테이너 작업

9.1절 '로컬 환경에서 컨테이너 작업하기'에서는 로컬에서 컨테이너를 사용하는 옵션을 살펴봤습니다. 또 다른 방법은 로컬 컨테이너를 원격 클러스터의 일부처럼 보이게 하는 것이 있습니다. 바로 **remocal 개발**이 제공하는 장점은 로컬에서 IDE와 컨테이너를 사용하여 디버깅 또는 프로파일링 도구를 활용할 수 있다는 점입니다. 복잡한 아키텍처에서는 애플리케이션을 완전히 테스트하기 위해 모든 서비스를 로컬에서 실행할 필요가 없다는 장점이 있습니다.

텔레프레즌스Telepresence[10]는 로컬 머신과 클러스터 간에 프록시를 생성하여 이러한 기능을 제공하는 도구입니다. 이를 통해 어떤 서비스는 로컬에서 해결하고, 어떤 서비스는 원격 클러스터에서 해결할지 설정할 수 있습니다.

9.3 배포 기술

클라우드 네이티브 환경에서 작업할 때, **배포**와 **릴리스**의 차이를 이해하면 소프트웨어 변경 사항을 적용하는 새로운 기술을 활용할 수 있습니다. 배포는 애플리케이션 구성 요소(코드/설정)나 인프라를 변경하는 것을 의미합니다. 릴리스는 변경된 기능이나 사항이 최종 사용자에게 제공될 때만 사용됩니다. 배포와 릴리스를 별개의 작업으로 구분하면 두 가지 주요 결과를 얻을 수 있습니다.

- 배포는 기능을 릴리스하지 않고도 프로덕션 시스템을 변경할 수 있으므로, 배포 빈도가 더 잦아질 수 있습니다.

10 https://www.telepresence.io

- 릴리스는 사용자에게 보이는 동작을 변경하지만, 배포는 릴리스로 이어질 수도 있고 그렇지 않을 수도 있습니다.

예를 들어, fighting animals 데모에서 새로운 fish_demo 버전을 프로덕션 환경에 배포할 수 있습니다. 이 시점에서, 실행 중인 생태계에 새로운 fish_demo를 릴리스하는 방법에 대한 옵션이 있습니다. 비록 배포되었더라도, 새로운 기능은 프로덕션 시스템과의 상호작용에 의해 활성화되거나 실행되지 않을 수 있습니다.

다음은 이 절에서 논의할 문제(또는 그 외 여러 문제)를 진단하는 데 유용한 몇 가지 배포 기술입니다.

- 블루/그린 배포
- 카나리아 배포
- 기능 플래그와 이를 활용하여 진화적 아키텍처에 기여하는 방법

9.3.1 블루/그린 배포

블루/그린 배포blue/green deployment는 이해하기 쉬운 기술 중 하나이며, 릴리스 분리를 처음 고려할 때 좋은 출발점이 됩니다. 대부분의 경우, 완전한 클라우드 네이티브 플랫폼을 사용하지 않고도 배포 패턴으로 활용할 수 있습니다. 이를 구현하려면, 아키텍처 내에서 블루와 그린 환경을 전환할 수 있는 **결정 지점**decision point이 필요합니다.

결정 지점은 트래픽을 다양한 대상으로 전달하도록 설정된 구성 요소입니다. 예를 들어, 로드 밸런서가 결정 지점의 역할을 할 수 있습니다. 로드 밸런서를 블루 또는 그린 환경으로 설정하는 결정은 릴리스 단계와 함께 시점에 따라 이루어집니다. 결정 지점 뒤에는 소프트웨어 스택의 전체 복사본이 실행되고 있으며, 이를 **블루** 환경blue environment이라고 부릅니다. 또한 결정 지점 뒤에 또 다른 복사본이 준비되며, 이는 **그린** 환경green environment이라고 불리며 개념적으로 플랫폼의 다음 버전을 나타냅니다.

쿠버네티스에서 블루/그린을 모델링하는 여러 가지 방법이 있습니다. 하나의 접근 방식은 새로운 서비스를 생성하는 것으로, 예를 들어 fighting-animals-blue와 fighting-animals-green 서비스를 생성하는 것입니다.

Ingress는 쿠버네티스 리소스로, 로드 밸런서에서 서비스를 직접 노출하는 것보다 더 풍부한

구성 옵션을 제공하는 진입 지점 역할을 합니다. `Ingress`의 구성을 변경하여 블루 서비스와 그린 서비스 간 전환을 수행할 수 있습니다. [그림 9-2]는 Fighting Animals에서 이 옵션이 어떻게 작동하는지 보여줍니다.

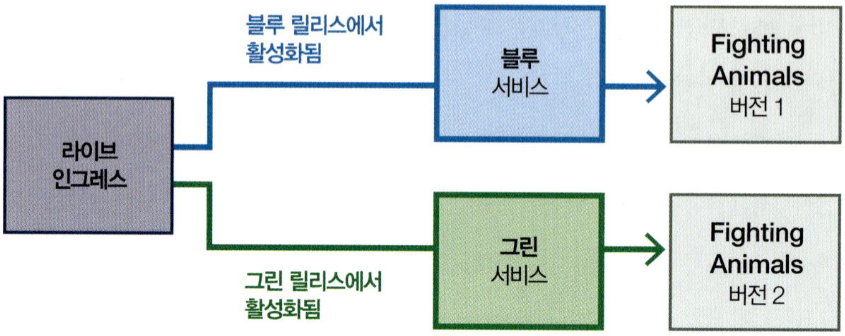

그림 9-2 Fighting Animals 애플리케이션을 활용한 블루/그린 설정 예제

그린 환경 배포 중, 새로운 변경 사항과 저하 테스트를 프로덕션에서 수행할 수 있습니다. 새로운 변경 사항을 릴리스하는 시점에서, 실시간 트래픽은 블루에서 그린 환경으로 전환됩니다. 만약 문제가 발견된다면, 기능 플래그를 업데이트하거나 게이트웨이 또는 인그레스가 가리키는 환경을 변경하여 이전 버전으로 신속히 롤백할 수 있습니다.

블루와 그린 환경 간 전환은 빅뱅 방식으로 수행될 수 있으며, 이는 롤아웃 전략을 개발하기 위한 첫 단계가 될 수 있습니다. 트래픽이 블루에서 그린으로 완전히 전환되면, 블루 프로세스는 대기 상태(예 롤백이 필요한 경우)로 전환될 수 있습니다. 이후 릴리스는 다시 블루 환경으로 돌아가며, 새로운 배포는 이 환경에서 생성되고 구성됩니다. 블루와 그린 간 수동으로 인그레스와 서비스를 관리하며 전환하는 작업은 다소 까다로울 수 있습니다.

> **WARNNING** 저하 테스트를 위해 블루/그린 환경에 직접 접근하는 것은 환경을 검증하는 데 필수적입니다. 이는 최종 사용자가 환경에 접근하는 방식과 다릅니다. 최종 사용자는 블루 또는 그린 환경이 활성화되어 있는지 인지하지 못합니다. 이 때문에 미묘한 버그가 발생할 수 있습니다. 예를 들어, URL 경로에 따라 접근이 제어되고 경로 평가 로직에 버그가 있는 경우, 저하 테스트 중에는 나타나지 않다가 실제 라이브 상태에서 문제가 발생할 수 있습니다.

다음 **카나리아** 배포 절에서는 아르고 CD를 소개합니다. 아르고 CD는 블루/그린 배포에도 사용할 수 있습니다.

블루/그린 배포의 잠재적인 단점 중 하나는 모든 서비스가 복제되어야 한다는 점입니다. 이는 비용이 많이 들 수 있습니다. 이제, 블루/그린 환경의 완전한 복제를 요구하지 않고 서비스 교체 시 더 유연성을 제공할 수 있는 **카나리아 배포** 방식에 대해 살펴보겠습니다.

9.3.2 카나리아 배포

카나리아 배포canary deployment는 실행 중인 서비스를 개별적으로 교체하며, 단계적 릴리스 시퀀스의 일부로 프로덕션 트래픽의 일부를 카나리아canary 환경으로 흘려보냅니다. '카나리아'라는 용어는 채굴 작업에서 유래되었으며, 환경 내 유독 가스의 존재를 테스트하기 위해 카나리아를 먼저 보내던 관행에서 비롯되었습니다. 카나리아가 불행히도 죽게 되면 광부들이 작업을 중단하게 되어, 이는 전체 릴리스를 방지하는 것과 유사합니다.

아르고 CD[11]와 같은 도구는 쿠버네티스 클러스터 내에서 카나리아 릴리스를 자동화하기 위한 풍부한 도구 세트를 제공합니다. 이 절에서는 최신 버전의 `mammal_demo` 이미지를 다섯 개의 복제본으로 설정한 후, 롤아웃을 진행하는 방법을 시연합니다. 이 전략은 롤아웃 초기 20%를 검증한 후 수동 개입이 필요하도록 구성됩니다. 그런 다음, 새로운 버전에서 추가적으로 20%의 트래픽을 10초 간격으로 도입합니다.

이 예제를 직접 시도하려면 클러스터에 아르고 CD를 설치해야 합니다. 다음 명령어를 실행하거나 설치 가이드를 참고하여 설치할 수 있습니다.[12]

```
git checkout k8s-with-argo
kubectl create namespace argo-rollouts
kubectl apply -n argo-rollouts
\  -f https://github.com/argoproj/argo-rollouts/releases/latest/download/install.yaml
```

전략을 생성하려면 롤아웃 정의를 쿠버네티스 클러스터에 적용해야 합니다. 이를 위해 `kubectl apply -f operations/k8s-canary-rollout-demo.yaml.` 명령어를 실행해야 합니다. 이 롤아웃 정의는 클러스터에 설치된 아르고 CD에 의해 처리됩니다.

11 *https://oreil.ly/gm3A0*

12 *https://oreil.ly/GRYr2*

아래 YAML은 operations/k8s-canary-rollout-demo.yaml 파일의 내용을 보여줍니다. 이 예제는 fighting animals의 k8s-with-argo 분기 내의 operations/k8s-canary-rollout-demo.yaml에서 찾을 수 있습니다. Rollout은 5개의 복제본을 요구하며, 초기에는 mammal_demo 이미지로 설정됩니다. 전략은 canary로 정의되어 있으며, 처음 20%를 릴리스하도록 설정됩니다. pause: {}는 롤아웃이 사용자 입력을 기다리도록 지시합니다. pause: {duration: 10}은 사용자 입력 없이 10초 동안 대기한 후 다음 단계로 진행합니다. 초기 상태는 기존 버전으로 실행되는 5개의 복제본이며, 새 버전으로 승격시키기 위한 명령을 기다리는 상태입니다.

```
apiVersion: argoproj.io/v1alpha1
kind: Rollout
metadata:
  name: rollouts-demo
spec:
  replicas: 5
  strategy:
    canary:
      steps:
        - setWeight: 20
        - pause: {}
        - setWeight: 40
        - pause: {duration: 10}
        - setWeight: 60
        - pause: {duration: 10}
        - setWeight: 80
        - pause: {duration: 10}
  revisionHistoryLimit: 2
  selector:
    matchLabels:
      app: mammal-service
  template:
    metadata:
      labels:
        app: mammal-service
    spec:
      containers:
        - name: mammal-service
          image: mammal_demo
          ports:
            - name: http
```

```
        containerPort: 8081
        protocol: TCP
    resources:
      requests:
        memory: 32Mi
        cpu: 5m
```

예를 들어, v2 컨테이너를 프로덕션에 릴리스하려고 한다면, 다음 명령어를 실행하면 됩니다.

```
kubectl argo rollouts set image rollouts-demo mammal-service=mammal_demo:v2
```

이 명령어는 이전 롤아웃 정의에 따라 전략을 실행하며, 20% 카나리아 배포를 시작합니다. 이 경우, 한 개의 컨테이너가 `mammal_demo:v2`로 설정됩니다. [그림 9-3]은 아르고 CD 대시보드를 통해 진행 중인 롤아웃을 보여줍니다. 이를 확인하려면 `kubectl argo rollouts dashboard` 명령어를 실행하면 됩니다.

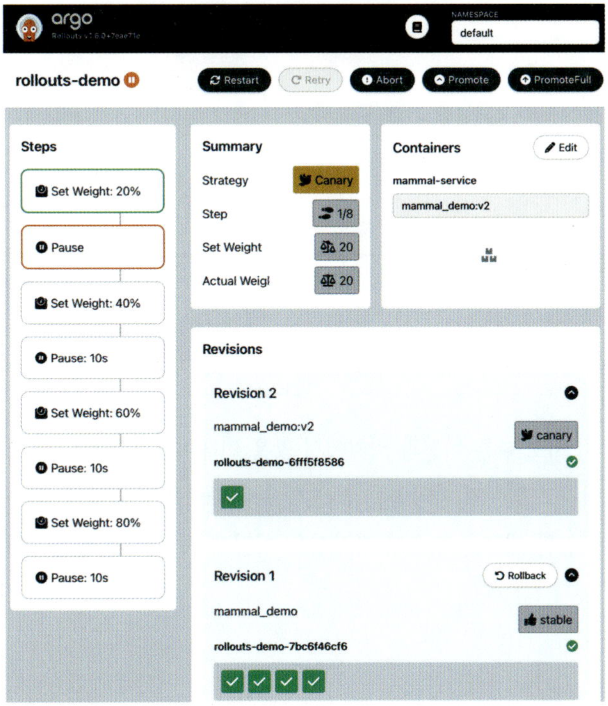

그림 9-3 mammal 서비스의 카나리아 릴리스 실행 예제

[그림 9-3]에서 롤아웃은 첫 번째 대기 단계에서 멈춰 있으며, v2 컨테이너 한 개가 실행 중임을 시각적으로 표시합니다. 이 롤아웃에서 프롬프트[Promote] 버튼을 수동으로 누르면 롤아웃의 다음 20%가 진행됩니다. 문제가 발견되면, [그림 9-3]의 롤백[Rollback] 버튼을 눌러 새 버전을 프로덕션에서 제거하고 이전 버전으로 전체 롤백을 수행할 수 있습니다.

카나리아 릴리스 단계의 승격을 위한 수동 사용자 상호작용 외에도, 신호를 사용하여 릴리스를 진행할 수도 있습니다.

10장에서는 카나리아 릴리스의 성공을 모니터링하고 다음 릴리스 단계를 트리거 할 수 있는 신호에 대해 더 자세히 알아볼 것입니다. 아래는 프로메테우스 지표를 사용하여 서비스의 성공적인 요청 수를 확인하는 `AnalysisTemplate`의 예입니다. 이 분석 단계는 롤아웃 정의의 일부로 적용됩니다.

```
apiVersion: argoproj.io/v1alpha1
kind: AnalysisTemplate
metadata:
  name: success-rate
spec:
  args:
  - name: service-name
  - name: prometheus-port
    value: 9090
  metrics:
  - name: success-rate
    successCondition: result[0] >= 0.95
    provider:
      prometheus:
        address: "http://prometheus.example.com:{{args.prometheus-port}}"
```

클라우드 네이티브 스택 전반에 걸쳐 서로 다른 버전과 위치에서 많은 컨테이너가 실행되는 경우, 현재 시스템에서 어떤 일이 벌어지고 있는지 파악하는 것은 매우 까다로운 문제일 수 있습니다. 10장에서는 분산 플랫폼이 도입한 새로운 수준의 복잡성을 어떻게 처리할 수 있는지에 대해 배울 것입니다.

9.3.3 진화적 아키텍처와 기능 플래깅

저자들은 종종 기존 레거시 코드를 클라우드 네이티브 아키텍처에 통합하는 방법에 대한 질문을 받습니다. 블루/그린 배포와 카나리아 배포는 훌륭한 배포 메커니즘이지만, 이를 어떻게 기존 시스템에 적용할 수 있을까요? 복잡한 시스템을 한 번에 변경하는 것은 너무 많은 위험을 초래하기 때문에 현실적이지 않습니다.

진화적 아키텍처는 이런 문제를 해결하는 방법을 제공합니다. 진화적 아키텍처는 시간이 지남에 따라 시스템이 변경될 것을 예상하며, 이러한 변화에 열려 있도록 설계됩니다. 진화적 아키텍처의 핵심 아이디어는 목표 상태 아키텍처로 이동하기 위한 실행 계획입니다.

> **NOTE** 진화적 아키텍처는 여정입니다. 진행 과정에서 많은 것을 배우게 될 것입니다. 새로운 기술에 대해 더 많이 배우면서 목표 상태도 변화할 가능성이 높습니다.

2016년, AWS는 클라우드 마이그레이션[13]을 위한 '6R six R's' 접근법을 발표했습니다. 기존 자바 애플리케이션을 클라우드로 이전하려고 고려 중이라면, 이는 사용할 수 있는 다양한 접근 방식을 나타냅니다. 6R은 다음과 같습니다.

- 유지 retain 또는 재검토 revisit
- 재호스팅 rehost
- 플랫폼 재구축 replatform
- 재구매 repurchase
- 리팩터링 refactor/재구조화 re-architect
- 폐기 retire

시스템이 이동하기 너무 어렵거나 현재 상태에서 중요한 가치를 제공하는 경우, 아무것도 하지 않고 **유지하거나 재검토**하는 것이 괜찮은 상황도 있습니다.

모든 것을 한 번에 이동하고 변경해야 한다고 생각하는 것은 클라우드 네이티브 기술을 도입할 때 안티 패턴에 해당합니다. 비즈니스 사례에 실질적인 차이를 가져오거나 아키텍처의 비기능적 요구 사항을 개선할 수 있는 요소만 이동하는 것이 중요합니다.

13 https://oreil.ly/K1yIT

재호스팅은 현재 플랫폼 모델을 변경하지 않고 그대로 클라우드로 이전하는 것으로, 종종 **리프트 앤드 시프트**lift-and-shift 접근법이라고 불립니다. 처음에는 무의미해 보일 수 있지만, 애플리케이션을 클라우드로 통합하고 함께 배치하는 데 장점이 있습니다.

이는 전체 마이그레이션 과정에서 초기 단계로 자주 사용되며, 클라우드 제공업체에 완전히 의존할지 아니면 클라우드와 기존 데이터 센터를 혼합한 **하이브리드 아키텍처**가 더 적합할지 결정하는 중요한 시점으로 볼 수 있습니다. 하이브리드 아키텍처는 클라우드 네이티브 플랫폼의 이점을 활용하는 동시에 자체 서버를 소유하거나 유지하는 것을 의미합니다.

플랫폼 재구축은 재호스팅과 유사하지만, 클라우드 환경에 적응하기 위해 약간의 작업을 포함합니다. 예를 들어, 직접 관리하는 데이터베이스 대신 AWS의 RDS와 같은 탄력적인 관리형 데이터베이스 서버를 사용하는 것과 같은 작은 조정을 할 수 있습니다. 플랫폼 재구축의 상위 단계에서는 애플리케이션 아키텍처의 상당한 변경이 포함될 수 있으며, 이는 재구조화와 겹칠 가능성이 있습니다.

재구매는 기존에 소유하거나 운영하던 시스템 대신 SaaS 제품을 사용하는 것을 의미합니다. 폐기는 말 그대로 더 이상 필요하지 않은 구성 요소를 제거하는 것입니다. 마이그레이션 과정에서 일부 구성 요소는 더 이상 필요하지 않으며 이를 폐기할 수 있습니다.

리팩터링 또는 재구조화는 기술적 관점에서 가장 흥미로운 접근법입니다. 이는 쿠버네티스와 같은 플랫폼을 최대한 활용할 수 있도록 소프트웨어를 적응시킬 기회를 제공합니다.

폐기는 말 그대로, 마이그레이션 과정에서 일부 구성 요소가 더 이상 필요하지 않게 되어 서비스에서 제외하거나 폐기할 수 있음을 의미합니다.

클라우드로의 마이그레이션을 지원하려면 새로운 기능을 통제된 방식으로 활용할 수 있는 다양한 기술이 필요합니다. 특히, 코드를 세밀하게 조정할 수 있는 기능 플래그와 같은 코드 레벨 구성 요소가 필요합니다. 기능 플래그는 실행 중인 시스템의 흐름을 어떤 조건에 따라 조작할 수 있도록 플래그를 외부 저장소에 저장하고 이를 기반으로 확인하는 코드 레벨 검사를 제공합니다.

이 주제는 매우 방대하며, 여기서 모든 내용을 다룰 수는 없지만, 자바에서 널리 사용되는 기능 플래그 도구인 런치다클리LaunchDarkly의 의사 코드를 사용한 예제를 살펴보겠습니다.[14]

---

14 *https://launchdarkly.com*

다음 코드 예제에서는 사용자 기반 전환을 통해 새 mammal 서비스를 사용할지 내부 라이브러리를 사용할지 결정합니다. 여기서 'user.enabled.mammals'라는 기능 플래그를 확인하며, 기본값은 false입니다.

```
LDUser user = new LDUser("authors");
boolean mammalService =
    launchDarklyClient.boolVariation("user.enabled.mammals", user, false);
if (mammalService) {
  // Retrieves the mammal from the modern environment
}
else {
  // Retrieves the mammal from the existing monolithic codebase
}
```

이러한 기능 플래그를 도입하면 필요한 경우 새 기능을 유연하게 추가하고 활성화/비활성화할 수 있습니다. 이를 통해 애플리케이션의 배포와 릴리스를 효과적으로 분리할 수 있습니다. 기능 플래그를 카나리아 배포 또는 블루/그린 배포와 결합하면 애플리케이션 마이그레이션에 효과적인 접근 방식을 제공합니다.

NOTE 기능 플래그는 아키텍처 내에서 높은 가용성을 유지해야 하지만, 실패 시 기본값으로 돌아가는 폴백[fallback]을 설정하는 것이 합리적입니다.

기능 플래그는 배포를 롤아웃하는 주요 메커니즘으로도 널리 사용됩니다. 예를 들어, Fighting Animals 예제에서 새로운 변경 사항을 최종 사용자에게 롤아웃할 때 기능 플래그만을 사용할 수 있습니다. 기능 플래그는 블루/그린 배포가 너무 복잡해 적용하기 어려운 대규모 시스템의 핵심입니다. 365일 운영되는 많은 애플리케이션에서, 기능 플래그는 시간 소모적인 롤백 없이 변경 사항을 릴리스하는 몇 안 되는 포괄적인 방법 중 하나입니다. 그러나, 기능 플래그는 반드시 정리해야 하며, 신중한 네이밍 전략이 필요합니다. 기능 플래그는 정확한 수명 주기를 가져야 하며, 코드베이스에 무기한으로 남아 있어서는 안 됩니다.

> **WARNNING** 나이트 캐피털Knight Capital[15]의 사례는 기능 플래그를 재사용하고 정리하지 않아 몇 시간 만에 5억 달러 이상의 전자 거래 손실을 초래한 극단적인 예입니다. 시스템 내에서 기능 플래그의 명명과 사용 정책을 설정하는 것이 중요합니다.

특정 아키텍처 스택에 적합한 배포 옵션 간의 균형을 찾는 것이 중요합니다. 아키텍처가 지나치게 복잡하지 않도록 하고, 배포를 신속히 진행하며 필요한 경우 기능을 활성화하는 것이 목표 상태입니다.

9.4 자바 특화 고려 사항

이 절에서는 자바 애플리케이션 배포에서 발생할 수 있는 문제들을 다룹니다. 다른 언어로 작성된 애플리케이션에서는 흔하지 않은 문제들이 있을 수 있습니다. 특히, 컨테이너 환경에서 자바 애플리케이션을 배포할 때 여러 문제가 발생했던 사례를 기반으로, 이를 방지하기 위해 고려해야 할 사항들을 살펴봅니다.

9.4.1 컨테이너와 가비지 컬렉션

이 책의 저자 모두 자바 가상 머신이 비효율적으로 작동하도록 설정된 상황을 목격한 적이 있습니다.

렐릭Relic[16]의 연구에 따르면, 현재 자바 애플리케이션의 70% 이상이 컨테이너화 된 환경에 배포되고 있습니다.[17]

이 자체로는 문제가 되지 않지만, 이러한 컨테이너에서 사용되는 CPU의 분포를 살펴보면 문제가 발생할 수 있습니다. 이 컨테이너들 중 약 절반은 단일 CPU만 사용할 수 있도록 설정되어 있습니다. 이는 문제가 될 수 있습니다. 3.8절의 '자바 구현, 배포 또는 릴리스'에서 논의했

15 https://oreil.ly/ClYpp

16 https://oreil.ly/7QqSdNew

17 이는 시장 전체를 완벽하게 반영하는 것은 아니지만, 수천만 개의 프로덕션 자바 가상 머신에서 수집된 데이터를 기반으로 한 것입니다.

듯이, 자바 가상 머신은 시작 시 가상 머신의 런타임 동작을 제어하는 몇 가지 속성을 동적으로 설정하는데, 여기에는 가비지 컬렉션 설정도 포함됩니다.

기본적으로 G1 컬렉터는 부분적으로 동시성을 지원합니다. 하지만 동시 컬렉터를 실행하려면 여러 CPU가 필요합니다. 단일 CPU 머신(단일 코어 컨테이너가 이에 해당)에서는 자바 가상 머신이 자동으로 G1이 효과적으로 작동할 수 없다고 판단하여 Serial이나 SerialOld 컬렉터를 대신 선택합니다.

예를 들어, `CPU: 1`로 설정하면 런타임 환경은 단 1개의 CPU만 사용할 수 있게 됩니다. 이 설정이 표면적으로는 합리적으로 보일 수 있지만, 5장에서 설명했듯이 현대 가비지 컬렉터는 동시성을 기반으로 설계되었습니다. 이러한 제약[18]은 자바 가상 머신이 가비지 컬렉션을 직렬로 실행하도록 만들어 애플리케이션의 일시 정지 시간이 길어지고 처리량이 줄어들며 애플리케이션 중단이 더 빈번하게 발생합니다.

퍼포먼스 엔지니어로서 이러한 영향을 인지하고, 단일 코어 컨테이너에 배포하는 것이 실질적인 이점을 제공하는 경우에만 이를 선택해야 합니다. 레드햇과 마이크로소프트의 연구에 따르면, 단일 코어 컨테이너의 큰 클러스터를 사용하는 것보다 더 적은 수의 컨테이너에 더 많은 CPU를 할당하는 것이 더 효과적일 수 있습니다.

즉, 많은 단일 코어 컨테이너를 배포하는 것은 자원의 낭비일 뿐 아니라 클라우드 인프라 비용을 불필요하게 증가시킬 수 있습니다. 따라서 특별한 증거가 없는 한, 기본적인 가정은 자바 애플리케이션을 2개 이상의 코어를 사용하는 컨테이너에 배포하는 것이 적합하다는 것입니다.

메모리 문제는 자바 애플리케이션이 컨테이너를 도입하는 과정에서 주요 문제로 작용해 왔습니다. 초기 사용자와 최신 자바 가상 머신 버전을 사용하지 않는 개발자들이 겪을 수 있는 영향을 탐구해 보겠습니다.

9.4.2 메모리와 OOMEs

첫 번째 문제는 이전 버전의 자바 가상 머신이 컨트롤 그룹cgroups 힌트를 제대로 인식하지 못했다는 점입니다. 이는 자바의 초기 버전이 컨트롤 그룹 기술 개발 이전에 만들어졌기 때문입니

---

18 *https://oreil.ly/PhDmJ*

다. 대신 자바 가상 머신은 호스트 머신의 전체 메모리 정보를 참조했습니다. 이 때문에 자바 가상 머신이 실제로 사용할 수 있는 메모리보다 더 많은 메모리를 사용하려고 시도했고, 이는 운영 체제가 애플리케이션을 종료시키는 결과를 초래할 수 있었습니다. 이는 중요한 문제입니다. 왜냐하면 컨트롤 그룹 제한을 위반하면 프로세스가 종료될 가능성이 있기 때문입니다. 이는 커널이 컨트롤 그룹을 통해 완전한 격리를 강제하지 않기 때문입니다.

컨트롤 그룹 기능은 자바 8에 역이식 되었지만, 컨테이너를 사용하는 경우 더 최신 자바 가상 머신 버전을 사용하는 것이 좋습니다. 최신 버전에는 추가적인 최적화가 포함되어 있기 때문입니다. 예를 들어, 자바 17[19]에는 cgroups v2 지원과 `OperatingSystemMxBean`에서의 컨테이너 인식이라는 두 가지 주요 추가 기능이 포함되어 있습니다.

WARNNING 구 버전의 자바 가상 머신을 cgroups v2만 지원하는 머신에서 실행하면, 자바 가상 머신이 컨테이너의 제약 조건이 아닌 호스트 수준의 세부 정보를 참조하게 되는 문제가 발생할 수 있습니다.

일반적으로 컨테이너화 된 환경에서는 가능한 최신 LTS 자바 가상 머신(이상적으로는 17 또는 21)을 실행하는 것이 항상 유리합니다. 자바의 각 LTS 버전마다 성능이 향상될 뿐만 아니라, 자바 11보다 낮은 버전을 실행하면 특정 하드웨어에서 애플리케이션에 예상치 못한 영향을 미칠 수 있습니다. 이러한 문제는 로컬 개발 환경에서는 잘 드러나지 않을 수 있습니다.

두 번째 문제는 컨테이너와 자바 가상 머신 간의 설정과 구성에 관한 것입니다. 예를 들어, 컨테이너에 1GB의 메모리 할당량을 지정하면 자바 가상 머신 최대 힙 크기는 자동으로 256MB로 설정됩니다. 컨테이너 내부 또는 다른 프로세스 실행에 필요한 공간을 확보해야 하지만, 이는 자원의 과소 활용을 초래할 가능성이 있습니다.

최대 힙 크기 `-Xmx`를 오버라이드하고 성능 테스트를 실행하는 것은 자원 활용도를 극대화하기 위한 좋은 방법입니다. 대안으로는 `-XX:MaxRam` 옵션을 설정하는 것이 있습니다. 이 옵션은 프로세스에서 사용할 수 있는 물리적 RAM 크기를 선언하며, 자바 가상 머신이 힙 크기를 어떻게 설정할지 결정할 수 있도록 합니다. 힙 크기를 고려하는 것 외에도, 스택 크기와 애플리케이션에서 사용하는 직접 메모리 또는 오프 힙 메모리의 크기도 함께 고려하는 것이 중요합니다.

19 *https://oreil.ly/NERCB*

현실적으로는 구성, 제약, 튜닝을 위한 다양한 옵션이 존재합니다. 자바 가상 머신 구성 옵션뿐만 아니라 오케스트레이션 계층의 런타임 구성 옵션도 포함됩니다. 이 구성 옵션들은 항상 독립적으로 고려하거나 테스트할 수 있는 것은 아닙니다. 아무 제약 없이 실행하는 것도 가능하며, 초기 리프트 앤 시프트 단계[20]에서는 이러한 접근이 유용할 수 있습니다. 하지만 이는 최종 상태로 적합하지 않을 가능성이 높습니다. 성능과 복원력 목표를 달성하지 못할 수 있기 때문입니다.

9.5 요약

이 장에서는 자바 애플리케이션 개발과 배포 간의 관계가 더 긴밀해지는 복잡한 변화의 일부를 살펴보았습니다. 로컬 환경에서 컨테이너를 활용하는 방법과 도커 컴포즈를 사용해 경량화된 DNS 엔트리를 생성하는 방법을 배웠습니다.

쿠버네티스 작업의 시작점을 살펴보고, Pods와 컨테이너의 수명 주기에 대한 주요 개념과 일반적인 함정을 검토했습니다. 아르고 CD와 같은 도구를 활용해 릴리스 자동화를 구현하는 방법을 예제로 탐구했습니다. 마지막으로, 배포와 릴리스 개념을 분리하는 접근 방식으로 블루/그린, 카나리아, 피처 플래그를 활용한 진화적 아키텍처를 살펴보았습니다.

이 장에서 소개한 도구만으로는 프로덕션 환경에서 서비스를 효과적으로 관리하기 어렵습니다. 다음 장에서는 관측성에 대해 탐구할 예정이며, 이는 이 장에서 다룬 배포 옵션을 활용하기 위해 필수적으로 고려해야 할 요소입니다.

---

20 기존 아키텍처를 최소한의 변경으로 다른 플랫폼으로 이전하기

10장

관측성 소개

최근 몇 년 사이, 소프트웨어 개발 분야에서 관측성이라는 주제가 점점 더 중요한 이슈로 떠오르고 있습니다.

> 관측성은 단순한 소수의 관심사에서 벗어나, 웹 회사와 기업 전반에서 사용자 경험, 시스템, 그리고 서비스 관리를 혁신하는 새로운 분야로 자리 잡고 있습니다.
>
> — 제임스 거버너[1]

그렇다면 자바 개발자들이 왜 관측성에 관심을 가져야 하고, 관측성이 무엇인지 살펴보겠습니다.

이 장에서는 관측성의 개념과 기본 원리를 탐구하고, 11장에서 오픈 소스 라이브러리와 기술을 사용하여 자바 애플리케이션에서 이러한 기술을 어떻게 활용할 수 있는지 살펴볼 것입니다.

10.1 관측성이 중요한 이유

관측성은 일부 개발자들 사이에서 모호하고 이해하기 어렵다는 인식이 있습니다. 하지만 이는 잘못된 선입견입니다. 관측성은 개념적으로 단순하며, 쉽게 설명할 수 있습니다.

1 *https://oreil.ly/Ybqvd*

관측성 도구는 기존 모니터링 시스템의 연장선으로, 이를 더욱 확장하고 일반화하여 기존 모니터링 기술을 넘어서는 새로운 기능을 제공합니다.

이를 돕기 위해 8장에서 소개했던 Fighting Animals 예제를 활용해 관측성의 개념을 설명해 보겠습니다.

10.1.1 관측성이란 무엇인가?

관측성 솔루션을 구현하는 과정은 다음 단계로 이루어집니다.

1. 프로덕션 시스템과 애플리케이션에 계측을 추가하여 관측성 데이터를 수집합니다.
2. 수집된 데이터를 외부 시스템으로 전송하여 저장합니다.
3. 데브옵스, 사이트 신뢰성 엔지니어[site reliability engineering](SREs), 관리자 등이 시스템 동작에 대한 인사이트를 얻을 수 있는 분석 도구를 제공합니다.

중요한 점은, 관측성 데이터가 반드시 프로덕션 시스템 외부로 전송되어야 하며, 물리적으로 분리된 하드웨어에서 실행되는 별도의 관측성 시스템에 저장되어야 한다는 것입니다. 이러한 구조는 [그림 10-1]의 Fighting Animals 예제를 통해 확인할 수 있습니다.

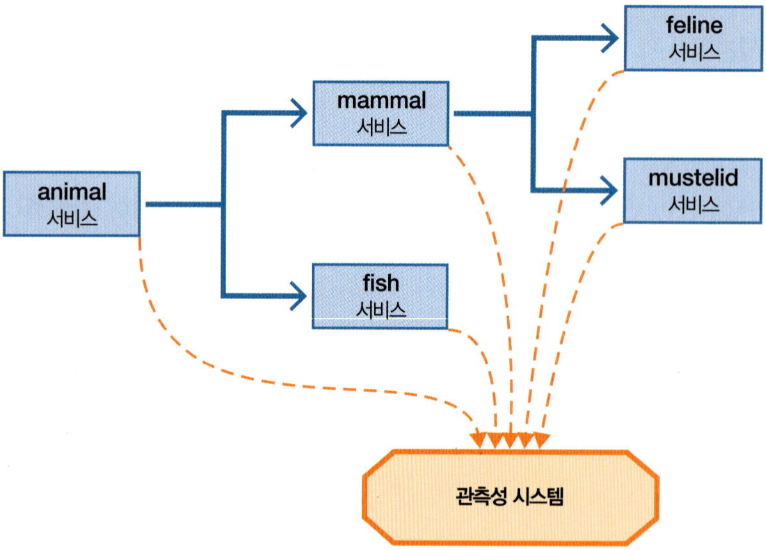

그림 10-1 관측성 데이터를 별도의 시스템으로 전송하기

다시 말하자면, 관측성 데이터는 런타임 문제와 장애를 해결하는 데 사용됩니다. 하지만 필요한 데이터가 장애가 발생한 시스템 내부에 있다면, 해당 데이터를 이용해 문제를 해결하기 어려울 수 있습니다. 같은 이유에서 프로덕션 시스템이 업그레이드될 때 관측성 시스템은 동시에 업그레이드되지 않아야 하며, 관측성 솔루션에서 매우 중요한 점 중 하나는 분석 도구의 유연성입니다.

> 관측성은 사용자가 미리 어떤 질문을 할지 정의하거나, 그 질문을 사전에 최적화하지 않아도 되는 환경을 요구합니다.
>
> — 채리티 메이저스[2]

관측성 데이터를 기반으로 한 장애 분석은 데이터 과학이나 물리 과학에서의 가설 검증과 유사합니다. 이를 위해 일반적인 관측성 도구의 사용자 인터페이스로 그래프 플로터graph plotter를 포함한 시각화 도구와 쿼리가 사용됩니다. 좋은 관측성 데이터는 시스템의 특정 부분만이 아닌 전체적인 통찰insights을 제공해야 합니다. 이를 위해 별개의 시스템, 서비스, 그리고 신호 유형들이 문맥적으로 연계되어야 합니다. 이러한 연계는 특히 방대한 양의 데이터를 다루는 대규모 시스템에서 필수적입니다.

10.1.2 왜 필요한가?

관측성의 개념이 자리잡게 되는 데는 세 가지 주요 흐름이 있습니다.

첫 번째 흐름은 시스템 제어 이론에서 비롯되었으며, 특히 '시스템의 내부 상태를 외부에서 얼마나 잘 추론할 수 있는가?'라는 질문에서 출발합니다. 이 질문은 주로 장애 해결 과정에서 제기되지만, 이외에도 다양한 활용 가능성을 가집니다.

> **NOTE** 관측성이 모니터링과 다른 점은 현대 애플리케이션의 복잡성 때문입니다. 애플리케이션 내부에 대한 이해 없이는 제대로 상태를 모니터링하기 어렵습니다. 따라서 데브옵스 접근 방식을 수용하고 '모니터링은 운영 팀의 책임이며, 개발자는 관여할 필요가 없다'는 사고방식을 버려야 합니다.

---

2 https://oreil.ly/stu61

두 번째 흐름은 '클라우드는 다르다cloud is different'라는 인식에서 시작되었습니다. 현대 애플리케이션은 종종 배포 환경의 일부로 불변 인프라와 같은 접근 방식을 사용합니다. 예를 들어, 애플리케이션을 포함하는 컨테이너가 지속적인 배포 시스템에 의해 빌드되어 쿠버네티스 클러스터와 같은 곳으로 배포됩니다.

쿠버네티스 같은 시스템의 아키텍처 차이는 전통적인 시스템과 비교할 때 새로운 운영 방식을 요구합니다.

이러한 시스템은 업그레이드되거나 장기적으로 유지되기보다는, 문제가 발생하면 안정된 이전 버전으로 되돌리거나 새로운 빌드로 전환하는 방식으로 운영됩니다.

이러한 구성의 불변성immutability of configuration은 시스템에 SSH로 접속하여 상호 작용형 디버깅interactive debugging이나 탐색을 수행하는 전통적인 시스템 운영 방식과 맞지 않습니다. 관측성은 이러한 변화된 운영 방식과 확장된 규모의 문제를 해결하기 위해 설계되었습니다.

세 번째 흐름은 애플리케이션 성능 모니터링application performance monitoring(APM)입니다. 이 분야는 한때 뉴 렐릭, 다이나트레이스Dynatrace, 앱다이나믹AppDynamic과 같은 독점 기술 업체가 주도했습니다.

하지만 최근에는 데이터독Datadog, 허니콤Honeycomb와 같이 오픈 소스 중심의 새로운 도구들이 등장하면서 APM 시장에도 변화가 생겼습니다. 그 결과 기존 APM 벤더들도 점차 관측성 중심의 도구로 발전하고, 이 과정에서 더 많은 오픈 소스 구성 요소를 통합하게 되었습니다.

10.2 세 가지 핵심 요소

세 가지 핵심 요소three pillars는 관측성 분석에서 사용되는 주요 데이터 소스를 설명하기 위한 모델입니다. 이 모델은 [그림 10-2]에 그래픽으로 표현되어 있습니다.

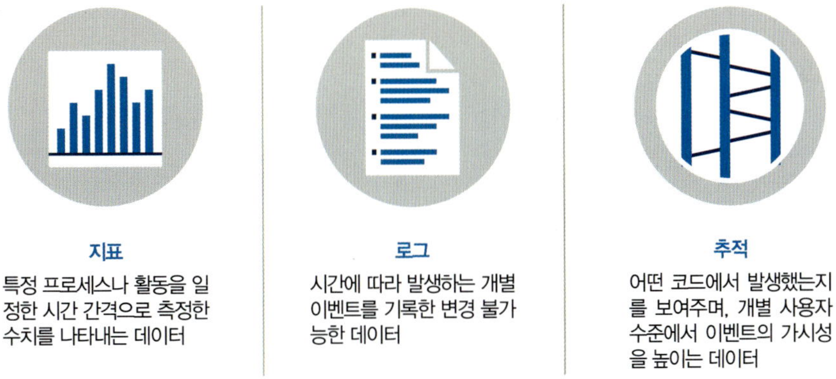

그림 10-2 세 가지 핵심 요소

이 핵심 요소는 데이터의 형태와 구조 측면에서 서로 다른 특징을 가진 데이터 소스를 의미합니다.

- 지표
- 로그
- 추적

이제 이 세 가지 핵심 요소를 하나씩 자세히 살펴보겠습니다.

10.2.1 지표

많은 자바 개발자가 이미 지표에 대해 직관적으로 알고 있을 수 있지만, 여기서 지표의 정확한 정의를 살펴보겠습니다. **지표**metric란 일정한 시간 간격 동안 특정 활동을 측정한 숫자 데이터입니다. 지표는 주로 **카운터**counter나 **게이지**gauge의 형태를 가지며, 데이터 값들을 집계하여 타임 시리즈로 나타냅니다. 이 과정에서 개별 이벤트의 세부 정보는 사라질 수 있지만, 지표는 데이터가 간결하고 특히 대시보드와 알림에 매우 유용합니다.

> **NOTE** 지표는 보통 문제 조사의 출발점으로 사용됩니다. 이후 로그와 추적을 통해 더 상세한 컨텍스트를 확인하여 무엇이 발생했는지 파악할 수 있습니다.

지표는 일반적으로 다음 네 가지 요소로 구성됩니다.

- 타임스탬프
- 이름
- 값
- 차원

마지막 요소인 **차원**을 제외하면 이해하기 쉬울 것입니다. 차원은 키/값 쌍으로 표현되는 특정 속성(태그라고도 함)의 다양한 값을 나타냅니다. 중요한 점은, 지표 값이 차원을 기준으로 집계 가능해야 차원으로 사용할 수 있습니다.

예를 들어, CPU 사용율이 시스템과 사용자 비율은 합산하여 총 CPU 사용율을 계산할 수 있으므로 적절히 집계할 수 있습니다. 이 지표는 이후 다룰 프로메테우스 포맷과 유사하게 다음과 같이 표현할 수 있습니다.

```
cpu_memory_usage{type="system",} 0.12
cpu_memory_usage{type="user",} 0.66
```

이 예는 잘 정의된 차원 지표입니다. 이름은 `cpu_memory_usage`이며, 하나의 차원(`type`)을 가집니다. 이 차원은 두 가지 값(`system`과 `user`)만 가질 수 있습니다. 이 지표의 두 값 (0.12와 0.66)은 합산하여 총값을 만드는데 적합합니다.

반면 집 안의 방 (예 주방과 침실) 온도는 유용한 집계 값을 제공하지 못합니다. 두 온도를 단순히 더하는 것은 의미가 없으며, 평균을 내더라도 실질적으로는 유용하지 않습니다. 이런 경우, 온도는 차원보다는 각각 다른 이름으로 표현하는 것이 더 적합합니다.

또한 차원은 상대적으로 **낮은 카디널리티**cardinality를 가져야 합니다. 즉, 차원에는 가능한 값이 적은 경우가 대부분입니다.

실제로, 지표는 여러 차원을 가질 수 있으며, 따라서 지표의 최대 카디널리티는 각 차원의 값 집합 크기의 곱입니다. 이는 쿼리 성능과 저장 용량에 영향을 미칠 수 있으며, 결과적으로 관찰성을 구현하는 비용이 증가할 수 있습니다. 또한 카디널리티가 높은 지표는 시각화와 해석이 어려울 수도 있습니다. 그러나 실제 관찰된 카디널리티는 낮을 수 있습니다. 실제로는 가능한 조합 중 일부만 발생할 수 있기 때문입니다.

NOTE 차원의 카디널리티가 지나치게 높은 경우를 정확히 정의하기는 어렵습니다. 그러나 한 가지 극단적인 예로, 시스템에 백만 명의 고유 사용자가 있다면 `user_id`는 차원으로 적합하지 않을 것입니다.

지표가 생성되면, 다른 관측성 데이터 유형과 마찬가지로 저장 또는 분석 시스템으로 내보내야 합니다. 간단하지만 일반적인 지표 관측성 설치는 [그림 10-3]에서 확인할 수 있습니다.

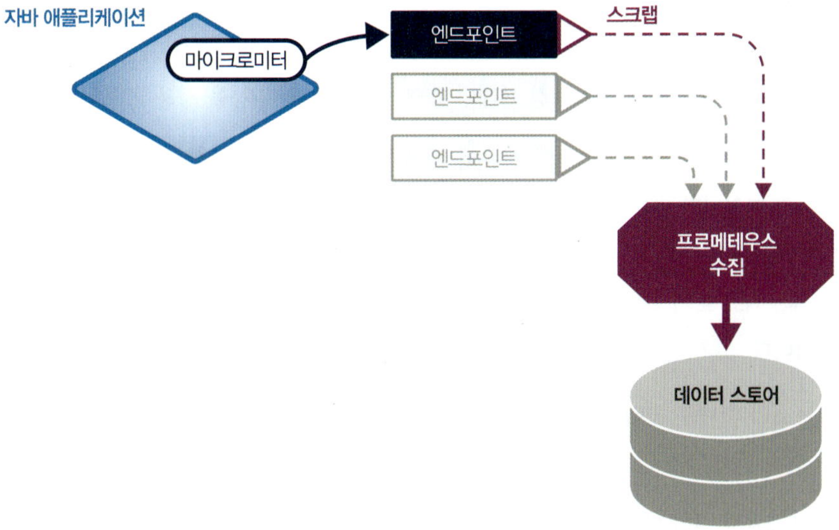

그림 10-3 지표 관측성 예시

8장에서 간단히 논의했듯이, 프로메테우스는 지표 분야의 핵심 기술 중 하나입니다. 특히 아마도 가장 일반적인 지표 저장 시스템일 것입니다. 다음 장에서 이에 대해 조금 더 논의하겠지만, 모든 측면에 대한 완전한 논의는 이 책의 범위를 벗어납니다. 자세한 내용은 제품 문서를 참고하시기 바랍니다.

마지막으로 지표는 타임 시리즈 데이터라는 점을 기억해야 합니다. 즉 일정한 간격으로 보고됩니다. 그러나 자바 가상 머신은 가비지 컬렉션과 같은 이벤트 기반 데이터도 생성하는데, 이는 일정한 시간 주기로 발생하지 않습니다. 이 이벤트들은 표준 타임 시리즈 분석에 적합하지 않습니다. 이 기법은 일반적으로 고정된 주기를 가정하기 때문입니다. 따라서 이를 지표로 사용할 때는 주의가 필요하며, 데이터 처리에는 미묘한 문제들이 포함됩니다.

예를 들어, 가비지 컬렉션의 경우 지표를 생성하려면 고정된 타임 윈도fixed time window에서 이벤트를 집계해야 합니다. 이러한 지표는 유용할 수 있지만(특히 히스토그램으로 표현될 때), 기저 이벤트와 비교했을 때 정보가 이미 손실되었다는 점을 기억하는 것이 중요합니다.

이제 자바 개발자들에게도 친숙할 가능성이 높은 두 번째 핵심 기술인 로그로 넘어가겠습니다.

10.2.2 로그

자바 개발은 로그와 로그처리에 관한 오랜 전통을 가지고 있으며, 이러한 전통은 지금도 계속되고 있습니다. 많은 자바 팀이 표준 로깅 프레임 워크 SLF4J, Log4j 등을 사용하고 있습니다.

특히 로깅 퍼사드 패턴logging façade pattern의 사용이 매우 일반적이며, 자바 개발자들에게는 그냥 로깅 API처럼 느껴집니다. 이 모델에서는 로그 구성log configuration을 통해 적절한 로그 익스포터log exporter를 정의합니다. 예를 들어 로그를 파일로 저장하는 파일 작성기, 네트워크를 통해 로그를 전송하는 네트워크 로거, 그리고 JDBC로 데이터를 전송하는 더 복잡한 익스포터 도구 등이 여기에 해당됩니다.

자바 개발자는 API가 내부 처리 방식에 관계없이 동일하기 때문에, 로그가 실제 **어떻게** 처리되는지에 대해 크게 신경 쓰지 않습니다.

아래의 코드 예제는 이러한 방식을 잘 보여줍니다.

```
// logging_only 분기의 SLF4J 코드 예제
@RestController
public class AnimalController {
  private static Logger LOGGER = LoggerFactory.getLogger(AnimalController.class);

  // ...

  private String fetchRandomAnimal() throws IOException, InterruptedException {
    var pause = (int) (SERVICES.size() * Math.random());
    LOGGER.info("Pausing for: "+ pause);

    // ...
  }
}
```

그렇다면 로그란 정확히 무엇일까요? 로그는 특정 시점에 발생한 개별 이벤트discrete events를 기록한 데이터 항목이라고 이해하는 것이 가장 적절합니다. 일반적으로 로그는 한 번 생성되면 변경되지 않는 데이터로 간주됩니다. 예시로는 시스템과 서버 로그(예 syslog), 방화벽이나 네트워크 시스템 로그, 그리고 개발자 중심의 플랫폼이나 애플리케이션 로그가 있습니다. 이러한 유형의 로그는 비구조적 텍스트로 되어 있으며, 로그 이벤트에 심각도가 연관되어 있는 경우가 많습니다. 로그의 인코딩은 보통 일반 텍스트로 저장되지만, 바이너리 형식으로 저장할 수 있습니다.

로그는 사람이 읽을 수 있는 텍스트human-readable text라는 특징을 가지고 있습니다. 이 특징은 키워드, 구문, 정규 표현식 등을 grep으로 검색되거나, 특정 메시지의 빈도를 시간에 따라 그래프로 표현하는 등의 유용한 기능을 제공합니다.

또한 로그의 심각도는 얼마나 많은 정보를 보고 싶은지에 따라 출력 수준을 조절할 수 있는 간단한 방법을 제공합니다. 로그는 감사 도구audit tool의 데이터 소스나 문제를 분석하기 위한 포렌식 스타일 재생forensic-style playback에도 유용합니다. 다만, 이러한 활용 가능성은 로그 시스템의 설계와 구조가 제대로 이루어졌을 때 가능하다는 점을 기억해야 합니다. 이에 대한 자세한 내용은 이 장 후반부에서 다룹니다.

> **NOTE** **이벤트**라는 데이터 형식도 있습니다. 이는 심각도를 가지지 않는 구조화된, 변경 불가능한 개발 이벤트의 기록입니다. 다만, 이벤트의 유형을 설명하는 이름을 가질 수 있으며, 이러한 이벤트는 JSON 형식으로 표현되어 명확한 구조를 제공합니다. 일부 실무자들은 이를 **구조화된 로그**structured logs라고 부르기도 합니다.

일반적인 관측성 로깅 패턴에서는 마이크로서비스 각각에서 생성된 로그를 네트워크를 통해 단일 위치로 집계합니다. 이를 통해 검색 가능하고, 필터링 할 수 있으며, 그룹화할 수 있는 단일 통합 로그 데이터셋을 제공합니다. 하지만 이것은 **중앙집중식**centralized 로깅 패턴이라는 점을 유의해야 합니다. 로그는 분산 시스템의 서로 다른 프로세스에서 왔지만, 최종적으로는 하나 이상의 장소에 저장됩니다. 다른 소스에서 로그를 집계하려면, 해당 서비스들 간의 로깅 방식의 일관성을 유지해야 한다는 점에 주의해야 합니다.

이에 반해, 진정한 **분산 로깅**distributed logging은 매우 드물며, 구현이 훨씬 더 어렵습니다. 이 방식은 중앙집중식 로깅이 불가능할 때만 주로 사용됩니다. 예를 들어, 네트워크 사용에 대한 애플리케이션 프로세스와의 경쟁, 또한 너무 많은 로그로 집계가 어려운 경우 등이 이에 해당합니다. 이는 극히 드문 경우이며, 대부분의 애플리케이션 개발자가 직면할 필요가 없는 문제입니다. 따라서 이 책에서는 분산 로깅에 대해 더 이상 다루지 않습니다.

관측성의 일환으로 중앙 집중식 로깅 솔루션을 배포할 때, 선택할 수 있는 오픈 소스나 상용 도구가 다양합니다. 그중 흔히 접할 수 있는 용어가 **ELK 스택**입니다. 이는 세 가지 인기 있는 프로젝트로 구성된 스택을 설명하는 약자입니다.

- 로그스태시: 여러 데이터 소스에서 데이터를 수집하고 변환하기 위한 데이터 처리 파이프라인
- 엘라스틱서치: 검색이나 분석을 위한 데이터 저장소
- 키바나: GUI 구성 요소와 KQL 쿼리 언어

ELK 스택을 배포하면 [그림 10-4]에 나타난 아키텍처와 유사한 구조를 가질 수 있습니다.

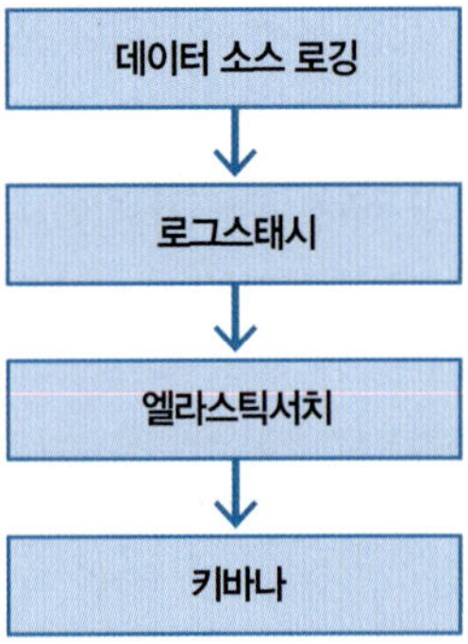

그림 10-4 ELS 스택 예제

ELK 스택을 운영하고 유지 관리하는 것은 비용이 많이 들 수 있습니다. 특히 주요 클라우드 플랫폼에서 이를 호스팅할 경우, 인프라 비용이 큰 부담으로 작용합니다. 이러한 이유로, 여러 회사에서는 호스팅 된 ELK 스택 서비스를 제공하고 있습니다.

일반적으로 데브옵스 직원은 ELK 스택을 설정하고 유지 관리하는 방법에 대한 상세한 지식이 필요하기보다는, UI를 통해(셀프 호스팅이든 공급업체에서 제공하든) 이를 사용하는 경우가 훨씬 더 많습니다.

세 가지 핵심 요소를 완성하기 위해, 자바 개발자들이 잘 알지 못할 수도 있는 주제인 추적에 대해 살펴봅니다.

10.2.3 추적

분산 추적distributed tracing은 단일 최상위 서비스 호출top-level service invocation을 기록한 데이터입니다. 일반적으로 개별적인 단일 요청이며, 예를 들어 사용자 활동user activity가 발생한 요청입니다. 이 추적에는 다음과 같은 메타데이터가 포함됩니다.

- 호출된 인스턴스
- 각 하위 요청이 실행된 컨테이너
- 호출된 메서드
- 요청 처리 성능
- 요청이 성공했는지 또는 오류가 발생했는지
- 검색과 조회에 유용한 사용자 정의 메타데이터

분산 아키텍처에서는 하나의 주요 서비스 요청이 여러 작업을 불러오고, 이 작업들이 모두 추적의 일부로 기록됩니다. 이러한 작업을 스팬span이라고 하며, 메서드 호출이나 외부 서비스 호출 같은 것이 여기에 포함됩니다. 각 **스팬**은 전체 추적 정보를 담고 있어, 동일한 유형의 메타데이터를 가지므로, 추적은 스팬 트리 구조를 형성합니다. 분산 추적은 주로 HTTP와 같은 요청-응답 기반 서비스 호출을 계측하는데 사용됩니다. 응답이 없는 비동기 메시징 방식은 구현하기가 더 어렵습니다.

일반적으로, 분산 추적은 비동기 메시징에 대해 여전히 개발 중이며, 많은 이해관계자들이 활발히 작업하고 있습니다. 비동기 스토리async story는 아직 완전히 정립되지 않았기 때문에, 이 책에서는 동기식 흐름request-response flow만을 다룹니다.

예시 스팬은 다음과 같습니다.

```
{
  "name": "/v1/app/foo",
  "context": {
    "trace_id": "kDMI7LTxLxTj220awNARJw==",
    "span_id": "9ir6veJ4Hdw="
  },
  "parent_id": "",
  "kind": 1,
  "start_time": "2021-10-22 16:04:01.209458162 +0000 UTC",
  "end_time": "2021-10-22 16:04:01.209514132 +0000 UTC",
  "status_code": "STATUS_CODE_OK",
```

```
    "status_message": "",
    "attributes": {
      "key": "attr",
      "string.value": "value2"
      // ... HTTP와 전송 세부 정보 생략됨
    },
    "events": [
      {
        "name": "",
        "message": "OK",
        "timestamp": "2021-10-22 16:04:01.209512872 +0000 UTC"
      }
    ]
  }
```

trace_id, span_id 그리고 parent_id를 주의 깊게 보세요. 이 세 가지 필드는 서로 다른 스팬을 연결하고 전체 분산 추적을 재구성하는 데 사용됩니다. 현재 예제에서는 parent_id가 없기 때문에 이 스팬은 루트 스팬으로 간주됩니다.

스팬 관점perspective은 전통적인 모니터링에서 서비스 호출의 **외재적 뷰**extrinsic view에 해당합니다. 단일 사용자 호출에서 발생한 각 부분은 하나의 추적으로 모아지고, 이를 **추적 뷰** 형태로 시각화할 수 있습니다. 이는 스팬 트리가 어떻게 만들어졌는지를 보여주는 표현입니다.

[그림 10-5]에서는 Fighting Animals 예제를 다시 사용하여 예거jaeger UI에서 시각화된 결과를 확인할 수 있습니다.

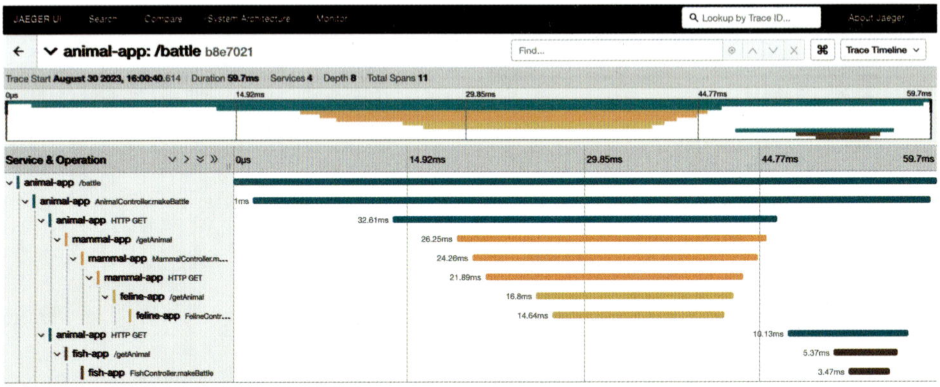

그림 10-5 추적 뷰 예시

분산 추적을 구현하려면 아키텍처의 여러 부분을 신중히 고려해야 합니다. 특히 중요한 요소는 다음과 같습니다.

- 애플리케이션, 미들웨어, 그리고 다른 구성 요소를 계측하는 것
- 서비스 간에 추적 컨텍스트를 전달하는 것
- 추적 데이터를 수집하고 저장하는 것
- 필요한 추적을 검색하고 조회하는 것
- 추적을 시각화하는 것

이 과정은 데이터독, 뉴 렐릭, 다이나트레이스, 허니콤 같은 상용 도구vendor tools를 사용하거나, 오픈 소스 도구open source tools를 조합하여 배포해 수행할 수 있습니다. 오픈 소스 기반의 추적 도구 중 자주 사용하는 것은 오픈텔레메트리, 예거, 그리고 그라파나 템포Grafana Tempo입니다. 이 도구들은 각각 다른 역할을 맡으며, 조합해서 종합적인 솔루션을 만들기도 합니다.

예를 들어 [그림 10-6]에서는 오픈텔레메트리가 계측, 추적 컨텍스트 전달, 그리고 데이터 전송(**내보내기**export 또는 **추출**exfiltration)을 수행합니다. 데이터 저장은 템포, 시각화는 예거를 사용해 처리합니다.

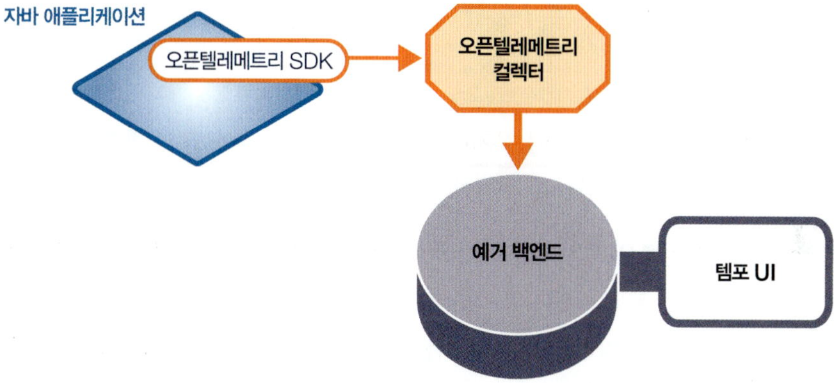

그림 10-6 분산 추적 관측성 예시

컨텍스트 전달context propagation은 `trace_id`, `span_id`, `parent_id`라는 세 가지 값으로 이루어집니다. 이 값들은 서비스 간에 전달되어야 하며, 각 서비스가 다른 자바 가상 머신을 사용하거나 물리적으로 떨어진 컴퓨팅에서 실행된다면, 이를 어떻게 구현할지 이해하기 어려울 수 있습니다.

실제로 이런 필드들의 값이 W3C 추적 컨텍스트 표준[3]에 따라 HTTP 헤더로 전달됩니다. 이 표준은 2024년 3월 W3C 권고안으로 지정되었습니다. 이러한 헤더는 애플리케이션 코드에서 수동으로 처리하거나, 자동 계측이나 주입을 통해 처리할 수 있습니다. 오픈텔레메트리 추적의 경우, 다음 장에서 이 두 가지 방법의 예를 살펴보겠습니다.

추적을 시각화하는 것은 가장 어려운 부분입니다. 보통 추적 뷰(예 예거)를 사용하지만, 이 방법은 세부 정보에 치중되어 있어 큰 그림을 보기가 어렵습니다. 2024년 현재, 점점 복잡해지는 시스템을 다루기 위해 새로운 추적 시각화 방법이 필요하다는 의견이 많습니다.

마지막으로 데이터 샘플링도 중요한 문제입니다. 분산 추적은 매우 많은 양의 데이터를 생성할 수 있습니다. 추적에서 발생하는 데이터 양을 합리화하기 위해 다양한 샘플링 정책을 사용할 수 있습니다.

실제로 압도적인 대다수의 추적은 성공 코드를 반환하는 요청을 위한 것입니다. 성공해서 생성되는 전체 데이터를 모두 처리할 필요는 없습니다.

> **NOTE** W3C 표준 명세에서는 `trace-flags`라는 필드도 정의하고 있습니다. 이 필드는 샘플링이나 추적 수준과 같은 설정은 제어하는 데 사용됩니다. 쉽게 말해, 호출자가 이러한 설정을 하위 서비스downstream services에 권고하는 역할을 합니다.

샘플링의 목표는 데이터의 통계적 특성을 유지하는 것입니다. 예를 들어, 코드 변경이 응답 시간 분포에 영향을 준다면, 이를 관찰할 수 있어야 합니다.

예를 들어, 오픈텔레메트리에서 기본 샘플링 정책default sampler policy은 '부모 기반' 샘플러입니다. 이 정책은 다음과 같습니다. 부모 스팬이 없으면 이 스팬을 샘플링합니다. 부모 스팬이 있다면, 부모가 샘플링되었는지 여부에 따라 샘플링 여부를 결정합니다. 본질적으로 샘플링 결정을 추적의 시작점origin point에 위임delegate합니다.

이 방식은 단순하다는 장점이 있지만, 샘플링 결정 시 추적이 성공할지 실패할지 알 수 없다는 단점이 있습니다.

3 https://oreil.ly/wDEUp

NOTE 클라이언트나 서버에서 발생한 실패 코드failure code가 포함된 추적, 즉 HTTP 4XX 또는 5XX는 일반적으로 성공 코드보다 가치가 높습니다. 따라서 실패 추적은 샘플링 없이 항상 수집하는 것이 좋지만, 이를 위해서는 **테일 기반 샘플링**tail-based sampling이라는 고급 기술이 필요하며, 이는 구현이 어렵습니다.

또한 샘플링 방식은 `trace_id`와 `parent_span_id`를 왜 함께 전달해야 하는지도 설명합니다.

10.2.4 데이터 소스의 핵심 요소

세 가지 핵심 요소 접근법은 지표, 로그, 추적에서 나오는 데이터를 각각 별도의 데이터 소스로 다루는 방식입니다. 이는 각 핵심 요소의 데이터가 구조적으로 매우 다르기 때문입니다.

- 지표는 이벤트가 일정한 시간 간격으로 집계된 데이터를 나타내는 네 개의 고정 필드로 구성되며, 차원 필드는 키-값 쌍key-value pair의 집합입니다.
- 로그는 특정 시점에서 발생한 심각도가 포함된 비구조적 텍스트 또는 심각도가 없는 구조화된 이벤트입니다.
- 추적은 스팬으로 구성되며, 이는 일정 기간 동안 발생한 정의되고 구조화된 메타데이터입니다. 이 기간은 추적마다 다를 수 있습니다.

이 핵심 요소가 생성하는 데이터의 양도 크게 다릅니다.

- 지표는 요청 트래픽과 관계없이 고정된 시간 간격으로 생성되므로 데이터 양이 증가하지 않습니다.[4]
- 로그는 요청 속도와 단순한 관계를 가지지 않습니다. 시스템에서 로그가 비효율적으로 관리되거나 오류가 많을 경우, 로그 데이터는 비선형적으로 증가할 수 있습니다.
- 추적은 요청 트래픽에 선형적으로 비례하여 생성됩니다. 샘플링을 적용하더라도 이 관계는 대체로 유지됩니다.

이러한 차이 때문에 관측성 데이터를 처리하는 오픈 소스 프로젝트들은 대개 단일 핵심 요소만 집중적으로 다루는 경향이 있습니다. 이는 통합된 오픈 소스 소프트웨어open source software(OSS) 관측성을 배포하려는 조직에 영향을 미칩니다.

관측성의 핵심은 데이터를 통합하여 서로 다른 유형의 데이터를 상호 연관시키는 것입니다. 이러한 신호 간 상관관계를 제공하는 것은 오픈 소스 도구에서 활발히 개발되고 있는 영역이지

4 들어오는 요청에 다양한 차원 값이 포함될 경우, 정확히 어떤 일이 발생했는지에 대한 미묘한 차이점이 존재합니다.

만, 2024년 8월 기준으로 완전히 해결된 문제는 아닙니다.

마지막으로 모든 관측 실무자가 세 가지 핵심 요소를 기본 모델로 인정하는 것은 아닙니다. 하지만 초보자가 기본 데이터 유형과 개념을 이해하기 쉽고, 데이터 유형 간의 차이가 분명하다는 이유로 이 책에서는 이 접근법을 선택했습니다.

- 초보자들은 이 기본 데이터 유형과 그것에서 파생되는 개념에 익숙할 가능성이 높습니다.
- 우리가 본 것처럼, 논의된 데이터 유형은 본질적으로 서로 매우 다릅니다.

다른 접근 방식이 존재하므로, 관측성을 배우는 과정에서 이를 접할 가능성도 높습니다. 우리의 목표는 출발점을 제공하고, 여러분이 더 나아가 탐구해 보기를 권장합니다.

10.2.5 프로파일링

세 가지 핵심 요소에 더해 애플리케이션 프로파일링profiling을 네 번째 데이터 유형이나 요소로 보는 관점이 점점 커지고 있습니다. 그러나 프로파일링 데이터와 다른 관측성 데이터 유형 사이에는 상당한 차이가 있습니다. 일반적으로 대규모 프로파일링을 구현하는 데 기술적인 도전 과제가 따릅니다. 이는 주로 CPU나 메모리를 프로파일링 할 때 상당한 부하가 발생할 수 있기 때문입니다. 이러한 이유로 두 가지 별도의 접근법이 발전해 왔습니다.

- 온디맨드 프로파일링: 필요할 때만 활성화되어 더 풍부한 데이터셋을 제공합니다.
- 연속 프로파일링: 항상 활성 상태를 유지하며, 부하를 가능한 한 줄이도록 설계되었습니다.

두 접근법에는 각각의 트레이드오프가 있습니다. 예를 들어, 연속 프로파일링은 일반적으로 부하가 낮습니다(그럴 필요가 있기 때문). 하지만 데이터 해상도가 낮아져 수집된 데이터에서 문제를 발견하기 어려울 수 있습니다. 반면에, 온디맨드 프로파일링은 프로파일링을 켜고 끄기 위해 사람이 직접 작업하거나 모니터링 에이전트가 이를 제어해야 합니다. 이는 제어 플레인이 필요함을 암시하며, 우선 문제가 있다는 것을 인지해야만 활성화할 수 있다는 점에서 제한이 있습니다.

또한 이는 예측적 문제 분석predictive problem analysis, 즉 서비스 중단outage이 발생하기 전에 이를 예측하는 것은 매우 어렵거나 불가능하다는 의미도 포함됩니다.

프로파일링은 12장에서 다룰 주제이며, 더 자세히 설명합니다.

10.3 관측성 아키텍처 패턴과 안티 패턴

우리는 관측성에서 중요한 패턴 중 하나인 로깅 퍼사드에 대해 논의했습니다. 이번 절에서는 지표와 관련된 다른 주요 패턴들을 소개하고, 마지막으로 팀이 작업 중 피해야 할 몇 가지 안티 패턴에 대해 알아봅시다.

10.3.1 지표를 위한 아키텍처 패턴

지표는 자바 애플리케이션의 관측성에서 잘 확립된 영역이며, 이를 지원하기 위해 여러 가지 아키텍처 스타일이 등장했습니다.

먼저, 차원성 개념을 잘 이해해야 합니다. 하지만 모든 지표 시스템이 차원을 지원하는 것은 아닙니다. 중요한 질문은 '이 지표 시스템은 측정값에 대해 키-값 형태로 정보를 추가할 수 있나요?' 입니다.

만일 '예'라면 사용 중인 지표 라이브러리가 차원성을 지원하는 것이며, '아니오'라면 차원에 포함된 정보를 지표 이름에 접미사suffix로 추가하여 기본 지표 이름과 결합합니다.

예를 들어, 지표 이름에는 두 가지 주요 표기법이 있습니다.

- 점 표기법: 오픈텔레메트리 지표와 여러 공급업체 도구와 라이브러리에서 사용합니다.
- 스네이크 케이스 명명법: 주로 프로메테우스에서 사용됩니다. 하지만 프로메테우스도 차원을 지원하며, 이를 **지표 레이블**metric label이라고 부릅니다.

점 표기법 지표 이름의 예로는 `jvm.memory.used{area=heap, id=G1 Eden Space}`입니다. 비차원적 접미사 표기법의 동일 지표 예는 `jvm_memory_used_heap_G1_Eden_Space`입니다.

지표 시스템의 아키텍처에서 두 번째 측면은 **집계 규칙**aggregation discipline입니다. 이는 지표를 집계하는 계산이 어디서 수행되는지를 나타냅니다.

- 클라이언트 측: 개별 샘플을 처리(예 속도로 변환)한 후 애플리케이션 외부로 전송합니다.
- 서버 측: 관측성 서버에서 집계를 수행합니다.

이 측면에서 프로메테우스는 대안들과 다릅니다. 대부분 지표 기술이 클라이언트 측 집계를 사용하는 방면, 프로메테우스는 서버 측 집계를 선호합니다. 이 접근 법에도 트레이드오프가 있습니다. 네트워크를 통해 데이터를 전송하면 비용이 많이 들지만, 클라이언트 측에서 데이터를 저장하고 처리하면 추가 리소스가 필요합니다.

마지막으로, 지표가 관측성 시스템으로 전달되는 방식으로 두 가지 기본 접근 방식이 있습니다.

- 서버 풀링: 관측성 시스템이 애플리케이션에서 지표를 수집합니다.
- 클라이언트 푸시: 관측 대상 애플리케이션이 관측성 시스템으로 지표를 능동적으로 전송합니다.

프로메테우스는 서버 풀링 방식을 사용하며, 이를 **스크레이핑**scraping이라고 부릅니다. 따라서 프로메테우스를 사용하여 모니터링하려면, 모든 서비스가 HTTP를 통해 접근 가능한 프로메테우스 지표 엔드포인트metric endpoint를 제공해야 합니다. 프로메테우스는 서비스가 알려져 있거나 검색 가능 하다는 가정에 의존하며, 이는 수명이 짧은 작업short-lived job이나 보안상의 이유로 지표 엔드포인트를 노출할 수 없는 시스템에서 문제가 될 수 있습니다. 이를 해결하고 오픈텔레메트리와 같은 기술과 더 잘 통합하기 위해, 프로메테우스는 **원격 기록**remote write 옵션도 제공합니다. 하지만 모든 팀이 이를 배포하는 것은 아닙니다.

자세한 내용은 11장에서 논의할 예정입니다.

10.3.2 수동 계측과 자동 계측

수동manual 계측은 애플리케이션 코드에 변경을 가해 텔레메트리 라이브러리telemetry library에 명시적인 호출explicit call을 추가하는 방식입니다. 추적의 경우, 수동 계측을 사용하면 개발자가 추적과 스팬을 언제 생성하고 종료할지 완전히 제어할 수 있습니다. 하지만 두 가지 주요 문제점이 있습니다.

- 관측성 라이브러리와 코드를 직접적으로 연결시켜 결합 유지보수가 어렵습니다.
- 사람의 실수가 개입할 가능성이 높습니다. 개발자가 무엇을 추적해야 할지 미리 알고 있어야 하기 때문입니다.

특히 두 번째 문제는 쉽게 간과할 수 있는 심각한 한계입니다.

관측성의 핵심 측면 중 하나는 '처음에는 예상하지 못했던 질문에 답을 찾을 수 있어야 한다는 것'입니다. 어떤 질문이 나올지 모른다면, 그 질문에 답할 수 있도록 수동으로 호출 경로의 하위 집합을 계측했는지 어떻게 확신할 수 있을까요?

다시 말해, 추적을 수동으로 계측하면 애플리케이션에 관측에 대한 사각지대blind spots을 초래할 위험이 실제로 존재합니다. 이는 문제의 위치에 대해 잘못된 인상을 줄 수 있으므로 매우 해로울 수 있습니다.

반면, 로깅(예 SLF4J 또는 Log4J)은 대부분 수동으로 수행되며, 로깅 퍼사드를 명시적으로 호출하는 방식입니다. 이 때문에 필요한 로그 이벤트가 누락되거나 잘못된 심각도 수준에서 생성되는 경우가 발생할 수 있습니다. 하지만 누락된 추적 정보에 비하면 이는 사소한 불편함일 뿐이며, 대부분의 팀은 사건 발생 시 추가 로그를 작성하거나 심각도 수준을 변경하는 데 익숙합니다.

따라서 본질적인 복잡성 때문에 많은 팀이 추적을 위해 **자동 계측**을 선호합니다. 이는 자바 에이전트를 사용하거나 애플리케이션이 작성된 프레임워크가 제공하는 내장 지원을 통해 이루어집니다.

특히 자바 에이전트는 바이트코드 위빙 기술을 사용하여 실행 중인 클래스의 바이트코드를 수정할 수 있습니다. 이를 통해 반복적인 코드를 자동으로 추가하여 수동 계측의 번거로움을 줄일 수 있습니다.

> **NOTE** 오픈텔레메트리의 예시는 '수동 추적' 절에서 확인할 수 있습니다.

가비지 컬렉션처럼 자동화된 시스템은 사람의 실수 가능성human fallibility에서 자유롭다는 장점이 있습니다. 다만 에이전트 방식을 사용할 경우, 일부 구성을 설정해야 할 수 있습니다(예 모든 것을 계측하지 않도록 설정). 또한 특정 상황에서는 애플리케이션 시작 시간과 실행 성능에 약간의 영향을 미칠 수도 있습니다.

많은 자바 프레임워크는 자동 추적을 지원합니다. 예를 들어, 쿼커스는 메이븐 종속성maven dependency을 추가하는 것만으로도 오픈텔레메트리를 활성화할 수 있습니다.

```
<dependency>
    <groupId>io.quarkus</groupId>
    <artifactId>quarkus-opentelemetry</artifactId>
</dependency>
```

이 확장은 작동하기 위한 필수적인 설정이 필요하지 않습니다. 기본적으로 GRPC를 통한 오픈 텔레메트리 프로토콜(OTLP) 사용하여 `localhost`의 4317 포트로 추적을 전송하려고 시도합니다.[5]

지표는 수동과 자동 계측 방식을 결합하는 경향이 있습니다. 예를 들어, 개발자는 애플리케이션에 특화된 데이터를 추적하기 위해 수동으로 지표를 작성할 수 있습니다. 동시에 자바 가상 머신이나 라이브러리에서 자동으로 생성된 지표를 함께 사용할 수 있습니다. 이러한 혼합 방식 hybrid approach은 매우 효과적이며, 11장에서 더 깊이 설명합니다.

10.3.3 안티 패턴: 지표에 억지로 데이터 맞추기

지표는 카운터, 게이지, 또는 히스토그램 형식으로 표현되며, 일정 시간 동안 수집하거나 집계된 데이터를 나타냅니다. 이 개념에 맞지 않는 데이터는 지표로 적합하지 않으며, 차원에도 같은 원칙이 적용됩니다. 만약 차원 값이 집계될 수 없다면, 이는 차원으로 간주할 수 없으며, 개별 지표로 나누어야 합니다.

지표는 기본적으로 이벤트의 분포를 타임 시리즈로 요약하는 것입니다. 하지만 이 과정에서 분포의 세부적인 모양은 항상 손실되며, 복구할 수 없습니다. 예를 들어, 특정 서비스에서 발생한 `500` 오류 코드의 개수를 추적한다고 가정합시다. 오류가 발생한 시점은 다를 수 있지만, 이를 `errors.per.hour`라는 지표로 요약하면, 매분 1개의 요청이 실패한 경우와 마지막 1.0초 동안 60개의 요청이 실패한 경우를 구분할 수 없게 됩니다.

> 통계에서 평균 (산순 평균 포함)은 실용적으로 유용한 경우가 많습니다. 하지만 분포를 제대로 이해하는 데는 적합하지 않습니다.
>
> — 브랜든 그레그 Brendan Gregg[6]

특히 백분위수를 집계하려고 해서는 안 됩니다. 이유는 간단합니다. 백분위수를 계산하려면 원래의 데이터(모집단)가 필요합니다. 이러한 잘못된 집계는 분석 오류와 잘못된 기술적 또는 비즈니스 의사 결정을 초래할 수 있습니다. 더 나쁜 점은 이 집계가 진실처럼 보이는 거짓이라

5 기본 설정은 2024년 초 업스트림에서 변경되어, HTTPS/Protobuf를 사용하는 포트 4318이 기본값으로 되어 있습니다.

6 *https://oreil.ly/Pct9Q*

는 것입니다. 사람들이 멋지게 그려진 차트를 보고 이를 시스템 상태의 진실로 받아들일 수 있지만, 실제로는 완전히 잘못된 방향으로 이끌 수 있습니다. 또한 모든 데이터가 중요한 것은 아니므로, 무조건 수집하려고 하지 마십시오. 이런 안티 패턴은 개발팀이 불필요한 데이터를 수집하려 할 때 자주 발생합니다.

예를 들면 다음과 같습니다.

- 너무 세부적인 런타임 특정runtime-specific 숫자
- 너무 대략적인 지표coarse-grained metric(예 5분 평균 CPU 사용률)

첫 번째 경우는 팀이 해결하려는 문제와 관련이 있어 보이는 특정 숫자에 관심을 가질 때 발생할 수 있습니다. 그러나 이 숫자가 일반적인 경우에는 중요하지 않다는 점을 간과합니다. 이는 개발팀이 지표 시스템에서 제공할 필요가 없는 데이터를 얻으려고 할 때, 예를 들어 추적 시스템이나 프로파일러에서 제공되어야 할 데이터를 지표로 처리하려 할 때 자주 발생합니다.

두 번째 경우는 실행 가능한 정보가 아닐 수 있습니다. 예를 들어 5분 평균 CPU 사용률이 너무 높다는 것을 알아차릴 때쯤이면 이미 시스템에 문제가 발생했을 가능성이 높으며, 쿠버네티스가 이미 Pod를 종료했을 수도 있습니다.

지표를 추가할지 고민할 때 '이 지표가 어떤 문제를 디버깅하는 데 도움이 되는가?' 라는 질문은 좋은 판단 기준입니다. 만약 이 질문에 답할 수 없다면, 그 지표는 아마 필요하지 않을 것입니다. 또한 제안된 새로운 지표가 기존 지표에서 직접 도출될 수 있는지도 확인해 볼 가치가 있습니다. 만일 그렇다면, 해당 지표는 관측성 백엔드에서 합성되어야 할 수도 있습니다.

10.3.4 안티 패턴: 연관된 로그의 남용

이는 요청 메타데이터를 로그로 푸시하여 실제 분산 추적 솔루션을 배포하지 않으려는 시도입니다. 이 방식은 '로그를 통해 흐르는 ID만 있다면 요청을 추적할 수 있다'와 같이 표현됩니다.

겉보기에는 이 방법이 맞는 것처럼 보이지만, 다음 조건이 충족되어야만 성립합니다.

- 모든 로깅 구성 요소가 올바르게 설정되어 있어야 합니다(예 로그 레벨).
- ID가 항상 동일한 방식으로 생성되어야 합니다.
- ID에 개인 식별 정보personally identifiable information(PII)이나 다른 민감한 데이터가 포함되지 않아야 합니다.
- 로깅 시스템이 100% 로그 흐름을 처리할 수 있어야 합니다.

특히, ID 필드는 단순히 일부 개인 식별 정보데이터를 베이스64로 인코딩한 형태여서는 안 됩니다.

그 뿐만 아니라 홈브루 로그 상관기homebrew log-correlator를 작동시키기 위해서는 다음을 준비해야 합니다.

- 필요한 기간 동안 100%의 로그를 저장할 비용을 지불해야 합니다.
- 100%의 로그 흐름을 처리할 수 있는 컴퓨팅 리소스를 마련해야 합니다.
- 솔루션의 모든 구성 요소에 대해 맞춤형 코드와 통합custom code and integrations을 생성하고 유지해야 합니다.

안티 패턴은 일반적으로 흔한 문제에 대해 자주 등장하는 잘못된 해결책을 의미합니다. 하지만 시스템을 완벽히 설계하고 운영하더라도 때때로 일이 잘못될 수 있습니다. 이제 시스템이 고장 날 때 발생하는 상황과 관측성을 사용해 문제를 탐지하는 방법을 살펴보겠습니다.

10.4 관측성 기반의 애플리케이션 문제 진단

애플리케이션이 고장나는 일반적인 방식들을 이해하는 것은 매우 중요합니다. 이를 통해 관측성 도구를 사용하여 이러한 문제를 탐지하고 해결할 수 있는 방법을 알 수 있습니다. 이번 절에서는 애플리케이션이 자주 마주하는 대표적인 오류들을 살펴보겠습니다.

> 사건이 터진 뒤에는 관련 신호와 그렇지 않은 신호를 구분하는 것이 훨씬 쉽습니다. 사건 이후에는 신호가 항상 매우 명확하게 보입니다. 이제 그 신호가 어떤 재앙을 예고하고 있었는지 알 수 있습니다. 그러나 사건이 발생하기 전에는 신호가 모호하며, 상충되는 의미로 가득 차 있습니다.[7]
>
> — 로버타 월스테터

이 절에서는 분산 시스템의 몇 가지 고장 모드도 기록할 것입니다. 물론 이 외에도 많은 고장 사례가 존재하므로, 이번 절은 단지 입문서 역할을 할 뿐입니다.

7 Roberta Wohlstetter, *Pearl Harbor: Warning and Decision* (Stanford University Press, 1962).

10.4.1 성능 저하

관측성이 감지하는 데 도움을 줄 수 있는 가장 간단한 문제는 성능 저하입니다. 코드나 설정을 변경했을 때, 성능에 예상치 못한 영향이 발생될 수 있습니다. 이 영향은 CPU 사용률, 메모리 사용량, 할당 속도 같은 저수준 요소low-level aspect 일 수도 있고, 전체 트랜잭션 지연 시간과 같은 고수준 요소에 나타날 수도 있습니다.

관측 도구는 쿼리 인터페이스와 그래프 구성 요소를 통해 적절한 관측 대상을 사용하여 변경 전후의 영향을 시각적으로 확인할 수 있게 해 줍니다. 이는 변경 전후의 성능을 비교하거나 9장에서 다룬 배포 기법 중 하나를 활용하여 수행할 수 있습니다.

[그림 10-7]에서는 두 번째 방식의 예로 카나리아 배포를 활용하는 모습을 볼 수 있습니다.

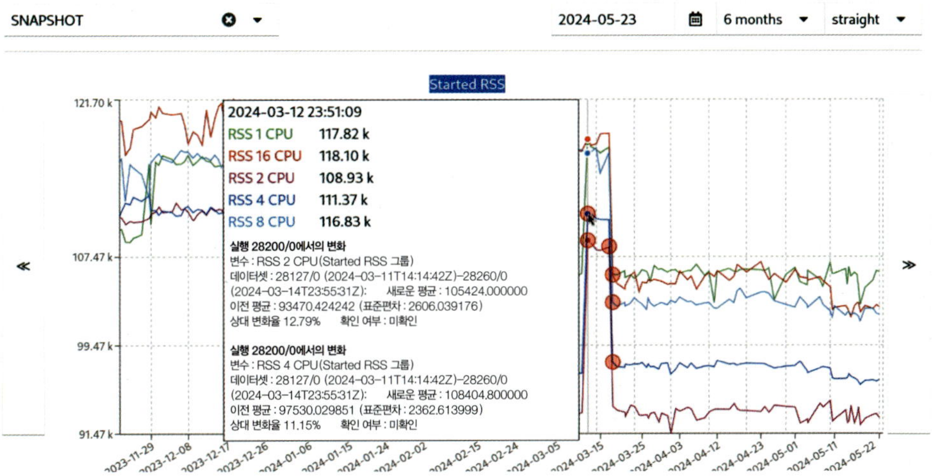

그림 10-7 이상치 탐지

이러한 배포 기법을 사용하면 저하regression를 명확히 확인할 수 있습니다. 수정된 프로세스가 기존의 성능 기준선에서 크게 벗어난다면, 관련 관측 가능 지표에서 이를 확인할 수 있기 때문입니다. 이와 같은 명확한 저하에 직면했을 때, 팀은 저하가 충분히 작다면 이를 받아들이거나, 변경 사항을 되돌리고 추가 분석을 수행하여 영향을 줄이는 방향으로 수정할지 결정할 수 있습니다.

이러한 추가 분석은 이상적으로 개발 또는 테스트 샌드박스 환경에서 이루어져야 합니다. 그러나 특정 유형의 저하는 운영 환경 외부에서는 명확히 나타나지 않을 수 있습니다. 이 경우, 수정 후 재배포fix-and-redeply 접근법이 필요하며, 이는 카나리아 배포와 같은 기법과 자연스럽게 어울립니다.

서비스 수준 목표service level objective(SLO)를 관련 지표와 함께 설정하는 것은 배포 과정이나 일상적인 운영 중에 시스템이 예상대로 작동하는지 확인하는 훌륭한 방법입니다. 서비스 수준 목표가 충족되지 않을 경우, 이를 알리는 경고나 빌드 실패를 설정하면 문제를 인지하고 해결할 기회를 제공합니다.

성능은 정확한 과학이 아니기 때문에, 특정 지표에 대한 허용 범위를 설정하기 위해 오류 예산error budget을 적용해야 합니다. 지표를 서비스 수준 목표로 사용하고 오류 예산을 적용하는 접근법은 SRE 원칙에 잘 맞으며, 시스템의 원하는 성능을 유지하는 데 매우 유용합니다.

10.4.2 불안정한 컴포넌트

애플리케이션 컴포넌트에 불안정을 초래하는 변경 사항은 흔히 발생합니다. 예를 들어, 전체 컴포넌트가 불안정해지는 경우는 쉽게 발견되어 바로 수정할 수 있습니다. 하지만 어떤 변경은 특정 코드 경로나 특정 요청에서만 문제가 드러날 때가 많습니다. 이런 경우, 문제를 일으키는 코드 경로나 요청이 실행되기 전까지는 변경 사항이 정상적으로 운영 배포될 수 있습니다.

이런 문제를 해결하는 데 도움이 되는 도구가 바로 분산 추적입니다. 이를 통해 변경 전후의 오류 비율을 비교하고, 오류가 반복적으로 발생하는 특정 URL이나 서비스가 있는지 확인할 수 있습니다.

문제가 되는 서비스는 우리의 내부 서비스일 수도 있고, 외부의 의존 서비스external dependency일 수도 있습니다. 이러한 서비스의 오류 비율을 기록하는 지표를 갖추는 것은 매우 유용합니다. 문제를 조사하다 보면 예상치 못한 시스템의 다른 부분까지 점검하게 될 수도 있습니다.

또 다른 문제로는 **계절성**seasonality이 있습니다. 어떤 시스템은 평소에는 잘 사용되지 않는 코드 경로가 있지만, 특정 시기(특정 요일, 분기, 또는 특별한 이벤트)에는 자주 실행됩니다. 이 경우, 문제를 일으킨 변경 사항이 해당 코드 경로가 실행되지 않는 시기에 이루어졌다면, 문제가 바로 나타나지 않고 나중에 드러날 수 있습니다.

이런 문제를 분석할 때, 관측성 엔지니어는 최근 발생한 변경이 항상 원인이라고 착각하는 **최근성 편향**recency bias에 빠지지 않도록 주의해야 합니다. 시간적으로 가까운 변경 사항이 원인이라고 단정해서는 안 됩니다.

10.4.3 재분할과 분할 뇌

분산 시스템에서는 '분할 뇌split-brain'라는 고전적인 문제가 발생할 수 있습니다. 이는 클러스터에서 통신 장애가 생겨, 일부 구성원이 다른 구성원들과 연결되지 못하는 상황을 뜻합니다.

가장 심각한 경우, 클러스터가 두 개 이상으로 나뉘어 각 조각은 내부적으로 연결을 유지하지만 서로는 연결되지 않게 됩니다. 이런 상황에서 여러 노드가 동시에 자신이 리더라고 잘못 판단하면, **네트워크 분할**network partition이라는 문제가 발생할 수 있습니다. 이 문제에 대한 예시는 [그림 10-8]에서 확인할 수 있습니다.

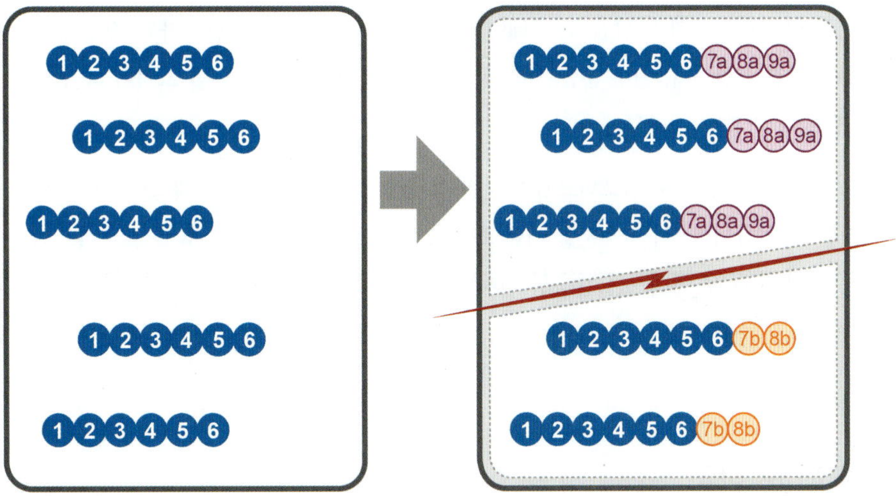

그림 10-8 분할 뇌

이 문제는 관측성 엔지니어에게 매우 중요한 과제입니다. 조각fragment들이 서로 다른 신호를 보내면 잘못된 결론을 내릴 수 있기 때문입니다. 더 심각한 상황은 조각들이 시스템 상태가 유사하게 보이는 경우입니다. 우리는 하나로 잘 작동하는 클러스터와 유사한 경로를 따르고 있는 두 개의 조각을 구별할 수 있을까요? 이런 문제를 방지하려면 클러스터의 각 노드가 자신이 리더라고 생각하는 노드를 보고하도록 해야 합니다. 만약 리더가 두 개 이상이면 경고를 발생시키는 것이 중요합니다.

> **NOTE** 네트워크 분할은 광범위하게 연구되었으며, 복구 방법과 데이터 동기화 기술이 잘 알려져 있습니다. 자세한 내용은 기본 분산 데이터 구조에서 다루겠습니다.

또 하나 중요한 질문은 다음과 같습니다. 만약 클러스터가 데이터를 분할해 관리하는데, 노드 하나가 손실되면 어떻게 될까요? 데이터 분할data partition의 여러 복사본을 유지하지 않는 시스템은 하드 장애(예 자바 가상 머신 충돌이나 커널 패닉)가 발생하면 데이터를 잃게 됩니다. 따라서 현실적인 클러스터링 솔루션은 데이터 손실을 막기 위해 복구recovery와 장애 조치failover 기능을 제공합니다. 최악의 경우, 모든 데이터 조각에 적어도 하나의 백업이 있어야 하며, 단일 구성원의 손실 때문에 데이터가 손실되는 일이 없어야 합니다.

하지만 이런 경우에도 문제가 남습니다. 데이터가 포함된 분할을 다시 할당하고, 생존한 노드 간에 균형을 맞춰야 합니다. 일부 분할이 복사본을 하나만 가지게 되면 이를 고쳐야 하며, 이를 **재분할 이벤트**repartitioning event라고 합니다.

많은 시스템(예 카프카)에서 컴포넌트가 재분할 상태에 있을 때는 어떤 스레드도 데이터를 읽거나 처리할 수 없습니다. 이는 재분할 이벤트가 완료될 때까지 분산된 STW를 효과적으로 유발합니다. 이러한 STW 이벤트는 관측성 엔지니어가 확인하고 경고해야 하는 또 다른 신호입니다.

10.4.4 선더링 허드

선더링 허드thundering herd란 어떤 이벤트가 발생했을 때 많은 클라이언트가 동시에 서버에 요청을 보내는 상황입니다. 서버 자원이 제한되어 있기 때문에, 보통 한두 개의 요청만 처리되고 나머지는 대기하거나 실패(타임아웃)하게 됩니다.

이 문제는 보통 시스템 구성 요소의 재시작으로 발생합니다. 예를 들어, 데이터베이스가 재시작되면 모든 기존 연결이 끊어집니다. 그러면 많은 클라이언트가 동시에 다시 연결하려고 시도하면서 데이터베이스에 큰 부담이 생기고, 응답 시간이 길어지거나 시스템 과부하로 서버가 중단될 수 있습니다.

선더링 허드를 이해하는 또 다른 방법은 자바의 동기화 잠금synchronization lock과 비교하는 것입니다. 모든 스레드가 깨워질 때, 단 하나만이 잠금을 획득하는 경쟁에서 승리할 수 있으며, 나머지는 다시 대기해야 합니다. 그러나 선더링 허드가 초래하는 리소스 소비는 단순한 불필요한 스레드 깨움 이상의 영향을 미칠 수 있습니다. 이 문제는 캐시에서도 자주 발생합니다. 여러 클라이언트가 캐시에서 데이터를 읽으려다가 실패하면, 모두 백엔드 데이터베이스에서 데이터를 가져오려고 시도합니다. 이 때문에 데이터베이스에 과도한 부하가 걸리고, 동일한 쿼리가 동시에 실행되면서 비효율이 발생합니다.

선더링 허드 이벤트는 보통 갑작스럽고 예상치 못한 데이터베이스 또는 캐시 부하로 나타나며, 사용자 요청과는 직접적인 상관이 없습니다. 이 신호를 통해 문제를 진단할 수 있습니다. 또한 관련된 일반적인 완화 전략은 요청 큐request queue를 사용하여 백엔드 자원으로 보내기 전에 들어오는 요청을 버퍼링하는 것입니다. 요청 큐가 BoundedQueue와 같은 제한된 큐라면, 이 기술은 전송자를 차단blocking하도록 강제하며, 요청 수를 효과적으로 제한하고 **역압력**backpressure을 가합니다.

10.4.5 연속적인 장애

가장 단순한 형태로 **연쇄 실패**cascading failure는 애플리케이션의 한 구성 요소가 실패하면서 양의 피드백positive feedback의 결과로 다른 하위 시스템들도 실패하기 시작하는 경우를 말합니다. 예를 들어, 어떤 서비스의 한 복사본이 평소보다 높은 요청량(부하)를 처리하지 못하고 고장나기 시작합니다. 이 상황에서 처리 중인 요청 수가 늘어나고, 클러스터 내 다른 복사본에도 부하가 가중됩니다. 그러면 이 복사본들도 고장 날 확률이 높아지고, 결국 도미노처럼 전체 서비스가 중단되는 결과를 초래할 수 있습니다. 이 과정은 [그림 10-9]에서 확인할 수 있습니다.

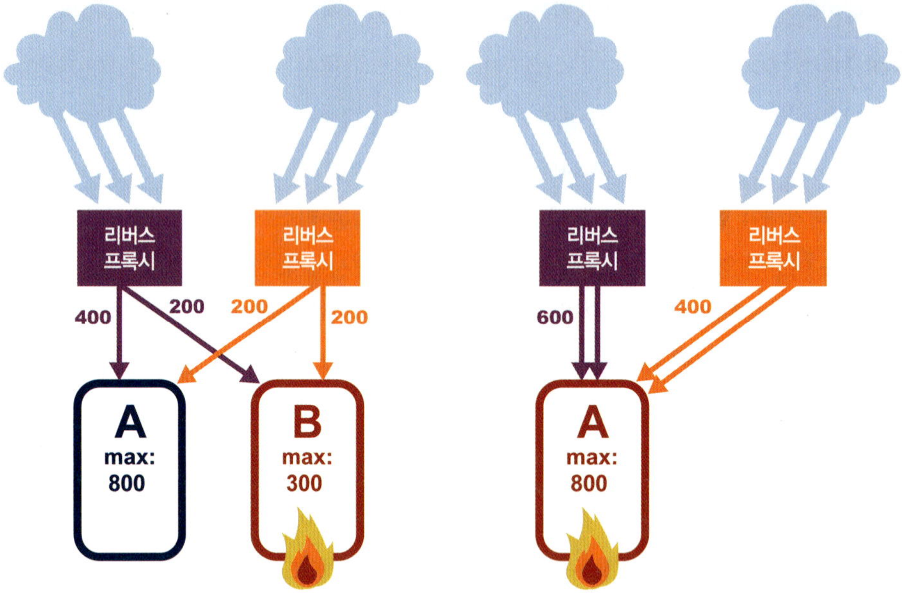

그림 10-9 연쇄적 실패

시스템의 정상적인 작업이 줄어들고 붕괴가 시작되면, 초기 문제를 일으킨 클러스터뿐만 아니라 시스템 전체로 문제가 확산될 수 있습니다. 예를 들어, 시스템 로드 밸런서가 충돌한 클러스터에 응답하여 요청을 다른 클러스터로 라우팅할 수 있습니다. 하지만 시스템이 이미 용량 한계에 가까운 상태라면, 이 상황에서 새로운 클러스터의 서버가 과부하 상태에 빠질 수 있고, 이는 붕괴의 전염contagion을 더 확대하여 결국 전체 서비스의 실패로 이어질 수 있습니다.

이 문제의 소프트웨어 버전은 고전압 전력 시스템과 같은 사례에서 발생하는 유사한 효과의 이름을 따서 명명되었습니다. 이 경우, 완전히 부하가 걸린 시스템에서 하나의 장애가 발생하면 전류가 남은 모든 노드에 재분배되면서 갑작스러운 스파이크가 발생합니다. 이는 다른 노드가 과부하 상태로 전환되거나 실패하기 시작하게 하여 문제를 악화시킵니다. 그러나 이러한 은유와 유사한 명명법의 한계를 이해하는 것이 중요합니다. 특히, 물리적 전력 시스템은 소프트웨어가 연쇄 반응cascade을 처리할 때 겪지 않아도 되는 두 가지 부정적인 측면을 가지고 있습니다.

첫째, 전력 시스템은 과부하가 발생하면 영구적이고 돌이킬 수 없는 손상을 입을 수 있습니다. 소프트웨어는 약간의 냉각 시간이 필요할 수 있지만, 한 번 과부하가 발생했다고 해서 코드가 영구적으로 작동을 멈추지는 않습니다.

둘째, 전력 시스템에서는 네트워크의 다른 부분을 격리하거나 차단하여 손상을 방지하기 위해 필요한 제어 신호가 손상을 유발하는 부하와 동일한 속도로 전파됩니다. 따라서 연쇄 반응을 피할 수 없습니다. 반면에 소프트웨어에서는 잘 정의된 제어 플레인이 데이터 플레인이 과부하 상태여도 계속 작동할 수 있습니다. 이는 로드 밸런서, 라우터 등이 트래픽을 줄이도록 명령을 받아 영향을 받은 하위 시스템이 복구되도록 할 수 있음을 의미합니다.

이 예는 제어와 관측성 인프라가 데이터 플레인과 분리되는 것이 얼마나 중요한지를 보여줍니다. 관측성이 실패하면 제어 플레인에서 연쇄 실패를 제한하고 복구하기 위한 적절한 조치를 취하는 것이 훨씬 더 어렵거나 불가능해질 수 있습니다.

10.4.6 복합 장애

실제 장애 상황에서는 앞서 설명한 몇 가지 실패 모드가 서로 결합하여 애플리케이션을 새롭고 복잡한 방식으로 고장내기도 합니다. 예를 들어, 한 컴포넌트가 다운스트림에 의해 불안정해지고, 이는 업스트림 컴포넌트의 요청이 간헐적으로 타임아웃됩니다. 이러한 실패는 업스트림 컴포넌트에서 아무런 변화가 없는 상황에서도 발생할 수 있어 감지하기 어렵습니다. 더 심각한 변형 사례는 업스트림 컴포넌트에 있었던 유일한 최근 변경 사항이 단순한 외관상 수정이거나 관련 없는 변경 사항이었고, 중요한 성능 저하가 다른 팀에서 수행했을 수 있는 다운스트림 변경 사항으로 도입되었을 때입니다. 이 문제는 업스트림 컴포넌트에서의 계절성으로 즉각적으로 드러나지 않을 수 있습니다. 이 문제는 추적을 사용하여 진단할 수 있는 좋은 예입니다. (단순한 지표와 로그는 더욱 어렵습니다). 증가한 다운스트림 대기 시간이 업스트림 컴포넌트의 타임아웃과 연관될 수 있기 때문입니다.

두 번째 예로, 높은 사용률 증가가 처리 시간 연장을 초래하고, 이는 요청 혼잡을 유발하며, 결국 긴 가비지컬렉션 중단을 도래합니다. 그 결과, 헬스 체크가 실패하기 시작하여 쿠버네티스가 Pod를 재시작하게 되고, 이는 카프카 재분할을 유발하며, 결국 연쇄 실패를 만듭니다.

이러한 '완벽한 폭풍perfect storm'과 같은 실패는 적절한 관측성이 있어도 해결하기 어려울 수 있습니다. 실제로 조직의 관측성 관행은 시간이 지나면서 발전합니다. 무엇을 관찰해야 하고, 무엇에 대해 경고해야 하며, 신호에 어떻게 반응해야 하는지는 고정된 절차가 아닌 점진적인 과정입니다.

성공적인 데브옵스 조직은 이러한 종류의 실패 후 회고retrospetive를 수행하며, 수집된 데이터와 취해진 행동을 검토하고 비판적으로 분석해야 합니다. 물론, 이러한 회고는 관측성을 개선할 기회로 보고 가능한 한 비난하지 않는 방식으로 진행되어야 합니다.

10.5 상용 솔루션과 오픈 소스 소프트웨어

관측성을 배포하는 데는 여러 가지 가능한 아키텍처적 접근 방식이 있습니다. 각 방식은 애플리케이션과 관측성 구성 요소 모두에 대해 고유한 영향을 미칩니다. 일반적으로 가장 흔한 선택은 구축이나 구매 사이에서 초기 결정을 내리는 것입니다. 즉, 오픈 소스(또는 온프레미스 전용 소프트웨어) 구성 요소를 배포하여 기능을 자체적으로 유지할지, 아니면 공급업체에 비용을 지불하여 관측성 기능을 외부에 아웃소싱할지 결정입니다.

자체 기능을 구축하는 경로를 선택한 조직(아마도 기존 오픈 소스 구성 요소를 결합하여 구축할 것)은 관측성의 세 가지 주요 핵심 요소가 서로 다른 데이터 유형과 형태, 동작을 가진다는 사실에 직면하게 됩니다. 이러한 차이로 모든 데이터 유형을 처리하고 저장할 수 있는 단일 소프트웨어 도구를 갖는 것이 매우 어렵습니다. 사실, 아직까지 모든 관측성 요구 사항을 충족할 수 있는 신뢰할 만한 단일 오픈 소스 소프트웨어 프로젝트는 존재하지 않습니다.

TIP 오픈텔레메트리 프로젝트는 11장에서 논의할 프로젝트로, 관측성의 모든 측면을 다루는 데 가장 가까운 프로젝트입니다. 그러나 이 프로젝트의 범위는 애플리케이션 계측과 신호 추출signal exfiltration에 국한됩니다.

이는 자체적으로 관리할 오픈 소스 스택을 사용하려는 조직이 배포하거나 지원하려는 기술에 선택을 해야 함을 의미합니다.

일반적으로 오픈 소스 솔루션은 두 가지 옵션 중 하나로 나뉩니다.

- 자체 SaaS 파이프라인을 구축하기
- 모든 것을 클러스터 내부에 유지하기

첫 번째 옵션인 오픈 소스 소프트웨어 구성 요소를 기반으로 자체 파이프라인을 구축하는 방법은 [그림 10-10]에 나와 있습니다.

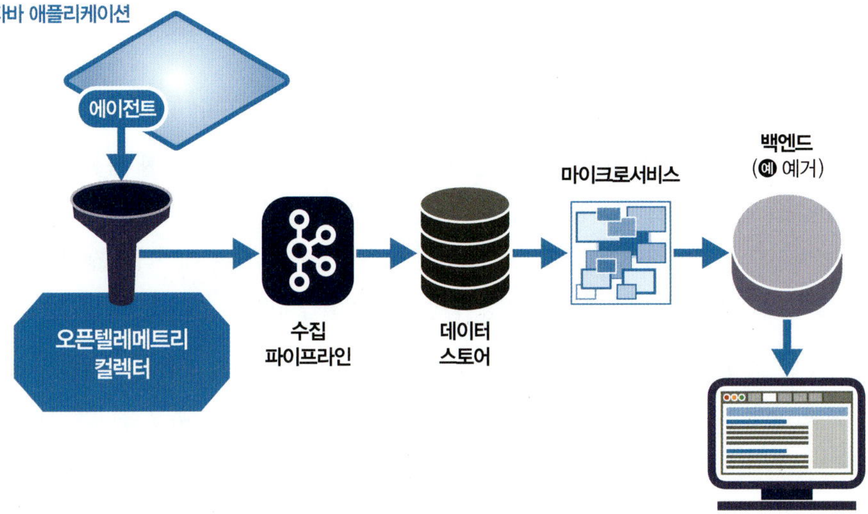

그림 10-10 오픈 소스 파이프라인 예시

두 번째 방법은 모든 데이터를 단일 클러스터에 유지하는 방식으로 쿠버네티스와 같은 오케스트레이션 기술과 밀접하게 연관되어 있습니다. eBPF^extended berkeley packet filter 기반 솔루션도 이에 포함됩니다. 하지만 이 방법은 단일 클러스터에만 초점이 맞춰져 있어, 클러스터 간에 발생하는 문제를 파악하기 어렵다는 단점이 있습니다.

상용 솔루션은 오픈 소스 도구로는 제공되지 않는 구성 요소를 포함해 더 통합된 기능을 제공할 수 있습니다. 공급업체별로 제공되는 구성 요소의 예는 다음과 같습니다.

- 알림
- 서버리스^serverless 모니터링
- 합성^synthetic 모니터링
- 실 사용자 모니터링
- 이상/비정상^outlier/anomaly 감지
- 이벤트 상관^event correlation

이 중 마지막 항목은 오픈 소스 접근 방식에서 가장 시급히 해결해야 하는 것으로 보입니다. 이는 세 가지 주요 핵심 요소의 신호를 연결하는 데 사용되기 때문입니다.

공급업체별 솔루션에는 다양한 제품이 있지만, 일반적으로 두 가지 주요 아키텍처가 있습니다.

- 애플리케이션 호스트에서 관측성 데이터를 집계하고, 집계된 데이터를 공급업체의 SaaS로 전송하기
- 모든 데이터를 SaaS로 전송하기

첫 번째 옵션은 대역폭이나 요금 제한(특히, 현재 공급업체는 소비 기반 가격 정책consumption-based pricing을 사용함) 때문에 일반적으로 사용됩니다. 일부 공급업체는 두 번째 옵션도 제공하지만, 이는 대규모 클라우드 제공업체 하이퍼스케일hyperscale의 대역폭 요금egress bandwidth cost 때문에 주로 클라우드 지역 내에서만 실행 가능합니다. 관측성 도구는 많은 데이터를 생성하므로, 지역 간 데이터를 전송하면 높은 대역폭 비용이 발생할 수 있습니다.

궁극적으로 각 조직은 오픈 소스 소프트웨어와 공급업체 솔루션 사이에서 자체 아키텍처 결정을 내려야 합니다. 대규모 회사나 조직에서는 단일한 결과가 나오지 않을 수 있습니다. 서로 다른 비즈니스 부서, 애플리케이션 유형, 역할(디버깅 또는 프로덕션 모니터링)에 따라 다양한 솔루션을 선택할 수 있습니다.

공급업체 솔루션은 운영에 직접적인 금전적 비용이 들지만, 관측성 시스템(자체적으로 중요한 시스템일 수밖에 없음)을 구현하고 운영하는 데 드는 전체 비용(특히 인력 비용)을 과소평가해서는 안 됩니다.

10.6 요약

관측성은 클라우드 네이티브 애플리케이션에서 매우 중요한 기술로 자리 잡고 있습니다.

이 장에서는 관측성의 기본 개념을 배웠습니다. 관측성 분석에 사용되는 주요 데이터 소스 유형을 설명하는 세 가지 핵심 요소 모델에 대해 살펴보았습니다. 또한 아키텍처 설계와 일반적인 패턴과 안티 패턴을 소개하며, 자체적으로 구축할지 또는 공급업체 솔루션을 사용할지에 대한 중요한 선택도 논의했습니다.

이 장의 핵심 목표는 관측성이 **무엇**을 진단할 수 있는지, 즉 실행 가능한actionable 통찰을 제공하는 방법을 이해하는 것입니다.

다음 장에서는 이 내용을 바탕으로 프로덕션 자바 애플리케이션에 관측성 솔루션을 구현하는 방법을 더 구체적으로 다루겠습니다.

11장

자바에서 관측성 구현

이 장에서는 이전 장에서 다룬 원칙과 아이디어를 실제 프로덕션 자바/자바 가상 머신 시스템에 적용하는 방법을 살펴봅니다. 여기에는 지표, 추적, 로그라는 관측성의 세 가지 핵심 요소가 포함됩니다.

예제에서는 주로 세 가지 주요 기술인 마이크로미터, 프로메테우스, 오픈텔레메트리를 사용합니다.

이 기술들이 각기 다른 적용 범위를 가진다는 점을 명확히 이해해야 합니다. 실제 시스템에서는 이들 기술 중 일부 또는 전부를 함께 사용하여 완전한 관측성 구현을 제공하는 경우가 많습니다. 현장에서 사용되는 다른 기술도 다양하며, 그 성숙도도 다릅니다. 사실, 관측성에서 가장 어려운 문제는 배포 복잡성을 관리하는 것입니다.

또 다른 문제는 관측성이 설계상 복잡한 소프트웨어 시스템과 다양한 아키텍처를 이해하기 위해 사용된다는 점입니다. 이는 현재 통용되는 몇 가지 패턴이 존재하지만, 단 하나의 '정답'이 존재하지는 않음을 의미합니다. 최적의 솔루션은 특정 소프트웨어 시스템의 세부 사항에 따라 달라집니다.

이 장에서는 8장에서 소개한 Fighting Animals 애플리케이션을 예제로 사용하여 관측성을 구현하는 방법을 설명하겠습니다.

> **WARNNING** Fighting Animals 애플리케이션을 관찰하기 위해 선택한 아키텍처적 결정이 다른 애플리케이션에서도 반드시 최선의 선택이 되는 것은 아닙니다. 애플리케이션의 아키텍처와 배포 환경의 세부 사항에 따라 최적의 관측성 전략은 달라질 수 있기 때문입니다.

이제 마이크로미터 라이브러리를 살펴보면서 이를 예제 애플리케이션에 어떻게 적용할 수 있는지 알아보겠습니다.

11.1 마이크로미터 소개

2024년 8월 기준으로, 가장 널리 사용되며 효과적인 자바 지표 라이브러리 중 하나는 마이크로미터micrometer[1] 입니다. 이 라이브러리는 원래 스프링 프로젝트의 일부로 개발되었지만, 현재는 독립적인 프로젝트로 운영되고 있습니다.

마이크로미터는 자바/자바 가상 머신 기반 프로젝트이므로, 이기종 아키텍처heterogeneous architecture에서 동일한 라이브러리를 사용하려는 팀은 다른 대안을 고려해야 할 수도 있습니다. 이 프로젝트는 벤더 중립적인vendor-neutral 애플리케이션 지표 인터페이스로 가장 적절하게 설명될 수 있습니다. 또한, 추적과 같은 다른 관측성 데이터 유형을 처리하는 서브 프로젝트도 포함하고 있습니다.

마이크로미터는 다양한 지표 데이터 소스 또는 백엔드와 통합할 수 있으며, 대표적으로 다음과 같은 시스템과 연동됩니다. 애저 모니터, AWS 클라우드워치Cloudwatch, 데이터독, 다이나트레이스, 엘라스틱, 자바 관리 확장 프로그램, 뉴 렐릭, 오픈텔레메트리 프로토콜, 프로메테우스, SignalFx, StatsD, 마이크로미터는 애플리케이션 개발자가 직접 사용하는 라이브러리로 설계되었습니다. 즉, 개발자가 수집하려는 지표를 명시적으로 생성하고 기록해야 합니다.

11.1.1 미터와 레지스트리

마이크로미터는 서비스 제공자 인터페이스service provider interface (SPI)로서 코어 라이브러리를 제

1 https://micrometer.io

공하며, 다양한 벤더와 오픈 소스 솔루션으로 데이터를 내보내는 서비스 구현체인 플러그형 **지표 소비자**metric consumers를 사용합니다. 이는 로깅 프레임워크가 작동하는 방식과 유사합니다. 이러한 구조 덕분에 프레임워크는 지표 시스템 간의 차이를 처리할 수 있으며, 필요한 변환 작업을 소비자에게 위임하여 데이터를 내보낼 수 있습니다.

'지표를 위한 아키텍처 패턴architectural patterns for metrics'에서 이러한 차이점을 살펴보았으며, 마이크로미터의 인터페이스는 이를 충분히 수용할 수 있도록 설계되었습니다. 예를 들어, 모든 지표 시스템이 측정값의 차원 기반 주석dimensions-based annotation을 지원하는 것은 아니며, 대신 계층적 명명hierarchical naming을 사용할 수도 있습니다. 또한 개별 샘플로부터 **지표가 생성되는 방식**(집계 규칙)에 대한 차이도 존재합니다. 두 가지 일반적인 접근 방식이 있으며, 각 지표 시스템은 이를 구현하는 방식이 다를 수 있습니다.

- 클라이언트 측 집계: 개별 샘플이 고정된 속도로 변환(집계)된 후 서버로 전송됩니다.
- 서버 측 집계: 모든 샘플이 네트워크를 통해 전송되며, 집계는 서버에서 수행됩니다. 지표 시스템은 데이터가 서버로 실제 전송(또는 게시)되는 방식에서도 차이를 보입니다. 여기에는 두 가지 주요 방식이 있습니다.
- 클라이언트 푸시: 애플리케이션의 익스포터가 서버에 연결되어 업데이트를 전송합니다.
- 서버 풀링: 지표 백엔드가 표준 포트(일반적으로 HTTP)에 연결하여 애플리케이션으로부터 데이터를 수집합니다.

이러한 측면은 익스포터의 속성이며, 마이크로미터에 의해 추상화됩니다. 그 결과, 자바 프로그래밍 관점에서 작업하려는 개발자는 마이크로미터 API에 집중할 수 있으며, 지표 백엔드의 세부 사항을 신경 쓰지 않고 코드에서 지표를 구현할 수 있습니다.

마이크로미터 API에서 미터meter는 지표를 수집하는 핵심 인터페이스입니다. 다양한 유형의 미터(**계측기 유형들**)는 미터의 다양한 하위 인터페이스를 구현하는 클래스의 인터페이스로 표현됩니다. 미터는 소문자와 점 구분자를 사용하여 명명되며, 지표를 내보낼 때 필요한 경우 해당 백엔드의 네이밍 규칙에 맞게 변환됩니다.

각 미터는 특정 **레지스트리** 내에서 관리되며, 대표적인 예제는 다음과 같습니다.

- `SimpleMeterRegistry`: 인메모리in-memory에서만 유지되며, 개발 또는 단위 테스트에 사용됨
- `LoggingMeterRegistry`: 개발 또는 테스트 용도로 사용되며, 주기적으로 미터 데이터를 로그로 출력
- `CompositeMeterRegistry`: 여러 개의 레지스트리를 포함할 수 있는 멀티퍼블리셔multipub
- `Metrics.globalRegistry`: 정적 전역 레지스트리

마이크로미터는 스프링 애플리케이션에서 자동으로 테스트 레지스트리인 SimpleMeterRegistry를 주입합니다. 스프링을 사용하지 않는 애플리케이션에서는 단순히 해당 레지스트리의 인스턴스를 직접 생성하여 사용할 수 있습니다. 이는 LoggingMeterRegistry에 대해서도 동일하게 적용됩니다.

```
// 스프링이 아닌 애플리케이션 테스트용
MeterRegistry myRegistry = new SimpleMeterRegistry();

// 일부 출력 결과 생성
MeterRegistry withOutput = new LoggingMeterRegistry();
```

Fighting Animals 예제(micrometer_only 분기)에서는 초기 설정으로 LoggingMeterRegistry를 사용했습니다. 스프링 애플리케이션에서는 이 설정을 위해 스프링 빈Spring Bean을 제공하여 연결합니다. 다음과 같이 구현할 수 있습니다.

```
@SpringBootApplication
public class AnimalApplication {

  @Bean
  public MeterRegistry basicRegistry() {
    return new LoggingMeterRegistry();
  }

  public static void main(String[] args) {
    SpringApplication.run(AnimalApplication.class, args);
  }
}
```

이렇게 하면 새로운 LoggingMeterRegistry가 생성되며, 제어기에서 자동 주입할 수 있습니다. 지표는 콘솔에 로그로 출력되므로 마이크로미터를 시작하는 합리적인 방법입니다. 나중에 더 정교하고 실제 운영 환경에서 사용할 수 있는 방법을 알아보겠습니다.

이 설정은 각 *Application 클래스에 대해 개별적으로 수행해야 합니다. 이는 서로 다른 마이크로서비스가 각각 다른 컨테이너에서 실행되기 때문입니다.

마이크로미터는 대부분의 일반적인 사용 사례를 다룰 수 있는 다양한 계측기 유형을 지원합니다.

- 카운터: 모든 이벤트의 수를 계산
- 게이지: 단일 지표 값을 추적
- 타이머: 모든 시간 측정 이벤트의 수와 총 시간
- 분포 요약: 시간과 관련되지 않은 이벤트의 분포 추적(히스토그램)

이보다 덜 일반적인 계측기로는 LognTaskTimer, TimeGauge, FuctionCounter, FunctioTimer 등이 있습니다. 마이크로미터에서 차원은 Tag 객체로 표현됩니다. 태그는 점(.)으로 구분된 소문자 네이밍 규칙을 따르며, null 값이 될 수 없습니다.

11.1.2 카운터

이 예제에서는 카운터를 사용하는 방법을 보여줍니다.

```
@RestController
public class AnimalController {
  // ...

  private final Counter battlesTotal;

  private final MeterRegistry registry;

  // ...

  public AnimalController(MeterRegistry registry) {
    this.registry = registry;
    this.battlesTotal = this.registry.counter("battles.total");
  }

  @GetMapping("/battle")
  public String makeBattle() throws IOException, InterruptedException {
    battlesTotal.increment();

    // ...
  }
}
```

마이크로미터의 카운터는 **단조 증가**monotonic하는 값을 나타내며, 시간이 지나도 감소하지 않고 계속 증가하는 값입니다. 이러한 특성 때문에 battle이 수행된 횟수를 나타내는 지표와 같은 경우에 적합합니다.

카운터는 레지스트리의 `counter()` 메서드를 사용하여 생성하거나, 플루언트[fluent] 빌더 패턴과 `register()` 메서드를 사용하여 생성할 수도 있습니다.

```
this.battlesTotal = Counter
        .builder("battles.total")
        .description("Total number of battles fought")
        .register(this.registry);
```

카운터를 생성하는 마지막 단계는 레지스트리에 등록하는 것입니다. 또한 단위 설정이나 태그 추가와 같은 선택적 메서드도 사용할 수 있습니다.

11.1.3 게이지

이번에는 게이지를 사용하는 예제를 살펴보겠습니다. 게이지는 카운터보다 조금 더 복잡합니다. 카운터는 단조 증가하는 값만 다루지만, 게이지는 값이 증가할 수도 있고 감소할 수도 있기 때문입니다.

이번 예제에서는 시간이 지남에 따라 관찰된 feline 비율을 추적하려고 합니다. 이를 위해 변경 가능한 `double` 값을 저장하는 클래스가 필요합니다. 하지만 JDK에는 적절한 클래스가 없어 `java.lang.Number` 클래스를 확장하는 `FelinePercent` 클래스를 직접 만들어 사용합니다.

> **WARNNING** 자바의 동시성 라이브러리에는 `AtomicDouble` 클래스가 제공되지 않습니다. 따라서 값을 변경할 수 있는 변수를 저장하려면 별도의 클래스를 만들어야 합니다. (여기서는 동시성보다 값의 변경 가능성이 더 중요한 요소입니다)

다음은 제어기 코드의 일부입니다(관측성과 관련된 핵심 코드만 남기고, 불필요한 세부 사항은 생략했습니다.)

```
@RestController
public class MammalController {
  // ...
```

```
  private final FelinePercent felinePercent;
  private int felineCount = 0;
  private int mustelidCount = 0;

  private final MeterRegistry registry;

  public MammalController(MeterRegistry registry) {
    this.registry = registry;
    felinePercent = this.registry.gauge("battles.felinePercent",
      new FelinePercent(0.5));
  }

  @GetMapping("/getAnimal")
  public String getAnimal() throws IOException, InterruptedException {
    // ...

    var id = (int) (SERVICES.size() * Math.random());
    if (id == 0) {
      mustelidCount += 1;
    } else {
      felineCount += 1;
    }
    felinePercent.setValue((double) felineCount / (double) (felineCount
      + mustelidCount));

    // ...
  }
}
```

이 예제에서 핵심이 되는 호출은 Registry.gauge()입니다. 이 메서드는 새로운 게이지 인스턴스를 생성하고 이를 레지스트리에 등록합니다. 마이크로미터의 MeterRegistry 클래스에서 가장 단순한 형태의 gauge() 메서드는 다음과 같습니다.

```
@Nullable
public <T extends Number> T gauge(String name, T number) {
    return this.gauge((String)name, (Iterable)Collections.emptyList(),
      (Number)number);
}
```

제네릭에서는 게이지 클래스가 Number를 확장해야 한다는 점에 주의해야 합니다. 따라서 우리는 다음과 같이 클래스를 정의합니다.

```java
public final class FelinePercent extends Number {
  private volatile double value;

  public FelinePercent(double v) {
    if (v < 0.0 || v > 1.0) {
      throw new IllegalArgumentException("Require 0 < felinePercent < 1");
    }
    value = v;
  }

  public void setValue(double v) {
    if (v < 0.0 || v > 1.0) {
      throw new IllegalArgumentException("Require 0 < felinePercent < 1");
    }
    value = v;
  }

  @Override
  public int intValue() {
    return (int) value;
  }

  @Override
  public long longValue() {
    return (long) value;
  }

  @Override
  public float floatValue() {
    return (float) value;
  }

  @Override
  public double doubleValue() {
    return value;
  }
}
```

`gauge()` 메서드에 `FelinePercent` 인스턴스를 전달하며, 마이크로미터는 이를 감시자watcher로 사용하며 관찰된 feline의 비율을 추적하게 됩니다. 프로그래머는 게이지 값만 업데이트하면 되고, 나머지 지표 시스템은 마이크로미터가 자동으로 처리합니다. 게이지는 필요할 때만

값을 업데이트 하므로, 모든 상태 변화가 기록되는 것은 아닙니다. 즉, 업데이트 시점의 현재 값만 반영되며, 중간 값들은 관찰되지 않을 수도 있습니다.

11.1.4 미터 필터

마이크로미터는 **미터 필터**meter filter를 구현하며, 이를 통해 다음을 보다 정밀하게 제어할 수 있습니다.

- 미터가 언제, 어떻게 등록되는지에 대한 설명
- 어떤 종류의 통계를 내보낼 것인지에 대한 정보

첫 번째 예제로, 필터를 사용하면 코드를 광범위하게 변경하지 않고도 지표 규칙에 맞게 조정할 수 있습니다. 미터 필터는 다음과 같은 세 가지 기본 기능을 제공합니다.

- 미터 등록을 허용 또는 거부
- 미터 변환(예 지표 이름, 태그, 단위 변경)
- 분포 통계 구성

세 번째 기능은 타이머와 분포 요약에만 적용 가능합니다. 이 기능에 대한 자세한 내용은 이 절에서 관련 계측기 유형을 다룰 때 설명하겠습니다.

필터는 `MeterFilter` 인터페이스의 구현체로 표현됩니다. 이들은 보통 팩토리 메서드factory method를 사용하여 프로그래밍 방식으로 추가됩니다.

예를 들면 다음과 같습니다.

```
// 내부 지표가 공개되지 않도록 방지
this.registry.config()
    .meterFilter(MeterFilter.denyNameStartsWith("internal"));
```

우리는 예제에서 실제로 내부 지표를 사용하지 않지만, 필터를 사용하는 방법을 보여주고 있습니다. 또한 내부 지표가 외부로 공개되지 않도록 막는 것은 일반적인 예입니다.

> **NOTE** `MeterFilter`는 인터페이스지만, 함수형 인터페이스는 아닙니다. 세 개의 비정적 메서드를 가지고 있으며, 이 메서드들은 모두 기본 메서드이므로 필수적으로 구현해야 하는 메서드는 없습니다.

필터 객체는 명시적으로 생성하여 사용할 수도 있습니다. 예를 들어 이전 예제에서 사용한 필터는 다음 코드와 동일한 방식으로 생성할 수 있습니다.

```
new MeterFilter() {
      @Override
      public MeterFilterReply accept(Meter.Id id) {
        if (id.getName().startsWith("internal")) {
          return MeterFilterReply.DENY;
        }
        return MeterFilterReply.NEUTRAL;
      }
    };
```

MeterFilterReply 열거형에는 세 가지 값이 존재합니다. DENY는 해당 미터가 레지스트리에 등록되지 않도록 차단하며, ACCEPT는 해당 미터를 즉시 등록하고 이후 다른 필터를 확인하지 않습니다. NEUTRAL은 특정한 결정 없이 필터를 통과하며, 이 미터에 적용될 다음 필터를 계속 확인합니다.

> **NOTE** meterFilter() 메서드의 동작 방식은 철저히 추가적인 방식으로 동작합니다. 따라서 필터 체인에 추가하는 순서를 신중하게 고려해야 합니다.

필터는 더 복잡한 사용 사례에서도 활용할 수 있는데, 예를 들면 CompositeMeterRegistry의 커스터마이저로 필터를 사용할 수 있습니다. 이러한 방법을 사용하면 일부 지표만 특정 보조 백엔드로 전송하는 패턴을 구현할 수 있고, 이는 운영 환경 배포에서 매우 유용하게 사용할 수 있습니다. 그러나 이러한 고급 활용법은 이 책에서 다루지 않습니다.

11.1.5 타이머

타이머는 보다 복잡한 데이터 타입이며, 내부적으로 최소한 세 가지 값을 저장합니다.

- 기록된 모든 값들의 합
- 기록된 값들의 개수
- 일정 시간 동안 관찰된 최대값, 이를 게이지로 표현

타이머는 추가적인 통계를 내보내도록 구성할 수 있으며, 예를 들어 히스토그램 데이터, 사전 계산된 백분위수 또는 서비스 수준 목표 경계 값 등을 포함할 수 있습니다. 이제 예제를 살펴보고 `micrometer_only` 분기에서 타이머 코드에 집중해 보겠습니다.

다음은 `AnimalController`에서 타이머를 사용하는 코드입니다.

```
@RestController
public class AnimalController {
  // ...

  private final Timer responseTimer;

  private final MeterRegistry registry;

  // ...

  public AnimalController(MeterRegistry registry) {
    this.registry = registry;

    // ...

    this.responseTimer = Timer
            .builder("response.time")
            .description("Response time")
            .register(registry);
  }

  @GetMapping("/battle")
  public String makeBattle() throws Exception {
    Callable<String> callable = () -> {
      // Send the two requests and return the response body as the response
      var good = fetchRandomAnimal();
      var evil = fetchRandomAnimal();
      return  String.format("""
{ "good": "%s", "evil": "%s" }""", good, evil);
    };

    // ...

    return responseTimer.recordCallable(callable);
  }
}
```

이 코드에서 코드 블록을 Callable로 설정한 후, 이를 타이머의 recordCallable() 메서드에 전달합니다. 이렇게 하면 코드 블록이 실행되고 완료하는 데 걸린 시간이 기록됩니다. 타이머는 Runnable과 Supplier로 표현된 코드들도 처리할 수 있습니다. 이 경우 적절한 타이머 메서드는 record()입니다. 이는 Callable과 Supplier 간의 시그니처 충돌 때문에 이렇게 설계되었습니다.

마이크로미터 타이머에 대한 설명을 마무리하기 전에, 분산 시스템에서 메서드의 성능을 측정할 때는 타이머가 최선의 방법이 아닐 수도 있다는 점을 언급해야 합니다. 이러한 경우, 오픈텔레메트리와 같은 추적이 더 나은 접근 방식일 수 있습니다. 이 접근 방식은 이 장의 뒷부분에서 다룰 예정입니다.

이제 우리가 살펴볼 마지막 계측기 유형인 DistributionSummary에 대해 알아보겠습니다.

11.1.6 분포 요약

타이머는 측정된 시간 데이터의 분포에 대한 통계를 제공합니다. 타이머는 더 일반적인 개념인 분포 요약의 특별한 경우라고 할 수 있습니다.

분포 요약은 그 이름에서 알 수 있듯이 전체 값의 집합(또는 분포)를 요약하는 데 사용되는 도구입니다. 단순한 카운터보다 더 많은 데이터를 저장해야 하므로 더 많은 메모리를 필요로 하지만, 여전히 전체 분포를 완벽하게 저장하지는 못하는 손실lossy 방식의 표현입니다.

TIP 분포 요약은 시간이 아닌 값을 측정할 때 사용해야 합니다. 만약 측정 대상이 지속 시간이라면 타이머를 대신 사용하는 것이 좋습니다.

이제 예제를 살펴보면서, AnimalController에 DistributionSummary를 추가해 보겠습니다.

```
@RestController
public class AnimalController {
    // ...

  private static final Random random = new Random();

  private final DistributionSummary winSummary;
```

```
  private final MeterRegistry registry;

  public AnimalController(MeterRegistry registry) {
    this.registry = registry;

    // 공격자가 승리했을 때 그 힘의 크기를 요약
    this.winSummary = registry.summary("attacker.win.size");

    // ...
  }
}
```

이 분포 요약의 데모를 실행하기 위해 AnimalController에 resolveFight() 메서드도 추가할 것입니다. 이 메서드의 목표는 두 animal 간의 fight를 시뮬레이션하고 승자를 반환하는 것입니다. 이를 위해 먼저 방어자[defender]의 힘을 0.5로 정규화한 다음, 공격자[attacker]의 힘[strength]을 무작위 값으로 설정하여 승자를 결정합니다.

```
@GetMapping("/fight/{a}/{d}")
  public String resolveFight(
      @PathVariable("a") String attacker, @PathVariable("d") String defender) {
    final String winner;
    // 방어자의 전투력은 0.5로 간주
    var attackerStrength = random.nextDouble();
    if (attackerStrength > 0.5) {
      winner = attacker;
      // 분포 요약에 추가
      winSummary.record(attackerStrength);
    } else {
      winner = defender;
    }
    return  String.format("""
{ "winner": "%s"}""", winner);
  }
```

만약 공격자가 승리하면 해당 공격자의 '힘' 값이 분포 요약에 기록됩니다. 이렇게 하면 0.5에서 1.0 사이의 균등 분포[uniform distribution]가 생성되며, DistributionSummary가 이를 요약하게 됩니다. 이 예제에서는 LoggingMeterRegistry를 사용할 것이며, 실행 결과는 다음과 같은 형식으로 출력됩니다.

```
animal-service_1    | 2024-01-14T08:27:31.748Z  INFO 1 --- [trics-publisher] ↩
i.m.c.i.logging.LoggingMeterRegistry     : attacker.win.size{} ↩
throughput=0.183333/s mean=0.699785 max=0.98829
```

기본적인 분포 요약 설정은 대부분의 경우 충분하지만, 지표 필터를 사용하면 더 고급 설정을 구성할 수도 있습니다. 이 과정에서 중요한 역할을 하는 것이 **MeterFilter** 인터페이스의 세 번째 비정적 메서드인 **configure()**입니다. 이 메서드는 다음과 같이 정의됩니다.

```
@Nullable
    default DistributionStatisticConfig configure(Meter.Id id,
                DistributionStatisticConfig config) {
        return config;
    }
```

기본 구현에서는 주어진 설정을 변경하지 않고 그대로 반환하지만, 일반적으로 사용자 정의 구현custom implementation을 통해 입력된 설정과 제공된 설정을 병합할 수 있습니다. 이 메서드를 오버라이드하여 사용자 정의 필터를 만들면 기본적으로 카운트, 합계, 최대값 외에도 추가적인 분포 통계를 설정할 수 있습니다.

이러한 추가 통계에는 사전 계산된 백분위수, 서비스 수준 목표, 그리고 히스토그램 등이 있습니다.

예를 들어, 모든 자바 가상 머신 지표에 대해 2장에서 다룬 '롱테일' 백분위수를 미리 계산하도록 설정하기 위해 다음과 같은 필터를 사용할 수 있습니다.

```
new MeterFilter() {
    @Override
    public DistributionStatisticConfig configure(Meter.Id id,
                DistributionStatisticConfig config) {
        if (id.getName().startsWith("jvm")) {
            return DistributionStatisticConfig.builder()
                    .publishPercentiles(0.9, 0.99, 0.999, 0.9999)
                    .build()
                    .merge(config);
        }
        return config;
    }
```

```
};
```

이 설정을 적용하면 모든 자바 가상 머신 지표에 대해 90번째, 99번째, 99.9번째와 99.99번째 백분위수가 추가됩니다. 이를 통해 자바 가상 머신 지표의 비정규 분포를 관찰하는 데 매우 유용하게 활용될 수 있습니다. 이 시점에서 중요한 점은 카운트, 합계 그리고 일부 분포 요약 관련 데이터는 차원 또는 인스턴스 간에 재집계가 가능하다는 것입니다. 그러나 사전 계산된 백분위수는 재집계할 수 없습니다.

백분위수의 생성 방식 때문에 각 데이터셋마다 고유한 값이 계산됩니다. 따라서 전체 데이터셋의 정확한 백분위수를 구하려면 원본 데이터셋을 합친 **후** 다시 계산해야 합니다. 일단 백분위수가 계산된 후에는 일부 데이터가 손실되므로, 백분위수를 다시 집계하려는 시도는 심각한 오류이며, 흔히 발생하는 실수입니다.

예외적인 극단적 경우를 제외하면, 재집계된 백분위수는 정확한 결과를 제공하지 않습니다.

이제 마이크로미터에 대한 설명을 마무리하면서, 라이브러리에서 기본적으로 제공하는 자바 가상 머신 지표 지원 기능을 간단히 살펴보겠습니다.

11.1.7 런타임 지표

프로그래머가 직접 정의한 지표 외에도 마이크로미터는 자바 가상 머신과 애플리케이션 런타임의 다양한 지표를 수집하고 내보낼 수 있는 기능을 제공합니다. 이러한 사전 정의된 지표 집합은 여러 유형이 있으며, 필요에 따라 선택적으로 활성화할 수 있습니다.

이 기능을 제공하는 핵심 인터페이스는 `MetricBidner`이며, 다음과 같이 정의합니다.

```
public interface MeterBinder {
    void bindTo(@NonNull MeterRegistry var1);
}
```

이 기능을 활용하는 가장 중요한 두 가지 구현은 자바 가상 머신 메모리 지표와 프로세서 지표입니다. 다음 예제에서는 이 두 가지를 설정하는 방법을 보여줍니다.

```
@RestController
public class AnimalController {
  // ...

  private final MeterRegistry registry;

  // ...

  public AnimalController(MeterRegistry registry) {
    this.registry = registry;

    new ProcessorMetrics().bindTo(this.registry);
    new JvmMemoryMetrics().bindTo(this.registry);
  }

  // ...
}
```

마이크로미터에서 자바 가상 머신 수준의 지표를 수집하는 핵심 메서드는 bindTo()로, 이를 통해 레지스트리가 자바 가상 머신 수준의 지표를 인식하도록 설정할 수 있습니다.

스프링부트 애플리케이션에서는 이를 명시적으로 호출할 필요가 없으며, 프레임워크가 자동으로 설치합니다. 그러나 다른 애플리케이션에서는 명시적으로 활성화해야 합니다. 또한 다른 지표 집합도 수집할 수 있지만, 여기 소개하는 지표는 가장 일반적인 것들 중 일부입니다.

예를 들어, JVMMemoryMetrics 클래스는 jvm.memory.used 또는 jvm.memory.max와 같은 지표를 제공하며, ProcessorMetrics 클래스는 system.cpu.usage 또는 system.load.average.1m과 같은 지표를 제공합니다. 또 다른 중요한 경우는 ExecutorService에서 제공되는 지표로, 이를 활성화하려면 new ExecutorServiceMetrics(executor, executorServiceName, tags).bindTo(registry)와 같이 설정할 수 있으며, 이를 통해 스레드 풀을 쉽게 모니터링할 수 있습니다.

마이크로미터가 제공하는 기본적인 도구와 기능을 살펴보았으므로, 이제 프로메테우스를 본격적으로 알아보고, 마이크로미터와 어떻게 통신할 수 있는지 살펴보겠습니다.

11.2 자바 개발자를 위한 프로메테우스 소개

8장에서 프로메테우스를 간략히 소개했으며, 지난 장에서도 여러 번 언급했지만, 이 기술을 깊이 다루지는 않았습니다. 이 절에서는 프로메테우스에 대해 더 자세히 알아보고, 특히 자바 개발자와 프로젝트에서 이를 어떻게 활용할 수 있는지를 중점적으로 다루겠습니다.

11.2.1 프로메테우스 아키텍처 개요

프로메테우스는 클라우드 네이티브 컴퓨팅 재단 프로젝트로 원래 사운드클라우드soundCloud에서 개발되었으며, 지표 백엔드, 데이터 수집 메커니즘, 다양한 통합 기능을 제공합니다. 프로메테우스는 숫자 기반의 정규 시계열 데이터regular time series data를 처리하도록 설계되었으며, 로그나 추적을 저장하는 용도로 사용되지 않습니다.

이전에 논의한 지표 아키텍처 옵션 중에서 프로메테우스는 서버 풀 방식을 사용하며, 이를 스크레이핑이라고 부릅니다. 즉, 프로메테우스를 사용하여 모니터링하려는 모든 서비스는 HTTP 엔드포인트를 제공해야 하며, 프로메테우스 스크래퍼가 해당 엔드포인트에서 지표를 수집합니다.

이것은 프로메테우스가 서비스를 인식하거나 검색할 수 있어야 함을 의미하며, 수명이 짧은 작업에서는 문제가 발생할 수 있습니다. 이러한 문제를 해결하고 또한 푸시 기반 아키텍처push-based architectures를 사용하는 오픈텔레메트리 같은 기술과 더 잘 통합하기 위해 프로메테우스는 원격 쓰기 기능을 제공합니다.

이 기능은 쿠버네티스와 같은 시스템의 보안 모델과도 더 잘 맞습니다.

상대적으로 복잡한 프로메테우스 배포의 전체 아키텍처는 [그림 11-1]에서 확인할 수 있습니다.

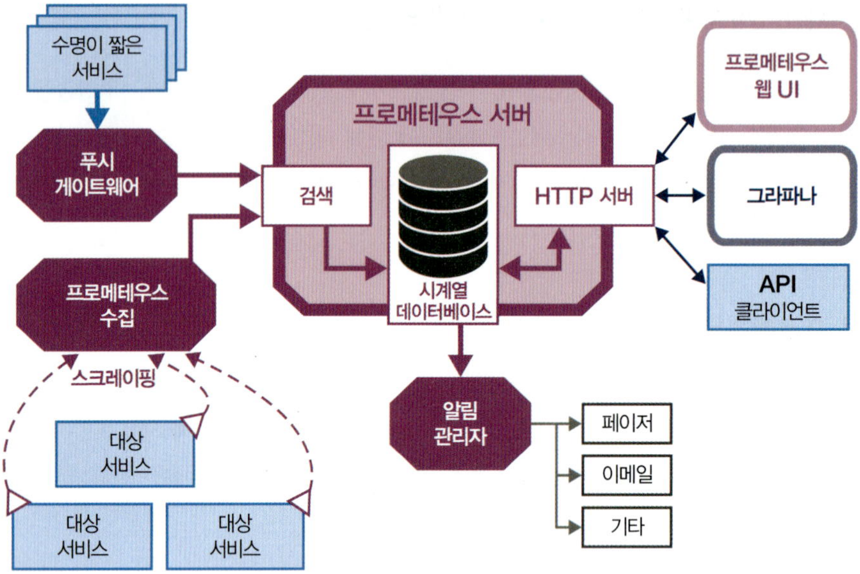

그림 11-1 프로메테우스 아키텍처(출처: 프로메테우스 문서[2])

이 다이어그램에서 알 수 있듯이 많은 구성 요소가 있으며, 정확한 조합은 아키텍처 선택에 따라 달라집니다. 따라서 누군가가 '프로메테우스를 사용하고 있다'고 말할 때 이에 대한 명확한 설명을 요청하는 것이 중요합니다.

프로메테우스는 PromQL이라는 쿼리 언어를 제공하며, 이를 사용하여 수집된 데이터에 대해 쿼리를 수행할 수 있습니다. PromQL은 이름과는 달리 SQL이 아니며, 전통적인 관계형 데이터가 아니라 시계열 데이터를 쿼리하기 위해 설계된 도메인 특화 언어(DSL)입니다. 쿼리된 데이터는 다양한 방식으로 시각화할 수 있습니다.

프로메테우스에는 기본적인 UI가 포함되어 있지만, 이는 종종 운영 환경에서 충분하지 않습니다. 대신 다른 도구가 프로메테우스 위에 추가되는 것이 일반적이며, 오픈 소스인 그라파나 그래프 도구가 인기 있는 선택지입니다.

일반적으로 개발자와 데브옵스 담당자는 프로메테우스와 두 가지 방식으로 상호작용합니다. 첫 번째는 UI를 통해 직접 접근하는 방법이고, 두 번째는 애플리케이션 코드 내에서 지표 수집 코드를 호출하는 방법입니다.

2 `https://oreil.ly/hBFrH`

직접 프로메테우스 배포를 관리할 책임이 없더라도, 데이터 저장 기능을 포함한 전체 아키텍처를 이해하면 프로메테우스가 관측성 시스템에서 어떤 역할을 하는지 파악하는 데 도움이 됩니다.

11.2.2 마이크로미터와 함께 프로메테우스 사용하기

초기 예제에서는 `LoggingMeterRegistry`를 사용하여 콘솔에 지표를 출력했습니다. 그러나 이것은 실제 운영환경에서 적합하지 않습니다. 이 절에서는 프로메테우스를 마이크로미터의 지표 백엔드로 활용하는 방법을 살펴보겠습니다.

우리의 목표는 퍼사드façade 패턴을 사용하여 지표 백엔드의 세부 사항을 추상화하는 것입니다. 즉, 애플리케이션 코드에 프로메테우스에 특화된 코드가 없어야 합니다. 이렇게 하면 테스트가 더 쉬워지며, 더미나 목 지표 종속성을 사용하여 실행할 수 있습니다.

퍼사드를 사용하면 컴포넌트를 교체할 수 있다는 이야기가 자주 나옵니다. 예를 들어 프로메테우스를 다른 지표 백엔드로 변경할 수 있다는 점입니다. 이렇게 관측성 구성 요소를 변경하더라도 애플리케이션 코드를 수정할 필요가 없는 기능은 매우 중요할 수 있으며, 이는 표준화를 추진하는 주요 동력이 됩니다.

그러나 실제 환경에서는 이러한 변경이 항상 간단하지만은 않습니다. 벤더 종속vendor lock-in은 우리가 예상하는 것보다 더 미묘한 방식으로 작용할 수 있습니다. 또한 대부분의 경우 주요 컴포넌트를 변경할 때 전체 아키텍처를 다시 검토하고 다른 변경 사항도 함께 적용하는 기회가 됩니다.

그럼에도 불구하고, 마이크로미터의 퍼사드 패턴 아키텍처 덕분에 프로메테우스를 지표 백엔드로 사용하는 것은 비교적 간단합니다. 이를 구현하기 위해 우리는 마이크로미터의 서비스 제공자 인터페이스 구조를 활용할 수 있습니다.

우리가 해야 할 일은 프로젝트에 새로운 의존성을 추가하는 것뿐입니다.

```xml
<dependency>
  <groupId>io.micrometer</groupId>
  <artifactId>micrometer-registry-prometheus</artifactId>
  <scope>runtime</scope>
</dependency>
```

이러한 방식은 프로메테우스로 지표를 전송할 수 있는 추가적인 익스포터가 제공됩니다. 이를 `fighting-namials` 프로젝트에서 확인하려면 몇 가지 변경이 필요합니다. 이를 보다 명확하게 하기 위해 해당 사항은 별도의 분기(`micrometer_with_prom`)에서 진행되었습니다.

다음 설정은 `application.properties` 파일에 추가된 내용입니다.

```
management.endpoints.web.exposure.include=health,info,prometheus
```

마이크로미터를 사용하여 애플리케이션에서 직접 지표를 노출하고 있으며, 이를 통해 프로메테우스가 연결할 수 있는 스크레이핑 가능한 엔드포인트를 제공합니다.

또한 로그의 상세한 내용을 줄이기 위해 로깅 레지스트리를 제거할 수도 있습니다.

```
// 로그 노이즈를 줄이기 위해 bean을 제거
@Bean
public MeterRegistry basicRegistry() {
  return new LoggingMeterRegistry();
}
```

결과적으로 만들어진 아키텍처는 여전히 비교적 단순하며, 이는 [그림 11-2]에서 확인할 수 있습니다.

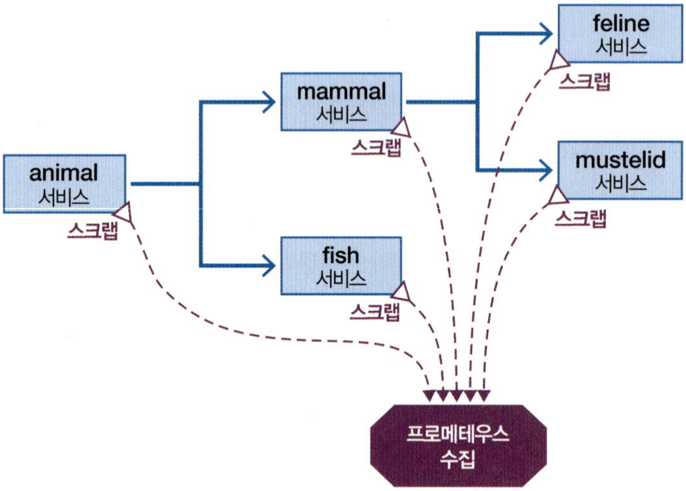

그림 11-2 프로메테우스를 활용한 Fighting Animals

이 아키텍처 구성을 위해 프로메테우스를 설정하려면 docker-compose.yml 파일에 새로운 서비스를 추가해야 합니다.

```
# 프로메테우스
prom:
  container_name: prometheus
  image: prom/prometheus
  command:
    - "--config.file=/config/prometheus.yml"
  ports:
    - "9090:9090"
  user: root
  volumes:
    - './config:/config'
    - './target/data/prometheus:/prometheus'
```

이는 새로운 설정 파일은 Prometheus.yml을 참조하며, 그 기본 형태는 다음과 같습니다.

```
global:
  # 스크레이핑 주기를 15초로 설정. 기본값은 1분
  scrape_interval:     15s
  # 규칙을 1초 마다 평가. 기본값은 1분
  evaluation_interval: 15s
  # scrape_timeout은 전역 기본값인 10초로 설정되어 있음

# ...

scrape_configs:

- job_name: prometheus
  metrics_path: /metrics
  scheme: http
  static_configs:
  - targets:
    - localhost:9090

- job_name: animal
  metrics_path: /actuator/prometheus
  scrape_interval: 5s
  static_configs:
    - targets:
```

```
    - animal-service:8080

# 다른 서비스들도 유사하게 구성되어 있음
```

이것은 단순한 구성이지만, 실제 네트워크 환경에서도 정상적으로 동작하도록 테스트된 설정 파일입니다.

이는 의도적인 선택입니다. 인터넷에서 찾을 수 있는 많은 예제들이 `localhost`에서는 동작하지만, 실제 네트워크 환경에서는 제대로 동작하지 않는 경우가 많기 때문입니다.

이 설정에서는 각 서비스가 동일한 `URI(/actuator/Prometheus)`에서 지표를 제공하지만, 서로 다른 포트에서 실행되도록 구성됩니다. 프로메테우스는 이 모든 서비스를 스크레이핑하여 지표를 수집합니다.

아래는 프로메테우스가 수집한 일반적인 출력 예시입니다. `animal service`에서 출력된 결과이며, 해당 서비스는 *http://<Target IP>:8080/acturator/prometheus*와 같은 URL에서 실행됩니다.

```
# HELP system_load_average_1m The sum of the number of runnable entities queued ↩
to available processors and the number of runnable entities running on the ↩
available processors averaged over a period of time
# TYPE system_load_average_1m gauge
system_load_average_1m 0.2
# HELP process_files_open_files The open file descriptor count
# TYPE process_files_open_files gauge
process_files_open_files 34.0
# HELP jvm_classes_loaded_classes The number of classes that are currently ↩
loaded in the Java virtual machine
# TYPE jvm_classes_loaded_classes gauge
jvm_classes_loaded_classes 8934.0
# HELP tomcat_sessions_active_current_sessions
# TYPE tomcat_sessions_active_current_sessions gauge
tomcat_sessions_active_current_sessions 0.0
# HELP jvm_memory_committed_bytes The amount of memory in bytes that is ↩
committed for the Java virtual machine to use
# TYPE jvm_memory_committed_bytes gauge
jvm_memory_committed_bytes{area="nonheap",id="CodeHeap 'profiled nmethods'",}
  9109504.0
jvm_memory_committed_bytes{area="heap",id="G1 Survivor Space",} 4194304.0
# ... Other JVM metrics ommitted for brevity ...
```

```
jvm_memory_committed_bytes{area="nonheap",id="CodeHeap 'non-profiled nmethods'",}
  3145728.0
```

이러한 지표들 중 상당수는 애플리케이션 지표가 아니라 자바 가상 머신 지표임을 유의하세요.

출력 내용을 더 아래로 살펴보면, 커스텀 지표도 확인할 수 있습니다.

```
# HELP battles_total
# TYPE battles_total counter
battles_total 5.0
```

프로메테우스는 자신을 동일한 메커니즘을 사용하여 모니터링하기 때문에 *http://<Target IP>:9090/metrics*을 통해 프로메테우스 자체 지표도 확인할 수 있습니다.

```
# HELP go_gc_duration_seconds A summary of the pause duration of garbage ↵
collection cycles.
# TYPE go_gc_duration_seconds summary
go_gc_duration_seconds{quantile="0"} 3.5e-05
go_gc_duration_seconds{quantile="0.25"} 7.8507e-05
go_gc_duration_seconds{quantile="0.5"} 9.9929e-05
go_gc_duration_seconds{quantile="0.75"} 0.000132907
go_gc_duration_seconds{quantile="1"} 0.000325268
go_gc_duration_seconds_sum 0.018079852
go_gc_duration_seconds_count 164
# HELP go_goroutines Number of goroutines that currently exist.
# TYPE go_goroutines gauge
go_goroutines 47
# HELP go_threads Number of OS threads created.
# TYPE go_threads gauge
go_threads 18
# HELP go_info Information about the Go environment.
# TYPE go_info gauge
go_info{version="go1.17.5"} 1
# ....
# HELP net_conntrack_dialer_conn_attempted_total Total number of connections ↵
attempted by the given dialer a given name.
# TYPE net_conntrack_dialer_conn_attempted_total counter
net_conntrack_dialer_conn_attempted_total{dialer_name="alertmanager"} 0
net_conntrack_dialer_conn_attempted_total{dialer_name="animal"} 42
net_conntrack_dialer_conn_attempted_total{dialer_name="default"} 0
```

```
net_conntrack_dialer_conn_attempted_total{dialer_name="feline"} 41
net_conntrack_dialer_conn_attempted_total{dialer_name="fish"} 41
net_conntrack_dialer_conn_attempted_total{dialer_name="mammal"} 42
net_conntrack_dialer_conn_attempted_total{dialer_name="mustelid"} 42
net_conntrack_dialer_conn_attempted_total{dialer_name="prometheus"} 2
```

첫 번째 그룹의 지표는 고 런타임 지표로 가비지 컬렉션 지표와 **고루틴** 개수 등이 포함됩니다.

프로메테우스는 고 언어로 작성되어 있으며, 고는 고루틴을 지원하는데 고 런타임이 관리하는 경량 스레드입니다. 이 개념은 자바의 가상 스레드와 매우 유사하며, 이에 대해서는 14장에서 자세히 다룰 예정입니다.

이것은 프로메테우스가 구현하고 있는 중요한 아키텍처 원칙을 보여주는 사례이기도 합니다. 즉, 관측성 신호를 지원하고 전달하는 시스템 자체도 관측 가능해야 하며, 관측성의 관점에서 잘 설계되어야 한다는 점입니다.

기본적인 프로메테우스 UI는 *http://<Target IP>:9090/graph*와 같은 URL에서 확인할 수 있고, [그림 11-3]과 같습니다.

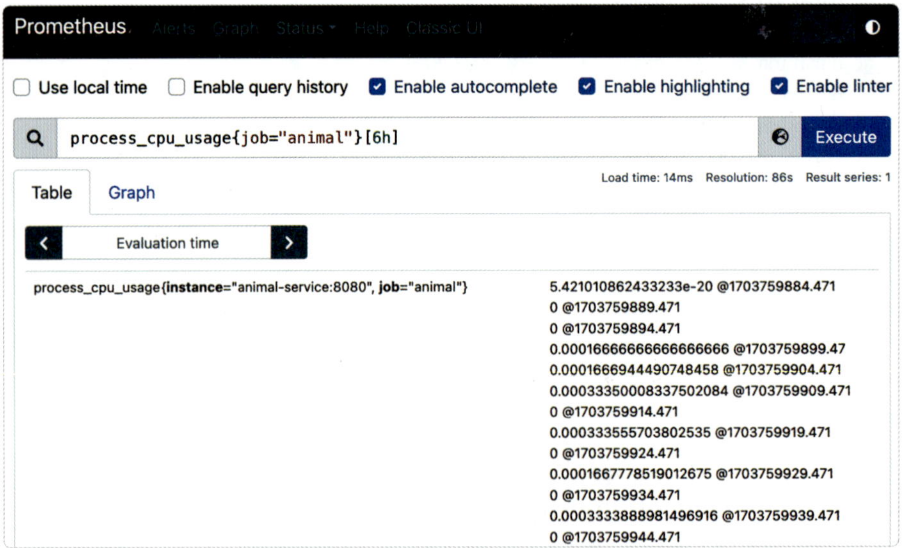

그림 11-3 프로메테우스 쿼리 UI

여기에서 쿼리 문자열은 `process_cpu_usage{job='animal'}[6h]`이며, 이는 PromQL 쿼리로, 지난 6시간 동안 animal 작업[job]의 CPU 사용량을 나타내는 모든 데이터 포인트를 요청하는 것입니다. 이것은 **범위 벡터**[range vector]라고 하며, 특정 시간 범위에 대한 시계열 벡터를 반환합니다.

이 쿼리는 테이블 뷰에서 <value>@<timestamp> 형식으로 표시됩니다. 그래프는 **즉시 벡터**[instant vector] 표현식을 사용하기 때문에, 그래프 뷰로 전환하려면 쿼리를 변경해야 합니다.

쿼리 `process_cput_usage{job=~'m.*'}`의 시계열은 [그림 11-4]에서 그래픽으로 표현됩니다. 이 쿼리는 이름이 `m`으로 시작하는 모든 작업의 CPU 지표를 반환합니다. 예제에서는, `mamma`과 `mustelid`가 해당됩니다. 이 쿼리는 `=~`와 같은 프로메테우스의 정규 표현식 지원을 사용하며, 이는 지표를 선택하는데 매우 유용합니다.

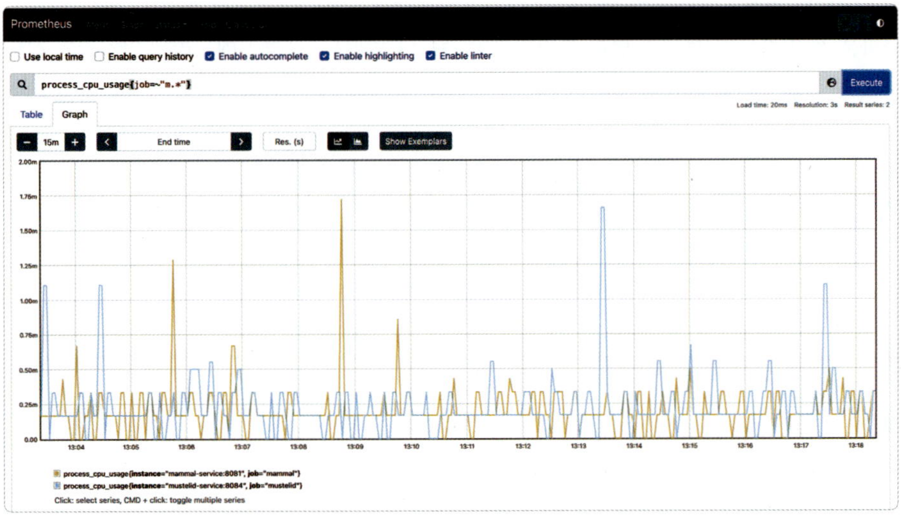

그림 11-4 프로메테우스 그래프

PromQL에 대한 전체적인 설명은 이 책의 범위를 벗어납니다. 본격적인 작업을 위해서는 프로메테우스 문서를 참고하는 것이 좋으며, 그라파나와 같은 보조 구성 요소에 대한 문서도 함께 살펴보는 것이 유용합니다.

이제 가장 중요한 관측성 기술은 오픈텔레메트리에 대해 설명하겠습니다.

11.3 오픈텔레메트리 소개

이 절에서는 오픈텔레메트리OpenTelemetry(OTel)를 본격적으로 소개합니다. 이는 클라우드 네이티브 컴퓨팅 재단에서 개발한 관측성 데이터에 대한 새로운 개방형 표준으로 우리가 8장에서 언급했던 기술입니다.

오픈텔레메트리는 오픈트레이싱OpenTracing(추적)과 오픈센서스OpenCensus(지표) 프로젝트가 병합되면서 탄생했으며, 현재는 빠르게 표준화되고 있으며, 폭넓은 채택이 이루어지고 있습니다.

NOTE 오픈트레이싱과 오픈센서스는 더 이상 사용되지 않으며 새로운 개발은 오픈텔레메트리에서 진행해야 합니다.

이 프로젝트는 불과 몇 년 밖에 되지 않았고, 2023년에야 1.0 버전이 출시되었음에도 불구하고 놀라운 성장 속도를 보이며 널리 도입되고 있습니다. 현재 오픈텔레메트리는 안정적인 상태이며, 운영환경에서 사용할 수 있습니다. 이미 많은 기업과 팀에서 열정적으로 채택하고 있으며, 이 추세는 앞으로 계속될 것으로 보입니다.

오픈 텔레메트리는 다양한 환경에서 활용될 수 있지만, 특히 클라우드 기반 마이크로서비스 애플리케이션에 가장 적합하며, 이기종heterogeneous(일명 다중 언어)이나 분산 시스템에도 적합합니다.[3]

11.3.1 오픈텔레메트리 소개

오픈텔레메트리의 주요 강점 중 하나는 모든 문제를 해결하려고 하기보다 핵심 도메인core domain에 집중한다는 점입니다. 즉 오픈텔레메트리 자체는 데이터 수집 또는 관측성 백엔드가 **아닙니다.** 따라서 완전한 관측성 시스템의 일부 컴포넌트로 동작할 뿐입니다.

10장에서 언급했듯이, 오픈텔레메트리의 핵심 역할은 애플리케이션의 계측과 수집된 데이터를 외부 관측성 시스템으로 전달하는 것입니다.

오픈텔레메트리의 주요 프로젝트 영역은 [그림 11-5]에서 확인할 수 있습니다.

3 오픈텔레메트리의 다양한 주요 언어별 구성 요소 상태는 오픈텔레메트리 공식 문서(`https://oreil.ly/pzorm`)에서 확인할 수 있습니다.

그림 11-5 오픈텔레메트리 프로젝트 컨셉

사양은 지표, 로그, 추적에 대한 형식과 규칙을 언어 독립적인 방식으로 정의하며, 이 데이터를 관측성 백엔드로 전송하는 프로토콜도 포함합니다. 각 언어별 구현은 거의 모든 프로그래밍 언어에서 애플리케이션을 계측할 수 있도록 API와 SDK를 제공하며, 다양한 프레임워크와의 통합 기능도 지원합니다. 자바 구현에서는 코드를 변경하지 않고도 애플리케이션을 계측할 수 있는 자바 에이전트도 제공합니다.

마지막으로, 오픈텔레메트리 컬렉터는 애플리케이션에서 데이터를 수집하고 이를 다양한 백엔드로 전송할 수 있는 강력한 도구입니다. 이 과정에서 데이터를 처리하거나 보강enrichment 할 수도 있습니다.

이를 라우터 또는 '스위칭 스테이션switching station'으로 생각할 수 있으며, 관측성 데이터의 프로토콜 변환기protocol translator 역할도 수행할 수 있습니다.

이러한 디자인 선택 덕분에 오픈텔레메트리는 다양한 관측성 데이터 아키텍처 옵션을 지원할 수 있으며, 특정 방식에 제한되지 않고 폭넓게 적용될 수 있도록 설계되었습니다.

계측을 위한 소프트웨어 구성 요소는 [그림 11-6]에서 확인할 수 있습니다.

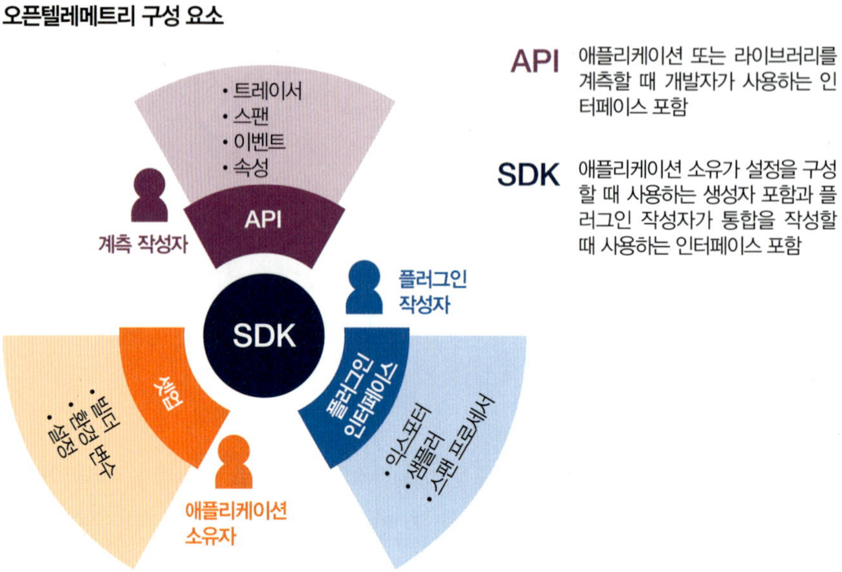

그림 11-6 오픈텔레메트리 API와 SDK

SDK는 오픈텔레메트리에서 최종 사용자가 상호작용하는 주요 요소이며, 두 가지 주요 구성 요소를 포함합니다.

- 애플리케이션 소유자가 배포를 구성할 때 사용하는 생성자
- 플러그인 작성자가 통합을 작성할 때 사용하는 인터페이스

이는 오픈텔레메트리를 기본 설정으로 배포하는 팀들이 사용할 구성 요소입니다. API는 개발자가 애플리케이션과 라이브러리를 계측할 때 사용하는 인터페이스를 포함합니다.

> **NOTE** 엔지니어가 오픈텔레메트리 프로젝트에 코드를 기여하고자 한다면, 가장 적절한 시작점은 현재 오픈텔레메트리 지원이 없는 오픈 소스 라이브러리나 프레임워크에 대한 새로운 계층을 제공하는 것입니다.

오픈텔레메트리는 안정성과 이전 버전과의 호환성을 매우 중요하게 여깁니다. 코드는 **시맨틱 버저닝**semantic versioning[4] 규칙을 따르며 최소한 API와 SDK의 안정적인 버전에 대한 영구 지원을

4 https://semver.org

제공합니다.[5]

- API: 3년 지원 보장
- 플러그인 인터페이스: 1년 지원 보장
- 생성자: 1년 지원 보장

`open-telemetry` 깃허브의 자바와 관련된 주요 프로젝트는 다음과 같습니다.

- `opentelemetry-java`: API 또는 SDK를 포함한 핵심 구성 요소core components
- `opentelemetry-java-instrumentation`: 라이브러리 계측 또는 자동 계측 에이전트
- `opentelemetry-java-contrib`: 독립적으로 사용 가능한 유용한 라이브러리helpful and standalone libraries
- `opentelemetry-java-examples`: 수동 계측 예제[6]

자바 구현은 초기에 추적과 지표에 초점을 맞췄으며, 로그는 2023년 말에 1.0 버전에 도달했습니다.

11.3.2 오픈텔레메트리를 선택해야 하는 이유

애플리케이션 성능 모니터링 시장은 원래 독점 벤더들이 지배하고 있었습니다. 하지만 다른 많은 시장 부문과 마찬가지로, 벤더 종속을 줄이고 비용을 절감하며 더 큰 유연성을 제공하기 위해 오픈 소스 대안에 대한 수요가 생겨났습니다. 우리는 이미 예거(추적용), 프로메테우스(지표 분야), ELK 스택(로깅용)과 같은 오픈 소스 프로젝트를 접해본 바 있습니다.

두 번째 시장 트렌드는 보다 미묘하지만 결코 덜 중요하지 않습니다. 바로 소프트웨어 시스템의 복잡성이 증가하는 것입니다. 소프트웨어가 점점 더 복잡해지고, 다양한 언어와 프레임워크가 인기를 얻음에 따라 신뢰할 수 있는 계측을 제공하는 데 더 많은 자원이 필요해지고 있습니다.

독점적인 관측성 제품의 경우, 이러한 트렌드는 중복성과 비효율성을 초래합니다. 각 벤더가 자체 계측 라이브러리 제품군을 유지해야 하기 때문입니다. 이러한 중복된 노력은 결국 벤더들이 개별적으로 유지보수하는 것보다 단일 오픈 소스 라이브러리 세트를 공동으로 개발하는 것이 더 합리적이라는 결론으로 이어지고 있습니다. 따라서 관측성 벤더가 제공하는 가치는 계측

---

5 이러한 보장은 실제보다 약할 수 있으며, 특히 오픈텔레메트리-자바(*https://oreil.ly/9Vq6V*)에서 그렇습니다. 안정적인 구성 요소에 대한 하위 호환성을 지원하고 유지하는 것은 커뮤니티의 주요 목표 중 하나이며, 주요 버전이 발표되었다는 것은 호환성을 깨는 변경 사항이 포함되었음을 의미합니다.

6 웹사이트(*https://oreil.ly/Rcesz*)에서 시맨틱 규칙을 참고하세요.

그 자체보다는 사용자 경험, 백엔드 기능, 비용 최적화 등에 집중되는 방향으로 변화하고 있습니다.

이는 독점적인 방식에서 오픈 소스로의 전환을 의미하며, 적어도 고객 애플리케이션 내에서 실행되는 코드 영역에서는 더욱 그러합니다. 실제로 최근 몇 년 동안 여러 독점 벤더들이 오픈 소스 모델로 전환하는 사례가 늘어나고 있습니다.

이러한 변화는 APM 벤더들이 자신들을 관측성 제공업체로 재정의하려는 시도로 볼 수 있습니다. 또한 오픈 소스 모델과 밀접한 관계를 맺고 있는 새로운 관측성 스타트업들이 증가하는 현상과도 연결되어 있습니다.

벤더들이 표준화된 프로토콜과 계측 스택으로 수렴해 가는 방향은 결국 오픈텔레메트리입니다.

이 표준은 발전 속도가 느리다는 비판을 받기도 하지만, 안정적인 공통 명명 규칙과 관련된 의미론적 컨벤션을 제공한다는 점에서 큰 이점을 가지고 있습니다. 이러한 배경에서 점점 더 많은 기업과 팀이 오픈텔레메트리를 채택하고 있는 것은 자연스러운 현상이라 할 수 있습니다.

11.3.3 오픈텔레메트리 프로토콜

오픈텔레메트리 프로젝트의 핵심 구성 요소 중 하나는 오픈텔레메트리 프로토콜입니다. 오픈텔레메트리 프로토콜은 전체 프로토콜 공간을 정의하려 하지 않고, 대신 핵심 요소에 집중하고 있습니다.

오픈텔레메트리 프로토콜의 주요 관심사는 다음과 같습니다.

- 인코딩encoding
- 전송transport
- 전달delivery

오픈텔레메트리 프로토콜에서 중요한 고려 사항 중 하나는 성능이며, 일반적으로 HTTP/2 또는 gRPC[7]를 사용하여 구현됩니다. gRPC는 기본적으로 **원격 프로시저 호출**remote procedure call(RPC) 프레임워크로, HTTP/2[8]를 기반으로 **프로토콜 버퍼**protocol buffer(protobuf)라는 바이

7 *https://grpc.io*

8 다른 인코딩 방식도 가능하지만, 실무에서 자주 사용되지는 않습니다.

너리 형식을 활용합니다.

자바의 핵심 구현에서는 두 가지 인코딩 방식을 모두 사용할 수 있으며, 기본적으로 HTTPS/protobuf를 사용합니다. 자바 라이브러리를 살펴보기 전에 오픈텔레메트리에서 매우 중요한 구성 요소인 오픈텔레메트리 컬렉터를 먼저 소개하겠습니다.

11.3.4 오픈텔레메트리 컬렉터

오픈텔레메트리 컬렉터는 관측성 데이터를 다루는 네트워크 서비스로 세 가지 주요 유형의 관측성 데이터를 수신하고 처리하며 내보낼 수 있습니다. 이 컬렉터의 아키텍처는 단순하면서도 확장 가능하도록 설계되었으며, 특정 벤더에 종속되지 않는 벤더 중립적인 구조를 가지고 있습니다. 고 언어로 작성되었으며, 다양한 기업의 기여자들로 구성된 오픈 소스 팀이 유지 관리하고 있습니다. 또한 이름과 달리 오픈텔레메트리 프로토콜뿐만 아니라 다양한 데이터 형식도 지원합니다.

컬렉터의 설정은 YAML을 사용하며, 기본적으로 *http://localhost:4317*에서 실행됩니다.

컬렉터의 주요 설정 영역은 다음과 같습니다.

- `receivers`: 컬렉터가 데이터를 수신할 데이터 소스
- `processors`: 컬렉터가 적용할 데이터 변환 작업
- `connector`: 선택사항으로, 특정 유형의 데이터를 다른 유형으로 변환하는 구성 요소
- `exporters`: 변환된 데이터를 전송할 대상
- `extensions`: 선택 사항으로 추가적인 기능 (예 헬스 체크)

오픈텔레메트리 컬렉터는 서비스 영역을 통해 파이프라인을 구성합니다. 여기에서 다룰 각 관측성 신호에 대해 별도의 영역을 설정할 수 있습니다.

예를 들어, 다음은 간단한 추적 파이프라인을 설정하는 서비스 영역의 예시입니다.

```
service:
  pipelines:
    traces:
      receivers: [otlp]
      processors: [batch]
      exporters: [otlphttp]
```

오픈텔레메트리 컬렉터는 오픈텔레메트리 프로토콜 수신기를 통해 데이터를 받아들이고, 배치 프로세서에서 처리한 후, 오픈텔레메트리 프로토콜 HTTP 익스포터 `ollphttp exporter`를 통해 데이터를 전송합니다. 이 과정에서 데이터는 전송 전에 배치 형태로 처리됩니다.

또한 프로메테우스와 마찬가지로 컬렉터 자체도 자신의 관측성 데이터를 생성하며, 이 데이터는 `service` 영역 아래의 `telemetry` 영역에 저장됩니다.

컬렉터의 핵심 아키텍처 원칙은 다음과 같습니다.

- 사용성: 기본 설정이 합리적으로 구성되어 있으며, 즉시 사용할 수 있어야 합니다.
- 성능: 다양한 부하와 구성에서도 성능을 유지할 수 있어야 합니다.
- 관측성: 좋은 관측성을 제공하는 서비스의 모범 사례로 가능해야 합니다.
- 확장성: 핵심 코드에 직접 수정하지 않고도 커스터마이징 할 수 있어야 합니다.
- 통합: 단일 코드베이스에서 추적, 지표, 로그를 모두 지원해야 합니다.

[그림 11-7]에서는 지표와 추적을 처리하기 위해 오픈텔레메트리를 사용하는 샘플 아키텍처를 보여줍니다. 이 관점에서 컬렉터는 짧은 수명으로 포함한 애플리케이션 프로세스와 지표나 추적 데이터 저장소 사이의 중간 계층으로 볼 수 있습니다.

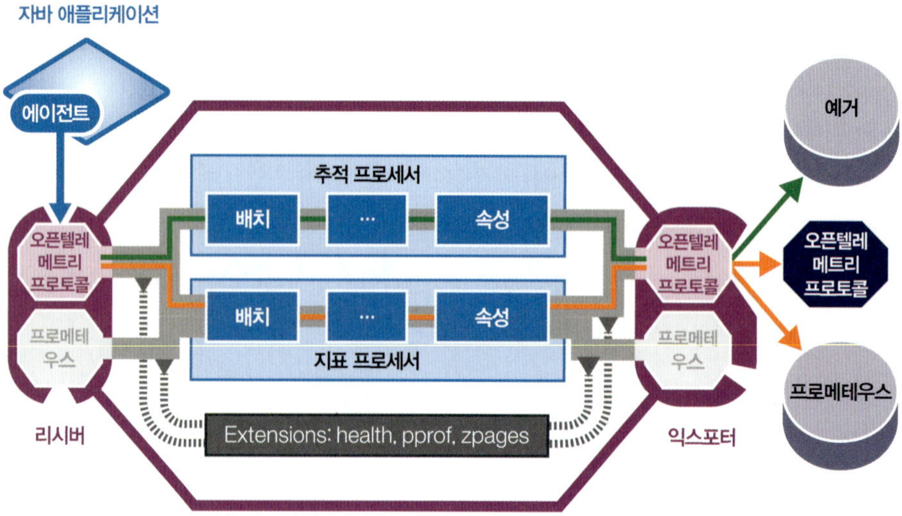

그림 11-7 오픈텔레메트리 예시 아키텍처

이 예제에서 컬렉터 인스턴스는 여러 프로세스로부터 데이터를 수신하고 단일 엔드포인트를 제공합니다. 지표의 경우, 이러한 구조는 아키텍처 선택의 유연성을 유지하는데 도움이 됩니다. 즉, 프로메테우스는 컬렉터의 위치를 알고 있을 수도 있고, 또는 컬렉터가 원격 쓰기를 수행할 수 있도록 구성될 수도 있습니다.

컬렉터는 구성과 운영 측면에서 비교적 단순하지만 매우 유연한 구성 요소입니다. 우리는 자바 라이브러리를 소개한 뒤, 이 컬렉터로 데이터를 전송하는 과정에서 다시 설명하겠습니다.

11.4 자바에서 오픈텔레메트리 추적 적용

앞에서 설명했듯이, 오픈텔레메트리는 계측과 데이터 추출data exfiltration이라는 핵심 도메인에 집중합니다. 이러한 기능은 비교적 낮은 수준의 작업이기 때문에 오픈텔레메트리는 사용자용 API를 제공하지만, 오픈텔레메트리를 도입하는 방법에는 여러 가지가 있으며 그중 일부는 이러한 API와 직접 연결하지 않고 사용할 수 있습니다.

또한 오픈텔레메트리는 자바에서 모든 관측성 데이터를 위한 하나의 통합 API를 만들려고 하지 않습니다. 대신 가능하다면 기존에 자바 생태계에서 널리 사용되는 구성 요소와 통합하는 방식을 선호합니다.

예를 들어, 로그의 경우 이미 적절한 패턴과 고수준 API가 존재하며, 오픈텔레메트리에서는 이를 사용하는 것이 바람직합니다. 하지만 추적의 경우, 적절한 기존 솔루션이 없기 때문에 오픈텔레메트리는 수동 추적과 자동 추적이라는 두 가지 방법을 제공합니다.

이 두 가지 방법을 살펴보기 전에, 오픈텔레메트리 아키텍처를 간단히 설명하겠습니다. 오픈텔레메트리는 운영환경에서 사용하기 위해 설계되었기 때문에 특정 수준의 설정과 다소 복잡한 구성이 따라올 수 있습니다.

이러한 이유로, 수동 추적을 다루는 다음 절은 실제로 필요한 것보다 길어질 수 있습니다. 이는 컬렉터 같은 인프라 구성 요소를 소개하고, 필요한 오픈텔레메트리 라이브러리를 사용하기 위해 POM 파일 설정을 변경하는 과정도 설명해야 하기 때문입니다.

11.4.1 수동 추적

수동 계측은 이름 그대로 개발자가 직접 추적 라이브러리를 호출하는 코드를 삽입해야 합니다. 이 방법을 사용하여 추적은 가능하지만, 간단한 예제를 넘어서면 관리하기 어려울 정도로 복잡해집니다.

이를 가장 잘 이해하려면 구체적인 예제를 살펴보는 것이 좋습니다. Fighting Animals 프로젝트에서 수동 추적을 사용하는 방법을 살펴보겠습니다. 이 절에서는 `manual_tracing` 브랜치의 코드를 분석할 것입니다.

먼저, 프로젝트에서 오픈텔레메트리 라이브러리를 직접 추가해야 합니다. 이를 위해 POM 파일을 수정해야 하며, 변경 사항이 꽤 많습니다. 핵심은 `<dependencyManagement>`을 추가하고, BOM(Bill of Materials)를 사용하여 여러 종속성을 한꺼번에 관리하는 것입니다.

```
<dependencyManagement>
  <dependencies>
    <dependency>
      <groupId>io.opentelemetry</groupId>
      <artifactId>opentelemetry-bom</artifactId>
      <version>1.40.0</version>
      <type>pom</type>
      <scope>import</scope>
    </dependency>
  </dependencies>
</dependencyManagement>
```

그런 다음, 필요한 경우 추가적인 오픈텔레메트리 종속성을 가져올 수 있습니다. 이 예제에서는 `opentelemetry-api`, `opentelemetry-sdk`, `opentelemetry-sdk-extension-autoconfigure`, `opentelemetry-exporter-otlp` 종속성이 필요합니다.

또한 `AnimalApplication` 클래스에서 자동으로 설정된 `OpenTelemetry` bean을 추가했습니다. 다음과 같이 구성하면 됩니다.

```
@Bean
public OpenTelemetry openTelemetry() {
  return AutoConfiguredOpenTelemetrySdk.initialize().getOpenTelemetrySdk();
}
```

이 OpenTelemetry 객체는 이제 서비스 제어기에서 생성자 주입constructor injection을 통해 코드에서 사용할 수 있습니다. 이제, AnimalController 클래스의 주요 HTTP 라우트에 추적을 추가하기 위해 필요한 코드 변경 사항을 살펴보겠습니다.

```
@GetMapping("/battle")
public String makeBattle() throws IOException, InterruptedException {
  //요청에서 전파된 컨텍스트를 추출. 이 경우, 요청에서 어떤 컨텍스트도 추출되지 않으
며, 이는 루트 스팬임.
  var extractedContext = extractContext(httpServletRequest,EXTRACTOR);

  try (var scope = extractedContext.makeCurrent()) {
    // 스팬 시작
    var span = serverSpan("/battle", HttpMethod.GET.name(),
        AnimalController.class.getName(), "animal-service:8080");

    // 두 개의 요청을 전송하고, 응답 본문을 응답으로 변환한 뒤 루트 스팬을 종료
    try {
      var good = fetchRandomAnimal(span);
      var evil = fetchRandomAnimal(span);
      return  String.format("""
{ "good": "%s", "evil": "%s" }""", good, evil);
    } finally {
      span.end();
    }
  }
  // ...
}
```

이것은 물론 하나의 서비스에만 적용된 것입니다. 코드에서 추적 누락gaps in tracing coverage을 방지하려면 모든 서비스에 유사한 추적 코드를 추가해야 합니다. 예를 들어, MammalController를 다음과 같이 수정해야 합니다.

```
@GetMapping("/getAnimal")
public String makeBattle() throws IOException, InterruptedException {
    // 컨텍스트는 animal 서비스로부터 전파된 내용을 추출
var extractedContext = extractContext(httpServletRequest,EXTRACTOR);

    try (var scope = extractedContext.makeCurrent()) {
        var span = serverSpan("/getAnimal", HttpMethod.GET.name(),
                MammalController.class.getName(), "mammal-service:8081");
```

```java
        // 하위 요청을 전송하고, 응답을 반환한 뒤 해당 스팬을 종료
        try {
            return fetchRandomAnimal(span);
        } finally {
            span.end();
        }
    }
}
```

이 두 제어기는 모두 `serverSpan()` 메서드를 사용하며, 이 메서드는 애플리케이션의 `Misc` 지원 클래스에서 정의되어 있습니다.

```java
public static Span serverSpan(Tracer tracer, String path, String method,
 String serviceName) {
  return tracer
      .spanBuilder(path)
      .setSpanKind(SpanKind.SERVER)
      .setAttribute(SemanticAttributes.HTTP_METHOD, method)
      .setAttribute(SemanticAttributes.HTTP_SCHEME, "http")
      .setAttribute(SemanticAttributes.HTTP_HOST, serviceName)
      .setAttribute(SemanticAttributes.HTTP_TARGET, path)
      .startSpan();
}
```

`Tracer` 객체는 로거logger와 유사하므로, 생성자 코드에서 한 번만 초기화하는 것이 가장 좋습니다.

스팬을 생성한 후에는 이를 전송할 대상이 필요합니다. 이를 위해, `docker-compose.yml` 파일에서 컬렉터 인스턴스를 설정하여 스팬을 수신한 후 예거로 전달하도록 구성하였습니다.

```yaml
# 예거
# 로컬 GRPC 포트(4317)는 오픈텔레메트리 컬렉터의 GRPC 포트와 충돌을 피하기 위해
14317로 다시 매핑되어야 함.
jaeger-all-in-one:
  image: jaegertracing/all-in-one:1.52.0
  ports:
    - "16686:16686"
    - "14317:4317"   # 오픈텔레메트리 프로토콜 gRPC 수신기
```

```
      - "4318:4318"   # 오픈텔레메트리 프로토콜 HTTP 수신기

  # Collector
  otel-collector:
    image: otel/opentelemetry-collector:0.91.0
    command: ["--config=/etc/otel-collector-config.yaml"]
    volumes:
      - ./otel-collector-config.yaml:/etc/otel-collector-config.yaml
    ports:
      - "13133:13133" # Health_check 익스텐션
      - "4317:4317"   # 오픈텔레메트리 프로토콜 gRPC 수신기
      - "55681:55681" # 오픈텔레메트리 프로토콜 HTTP 수신기 대체 포트
    depends_on:
      - jaeger-all-in-one
```

8.6절의 '버전 번호에 대한 안내' 상자에서 설명했듯이, 예제가 제대로 작동하도록 명시적 버전 번호를 사용했습니다. 그러나 실제 운영 환경에서는 배포 전에 구성 요소의 최신 버전으로 업그레이드하는 것이 좋습니다. 오래된 이미지는 보안 취약점이나 여러 버그를 포함할 수 있기 때문입니다.

또한 컬렉터가 생성된 스팬을 예거로 전송하도록 설정해야 합니다. 이를 위해 `otel-collector-config.yaml` 파일을 다음과 같이 구성합니다.

```
receivers:
  otlp:
    protocols:
      grpc:
      http:

exporters:
  otlphttp:
    endpoint: http://jaeger-all-in-one:4318

processors:
  batch:

extensions:
  health_check:

service:
```

```
    extensions: [health_check]
    pipelines:
      traces:
        receivers: [otlp]
        processors: [batch]
        exporters: [otlphttp]
```

이런 구성 요소들은 기본적으로 애플리케이션 코드가 아닌 관측성 인프라에 속합니다. 이는 유용한 간접 계층indirection point을 제공해 운영팀이 애플리케이션 코드를 변경하지 않고도 컬렉터의 설정을 조정할 수 있게 합니다.

또한 마이크로서비스가 컬렉터의 위치를 알도록 설정해야 합니다. 컬렉터는 별도의 컨테이너에서 실행되므로, 이를 인식할 수 있는 설정이 필요합니다. 예제에서는 자바 명령줄 매개변수를 사용하여, `-Dotel.exporter.otlp.endpoint=http://otel-collector:4317/`와 같이 시스템을 구성합니다.

이 설정은 `Dockerfile`에 포함되며, `OTEL_EXPORTER_OTLP_ENDPOINT`와 같은 환경 변수를 사용하여 설정할 수도 있습니다. 이 절에서 살펴본 두 제어기 클래스만으로도 애플리케이션에 추적을 추가하는 데 필요한 코드량이 상당함을 알 수 있습니다. 이는 10.3.2절의 '수동 계측과 자동 계측'에서 언급했던 문제를 잘 보여주며, 수동 추적의 복잡성은 프로그래머가 관리하기 어려운 수준으로 변화됩니다.

이러한 지루하고 세밀한 복잡성을 해결하는 방법은 언제나 같습니다. 컴퓨터가 대신 처리하도록 하는 것입니다.

11.4.2 자동 추적

이것은 자동 계측으로 이어집니다. 오픈텔레메트리의 경우, 일반적으로 자바 8 이상의 모든 애플리케이션에서 작동할 수 있는 에이전트를 배포하는 것을 의미합니다. 특정 상황에서는 동적으로 에이전트를 첨부하는 것도 가능하며, 더 적절할 수도 있습니다. 또한 쿼커스와 같은 일부 프레임워크는 기본적으로 자동 계측을 지원하므로 에이전트를 사용할 필요가 없으며, 사용해서도 안 됩니다.

NOTE 3장에서 간략하게 설명했듯이, 자바 에이전트는 메인 메서드가 호출되기 전에 실행되는 특별한 `jar` 파일입니다. 이런 기능을 만드는 것은 고급 주제이므로, 관심 있는 독자는 전문 자료를 참고하는 것이 좋습니다.

에이전트는 추가적인 바이트코드를 삽입하여 메서드의 실행 시간과 추적 구축에 필요한 정보를 제공합니다. 특히, 여기에는 추적 ID와 스팬 ID가 포함되며, 이를 이용해 여러 스팬을 하나의 추적으로 연결합니다. 스팬은 일시적으로 메모리에 저장된 후 오픈텔레메트리의 내보내기 기능을 통해 백엔드로 전송됩니다.

NOTE 기본 코드의 계측과 에이전트를 통한 내보내기 외에도, `opentelemetry-java-instrumentation` 프로젝트는 100개 이상의 인기 있는 라이브러리와 프레임워크를 기본적으로 지원하는 모듈을 제공합니다.

Fighting Animals의 `auto_tracing_only` 분기에는 자동 추적이 실제로 작동하는 예제가 포함되어 있습니다. 이 분기에는 미리 빌드된 에이전트 `jar` 파일이 저장소의 일부로 제공되며, 이 `jar` 파일의 위치를 자바 가상 머신에 명령어 인수로 전달해야 합니다. 이 과정은 `Dockerfile`에서 확인할 수 있습니다.

자동 추적의 가장 큰 장점은 수동 추적보다 훨씬 사용하기 쉽다는 점입니다. 또한 프로젝트 코드베이스가 오픈텔레메트리에 대한 명시적인 컴파일 시점 의존성compile-time dependency에서 자유로워질 수 있습니다. 실제로 이 분기를 보면, POM 파일에 오픈텔레메트리 관련 명시적인 의존성이 없으며, 스팬을 생성하는 코드도 포함되어 있지 않습니다.

기본적으로 에이전트는 오픈텔레메트리 프로토콜 익스포터 기능을 사용하며, *http://localhost:4317*을 엔드포인트end point로 지정합니다. 이 위치에서 로컬 오픈텔레메트 컬렉터가 실행되는 것을 기다립니다.

하지만 이 분기에서는 수동 추적과 동일한 컬렉터 설정을 사용하므로 다시 설명하지 않겠습니다. 따라서 수동 추적과 마찬가지로, 애플리케이션에 `-Dotel.exporter.otlp.endpoint=http://otel-collector:4317`와 같이 컬렉터의 위치를 알려주는 명령줄 매개변수를 추가해야 합니다.

자동 추적을 사용하는 것은 **관심사의 분리**separation of concern 원칙을 잘 보여주는 예시입니다. 애플리케이션 코드는 추적의 세부 사항을 알 필요가 없으며, 추적 기능이 존재하는지조차 신경 쓰지 않습니다. 대신 추적 기능은 자바 에이전트와 일부 인프라 설정을 통해 제공됩니다.

이제 분산 추적에 대한 내용을 마무리하기 전에, 실무에서 중요한 개념인 샘플링에 대해 설명하겠습니다.

11.4.3 샘플링 추적

2.5절 '통계 해석'에서 우리는 '모자와 코끼리' 문제를 다루었습니다. 이 문제는 재미있는 이름을 가지고 있지만, 실제로 중요한 개념을 다룹니다. 즉, 모든 응답 카테고리가 동일한 정보량을 가지고 있는 것이 아니라는 점입니다. 예를 들어, 응답 시간이 눈에 띄게 느려지지 않는 한, 성공적인 응답은 특별히 흥미로운 데이터가 아닙니다.

추적도 마찬가지입니다. 대부분의 추적은 성공적으로 완료되므로 별로 흥미롭지 않습니다. 반면, 실행이 느리거나 실패한 추적은 더 의미 있는 정보가 될 수 있으므로 이런 추적을 쉽게 확인할 수 있어야 합니다.

> 모든 행복한 가정은 서로 닮아 있지만, 불행한 가정은 저마다 다른 방식으로 불행하다.
>
> — 레프 톨스토이, 『안나 카레니나』[9]

이 문제를 해결하기 위해 커뮤니티에서는 추적 샘플링 비율을 조정하는 방법을 채택했습니다. 다시 말해, 응답 코드와 서비스가 처리하는 트랜잭션 수에 따라 샘플링 비율을 다르게 적용하는 것입니다. 일반적으로 모든 오류(4xx 또는 5xx 응답)는 100% 캡처하고, 성공적인 추적은 일정 비율만 샘플링합니다. 특히 요청량이 많은 서비스에서는 성공한 추적 중 단 1%만 샘플링하는 경우도 있습니다.

이 방식이 효과적인 이유는 요청량이 많은 서비스에서는 성공적인 추적의 일부만 샘플링해도 충분히 통계적으로 의미 있는 데이터를 확보할 수 있기 때문입니다. 따라서 성능 저하가 발생하면 샘플링된 데이터에서도 그 변화를 감지할 수 있습니다.

---

9 *https://oreil.ly/1CuvU*

11.5 자바에서 오픈텔레메트리 지표 적용

이제 오픈텔레메트리 지표에 대해 살펴보겠습니다. 오픈텔레메트리는 저수준 API를 사용하여 지표를 처리할 수 있는 수동 API[manual API]를 제공합니다. 마이크로미터와 비교해 보겠지만, 먼저 Fighting Animals의 `otel_metrics_raw_api` 분기에서 제공하는 간단한 예제를 살펴보겠습니다.

이 분기는 수동 추적과 마찬가지로 오픈텔레메트리 라이브러리에 대한 명시적인 의존성을 포함하고 있습니다. 따라서 POM 파일의 변경 사항도 비슷하며, 추가로 `opentelemetry-sdk-metrics` 라이브러리를 사용할 수 있어야 합니다.

그리고 `spring-boot-starter-actuator` 의존성을 제거한 점에 주목하세요. 이것은 스프링 부트에 내장된 마이크로미터와의 충돌을 방지하기 위한 조치입니다. 따라서 `MeterRegistry` 빈을 제공하는 코드를 제거했으며, 대신 `OpenTelemetry` bean을 사용하는 방식으로 변경했습니다. 이는 수동 추적을 설정할 때와 동일한 방식입니다.

코드에서는 오픈텔레메트리 지표 API의 계측 도구를 사용하여 지표를 처리합니다. 해당 API는 `io.opentelemetry.api.metrics` 패키지에서 제공됩니다. 예제로 `AnimalController`에서 `LongCounter`와 `ObservableDoubleGauge`를 사용하는 방법을 살펴보겠습니다.

먼저, `OpenTelemetry` bean과 사용할 지표를 필드로 선언합니다.

```
public class AnimalController {
  // ...

  private final OpenTelemetry sdk;

  private final Meter appMeter;
  private final Meter memoryMeter;
  private final LongCounter battlesTotal;
  private final ObservableDoubleGauge cpuTotal;
```

다음으로, 생성자에서 `OpenTelemetry` bean을 필드에 저장하고, 이를 사용하여 필요한 지표를 생성합니다.

```
public AnimalController(OpenTelemetry sdk) {
```

```
        this.sdk = sdk;

        Meter appMeter = sdk.getMeter(INSTRUMENTATION_SCOPE + ".app");
        this.appMeter = appMeter;
        this.battlesTotal = createCounter(appMeter);

        Meter memoryMeter = sdk.getMeter(INSTRUMENTATION_SCOPE + ".memory");
        this.memoryMeter = memoryMeter;
        this.cpuTotal = createGauge(memoryMeter);
    }
```

이 두 개의 지표는 정적 메서드를 사용하여 생성됩니다.

```
  static LongCounter createCounter(Meter meter) {
      return meter
          .counterBuilder("battles.total")
          .setDescription("Counts total battles fought.")
          .build();
    }

    static ObservableDoubleGauge createGauge(Meter meter) {
      return meter
          .gaugeBuilder("jvm.memory.total")
          .setDescription("Reports JVM memory usage.")
          .setUnit("By")
          .buildWithCallback(
              result -> result.record(Runtime.getRuntime().totalMemory(),
               Attributes.empty()));
    }
```

카운터는 앞서 본 마이크로미터 카운터와 매우 유사합니다. 새로운 battle이 발생할 때마다 간단히 값을 증가시키면 됩니다. 예를 들어, `battlesTotal.add(1)`과 같이 사용할 수 있습니다.

하지만 게이지는 조금 다르게 동작합니다. 게이지를 생성하는 메서드 `buildWithCallback()`를 보면, 콜백 함수callback function를 전달받는 것을 알 수 있습니다. 이 콜백 함수는 게이지의 값을 기록하는 데 사용되며, 게이지가 관찰될 때만 실행됩니다. 또한 여러 개의 게이지가 있을 경우 콜백 실행 순서는 보장되지 않습니다.

이 분기에서는 `animal_service`에서만 지표를 오픈텔레메트리 컬렉터로 전송하도록 설정되어 있습니다. 이렇게 하면 로그가 너무 많아지는 것을 방지할 수 있으며, 보다 명확한 예제를 제공할 수 있습니다.

컬렉터의 지표 파이프라인에서는 debug 익스포터만 설정되어 있습니다. 이렇게 하면 지표 백엔드를 별도로 설정할 필요가 없습니다.

오픈텔레메트리 지표는 자바 가상 머신 수준의 지표도 지원하며, 자바 관리 확장 프로그램에서 데이터를 수집할 수 있으며, JFR 통합 기능도 지원합니다.

오픈텔레메트리의 지표 API를 직접 사용하는 것도 가능하지만, 많은 팀들은 더 편리하고 마이크로미터와 같은 유연한 퍼사드 접근 방식을 선호합니다. 이제 다음 주제로 마이크로미터와 오픈텔레메트리를 함께 사용하는 방법을 살펴보겠습니다.

micrometer_with_otel 분기에서는 마이크로미터와 오픈텔레메트리 익스포터를 함께 사용하는 예제를 제공합니다. 이 분기는 마이크로미터용 오픈텔레메트리 익스포터를 제공하는 micrometer-registry-otlp 라이브러리를 의존성으로 포함하고 있습니다.

```
<dependency>
  <groupId>io.micrometer</groupId>
  <artifactId>micrometer-registry-otlp</artifactId>
  <scope>runtime</scope>
</dependency>
```

하지만 이 기능은 마이크로미터 라이브러리에서 제공하므로, 오픈텔레메트리 BOM을 추가할 필요가 없으며, POM에서 오픈텔레메트리과 직접적으로 연결되지 않습니다. 실제로 이 분기의 AnimalController 코드는 micrometer_only 분기 코드와 완전히 동일합니다.

마이크로미터 레지스트리는 application.properties 파일에 설정됩니다.

```
management.otlp.metrics.export.url=http://otel-collector:4318/v1/metrics*
management.otlp.metrics.export.step=10s*
```

현재 이 마이크로미터 레지스트리는 압축된 HTTP만 지원하며, gRPC는 지원하지 않습니다. 따라서 제어기가 HTTP 기반 오픈텔레메트리 프로토콜 요청을 받을 수 있도록 설정해야 합니다. 이를 위해 docker-compose.yml 파일의 ports 영역에 다음을 추가합니다.

```
  - "4318:4318"   # OTLP http receiver
```

이 설정을 추가하면 gRPC 포트뿐만 아니라 HTTP 포트도 열리게 되며, application.properties에 지정한 설정과 일치하게 됩니다. 지금까지의 설정은 기본적인 구성이지만, 지표와 추적을 수집하는 데 유용한 출발점이 될 수 있습니다. 하지만 아직 애플리케이션 로그를 오픈텔레메트리로 전송하는 방법에 대해 다루지 않았습니다. 이제 로그 수집 방법을 살펴보겠습니다.

11.6 자바에서 오픈텔레메트리 로그 적용

오픈텔레메트리의 로그 지원 개발은 자바 개발자들이 이미 익숙한 퍼사드 패턴을 따르도록 하는 아키텍처적 관점을 두고 진행되었습니다. 따라서 로그를 다루는 방식은 추적과 지표를 다루는 방식과는 조금 다릅니다. 추적과 지표의 경우, 먼저 저수준의 '원시raw' 오픈텔레메트리 API를 살펴본 후 대체 접근 방식을 설명했습니다.

오픈텔레메트리는 로그를 오픈텔레메트리 파이프라인으로 전송할 수 있도록 하는 '로그 브릿지logs bridge' API를 제공합니다. 그러나 대부분의 팀에서는 이 접근 방식을 사용하지 않는 것이 좋습니다. 이는 기존의 방식과 코드베이스를 너무 많이 변경해야 하기 때문입니다.

대신 다음 두 가지 대안 중 하나가 더 적절한 선택이 될 가능성이 높습니다.

- 서비스에서 파일 기반 앱 추가기appender를 사용하여 로그를 파일에 기록하고, 오픈텔레메터리 컬렉터가 이 파일을 수집한 후 오픈텔레메트리 프로토콜을 통해 로그 백엔드로 전달하는 방식입니다.
- 오픈텔레메트리 계측 라이브러리를 사용하여 선택한 로깅 프레임워크의 로그를 컬렉터로 전송하는 방식으로, 보통 추적과 지표와 함께 로그를 내보냅니다.[10]

두 가지 접근 방식에는 장단점이 있습니다. 첫 번째 방식은 아키텍처적으로 중립성을 제공하는 것처럼 보이지만, 실제로는 유연성이 부족합니다. 반면 두 번째 방식은 초기 설정에 더 많은 노력이 필요하지만, 중기적으로 유지보수에 드는 노력을 감소시킬 수 있습니다.

이제부터는 두 번째 옵션에 집중하겠습니다. 첫 번째 아키텍처적 옵션을 탐색하고 싶다면 오픈

10 기술적으로 보면, 이 옵션을 사용하면 로그 브릿지를 사용하는 것이지만, 직접적으로 사용하는 것은 아닙니다.

텔레메트리의 로그 문서[11]를 참고하는 것이 좋습니다.

에이전트 기반 추적이나 마이크로미터 기반 지표의 경우와 달리, 오픈텔레메트리에 대한 명시적 의존성을 포함하지 않는 서비스 제공자 인터페이스나 퍼사드 API가 로그에는 존재하지 않습니다.

POM에서 오픈텔레메트리 라이브러리에 직접 의존성을 추가할 수밖에 없습니다. 지표와 마찬가지로, `OpenTelemetry` bean을 자동 주입auto-wiring할 수 있도록 설정해야 합니다. 또한 제어기가 로그를 수신할 수 있도록 구성해야 하지만, 이는 비교적 사소한 작업입니다.

기본적인 구조는 다음과 같습니다.

```
@ConditionalOnClass(LoggerContext.class)
@ConditionalOnProperty(name="otel.instrumentation.logback.enabled",
                       matchIfMissing=true)
@Configuration
static class LogbackAppenderConfig {
  @Bean
  ApplicationListener<ApplicationReadyEvent> logbackOtelAppenderInitializer(
      OpenTelemetry openTelemetry) {
    return event -> OpenTelemetryAppender.install(openTelemetry);
  }
}
```

이전에 사용한 것과 매우 유사한 제어기 구성이 필요합니다. 자세한 내용은 `logging_only` 분기에서 확인할 수 있습니다.

로그백 추가기를 사용하며, 이를 POM에 포함해야 합니다.

```
<dependency>
  <groupId>io.opentelemetry.instrumentation</groupId>
  <artifactId>opentelemetry-logback-appender-1.0</artifactId>
  <version>2.0.0-alpha</version>
</dependency>
```

`logback.xml`에서는 다음과 같이 구성합니다.

11 *https://oreil.ly/U4hWh*

```
<appender name="OpenTelemetry"
          class="io.opentelemetry.instrumentation.logback.appender.v1_0. ↩
OpenTelemetryAppender">
    <captureExperimentalAttributes>true</captureExperimentalAttributes>
    <captureKeyValuePairAttributes>true</captureKeyValuePairAttributes>
</appender>
```

application.properties에 다음과 같은 항목을 추가합니다.

```
otel.instrumentation.logback.enabled=true
```

이를 통해 AnimalApplication 클래스에서 조건부 bean을 활성화할 수 있습니다.

이 설정을 사용하면 개발자는 기존과 동일하게 SLF4J와 로그백을 사용할 수 있으며, 로그는 오픈텔레메트리 컬렉터로 전송된 후 로그 백엔드로 전달됩니다.

추적, 지표, 로그에 대한 다양한 접근 방식을 종합해 보면, 자바 애플리케이션에서 사용할 수 있는 권장 스택은 다음과 같습니다.

- 추적과 자바 가상 머신 지표를 위한 오픈텔레메트리 에이전트
- 애플리케이션 지표를 위한 오픈텔레메트리 프로토콜 레지스트리를 포함한 마이크로미터
- 로그를 위한 로그백 오픈텔레메트리 프로토콜 로깅 추가기를 포함한 SLF4J

각 신호의 데이터 흐름은 다음과 같습니다.

- 추적: 자바 에이전트 → 오픈텔레메트리 프로토콜 익스포터 → 오픈텔레메트리 컬렉터 → 예거
- 지표: 마이크로미터 → 오픈텔레메트리 프로토콜 익스포터 → 오픈텔레메트리 컬렉터 → 프로메테우스
- 로그: SLF4J/로그백 → 오픈텔레메트리 프로토콜 익스포터 → 오픈텔레메트리 컬렉터 → Loki

로컬 오픈텔레메트리 컬렉터(일반적으로 클러스터당 하나)는 유용한 간접 계층 역할을 합니다. 이를 통해 아키텍처 변경과 다중 발행multipublication같은 작업이 더 쉬워지며, 개발자가 관측성의 아키텍처 세부 사항을 신경 쓰지 않아도 됩니다.

물론, 이것이 유일한 아키텍처 접근 방식은 아닙니다. 관측성 시스템을 구축하는 방법은 다양한 조합이 가능합니다. 예를 들어, 오픈텔레메트리 추적은 수동 또는 자동 방식으로 설정할 수 있으며, 프로메테우스는 오픈텔레메트리 컬렉터에서 데이터를 직접 가져오거나 원격 쓰기를

통해 수신하도록 설정할 수도 있습니다.

궁극적으로 중요한 것은 시스템의 전체적인 아키텍처를 이해하는 것입니다. 현재 상태뿐만 아니라 향후 발전 가능성까지 고려해야 합니다. 이를 바탕으로 팀은 특정한 상황에 맞는 아키텍처와 배포 방식을 결정할 수 있습니다.

11.7 요약

이 장에서는 자바 클라우드 애플리케이션에서 관측성을 구현하는 실용적인 방법을 깊이 살펴봤습니다.

우리는 이 분야에서 핵심 기술(마이크로미터, 프로메테우스, 오픈텔레메트리)을 소개하고, 이들을 결합하여 완전한 오픈 소스 관측성 시스템을 구축하는 방법을 살펴보았습니다. 또한, 자바 애플리케이션에서 관측성 시스템을 구현할 때 고려해야 할 아키텍처 원칙도 설명했습니다.

가능한 개발 팀의 기존 업무 방식에 영향을 주지 않는 접근 방식을 소개하는 데 초점을 맞췄습니다. 예를 들어, 오픈텔레메트리 에이전트를 사용한 자동 추적과 마이크로미터 레지스트리를 활용한 오픈텔레메트리 기반 지표 제공 방식을 다루었습니다. 또한 오픈텔레메트리 컬렉터와 관측성 데이터 전송을 위한 오픈텔레메트리 프로토콜과 같은 구성 요소도 살펴보았습니다.

다만, 애플리케이션 프로파일링이라는 중요한 주제는 이 장에서 다루지 않았습니다. 이는 매우 중요한 주제이지만, 규모가 큰 내용이며, 이 장에서 소개한 관측성 프레임워크와 직접적으로 연결되지 않기 때문입니다.

이 중요한 주제는 다음 장에서 애플리케이션 프로파일링을 집중적으로 살펴볼 예정입니다.

12장

프로파일링

프로그래머들 사이에서 **프로파일링**이라는 말은 다양한 의미로 사용됩니다. 프로파일링에는 여러 접근 방식이 있는데, 그중 가장 일반적인 두 가지는 다음과 같습니다.

- 실행execution
- 할당allocation

이 장에서는 이 두 가지 주제를 다룰 것입니다. 먼저 실행 프로파일링에 대해 알아보고, 이를 통해 애플리케이션 프로파일링에 사용할 수 있는 도구를 소개합니다. 이후에는 메모리 프로파일링을 살펴보고, 이를 지원하는 다양한 도구들을 알아보겠습니다.

자바 개발자와 성능 엔지니어는 프로파일러의 작동 원리를 잘 이해해야 합니다. 프로파일러는 종종 애플리케이션의 동작을 잘못 보여주거나 편향된 결과를 낼 수 있기 때문입니다.

특히 실행 프로파일링은 이러한 편향이 쉽게 나타나는 분야입니다. 따라서 신중한 성능 엔지니어는 다양한 도구로 프로파일링을 실행하며, 실제 상황을 파악하기 위해 노력합니다.

또한 자신의 인지적 편향을 극복하는 것도 중요합니다. 기대하는 성능 문제만을 찾으려 하지 말고, 2장에서 다룬 안티 패턴이나 부록 B에서 다룬 내용들을 참고하여 이러한 문제를 예방하는 훈련을 해 보는 것이 좋습니다.

12.1 프로파일링 소개

자바 가상 머신 프로파일링과 모니터링 도구는 보통 저수준의 계측을 활용해 데이터를 처리합니다. 이 데이터는 외부 도구(예 GUI 콘솔이나 SaaS)로 실시간으로 전송되거나, 나중에 분석하기 위해 로그로 저장됩니다. 이 계측은 애플리케이션 시작 시 로드되는 에이전트 형태이거나, 실행 중인 자바 가상 머신에 동적으로 연결되는 방식으로 작동합니다.

> **NOTE** 에이전트는 3.7절의 '자바 가상 머신 모니터링 또는 도구'에서 다룬 내용으로 자바 도구 분야에서 널리 사용되는 기술입니다.

광범위한 관점에서 시스템과 현재 상태를 관찰하는 **모니터링 도구**monitoring tool, 비정상적이거나 이상 동작을 감지하는 **경고 시스템**alerting system, 실행 중인 애플리케이션을 심층 분석하는 **프로파일러**를 구분할 필요가 있습니다. 이 도구들은 각기 다른 목적을 가지지만 서로 연관이 있으며, 성공적인 프로덕션 환경에서는 이 도구들을 모두 사용하는 경우가 많습니다.

이 장의 핵심은 프로파일링으로, 그 목적은 성능을 개선하거나 리팩터링이 필요한 코드를 찾아내는 것입니다.

7.5절 '간단한 시스템 모델'에서도 언급했듯이, 성능 문제를 해결하려면 가장 먼저 문제를 일으키는 원인을 정확히 찾아야 합니다. 잘못된 진단은 큰 비용을 초래할 수 있습니다.

> 벤치마크benchmark는 항상 숫자를 보여줍니다. 설령 그 숫자가 의미가 없더라도요. 우리는 항상 뭔가를 측정하지만, 그 측정이 무엇인지 명확하지 않을 때가 많습니다.
>
> — 브라이언 괴츠[1]

즉, 프로파일링 도구는 항상 숫자를 제공합니다. 다만, 그 숫자가 실제로 문제 해결에 도움이 되는지는 알 수 없습니다. 이러한 한계를 극복하기 위해 2장에서 다양한 편향을 살펴보았으며, 프로파일링 기술에 대한 논의는 이 시점으로 미뤘습니다.

> 뛰어난 프로그래머는 중요한 코드가 어떤 것인지 신중히 판단한 후, 그 코드에 대해 철저히 검토합

1 https://oreil.ly/SWxZW

니다. 단, 그 코드는 반드시 명확히 식별된 다음이어야 합니다.[2]

— 도널드 커누스

프로파일링을 시작하기 전에 성능 엔지니어는 이미 문제가 될 만한 성능 이슈를 찾아냈어야 합니다. 이 문제는 여러 경로에서 발견될 수 있습니다.

- 개발 단계나 CI 파이프라인에서 실행한 성능 저하 테스트
- 사용자 수용 테스트 또는 별도의 성능 테스트 환경
- 프로덕션에서의 변화(예 카나리아 테스트로 관찰된 동작)
- 이전에는 문제가 없었지만 데이터 증가나 용량 부족으로 문제가 된 경우(인덱싱이 부족한 경우 등)

성능 저하 테스트는 작성이 어려울 수 있으므로, 대부분의 애플리케이션에서는 마이크로벤치마크보다는 통합 테스트로 작성하는 것이 좋습니다.

성능 문제를 발견했다면, 그 다음은 문제의 원인을 찾아내는 것입니다. 문제의 원인이 애플리케이션 코드일 수도 있지만, 라이브러리 의존성 업그레이드가 성능 저하를 일으킨 경우일 수도 있습니다. CI/CD에 성능 저하 테스트가 포함되어 있다면, 이를 통해 문제가 발생한 배포를 실패 처리하여 프로덕션에 영향을 주지 않도록 해야 합니다.

만약 애플리케이션이 사용자 모드에서 CPU를 거의 100% 사용하고 있다면(지표나 경고로 확인 가능), 이는 실행 프로파일링으로 해결해야 할 성능 문제일 가능성이 높습니다. 하지만 프로파일링에 들어가기 전에 가비지 컬렉션을 반드시 확인해야 합니다. 가비지 컬렉션이 문제라면 실행 프로파일링이 아니라 가비지 컬렉션 튜닝이 필요합니다. 이를 확인하려면 가비지 컬렉션 로그와 애플리케이션 로그를 살펴보세요.

물론 CPU가 가득 찬 상황이 아니더라도 실행 프로파일링은 유용할 수 있습니다. 예를 들어, 애플리케이션이 지연 서비스 수준 계약을 충족하지 못할 경우, 프로파일러로 원인을 분석할 수 있습니다. 만약 잠금 경합lock contention이 높은 상황이라면, 이는 여러 코어를 효과적으로 사용하는 데 장애가 될 수 있습니다.

또한 특정 코드가 비용이 많이 드는 새로운 SELECT 쿼리를 삽입해 데이터베이스 I/O에 병목이 생겼다면, 실행 프로파일링을 통해 이를 발견할 수 있습니다.[3]

---

2 "Structured Programming with go to Statements," *Computing Surveys*, vol. 6, no. 4 (December 1974): 268.

3 이는 전체 테이블 스캔이나 ORM의 지연 로딩 문제, 다시 말해 N+1 문제를 포함할 수 있습니다.

다만, 일부 문제는 프로덕션에서 수집된 프로파일링 데이터에서만 발견될 수도 있습니다. 예를 들어 스테이징 환경에서는 데이터가 충분하지 않아 문제가 드러나지 않지만, 프로덕션에서는 충분한 데이터로 누락된 인덱스나 비용이 많이 드는 SELECT 쿼리가 성능 문제를 일으킬 수 있습니다.

12.2 GUI 기반 프로파일링 도구

이 절에서는 그래픽 사용자 인터페이스 GUI를 갖춘 두 가지 프로파일링 도구에 대해 논의합니다. 시장에는 많은 도구가 있지만, 모든 도구를 포괄적으로 조사하기보다는 가장 일반적으로 사용되는 두 가지 오픈 소스 소프트웨어 도구에 초점을 맞추겠습니다. 여기에서는 실행 프로파일링에 중점을 둘 것이지만, 이 도구들은 다양한 다른 기능도 제공합니다.

12.2.1 비주얼 가상 머신

프로파일링 도구의 첫 번째 예로 '자바 가상 머신 모니터링 또는 도구'에서 다룬 비주얼 가상 머신[4]을 살펴보겠습니다. 비주얼 가상 머신은 실행 프로파일러와 메모리 프로파일러를 모두 포함하며, 매우 간단한 무료 프로파일링 도구입니다.

이 도구는 기능이 제한적이라 프로덕션 프로파일러로 사용되기에는 적합하지 않는 경우가 많습니다. 하지만 개발이나 품질 보증 환경에서 애플리케이션의 동작을 분석하려는 성능 엔지니어들에게는 매우 유용할 수 있습니다.

우리가 비주얼 가상 머신의 주요 기능 중 일부를 이미 살펴보았지만, 이번에는 [Monitor] 탭을 다시 살펴보겠습니다. 이 탭에서는 [그림 12-1]과 같이 기본적인 텔레메트리 정보를 보여주며, 일반적으로 프로파일링 작업의 시작점으로 활용됩니다.

4 https://visualvm.github.io

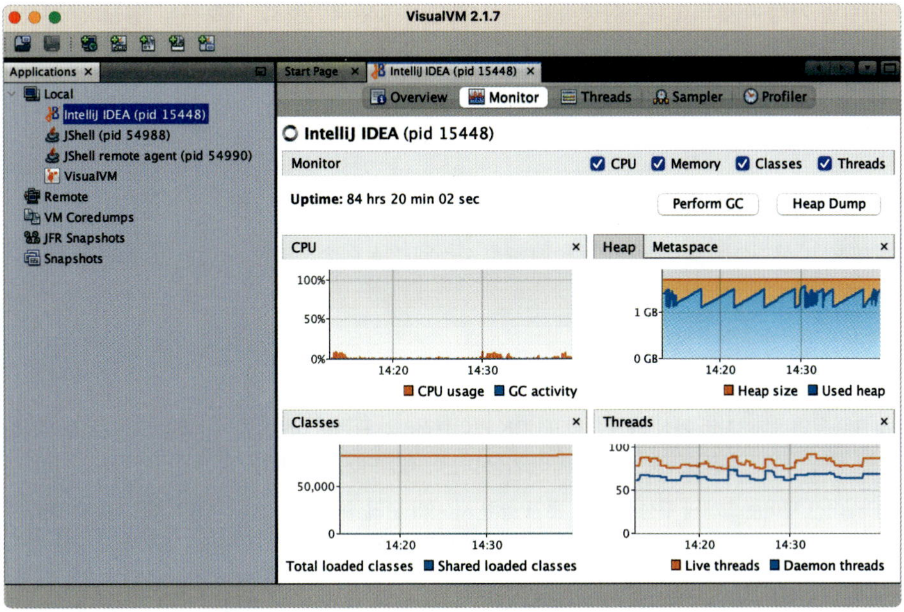

그림 12-1 비주얼 가상 머신 모니터링 화면

[그림 12-2]에서는 [Profiler] 탭에서 제공되는 비주얼 가상 머신의 실행 프로파일링 화면을 보여줍니다.

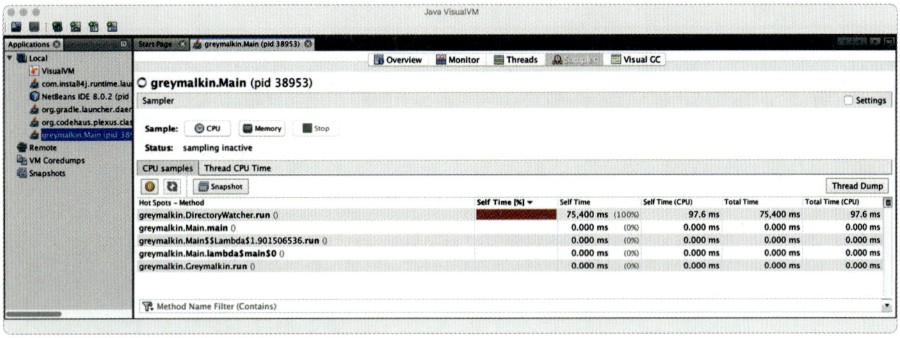

그림 12-2 비주얼 가상 머신 실행 프로파일러

이 화면은 실행 중인 메서드와 각 메서드의 CPU 사용량 비율을 간단히 보여줍니다. 이는 프로파일링과 관련된 기법과 트레이드오프를 배우는 성능 엔지니어들에게 유용한 도구입니다. 하

지만 비주얼 가상 머신의 UI는 심층적인 분석 기능이 제한적이어서, 대부분의 성능 엔지니어들은 곧 더 강력하고 완전한 기능을 제공하는 도구로 전환합니다.

12.2.2 JDK 미션 제어

JFR과 JDK 미션 제어[5] 도구는 오라클이 BEA 시스템즈를 인수하면서 도입한 프로파일링과 모니터링 기술입니다.

이 두 기술은 별도로 동작하지만 서로 밀접한 관계가 있습니다.

- JFR은 운영 체제, 자바 가상 머신 그리고 JDK 라이브러리와 관련된 이벤트를 수집하는 저수준의 이벤트 기반 성능 데이터 수집 도구로, 핫스팟 자바 가상 머신에 내장되어 있습니다.[6]
- JDK 미션 제어는 그래픽 구성 요소로, 초기 설치 시 자바 관리 확장 프로그램 콘솔과 JFR 데이터 처리기를 포함하며, 미션 제어 내에서 쉽게 추가 플러그인을 설치할 수 있습니다.

이 도구들은 원래 BEA의 JRockit 자바 가상 머신을 위한 도구로 개발되었으며, JRockit이 단종되는 과정에서 오라클 JDK의 상업용 버전으로 이전되었습니다. JRockit에서의 이식을 지원하기 위해, 핫스팟 가상 머신은 성능 카운터를 도입할 수 있도록 구성되었습니다.

자바 11이 출시되면서 JFR은 OpenJDK에 기부되었고, JDK 미션 제어는 독립 프로젝트로 전환되었습니다. 이후 JFR은 OpenJDK 8의 업데이트 272[7] 버전에서 역이식되었으며, 이를 통해 최근 OpenJDK 8 릴리스에서 JFR을 사용할 수 있게 되었습니다.

> **NOTE** JDK 미션 제어 데스크톱 애플리케이션은 소스 코드에서 빌드하거나, 이클립스 어답티움 프로젝트를 포함한 여러 경로에서 다운로드 할 수 있습니다.[8]

JDK 미션 제어는 `jmc` 바이너리를 실행하여 시작됩니다. 미션 제어의 시작 화면은 [그림 12-3]에서 확인할 수 있습니다.

---

5 *https://oreil.ly/IHLs8*

6 팀은 애플리케이션에 추가할 맞춤형 JFR 이벤트를 구축할 수도 있습니다.

7 *https://oreil.ly/TMCtd*

8 *https://oreil.ly/xzTOU*

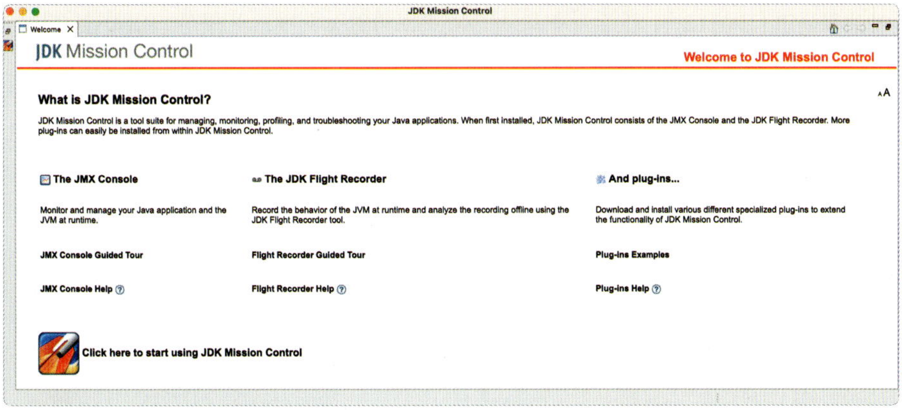

그림 12-3 JDK 미션 제어 시작 화면

프로파일링을 위해서는 대상 애플리케이션에서 JFR이 활성화되어야 합니다. 이를 설정하는 방법은 다음과 같습니다.[9]

1. 애플리케이션을 실행할 때 JFR 플래그를 활성화한 상태로 시작합니다.
2. 애플리케이션이 실행 중인 상태에서 동적으로 연결합니다.
3. 애플리케이션을 실행한 뒤, `jcmd` 명령어를 사용해 로컬 자바 가상 머신에서 JFR 녹화를 시작합니다.

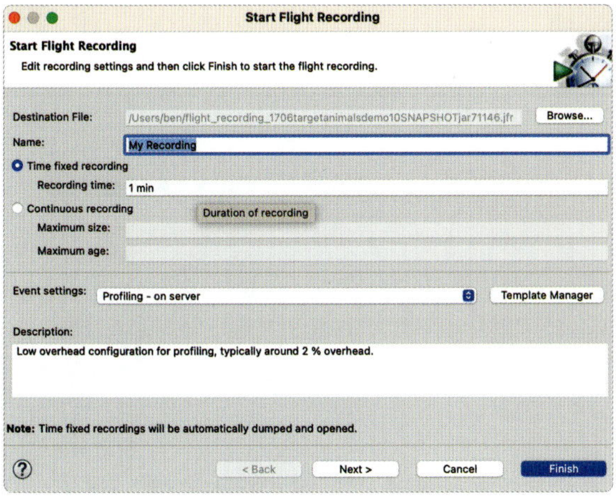

그림 12-4 JDK 미션 제어 녹화 설정

9 JMX를 통해 라이브 프로덕션 환경에서 직접 연결하는 것은 어려울 수 있으므로, JFR 덤프 파일을 추출하는 것이 더 쉬운 접근 방식이 될 때가 많습니다.

연결이 완료되면 [그림 12-4]와 같이 녹화 세션과 프로파일링 이벤트의 구성을 입력합니다.

이 장의 앞부분에서 설명했듯이, 실행 프로파일링은 만능 해결책이 아니기 때문에 엔지니어들은 신중하게 접근해야 합니다. 도구를 설정하는 과정에서 성능 트레이드오프가 발생할 수 있으며, 프로파일링 과정에서 발생하는 오버헤드를 이해하는 것도 중요합니다.

NOTE 이 스크린샷은 작업을 수행하지 않는 유휴 상태의 애플리케이션을 대상으로 촬영한 것으로, 단순히 데모를 위한 목적으로 제공되었습니다.

녹화가 완료되면 메인 창에 자동 분석 결과가 표시되며, 왼쪽에는 다양한 이벤트 목록이 나타납니다. 이 화면은 [그림 12-5]와 비슷합니다.

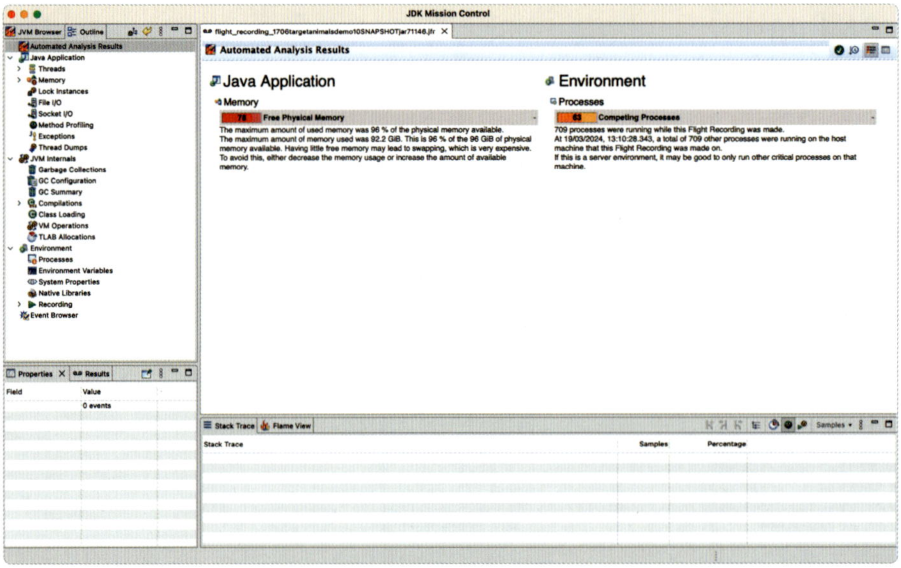

그림 12-5 JDK 미션 제어 자동 분석

왼쪽 탐색 메뉴에서 [Method Profiling] 항목을 선택해 봅시다. 이 작업을 하면 [그림 12-6]과 같은 화면이 나타납니다.

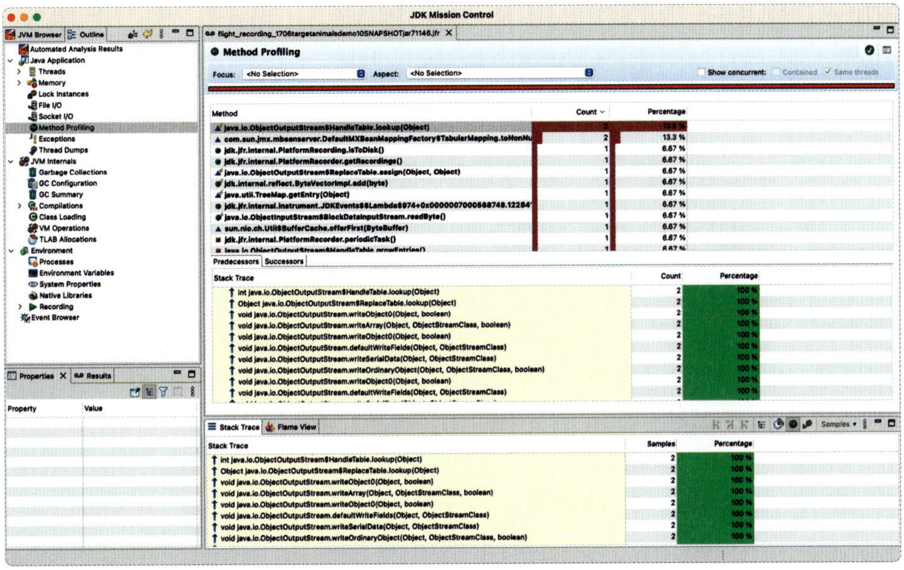

그림 12-6 JDK 미션 제어 메서드 프로파일링

여기에서는 애플리케이션 실행 시간의 대부분을 차지하는 핫 메서드hot method를 분석할 수 있습니다. 또한 프로파일링 환경이 이를 지원한다면 플레임 그래프flame graph와 같은 시각화 기법을 활용할 수도 있습니다(이 기법은 이후에 자세히 다룹니다).

JDK 미션 제어는 전반적으로 훌륭한 GUI 기반 프로파일링 도구입니다. 하지만 이러한 유형의 도구에는 한계가 있습니다. 특히 데스크톱 기반 프로파일링을 10장과 11장에서 다룬 관측성 기법에 적용하는 것은 쉽지 않습니다.

이 격차를 어떻게 해소할 수 있을지 곧 살펴보겠지만, 먼저 실행 프로파일러가 실제로 어떻게 작동하는지에 대한 몇 가지 세부 사항을 논의해야 합니다.

12.3 샘플링과 세이프포인트 편향

전통적으로 실행 프로파일링은 스택 추적을 주기적으로 샘플링하여 각 스레드에서 실행 중인 코드를 확인합니다. 이는 모든 메서드의 진입과 종료를 추적하려면 데이터 수집 비용이 과도하게 증가하기 때문입니다. 대신 일정 간격으로 샘플링된 스냅샷을 사용하며, 이는 애플리케이션에 과도한 부하를 주지 않을 정도로 낮은 빈도로 실행됩니다.

예를 들어, 뉴 렐릭 자바 에이전트의 스레드 프로파일러는 100 ms마다 샘플링을 수행합니다. 이는 샘플링이 과도한 오버헤드를 초래하지 않고 수행될 수 있는 최대 빈도에 대한 경험적 규칙rule of thumb이나 최적의 추정치로 간주됩니다.

즉, 샘플링 간격은 성능 엔지니어가 고려해야 할 중요한 트레이드오프입니다. 샘플링 빈도가 너무 높으면 오버헤드가 커져 성능에 민감한 애플리케이션에서는 부적합할 수 있습니다. 반대로 샘플링 빈도가 너무 낮으면 중요한 동작을 놓칠 가능성이 커지고, 샘플링이 애플리케이션의 실제 성능을 반영하지 못할 수 있습니다.

> 프로파일러를 사용할 때는 세부 정보를 확인하기 위해 사용하는 도구여야 합니다. 프로파일러가 예상치 못한 결과를 보여준다면 문제가 있습니다.
>
> — 커크 페퍼다인Kirk Pepperdine

샘플링은 데이터 속에서 문제를 숨길 가능성을 제공할 뿐 아니라, 많은 프로파일러가 자바 가상 머신 세이프포인트에서만 수행되었습니다. 이는 **세이프포인팅 편향**safepointing bias으로 알려져 있으며, 두 가지 주요 결과를 초래합니다.

- 모든 스레드가 세이프포인트에 도달해야 샘플을 수집할 수 있습니다.
- 샘플은 세이프포인트 상태에 있는 애플리케이션 상태만 수집할 수 있습니다.

첫 번째는 실행 중인 프로세스에서 프로파일링 샘플을 생성하는데 추가적인 오버헤드를 발생시킵니다. 두 번째 문제는 샘플이 세이프포인트 상태인 경우에만 수집되므로 샘플 포인트 분포를 제대로 반영하지 못할 수 있습니다.

> **NOTE** 프로파일이 샘플링 방식 때문에 실행 중인 코드만 표시한다는 사실을 아는 것은 매우 중요합니다. 차단과 대기도 비효율적인 알고리즘만큼 성능 문제를 유발할 수 있기 때문입니다.

샘플링 실행 프로파일러는 핫스팟의 C++ API에서 제공하는 `GetCallTrace()` 함수를 사용하여 각 애플리케이션 스레드의 스택 샘플을 수집합니다. 일반적으로 이러한 샘플은 에이전트 내에서 수집되며, 이후 데이터를 로그로 기록하거나 후속 처리를 수행하는 방식으로 설계됩니다.

그러나 초기 구현에서 `GetCallTrace()`는 심각한 오버헤드를 가지고 있습니다. 활성 애플리케이션 스레드가 N개 있는 경우, 스택 샘플을 수집하려면 자바 가상 머신이 N번의 세이프포인트를 발생시켜야 했습니다. 이 오버헤드는 최소한 자바 8 이전 버전에서 샘플을 수집할 수 있는 빈도에 상한선을 설정한 주요 원인 중 하나였습니다.

이 문제는 JEP 312 '개별 스레드 정지 기술thread-local handshakes'[10]를 통해 어느 정도 해결되었습니다. 이 기술은 5장에서 다룬 셰넌도어나 ZCG 컬렉션 구현의 필수 기반 기술이기도 했습니다. 자바 11 이후 버전에서는 이러한 기술로 스레드 프로파일링의 오버헤드가 크게 줄었습니다.

성능 엔지니어는 애플리케이션에서 얼마나 많은 세이프포인트 시간이 소모되고 있는지를 반드시 확인해야 합니다. 세이프포인트에 과도한 시간이 소모되면 애플리케이션 성능이 저하되고, 튜닝 작업이 부정확한 데이터에 기반할 가능성이 높아집니다. 높은 세이프포인트 시간 문제를 추적하는 데 매우 유용한 자바 가상 머신 플래그는 다음과 같습니다.

```
-XX:+PrintGCApplicationStoppedTime
```

이 플래그는 가비지 컬렉션 로그에 세이프포인트 시간에 대한 추가 정보를 기록합니다. 일부 도구는 이 플래그로 생성된 데이터를 자동으로 분석하여 세이프포인트와 운영 체제 커널에 의해 발생하는 정지 시간을 구분할 수 있습니다.

세이프포인팅 편향 때문에 발생하는 문제 중 하나는 **카운트 루프**로 설명할 수 있습니다. 이는 다음 코드 조각과 유사한 형태의 간단한 루프입니다.

```
for (int i = 0; i < LIMIT; i += 1) {
    // 루프 본문에는 '간단한' 연산만 포함됩니다
}
```

이 예제에서 '간단한' 작업의 의미를 의도적으로 정의하지 않습니다. 이는 JIT 컴파일러가 수행할 수 있는 최적화의 정확한 종류에 따라 동작이 달라지기 때문입니다. 추가 관련 세부 정보는 10.4절 '관측성 기반의 애플리케이션 문제 진단'에서 확인할 수 있습니다.

간단한 작업의 예로는 기본 타입의 산술 연산과 완전히 인라인된 메서드 호출이 있습니다(즉,

10 *https://oreil.ly/9MpFi*

메서드가 실제로 루프 본문 내에 존재하지 않는 경우를 의미합니다).

만약 `LIMIT` 값이 크다면, JIT 컴파일러는 이 코드를 루프의 상단으로 돌아가는 역분기back branch를 포함합니다. '자바 가상 머신 세이프포인트'에서 설명했듯이, JIT 컴파일러는 루프백 엣지loop-back edge에 세이프포인트 검사를 삽입합니다. 이는 큰 루프의 경우 각 루프 반복마다 세이프포인트를 삽입할 기회가 생긴다는 것을 의미합니다.

하지만 `LIMIT` 값이 작다면 JIT 컴파일러는 이 루프를 펼치기unroll 처리합니다.[11] 이는 작은 루프를 실행하는 스레드가 루프가 완료될 때까지 세이프포인트를 발생시키지 않는다는 것을 의미합니다.

따라서 세이프포인트에서만 샘플링하면, 루프의 크기와 그 안에서 수행하는 작업의 특성에 민감하게 의존하는 편향 동작이 직접적으로 발생합니다.

이는 정확하고 신뢰할 수 있는 성능 분석에 적합하지 않습니다. 또한 이 문제는 단순한 이론적 우려가 아닙니다. 루프 펼치기는 대량의 코드를 생성할 수 있으며, 샘플이 전혀 수집되지 않는 긴 코드 블록을 만들 수 있습니다.

다행히 샘플링 프로파일러를 대신할 대안이 있으며, 이는 다음 절에서 다룹니다.

12.4 최신 프로파일러

이 절에서는 전통적인 샘플링 프로파일러보다 더 나은 통찰력과 정확한 성능 데이터를 제공하는 세 가지 최신 오픈 소스 도구를 살펴보겠습니다.

- perf
- 비동기 프로파일러async profiler
- 어니스트 프로파일러honest profiler

각 도구를 차례로 다룰 예정이며, 먼저 perf 도구[12]부터 시작하겠습니다.

---

11 *https://oreil.ly/J4z8P*

12 *https://oreil.ly/JJap5*

12.4.1 perf

perf는 리눅스에서 실행되는 애플리케이션을 위한 경량 프로파일링 도구로, 자바/자바 가상 머신 애플리케이션에만 한정되지 않고 하드웨어 성능 카운터를 읽어 동작합니다. 이 도구는 리눅스 커널의 `tools/perf` 디렉토리에 포함되어 있습니다.

성능 카운터는 성능 분석가들이 관심을 갖는 하드웨어 이벤트를 계산하는 물리적 레지스터입니다. 여기에는 실행된 명령어 수, 캐시 누락, 그리고 분기 예측 실패가 포함됩니다. 이것은 애플리케이션 프로파일링의 기초를 형성합니다.

자바는 자바 런타임 환경의 동적인 특성 때문에 perf에 대한 추가적인 과제를 제공합니다. JVM 애플리케이션에서 perf를 사용하려면 가상 머신 실행의 동적 부분을 매핑할 수 있는 브릿지가 필요합니다.

이 브릿지는 perf-map-agent[13]이며, 알 수 없는 메모리 영역(예 JIT 컴파일된 메서드)에서 perf를 위한 동적 심볼을 생성하는 에이전트입니다. 핫스팟의 동적으로 생성된 인터프리터와 가상 디스패치를 위한 점프 테이블도 엔트리를 생성해야 합니다. perf-map-agent는 C로 작성된 에이전트와 필요한 경우 실행 중인 자바 프로세스에 에이전트를 연결하는 작은 자바 부트스트랩으로 구성됩니다.

자바 8u60에서는 perf와의 상호작용을 개선하기 위한 새로운 플래그가 추가되었습니다.

```
-XX:+PreserveFramePointer
```

안타깝게도, 이 플래그는 기본값은 `false`로 설정되어 있습니다. 따라서 자바 애플리케이션을 perf로 프로파일링 할 때는 반드시 명시적으로 이 플래그를 활성화하는 것을 권장합니다.

> **NOTE** 이 플래그를 활성화하려면 JIT 컴파일러 최적화가 비활성화되므로 성능이 약간 저하될 수 있습니다.

perf가 생성하는 숫자 데이터의 가장 인상적인 시각화는 플레임 그래프[14]입니다. 이는 실행 시

13 *https://oreil.ly/eUBUV*

14 *https://oreil.ly/tJREW*

간이 정확히 어디에서 소비되고 있는지를 매우 세부적으로 보여줍니다. [그림 12-7]이 그 예시입니다.

플레임 그래프 기술은 시간이 지나며 발전해왔기 때문에 플레임 그래프를 읽을 때 알아두어야 할 중요한 사항들이 있습니다.

- x축은 스택 프로파일의 분포를 보여주며, 알파벳 순서로 정렬되어 있습니다.
- y축은 스택 깊이를 아래로부터 위로 세어서 보여줍니다.
- 각 사각형은 스택 프레임stack frame을 나타내며, 프레임이 넓을수록 해당 스택에 더 자주 나타났음을 의미합니다.
- 맨 위 사각형은 특정 CPU에서 실행 중인 내용을 나타내고, 그 아래는 해당 프레임의 상위 계층을 보여줍니다.
- 원래 플레임 그래프는 인접한 프레임을 시각적으로 구분하기 위해 무작위 색상을 사용했습니다.

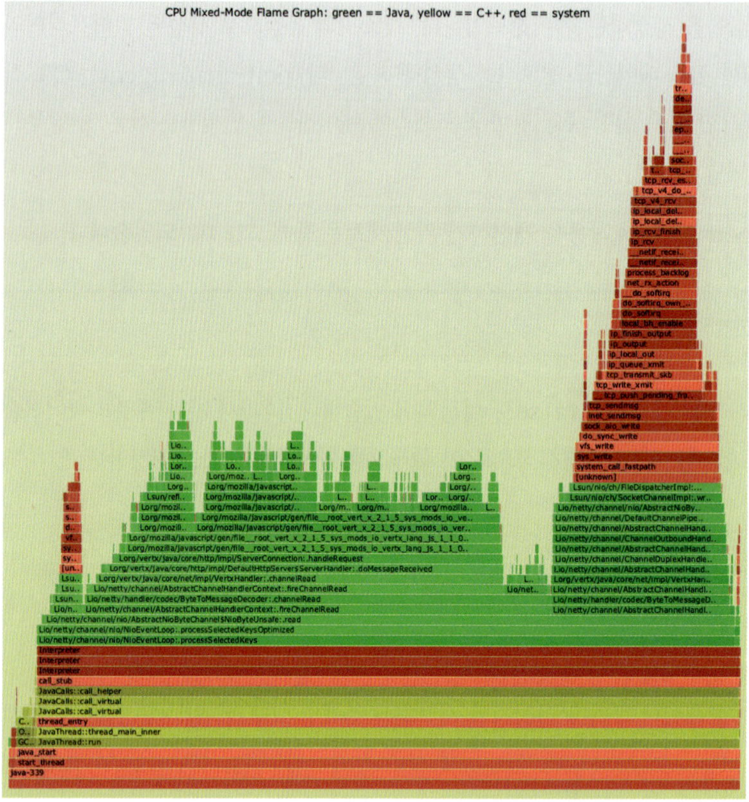

그림 12-7 자바 플레임 그래프

이 중에서 **x**축이 시간이 흐르는 것을 나타내지 않는다는 점을 이해하는 것이 가장 중요합니다. 플레임 그래프는 샘플을 알파벳 순으로 정렬하고, 가능한 한 프레임을 병합합니다. 이렇게 하면 프로파일의 전체적인 큰 그림을 더 잘 파악할 수 있습니다.

플레임 그래프의 그레그의 원래 개념에는 몇 가지 개선과 변형이 포함되어 있습니다. 예를 들어, 일부 구현은 일정한 색상 체계를 사용하기 시작했으며, 사각형의 색상이 단순히 그래프를 읽기 쉽게 만드는 역할만 하는 것이 아니라 의미를 가지도록 했습니다. (예 자바 프레임인지 네이티브 프레임인지 표시)

중요한 변형 중 하나는 **플레임 차트**로, 이는 처음 구글 크롬의 웹키트webkit 개발자 도구를 위해 개발되었습니다. 플레임 차트는 **x**축에 알파벳 순서 대신 시간을 표시합니다. 이는 시간 기반 패턴을 시각화할 수 있는 장점이 있지만, 단일 스레드의 패턴만 제대로 표시할 수 있다는 단점이 있습니다. 이는 일반적으로 단일 스레드로 동작하는 자바스크립트 애플리케이션에는 적합하지만, 자바 애플리케이션에는 덜 유용합니다.

넷플릭스 기술 블로그에는 자바 가상 머신에서 플레임 그래프를 구현한 방법에 대한 자세한 내용[15]을 다루고 있습니다.

또한, 컨테이너에서 perf를 실행할 때의 문제를 알고 있어야 합니다. perf는 하드웨어 성능 카운터에 기반하고 있기 때문에, CPU 프로파일링에 의존하는 이벤트가 컨테이너나 seccomp 환경에서 사용 가능하지 않을 수 있습니다.

이제 자바 가상 머신 프로파일링을 위해 perf를 기반으로 사용하고 있는 비동기 프로파일러를 살펴보겠습니다.

12.4.2 비동기 프로파일러

비동기 프로파일러[16]의 주요 목표는 다음과 같습니다.

- 대부분의 다른 프로파일러에서 발생하는 세이프포인트 편향을 제거합니다.
- 기존 프로파일러보다 훨씬 낮은 오버헤드로 동작합니다.

---

15 *https://oreil.ly/KpAv9*

16 *https://oreil.ly/Sn2pk*

이를 달성하기 위해 비동기 프로파일러는 핫스팟 내부의 비공개 API 호출인 `AsyncGetCallTrace` 또는 AGCT를 사용합니다. 따라서 비동기 프로파일러는 OpenJDK가 아닌 자바 가상 머신에서는 동작하지 않습니다. 하지만 OpenJDK 기반 자바 가상 머신(예 어댑티움, 아마존, 마이크로소프트, 오라클, 레드햇, 애저의 줄루 빌드를 포함)과 핫스팟 자바 가상 머신에서는 작동합니다.

NOTE 일반적으로 비동기 프로파일러와 같은 도구는 데이터 수집 도구로서 무화면 모드headless mode에서 실행되는 경우가 더 많습니다. 이 방식에서는 시각화 작업을 다른 도구나 사용자 정의 스크립트로 수행합니다.

비동기 프로파일러는 perf에 의존하기 때문에 perf가 작동하는 운영 체제(주요 리눅스)에서만 작동합니다. 비동기 프로파일러의 구현은 실행 중인 스레드를 인터럽트하기 위해 유닉스 운영 체제 신호인 `SIGPROF`를 사용합니다. 다음으로 비공개 메서드인 `AsyncGetCallTrace()`를 통해 호출 스택을 수집합니다.

이는 개별 스레드만 인터럽트하기 때문에 전역 동기화 이벤트는 절대 발생하지 않습니다. 이를 통해 전통적인 샘플링 프로파일러에서 흔히 나타나는 리소스 경쟁과 오버헤드를 방지할 수 있습니다. 비동기 콜백 내에서 호출 추적은 비잠금 링 버퍼에 기록되며, 전용 독립 스레드가 애플리케이션을 멈추지 않고 데이터를 로그로 기록합니다.

비샘플링 프로파일러의 작동 방식에 대해 알아야 할 추가적인 세부 사항이 있습니다. 우선 다음 질문을 고려해 봅시다.

CPU가 '외부에서 트리거'된 인터럽트(예 캐시 누락)를 받을 때, 명령어 스트림에서 CPU는 어떤 지점에서 인터럽트되는가?

이 질문은 특히 현대의 명령어 재정렬out-of-order(OOO)를 지원하는 CPU에 중요하며, 이는 대부분의 현대적인 서버 애플리케이션에서 사용됩니다.

낮은 수준의 프로파일러(예 perf)의 출력을 보면, L1 캐시 누락 이벤트와 같은 이벤트로 태그된 명령어가 실제로 해당 이벤트를 유발하지 않았을 수 있습니다. 이는 **스키드**skid로 알려져 있으며, 이 이벤트를 실제로 유발한 명령어와 이벤트가 태그된 명령어 사이의 거리로 정의됩니다.

이와 관련된 자바 가상 머신에 특화된 문제는 세이프포인트 편향의 숨겨진 형태가 있다는 것입니다. AGCT 또는 유사한 기술을 사용하는 비샘플링 프로파일러는 호출 스택을 수집할 때 세이프포인트 편향이 없지만, 마지막 프레임의 해석은 기록된 디버그 정보에 치우치는 편향이 있으며, 기본적으로 이 정보는 세이프포인트에 있습니다.

이를 해결하기 위해, 비샘플링 프로파일러는 `-XX:+DebugNonSafepoints` 플래그를 가능한 한 빨리 활성화하여 더 정확한 해석을 제공합니다.

비동기 프로파일러는 컨테이너에 영향을 미치는 `perf_events` 문제를 해결하려고 시도하며, `timer_create`를 기반으로 하는 새로운 CPU 샘플링 엔진을 추가했습니다. 이 엔진은 기존 샘플링 엔진의 장점을 결합하지만, 커널 스택을 수집할 수 없다는 작은 단점이 있습니다.

이는 최신 비동기 프로파일러가 기본적으로 컨테이너에서 작동하며, 타이밍 편향을 감소하고 파일 디스크립터를 소모하지 않는다는 것을 의미합니다.[17]

TIP 비동기 프로파일러를 독립적으로 사용하려면, 애플리케이션에 맞는 설정과 스크립트를 작성해야 하는 번거로움이 있습니다. 이러한 복잡한 과정에 대해 자세히 다루기보다는, 비동기 프로파일의 깃허브 페이지[18]와 같은 외부 리소스를 참고하는 것이 좋습니다.

마지막으로, 몇 년 전까지만 해도 인기 있었던 비동기 프로파일러의 대안으로 어니스트 프로파일러[19]가 있습니다. 이 도구는 비동기 프로파일러와 동일한 내부 API를 사용하며, 핫스팟 자바 가상 머신에서만 실행되는 오픈 소스 도구입니다. 하지만 현재는 더 이상 활발히 유지 보수되지 않는 것으로 보이므로, 새로운 프로젝트에서는 사용하지 않는 것이 좋습니다. 또한 기존에 설치된 경우에는 다른 도구로 전환하는 것을 권장합니다.

다음 절에서는 JFR이라는, 비동기 프로파일러와 유사한 내장 프로파일러를 살펴보겠습니다.

---

17 `timer_create` 기반의 이 접근 방식은 고 프로파일러에서도 1.18버전부터 채택되었습니다.

18 *https://oreil.ly/nVNDr*

19 *https://oreil.ly/Cem59*

12.5 JDK Flight Recorder(JFR)

'GUI 기반 프로파일링 도구'에서 살펴보았던 JFR은 진단이나 프로파일링 데이터를 수집하기 위한 낮은 수준의 오버헤드 도구로, OpenJDK의 일부로 제공됩니다. 특히 핫스팟 자바 가상 머신에서 실행 중인 애플리케이션을 프로덕션 환경에서도 사용할 수 있도록 설계되었습니다.

프로덕션 환경에서 사용하는 프로파일러는 일반 사용이나 높은 부하의 시나리오에서도 허용 가능한 정도로 오버헤드가 작아야 하며, JFR 프로파일을 사용하여 이를 해결합니다. JFR은 이벤트 기반 도구이기 때문에, 어떤 **프로파일**을 선택하느냐에 따라 수집하는 데이터가 달라집니다.

JFR은 기본적으로 두 가지 프로파일을 제공합니다. 'Default'로 불리기도 하는 '지속'과 '프로파일링'입니다. 이 프로파일과 관련된 XML 구성 파일은 JDK 설치 디렉토리에 각각 `default.jfc`와 `profile.jfc`로 저장되어 있습니다.

이 두 가지 기본 프로파일 중에서 지속은 항상 활성화되는 프로파일링을 위해 설계되었지만, 특히 메모리 할당 프로파일링에 필요한 세부 정보가 부족할 수 있습니다. 반면에 '프로파일링' 프로파일은 훨씬 더 자세한 데이터를 제공하지만, 실행 시 오버헤드가 더 높아집니다.

> **NOTE** JFR의 고급 사용자는 애플리케이션을 관리하는 그룹의 성능 관심사에 더 적합한 맞춤형 프로파일custom profile을 생성할 수 있습니다. 이 프로파일에는 다른 이벤트 집합을 포함할 수 있습니다.

오라클의 발표와 데모에 따르면, JFR의 지속 프로파일을 사용하는 애플리케이션 성능에 약 ~1% 정도의 영향을 미친다고 합니다. 저자들도 대체로 동의하며, 메모리 할당 프로파일링이 포함된 프로파일에서는 일반적으로 약 ~3% 정도의 영향을 관찰했다고 언급합니다.

조금 더 체계적인 연구를 원한다면 논문[20]을 참고합시다. 이 논문은 마이크로벤치마크 환경에서 자바 프로파일러의 정밀도와 정확도를 분석한 내용입니다.[21]

이 논문은 조르주Georges et al (2007)의 방법론을 전반적으로 따르고 있으며, 이는 우리가 2장에

---

20 *https://oreil.ly/Sb4y2*

21 Humphrey Burchell, Octave Larose, Sophie Kaleba, and Stefan Marr, 「Don't Trust Your Profiler: An Empirical Study on the Precision and Accuracy of Java Profilers」, *MPLR 2023: Proceedings of the 20th ACM SIGPLAN International Conference on Managed Programming Languages and Runtimes* (2023): 100-113, Association for Computing Machinery.

서 간략히 논의했던 내용입니다. 논문은 JFR을 비롯하여 비동기 프로파일러와 어니스트 프로파일러 같은 여러 프로파일러를 비교하고 있습니다.

이 연구의 결론은 JFR이 일반적으로 프로파일러로서 수용 가능한 범위 내의 오버헤드를 유발하며, 항상 활성화된always-on 프로파일링을 수행하는 데 사용할 수 있다는 것입니다(다만, 일부 애플리케이션은 리소스 요구 사항으로 이러한 오버헤드를 감당하지 못할 수 있습니다).

이러한 이유로, JFR은 많은 다른 관측성 또는 모니터링 도구의 기반으로 사용되었습니다. 예를 들어, 데이터독과 뉴 렐릭은 JFR 데이터를 입력 데이터로 사용하는 실행 프로파일러를 제공합니다. JFR로 가능한 작업을 이해하는 핵심은 이벤트와 해당 이벤트에 포함된 데이터입니다.

JFR 이벤트는 타입이 있는 데이터이며, 각 이벤트 유형은 이름과 구조를 가지고 있습니다. 예를 들어, `jdk.CPULoad` 이벤트는 CPU 데이터의 지표 시계열을 나타내며, 이벤트 시작 시간으로 표현된 타임스탬프와 함께 `jvmUser`, `jvmSystem`, `machineTotal`과 같은 여러 필드를 포함하고 있습니다.

다른 이벤트들은 서로 다른 구조를 가지고 있습니다. 예를 들어, 가비지 컬렉션 이벤트는 세부적으로 나뉘며, 수집 사이클의 단일 단계에만 해당할 수 있습니다. 또는 잠금 이벤트, 예를 들어 `jdk.JavaMonitorEnter`와 같은 이벤트는 임계값을 가지며, JFR이 특정 시간이 초과된 경우에만 해당 이벤트를 기록하도록 설정할 수 있습니다(예 10ms 이상).

JDK에는 JFR 덤프 파일을 분석할 수 있는 간단한 명령어 도구가 포함되어 있습니다. 이 덤프 파일은 JDK 미션 제어 GUI를 사용하거나, 명령줄에서 `jcmd`를 사용하여 실행 중인 자바 프로세스를 제어하거나, 자바를 시작할 때 적절한 명령줄 스위치를 추가하는 방법으로 사용할 수 있습니다.

`jcmd`를 사용하는 경우, 파일을 생성하려면 기록 시작 명령, 덤프 생성 명령, 데이터가 충분히 수집된 후 기록 작업을 중지하는 명령 순으로 실행해야 합니다.

```
jcmd <pid> JFR.start name=MyRecording settings=default
jcmd <pid> JFR.dump filename=my-recording.jfr
jcmd <pid> JFR.stop
```

자바 애플리케이션이 시작될 때 JFR 기록을 시작하려면, 다음과 같은 명령어 스위치를 추가하고 적절한 옵션을 제공해야 합니다.

```
-XX:StartFlightRecording:<options>
```

JFR 기록은 고정된 기간 동안 진행될 수도 있고, 링 버퍼 모드ring-buffer mode를 사용할 수도 있습니다. 덤프 파일을 생성한 후에도 JDK에서 제공하는 `jfr` 도구를 사용하여 그 안에 포함된 이벤트를 확인할 수 있습니다.

> **NOTE** `jfr` 도구에는 많은 하위 명령어가 있습니다. 모든 명령어를 보려면 `jfr -help`를 실행하세요.

예를 들어, 아래와 같이 단일 `jfr print` 명령을 사용하여 `CPULoad` 이벤트와 `JavaMonitorEnter` 이벤트를 확인할 수 있습니다.

```
jfr print --events CPULoad,JavaMonitorEnter recording.jfr
```

위 명령어를 실행하면 아래와 같은 출력 결과를 얻을 수 있습니다.

```
...

jdk.CPULoad {
  startTime = 11:51:57.745
  jvmUser = 8.75%
  jvmSystem = 0.57%
  machineTotal = 13.50%
}

jdk.JavaMonitorEnter {
  startTime = 11:51:58.065
  duration = 12.1 ms
  monitorClass = jdk.jfr.internal.PlatformRecorder (classLoader = bootstrap)
  previousOwner = "RMI TCP Connection(idle)" (javaThreadId = 32)
  address = 0x12CE66508
  eventThread = "JFR Periodic Tasks" (javaThreadId = 26)
}

...
```

몇 가지 `jfr print` 명령을 테스트해보면, 서로 다른 이벤트 유형의 다양한 형식을 확인할 수 있습니다. `Jfr` 도구는 출력 결과를 XML 또는 JSON 형식으로도 생성할 수 있습니다.

TIP SAP 팀은 JFR 이벤트[22]를 위한 이벤트 브라우저를 유지 관리하고 있으며, 이는 OpenJDK의 LTS 또는 최신 기능 릴리스를 지원합니다.

JFR에서 생성된 덤프 파일을 코드로 처리하는 것도 어렵지 않습니다. 이를 위해 `RecordingFile` 객체를 사용하며, 이 객체를 반복적으로 처리하면 필요한 데이터를 쉽게 추출할 수 있습니다.

```
String fileName = // ... 일부 JFR 파일
var recording = new RecordingFile(Paths.get(fileName));
while (recording.hasMoreEvents()) {
    var event = recording.readEvent();
    if (event != null) {
        var details = decodeEvent(event);
        if (details == null) {
            System.err.println("Failed to recognize details");
        } else {
            // 세부 정보를 처리할 예정이지만, 지금은 로그만 남김
            System.out.println(details);
        }
    }
}
```

JFR 이벤트를 분석하려면 `decodeEvent()` 메서드에서 데이터를 디코딩 해야 합니다. 이를 구현하는 한 가지 방법은 정적 컬렉션에 mapper를 정의하고, 이를 다음과 같은 방식으로 적용하는 것입니다.

```
public Map<String, String> decodeEvent(final RecordedEvent e) {
    for (var ent : mappers.entrySet()) {
        if (ent.getKey().test(e)) {
            return ent.getValue().apply(e);
        }
    }
    return null;
```

22 https://oreil.ly/OpLA6

```
    }

    private static Predicate<RecordedEvent> makePredicate(String s) {
        return e -> e.getEventType().getName().startsWith(s);
    }

    private static final Map<Predicate<RecordedEvent>,
                Function<RecordedEvent, Map<String, String>>> mappers =
        Map.of(makePredicate("jdk.CPULoad"),
            ev -> Map.of("timestamp", ""+ ev.getStartTime(),
                        "user", ""+ ev.getDouble("jvmUser"),
                        "system", ""+ ev.getDouble("jvmSystem"),
                        "total", ""+ ev.getDouble("machineTotal")
                       ));
```

이 예제에서는 makePredicate() 메서드가 Predicate 객체를 생성합니다. 이 객체는 특정 JFR 이벤트가 분석 대상인지 판단하며, 이후 이벤트 데이터를 문자열 맵으로 변환하여 출력합니다.

JFR 데이터를 다루기 위해 사용할 수 있는 많은 오픈 소스 도구가 있습니다. 그중에서 JFR 분석[23]이라는 도구는 주목할 만합니다. 이 도구는 군나르 몰링Gunnar Morling이 개발했으며, JFR 기록 파일을 다루기 위해 SQL과 비슷한 방식으로 데이터를 쿼리할 수 있는 인터페이스를 제공합니다. 그리고 이 도구는 표준 JDBC 코드를 사용하여 쉽게 통합할 수 있습니다.

이제 샘플링 프로파일러의 대안을 이해하고, JFR을 활용한 사례를 살펴보았으니, 이제는 운행 환경에서 프로파일링을 어떻게 효과적으로 사용하는지에 대해 논의할 차례입니다.

12.6 프로파일링의 운영적 측면

프로파일러는 애플리케이션의 저수준 실행 동작을 이해하거나 문제를 진단하기 위해 사용되는 개발자 도구입니다. 반면, 도구 스펙트럼의 다른 끝에는 관측성 도구 또는 운영 모니터링 도구가 있습니다. 후자는 시스템의 현재 상태를 시각화하고, 시스템이 정상적으로 작동하는지 또는 이상이 있는지를 판단할 수 있도록 팀을 지원합니다.

23 https://oreil.ly/W2Sje

이 두 가지 도구가 다루는 영역은 매우 넓기 때문에, 한 권의 책으로 모든 도구를 다루는 것은 불가능합니다. 대신, 몇 가지 중요한 도구를 예제로 다뤄볼 것입니다. 이 예제들은 여러분이 직접 도구를 탐색하고, 애플리케이션에 적합한 도구를 평가하는 데 첫걸음을 내딛도록 지원합니다.

이 분야에서는 단순하거나 빠른 해결책이 없습니다. 대신, 여러분이 주도적으로 참여하여 특정 도메인에 적합한 방법과 기술을 찾아야 합니다.

12.6.1 운영 도구로서의 JFR 활용

JFR은 오랜 기간 동안 사용되어 왔으며, 이는 장점이자 단점이 될 수 있습니다. 장점으로는 JFR이 프로덕션 환경에서 철저히 검증된 도구이며, 핫스팟 자바 가상 머신과 같이 통합되어 있어 뛰어난 성능을 자랑한다는 점입니다. 하지만 다른 한편으로는 JFR이 개발된 초기에는 프로파일링 방식이 매우 제한적이었으며, 시스템에서 덤프 파일을 생성한 뒤, 이를 개발자의 컴퓨터로 옮겨 오프라인 분석을 수행하는 방식이 주로 사용되었습니다.

그러나 오늘날 클라우드 네이티브 애플리케이션 환경에서는 이 방식이 실현하기 어렵거나 불편할 수 있습니다. 간단히 말해, JFR이 클라우드 네이티브 환경에서도 유용한 도구가 되려면 새로운 패턴과 새로운 방법론이 필요합니다.

JFR을 사용하는 일반적인 운영 패턴 중 하나는 **링 버퍼** 구성에서 시작하는 것입니다. 이는 보통 애플리케이션을 시작할 때 미리 구성된 JFR 기록 옵션을 함께 전달하여 `-XX:StartFlightRecording` 스위치를 사용하는 방식으로 수행됩니다. 예를 들어, 다음과 같이 설정할 수 있습니다.

```
-XX:StartFlightRecording:disk=true,filename=/sandbox/service.jfr,maxage=4h, ↵
settings=profile
```

이 설정은 JFR에게 '프로파일링' 프로파일에 해당하는 이벤트를 최대 4시간 동안 메모리에 저장하도록 지시합니다. 이후 새로운 이벤트가 들어오면 이전 이벤트가 삭제되며, 기록을 요청하면 현재 버퍼 상태를 `/sandbox/service.jfr`이라는 파일로 저장합니다.

이 방식은 필요 시 파일을 덤프하여, 사건이 발생한 이후에도 '과거 특정 시점go back in time' 분석이 가능하게 합니다. 단, 이 기능은 링 버퍼가 충분히 큰 경우에만 가능합니다. 이러한 기술은 장애 복구outage recovery 과정에서 매우 유용합니다.

이벤트를 버퍼링하기 위해 컨테이너에서 추가 메모리를 사용할 수 있도록 설정해야 하며, 이 때문에 약간 미묘한 영향을 받을 수 있습니다.

예제에서는 `maxage` 파라미터를 사용하여 이벤트를 몇 시간 동안 유지할지 설정했습니다. 그러나 JFR이 이벤트 기반이기 때문에, 생성되는 데이터의 크기는 자바 가상 머신 활동 수준 (예 가비지 컬렉션의 빈도)에 따라 달라집니다. 데이터 크기가 항상 일정하거나 제한이 있는 것이 아닙니다.

결과적으로, 애플리케이션이 컨테이너 메모리 한계에 가까운 경우, 예상치 못한 활동의 증가가 JFR 이벤트 버퍼의 크기를 초과하게 만들어 컨테이너 런타임 또는 OOM-killerout of memory killer가 이를 감지하고 애플리케이션을 강제로 종료할 수 있습니다.

이 때문에 일부 팀은 JFR이 컨테이너를 종료시키지 않도록 보장하기 위해 `maxsize` 파라미터를 사용하는 것을 선호합니다. 그러나 이는 JFR 링 버퍼가 제공하는 되돌아보기 시간 창look-back time window이 정확히 얼마나 되는지 100% 확신할 수 없는 단점이 있습니다.

추가적으로 JFR은 파일 시스템에 데이터를 스풀spool하도록 되어 있으므로 베어메탈과 가상 머신에서 충분한 디스크 공간을 확보해야 합니다. 또한 무상태로 설계된 컨테이너에서 과도한 I/O 때문에 도커나 쿠버네티스 같은 컨테이너 런타임에 의해 제거되지 않도록 주의해야 합니다.

자바 17과 21을 포함한 최신 버전의 자바는 JFR 이벤트 스트리밍 기능도 제공합니다. 이 기능은 프로그램이 JFR 이벤트에 대해 콜백을 받을 수 있는 API를 제공합니다. 이를 통해 애플리케이션이나 자바 에이전트 내의 관측성 스레드가 이벤트 발생 시 즉각적으로 응답할 수 있습니다. 이 기능에서 핵심 클래스는 `RecordingStream`으로, 개발자가 특정 이벤트 유형에 관심을 등록하고 이를 처리할 콜백 객체를 지정할 수 있습니다.

이 방식은 관측성 도구를 구축하기 위한 기반으로 훨씬 적합하지만, 2024년 4월[24] 기준으로 자바 17 이상의 시장 점유율이 약 ~35%에 불과하다는 문제가 있습니다. 따라서 다른 도구 기능이 개발되어 왔습니다.

---

24 https://oreil.ly/ekd0

12.6.2 레드햇 크라이오스탯

크라이오스탯Cryostat[25]은 컨테이너화된 자바/JVM 애플리케이션을 위한 JFR 도구입니다. 이 도구는 원래 레드햇에서 개발되었으며, 오픈시프트 하이브리드 클라우드 플랫폼에서 기본 지원됩니다. 하지만 모든 쿠버네티스 배포판에서 작동하는 상위 오픈 소스 프로젝트로도 제공됩니다.

크라이오스탯은 쿠버네티스 클러스터에서 JFR 기록 파일을 다루는 복잡한 작업을 단순화하도록 설계되었습니다. 이 도구는 사용자가 원격으로 JFR 데이터를 시작하거나 중지하고, 데이터를 가져오거나 분석할 수 있는 기능을 제공합니다.

크라이오스탯을 성공적으로 배포하려면 인증서 관리자cert-manager, 연산자 수명 주기 관리자operator lifecycle manager(OLM), 연산자 허브operatorHub가 필요합니다.

크라이오스탯은 다음과 같은 기능을 제공합니다.

- 애플리케이션 토폴로지 뷰
- 그라파나 뷰
- 자동화된 규칙
- 알림 기능
- 스마트 트리거

[그림 12-8]에서는 크라이오스탯의 일반적인 쿠버네티스 버전에서 제공하는 토폴로지 뷰를 확인할 수 있습니다.

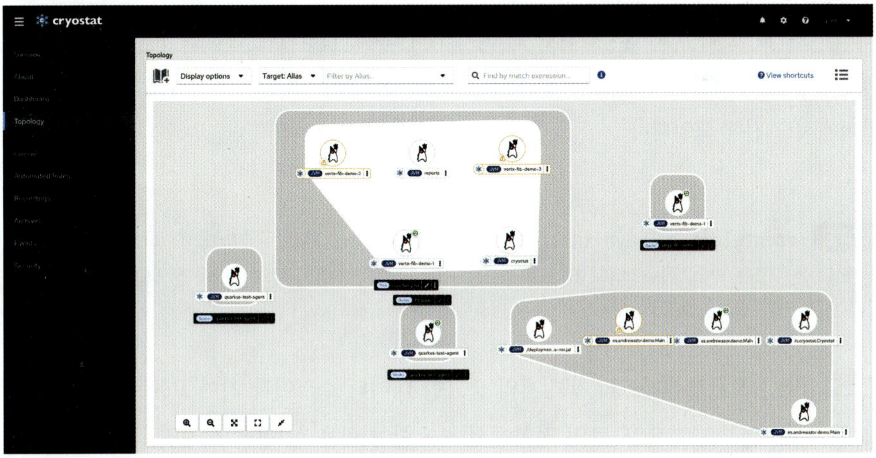

그림 12-8 크라이오스탯 토폴로지 뷰

25 https://cryostat.io

이 이미지는 샘플 애플리케이션과 크라이오스탯 자체의 Pod를 포함하여 여러 Pod로 구성된 쿠버네티스 배포를 보여줍니다. 이 사례는 관측 가능한 서비스 자체도 관측 가능해야 한다는 중요한 원칙을 잘 보여줍니다.

크라이오스탯은 JFR을 다루는 데 매우 유용한 도구이지만, 이에 대한 전체적인 논의는 이 책의 범위를 벗어납니다. 참고로, 독점 도구 영역에서는 데이터독과 뉴 렐릭도 JFR을 기반으로 한 실행 프로파일러를 제공합니다.

12.6.3 JFR과 오픈텔레메트리 프로파일링

10.2절 '세 가지 핵심 요소'에서 우리는 관측성의 세 개의 핵심 요소를 다루었으며, 여기에 프로파일링을 네 번째 요소로 추가할 가능성을 논의했습니다. 이 개념은 현재 오픈텔레메트리 작업 그룹에서 활발히 연구되고 있으며, 자바를 포함한 여러 언어에서 다양한 프로파일러가 오픈텔레메트리의 새로운 프로파일링 신호 소스로 활용될 가능성이 있습니다.

JFR은 오픈텔레메트리 프로파일링 신호를 제공하는 중요한 데이터 소스가 될 수 있지만, 몇 가지 제약이 있습니다. 예를 들어, 오픈텔레메트리의 타임 윈도우 제한 때문에 실질적인 오픈텔레메트리 프로파일링 구현은 JFR 이벤트 스트리밍을 기반으로 해야 하며, 이는 자바 17 이상에서만 작동할 수 있습니다.

또한, 2024년 8월 현재, JFR 프로파일링 샘플과 추적 ID를 연결하는 간단한 방법이 없다는 문제가 있습니다. 이와 관련된 작업은 자바뿐만 아니라 오픈텔레메트리의 적용 범위 내에 있는 다른 언어에서도 진행 중입니다.

> **NOTE** `opentelemetry-java-instrumentation` 프로젝트는 JFR을 기반으로 한 오픈텔레메트리 자바 가상 머신 지표 구현을 제공합니다. 이 프로젝트는 표준 자바 가상 머신 지표 세트를 정의합니다.

종합적으로 JFR은 오픈텔레메트리 생태계의 중요한 데이터 소스이자 기여 요소로 간주되어야 하며, 오픈 계측open instrumentation으로의 전환에서 중요한 역할을 합니다. 하지만, JFR은 단독으로 완전한 실행 프로파일링 솔루션이 아닙니다.

12.6.4 프로파일러 선택하기

프로파일러를 선택할 때 고려해야 할 여러 측면이 있습니다.

- GUI에서 대화형으로 작업할 도구가 필요한가?
- 이 도구가 프로덕션 프로파일링에 적합한가, 아니면 개발/CI에 더 적합한가?
- 프로파일러는 설정하는 데 얼마나 많은 시간과 노력을 투자할 수 있나?
- 프로파일링 솔루션의 오버헤드에 대해 허용할 수 있는 한계가 있나?

일반적으로 오픈 소스 프로파일러는 다음과 같이 특징을 요약할 수 있습니다.

- 비주얼 가상 머신은 GUI 도구로 배포가 쉽지만, 직접적인 자바 관리 확장 프로그램 연결과 스냅샷을 필요로 합니다.
- JDK 미션 제어는 더 정교한 GUI 도구로, JFR을 사용할 수 있지만 덤프 파일 기반으로만 작동하며 스트리밍 이벤트는 지원하지 않습니다.
- JFR은 자바 가상 머신에 내장된 낮은 오버헤드의 헤드리스 프로파일링 엔진으로, 다양한 다른 도구와 통합 가능합니다.
- perf는 리눅스에서 하드웨어 이벤트를 분석하는 매우 저수준 도구로, 자바에 특화되어 있지 않으며 추가적인 브릿지 도구가 필요합니다.
- 비동기 프로파일러는 `perf_events` 기반으로 구축된 저 오버헤드 솔루션으로 세이프포인트 편향이 없지만, JFR보다 통합 가능한 도구가 적을 수 있습니다.

마지막으로, JProfiler[26]와 YourKit[27] 같은 상용 프로파일러가 있습니다. 이 도구들은 한때 무료 도구들보다 훨씬 우수했지만, 최근 몇 년 동안 그 격차는 줄어들었습니다. 그럼에도 불구하고 일부 팀은 여전히 이 도구에서 가치를 찾고 있습니다. 다만, 이 책은 오픈 소스 제품에 중점을 두고 있으므로, 상용 도구에 대한 논의는 포함되지 않습니다.

이 장을 마무리하며, 이제 실행 프로파일링에서 벗어나 메모리 프로파일링이라는 또 다른 주요 형태의 프로파일링을 살펴보겠습니다.

---

26 *https://oreil.ly/Id7Rd*

27 *https://www.yourkit.com*

12.7 메모리 프로파일링

애플리케이션의 성능 분석에서 실행 프로파일링은 매우 중요한 부분이지만, 그것만으로는 충분하지 않을 때가 많습니다. 많은 애플리케이션은 어느 정도의 메모리 분석도 필요로 합니다. 여기에서는 할당 프로파일링과 힙 덤프 분석이라는 두 가지 주요 유형을 다룰 것입니다.

12.7.1 할당 프로파일링

4장에서 다룬 것처럼, 애플리케이션의 할당 동작을 이해하는 것은 성능 분석의 핵심 요소 중 하나입니다. 이를 통해 메모리 사용량을 깊이 분석하는 **할당 프로파일링**allocation profiling이 필요하며, 이와 관련된 다양한 접근 방식이 존재합니다.

예를 들어 `jmap` 같은 도구는 방문자 패턴을 사용합니다.[28] [그림 12-9]에서는 비주얼 가상 머신의 메모리 프로파일링 화면을 볼 수 있습니다. 비주얼 가상 머신은 방문자 패턴을 기반으로 각 객체 유형별 메모리 사용량을 히스토그램으로 시각화합니다.

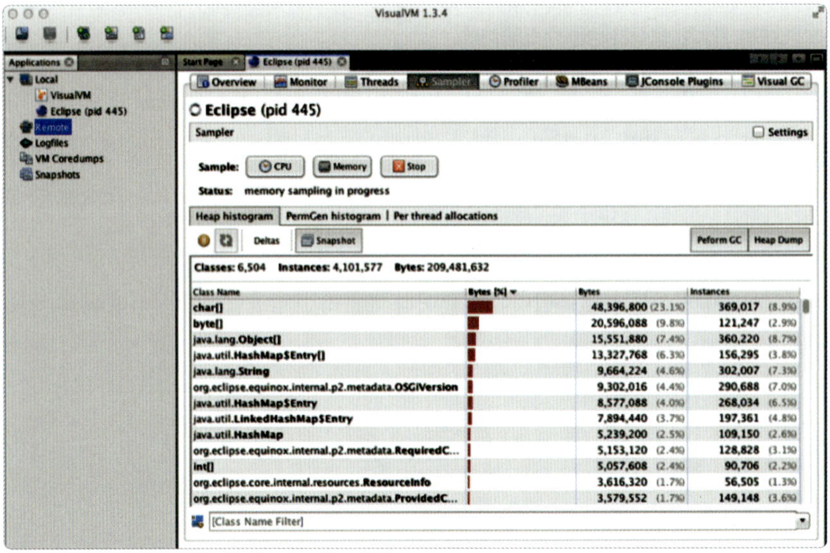

그림 12-9 비주얼 가상 머신 메모리 프로파일러

28 방문자 패턴은 고전적인 디자인 패턴으로 특정 연산(이 경우, 메모리 분석)을 별도의 클래스로 분리하여, 복합 개체의 하위 구성 요소를 탐색할 수 있도록 합니다.

이것은 메모리를 비교적 간단히 보여주는 화면이지만, 여기에서 주목할 몇 가지 사항이 있습니다. 첫째, 이 히스토그램을 생성할 때 두 가지 옵션이 있습니다.

- 빠르게 생성되는 스냅샷은 활성 객체와 가비지를 모두 포함합니다.
- 정확한 스냅샷은 더 정확하지만, 생성하기 전에 STW 가비지 컬렉션이 필요합니다.

이 두 옵션은 `jmap -histo`와 `jmap -hosto:live` 명령어에 반응합니다.

둘째, 단순한 히스토그램이라도 애플리케이션의 메모리 사용량에 대해 여러 가지 정보를 제공할 수 있습니다.

대부분의 애플리케이션에서는 문자열이 가장 일반적인 데이터 유형입니다. 자바 문자열은 내부적으로 `byte[]`(또는 자바 8에서는 `char[]`에 대한 참조가 포함되어 있으며, 이 구현 방식은 JEP 254[29])에 따라 변경되었습니다. 따라서 문자열 개수 또는 그 이상으로 `byte[]` 객체가 존재할 것으로 예상됩니다.

우리는 흔히 `HashMap` 항목이나 `Object[]` 같은 다른 일반 객체들을 자주 봅니다. 비즈니스 애플리케이션은 도메인 객체가 가장 일반적인 객체 목록에 나타나는 경우가 많습니다. 이는 '관찰된 도메인 객체의 양이 내 애플리케이션에 적합한지'를 간단히 점검할 수 있게 해 줍니다.

비주얼 가상 머신을 넘어, 초점을 힙 사용률에서 가비지 컬렉션 프로파일링으로 약간 이동해보면, JDK 미션 제어라는 도구를 활용할 수 있습니다. 기존의 JDK 미션 제어 서비스 지원 에이전트가 제공하지 않는 몇 가지 값들을 수집할 수 있습니다(다만, 대부분의 카운터는 서비스 지원 에이전트 카운터와 중복됩니다).

JDK 미션 제어가 제공하는 큰 장점은 JFR을 통해 필요한 데이터를 수집하는 데 드는 비용이 서비스 지원 에이전트보다 훨씬 낮다는 것입니다. 또한 JDK 미션 제어의 인터페이스는 성능 분석 엔지니어가 데이터를 더 직관적이고 유연하게 볼 수 있도록 해 줍니다.

객체 할당을 분석하는 또 다른 방법은 스레드-로컬 할당 기능을 살펴보는 것입니다. 특히, JFR은 객체가 할당될 때 다음과 같은 두 가지 경우를 이벤트로 기록합니다.

- 스레드-로컬 할당 기능 내부(`jdk.ObjectAllocationInNewTLAB`)
- 스레드-로컬 할당 기능 외부('느린 경로slow path', `jdk.ObjectAllocationOutsideTLAB`)

---

29 *https://oreil.ly/Hzx8k*

이를 통해 JFR은 메모리가 얼마나 빠르게 할당되는지를 계산할 수 있습니다.

JDK 미션 제어/JFR의 할당 뷰는 스레드-로컬 할당 기능 할당 뷰를 표시할 수 있습니다. [그림 12-10]은 JDK 미션 제어에서 메모리 할당을 보여주는 샘플 이미지입니다.

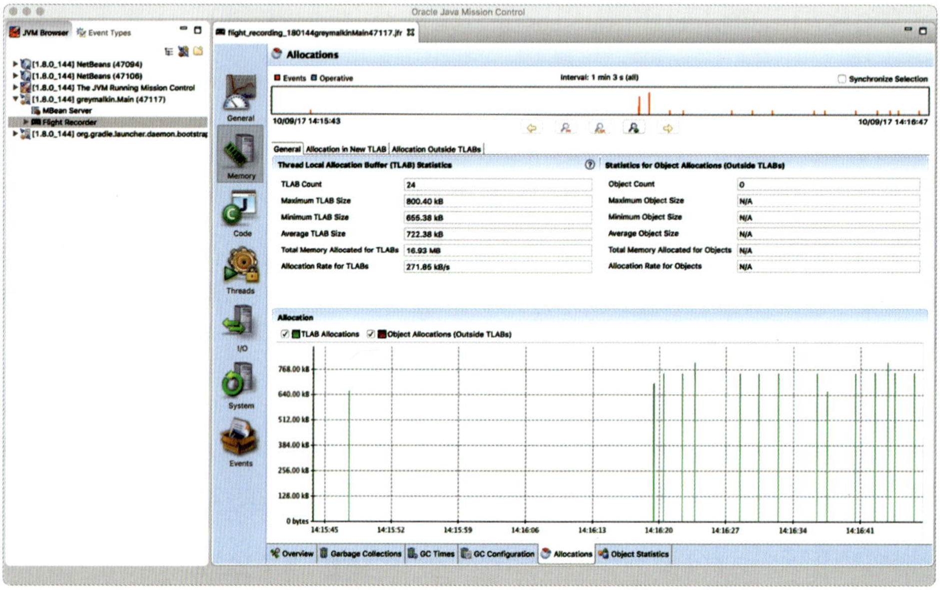

그림 12-10 JDK 미션 제어 할당 프로파일링 화면

JFR은 메모리 누수 프로파일러memory leak profiler로 작동할 수 있는 이벤트도 제공합니다. JFR은 `jdk.OldObjectSample` 이벤트를 사용하여 객체 할당을 샘플링하고, 객체의 수명 주기를 추적합니다. 이를 통해 시간이 지나면서 메모리 누수 가능성이 있는 지점을 조사하기 위한 시작점을 제안할 수 있습니다.

12.7.2 힙 덤프

또 다른 메모리 프로파일링 기법은 **힙 덤프 분석**heap dump analysis입니다. 할당 프로파일링과 달리, 이것은 오프라인 프로세스로, 전체 힙의 스냅샷을 생성하여 파일에 저장하는 방식입니다.

예를 들어, 아래와 같은 `jmap` 명령으로 수행할 수 있습니다.

```
jmap -dump:live,format=b,file=heap.bin <pid>
```

이 덤프 파일은 별도의 도구로 검사 또는 분석되어 활성 객체 집합이나 객체의 수와 유형 또는 객체 그래프의 형태와 구조와 같은 중요한 정보를 확인할 수 있습니다. 이러한 도구는 배치 모드로 작동하거나 대화형으로 사용할 수 있습니다.

힙 덤프를 대화형 도구로 로드하면, 성능 엔지니어는 힙 스냅샷을 탐색하며 분석할 수 있습니다. 이를 통해 활성 객체뿐만 아니라 아직 수집되지 않은 객체도 확인할 수 있습니다.

힙 덤프의 주요 단점 중 하나는 파일 크기가 매우 크다는 점입니다. 힙 덤프 파일은 일반적으로 덤프된 메모리 크기의 3~4배에 달할 수 있으며, 프로덕션 환경에서 멀티 기가바이트 크기의 힙을 가진 경우 이는 상당한 크기입니다. 힙 덤프를 생성하면 파일이 디스크에 저장되어야 할 뿐만 아니라, 실제 프로덕션 환경에서는 네트워크를 통해 파일을 가져와야 하는데, 컨테이너화된 애플리케이션에서는 이 작업이 쉽지 않을 수 있습니다.

파일을 가져온 후에는 덤프를 처리할 수 있는 충분한 리소스(특히 메모리)를 갖춘 워크스테이션에 로드해야 합니다. 그렇지 않으면 워크플로에 지연이 발생할 수 있습니다. 워크스테이션이 힙 덤프 파일 전체를 한 번에 로드하지 못하는 경우, 덤프 파일의 일부를 디스크에서 페이징하며 작업해야 하므로 매우 불편합니다.

힙 덤프를 생성하는 과정에서도 힙 히스토그램에서와 동일한 타협이 필요합니다. 즉, 활성 객체와 가비지가 함께 나타나거나, 또는 STW 방식으로 힙을 탐색하고 덤프를 생성하는 동안 프로세스를 중단해야 합니다.

클라우드 기반 시스템에서는 이러한 STW 정지 때문에 자바 가상 머신 프로세스가 다운된 것처럼 보일 수 있으며, 이는 Pod가 종료되는 결과를 초래할 수 있습니다.

이런 어려움에도, 특정 상황(예 분리하기 어려운 메모리 누수)이 있을 때는 힙 덤프가 유용할 수 있습니다. 다만, 힙 덤프는 제한 사항을 인지하고, 프로덕션 Pod가 의도치 않게 성능 저하되거나 종료되지 않도록 주의해야 합니다. 이제 힙 덤프를 생성하고 활용하는 방법을 논의하겠습니다.

[그림 12-9]에서와 같이 비주얼 가상 머신을 사용하여 힙 덤프를 생성할 수 있습니다. 또한 비주얼 가상 머신으로 힙 덤프 파일의 내용을 탐색할 수도 있지만 실무에서는 프로덕션 힙 덤프

가 다소 다루기 어렵고, 비주얼 가상 머신에서 작업하기 까다로울 수 있습니다. 대안으로 이클립스 메모리 분석Eclipse memory analyzer (MAT)을 사용할 수 있습니다. 이클립스 메모리 분석은 힙 덤프를 분석하는 독립 실행형 도구입니다.

이클립스 메모리 분석의 강력함은 객체 그래프를 탐색하고, 힙 구조를 기반으로 보고서를 생성하는 기능에서 나옵니다. 예를 들어, 이클립스 메모리 분석을 사용하면 잠재적인 메모리 누수를 검색하거나, 메모리를 가장 많이 소비하거나 지배하는 객체 분석, 기타 메모리 관련 작업을 수행할 수 있습니다.

[그림 12-11]은 이클립스 메모리 분석에서 여러 표준 보고서를 탭으로 표시하는 예제를 보여줍니다.

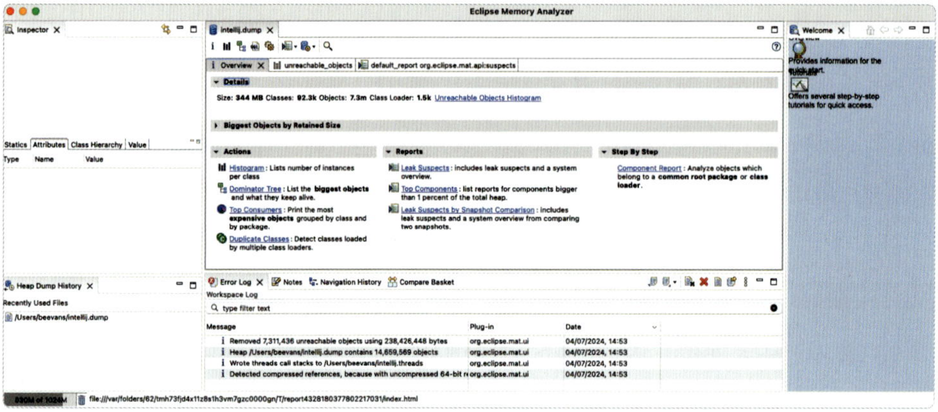

그림 12-11 이클립스 메모리 분석 화면 예시

이클립스 메모리 분석은 고급 메모리 분석 도구입니다. 기본적으로 제공되는 보고서 기능도 매우 유용하지만, 이클립스 메모리 분석을 올바르게 활용하려면 시간을 들여 고급 기능과 사용법을 익히는 것이 중요합니다.

메모리 할당과 힙 프로파일링은 대부분의 프로파일링이 필요한 애플리케이션에서 중요한 관심사가 되며, 성능 엔지니어들은 메모리 분석을 희생하면서 실행 프로파일링에 과도하게 집중하지 않도록 주의해야 합니다.

이전 자료에서는 `hprof` 힙 프로파일링 네이티브 에이전트가 사용되었으며, 이는 자바 가상 머신 도구 인터페이스 기술의 참조 구현으로 설계되었으나, 프로덕션 환경에서 사용하는 도구가 아님을 문서에서도 명확히 하고 있습니다.

그럼에도 불구하고 많은 개발자들이 `hprof`를 실제 성능 분석 도구로 사용하기 시작했습니다. 이러한 상황을 반영하여, `hprof`는 자바 9에서 공식적으로 제거되었으나, `jmap` 같은 도구에서는 여전히 `hprof` 형식으로 힙 덤프를 생성할 수 있는 기능이 유지되었습니다. 현재 사용 중인 도구 체인이 `hprof`를 사용하는 경우, 이클립스 메모리 분석과 같은 도구로 마이그레이션하는 것이 좋습니다.

12.8 요약

프로파일링에 대한 주제는 많은 개발자들이 제대로 이해하기 힘든 주제입니다. 애플리케이션의 실행 상태를 분석하는 실행 프로파일링과 메모리 사용을 분석하는 메모리 프로파일링은 모두 중요한 기법입니다. 하지만 성능 엔지니어는 자신이 무엇을 하고 왜 하는지 명확히 알아야 합니다. 도구를 아무 생각 없이 사용하면 엉뚱한 결과를 얻거나 분석 시간을 낭비하게 될 수 있습니다.

현대 애플리케이션의 프로파일링에는 도구가 필요하며, 상용이나 오픈 소스 옵션을 포함한 다양한 선택지가 있습니다.

다음 장에서는 프로파일링을 넘어 동시성과 이를 자바 애플리케이션에서 효율적으로 사용하는 방법에 대해 논의할 것입니다. 여기에는 분산 시스템 사례에 일반화될 수 있는 핵심 기법들이 포함되어 있어, 클라우드 네이티브 환경에서도 유용하게 활용할 수 있습니다.

13장

동시성 성능 기법

현재까지의 컴퓨팅 역사에서 소프트웨어 개발자는 순차적으로 코드를 작성해 왔습니다. 대부분의 프로그래밍 언어와 하드웨어는 한 번에 하나의 명령만 처리할 수 있는 기능만을 제공했습니다. 많은 경우에 최신 하드웨어를 구입하면 애플리케이션 성능이 향상되는 이른바 '공짜 점심free lunch'을 즐길 수 있었습니다. 이는 칩에 있는 트랜지스터 수가 늘어나면서 더 나은 성능을 가진 프로세서가 만들어졌기 때문입니다.

많은 독자가 소프트웨어의 용량 문제를 해결하기 위해 근본적인 문제를 조사하거나 다른 프로그래밍 패러다임을 고려하는 비용을 지불하는 대신, 소프트웨어를 더 크거나 새로운 컴퓨터로 옮기는 상황을 경험했을 것입니다.

무어의 법칙은 원래 칩의 트랜지스터 수가 매년 약 두 배가 될 것이라고 예측했습니다. 이후 이 추정치는 18개월마다 두 배로 증가하는 것으로 수정되었습니다. 무어의 법칙은 약 50년 동안 유효했지만, 최근 들어 한계를 드러내기 시작했습니다. 지난 50년 이상 이어진 발전의 가속도를 유지하는 것이 점점 어려워지고 있습니다.

기술의 발전이 한계에 다다른 영향은 허브 서터Herb Sutter가 2005년에 작성한 '공짜 점심은 끝났다The free lunch is over'라는 기사에서 잘 설명된 바 있습니다. 이 기사는 성능 분석의 현대 시대 도래를 정확히 묘사하며, 그 핵심 내용을 [그림 13-1]에서 확인할 수 있습니다.[1]

1 Herb Sutter, 「The Free Lunch Is Over: A Fundamental Turn Toward Concurrency in Software」 Dr. Dobb's Journal 30 (2005): 202-210.

오늘날 우리는 멀티코어 프로세서가 일반적인 세상에 살고 있습니다. 잘 작성된 현대 애플리케이션은 애플리케이션 처리를 여러 코어에 분산하여 성능을 극대화해야 합니다. 자바 가상 머신과 같은 애플리케이션 실행 플랫폼은 이러한 환경에서 뚜렷한 이점을 가지고 있습니다.

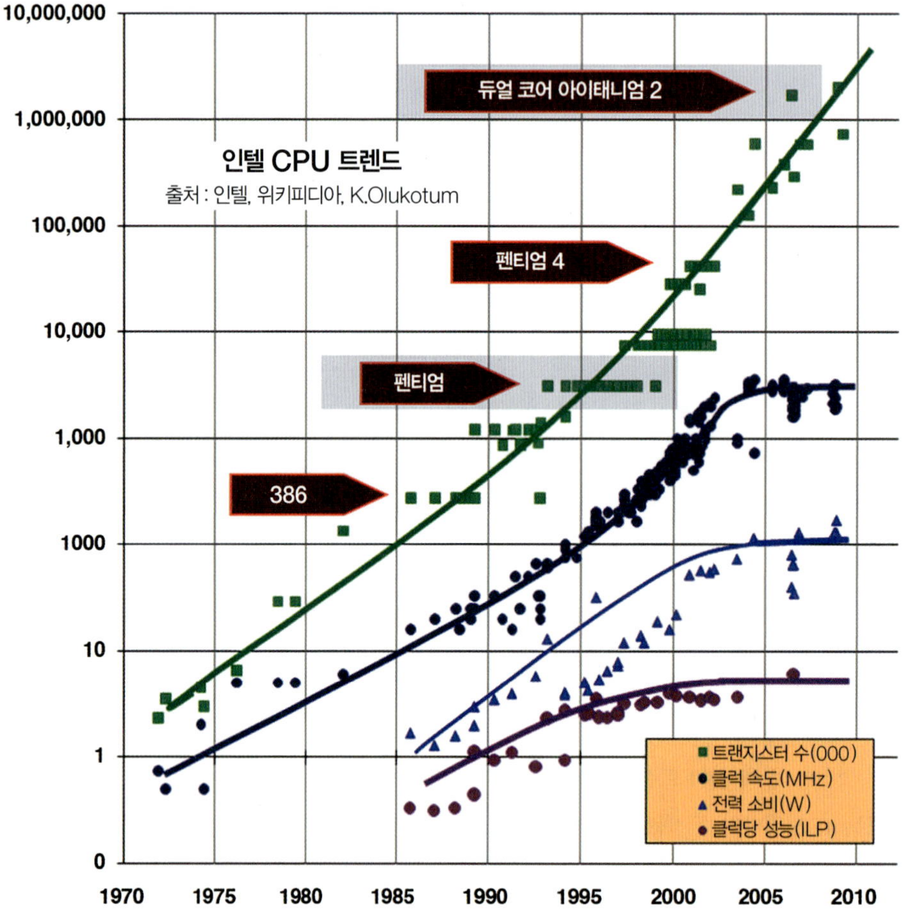

그림 13-1 공짜 점심은 끝났다(서터, 2005)

그 이유는 JIT 컴파일이나 가비지 컬렉션과 같은 작업을 수행할 때 항상 여러 프로세서 코어를 활용할 수 있는 가상 머신 스레드가 존재하기 때문입니다. 따라서 단일 애플리케이션 스레드만 사용하는 자바 가상 머신 애플리케이션조차도 멀티코어 하드웨어의 혜택을 받을 수 있습니다.

최신 하드웨어를 최대한 활용하려면 현대의 자바 개발자는 적어도 동시성에 대한 기본 지식과 그것이 애플리케이션 성능에 미치는 영향을 이해해야 합니다. 이 장에서는 자바 동시성에 대한 기초적인 개요를 제공하지만, 이 주제를 완전히 다루지는 않습니다.

13.1 병렬 처리 소개

거의 50년 동안 단일 코어의 속도는 지속적으로 증가했지만, 약 2005년경부터 하드웨어의 물리적 한계 때문에 약 3GHz의 클럭 속도에서 정체되기 시작했습니다. 하드웨어 성능의 개선이 제한적일 수밖에 없게 되면서, 소프트웨어 엔지니어들은 성능 최적화 기술에 더욱 집중해야 했습니다.

이 절에서는 병렬성과 동시성의 기본 이론적 근거를 살펴보겠습니다. 가장 중요한 기본 개념 중 하나는 **데이터 병렬성**data parallelism과 **작업 병렬성**task parallelism의 차이입니다.

데이터 병렬성은 큰 데이터 풀에서 작동하는 단일의 대규모 작업을 더 작은 단위로 세분화하는 것입니다. 이는 데이터를 여러 프로세서에 분배하는 방식을 포함하며, 예를 들어 급여 계산 애플리케이션에서는 각 CPU 코어에 처리할 직원 블록을 할당하는 방식이 될 수 있습니다.

반면, 작업 병렬성은 [그림 13-2]에서 볼 수 있듯이 서로 다른 작업을 여러 프로세서에 나누어 실행하는 것을 말합니다. 자바에서는 스레드와 `Executor` 객체를 사용하여 이를 구현할 수 있습니다. 예를 들어 자바 REST 애플리케이션에서는 각 스레드가 개별 사용자의 요청을 처리하는 패턴입니다.

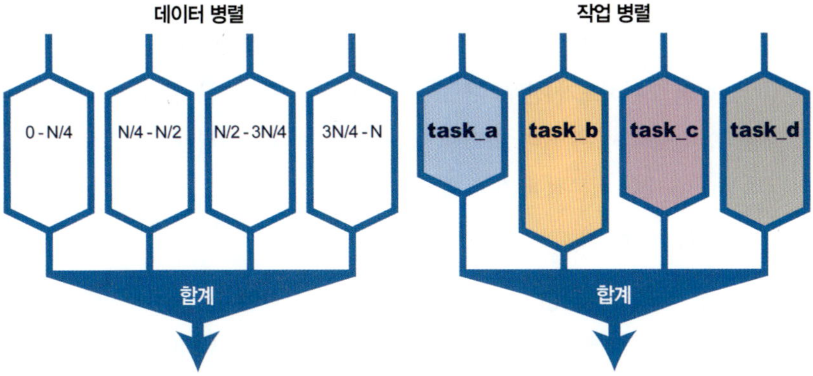

그림 13-2 데이터 병렬성과 작업 병렬성의 동시성

각 접근법을 언제 사용해야 하는지 이해하는 것이 중요합니다. 이 장에서는 두 가지 경우에 모두 적용되는 패턴과 관련 이론을 설명합니다.

그럼 이제 컴퓨팅 이론에서 잘 알려진 법칙 중 하나를 살펴보겠습니다.

13.1.1 암달의 법칙

오늘날의 멀티코어 환경에서 **암달의 법칙**은 계산 작업의 실행 속도를 향상시키기 위한 중요한 고려 사항으로 떠올랐습니다. 이러한 작업은 일반적으로 데이터 병렬적 특성을 가진 경우가 많습니다.

1장에서 암달의 법칙을 간략히 소개했지만, 이제는 더 공식적인 설명이 필요합니다. 데이터 병렬적 계산 작업을 두 부분으로 나눌 수 있다고 가정해 봅시다. 하나는 병렬로 실행할 수 있는 부분이고, 다른 하나는 직렬로 실행해야 하는 부분입니다(예 결과를 취합하거나 병렬 실행을 위한 작업 단위를 분배하는 작업).

직렬 실행이 필요한 부분을 S, 작업에 필요한 전체 시간을 T라고 합시다. 우리는 이 작업에 원하는 만큼 많은 프로세서를 사용할 수 있으므로, 프로세서 수를 N으로 나타냅니다. 이때 T를 프로세서 수에 따른 함수 T(N)으로 표현할 수 있습니다. 동시 실행할 수 있는 부분은 T - S이고, 이 부분을 N개의 프로세서에 고르게 분배할 수 있다면, 작업에 소요되는 전체 시간은 다음과 같이 계산됩니다.

```
T(N) = S + (1 / N) * (T - S)
```

이는 사용되는 프로세서의 수에 관계없이 총 소요 시간이 직렬 시간보다 짧아질 수 없음을 의미합니다. 예를 들어, 직렬 오버헤드가 전체의 5%라고 가정하면, 사용 가능한 코어의 수가 아무리 많아져도 실질적인 성능 향상은 최대 20배를 넘을 수 없습니다. 이러한 통찰과 공식은 1장에 소개된 암달의 법칙에 대한 이론적 배경을 제공합니다. 그 영향은 [그림 13-3]에서 또 다른 방식으로 확인할 수 있습니다.

단일 스레드 성능을 향상시키는 방법(예 더 빠른 코어)은 S 값을 줄일 수 있는 유일한 방법입니다. 하지만 현대 하드웨어의 트렌드를 보면 CPU 클록 속도는 더 이상 의미 있게 증가하지 않고 있습니다. 그 결과, 단일 코어 프로세서의 성능이 더 이상 빨라지지 않으면서, 암달의 법칙은 소프트웨어 확장성의 실질적인 한계가 되는 경우가 많습니다.

암달의 법칙의 한 가지 결과로, 병렬 작업 간의 통신이나 기타 직렬 처리 과정이 전혀 필요하지 않다면 이론적으로는 무한한 성능 향상이 가능하다는 점을 들 수 있습니다. 이러한 유형의 작업 부하는 **'쉬운 병렬 처리**embarrassingly parallel'라고 하며, 이 경우 동시 처리를 비교적 쉽게 구현할 수 있습니다.

일반적인 접근 방식은 작업을 여러 개의 워크 스레드로 분할하며, 각 스레드 간에 공유 데이터가 없도록 하는 것입니다. 그러나 한번이라도 공유 상태나 데이터를 스레드 간에 도입하며, 작업의 복잡성이 증가하게 되고, 결국 일부 순차적 처리와 통신 오버헤드가 다시 발생하게 됩니다.

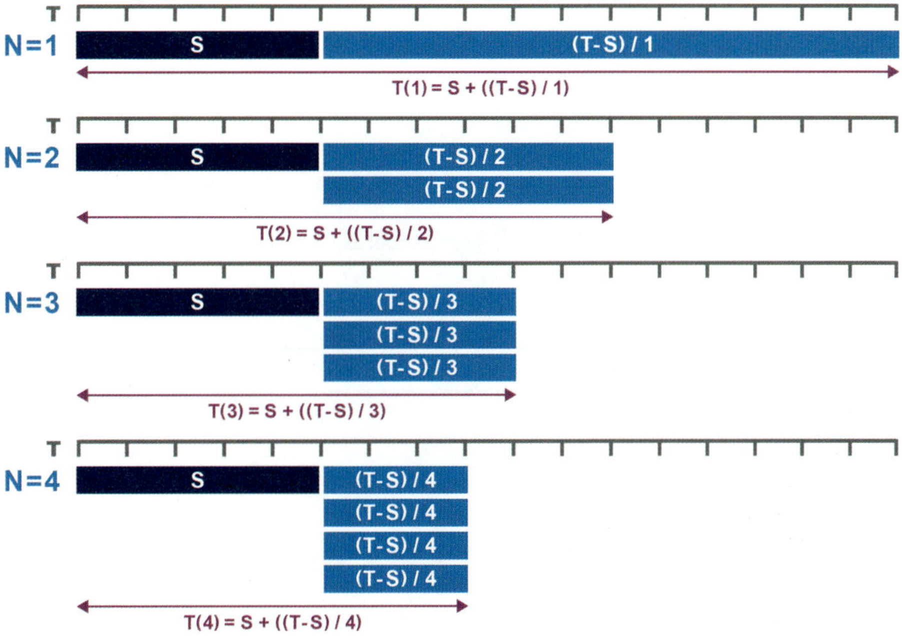

그림 13-3 암달의 법칙 재검토

> 올바른 프로그램을 작성하는 것은 어렵습니다. 올바른 동시성 프로그램을 작성하는 것은 더 어렵습니다. 동시성 프로그램에서는 순차적 프로그램보다 잘못될 수 있는 요소가 훨씬 많기 때문입니다.
>
> —『Java Concurrency in Practice』, 브라이언 괴츠 등

즉, 공유 상태shared state를 갖는 모든 작업은 올바른 보호와 제어가 필요하다는 의미입니다. 자바 가상 머신에서 실행되는 작업의 경우, 플랫폼은 자바 메모리 모델이라고 불리는 일련의 메모리 보장memory guarantees을 제공합니다. 자바 메모리 모델을 깊이 있게 살펴보기 전에, 먼저 자바 동시성이 직면하는 문제를 설명하는 몇 가지 간단한 예제를 살펴보겠습니다.

13.1.2 기본적인 자바 동시성

동시성의 복잡한 특성을 이해할 때 처음 배우게 되는 대표적이 예가 카운터 값을 증가시키는 연산이 단일 연산이 아니라는 점을 깨닫는 것입니다. 다음 예제를 통해 살펴보겠습니다.

```
public class Counter {
    private int i = 0;
    public int increment() {
        return i = i + 1;
    }
}
```

이 코드를 바이트코드 수준에서 분석해 보면, 값을 로드하고, 증가하며, 저장하는 일련의 명령어가 생성되는 것을 확인할 수 있습니다.

```
public int increment();
   Code:
   0: aload_0
   1: aload_0
   2: getfield      #2  // 필드 i:I
   5: iconst_1
   6: iadd
   7: dup_x1
   8: putfield      #2  // 필드 i:I
  11: ireturn
```

만일 카운터가 적절한 잠금으로 보호되지 않은 상태에서 다른 스레드가 접근하면, 한 스레드가 값을 저장하기 전에 다른 스레드가 값을 먼저 로드하는 상황이 발생할 수 있습니다. 이러한 문제는 업데이트 손실을 초래합니다.

이 문제를 더 자세히 이해하기 위해, 동일한 객체의 increment() 메서드를 동시에 호출하는 두 개의 스레드 A와 B를 가정해 보겠습니다. 간단하게 설명하기 위해, 단일 CPU를 사용하는 환경이라고 가정하고, 바이트코드가 저수준 실행을 정확히 나타낸다고 생각해 봅시다(명령어 재정렬reordering, 캐시 효과, 실제 프로세서에서 발생하는 기타 세부 사항은 고려하지 않음).

> **NOTE** 운영 체제의 스케줄러는 예측할 수 없는 시점에 스레드의 문맥 전환을 발생시키기 때문에, 단 두 개의 스레드만 있어도 다양한 바이트코드 실행 순서가 나타날 수 있습니다.

단일 CPU가 다음과 같이 바이트코드를 실행한다고 가정해 봅시다(참고로 여기서는 명령어들이 명확한 실행 순서를 따르지만, 실제 멀티프로세서 시스템에서는 달라질 수 있습니다).

```
A0: aload_0
A1: aload_0
A2: getfield #2 // 필드 i:I
A5: iconst_1
A6: iadd
A7: dup_x1
B0: aload_0
B1: aload_0
B2: getfield #2 // 필드 i:I
B5: iconst_1
B6: iadd
B7: dup_x1
A8: putfield #2 // 필드 i:I
A11: ireturn
B8: putfield #2 // 필드 i:I
B11: ireturn
```

각 스레드는 메서드에 진입할 때마다 개별적인 평가 스택을 갖게 되므로, 실제로 충돌할 수 있는 부분은 필드에 대한 연산뿐입니다(객체 필드는 힙에 저장되며, 힙은 모든 스레드가 공유하기 때문입니다).

그 결과, 만약 i의 초기 값이 7이었다면, 스레드 A와 B가 실행을 시작했을 때 방금 보여준 실행 순서대로 진행된다면, 두 메서드 호출 모두 8을 반환하게 됩니다. 결과적으로 increment() 메서드가 두 번 호출되었음에도 불구하고, 필드의 최종 값은 8로 업데이트됩니다.

WARNING 이 문제는 운영 체제 스케줄링에 의해 발생한 것이며, 복잡한 하드웨어 메커니즘이 필요하지 않습니다. 심지어 최신 기능이 없는 오래된 CPU에서도 동일한 문제가 발생할 수 있습니다.

또 다른 오해 중 하나는 `volatile` 키워드를 추가하면 증가 연산이 안전해질 것이라는 생각입니다. `volatile`을 사용하면 값이 항상 캐시에서 다시 읽히도록 강제되어, 다른 스레드에서도 모든 업데이트를 확인할 수 있게 보장합니다. 그러나 앞서 설명한 업데이트 손실 문제는 해결하지 못합니다. 이는 증가 연산이 복합 연산composite operation이기 때문입니다.

다음 예제에서는 두 개의 스레드가 동일한 카운터에 대한 참조를 공유하는 상황을 보여줍니다.

```
public class CounterExample implements Runnable {

    private final Counter counter;

    public CounterExample(Counter counter) {
        this.counter = counter;

    }

    @Override
    public void run() {
        for (int i = 0; i < 100; i++) {
            System.out.println(Thread.currentThread().getName()
                    + " Value: " + counter.increment());
        }
    }
}
```

이 카운터는 `synchronized`나 적절한 잠금으로 보호되지 않은 상태입니다. 프로그램을 실행할 때마다 두 스레드의 실행 순서는 매번 다르게 교차 실행될 수 있습니다.

어떤 경우에는 코드가 예상대로 실행되어 카운터가 정상적으로 증가할 수도 있습니다. 이는 단지 프로그래머의 운에 달린 것입니다! 하지만 다른 경우에는 아래 예시와 같이 업데이트가 손실되어 카운터 값이 반복되어 나타날 수 있습니다.

```
Thread-1 Value: 1
```

```
Thread-1 Value: 2
Thread-1 Value: 3
Thread-0 Value: 1
Thread-1 Value: 4
Thread-1 Value: 6
Thread-0 Value: 5
```

즉, 대부분의 경우 정상적으로 실행되는 동시성 프로그램이 항상 올바른 프로그램이라고 할 수는 없습니다. 프로그램이 실패하는 사례를 찾는 것과 프로그램이 올바르다고 증명하는 것은 전혀 다른 문제입니다. 단 하나의 실패 사례만 찾아도 해당 프로그램이 올바르지 않음을 입증할 수 있습니다.

상황을 더 어렵게 만드는 점은, 동시성 코드에서 발생하는 버그를 재현하는 것이 매우 어렵다는 것입니다. 디이크스트라의 유명한 격언인 '테스트는 버그의 존재를 보여줄 수는 있지만, 버그의 부재를 증명할 수는 없다'라는 말은 단일 스레드 애플리케이션보다 동시성 코드에 더 강하게 적용됩니다.

물론 `synchronized`를 사용해 `int`와 같은 단순한 값의 업데이트를 제어할 수도 있습니다.[2]

하지만 동기화를 사용할 때는 신중한 설계와 사전 계획이 필요합니다. 이러한 준비 없이 단순히 동기화를 추가하면, 오히려 프로그램 속도가 느려질 수 있습니다.

이는 동시성을 도입하는 본래의 목적인 처리량을 높이는 것과 정반대의 결과를 초래할 수 있습니다. 따라서 코드베이스를 병렬화parallelization하려는 모든 시도에는 추가적인 복잡성의 이점이 충분히 증명될 수 있도록 성능 테스트가 반드시 뒷받침되어야 합니다.

> **NOTE** 동기화 블록을 추가하는 비용은, 특히 경쟁이 없는 경우, 이전 자바 가상 머신 버전보다 훨씬 저렴해졌습니다. 하지만 여전히 필요하지 않다면 사용을 자제하는 것이 좋습니다.

무분별한 동기화shotgun approach to synchronization 이상의 효과적인 방법을 사용하려면, 자바 가상 머신의 저수준 메모리 모델을 이해하고, 이를 실제 동시성 애플리케이션에 어떻게 활용할 수 있는지 알아야 합니다.

2 자바 5 이전에는 `synchronized` 키워드가 동기화를 위한 유일한 선택이었습니다.

13.2 자바 메모리 모델의 이해

자바는 1.0 버전부터 공식적인 메모리 모델인 자바 메모리 모델을 제공해 왔습니다. 이후 JSR 133[3]을 통해 대대적인 수정이 이루어졌고, 이는 자바 5에 포함되어 일부 문제가 해결되었습니다.

자바 명세에서 자바 메모리 모델은 메모리에 대한 수학적 모델로 표현됩니다. 이 모델은 다소 어려운 모델로 알려져 있으며, 많은 개발자들이 자바 명세서 중에서도 특히 제네릭을 제외하면 가장 난해한 부분으로 생각합니다.

자바 메모리 모델은 다음과 같은 질문에 대한 답을 제공합니다.

- 두 개의 코어가 동일한 데이터를 접근할 때 어떤 일이 발생할까요?
- 언제 두 코어가 동일한 값을 볼 수 있다고 보장할 수 있을까요?
- 메모리 캐시는 이러한 답변에 어떤 영향을 미칠까요?

공유 상태에 접근하는 모든 곳에서, 플랫폼은 자바 메모리 모델이 제시하는 보장을 준수하도록 합니다. 이러한 보장은 크게 순서에 관련된 보장과 스레드 간 업데이트 가시성에 관련된 보장으로 나뉩니다.

하드웨어가 단일 코어에서 멀티코어, 더 나아가 매니코어[many-core] 시스템으로 발전하면서, 메모리 모델의 역할은 점점 더 중요해지고 있습니다. 이제 순서 보장과 스레드 가시성 문제는 단순한 이론적 문제를 넘어, 실제 개발자들의 코드에 직접적인 영향을 미치는 실질적인 문제가 되었습니다.

큰 틀에서 보면, 자바 메모리 모델과 같은 메모리 모델이 취할 수 있는 접근 방식은 두 가지가 있습니다.

- 강한 메모리 모델: 모든 코어가 언제나 동일한 값을 봅니다.
- 약한 메모리 모델: 코어마다 서로 다른 값을 볼 수 있으며, 이러한 상황이 발생할 시점을 제어하는 특별한 캐시 규칙이 존재합니다.

프로그래밍 관점에서 보면, 강한 메모리 모델은 매우 매력적입니다. 특히 애플리케이션 코드를 작성할 때 개발자가 추가적으로 신경 쓸 필요가 없기 때문입니다.

[그림 13-4]에서는 현대적인 멀티 CPU 시스템을 단순화한 모습을 볼 수 있습니다. 이러한 구

3 자바 플랫폼은 플랫폼 표준에 대한 개선 사항을 추적하는 자바 명세 요청(JSRs)을 통해 발전해 왔습니다.

조는 비균일 메모리 접근 아키텍처가 언급된 5장과 7장에서도 살펴보았습니다.

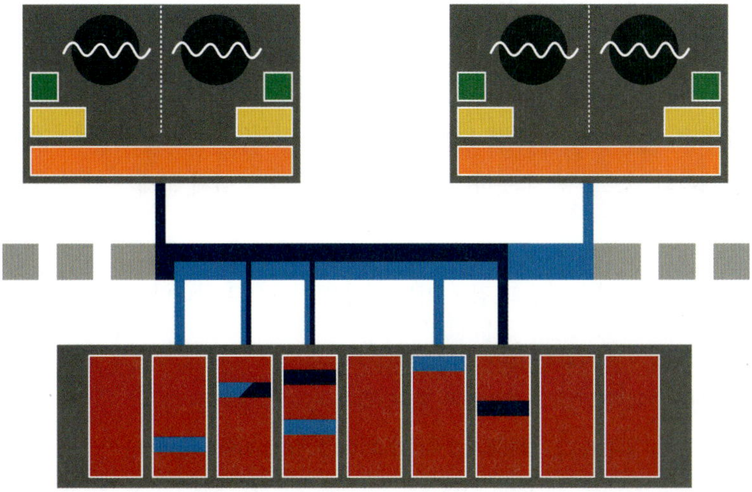

그림 13-4 현대적인 멀티 CPU 시스템

만약 이러한 하드웨어 위에 강한 메모리 모델을 구현한다면, 이는 메모리에 대한 쓰기 반영 방식과 동일하게 동작합니다. 즉, 캐시 무효화invalidation 알림이 메모리 버스를 가득 채우게 되어, 메인 메모리와의 실질적인 데이터 전송 속도가 급격히 떨어지게 됩니다. 이러한 문제는 코어 수가 증가할수록 더욱 심각해지며, 결과적으로 매니코어 환경에서는 이러한 접근 방식이 근본적으로 적합하지 않습니다.

또한 자바가 아키텍처 독립적인 환경을 목표로 설계되었다는 점도 중요합니다. 만약 자바 가상 머신이 강한 메모리 모델을 명시한다면, 이를 네이티브로 강한 메모리 모델을 지원하지 않는 하드웨어 위에서도 구현하기 위해 추가적인 소프트웨어 작업이 필요할 것입니다. 이는 결과적으로 약한 하드웨어 위에 자바 가상 머신을 이식할 때 상당한 작업량을 초래하게 됩니다.

실제로 자바 메모리 모델은 매우 약한 메모리 모델을 채택하고 있습니다. 이는 '메모리 캐시memory caches'에서 설명한 MESI를 포함한 실제 CPU 아키텍처의 흐름과 더 잘 맞아떨어집니다. 또한 자바 메모리 모델이 보장하는 사항이 적기 때문에 이식porting이 더 쉬워집니다.

중요한 점은 자바 메모리 모델이 최소한의 요구 사항만을 정의한다는 것입니다. 실제 자바 가상 머신 구현과 CPU는 자바 메모리 모델이 요구하는 것보다 더 많은 보장을 제공할 수 있습니다. 이는 '하드웨어 메모리 모델hardware memory models'에서 설명한 내용입니다.

이 때문에 애플리케이션 개발자가 잘못된 안전함에 빠질 수 있습니다. 만약 애플리케이션이 자바 메모리 모델보다 강한 메모리 모델을 가진 하드웨어 플랫폼에서 개발되었다면, 동시성 버그가 드러나지 않아 그대로 남아 있을 수 있습니다. 이는 하드웨어의 메모리 보장 덕분에 실제로 문제가 발생하지 않았기 때문입니다. 그러나 동일한 애플리케이션을 더 약한 하드웨어에 배포하면, 더 이상 하드웨어의 보호를 받지 못하게 되어 동시성 버그가 실제 문제가 될 수 있습니다.

자바 메모리 모델이 제공하는 보장은 다음과 같은 기본 개념을 기반으로 합니다.

- 선행 발생: 한 이벤트가 다른 이벤트보다 확실히 먼저 발생합니다.
- 동기화 관계: 해당 이벤트가 객체의 메모리 보기를 주 메모리와 동기화하도록 만듭니다.
- 순차 실행: 실행 중인 스레드 외부에서는 명령어가 순차적으로 실행되는 것처럼 보입니다.
- 선 해제 후 획득: 한 스레드가 잠금을 해제하면, 다른 스레드가 이를 획득하기 전에 반드시 해제가 완료됩니다.

공유되는 변경 가능한 상태를 처리하는 가장 중요한 기술 중 하나는 동기화를 통한 잠금입니다. 이는 자바의 동시성 개념에서 근본적인 부분을 차지하며, 자바 메모리 모델과 올바르게 연동하려면 이를 깊이 있게 논의할 필요가 있습니다.

WARNNING 성능에 관심이 있는 개발자라면 `Thread` 클래스와 자바의 동시성 메커니즘에서 제공하는 기본적인 언어 수준의 원시 기능만 알고 있어서는 충분하지 않습니다.

각 스레드는 객체의 상태에 대한 자신만의 뷰를 가지고 있으며, 스레드가 수행한 모든 변경 사항은 메인 메모리에 반영된 후 동일한 데이터를 접근하는 다른 스레드에서 다시 읽혀야 합니다. 이는 MESI 컨텍스트에서 설명된 하드웨어의 쓰기 반영 방식과 잘 맞아떨어지지만, 자바 가상 머신에서는 저수준 메모리 접근을 감싸는 상당한 양의 구현 코드가 존재합니다.

이러한 관점에서 `synchronized` 키워드의 의미가 명확해집니다. 이는 모니터를 가진 스레드의 로컬 뷰가 메인 메모리와 동기화되었음을 의미합니다.

동기화 메서드와 동기화 블록은 스레드가 동기화를 수행해야 하는 접점touchpoint을 정의합니다. 또한, 다른 동기화 블록이나 메서드가 시작되기 전에 반드시 완료되어야 하는 코드 블록을 정의합니다.

자바 메모리 모델은 비동기화 접근에 대해서는 어떠한 보장도 제공하지 않습니다. 한 스레드에서 변경된 내용이 다른 스레드에서 언제 보이게 될지 알 수 없습니다. 만약 이러한 보장이 필요하다면, 쓰기 접근은 반드시 동기화 블록으로 보호되어야 하며, 이를 통해 캐시된 값을 메인 메모리로 쓰기 반영하도록 해야 합니다. 마찬가지로, 읽기 접근 또한 동기화된 코드 내에서 이루어져야 메모리에서 다시 읽기를 강제할 수 있습니다.

현대적인 자바 동시성 기능이 도입되기 전까지는, `synchronized` 키워드를 사용하는 것이 여러 스레드 간의 데이터 순서와 가시성을 보장할 수 있는 유일한 방법이었습니다.

자바 메모리 모델은 이러한 동작을 강제하고, 자바와 메모리 안전성에 대해 가정할 수 있는 다양한 보장을 제공합니다. 그러나 기존의 자바 `synchronized` 잠금에는 몇 가지 제한사항이 있으며, 이는 시간이 지나면서 점점 더 심각해지고 있습니다.

- 잠금이 걸린 객체에 대한 모든 `synchronized` 연산은 동일하게 처리됩니다. 우선순위 전략을 지정하거나 읽기와 쓰기 접근을 구분할 수 있는 방법이 없습니다.
- 잠금의 획득과 해제는 메서드 수준 또는 메서드 내 `synchronized` 블록 내에서만 가능합니다.
- 잠금을 획득하거나 스레드가 차단되는 두 가지 선택지뿐입니다. 만약 잠금을 얻지 못할 경우, 잠금을 시도하고 다른 작업을 계속할 방법이 없습니다.

매우 흔한 실수는 잠금이 걸린 데이터의 읽기와 쓰기 작업 모두를 동일하게 처리해야 한다는 사실을 잊는 것입니다. 만약 애플리케이션이 `synchronized`를 쓰기 작업에만 사용한다면, 이는 업데이트 손실로 이어질 수 있습니다.

예를 들어, 읽기 작업에는 잠금이 필요하지 않을 것처럼 보일 수 있습니다. 그러나 다른 스레드에서 온 업데이트 가시성을 보장하려면 반드시 `synchronized`를 사용해야 합니다.

> **NOTE** 자바의 스레드 간 동기화는 협력 메커니즘이며, 참여하는 스레드 중 하나라도 규칙을 따르지 않으면 올바르게 작동하지 않습니다.

자바 메모리 모델을 처음 접하는 사람들에게 도움이 되는 자료 중 하나는 JSR-133 컴파일러 쓰기 쿡북Cookbook for Compiler Writers[4]입니다. 이 자료는 자바 메모리 모델 개념을 과도한 세부 정보

4 *https://oreil.ly/F2tLe*

없이 쉽고 간결하게 설명하고 있습니다.

예를 들어, 메모리 모델을 설명하는 과정에서 여러 추상적 장벽abstract barrier이 도입되고 논의됩니다. 이러한 장벽은 자바 가상 머신 구현자와 라이브러리 개발자가 CPU에 종속되지 않는 방식으로 자바의 동시성 규칙을 생각할 수 있도록 돕는 역할을 합니다.

자바 가상 머신 구현이 따라야 하는 규칙들은 자바 명세서에 자세히 나와 있습니다. 실제로 각 추상적 장벽을 구현하는 명령어는 CPU마다 다를 수 있습니다. 예를 들어, 인텔 CPU 모델은 특정 명령어 재정렬을 하드웨어 차원에서 자동으로 방지하므로, 쿡북에서 설명하는 일부 장벽은 실제로 아무 동작도 하지 않는 경우도 있습니다.

마지막으로 고려해야 할 점은 성능 환경이 계속 변화한다는 것입니다. 자바 메모리 모델이 만들어진 이후로 하드웨어의 발전과 동시성 기술이 지속적으로 발전하고 있습니다. 그 결과, 자바 메모리 모델의 설명은 현대적인 하드웨어와 메모리 시스템을 충분히 표현하지 못하는 한계가 있습니다.

자바 9에서는 자바 메모리 모델을 확장하여 현대 시스템의 현실에 (적어도 부분적으로) 부합하려는 노력이 이루어졌습니다. 그 핵심 중 하나는 다른 프로그래밍 환경과의 호환성이며, 특히 자바 메모리 모델의 아이디어를 차용하고 이를 확장한 C++11과의 호환성이 중요한 요소입니다. 이를 통해 C++11 모델은 자바 5 자바 메모리 모델(JSR 133)의 범위를 넘어서는 개념들을 정의하게 되었고, 자바 9는 이러한 개념 중 일부를 자바 플랫폼에 도입하여 하드웨어를 고려한 저수준 자바 코드가 C++11과 일관되게 상호 운용할 수 있도록 개선했습니다.

자바 메모리 모델에 대해 더 깊이 알고 싶다면, 알렉세이 쉬필료프Aleksey Shipilëv의 블로그 게시물[5]을 참고하십시요. 이 글은 유용한 해설과 매우 상세한 기술 정보를 제공합니다.

13.3 동시성 라이브러리 구축

자바 메모리 모델은 매우 성공적이었지만 이해하기 어렵고 실제로 활용하기는 더 어렵습니다. 이와 관련된 문제 중 하나는 내부 잠금의 유연성 부족입니다.

5 https://oreil.ly/fU3vW

이러한 이유로 자바 5 이후로는 자바 클래스 라이브러리의 일환으로 고품질의 동시성 라이브러리와 도구를 표준화하는 경향이 증가하고 있으며, 내장된 언어 수준 지원에서 벗어나고 있습니다. 대부분의 경우, 심지어 성능에 민감한 경우에도 이러한 라이브러리를 사용하는 것이 새로운 추상화를 처음부터 직접 만드는 것보다 적합합니다.

`java.util.concurrent` 라이브러리는 자바에서 멀티스레드 애플리케이션을 작성하는 작업을 훨씬 쉽게 만들어줍니다. 자바 개발자는 자신의 요구 사항에 가장 적합한 추상화 수준을 선택해야 하며, 운 좋게도 `java.util.concurrent`의 잘 설계된 라이브러리를 선택하면 더 나은 '스레드 핫thread hot' 성능도 얻을 수 있습니다. 여기서 '스레드 핫'이란, 스레드가 대부분의 시간을 실행에 사용하고 동일한 구조에서 작업을 수행하는 다른 스레드와 경쟁하지 않는 동시성 프로파일을 의미합니다.

제공되는 핵심 구축 범위는 몇 가지 일반적인 범주로 나눌 수 있습니다.

- 잠금과 세마포어semaphore
- 원자적 연산atomic
- 차단 큐queue
- 래치latch
- 실행자executor

[그림13-5]에서 동시성 기본요소와 비즈니스 로직을 기반으로 구성된 일반적인 현대적 자바 동시성 애플리케이션의 구조를 볼 수 있습니다.

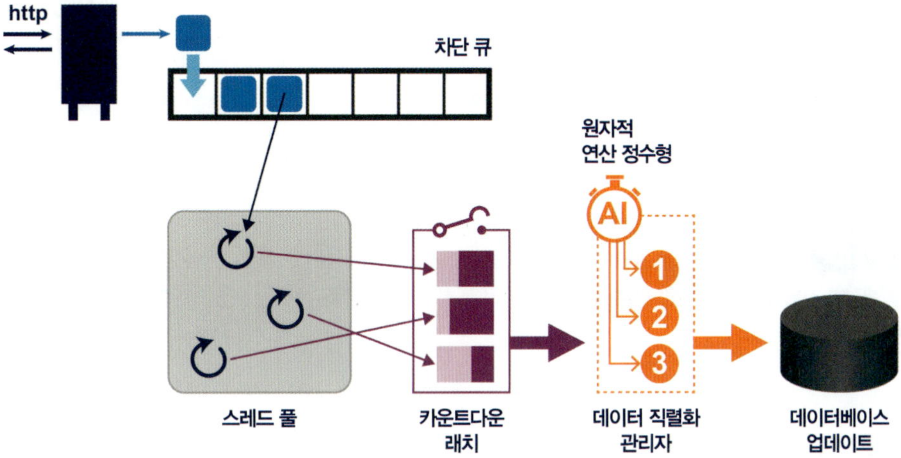

그림 13-5 동시성 애플리케이션 예시

이러한 빌딩 블록 중 일부는 다음 절에서 다룰 예정이지만, 그 전에 자바 동시성 라이브러리에서 사용되는 주요 구현 기법을 먼저 살펴보겠습니다. 동시성 라이브러리가 어떻게 구현되는지를 이해하면 성능을 중요하게 생각하는 개발자가 이를 최적의 방식으로 활용할 수 있습니다. 특히 극한의 경계extreme edge에서 작업하는 개발자의 경우, 라이브러리의 동작 원리를 아는 것이 표준 라이브러리의 한계를 넘어설 때 초고성능 대체제를 선택하거나 개발할 수 있는 출발점이 될 수 있습니다.

일반적으로, 라이브러리는 운영 체제에 의존하는 것을 줄이고, 가능하면 사용자 공간에서 동작하도록 설계됩니다. 이렇게 하면 여러 가지 장점이 있으며, 그중 가장 중요한 것은 유닉스 계열 운영 체제 간의 작은 차이에 영향을 받지 않고 보다 글로벌하게 일관된 동작을 보장할 수 있다는 점입니다.

13.3.1 메서드와 변수 핸들

6장에서 우리는 `invokedynamic`을 다루었습니다. 이 플랫폼의 주요 발전은 호출 지점에서 실행할 메서드를 결정하는 데 훨씬 더 큰 유연성을 제공한다는 것입니다. 핵심 포인트는 `invokedynamic` 호출 지점이 실행할 메서드를 컴파일 타임이 아니라 런타임에 결정한다는 점입니다.

대신, 인터프리터가 해당 호출 지점에 도달하면 특수한 보조 메서드(**부트스트랩 메서드** 또는 BSM)가 호출됩니다. BSM은 호출 지점에서 실행해야 할 실제 메서드를 나타내는 객체(메서드 핸들method handle API에서 제공하는 **메서드 핸들**)를 반환합니다. 이는 **호출 대상**call target이라고 하며, 호출 지점에 **가미**된다고 표현됩니다.

> **NOTE** 가장 단순한 경우, 호출 대상의 조회는 호출 지점이 처음 실행될 때 한 번만 수행됩니다. 그러나 더 복잡한 경우에는 호출 지점이 무효화될 수 있으며, 조회가 다시 실행되어 다른 호출 대상이 선택될 가능성도 있습니다.

메서드 핸들 API의 핵심은 컴파일 타임에 대한 사전 지식 없이 런타임에 메서드를 결정하고, 획득하며, 호출할 수 있는 기능을 제공하는 것입니다. 이는 잘 알려져 있지만 훨씬 오래된 리플렉션 API와 여러 면에서 유사합니다. 그러나 이 API는 일반적으로 더 나으며, 덜 번거롭고, 몇 가지 중요한 설계상의 결함이 수정되었습니다.

> **NOTE** 메서드 핸들을 보다 현대적인 리플렉션 버전으로 생각하는 것은 그리 과한 해석이 아닙니다. 그리고 자바 21부터는 실제로 리플렉션 기능이 메서드 핸들 위에서 구현되었습니다.

java.base 모듈의 java.lang.invoke 패키지에 속하는 MethodHandle 객체는 특정 메서드에 대한 **직접 실행** 가능한 참조를 나타냅니다. 이러한 메서드 핸들 객체는 기본 메서드를 실행할 수 있도록 도와주는 여러 관련 메서드 그룹을 포함하고 있습니다. 그중에서도 invoke()가 가장 일반적으로 사용되지만, 추가적인 헬퍼 메서드와 기본 호출자invoker 메서드의 변형도 존재합니다.

리플렉션을 사용한 호출과 마찬가지로, 메서드 핸들이 참조하는 메서드는 어떤 시그니처도 가질 수 있습니다. 따라서, 메서드 핸들에 있는 호출자 메서드는 완전한 유연성을 제공하기 위해 매우 허용적인 시그니처를 가져야 합니다. 그러나, 메서드 핸들은 기존 리플렉션보다 더 발전된 새로운 기능을 제공합니다.

이 새로운 기능이 무엇이며, 왜 중요한지 이해하기 위해, 먼저 리플렉션을 사용하여 메서드를 호출하는 간단한 코드를 살펴보겠습니다.

```
Method m = ...
Object receiver = ...
Object o = m.invoke(receiver, new Object(), new Object());
```

이 코드는 다음과 같이 예상 가능한 바이트코드를 생성합니다.

```
17: iconst_0
18: new           #2  //  클래스 java/lang/Object
21: dup
22: invokespecial #1  // 메서드 java/lang/Object."<init>":()V
25: aastore
26: dup
27: iconst_1
28: new           #2  // 클래스 java/lang/Object
31: dup
32: invokespecial #1  // 메서드 java/lang/Object."<init>":()V
```

```
35: aastore
36: invokevirtual #3  // 메서드 java/lang/reflect/Method.invoke
                      // :(Ljava/lang/Object;[Ljava/lang/Object;)
                      // Ljava/lang/Object;
```

iconst와 aastore 연산코드는 가변 인수의 첫 번째(0번째)와 두 번째(1번째) 요소를 배열에 저장한 후, 이를 invoke()로 전달하기 위해 사용됩니다. 그 결과, 바이트코드에서 호출의 전체 시그니처는 invoke:(Ljava/lang/Object;[Ljava/lang/Object;)Ljava/lang/Object;로 나타납니다. 메서드는 단일 객체 인수[receiver]를 받고, 이어서 가변 개수의 매개변수를 리플렉션 호출에 전달합니다. 최종적으로는 Object를 반환하게 됩니다. 이는 컴파일 타임에 이 메서드 호출에 대해 아는 것이 전혀 없으며, 모든 부분을 런타임까지 미루고 있다는 것을 의미합니다.

결과적으로, 이는 매우 일반적인 호출이며, 단일 객체 인수와 Method 객체가 일치하지 않거나 매개변수 목록이 잘못되었다면 런타임에 오류가 발생할 수 있습니다.

대조적으로, 이제 메서드 핸들을 사용한 유사한 간단한 예제를 살펴보겠습니다.

```
MethodType mt = MethodType.methodType(int.class);
MethodHandles.Lookup l = MethodHandles.lookup();
MethodHandle mh = l.findVirtual(String.class, "hashCode", mt);

String receiver = "b";
int ret = (int) mh.invoke(receiver);
System.out.println(ret);
```

이 호출에는 두 가지 단계가 있습니다. 먼저 메서드 핸들을 조회하고, 그 다음에 이를 호출합니다. 실제 시스템에서는 이 두 단계가 시간상으로나 코드 위치상으로 크게 떨어져 있을 수 있습니다. 메서드 핸들은 변경 불가능하고 안정적인 객체이므로 쉽게 캐싱하거나 나중에 사용하기 위해 보관할 수 있습니다.

조회 메커니즘은 반복적인 코드처럼 보일 수 있지만, 이는 접근 제어와 관련된 오래된 문제를 해결하기 위해 사용됩니다. 이 문제는 리플렉션이 처음 도입되었을 때부터 존재해 왔습니다.

클래스가 처음 로드될 때, 바이트코드는 철저히 검사를 받습니다. 여기에는 해당 클래스가 접근 권한이 없는 메서드를 악의적으로 호출하지 않도록 하는 검사가 포함됩니다. 만약 접근할 수 없는 메서드를 호출하려고 하면, 클래스 로딩 과정에서 실패하게 됩니다.

성능상의 이유로, 클래스 로딩이 완료된 후에는 추가적인 검사가 수행되지 않습니다. 이는 리플렉션 코드가 악용할 수 있는 틈새를 제공하며, 리플렉션 서브시스템의 초기 설계 결정(자바 1.1 시절부터)은 여러 가지 이유로 완전히 만족스럽지 않습니다.

메서드 핸들 API는 다른 접근 방식인 조회 컨텍스트를 사용합니다. 이를 사용하려면 `MethodHandles.lookup()`을 호출하여 컨텍스트 객체를 생성합니다. 반환된 변경 불가능한 객체는 컨텍스트 객체가 **생성된** 시점에 접근 가능한 메서드와 필드를 기록한 상태를 가지고 있습니다.

이는 컨텍스트 객체를 즉시 사용할 수도 있고, 저장해 둘 수도 있음을 의미합니다. 이러한 유연성을 통해 클래스가 자신의 비공개 메서드에 선택적으로 접근할 수 있도록 허용하는 패턴을 구현할 수 있습니다(예 조회 객체 캐싱 후 접근 필터링). 반면, 리플렉션에서는 `setAccessible()`을 사용하는 강제 우회 방법만 제공되며, 이는 자바의 접근 제어 안전 기능을 완전히 무력화시킵니다.

이제 메서드 핸들 예제의 조회 부분에 대한 바이트코드를 살펴보겠습니다.

```
0: getstatic      #2 // 필드 java/lang/Integer.TYPE:Ljava/lang/Class;
3: invokestatic   #3 // 메서드 java/lang/invoke/MethodType.methodType:
                     // (Ljava/lang/Class;)Ljava/lang/invoke/MethodType;
6: astore_1
7: invokestatic   #4 // 메서드 java/lang/invoke/MethodHandles.lookup:
                     // ()Ljava//lang/invoke/MethodHandles$Lookup;
10: astore_2
11: aload_2
12: ldc            #5 // 클래스 java/lang/String
14: ldc            #6 // 문자열 해시코드
16: aload_1
17: invokevirtual #7 // 메서드 java/lang/invoke/MethodHandles$Lookup.findVirtual:
                     // (Ljava/lang/Class;Ljava/lang/String;Ljava/lang/invoke/
                     // MethodType;)Ljava/lang/invoke/MethodHandle;
20: astore_3
```

이 코드는 `lookup()`이 정적 호출이 이루어지는 시점에서 접근 가능한 모든 메서드를 볼 수 있는 컨텍스트 객체를 생성했습니다. 이를 통해 `findVirtual()` (또는 관련 메서드)을 사용하여 해당 시점에서 보이는 모든 메서드에 대한 핸들을 가져올 수 있습니다. 만약 조회 컨텍스트를 통해 볼 수 없는 메서드에 접근하려고 하면, `IllegalAccessException`이 발생합니다. 리플렉

션과는 달리, 개발자가 이러한 접근 검사를 우회하거나 비활성화할 방법이 없습니다.

예제에서는 String의 공개 hashCode() 메서드를 조회하고 있습니다. 이는 특별한 접근 권한을 요구하지 않습니다. 그러나 여전히 조회 메커니즘을 사용해야 하며, 플랫폼은 컨텍스트 객체가 요청된 메서드에 접근할 수 있는지를 검사합니다.

이제 메서드 핸들을 호출할 때 생성되는 바이트코드를 살펴보겠습니다.

```
21: ldc           #8  // b 문자열
23: astore        4
25: aload_3
26: aload         4
28: invokevirtual #9  // 메서드 java/lang/invoke/MethodHandle.invoke
                      // :(Ljava/lang/String;)I
31: istore        5
33: getstatic     #10 // 필드 java/lang/System.out:Ljava/io/PrintStream;
36: iload         5
38: invokevirtual #11 // 메서드 java/io/PrintStream.println:(I)V
```

이 코드는 리플렉션 방식과 상당히 다릅니다. invoke() 메서드를 호출할 때 모든 인수를 허용하는 일괄 호출 방식이 아닌, 런타임에 호출될 메서드의 예상 시그니처를 정확하게 명시하고 있습니다.

> **NOTE** 메서드 핸들 호출에 대한 바이트코드는 호출 지점에 대해 리플렉션 방식보다 더 나은 정적 타입 정보를 포함하고 있습니다.

예제의 호출 시그니처는 invoke:(Ljava/lang/String;)I 입니다. 그러나 MethodHandle의 자바 문서JavaDoc 어디에도 해당 클래스에 이러한 메서드가 있다는 내용은 없습니다. 대신, javac 소스 코드 컴파일러가 이 호출에 적합한 타입 시그니처를 추론하여 해당 호출을 생성한 것입니다. 이는 MethodHandle에 해당 메서드가 실제로 존재하지 않음에도 불구하고 가능한 일입니다. javac가 생성한 바이트코드는 스택을 설정하여 이 호출이 일반적인 방식으로 디스패치 되도록 만듭니다(연결 가능하다고 가정). 이를 통해 가변 인수를 배열로 감싸는 작업 없이 호출할 수 있습니다.

모든 자바 가상 머신 런타임은 이 바이트코드를 로드 할 때 해당 메서드 호출을 있는 그대로 연결해야 합니다. 또한, 메서드 핸들이 런타임에 올바른 시그니처의 메서드를 나타내고, `invoke()` 호출이 기본 메서드에 대한 위임 호출로 대체될 것이라는 기대를 충족해야 합니다.

> **NOTE** 이러한 약간 특이한 자바 언어 기능을 **시그니처 다형성**signature polymorphism이라고 하며, 메서드 핸들에만 적용됩니다..

물론, 이는 매우 자바답지 않은 언어 기능입니다. 이러한 기능의 사용 사례는 주로 언어와 프레임워크 구현자를 대상으로 하고 있습니다.

대부분의 개발자에게 메서드 핸들을 이해하는 간단한 방법은 리플렉션과 유사한 기능을 제공하지만, 보다 현대적인 방식으로 최대한의 정적 타입 안전성을 갖춘 도구로 보는 것입니다. 예상할 수 있듯이, 메서드 핸들은 동시성과 고성능 라이브러리를 구현하는 데 매우 유용한 도구입니다.

역사적으로, 저수준 기능을 구현하는 유일한 옵션은 `Unsafe`를 사용하는 것이었습니다. `Unsafe`는 CPU와 기타 하드웨어 기능에 직접 접근하고, 힙 외부 메모리off-heap memory를 관리하며, 일반적으로 자바가 설정한 엄격한 제약을 우회할 수 잇는 유일한 수단이었습니다. `Unsafe`는 원래 JDK 내부에서만 사용될 의도로 설계되었지만, 자바생태계에서 거의 모든 프레임워크에서 널리 사용되기에 이르렀습니다. 그러나 이제는 메서드 핸들과 변수 핸들var handles이 중요한 역할을 하며, 이는 원자적 연산이나 비교와 교환과 같은 동시성 라이브러리의 발전을 위한 기반 을 제공합니다.

13.3.2 원자적 연산 또는 비교와 교환

자바의 원자적 연산 정수 클래스(`java.util.concurrent.AtomicInteger`)는 더하기add, 증가increment, 감소decrement와 같은 복합 연산을 제공하며, 이는 `get()`과 결합하여 영향을 받은 결과를 반환합니다. 즉, 두 개의 개별 스레드에서 증가 연산을 수행하면 `currentValue + 1`과 `currentValue + 2`를 반환하게 됩니다. 원자적 변수의 의미론은 `volatile`의 확장이지만, 더 유연합니다. 스레드 기반 연산이 가시성을 보장하기 위해 동기화할 필요 없이 수행됩니다.

원자적 연산은 감싸고 있는 기본 타입을 상속하지 않으며, 직접 대체할 수 없습니다. 예를 들어, `AtomicInteger`는 `Integer`를 상속하지 않습니다. 하나의 이유는 `java.lang.Integer`가 (올바르게도) 최종 클래스이기 때문이며, 또 다른 이유는 `Integer`가 불변 객체를 나타내는 반면, `AtomicInteger`는 명시적으로 스레드 안전한 가변 값을 나타내기 때문입니다.

원자적 연산은 일부 다른 동시성 라이브러리(`java.util.concurrent`의 잠금 포함)와 함께 **비교와 교환**이라는 기술을 구현하기 위해 저수준 프로세서 명령어와 운영 체제의 특정 기능을 활용합니다.

이 기술은 '기대하는 현재 값expected current value'과 '원하는 새로운 값wanted new value'이라는 두 개의 값을 사용하며, 메모리 위치(포인터)와 함께 동작합니다. 원자적 연산 단위로 두 개의 연산이 이루어집니다.

1. 기대하는 현재 값을 메모리 위치의 실제 값과 비교합니다.
2. 만약 두 값이 일치하면, 현재 값을 원하는 새로운 값으로 교체합니다.

비교와 교환은 여러 중요한 고수준 동시성 기능의 기본 빌딩 블록이며, 이는 자바 메모리 모델이 생성된 이후에도 성능과 하드웨어 환경이 지속적으로 변화해 왔다는 대표적인 예시입니다.

현대의 대부분의 프로세서는 하드웨어에서 비교와 교환 기능을 구현하고 있지만, 비교와 교환은 자바 메모리 모델이 자바 플랫폼 명세의 일부가 아닙니다. 따라서, 전통적으로 비교와 교환 연산은 구현 별 확장으로 다루어졌으며, 비교와 교환 하드웨어 접근은 `sun.misc.Unsafe` 클래스를 통해 제공되었습니다.

그러나, 최근 자바 버전에서는 `Unsafe`를 제거하고, 메서드 핸들과 변수 핸들로 이를 대체하려는 노력이 증가하고 있습니다.[6]

> **NOTE** 원자적 연산을 효과적으로 사용하려면, 개발자가 제공된 기능을 활용하고, 예를 들어 원자적 정수를 직접 구현하려고 하지 않는 것이 중요합니다. 표준 라이브러리는 이미 메서드 핸들(그리고 허용되는 경우 `Unsaf`)을 활용하고 있으므로 안심해도 됩니다.

6 `Unsafe`에 대한 전체 설명은 이 책의 범위를 벗어납니다. 특히 이는 OpenJDK팀이 적극적으로 제거하려는 API 이기 때문입니다. 더 자세한 내용은 오라클의 자바 메거진에 실린 기사 *https://oreil.ly/ZR9WH*에서 확인할 수 있습니다.

Unsafe를 대체하는 방법을 살펴보는 간단한 예제를 확인해 보겠습니다.

```
public class AtomicIntegerWithVarHandles extends Number {

    private volatile int value = 0;
    private static final VarHandle V;

    static {
        try {
            MethodHandles.Lookup l = MethodHandles.lookup();
            V = l.findVarHandle(AtomicIntegerWithVarHandles.class, "value",
                int.class);
        } catch (ReflectiveOperationException e) {
            throw new Error(e);
        }
    }

    public final int getAndSet(int newValue) {
        int v;
        do {
            v = (int)V.getVolatile(this);
        } while (!V.compareAndSet(this, v, newValue));

        return v;
    }
    // ....
```

이 샘플은 비교와 교환 연산을 반복적으로 재시도하는 루프의 사용법을 보여줍니다. 이는 비교가 실패하여 업데이트가 수행되지 않는 상황을 처리하기 위한 것입니다. 일반적으로 이러한 실패는 다른 스레드가 현재 스레드의 읽기와 쓰기 사이에 값을 업데이트했을 때 발생합니다.

이 재시도 루프는 변수를 업데이트하는 데 여러 번의 재시도가 필요할 경우 성능이 선형적으로 저하됩니다. 성능을 고려할 때, 경쟁 수준을 모니터링하여 처리량 수준이 높은 상태를 유지하는 것이 중요합니다.

이러한 제한점을 감안하더라도, 원자적 연산은 잠금이 필요 없으며 따라서 교착 상태[deadlock]에 빠질 수 없습니다.

13.3.3 잠금과 반복 잠금

자바에서 synchronized의 기반이 되는 내부 잠금은 사용자 코드에서 운영 체제를 호출하여 작동합니다. 운영 체제는 신호를 받을 때까지 스레드를 무기한 대기 상태로 두는 데 사용됩니다. 이는 경쟁하는 리소스가 매우 짧은 시간 동안만 사용될 경우 엄청난 오버헤드를 초래할 수 있습니다.

비잠금lock-free 기술은 차단이 처리량에 좋지 않으며 성능을 저하시킬 수 있다는 전제에서 출발합니다. 대신, 차단된 스레드가 CPU에서 계속 활성 상태를 유지하면서 유용한 작업을 수행하지 않고 단순히 'CPU 소모' 잠금을 재시도하는 것이 훨씬 더 효율적일 수 있습니다.

이 기술은 반복 잠금spinlock이라고 하며, 완전한 상호 배제 잠금보다 더 가볍게 설계되었습니다. 현대 시스템에서는 하드웨어가 이를 지원한다고 가정하고 일반적으로 비교와 교환을 사용하여 반복 잠금을 구현합니다.

이제 저수준 x86 어셈블리에서의 간단한 예제를 살펴보겠습니다.

```
locked:
     dd      0

spin_lock:
     mov     eax, 1
     xchg    eax, [locked]
     test    eax, eax
     jnz     spin_lock
     ret

spin_unlock:
     mov     eax, 0
     xchg    eax, [locked]
     ret
```

반복 잠금의 정확한 구현은 CPU마다 다를 수 있지만, 핵심 개념은 모든 시스템에서 동일합니다.

- '테스트와 설정' 연산(여기서는 xchg로 구현)은 반드시 원자적 연산이어야 합니다.
- 반복 잠금에 대한 경쟁이 발생하면, 대기 중인 프로세서는 빠른 루프를 실행합니다.

비교와 교환은 기대하는 값이 올바른 경우, 하나의 명령어로 안전하게 값을 업데이트할 수 있도록 해줍니다. 이는 잠금의 기본적인 빌딩 블록을 형성하는 데 도움이 됩니다.

물론, 이러한 기술에도 비용이 따릅니다. CPU 코어를 점유하는 것은 사용률과 전력 소비 측면에서 부담이 큽니다. 기계가 유휴 상태가 아니게 되지만, 이 스핀 동작은 더 높은 발열을 의미하며, 결국 아무 작업도 수행하지 않는 프로세싱 코어를 냉각하는 데 더 많은 전력이 필요하게 됩니다.

13.4 동시성 라이브러리 요약

자바의 동시성은 원래 장기 실행 작업을 다른 스레드가 실행될 수 있도록 인터리브interleaved 할 수 있는 환경을 위해 설계되었습니다. 예를 들어, I/O 또는 기타 유사한 느린 작업이 이에 해당하며, 당시에는 기본 하드웨어가 하나의 실행 코어만을 갖고 있었습니다. 하지만 오늘날 거의 모든 기기는 멀티코어 시스템(심지어 모바일 폰도 포함)이며, 가용한 CPU 리소스를 효율적으로 사용하는 것이 매우 합리적입니다.

그러나 동시성 개념이 자바에 도입될 당시, 업계에서는 이에 대한 경험이 많지 않았습니다. 실제로, 자바는 언어 수준에서 스레딩 지원을 구축한 최초의 산업 표준 환경이었으며, 이는 스레드 API를 통해 제공되었습니다. 그 결과, 개발자들이 동시성에 대해 배워야 했던 많은 어려운 교훈들이 처음으로 자바에서 마주하게 되었습니다. 자바에서는 일반적으로 기능을(특히 핵심 기능을) 폐기하지 않는 접근 방식을 취했기 때문에, 스레드 API는 여전히 자바의 일부이며 앞으로도 계속 유지될 것입니다.

이 때문에 현대적인 애플리케이션 개발에서 스레드는 자바 프로그래머가 일반적으로 코드를 작성하는 추상화 수준에 비해 상당히 저수준의 개념이 되었습니다. 예를 들어, 자바에서는 수동 메모리 관리를 하지 않는데, 왜 자바 프로그래머는 저수준의 스레드 생성과 기타 수명 주기 이벤트를 직접 다뤄야 할까요?

다행히도, 현대 자바는 언어와 표준 라이브러리에 내장된 추상화를 통해 상당한 성능 향상을 제공하는 환경을 제공합니다. 이를 통해 개발자는 번거로움fustration과 반복적인 기본 코드boilerplate를 줄이면서 동시성 프로그래밍의 장점을 누릴 수 있습니다.

우리는 원자적 연산 클래스와 간단한 잠금을 가능하게 하는 저수준 구현 기술을 간략히 살펴보았습니다. 이제 표준 라이브러리가 이러한 기능을 어떻게 활용하여 범용 사용을 위한 완전한 기능의 프로덕션 라이브러리를 생성하는지 살펴보겠습니다.

13.4.1 Java.util.concurrent의 잠금

자바 5는 잠금을 재구성하고, `java.util.concurrent.locks.Lock`에서 보다 일반적인 잠금을 위한 인터페이스를 추가했습니다. 이 인터페이스는 내부 잠금의 동작보다 더 많은 가능성을 제공합니다.

`lock()`

전통적으로 잠금을 획득하며, 잠금이 사용 가능할 때까지 차단 됩니다.

`newCondition()`

잠금을 중심으로 조건을 생성하여 보다 유연한 사용이 가능하게 합니다. 잠금 내에서 역할을 분리할 수 있도록 허용합니다(예 읽기와 쓰기).

`tryLock()`

잠금을 획득하려 시도하며(선택적으로 타임아웃 포함), 잠금이 사용 가능하지 않을 경우 스레드가 계속 진행할 수 있도록 허용합니다.

`unlock()`

잠금을 해제합니다. 이는 `lock()` 호출 후의 대응되는 호출입니다.

다양한 유형의 잠금을 생성할 수 있을 뿐만 아니라, 이제는 여러 메서드에 걸쳐 잠금을 유지할 수도 있습니다. 즉, 한 메서드에서 잠금을 설정하고 다른 메서드에서 해제하는 것이 가능합니다. 또한, 스레드가 차단없이 잠금을 획득하려는 경우, `tryLock()` 메서드를 사용하여 잠금이 가능하면 획득하고, 가능하지 않으면 빠져나올 수 있습니다.

`ReentrantLock`은 `Lock`의 주요 구현체이며, 기본적으로 `compareAndSwap()`과 `int`를 사용합

니다. 즉, 경쟁이 없는 경우 잠금 획득 과정이 사실상 비잠금 방식으로 수행됩니다. 이는 경쟁이 적은 환경에서 시스템 성능을 크게 향상시키는 동시에, 다양한 잠금 정책을 유연하게 적용할 수 있도록 합니다.

TIP 스레드가 동일한 잠금을 다시 획득할 수 있는 개념을 **재진입 가능 잠금**re-entrant locking이라고 하며, 이를 통해 스레드가 스스로를 차단하는 것을 방지할 수 있습니다. 대부분의 현대적인 애플리케이션 수준의 잠금 방식은 재진입 가능 형태로 설계되어 있습니다.

`compareAndSwap()` 호출과 `Unsafe` 사용은 `AbstractQueuedSynchronizer`의 확장 클래스인 정적 내부 클래스 `Sync`에서 찾을 수 있습니다. 또한, `AbstractQueuedSynchronizer`는 `LockSupport` 클래스를 활용하는데, 이 클래스는 스레드를 대기park 또는 재개unpark 할 수 있는 메서드를 제공합니다. `LockSupport` 클래스는 스레드에 대해 허가를 부여하는 방식으로 동작하며, 허가가 없으면 스레드는 대기 상태로 들어가야 합니다.

이러한 허가 개념은 세마포어의 허가 발급 방식과 유사하지만, 여기서는 단 하나의 허가만 존재하는 이진 세마포어binary semaphore 방식입니다. 즉, 허가가 없으면 스레드는 대기 상태가 되고, 허가가 주어지면 재개되어 실행을 재개할 수 있습니다. 이 클래스의 메서드들은 `Thread.suspend()`와 `Thread.resume()`와 같은 오래전에 사용이 중단된 메서드들을 대체합니다.

`park()` 메서드는 세 가지 형태로 제공되며, 다음과 같은 기본적인 의사 코드 흐름에 영향을 줍니다.

```
while (!canProceed()) { ... LockSupport.park(this); }}
```

이 메서드들은 다음과 같습니다.

`park(Object blocker)`

다른 스레드가 `unpark()`을 호출하거나, 해당 스레드가 인터럽트되거나, 예기치 않게 깨우는 스퓨리어스 웨이크업spurious wakeup이 발생할 때까지 차단됩니다.

`parkNanos(Object blocker, long nanos)`

`park()`과 동일하게 동작하지만, 지정된 나노초nanos 시간이 지나면 자동으로 반환됩니다.

parkUntil(Object blocker, long deadline)

parkNanos()와 유사하지만, 절대적인 시간(마감시간[deadline])을 기준으로 동작합니다. 이는 기준시점[epoch]으로부터의 밀리초 단위 시간을 사용하여 특정 시점까지 대기하도록 합니다.

13.4.2 읽기/쓰기 잠금

애플리케이션의 많은 구성 요소들은 읽기 연산과 쓰기 연산의 수 사이에 불균형이 존재할 수 있습니다. 읽기 연산은 상태를 변경하지 않지만, 쓰기 연산은 상태를 변경합니다. 기존의 synchronized 또는 ReentrantLock(조건 없이 사용)은 단일 잠금 전략[single lock strategy]을 따릅니다. 캐싱과 같은 상황에서는 다수의 리더(읽기 작업을 수행하는 스레드)와 하나의 라이터(쓰기 작업을 수행하는 스레드)가 존재할 수 있습니다. 이 경우, 기존의 단일 잠금 방식을 사용하면 하나의 읽기 연산이 진행 중일 때도 다른 읽기 스레드들이 불필요하게 차단될 수 있습니다.

ReentrantReadWriteLock 클래스는 ReadLock과 WriteLock을 제공하여 이를 해결할 수 있습니다. 여러 개의 읽기 스레드가 동시에 실행될 수 있으며, 서로를 차단하지 않습니다. 유일하게 차단 될수 있는 작업은 쓰기 작업니다. 이러한 잠금 패턴을 사용하면 읽기 연산이 많은 환경에서 스레드 처리량을 크게 향상시키고, 불필요한 차단을 줄일 수 있습니다. 또한 '공정 모드[fair mode]'로 설정 할 수 있으며, 이를 활성화하면 스레드가 도착한 순서대로 처리되지만, 성능이 저하될 수 있습니다.

다음은 AgeCache의 구현 예제로, 단일 잠금을 사용하는 기존 방식보다 더 나은 성능을 제공할 수 있습니다.

```
public class AgeCache {
    private final ReentrantReadWriteLock rwl = new ReentrantReadWriteLock();
    private final Lock readLock = rwl.readLock();
    private final Lock writeLock = rwl.writeLock();
    private Map<String, Integer> ageCache = new HashMap<>();

    public Integer getAge(String name) {
        readLock.lock();
        try {
                return ageCache.get(name);
        } finally {
```

```
                    readLock.unlock();
                }
        }

        public void updateAge(String name, int newAge) {
            writeLock.lock();
            try {
                    ageCache.put(name, newAge);
            } finally {
                    writeLock.unlock();
            }
        }
    }
```

그러나 기본 데이터 구조를 고려하면 이를 더욱 최적화할 수 있습니다. 이 예제에서는 동시성 컬렉션을 사용하는 것이 더 적절한 추상화 방식이며, 스레드 핫 성능을 더욱 향상시킬 수 있습니다.

13.4.3 세마포어

세마포어는 사용 가능한 리소스 개수를 제한하는 독특한 기법을 제공합니다. 예를 들어, 스레드 풀이나 데이터베이스 연결 객체database connection object 관리에 활용될 수 있습니다. 세마포어의 기본 개념은 '최대 X개의 객체만 접근할 수 있다'는 원칙에 기반하며, 허가의 개수를 설정하여 접근을 제어합니다.

```
// 2개의 동시 접근 허용을 가진 세마포어를 공정 모드로 생성
private Semaphore poolPermits = new Semaphore(2, true);
```

Semaphore::acquire()는 사용 가능한 허가 개수를 하나 줄이며, 허가가 없을 경우 차단됩니다. Semaphore::release()는 허가를 반환하며, 대기 중인 요청자가 있으면 해제합니다. 세마포어는 리소스가 차단되거나 대기열에 있는 환경에서 자주 사용되므로, 스레드 리소스 부족 문제thread starvation를 방지하기 위해 일반적으로 공정하게 초기화됩니다.

하나의 허가를 가진 세마포어(이진 세마포어)는 뮤텍스mutex와 동일하지만, 중요한 차이점이 있습니다. 뮤텍스는 해당 뮤텍스를 소유한 스레드만이 해제할 수 있는 반면, 세마포어는 소유

하지 않은 스레드도 해제할 수 있습니다. 이러한 기능은 교착 상태를 강제로 해결해야 하는 경우 유용할 수 있습니다. 또한, 세마포어는 여러 개의 허가를 요청하고 해제할 수 있는 기능도 제공합니다. 하지만 여러 개의 허가를 사용할 경우, 공정 모드를 사용하지 않으면 스레드 기아가 발생할 가능성이 있습니다.

13.4.4 동시 컬렉션

자바 5부터 컬렉션 인터페이스의 구현은 동시 사용을 위해 특별히 설계되었습니다. 이러한 동시성 컬렉션은 시간이 지나면서 수정이나 개선되어 최상의 스레드 핫 성능을 제공하도록 발전해 왔습니다.

예를 들어, 맵 구현체(ConcurrentHashMap)은 버킷 또는 세그먼트로 분할되는 방식을 사용하며, 이 구조를 활용하면 실제 성능 향상을 달성할 수 있습니다.

각 세그먼트는 자체적인 잠금 정책을 가질 수 있으며, 즉 각 세그먼트마다 개별적인 잠금을 사용할 수 있습니다. 읽기와 쓰기 잠금을 모두 지원하기 때문에 다수의 리더(읽기 스레드)가 ConcurrentHashMap의 여러 세그먼트에서 동시에 읽을 수 있으며, 쓰기 연산이 필요한 경우에도 해당 세그먼트에만 잠금이 적용됩니다. 일반적으로 읽기 연산은 잠금을 사용하지 않으며, put()이나 remove()와 같은 연산과 안전하게 겹쳐서 실행될 수 있습니다. 또한, 읽기 스레드는 완료된 업데이트 연산에 대해 선행-후생 순서를 보장합니다.

또한, 반복자iterator(그리고 병렬 스트림에서 사용되는 분할 반복자spliterator)는 일종의 스냅샷 방식으로 획득되므로, ConcurrentModificationException을 발생시키지 않습니다.

이 테이블은 충돌collision이 너무 많아질 경우 동적으로 확장되며, 이는 비용이 많이 드는 연산일 수 있습니다. 따라서, HashMap과 마찬가지로 적절한 크기를 미리 지정하는 것이 좋습니다. 이 크기는 코드 작성 시 상수 또는 변수 형태로 제공될 수 있습니다.

자바 5에서는 CopyOnWriteArrayList와 CopyOnWriteArraySet도 도입되었으며, 특정 사용 패턴에서는 멀티스레드 성능을 향상시킬 수 있습니다. 이러한 구조에서는 데이터 구조에 대한 변경 연산mutation operation이 수행될 때마다 새로운 백업 배열이 생성됩니다. 기존의 반복자는 이전 배열을 계속 순회할 수 있으며, 모든 참조가 사라지면 이전 배열은 가비지 컬렉션의 대상이 됩니다. 이와 같이 스냅샷 스타일의 반복 방식을 사용하면 ConcurrentModificationExcep tion이 발생하지 않습니다.

이러한 트레이드오프는 복사 후 쓰기copy-on-wirte 데이터 구조가 변경되는 횟수보다 읽기 목적으로 훨씬 더 많이 접근되는 시스템에서 효과적으로 작동합니다. 이 접근 방식을 고려할 경우, 성능 향상을 측정할 수 있는 적절한 테스트를 수행한 후 적용하는 것이 중요합니다. 컬렉션은 광범위하게 사용되므로, JMH와 마이크로벤치마크 도구를 활용하는 것이 권장되며, 이에 대한 내용은 부록 A에서 다룹니다.

13.4.5 래치와 장벽

래치와 장벽은 스레드 집합의 실행을 제어하는 데 유용한 기술입니다. 예를 들어, 작업 스레드가 다음과 같은 작업을 수행하는 시스템을 고려할 수 있습니다.

1. API에서 데이터를 검색하고 파싱합니다.
2. 결과를 데이터베이스에 기록합니다.
3. 마지막으로, SQL 쿼리를 기반으로 결과를 계산합니다.

단순히 모든 스레드를 실행하는 방식으로는 이벤트의 순서를 보장할 수 없습니다. 원하는 효과는 모든 스레드가 작업 #1을 완료한 후 작업 #2를 수행하고, 그런 다음 작업 #3을 시작하도록 하는 것입니다. 이를 달성하는 한 가지 방법은 **래치**를 사용하는 것입니다. 예를 들어, 5개의 스레드가 실행된다고 가정하면, 다음과 같은 코드로 작성할 수 있습니다.

```
public class LatchExample implements Runnable {

    private final CountDownLatch latch;

    public LatchExample(CountDownLatch latch) {
        this.latch = latch;
    }

    @Override
    public void run() {
        // API호출
        System.out.println(Thread.currentThread().getName() + " Done API Call");
        try {
            latch.countDown();
```

```
            latch.await();
        } catch (InterruptedException e) {
            e.printStackTrace();
        }
        System.out.println(Thread.currentThread().getName()
            + " Continue processing");
    }

    public static void main(String[] args) throws InterruptedException {
        CountDownLatch apiLatch = new CountDownLatch(5);

        ExecutorService pool = Executors.newFixedThreadPool(5);
        for (int i = 0; i < 5; i++) {
            pool.submit(new LatchExample(apiLatch));
        }
        System.out.println(Thread.currentThread().getName()
            +" about to await on main..");
        apiLatch.await();
        System.out.println(Thread.currentThread().getName()
            + " done awaiting on main..");
        pool.shutdown();
        try {
            pool.awaitTermination(5, TimeUnit.SECONDS);
        } catch (InterruptedException e) {
            e.printStackTrace();
        }
        System.out.println("API Processing Complete");
    }
}
```

이 예제에서, 래치는 카운트 5로 설정되며, 각 스레드는 countDown()을 호출하여 숫자를 1씩 감소시킵니다. 카운트가 0에 도달하면 래치가 열리고, await() 함수에서 대기 중이던 모든 스레드가 해제되어 이후 작업을 계속 수행할 수 있습니다.

이러한 유형의 래치는 한 번만 사용할 수 있다는 점을 이해하는 것이 중요합니다. 카운트가 0이 되면 래치는 다시 사용할 수 없으며, 재설정[reset] 기능이 없습니다.

> **NOTE** 래치는 애플리케이션 시작 시 캐시를 채우는 작업이나 멀티스레드 테스트와 같은 사례에서 매우 유용합니다.

우리의 예제에서는 두 개의 서로 다른 래치를 사용할 수도 있었습니다. 하나는 API 결과 처리가 완료될 때까지 대기하는 래치이고, 다른 하나는 데이터베이스 결과 처리가 완료될 때까지 대기하는 래치입니다. 또 다른 옵션은 `CyclicBarrier`를 사용하는 것입니다. `CyclicBarrier`는 재설정이 가능하지만, 어떤 스레드가 재설정을 제어할지 결정하는 것은 꽤 어려운 문제이며, 또 다른 형태의 동기화를 필요로 합니다. 일반적으로, 파이프라인의 각 단계마다 하나의 장벽과 래치를 사용하는 것이 가장 좋은 사례입니다.

13.5 실행기와 작업 추상화

실제로 대부분의 자바 프로그래머는 저수준의 스레딩 문제를 직접 다룰 필요가 없습니다(단, 실행 후 잊기fire-and-forget 방식으로 사용하는 가상 스레드와 같은 경우는 예외일 수 있습니다). 대신, 우리는 `java.util.concurrent` 패키지의 기능을 활용하여 적절한 수준의 추상화를 통해 동시성 프로그래밍을 수행해야 합니다. 예를 들어, `java.util.concurrent` 라이브러리를 사용하여 스레드를 효율적으로 유지하면 더 나은 스레드 핫 성능을 얻을 수 있습니다. 즉, 스레드가 차단되거나 대기 상태에 머무르지 않고 지속적으로 실행될 수 있도록 하는 것이 중요합니다.

스레딩 문제를 최소화하는 추상화 수준은 **동시 작업**concurrent task으로 설명할 수 있습니다. 즉, 현재 실행 컨텍스트 내에서 동시적으로 실행해야 하는 코드 또는 작업 단위를 의미합니다. 작업 단위를 작업으로 간주하면, 동시성 프로그램을 작성하는 과정이 훨씬 단순해집니다. 이는 실제 작업을 실행하는 스레드의 수명 주기를 개발자가 직접 관리할 필요가 없기 때문입니다. 또한, 이 접근 방식은 제어된 종료controlled shutdown에도 도움이 됩니다. 즉, 스레드가 실행 중인 작업을 올바르게 완료한 후 종료되도록 보장할 수 있으며, 이러한 개념은 이후에 더 자세히 다룰 것입니다.

13.5.1 비동기 실행 소개

자바에서 작업 추상화를 충족하는 한 가지 방법은 `Callable` 인터페이스를 사용하여 값을 반환하는 작업을 표현하는 것입니다. `Callable<V>` 인터페이스는 하나의 함수 `call()`을 정의하는 제네릭 인터페이스이며, 이는 `V` 타입의 값을 반환하고 결과를 계산할 수 없는 경우 예외를 던집니다. 겉보기에는 Callable이 Runnable과 매우 유사해 보입니다. 그러나 Runnable은 결과를 반환하지 않으며 예외를 던지지 않는 반면, Callable은 결과를 반환하고 예외를 던질 수 있습니다.

> **NOTE** Runnable이 잡히지 않은 예외를 던지면, 해당 예외는 스택을 따라 전파되며, 기본적으로 실행 중인 스레드는 종료됩니다.

스레드의 수명 주기 동안 예외를 처리하는 것은 어려운 프로그래밍 문제입니다. 또한, 스레드는 운영 체제 스타일의 프로세스로 취급되므로, 일부 운영 체제에서는 생성 비용이 클 수 있다는 점도 유의해야 합니다. 실행 Runnable에서 결과를 얻는 것도 추가적인 복잡성을 초래할 수 있으며, 특히 다른 스레드와의 실행 반환을 조정하는 경우 더욱 그렇습니다.

Callable<V> 타입은 작업 추상화를 다루는 좋은 방법을 제공하지만, 이러한 작업은 실제로 어떻게 실행될까요?

ExecutorService는 관리되는 스레드 풀에서 작업을 실행하는 메커니즘을 정의하는 인터페이스입니다. ExecutorService의 실제 구현체는 풀 내 스레드를 어떻게 관리할지 또는 몇 개의 스레드를 사용할지를 결정합니다. ExecutorService는 submit() 메서드와 그 오버로드를 통해 Runnable 또는 Callable을 실행할 수 있습니다.

Executors 도우미 클래스에는 선택한 동작에 따라 서비스를 생성하고 백업 스레드 풀을 구성하는 여러 new* 팩토리 메서드가 포함되어 있습니다. 이러한 팩토리 메서드는 일반적으로 새로운 실행자 객체를 생성하는 방법이며, 가장 일반적인 몇 가지는 다음과 같습니다.

newFixedThreadPool(int nThreads)
: 고정 크기의 스레드 풀을 갖는 ExecutorService를 생성합니다. 이 풀의 스레드는 여러 작업을 실행하는 데 재사용되므로, 각 작업마다 스레드를 새로 생성하는 비용을 피할 수 있습니다. 모든 스레드가 사용 중일 경우, 새로운 작업은 큐에 저장됩니다.

newCachedThreadPool()
: 필요에 따라 새로운 스레드를 생성하고 가능한 경우 기존 스레드를 재사용하는 Executor

Service를 생성합니다. 생성된 스레드는 60초 동안 유지되며, 이후 캐시에서 제거됩니다. 이 스레드 풀은 작고 비동기적인 작업을 실행할 때 성능을 향상시킬 수 있습니다.

`newSingleThreadExecutor()`

단일 스레드로 실행되는 `ExecutorService`를 생성합니다. 새로 제출된 작업은 스레드가 사용 가능해질 때까지 큐에서 대기합니다. 이 실행자는 동시에 실행되는 작업의 수를 제어하는 데 유용할 수 있습니다.

`newScheduledThreadPool(int corePoolSize)`

미래의 특정 시점에 작업을 실행할 수 있도록 추가적인 메서드를 제공합니다. 이 실행자는 `Callable`과 지연 시간[delay]을 기반으로 작업을 예약할 수 있습니다.

작업이 제출되면 비동기적으로 처리되며, 제출한 코드에서는 차단할지, 결과를 폴링할지 선택할 수 있습니다. `ExecutorService`의 `submit()` 호출은 `Future<V>` 객체를 반환하며, 이를 통해 차단 `get()` 호출, 타임아웃을 설정한 `get()` 호출, 비차단[non-blocking] `isDone()` 호출을 사용할 수 있습니다.

13.5.2 executorService 선택

적절한 `ExecutorService`를 선택하면 비동기 처리를 효과적으로 제어할 수 있으며, 풀 내 스레드 수를 올바르게 선택하면 상당한 성능 향상을 얻을 수 있습니다.

사용자가 커스텀 `ExecutorService`를 작성할 수도 있지만, 이는 자주 필요한 작업은 아닙니다. 라이브러리는 이를 지원하기 위해 사용자 정의 옵션을 제공합니다. 즉, `ThreadFactory`를 제공하여 스레드의 속성을 설정할 수 있도록 합니다. `ThreadFactory`를 사용하면 스레드의 이름, 데몬 상태, 스레드 우선순위 등의 속성을 설정할 수 있는 사용자 정의 스레드 생성기를 작성할 수 있습니다.

`ExecutorService`는 때때로 애플리케이션 전체 설정에서 경험적으로 튜닝해야 할 수도 있습니다. 서비스가 실행될 하드웨어의 특성과 다른 경쟁[competing] 리소스를 잘 이해하는 것이 효율적인 성능 조정을 위한 중요한 요소입니다.

일반적으로 사용하는 한 가지 지표는 코어 수와 스레드 풀 크기 간의 관계입니다. 사용 가능한 프로세서 수보다 더 많은 스레드를 동시에 실행하려고 하면 문제가 발생할 수 있으며, 경합이 일어날 수 있습니다. 운영 체제는 이러한 스레드들을 실행하도록 스케줄링해야 하며, 이 과정에서 컨텍스트 스위치가 발생합니다.

경합이 특정 임계값에 도달하면 동시성 처리를 도입함으로써 얻는 성능 이점이 상쇄될 수 있습니다. 따라서, 올바른 성능 모델을 구축하고 성능 향상(또는 저하)을 측정하는 것이 필수적입니다. 제2장에서는 성능 테스트 기법과 이러한 유형의 테스트를 수행할 때 피해야 할 안티 패턴에 대해 설명합니다.

13.5.3 포크/조인과 병렬 스트림

자바는 개발자가 직접 스레드를 제어하고 관리할 필요 없이 사용할 수 있는 여러 가지 동시성 처리 방식을 제공합니다. 그중 하나가 포크/조인Fork/Join 프레임워크로, 이는 다중 프로세서 환경에서 효율적으로 작동하도록 설계된 새로운 API를 제공합니다. 이 프레임워크는 `ExecutorService`의 새로운 구현체인 `ForkJoinPool`을 기반으로 합니다.

이 클래스는 관리되는 스레드 풀을 제공하며, 두 가지 특별한 기능을 갖습니다.

- 세분화된 작업subdivided task을 효율적으로 처리할 수 있습니다.
- **작업 훔치기**work-stealing 알고리즘을 구현합니다.

세분화된 작업 지원은 `ForkJoinTask` 클래스를 통해 제공됩니다. 이 클래스는 표준 자바 스레드와 유사한 엔티티입니다. `ForkJoinTask`의 주요 용도는 잠재적으로 많은 수의 작업 세분화된 작업을 소수의 실제 스레드가 처리할 수 있도록 하는 것이며, 이는 `ForkJoinPool` 실행자에서 효율적으로 관리됩니다.

`ForkJoinTask`의 핵심 특징은 작업 크기가 직접 계산할 수 있을 정도로 충분히 작아질 때까지 스스로를 '더 작은' 작업으로 분할할 수 있다는 것입니다. 이러한 이유로, 이 프레임워크는 순수 함수의 계산이나 **병렬 처리가 쉬운 작업** 같은 특정 유형의 작업에만 적합합니다. 그렇다 하더라도, 포크/조인의 이 부분을 완전히 활용하려면 알고리즘이나 코드를 재작성해야 할 수도 있습니다.

그럼에도 불구하고, 포크/조인 프레임워크의 작업 훔치기 알고리즘 부분은 작업 분할과 독립적으로 사용할 수 있습니다.[7] 예를 들어, 하나의 스레드가 할당된 모든 작업을 완료했고, 다른 스레드가 작업이 남아 있다면, 완료된 스레드는 작업이 많은 스레드의 큐에서 작업을 훔쳐 수행하게 됩니다. 이러한 멀티스레드 간 작업 재분배는 단순하지만 영리한 아이디어로, 상당한 이점을 제공합니다.

[그림 13-6]에서는 작업 훔치기의 개념을 시각적으로 표현한 모습을 볼 수 있습니다.

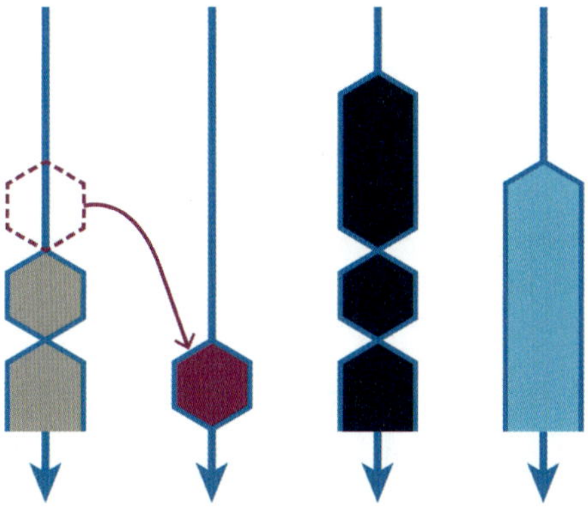

그림 13-6 작업 훔치기 알고리즘

ForkJoinPool에는 정적 메서드인 commonPool()이 있으며, 이를 호출하면 시스템 전역 풀에 대한 참조를 반환합니다. 이는 개발자가 자체적인 풀을 생성할 필요를 없애고, 공유할 수 있는 기회를 제공합니다. 공통 풀은 지연 초기화되므로, 필요한 경우에만 생성됩니다.

풀의 크기는 Runtime.getRuntime().availableProcessors() - 1로 정의됩니다. 그러나 이 메서드는 항상 예상한 결과를 반환하는 것은 아닙니다.

자바 스페셜리스트 메일링 리스트[8]에서, 하인츠 카부츠Heinz Kabutz는 16-4-2 머신(즉, 16개의 소켓, 각 소켓당 4개의 코어, 각 코어당 2개의 하이퍼스레드)에서 availableProcessors()가 16을 반환하는 경우를 발견했습니다. 이는 매우 낮은 값처럼 보입니다. 노트북에서 테스트하면서 얻은 직관적인 기대값은 16×4×2 = 128일 것이므로, 예상과 다릅니다.

그러나, 이 머신에서 자바 8을 실행할 경우, 공통 포크/조인 풀의 병렬성parallelism은 단 15로 설

---

7 논쟁의 여지가 있지만, 이것은 포크/조인이 제공하는 두 가지 기능 중 더 유용한 기능입니다.

8 *https://oreil.ly/Rniob*

정됩니다.

> 가상머신은 프로세서가 무엇인지에 대해 특별한 견해를 갖고 있지 않습니다. 단순히 운영 체제에 숫자를 요청할 뿐입니다. 마찬가지로 운영 체제도 이에 대해 깊이 고민하지 않습니다. 운영 체제는 하드웨어에 질문하고, 하드웨어는 보통 '하드웨어 스레드hardware thread'의 개수를 숫자로 반환합니다. 운영 체제는 하드웨어의 응답을 그대로 믿고, 가상 머신은 운영 체제를 신뢰합니다.
>
> — 브라이언 괴츠

다행히도, 개발자가 원하는 병렬 처리 수준을 프로그래밍적으로 설정할 수 있도록 해주는 플래그가 있습니다.

```
-Djava.util.concurrent.ForkJoinPool.common.parallelism=128
```

2장에서 논의했듯이, 마법 같은 플래그를 사용할 때는 주의해야 합니다. 그리고 곧 다룰 `parallelStream()` 선택과 관련해서도, 아무런 대가 없이 얻어지는 것은 없다는 점을 기억하세요.

포크/조인 프레임워크의 작업 훔치기 기법은 이제 라이브러리나 프레임워크 개발자들 사이에서 더욱 활발하게 활용되고 있으며, 심지어 작업을 세분화하지 않더라도 사용됩니다.

자바 8에서 가장 큰 변화(어쩌면 역사상 가장 큰 변화)는 람다lambda와 스트림의 도입이었습니다. 람다와 스트림을 함께 사용하면 자바 개발자들이 함수형 프로그래밍 스타일의 일부 이점을 쉽게 활용할 수 있도록 해주는 일정의 '마법같은 스위치' 역할을 합니다.

자바 8이 얼마나 함수형 언어로 변했는지에 대한 복잡한 논의는 제쳐 두더라도, 이제 자바는 새로운 프로그래밍 패러다임을 갖게 되었습니다. 기존의 명령형 객체지향 접근 방식과 달리, 데이터에 초점을 맞추는 접근 방식을 의미합니다.

자바에서 스트림은 데이터 소스로부터 요소를 전달하는 불변하는 데이터 항목들의 시퀀스입니다. 스트림은 타입이 지정된 데이터의 어떤 소스(컬렉션, I/O)에서든 생성될 수 있습니다. 우리는 `map()`과 같은 변형 연산manipulating operation을 사용하여 스트림을 조작하며, 이러한 연산은 람다 표현식 또는 함수 객체를 받아 데이터를 변형합니다. 이러한 외부 반복external iteration(전통적인 `for` 루프)에서 내부 반복internal iteration(스트림 연산)으로의 변화는 데이터를 병렬화하고 복잡한 표현식을 지연 평가lazy evaluation할 수 있는 좋은 기회를 제공합니다.

모든 컬렉션은 이제 Collection 인터페이스에서 제공하는 stream() 메서드를 사용할 수 있습니다. 이 메서드는 컬렉션에서 스트림을 생성하는 기본 메서드이며, 내부적으로 Reference Pipeline이 생성됩니다.

두 번째 메서드인 parallelStream()은 데이터를 병렬로 처리하고 결과를 다시 결합하는 데 사용할 수 있습니다. parallelStream()을 사용하면 Spliterator를 이용해 작업을 분할하고, 공통 포크/조인 풀에서 연산을 실행하게 됩니다. 이 방법은 **병렬 처리가 쉬운** 문제를 다룰 때 유용한 기술입니다. 스트림 항목들은 기본적으로 불변을 전제로 하므로, 병렬 처리 시 상태 변이 문제를 피할 수 있습니다.

스트림의 도입은 RecursiveAction을 사용하여 다시 코딩하는 것보다 포크/조인을 보다 문법적으로 친숙한 방식으로 다룰 수 있도록 해주었습니다. 데이터를 기준으로 문제를 표현하는 것은 작업 추상화task abstraction와 유사하며, 이를 통해 개발자는 저수준 스레딩 메커니즘과 데이터 변경 가능성에 대한 고민을 피할 수 있습니다.

항상 parallelStream()을 사용하고 싶은 유혹이 들 수 있지만, 이 접근 방식에는 비용이 따릅니다. 모든 병렬 계산과 마찬가지로, 작업을 여러 스레드에 분할하고 결과를 다시 결합하는 과정이 필요하며, 이는 암달의 법칙을 직접적으로 보여주는 사례입니다.

작은 컬렉션에서는 직렬serial 연산이 훨씬 더 빠를 수도 있습니다. 따라서 parallel Stream()을 사용할 때는 항상 신중해야 하며, 성능 테스트를 수행하는 것이 중요합니다. 성능 향상을 위해 병렬 스트림을 사용할 경우, 그 이점이 직접적이고 측정 가능해야 하므로 단순히 순차 스트림을 무작정 병렬로 변환해서는 안 됩니다.

자바 8의 도입으로 포크/조인의 사용량도 크게 증가했으며, 이는 parallelStream()이 내부적으로 공통 포크/조인 풀을 사용하기 때문입니다.

13.5.4 액터 기반 기법

최근 몇 년 동안, 스레드보다 자연적으로 더 **작은** 단위의 작업을 표현하는 여러가지 접근 방식이 등장했습니다. 이미 ForkJoinTask 클래스에서 이 개념을 접했으며, 이후 가상 스레드에 대한 절에서도 다시 만나게 될 것입니다. 또 다른 인기 있는 접근 방식으로는 **액터 페러다임**actor paradigm이 있습니다.

액터는 작고 독립적인 처리 단위로, 자체적인 상태와 동작behavior을 가지며, 다른 액터들과 통신하기 위한 메일박스 시스템을 포함하고 있습니다. 액터는 가변 상태를 공유하지 않고, 오직 불변 메시지를 통해서만 서로 통신함으로써 상태 관리 문제를 해결합니다. 액터 간의 통신은 비동기적으로 이루어지며, 액터는 메시지를 수신하면 이에 반응하여 지정된 작업을 수행합니다.

액터들은 병렬 시스템 내에서 각자 특정한 작업을 수행하는 네트워크를 형성함으로써, 기본적인 동시성 모델을 완전히 추상화하는 방식을 취합니다.

액터들은 동일한 프로세스 내에서 실행될 수도 있지만, 반드시 그래야 하는 것은 아닙니다. 이것은 액터 시스템이 다중 프로세스를 지원할 수 있으며, 심지어 여러 대의 머신에 걸쳐 확장될 가능성을 열어줍니다. 여러 머신과 클러스터링을 활용하면, 일정 수준의 장애 허용fault tolerance이 필요한 환경에서도 액터 기반 시스템이 효과적으로 동작할 수 있습니다. 액터들이 협업 환경에서 성공적으로 동작하도록 보장하기 위해, 일반적으로 빠른 실패fail-fast 전략을 사용합니다.

자바 가상 머신 기반 언어에서, 아파치 페코Apache Pekko는 액터 기반 시스템을 개발하는 데 널리 사용되는 프레임워크입니다.[9] 이 프레임워크는 스칼라로 작성되었지만 자바API도 제공하기 때문에, 자바 또는 기타 자바 가상 머신 언어에서도 사용할 수 있습니다.

액터 기반 시스템을 도입하는 동기는 동시 프로그래밍을 어렵게 만드는 여러 문제들에 기인합니다. 페코 문서[10]는 기존의 잠금 기반 방식보다 페코를 고려해야 하는 세 가지 핵심 동기를 강조합니다.

- 도메인 모델 내에서 가변 상태mutable state를 캡슐화하는 것은 까다로운 작업입니다. 특히, 객체의 내부 상태에 대한 참조가 의도치 않게 외부로 유출될 경우, 이를 제어하기가 어렵습니다.
- 잠금을 사용하여 상태를 보호하는 것은 시스템의 처리량을 크게 감소시킬 수 있습니다.
- 잠금은 교착 상태 또는 기타 유형의 활성 문제를 유발할 수 있습니다.

추가적으로, 공유 메모리를 올바르게 관리하는 것이 어렵다는 점과, 여러 CPU에서 캐시 라인을 공유하도록 강제할 경우 발생하는 성능 문제도 중요한 고려 사항입니다.

---

9 페코는 이전 프로젝트(아카Akka)에서 포크되었으며, 원래 프로젝트가 비오픈 소스 라이선스를 채택했을 때 분리되었습니다.

10 *https://oreil.ly/0-YLZ*

마지막으로, 전통적인 스레딩 모델과 호출 스택에서 발생하는 오류 처리 문제도 동기 부여 요소 중 하나입니다. 저수준 스레딩 API에서는 스레드 실패 또는 복구를 표준적으로 처리하는 방법이 존재하지 않습니다. 페코는 이를 표준화하여 개발자가 명확한 복구 방식을 사용할 수 있도록 지원합니다.

결론적으로, 액터 모델은 동시 프로그래밍을 하는 개발자가 사용할 수 있는 강력한 도구가 될 수 있습니다.

그러나 모든 문제에 대한 범용적인 해결책은 아닙니다. 만약 사용 사례가 액터 스타일(비동기적으로 불변 메시지를 전달하고, 공유 가변 상태 없음, 그리고 각 메시지 프로세서의 실행 시간이 제한됨)에 적합하다면, 이는 빠르고 효과적인 해결책이 될 수 있습니다.

반면, 시스템 설계가 요청-응답 방식의 동기 처리, 공유된 가변 상태, 또는 실행 시간이 제한되지 않는 구조를 포함한다면, 신중한 개발자는 다른 추상화를 선택하는 것이 더 적절할 수도 있습니다.

이제 자바 21에서 가장 주목받는 새로운 기능 중 하나를 살펴보겠습니다.

13.6 가상 스레드

자바의 가장 큰 강점 중 하나는 매우 적응력이 뛰어나다는 점입니다. 새로운 기능을 위한 아이디어를 어디에서든 받아들이지만, 이를 신중하고 계획적으로 도입합니다. 그 목적은 단순히 빠르게 추가하는 것이 아니라, 해당 기능의 '가장 자바다운' 버전을 제공하는 것입니다. 때문에 새로운 기능이 도입되는 데 시간이 더 걸릴 수도 있습니다.

수년간 자바의 동시성 프로그래밍에서 가장 중요한 혁신 중 하나인 **가상 스레드**가 자바 21에서 도입되었습니다. 하지만, 이 기능의 기초 작업은 훨씬 이전부터 진행되어 왔습니다. 가상 스레드는 고 언어의 **고루틴**이나 얼랭Erlang의 **협력 프로세스**cooperative process와 유사한 개념으로 볼 수 있습니다.

이제, 가상 스레드를 처음으로 살펴보겠습니다.

13.6.1 가상 스레드 소개

초기 자바 버전에서는 자바 가상 머신의 스레드가 운영 체제(**플랫폼**) 스레드에 다중화[multiplex] 되어 실행되었으며, 이러한 방식의 스레드를 **그린 스레드**[green thread]라고 불렀습니다.

하지만 이 방식은 자바 1.2/1.3 시대를 거치면서 사라졌고, 자바 21 이전의 최신 자바 버전에서는 '하나의 자바 스레드는 정확히 하나의 플랫폼 스레드'라는 규칙이 적용되었습니다.

즉, `Thread.start()`를 호출하면 운영 체제의 스레드 생성 시스템 호출(예 리눅스의 `clone()` 함수)이 실행되며, 실제로 새로운 운영 체제 스레드가 생성됩니다(이전까지는 `Thread` 객체가 단순히 아직 존재하지 않는 스레드의 메타데이터 역할만 합니다).

운영 체제가 스레드를 생성, 관리, 삭제하는 이 방식은 몇 가지 중요한 영향을 미칩니다. 이를 이해하려면 프로세스의 메모리 공간이 표준적인 레이아웃을 따른다는 점을 떠올려야 합니다. 이 개념은 유닉스의 초창기부터 존재해왔습니다.

자바 프로그램(그리고 그 안의 플랫폼 스레드)도 이 표준적인 메모리 레이아웃을 따르며, 그 안에서 몇 가지 자바 특유의 최적화와 특성을 추가합니다. 이러한 개념은 [그림 13-7]에서 확인할 수 있습니다.

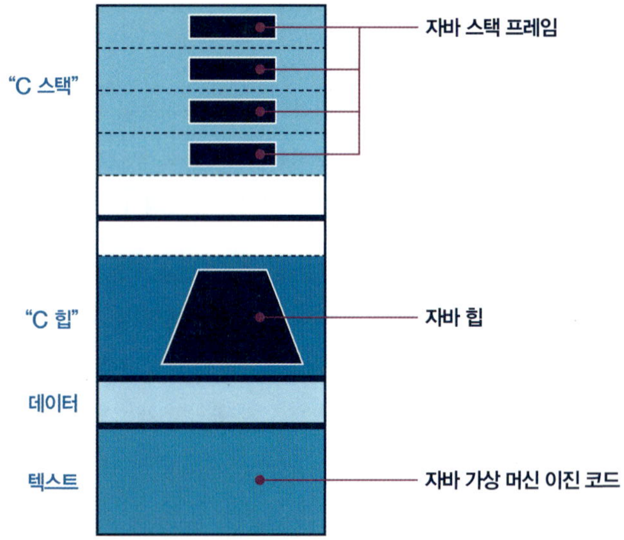

그림 13-7 자바 프로세스의 간략화된 메모리 레이아웃

이 메모리 레이아웃의 중요한 특징 중 하나는, 운영 체제 프로세스가 **스택 세그먼트**stack segment를 가진다는 점입니다. 각 스레드는 프로세스의 가상 주소 공간 내에서 고정된 크기의 메모리 블록을 스택 용도로 예약합니다(그림에서는 하나의 스레드 스택만 표시됨). 이 스택은 스레드가 생성될 때 할당되며, 스레드가 종료될 때까지 반환되지 않습니다.

예를 들어, 리눅스 x64 환경에서는 기본적으로 사용자 공간 스택 크기가 1MB로 설정되어 있습니다. 즉, 새로운 스레드가 생성될 때마다 운영 체제가 1MB의 메모리를 예약합니다.

수학적으로 계산해보면, '오직' 20,000개의 스레드만 실행하더라도 20GB의 메모리가 필요합니다. 이것이 바로 **스레드 병목** 문제이며, 특히 요청 별 스레드 처리 방식thread-per-request과 유사한 아키텍처에서 그렇습니다.

이 문제를 해결하기 위해 등장한 것이 바로 가상 스레드입니다. 이 프로젝트는 '룸 프로젝트' 라는 코드명으로 개발되었습니다.

이 해결책은 다음과 같은 질문으로 설명될 수 있습니다. 만약 다음과 같은 특성을 가진 새로운 종류의 스레드가 있다면 어떨까?

- 운영 체제가 **아니라** 자바 가상 머신이 생성하고 관리함
- 전용 플랫폼 스레드가 없으며, **캐리어 스레드** 풀을 공유해야 함
- 스레드 세그먼트의 정적 할당을 더 유연한 모델로 대체함
- (적어도 일부) I/O를 수행하는 작업을 위해 설계됨

가상 스레드는 '단순히' 실행 가능한 자바 객체이며, 실행을 위해 플랫폼 스레드가 필요하지만, 이 플랫폼 스레드들은 캐리어 스레드로 공유됩니다. 이는 자바 스레드와 운영 체제 스레드 간의 1:1 관계를 제거하고, 가상 스레드가 실행되는 동안에만 캐리어 스레드와 임시적으로 연결되도록 합니다.

또한 캐리어 스레드가 서로 다른 가상 스레드 간에 전환될 때 운영 체제가 개입하지 않기 때문에 컨텍스트 전환이 더욱 저렴해질 수 있습니다. 대신, 이 전환은 완전히 사용자 공간에서 이루어집니다.

둘째로, 가상 스레드는 가비지 컬렉션이 적용되는 힙 내의 자바 객체를 사용하여 스택 프레임을 표현합니다. 이는 훨씬 더 동적인 방식이며, 스택 세그먼트 예약으로 발생하는 정적 병목 현상을 제거합니다.

이를 어떻게 구현할 수 있는지 이해하기 위해, 다시 한 번 스레드 수명 주기를 살펴보겠습니다([그림 7-6] 참조). 이론적으로는 스레드가 완전히 사용자 모드에서 실행을 완료할 수도 있습니다. 예를 들어, AI/ML과 같은 작업으로 계산만 한다면, CPU 타임슬라이스timeslice를 전부 사용할 때까지 실행된 후 OS 스케줄러가 이를 교체할 것입니다. 그러나 실제로는 이런 경우가 거의 없습니다.

대신, 대부분의 스레드는 차단 호출(예 I/O 작업)에 도달하여 커널 공간으로 전환되며, 운영체제가 해당 작업을 대신 수행합니다. 가상 스레드는 이러한 실행 지점execution points을 핵심 구현 기법으로 활용합니다.

이 시점에서 정확한 용어를 사용하는 것이 중요합니다. 자바는 완전한 관리형 환경이므로 순수한 시스템 호출syscall을 직접 수행하지 않습니다. 모든 '시스템 호출'(예 I/O)은 실제로 JDK 라이브러리 호출이며, 이러한 라이브러리 호출 내부에서 자바 가상 머신이 사용자 스레드를 대신하여 시스템 호출을 수행합니다.

다음으로, 자바는 차단 I/O와 비차단 I/O의 두 가지 변형을 제공한다는 점을 기억해야 합니다. 자바 17부터 자바 소켓 API는 비차단 I/O(NIO) 기반으로 다시 구현되었습니다. 이전에는 차단 I/O 기반이었으나, 이번 변경은 API 자체가 아니라 내부 구현만 변경된 것이며, 가상 스레드의 중요한 기반 요소를 제공합니다.

기본적으로, 가상 스레드가 '차단' I/O 호출을 수행할 때, 실제로는 비차단 호출을 수행하고 자신의 캐리어 스레드를 양보 합니다. 이 과정에서 실제 I/O 작업은 진행되지만, 가상 스레드는 일시 정지되며, 다른 가상 스레드가 해당 캐리어 스레드를 사용할 수 있습니다.

캐리어 스레드 자체는 특별한 것이 아닙니다. 이것들은 단순히 일반적인 자바 스레드 풀(`ExecutorService`)이며, 운영 체제에서 볼 때도 표준 플랫폼 스레드와 동일하게 동작합니다.

> **NOTE** 가상 스레드에서 `yield()`를 호출하여 명시적으로 캐리어 스레드를 포기하는 것이 가능하지만, 일반적으로 권장되지 않습니다. 자바 문서에서 `Thread.yield()`에 대해 다음과 같이 명시하고 있듯이, '이 메서드를 사용하는 것이 적절한 경우는 거의 없습니다.' 이는 모든 유형의 스레드에 해당합니다.

코드가 명시적으로 가상 스레드를 생성해야 하며, 스레드가 '자동으로 가상화'되는 일은 절대 없다는 점을 아는 것이 중요합니다. 이는 여러 가지 이유로 중요하지만, 그중 에서도 가장 중요한 이유는 가상 스레드의 도입이 기존 코드의 의미나 성능 특성을 변경해서는 안 되기 때문입니다.

자바의 클래스 계층 구조 측면에서 보면, 가상 스레드는 스레드의 새로운 봉인된sealed 하위 클래스를 도입하여 추가되었습니다. 이 하위 클래스는 [그림 13-8]과 같이 오직 하나의 최종final 하위 클래스인 `VirtualThread`를 가집니다.

이러한 설계는 기존 코드가 `Thread`를 직접 상속하는 경우(이 경우 항상 플랫폼 스레드가 생성됨)를 그대로 유지하면서도, 모든 가상 스레드가 `Runnable`에서 생성되도록 보장합니다.

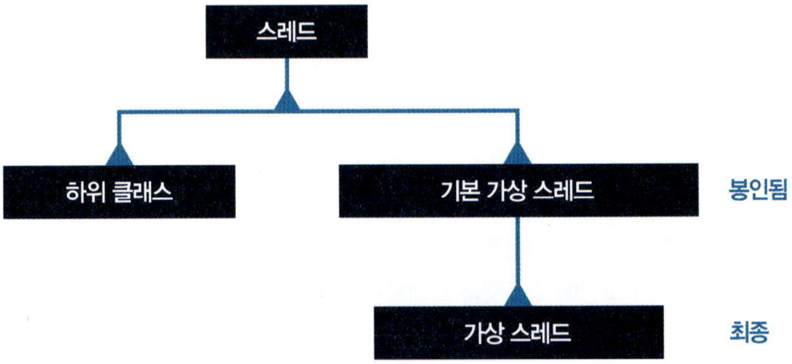

그림 13-8 신규 자바 스레드 계층 구조

가상 스레드를 얻기 위해 `Thread`에 새로운 정적 메서드와 **빌더** 패턴이 추가되었습니다. 이를 다음과 같이 사용할 수 있습니다.

```
Thread.Builder tb = Thread.ofVirtual();
tb.name("MyVirtualThread");
Thread t = tb.unstarted(() -> System.out.println("Hello World!"));
System.out.println(t);
t.start();
```

새로운 메서드인 `.ofPlatform()`와 `.ofVirtual()`을 이용하여 스레드 빌더 객체를 생성할 수 있습니다. 스레드 빌더는 스레드의 이름을 설정할 수 있으며, `Runnable` 작업을 제공하면 시작된 스레드 또는 시작되지 않은 스레드로 생성할 수 있습니다. 추가적인 유연성을 위해 `.factory()` 메서드를 통해 빌더에서 스레드 팩토리를 사용할 수도 있습니다.

가상 스레드는 격리되도록 설계되었습니다. 예를 들어, 가상 스레드는 현재 실행 중인 캐리어 스레드를 직접 관찰할 수 없습니다. Thread.currentThread()는 가상 스레드를 반환하며, 캐리어 스레드의 스택 프레임은 가상 스레드의 스택 추적에 나타나지 않습니다.

> **NOTE** 자바 가상 머신 언어인 코틀린에는 **코루틴**coreutine이라는 기능이 있는데, 겉보기에는 가상 스레드와 유사해 보일 수 있지만, 실제로는 매우 다른 개념입니다. 코틀린 소스 컴파일러는 코루틴을 상태 기계로 변환하여 컴파일된 바이트코드에서 볼 수 있는 형태로 만듭니다. 반면, 가상 스레드는 자바 SDK와 자바 가상 머신 레벨에서 직접 지원됩니다.

가상 스레드에는 몇 가지 제한 사항이 있습니다.

- 가상 스레드는 차단 I/O 호출이 발생할 때만 양보하며, 선점preemption은 없습니다.
- 자바 네이티브 인터페이스 호출과 synchronized 키워드(단, java.util.concurrent의 잠금은 제외)는 가상 스레드를 캐리어 스레드에 고정 시켜 언마운트unmounting를 방지합니다. 가상 스레드가 스케줄링 될 때, 플랫폼 스레드에 마운트되거나 할당 됩니다. 보통 언마운트는 가상 스레드가 I/O를 기다리거나 코드 실행을 완료하기 위한 차단될 때 발생하며, 이 과정에서 플랫폼 스레드는 해제되어 다른 작업을 사용할 수 있게 됩니다. 하지만 이러한 방식으로 가상 스레드를 고정하면, 이러한 언마운팅이 불가능해지고, 결국 자원 문제와 예기치 않은 차단 현상을 초래 할 수 있습니다.
- 가상 스레드는 객체 풀 패턴과 잘 호환되지 않습니다.
- 가상 스레드는 수명이 짧도록 설계되었으며, 기본적인 캐싱 기술은 재사용할 수 없는 가비지 객체에 대한 약한 참조를 유지하는 결과를 초래할 수 있습니다.

도구tooling 관점에서 대량의 가상 스레드가 존재할 가능성이 있으므로 JDK 미션 제어와 JFR과 같은 도구 사용이 복잡해질 수 있으며, 이를 효과적으로 활용하기 위해 새로운 관측성 패턴이 필요합니다.

> **NOTE** 가상 스레드에서 ThreadLocal의 동작 방식은 더 복잡합니다. 따라서 경우에 따라 ThreadLocal 대신 ScopedValue를 사용하는 것이 더 나을 수 있습니다(자세한 내용은 15장에서 다룰 예정입니다).

가상 스레드에 대한 소개를 다음의 몇 가지 해야 할 것과 하지 말아야 할 것으로 마무리하겠습니다.

- 가상 스레드에 대한 새로운 직관을 배우게 될 것이라 기대하세요.

- 가상 스레드를 마치 공짜 점심처럼 생각하지 마세요.
- 가상 스레드가 어떤 유형의 문제를 해결하는데 도움이 되는지 학습하세요(무작정 적용하지 마세요).
- 가상 스레드를 계산 집약적인 작업에 사용하지 마세요(이들은 차단 호출이 있어야만 양보 할 수 있습니다).

사실, 가장 좋은 조언 중 하나는 다른 개발자들과 대화하는 것입니다. 고 언어를 사용하는 친구가 있다면, 그들에게 고루틴을 어떻게 활용하는지, 그리고 어떤 패턴이 가상 스레드에 적용될 수 있는지 물어봐야 합니다.

13.6.2 가상 스레드 동시성 패턴

실무에서 가상 스레드의 가장 즉각적인 이점 중 하나는 개발자가 NIO API의 비차단 형식을 직접 사용할 필요가 없어진다는 점입니다. 대신, 프로그램은 차단 API를 사용하는 전용 가상 스레드를 생성할 수 있으며, 런타임이 이를 효율적으로 처리합니다.

이는 성능 측면에서 비차단 I/O를 사용하는 것과 사실상 동일한 효과를 내면서도, 훨씬 단순한 프로그래밍 모델을 제공합니다. 특히 **비동기 전염**(async-await 또는 **컬러 함수**colored function[11]) 같은 복잡한 프로그래밍 모델을 피하는 것이 룸 프로젝트의 주요 설계 목표 중 하나였습니다.

동시에, 명시적인 '리액티브 접근법'을 JDK에 도입하는 것은 목표가 아니었습니다. 그 결과, 자바 21에서 볼 수 있는 가상 스레드가 탄생했습니다.

이제 이러한 언어 기능을 기반으로 관련된 패턴을 살펴볼 것인데, 가장 직관적인 접근 방식부터 시작하겠습니다. 바로, 프로그램에서 일부 기존 스레드를 가상 스레드로 대체하는 것입니다.

캐리어 스레드는 `ForkJoinPool` 실행기에서 제공되며, 대부분의 차단 연산 시 양보합니다. 즉, 일정 부분 I/O 작업을 수행하는 스레드의 경우, 가상 스레드로 전환하면 성능상의 이점을 얻을 가능성이 있습니다. 또한, 자바 21은 자동으로 스레드를 가상화하지 않습니다. 가상 스레드를 명시적으로 생성하지 않는 한, 프로그램이 생성하는 스레드는 항상 플랫폼 스레드가 됩니다.

물론, 일부 스레드를 가상 스레드로 변환하는 목적이 성능 향상을 기대하는 것이라면, 반드시 실제 시스템에서 테스트하여 기대한 효과를 얻을 수 있는지 확인해야 합니다.

---

11 이 명칭은 블로그 게시물 'what color is your function?'(*https://oreil.ly/BuPbg*)에서 유래했으며, 해당 글의 저자는 자바가 async–await을 지원할 계획이라고 잘못 가정하고 있습니다.

가상 스레드는 수동으로 생성할 수도 있지만, 새로운 실행기 유형도 추가되었습니다. 바로 `Executors.newVirtualThreadPerTaskExecutor()`입니다. 이름에서도 알 수 있듯이, 기존의 전통적인 스레드 풀에 의존하는 것이 아니라, 각 작업이 제출될 때마다 새로운 가상 스레드를 생성하는 방식을 사용합니다.

새로운 실행기 유형을 지원하기 위해 `ExecutorService` 인터페이스가 `AutoCloseable`을 구현하게 되었습니다. 덕분에, try-with-resources 블록에서 사용할 수 있도록 개선되었습니다.

이것은 가상 스레드를 위한 새로운 패턴의 좋은 예입니다. 기존의 플랫폼 스레드 실행기는 보통 긴 수명을 가지는 객체로 관리됩니다. 그 이유는 실행기가 시작할 때 스레드를 생성하는데, 그 과정이 비용이 많이 드는 연산이기 때문입니다. 따라서, 플랫폼 스레드 실행기를 메서드 내 로컬 객체로 생성하는 것은 비효율적이며, 대부분 (필요할 경우 static으로 선언되는) 필드로 관리되는 것이 일반적입니다.

반면, 가상 스레드는 매우 가볍습니다. 실제로 가상 스레드는 단순한 자바 객체에 불과하며, 실행기를 생성하는 비용도 낮기 때문에 메서드 내에서 로컬 객체로 생성해도 성능상의 문제가 거의 없습니다.

이러한 특성을 활용하면, 다음과 같은 블록 범위의 가상 스레드 실행기를 사용하는 웹 서버의 기본 예시 코드가 만들어집니다. 코드 패턴을 만들 수 있습니다.

```
private volatile boolean isShutdown = false;

void handle(Socket socket) {
    // 들어오는 요청을 처리
}

void serveVT(ServerSocket serverSocket) throws IOException,
    InterruptedException {
        try (var executor = Executors.newVirtualThreadPerTaskExecutor()) {
            try {
                while (!isShutdown) {
                    var socket = serverSocket.accept();
                    executor.submit(() -> handle(socket));
                }
            } finally {
                // 오류가 발생했거나 인터럽트되었을 경우, 요청 수신을 중단
                executor.shutdown();
```

```
            }
        }
    }

  public shutdown() {
      isShutdown = true;
  }
```

서버 소켓은 serveVT() 메서드에 전달되며, 각 들어오는 요청을 처리할 때마다 새로운 가상 스레드를 시작합니다.

모든 요청은 서로 독립적이므로 데이터를 공유하거나 컨텍스트를 공유할 필요가 없으며, 요청은 모두 일정한 시간 내에 완료되고 네트워크 I/O가 필요합니다. 이러한 유형의 작업을 **실행 후 잊기**라고 부를 수 있으며, 이 패턴은 가상 스레드를 사용하여 간단한 웹 서버를 구현하는 데 매우 적합합니다.

또한, 이 코드가 **Volatile Shutdown** 패턴을 사용한다는 점도 중요합니다. 이 패턴에서는 isShutdown이라는 volatile 필드를 사용하여 플래그를 다시 읽도록 강제한 후 새로운 연결을 수락합니다. 이는 자바 서버 애플리케이션의 정상 종료graceful shutdown를 처리하는 데 있어 매우 표준적인 패턴입니다.

13.7 요약

이 장에서는 멀티스레딩을 사용하여 애플리케이션 성능을 향상시키기 전에 고려해야 할 주제들의 표면만을 다루었습니다. 단일 스레드 애플리케이션을 동시성 설계로 변환할 때 다음 내용들을 고려해야 합니다.

- 직선적인 처리straight-line processing의 성능을 정확하게 측정할 수 있도록 해야 합니다.
- 변경을 적용한 후 실제로 성능이 향상되었는지 테스트해야 합니다.
- 시스템에서 처리하는 데이터 크기가 변경될 가능성이 있는 경우, 성능 테스트를 쉽게 다시 실행할 수 있도록 해야 합니다.

다음과 같은 유혹을 피해야 합니다.

- 모든 곳에서 병렬 스트림을 사용하는 것
- 수동 잠금manual locking을 사용하여 복잡한 데이터 구조를 만드는 것
- `java.util.concurrent`에서 이미 제공하는 구조를 재구현하는 것

다음을 목표로 해야 합니다.

- 동시성 컬렉션을 사용하여 스레드 핫 성능을 향상시키는 것
- 기본 데이터 구조를 효과적으로 활용하는 접근 설계access design를 사용하는 것
- 애플리케이션 전반에서 잠금을 줄이는 것
- 적절한 작업/비동기 추상화task/asynchronous abstraction를 제공하여 직접 스레드를 다루지 않도록 하는 것

한 걸음 물러서서 보면, 동시성은 고성능 코드의 미래에서 핵심 요소입니다.

- 공유된 가변 상태는 어렵습니다.
- 잠금은 올바르게 사용하기 어려우며 하드웨어 자원 측면에서 비용이 많이 듭니다.
- 동기화된 상태 공유 모델과 비동기 상태 공유 모델이 모두 필요합니다.
- 자바 메모리 모델은 저수준의 유연한 모델입니다.
- 스레드 추상화는 매우 저수준의 개념입니다.

현대적인 동시성의 추세는 더 높은 수준의 동시성 모델로 이동하는 것이며, 스레드 자체에서 점점 멀어지는 경향을 보이고 있습니다. 스레드는 '동시성의 어셈블리 언어'처럼 보이기 시작했습니다. 최근의 자바 버전들은 프로그래머가 사용할 수 있는 고수준 클래스와 라이브러리를 증가시켜 왔습니다. 전반적으로, 업계는 안전한 동시성 추상화의 책임을 런타임과 라이브러리가 더 많이 담당하는 방향으로 이동하고 있는 것으로 보입니다.

다음 장에서는 이 장에서 다룬 기술과 패턴들이 클러스터와 분산 환경에서 어떻게 적용될 수 있는지 살펴보겠습니다. 또한, 비약적인 네트워크 지연network latency과 클러스터 장애cluster failure 상태가 동반될 때 발생하는 새로운 복잡성과 이를 해결하는 방법도 알아볼 것입니다.

14장

분산 시스템 기법과 패턴

이 장에서는 분산 시스템의 몇 가지 기본적인 기술을 소개합니다. 이 중 일부는 이전에 다룬 동시성 패턴concurrent patterns의 일반화된 개념이지만, 다른 일부는 분산 컴퓨팅의 오류fallacies of distributed computing 때문에 새롭게 등장한 추상화입니다. 이 오류들은 1990년대 중반 L. 피터 도이치L. Peter Deutsch와 제임스 고슬링[1]이 정리한 내용입니다.

오류는 다음과 같습니다.

- 네트워크는 항상 신뢰할 수 있습니다.
- 지연 시간은 0입니다.
- 대역폭은 무한합니다.
- 네트워크는 안전합니다.
- 토폴로지는 변하지 않습니다.
- 관리자는 한 명입니다.
- 전송 비용은 0입니다.
- 네트워크는 동질적homogeneous입니다.

이러한 영향들 중 일부는 다른 것보다 더 큰 영향을 미칠 수 있습니다. 예를 들어, 지연 시간은 특히 중요한 요소이며, 클러스터 내에서 토폴로지가 변경될 가능성도 중요한 고려 사항입니다. 또한, 서비스 지향 아키텍처(SOA)와 마이크로서비스 기반 아키텍처와 같은 스타일은 분산된

1 *https://oreil.ly/6Cg3K*

연결distributed connections의 수를 크게 증가시킬 수 있으며, 이로써 분산 컴퓨팅의 오류가 미치는 영향을 더욱 확대시킵니다.

즉, 애플리케이션을 분산하여 최적화하고 확장성을 높이려 했지만, 하나 이상의 오류를 간과하면 오히려 정반대의 결과를 초래할 수도 있습니다. 이런 문제를 방지하려면, 분산 컴퓨팅의 오류가 미치는 영향을 최소화할 수 있는 도구와 기법이 필요합니다.

이 장에서는 유용한 분산 시스템 기술들을 소개하고, 각 기술이 분산 컴퓨팅의 오류와 어떻게 관련되는지를 살펴보겠습니다. 먼저, 저수준 또는 기본적인 **분산 데이터 구조**distributed data structure에 대해 논의합니다. 그 후, 합의consensus 개념을 다룰 것입니다. 합의란 분산 컴퓨팅이 원활하게 동작하기 위해 클러스터 내 구성원들이 특정 변경 가능한 데이터 값mutable data value에 대해 동의해야 한다는 개념입니다.

이 장의 후반부에서는, 자바에서 분산 시스템을 구축하는 과정을 단순화하는 라이브러리 예제를 살펴보겠습니다. 각 주제를 다루면서, 각 기술이 분산 컴퓨팅의 오류를 어떻게 완화mitigate하는지를 확인할 것입니다. 마지막으로, 지금까지 논의한 개념들을 하나로 정리하고, 이를 활용하여 Fighting Animals 애플리케이션을 어떻게 개선할 수 있는지 살펴보겠습니다.

14.1 기본적인 분산 데이터 구조

분산 데이터 구조를 구축하기 위해, 먼저 기본적인 구성 요소를 소개하겠습니다. 이 목록이 완전한exhaustive 목록은 아니며, 다른 많은 유용하고 관련된 요소들이 존재합니다. 그러나 여기서 다룰 요소들은 시작점으로 적절하며, 이후 논의할 고수준 라이브러리higher-level libraries에서도 많이 재사용됩니다.

14.1.1 시계, ID와 사전 기록 로그

분산 데이터 구조의 가장 간단한 구성 요소 중 하나는 세대 시계generation clock[2]입니다. 이는 단조 증가하는 값monotonically increasing value으로, 분산 시스템에서 이벤트의 순서를 정하는 데 사용됩니

---

2 https://oreil.ly/DjA0l

다. 이 값은 시스템에서 전송되는 모든 메시지에 첨부되며, 복제된 로그에 저장됩니다.

예를 들어, 이것은 리더-팔로워leader-follower 클러스터에서 리더가 일시적으로 팔로워와 연결이 끊어지는 가능성을 처리하는 데 사용될 수 있습니다. 새로운 리더 선출leadership election이 발생하면, 생성 클럭이 증가하게 되므로, 팔로워 노드는 이전 리더가 클러스터에 다시 연결되더라도 해당 메시지를 폐기해야 함을 알 수 있습니다.

단일 머신에서의 동시성 프로그래밍을 분산 시스템으로 쉽게 일반화할 수 있는 기법 중 하나는 불변 객체를 사용하는 것입니다. 불변 객체가 직렬화serialized와 역직렬화deserialized될 수 있다면, 네트워크를 통해 안전하게 전송할 수 있습니다. 이 방식에서는 객체 상태가 생성된 이후 변경될 수 없기 때문에, 업데이트 손실lost updates의 가능성이 없습니다.

또 다른 기본적인 필요 요소는 클러스터 전역 고유ID unique cluster-wide ID를 생성하는 것입니다. 분산 시스템에서 고유한 ID를 생성하는 방법에는 여러 가지 기술이 있지만, 가장 간단한 방법은 클러스터 전역 세그먼트를 사용하는 것입니다. 리더 노드는 팔로워 노드들에게 세그먼트를 할당하는 역할을 담당하며, 팔로워 노드는 해당 세그먼트에서 ID를 생성한 후, 세그먼트가 소진되면 새로운 세그먼트를 요청할 수 있습니다.

예를 들어, 각 팔로워 노드는 백만 개의 ID를 할당할 수 있는 세그먼트를 요청할 수 있습니다. 이 과정은 리더 프로세스가 `AtomicLong`을 사용하여 수행할 수 있으며, 팔로워 노드가 세그먼트를 요청할 때마다 해당 값을 증가시키는 방식으로 구현할 수 있습니다.

세그먼트를 할당받은 후, 클러스터 구성원은 새로운 ID가 필요할 때마다 로컬 카운터를 증가시킵니다. 할당된 세그먼트의 ID를 모두 사용하면, 팔로워는 새로운 세그먼트를 요청할 수 있습니다.

이 접근 방식의 결과는 네트워크 트래픽이 크게 감소한다는 것입니다. 거의 모든 ID 생성이 메모리에서 수행될 수 있으며, 이는 매우 빠릅니다. 또한 이 접근 방식은 단순한 `AtomicLong`을 사용하는 것보다 훨씬 더 확장성이 뛰어납니다. 그 이유는 경쟁이 훨씬 적기 때문입니다. 즉, 리더로부터 `1_000_000 AtomicLong` ID로 가져오는 것이 하나씩 요청하는 것보다 훨씬 더 효율적이고 빠릅니다.

중복된 ID가 생성되지 않지만, 몇 가지 유의해야 할 사항이 있습니다.

- 서로 다른 팔로워들이 생성한 ID는 순서가 뒤섞일 수 있습니다.

- 특정 멤버가 할당된 세그먼트를 모두 사용하지 않은 채 종료되면, ID에 간격이 생길 수 있습니다. 하지만 대부분의 경우, ID 생성에서는 큰 문제가 되지 않습니다.
- 클러스터 리더가 재시작하면(가장 단순한 경우) ID 생성기가 초기화되어 0부터 다시 시작할 수 있습니다.

마지막 문제는 지속적인 저장소(예 데이터베이스)를 사용하여 마지막으로 할당된 세그먼트를 기록함으로써 완화할 수 있습니다. 클러스터 전체에서 고유한 ID를 생성하는 다른 방법도 있으며, 예를 들어 `java.util.UUID` 또는 다른 형태의 UUID를 사용할 수 있습니다. 하지만 많은 경우, 단순한 숫자 ID만으로도 충분합니다.

이제 이 절을 마무리하며, **사전 기록 로그**write-ahead log(WAL)를 소개하겠습니다. 이 기술은 데이터베이스 시스템에서 원자성atomicity과 지속성durability을 보장하기 위해 널리 사용됩니다. 이는 데이터베이스의 **ACID 특성** 중 두 가지를 충족하는 중요한 메커니즘입니다. 사전 기록 로그는 순차적으로 추가만 가능한append-only 로그 구조로, 지속적인 저장소에 저장됩니다.

사전 기록 로그는 전통적으로 충돌 복구crash recovery를 구현하는 데 사용됩니다. 프로세스가 재시작될 때, 로그를 확인하여 변경 사항이 완료되었는지, 아니면 롤백해야 하며 로그 항목을 폐기해야 하는지를 결정할 수 있습니다.

우리의 목적에서는 이 기술을 노드가 수행하려는 변경 사항을 기록하는 로그로 볼 수 있습니다. 하지만 이러한 변경 사항은 아직 확정되지 않은 가설적인 상태일 뿐입니다. 특정 완료 조건이 충족되면, 로그는 체크포인트에 도달하고, 변경 사항을 적용한 후 로그를 정리합니다.

14.1.2 2단계 커밋

2단계 커밋two-phase commit은 분산 프로그래밍에서 매우 일반적인 기술입니다. 예를 들어, 하나의 트랜잭션을 데이터베이스에 저장하면서 동시에 메시징 시스템에도 전파해야 하는 경우에 자주 사용됩니다.

이 작업을 두 개의 독립적인 트랜잭션으로 처리하면 문제가 발생할 수 있습니다. 예를 들어, 데이터베이스 트랜잭션이 완료되었지만 메시징 시스템에서 트랜잭션이 실패하는 경우 일관성이 깨질 위험이 있습니다. 2단계 커밋은 이러한 문제를 방지하기 위한 방법입니다.

2단계 커밋의 기본 구조는 **준비**(또는 투표) 단계와 **커밋**commit 단계를 분리하는 것입니다. 이를 리더-팔로워 시스템을 예로 들어 설명해 보겠습니다.

준비 단계에서는 리더는 먼저 사전 기록 로그에 변경 사항을 기록합니다. 그런 다음, 리더는 이 변경 사항을 네트워크를 통해 팔로워 노드에 복제합니다. 팔로워들은 자신의 로컬 사전 기록 로그에 변경 사항을 기록한 후, 리더에게 커밋할 준비가 되었다는 응답을 보냅니다. 이 과정에서 팔로워가 커밋 준비가 되었는지 확인하는 것이 핵심이며, 모든 팔로워가 동의해야 다음 단계로 넘어갈 수 있습니다.

충분한 수의 팔로워가 약속을 담은 응답을 보내면, 리더는 커밋 단계를 시작합니다. 리더는 항목을 최종적으로 표시하고 완료 메시지를 전송합니다. 팔로워들은 자신의 로컬 사전 기록 로그 항목을 적용한 후, 약속을 완료하기 위해 승인 응답(ACK)을 다시 보냅니다.

충분한 수의 승인 응답을 받으면 커밋이 완료됩니다.

이 기술은 몇 가지 유용한 장점을 가지고 있습니다. 첫째, 간단하고 이해하기 쉽습니다. 둘째, 원자성과 일관성을 제공합니다. 즉, 트랜잭션은 성공하거나 실패하며, 서로 다른 노드가 트랜잭션에 대해 서로 다른 결과를 갖게 되는 일이 없습니다. 또한 생존성을 보장합니다. 결국 합의에 도달하게 되며, 이는 여러 번의 트랜잭션 반복을 거칠 수도 있습니다.

그러나 2단계 커밋에는 여러 가지 단점이 있습니다.

- 모든 노드로부터 약속promise과 승인acknowledgment을 받아야 하며, 이는 클러스터 크기에 따라 선형적으로 증가합니다.
- 단 하나의 오류나 충돌만 발생해도 트랜잭션이 중단aborted되며 처음부터 다시 시도해야 합니다.
- 리더는 모든 그룹 구성원의 응답을 기다려야 하므로, 전체 지연 시간은 가장 느린 노드의 응답 시간 이상이 됩니다.

이 프로토콜은 차단 동작을 유발할 가능성이 있습니다. 이는 준비 단계에서 노드들이 트랜잭션을 완료하는 데 필요한 리소스를 할당해야 하기 때문입니다. 즉, 클러스터 전체가 사전 기록 로그에 기록된 항목에 대한 승인되지 않은 약속을 대기하는 상태가 됩니다.

트랜잭션이 커밋 되거나 롤백될 때까지, 영향을 받는 리소스에 대한 새로운 업데이트를 수락할 수 없습니다.

실제 환경에서의 2단계 구현은 타임아웃 처리와 기본적인 장애 허용을 제공해야 합니다. 예를 들어, 노드가 응답하지 않거나 느린 경우, 또는 일시적으로 사용할 수 없는 경우(가비지 컬렉션 일시 정지 등)에도 정상적으로 동작해야 합니다.

더 깊이 있는 내용을 알고 싶다면, 『데이터 중심 애플리케이션 설계』(위키북스, 2018) 같은 책을 참고할 수 있습니다.

14.1.3 객체 직렬화

자바에서의 직렬화는 길고 다소 불명예스러운 역사를 가지고 있습니다. 직렬화는 객체 인스턴스의 상태를 바이트 스트림으로 변환하는 과정입니다. 이렇게 변환된 바이트 스트림은 디스크에 저장하거나 네트워크를 통해 전송할 수 있으며, 이후 이를 **역직렬화**하여 다시 객체 인스턴스로 복원할 수 있습니다.

이 기능은 자바 1.1부터 플랫폼의 기본 기능으로 제공되었지만, 언어 차원의 직렬화 메커니즘은 여러 가지 심각한 단점을 가지고 있으며, 일반적인 경우에는 근본적으로 결함이 있다는 점이 널리 인정되고 있습니다.

> 직렬화는 보이지 않지만 공개된 생성자 역할을 하며, 보이지 않지만 공개된 접근자accessor 역할을 통해 내부 상태에 접근할 수 있도록 합니다.
>
> — 브라이언 괴츠, '더 나은 직렬화를 향하여towards better serialization[3]'

내장 직렬화 기능은 자바의 오랜 역사 동안 많은 보안 문제를 초래하기도 했습니다. 그 결과, 대부분의 애플리케이션 팀은 내장 메커니즘을 사용하는 대신 라이브러리 기반의 솔루션을 선택했습니다.

예를 들어, JSON은 여러 가지 이유로 직렬화 형식으로서 매력적인 선택지입니다.

- 매우 단순합니다.
- 사람이 읽을 수 있는 형식입니다.
- 거의 모든 프로그래밍 언어에서 이를 지원하는 라이브러리가 존재합니다.

그러나 직렬화된 객체의 크기와 같은 요인들이 성능 저하를 초래할 수 있어, 이러한 장점이 상쇄되기도 합니다. 특히, 대용량 메시지의 경우 성능 저하가 더욱 두드러질 수 있습니다. 따라서

---

3 https://oreil.ly/nJEI7

고성능 애플리케이션에서는 바이너리 인코딩이 더 적합하며, 프로토콜 버퍼[4]나 에이브로Avro[5]와 같은 다양한 옵션이 존재합니다.

데이터 직렬화에 대한 트레이드오프와 아키텍처적 선택은 이 장의 초반에서 언급된 두 가지 오류와 관련이 있습니다. 즉, '전송 비용은 0입니다'와 '대역폭은 무한합니다'라는 가정입니다. 직렬화 라이브러리의 성능은 오랫동안 분산 시스템 설계에서 중요한 요소로 고려되어 왔습니다.

예를 들어, 20여 년 전, 저자 중 한 명은 서비스 아키텍처의 성능 최적화 작업을 수행했으며, 당시 성능 병목의 주요 원인은 다음과 같았습니다.

- 자바 객체의 XML 직렬화와 역직렬화 과정
- 적절한 서비스 세분화 수준을 찾는 문제(주로 위의 직렬화 비용을 줄이기 위해)

오늘날 사용되는 직렬화 형식이 더 이상 XML이 아닐 수도 있지만, 위에서 언급된 일반적인 원칙들은 여전히 현대 시스템에서 중요한 고려 사항으로 남아 있습니다.

14.1.4 데이터 분할과 복제

10장에서 분할partitioning에 대해 간략히 다루었으며, 이를 관측성을 통해 감지할 수 있는 문제로 언급했습니다. 이번 절에서는 분할을 제대로 소개하고, 이를 분산 시스템의 핵심 기술 중 하나로서 맥락 속에 배치해 보겠습니다.

가장 단순한 형태에서 데이터 분할(데이터 **샤딩**sharding)은 대규모 데이터셋을 더 작고 관리하기 쉬운 하위 집합, 즉 **파티션**으로 나누는 과정입니다. 각 파티션은 전체 데이터의 일부를 포함하며, 여러 노드에 분산됩니다.

데이터를 분할하는 방법에는 몇 가지 다른 방식이 있습니다. 예를 들어, 데이터를 행으로 나누는 방식인 **수평 분할**horizontal partitioning, 데이터를 열 단위로 나누는 방식인 **수직 분할**vertical partitioning이 있습니다.

수평 분할의 경우, 데이터를 파티션으로 분할하는 몇 가지 잘 알려진 기법이 있습니다. 예를 들어, 특정 키(예 ID)나 중요한 필드의 해시 값을 기반으로 데이터를 분할할 수 있습니다. 이후

4 https://protobuf.dev

5 https://avro.apache.org

자세히 다루겠지만, 아파치 카프카와 같은 시스템이 이러한 접근 방식을 사용합니다.

일반적인 방법은 클러스터 내 호스트 간의 하트비트heartbeating 네트워크 연결과 **쿼럼**quorum 시스템을 조합하여, 분산 트랜잭션이 완료될 수 있도록 충분한 **'투표'**를 확보하는 방식입니다. 이에 대한 자세한 내용은 다음 절에서 다룰 것입니다.

장애 허용을 위해 각 파티션의 여러 복사본을 유지하는 경우도 있습니다. 이는 노드가 사용할 수 없게 되는 상황을 완화하기 위한 것으로, '네트워크는 항상 신뢰할 수 있다'는 잘못된 가정을 피하기 위한 방법입니다. 가장 기본적인 방식은 동기식 복제본 하나를 유지하는 것이지만, 두 개의 동기식 복제본을 유지하는 방식도 가능합니다. 이를 통해 클러스터 전체에서 점진적 업데이트를 수행하면서도 예기치 않은 노드 장애로부터 보호할 수 있습니다. 예를 들어, 여러 개의 동기식 백업을 배포할 수도 있지만, 이는 클러스터 전체에서 더 많은 메모리 소비하게 합니다. 각 백업이 원본 데이터 구조와 동일한 크기의 메모리를 사용하기 때문입니다.

또한, 모든 동기식 백업은 데이터 복사본 간의 잠금을 필요로 하며, 이를 통해 13장에서 다룬 **업데이트 손실** 안티 패턴이 분산 환경에서 발생하는 것을 방지해야 합니다. 그러나 백업 복사본의 개수가 많아질수록 이 잠금locking 비용은 더욱 증가합니다.

일부 애플리케이션에서는 메모리 내 데이터 저장소를 백업 저장소에 지속적으로 저장하는 방식이 유리할 수 있습니다. 그러나 이러한 지속성은 성능 저하를 유발할 수도 있습니다. 완전한 신뢰성을 보장하려면, 메모리 내 데이터의 모든 변경 사항이 물리적 저장소에 '동기식 쓰기written through' 방식으로 기록된 후에 변경이 확정되기 때문입니다. 이는 이전 장에서 다룬 메인 메모리와 캐시 간의 관계와 유사합니다. 하지만, 일부 애플리케이션에서는 이러한 동기적 쓰기 동작이 과도한 오버헤드일 수 있으며, 짧은 시간 동안의 데이터 손실을 감수할 수도 있습니다. 이러한 경우, 많은 시스템에서는 '비동기식 쓰기write-behind' 방식을 지원하며, 이를 통해 백엔드 저장소로의 쓰기 작업을 비동기적으로 수행할 수 있습니다.

관측성은 복제replication 또는 분할 환경에서도 유용하게 활용할 수 있습니다. 데이터가 정상적으로 파이프라인을 통해 흐르고 있는지 확인하는 것뿐만 아니라, 재분할 이벤트를 모니터링하는 것도 중요합니다. 단순히 재분할 발생 여부뿐만 아니라, 재분할이 얼마나 오래 지속되는지 분석하면, 메시징 인프라가 용량 한계에 가까워지는지를 조기에 감지할 수 있습니다.

재분할의 성능은 **최선**의 경우 노드 수에 따라 선형적으로 증가linear complexity 하지만, 경우에 따라 이차적으로 증가quadratic complexity하는 경우도 있습니다. 따라서 클러스터 전체에서 재분할을 관찰하는 기능이 중요합니다. 개별 노드만을 관찰해서는 전체적인 시스템 상태를 파악하는 데 한계가 있을 수 있기 때문입니다.

14.1.5 CAP 정리

CAP 정리CAP theorem[6]는 분산 시스템 이론에서 가장 잘 알려진 개념입니다. CAP 정리의 이름은 시스템의 세 가지 동작 특성을 나타내는 일관성consistency, 가용성availability, 네트워크 파티션 허용partition-tolerance의 앞 글자를 따서 만들어진 것입니다.

CAP 정리는 어떤 시스템이 이 세 가지 특성 중 두 가지만 만족할 수 있다는 것을 의미합니다. 예를 들어, AP 시스템availability & partition-tolerance은 가용성과 네트워크 파티션 허용을 선택하는 방식입니다.

이 정리는 분산 컴퓨팅의 잘못된 가정 중 두 가지인, '네트워크는 항상 신뢰할 수 있다'와 '토폴로지는 변하지 않는다'와 밀접하게 관련이 있습니다. 실제로, 네트워크 파티션은 대표적인 토폴로지 변경의 사례이며, 이는 네트워크의 신뢰성을 보장할 수 없음을 의미합니다.

이 정리를 직관적으로 이해하는 한 가지 방법은 네트워크에서 메시지 손실 가능성이 있다면, 네트워크 분할 발생 시 완전한 가용성과 완벽한 일관성을 동시에 유지할 수 없다는 점을 고려하는 것입니다.

따라서 네트워크 파티션이 발생해 노드들이 계속 실행 중이지만 서로 다른 클라이언트 그룹과 연결된 경우, 하나의 전략은 일관성을 포기하고 가용성을 유지하는 것입니다. 이는 10.4.3절의 '재분할과 분할 뇌'에서 언급된 '분할 뇌' 개념과 동일합니다.

이 경우, 사용자에게 미치는 영향은 다음과 같습니다. 각 파티션과 연결된 클라이언트는 해당 파티션 내에서는 일관된 결과를 볼 수 있지만, 서로 다른 파티션과 연결된 클라이언트는 동일한 데이터를 볼 수 없을 수 있습니다. 예를 들어, 원자적이어야 할 값이 각 파티션마다 다른 값을 가질 가능성이 생깁니다.

또 다른 접근 방식은 네트워크 파티션, 즉 메시지의 완전한 손실이 현대적인 LAN이나 데이터

---

6 https://oreil.ly/NtLPj

센터 내에서는 매우 드물다는 점에 주목하는 것입니다. 이러한 이유로, 많은 사람은 CAP 정리가 광역 네트워크(WAN) 또는 글로벌 네트워크에서만 적용된다고 간주하기도 합니다.

시스템의 클라이언트가 항상 연결할 수 있는 클러스터 노드 목록을 알고 있다면, 데이터 센터나 특정 지역이 손실되는 경우에도 영향 받지 않은 노드에 다시 연결해 정상적인 운영을 지속할 수 있습니다.

14.2 합의 프로토콜

이 절에서는 가장 널리 사용되는 두 가지 **합의 프로토콜**consensus protocol을 간략히 설명합니다. 이러한 프로토콜은 분산 시스템에서 클러스터 내 노드들이 연산 중 필요한 변경 가능한 데이터 값에 대해 합의에 이루도록 보장하는 데 사용됩니다.

> **NOTE** 합의 알고리즘의 사용은 CAP 정리에서 살펴본 두 가지 오류, 즉 '네트워크는 신뢰할 수 있다'와 '토폴로지는 변하지 않는다'와 관련이 있습니다.

이 장 앞부분에서 다룬 2단계 커밋 개념을 기반으로 논의를 진행할 것입니다. 또한, 데브넥서스Devnexus 2023에서 두 합의 알고리즘을 쉽게 설명한 훌륭한 발표 자료[7]가 있으니 참고하시기 바랍니다.

이 주제는 관측성의 또 다른 중요한 요소를 보여주는 사례이기도 합니다. 즉, 클러스터에서 발생하는 전환 이벤트가 어떻게 나타나는지 파악하는 것이 중요합니다.

이를 바탕으로 실제 문제가 발생할 때만 알람이 트리거되도록 관측성을 구성해야 합니다. 전환 이벤트는 비교적 드물지만 정상적인 운영에서도 자연스럽게 발생할 수 있으므로 첫 번째 이벤트 발생 시 즉시 경고를 보내서는 안 됩니다. 예를 들어, 주키퍼ZooKeeper와 같은 모니터링 시스템에서는 연속된 두 개의 모니터링 주기(기본적으로 분 단위) 동안 여러 노드가 동시에 리더로 보고되는 경우가 없어야 합니다.

7 https://oreil.ly/XMw2r

14.2.1 팩소스

팩소스Paxos[8]는 투표 기반 합의 알고리즘으로, 보다 정확한 여러 알고리즘의 집합more properly, family of algorithm입니다. 이 알고리즘은 카산드라, 다이나믹DBDynamoDB, 처비Chubby(구출의 분산 잠금 시스템) 등 다양한 시스템에서 사용됩니다.[9]

팩소스는 1980년대 레슬리 램포트Leslie Lamport에 의해 제안되었으며, 이전에 다룬 세대 시계 등의 개념을 활용합니다.

이 프로토콜에서 클러스터 노드는 두 가지 기본적인 역할을 수행할 수 있습니다.

- 제안자proposer
- 수락자acceptor

일반적으로 메시지는 **라운드 번호**round number `N`(세대 시계 시간)을 통해 식별되며, 합의해야 할 값을 포함할 수 있습니다.

팩소스는 두 개의 주요 단계를 가지며, 각 단계의 하위 단계로 구성됩니다.

1a 단계: 준비요청

제안자는 `Prepare` 메시지를 생성하여 모든 수락자에게 전송합니다.

1b 단계: 약속

수락자는 제안자로부터 준비요청 메시지를 받으면, 해당 제안자에게 `Promise`를 반환합니다. 이는 해당 수락자가 이후 해당 제안자의 값을 존중하겠다는 약속을 의미합니다.

2a 단계: 수락

제안자는 과반수 이상의 수락자로부터 약속 메시지를 받은 후, 특정 값 `V`를 설정해야 합니다. 그런 다음 `(N, V)` 쌍을 포함한 `Accept` 메시지를 모든 수락자(약속을 보낸)에게 전송합니다.

---

8 *https://oreil.ly/3HT-4*

9 또한 주키퍼는 ZAB(ZooKeeper atomic broadcast) 프로토콜을 사용하며, 이는 주키퍼의 사용 사례에 맞춰 특화된 팩소스의 변형이라고 볼 수 있습니다.

2b 단계: 승인됨

수락자는 제안자로부터 승인 메시지를 받으면, 다음 조건을 확인합니다. 단 수락자는 이전 1b 단계에서 자신이 더 높은 라운드 번호(N)만 고려하겠다고 약속한 경우, 해당 승인 요청을 거부할 수 있습니다. 그렇지 않다면 해당 값을 승인합니다.

팩소스는 쿼럼 기반 프로토콜이므로 단순 과반수만으로 진행할 수 있습니다. 이는 일부 노드가 연결이 끊기거나, 느리거나, 과부하 상태여도 계속 진행할 수 있도록 보장하기 위한 것입니다. 이 프로토콜에서 중요한 부분 중 하나는 승인 기준입니다. 이는 충돌하는 값이 합의에 이르는 과정을 방해하지 않도록 설계되었습니다.

팩소스는 매우 잘 연구된 알고리즘이며, 다양한 확장 방식이 존재합니다. 그중 가장 대표적인 확장은 세 번째 역할을 추가하는 것입니다. 즉, 주키퍼의 **관찰자**observer라고도 불리는 **학습자**learner입니다.

학습자는 클러스터의 수동적인 관찰자입니다. 새로운 값을 제안하지 않고, 투표에도 참여하지 않습니다. 대신 값이 합의에 도달했을 때 그 결과를 통지받습니다. 값이 확정되면 수락자와 제안자 모두 학습자에게 이를 알릴 수 있습니다. 이는 합의 알고리즘에 참여하는 노드들의 읽기 부하를 줄이는 데 매우 유용합니다.

> **NOTE** 실제로 많은 팩소스 구현에서는 역할을 병합해 수락자가 학습자 역할도 수행하도록 합니다.

여기서 합의 알고리즘에 대한 가장 중요한 이론적 결과인 피셔Fischer, 린치Lynch, 피터슨Paterson의 FLP 불가능성 결과FLP Impossibility Result도 언급해야 할 필요가 있습니다.

이들의 1985년 논문[10](간략화된 개요[11]는 비교적 쉽게 읽을 수 있음)은 비동기 시스템에서 합의 알고리즘은 안전성, 생존, 장애 허용 중 두 가지만 보장할 수 있다는 점을 증명합니다.

이 정리는 강력한 결과이지만 그 제한을 최소화하기 위한 여러 우회 방법이 개발되었습니다. 예를 들어, 제안된 값proposed values 간에 짧은 무작위 지연을 도입하면 생존성 실패의 가능성을

10 https://oreil.ly/XNA84

11 https://oreil.ly/AcboU

줄일 수 있습니다(이는 13장에서 다룬 분산 활성 잠금livelock과 유사한 문제입니다[12]). 그러나 이론적으로 이러한 가능성을 완전히 배제할 수는 없습니다.

이제 다른 합의 알고리즘인 래프트Raft를 살펴보겠습니다.

14.2.2 래프트

래프트[13]가 만들어질 때, 주요 설계 목표 중 하나는 단순하고 이해하기 쉬운[14] 합의 알리즘을 제공하는 것이었습니다. 이를 위해 래프트는 합의 문제를 두 개의 개별 하위 문제로 나눠 접근합니다.

- 리더 선출
- 로그 복제

단순성을 더욱 강조하기 위해, 래프트는 각 노드가 두 가지 선거 상태(안정와 선거)와 세 가지 역할 상태(리더, 팔로워, 후보자)만을 갖도록 설계되었습니다. 이는 리더-팔로워 기반 프로토콜이므로, 하나의 노드만 리더가 될 수 있으며, 선거가 진행되지 않는 한 나머지 모든 노드는 팔로워 상태를 유지합니다.

모든 업데이트는 리더를 통해 처리되며, 리더는 이를 자신의 로그에 기록한 후 비동기적으로 팔로워들에게 변경 사항을 복제합니다. 리더가 데이터를 쿼럼에 성공적으로 복제하면, 커밋 인덱스가 증가하고, 상태 머신state machine에 해당 연산이 적용되며, 업데이트가 성공한 것으로 간주됩니다.

래프트에서 팔로워는 완전히 수동적인 역할을 합니다. 즉, 리더가 보내는 업데이트를 단순히 수락하는 역할만 수행합니다. 래프트의 리더 노드는 정해진 간격(예 100 ms)으로 모든 팔로워에게 하트비트 메시지를 전송합니다. 팔로워가 일정 시간 동안 리더로부터 하트비트를 받지 못하면, 다른 노드들에게 메시지를 보내 선거를 요청할 수 있습니다. 이에 대해서는 이후에 더 자세히 설명하겠습니다.

래프트는 팩소스와 마찬가지로 세대 시계 개념을 기반으로 하며, 이를 **임기**term라고도 부릅니

---

12 옮긴이_ 13.3.3절의 내용을 참고해 주세요.

13 https://raft.github.io

14 https://raft.github.io/raft.pdf

다. 클러스터 내의 모든 노드는 현재 리더가 누구인지, 현재 임기 번호가 무엇인지 알고 있으며, 팔로워 목록(서로 피어 관계인 노드들)도 가지고 있습니다.

래프트에서 사용되는 두 가지 주요 메시지는 AppendEntry와 RequestVote입니다. AppendEntry는 리더가 팔로워에게 업데이트를 전송하는 메시지로, null 업데이트를 보내면 하트비트 메시지 역할도 수행합니다. RequestVote는 팔로워가 일정 시간 동안 AppendEntry를 받지 못했을 때 모든 피어에게 선거를 요청하는 메시지입니다.

AppendEntry 메시지와 그 응답은 자바 코드로 다음과 같이 표현할 수 있습니다.

```
record AppendEntry (
    int term,
    int leaderId,
    List<Payload> payloads,
    int prevLogIndex,
    int prevLogTerm,
    int leaderCommit) { }

record AppendEntryResponse (
    int term,
    boolean accepted,
    int conflictIndex,
    int conflictTerm) { }
```

RequestVote과 RequestVoteResponse는 다음과 같이 표현할 수 있습니다.

```
record RequestVote (
    int term,
    int candidateId,
    int lastLogIndex,
    int lastLogTerm
) {}

record RequestVoteResponse(
    int term,
    boolean inFavor
) {}
```

래프트의 상태 머신은 [그림 14-1]에서 확인할 수 있습니다.

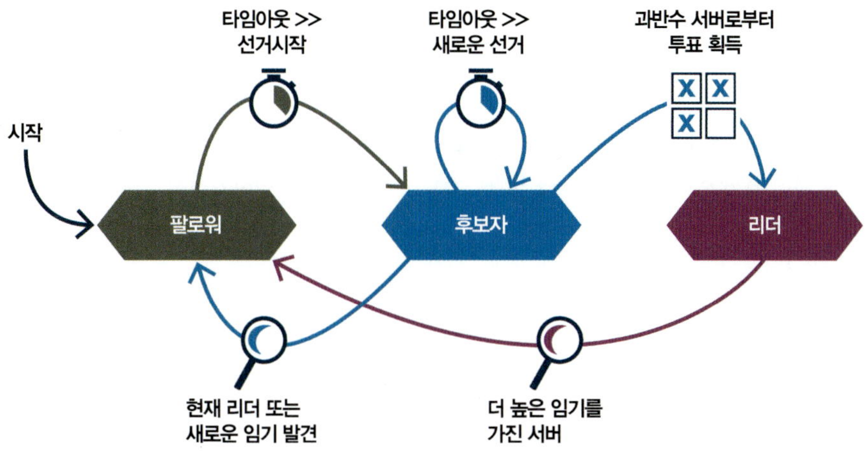

그림 14-1 래프트 상태 머신

클러스터가 시작될 때는 리더 노드가 존재하지 않으므로 모든 노드는 팔로워 상태에서 시작합니다. 이를 처리하기 위해 노드는 스스로 후보자로 승격할 수 있습니다. 승격 과정에서는 임기 번호를 증가시키고 다른 모든 노드에게 `RequestVote` 메시지를 전송합니다.

래프트는 광범위하게 연구된 알고리즘이며, 추가적인 수정 없이 네트워크 장애 발생 시 생존성[15]을 완전히 보장하지는 못한다는 점이 입증되었습니다. 즉, 이론적으로 선거가 영원히 계속될 가능성이 존재합니다.

그러나 래프트는 무작위 선거 타임아웃random election timeout을 도입하여 이러한 가능성을 최소화합니다. 또한 후보자가 자신의 로그가 최신 상태일 때만 선거에서 승리할 수 있도록 제한합니다. 이를 통해 실제로는 활성 잠금이 발생하지 않도록 설계되었지만, 팩소스와 마찬가지로 이론적으로 불가능하다고 증명할 수는 없습니다. 이는 FLP 불가능성 결과의 또 다른 결과입니다.

마지막으로, 알고리즘이 올바르다고 해서 구현 코드 또한 올바르다는 보장은 없습니다.

래프트의 자바 구현 중 하나는 jgroups-raft 프로젝트[16]에서 제공하는 버전이 있으며, 래드햇의 인피니스팬과 같은 제품에서 사용됩니다. 이 구현은 정확성 관련 버그[17]를 찾기 위해 철저하게 테스트되었습니다.

---

15 *https://oreil.ly/6XbP6*

16 *https://oreil.ly/Qm2AA*

17 *https://oreil.ly/BoKOO*

14.3 분산 시스템 예제

이 절에서는 실제 시스템에서 이러한 분산 기술이 어떻게 활용되는지에 대한 사례 연구를 다룹니다. 우리가 살펴볼 예제들은 기본적으로 인프라스트럭처 관점에서 다루어지며, 프로그래머가 분산 시스템의 복잡성을 비즈니스 로직과 분리할 수 있도록 설계되었습니다.

먼저, 분산 데이터베이스distributed database의 사례부터 살펴보겠습니다.

14.3.1 분산 데이터베이스: 카산드라

카산드라[18]는 가장 널리 사용되는 오픈 소스 NoSQL 분산 데이터베이스 중 하나입니다. 자바로 작성되었으며, 비관계형non-relational과 컬럼 지향 데이터베이스입니다. 기본적으로 카산드라는 가용성 또는 파티션 허용(AP) 데이터베이스이지만, 쿼리 단위로 일관성 수준consistency level을 조정할 수 있습니다.

NoSQL 시스템에서는 이러한 **결과적 일관성**eventual consistency 동작을 보이는 것이 일반적입니다. 카산드라는 **일관성 수준** 개념을 제공하며, 코디네이터가 클라이언트에게 쓰기 작업 성공을 알리기 전에 몇 개의 복제본 노드replica node가 확인해야 하는지를 지정합니다.

다음은 대표적인 일관성 수준의 예시입니다.

- `ONE`: 단 하나의 복제본 노드에서만 확인되면 쓰기가 성공한 것으로 간주됩니다.
- `LOCAL_QUORUM`: 동일한 데이터센터 내에서 단순 과반수 이상의 노드가 확인해야 합니다.
- `QUORUM`: 클러스터 전체에서 단순 과반수 이상의 노드가 확인해야 합니다.
- `ALL`: 모든 노드에서 확인이 완료되어야 합니다.

이러한 옵션들은 빠른 순서에서 느린 순서로 정렬되어 있습니다. 카산드라는 대량의 데이터를 빠르게 쓰는 데 최적화된 시스템이므로 더 엄격한 일관성 수준을 설정할수록 쓰기 속도가 느려집니다.

일반적으로 카산드라는 글로벌 분산 환경에서 운영될 수 있다는 점에 유의해야 합니다. 따라서 `QUORUM`과 `ALL` 수준을 사용할 경우 WAN 트래픽이 발생할 수 있으며, 광속 한계speed-of-light limitations 때문에 쓰기 확인 시간이 수십에서 수백 밀리초까지 증가할 수 있습니다.

18 *https://oreil.ly/CjNX9*

TIP ALL 설정은 권장되지 않습니다. 이 설정은 가장 느릴 뿐만 아니라, 가용성에도 부정적인 영향을 미치기 때문입니다. 즉, 하나의 노드만 실패해도 모든 쓰기 작업이 실패할 수 있습니다.

이 설정은 가용성과 파티션 허용(AP) 데이터베이스로 설계된 카산드라의 원칙과 어긋나는 동작입니다. 만약 이 설정을 사용하려는 유혹을 느낀다면, 시스템 설계 어디엔가 문제가 있다는 '아키텍처 잠재적 결함architecture smell'일 가능성이 큽니다.

카산드라 데이터베이스의 주요 인터페이스는 카산드라 쿼리 언어Cassandra query language(CQL)입니다. 카산드라 쿼리 언어는 SQL과 일부 유사한 구조를 가진 질의 언어로, 카산드라가 NoSQL 데이터베이스임에도 불구하고 기본적인 테이블, 컬럼, 행 개념을 공유합니다. 그러나 카산드라는 비관계형 데이터베이스이므로 조인이나 서브쿼리를 지원하지 않습니다.

기본적인 카산드라 쿼리 언어 예제를 보면 SQL과 매우 유사하게 보일 수 있습니다. 예를 들어, 다음 예제들은 SQL과 카산드라 쿼리 언어 **모두**에서 유효한 구문입니다.

```
CREATE TABLE IF NOT EXISTS demoTable (id INT PRIMARY KEY);
ALTER TABLE demoTable ADD newField INT;
CREATE INDEX myIndex ON demoTable (newField);
INSERT INTO demoTable (id, newField) VALUES (1, 2);
SELECT * FROM demoTable WHERE newField = 2;
SELECT COUNT(*) FROM demoTable;
DELETE FROM demoTable WHERE newField = 2;
```

그러나 이것은 마치 다음 문장과 같습니다.

```
var x = 15;
```

위의 문장을 보면 자바와 자바스크립트에서 동일한 문법으로 유효한 코드라 하더라도 두 환경에서 의미적으로 큰 차이가 있는 것과 마찬가지입니다. 즉, 단순한 예제만 보고 카산드라 쿼리 언어와 SQL이 동일하다고 착각해서는 안 됩니다. 실제로 카산드라 쿼리 언어와 SQL은 표면적으로는 유사하지만 상당한 차이점이 존재합니다. 예를 들어, INSERT와 DELETE 문은 전형적인 SQL 데이터베이스에서의 동작과 카산드라에서의 동작이 크게 다릅니다.

카산드라 쿼리 언어에서 우리가 테이블이라고 부르는 것은 보다 정확하게는 **컬럼패밀리**입니다. '테이블'이라는 별칭은 SQL 경험이 있는 사용자가 더 쉽게 적응할 수 있도록 제공된 것입니다. 마찬가지로, 카산드라의 **키스페이스**keyspace는 데이터가 노드에 어떻게 복제되는지를 정의하는 네임스페이스이며, SQL RDBMS의 데이터베이스 스키마와 대체로 유사한 개념입니다.

키스페이스는 특정 테이블 집합에 대한 데이터 복제를 제어하도록 설계되었습니다. 이 복제는 키스페이스 단위로 제어되므로 서로 다른 복제 요구 사항이 있는 데이터는 일반적으로 서로 다른 키스페이스에 존재합니다. 그 결과 클러스터는 일반적으로 클러스터가 제공하는 각 애플리케이션마다 하나의 키스페이스를 갖게 됩니다.

카산드라의 기본 설정인 결과적 일관성이 작동하지 않는 경우도 있다는 점에 유의해야 합니다. 즉, 읽기와 쓰기의 엄격한 순서를 유지해야 하는 경우가 있습니다. 이러한 경우에는 **선형적 일관성**linearizable consistency[19]이 유용하며, 카산드라에는 두 가지 유형의 카산드라 쿼리 언어 연산이 있습니다. 일반 연산(이미 살펴본 바 있음)과 조건부 업데이트에 대해 선형적 일관성을 제공하는 **경량 트랜잭션**lightweight transaction입니다.

경량 트랜잭션의 구문은 일반 연산과 다르며, 이 기능을 지원하기 위해 팩소스의 구현을 사용합니다. 가장 단순한 형태에서 경량 트랜잭션은 비교와 교환 연산으로, `INSERT … IF NOT EXIST`와 같은 형태를 가집니다.

> **NOTE** 일반 연산은 경량 트랜잭션과 혼용해서는 안 됩니다. 만약 애플리케이션이 경량 트랜잭션을 사용할 적절한 사례에 해당한다면 전체적으로 일관되게 사용해야 합니다.

SERIAL 일관성 수준은 경량 트랜잭션에 사용되며, 조건부 쓰기conditional writes가 격리되고 원자적으로 적용되도록 보장합니다. 따라서 카산드라의 경량 트랜잭션은 다른 데이터베이스 유형의 트랜잭션 전략이나 2단계 커밋과 비교했을 때 경량인 것일 뿐, 절대적으로 가벼운 것은 아닙니다.

14.3.2 인메모리 데이터 그리드: 인피니스팬

인피니스팬[20]은 레드햇이 제이보스 캐시의 후속 제품으로 개발한 분산 캐시distributed cache와 키-값 NoSQL 인메모리 데이터 저장소입니다. 인피니스팬은 인메모리 데이터 저장소일 뿐만 아

19 *https://oreil.ly/0qjCU*

20 *https://infinispan.org*

니라 데이터를 보다 영구적인 **캐시 저장소**에 지속할 수도 있습니다. 이러한 저장소는 플러그인 방식으로 구현되며, 다양한 방식으로 기존 시스템에 인피니스팬 데이터를 저장할 수 있습니다.

이 기술은 라이브러리 또는 프레임워크에 클러스터링clustering과 고가용성high availability을 추가하는 데 사용될 수 있습니다. 상태 관리 기능을 인피니스팬에 위임하면 인피니스팬이 제공하는 내부 분산 데이터 구조를 활용하여 클러스터링 기능을 구현할 수 있습니다.

jgroup 라이브러리는 인피니스팬과 기타 여러 프로젝트에서 신뢰할 수 있는 그룹 네트워크 통신을 제공하는 유용한 툴킷입니다. 이 라이브러리는 노드 자동 검색node discovery, 포인트 투 포인트point-to-point 또는 포인트 투 멀티포인트point-to-multipoint, 장애 감지failure detection, 데이터 전송data transfer가 같은 다양한 기능을 지원합니다.

장애 허용 기능은 jgroups-rafe 컴포넌트를 기반으로 하며, 이름에서 알 수 있듯이 래프트 프로토콜을 구현한 것입니다. 또한 인피니스팬은 복제 계수replication factor를 설정할 수 있으며, 카산드라와 유사한 AP 시스템으로 동작합니다.

인피니스팬은 `Cache` 인터페이스를 제공하며, 이는 `java.util.Map`을 확장합니다. 따라서 사용자 관점에서 보면 '여러 머신에 걸쳐 확장 가능한 대형 `HashMap`'과 같은 개념으로 이해할 수 있습니다.

또한 인피니스팬은 자바 가상 머신이 아닌 플랫폼도 클라이언트로 지원합니다.

JTAjava transaction API와 XA 확장 트랜잭션을 포함한 트랜잭션 기반 케이스도 지원하고, JTA 트랜잭션 관리자가 중재하는 분산 트랜잭션에도 참여할 수 있습니다. 인피니스팬에서 트랜잭션 기능은 선택적optional이며, 애플리케이션 요구 사항에 따라 비활성화하여 성능을 최적화할 수도 있습니다.

관측성 측면에서 인피니스팬은 오픈텔레메트리 기반 추적을 포함하여 강력한 추적 기능을 제공하며 HTTP 기반이 아니지만, jgroups 프로토콜을 확장하여 오픈텔레메트리 지원을 추가했습니다.

14.3.3 이벤트 스트리밍: 카프카

아파치 카프카[21]는 발행-구독publish-subscribe 패러다임에서 이벤트 스트림event stream을 제공하는 핵심 인프라 기술입니다. 이벤트는 액션을 트리거하는 용도와 노드에 상태를 분배하는 용도로 사용됩니다. 이는 마이크로서비스 아키텍처를 구현하는 일반적인 패턴입니다.

다른 메시징 시스템(JMS, AMQP 등)과 달리, 카프카는 확장성과 처리량을 주요 설계 목표로 개발되었습니다. 카프카는 클라이언트-브로커client-broker 시스템이며, 메시지는 클라이언트에서 카프카 브로커 프로세스 클러스터로 전송됩니다.

추가적으로 권한 부여authorization 기능으로, 카프카는 전송 계층에서의 인증authentication 기능도 제공하고 이를 통해 '네트워크는 안전하다'[22]라는 잘못된 가정을 완화할 수 있습니다. 물론 이 문제를 완전히 해결하려면 모든 마이크로서비스에서도 인증을 포함해야 합니다. 카프카의 핵심은 순서가 보장된ordered 복제 로그replicated log입니다.

이를 통해 [그림 14-2]에서 보여주는 것처럼 읽기read와 쓰기write를 효율적으로 처리할 수 있습니다.

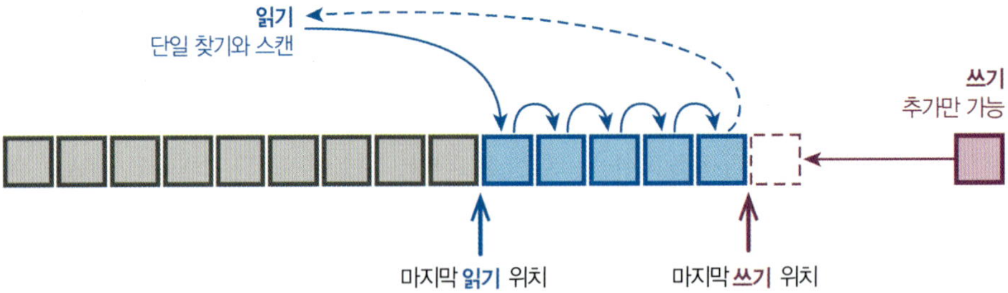

그림 14-2 카프카 읽기와 쓰기

점선 화살표는 탐색과 스캔 읽기를 나타내며, 카프카는 오직 추가append만 가능한 시스템이라는 점에 유의해야 합니다. 즉, 업데이트 연산이 존재하지 않습니다. 이는 읽기와 쓰기가 순차적sequential 연산으로 이루어짐을 의미합니다. 그 결과, 카프카는 메모리나 디스크와 같은 기본 저

---

21 *https://kafka.apache.org*

22 이 기능을 통해 몇 가지 세밀한 패턴을 구현할 수 있습니다. 예를 들어, 소비자에게 특정 토픽에 대한 읽기 전용 접근 권한을 부여하거나, 생산자에게는 쓰기 권한만 부여하고, 명시적으로 허용되지 않은 토픽의 내용을 어떤 소비자도 볼 수 없도록 설정할 수 있습니다. 이러한 기능은 멀티 테넌트 환경에서 유용하며, 일반 데이터 보호 규정(GDPR) 준수 작업에도 도움이 됩니다.

장 매체의 선형적linear 특성을 활용하여 프리페치prefetch와 메모리 캐시memory cache를 최적화할 수 있으며, 배치 작업을 함께 처리할 기회도 제공합니다.

카프카 프로세서는 **토픽**topic을 구독하며, 모든 토픽은 하나 이상의 파티션으로 구성됩니다. 토픽은 본질적으로 여러 파티션에 대한 공통 구성과 라벨 역할을 하는 추상화입니다.

각 파티션은 다음과 같은 두 가지 속성을 가집니다.

- 각 파티션은 정확히 하나의 소비자에 의해 소비됩니다.
- 하나의 소비자는 여러 개의 파티션을 소비할 수 있습니다.

따라서 활성 소비자active consumer의 수는 파티션 개수보다 많을 수 없으며, 같거나 적어야 합니다.[23]

이러한 속성을 통해 카프카는 소비자 풀consumer pool 내에서 순서 보장과 로드 밸런싱을 동시에 제공할 수 있습니다.

> **NOTE** 카프카는 동일한 파티션 내에서는 이벤트 순서를 보장합니다. 하지만 기본적으로 모든 파티션에 걸친 전체 순서는 보장하지 않습니다.

살펴봐야 할 핵심 클래스는 `org.apache.kafka.clients.producer` 패키지에 있는 `ProducerRecord` 클래스이며, 이 클래스에는 다음과 같은 필드가 포함되어 있습니다.

```
public class ProducerRecord<K, V> {
    private final String topic;
    private final Integer partition;
    private final Headers headers;
    private final K key;
    private final V value;
    private final Long timestamp;

    // ...
}
```

23 추가적인 소비자를 대기 상태로 유지하여 핫 스탠바이 역할을 수행하도록 구성할 수도 있습니다.

대부분의 배포에서 대상 파티션은 키의 해시를 기반으로 계산됩니다. 이를 통해 카프카는 동일한 키를 가진 메시지가 항상 동일한 파티션에 배치되도록 보장하며, 따라서 항상 순서가 유지됩니다.

그러나 이 동작을 변경할 수도 있습니다. 명시적으로 파티션 번호를 제공하거나, 카프카가 메시지를 라운드 로빈 방식으로 분배하도록 설정할 수 있습니다. 이 라운드 로빈 방식을 사용할 경우 동일한 키를 가진 서로 다른 메시지가 서로 다른 소비자에게 전달될 수 있어, 순서 보장이 깨질 수 있습니다.

카프카는 독립적인 주키퍼 서비스를 사용했었지만, 이제는 자체적으로 구현한 래프트인 KRaft를 사용합니다. 이에 배포, 유지 보수와 모니터링해야 할 구성 요소의 수가 줄어 카프카 도입이 다소 간편해졌습니다.

이제 구체적인 예제를 살펴보고, 이러한 기술을 Fighting Animals를 개선하는 데 어떻게 사용할 수 있을지 생각해 보겠습니다.

14.4 Fighting Animals 개선

먼저, battle에서 부상을 입은 animal을 치료하기 위한 `VeterinaryHospital` 서비스를 도입해 보겠습니다. 이 hospital의 목적은 너무 많은 battle에 참여한 animal을 돌보는 것입니다.

지난 절에서 다룬 여러 기술을 활용하여 hospital 서비스를 구현할 수 있는데, 그 예는 다음과 같습니다.

- 기존 서비스들은 animal이 battle에 참여할 때마다 카산드라의 공유 인스턴스에 데이터를 기록할 수 있습니다.
- 인피니스팬을 사용하여 현재 이용 가능한 모든 animal을 맵 컬렉션map collection 형태로 저장하고, 각 기존 서비스는 로컬 맵 대신 해당 데이터를 참조할 수 있습니다.
- 기존 서비스들은 카프카를 통해 hospital과 통신할 수 있습니다.

또한 jgroups-raft를 활용하여 기존 웹 서비스를 클러스터링하는 방법도 고려할 수 있지만, 기존 웹 서비스들은 사실상 무상태이므로 이는 거의 확실하게 과도한 설계입니다. 대신 쿠버네티스를 활용하여 로드 밸런싱과 관련 작업을 처리하는 것이 더 적절합니다.

우선 카프카를 통한 통신을 선택하여, 카프카로 업데이트를 수신하는 `VeterinaryHospital`의 초기 버전을 구현해 보겠습니다. 이후 챕터에서 이 초기 설계를 반복적으로 개선해 나가겠습니다.

14.4.1 Fighting Animals에 카프카 도입

카프카를 도입하기 위해 구축해야 할 세 가지 요소가 있습니다. 카프카 브로커 클러스터 형태의 카프카 인프라가 필요합니다. hospital 서비스도 필요한데, 이 서비스는 여전히 마이크로서비스이지만, 기존의 모든 서비스와는 다릅니다. 이 서비스는 HTTP를 통해 통신하는 것이 아니라, 카프카 토픽에서 메시지를 수신하는 방식으로 동작하기 때문입니다.

추가적으로 기존의 '리프' 마이크로서비스(animal을 반환하는 feline, fish, mustelid)를 수정해야 합니다. 이 서비스들이 반환된 animal을 나타내는 카프카 메시지를 발행하도록 해야 합니다. 각 마이크로서비스는 자체적인 토픽을 가지므로 hospital 서비스는 이 모든 토픽을 수신해야 합니다.

새로운 구성 요소의 레이아웃은 [그림 14-3]에서 확인할 수 있습니다.

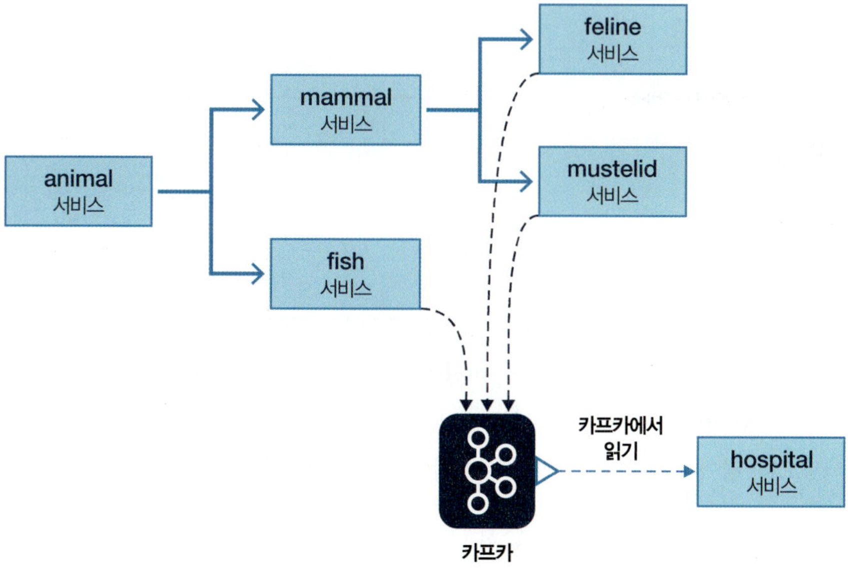

그림 14-3 카프카를 통한 Fighting Animals

이를 구현하기 위해 먼저 카프카 인프라가 필요합니다. Fighting Animals 저장소의 distributed_systems 분기에는 관련 코드와 구성 변경 사항이 포함되어 있습니다. Debezium 프로젝트[24]의 카프카 도커[25] 이미지를 사용하며, latest와 같은 유동적인 버전이 아니라 고정된 버전을 사용하고 있습니다.

새로운 카프카 노드는 docker-compose.yml에서 다음과 같이 설정되어 있으며, kafka-2 또는 kafka-3도 유사한 방식으로 구성됩니다.

```
# Kafka
kafka-1:
  image: debezium/kafka:2.7.0.Final
  ports:
    - "19092:9092"
    - "19093:9093"
  environment:
    - CLUSTER_ID=g4xWbaRgd-b-zQYgIS1rY5
    - NODE_ID=1
    - KAFKA_CONTROLLER_QUORUM_VOTERS=1@kafka-1:9093,2@kafka-2:9093,3@kafka-3:9093
```

또한 리프 노트 서비스들이 카프카에 의존하도록 다음과 같이 구성해야 합니다.

```
# Feline service
feline-service:
  image: feline_demo:latest
  ports:
    - "8085:8085"
  depends_on:
    - kafka-1
    - kafka-2
    - kafka-3
```

또한 작성 시점(2024년 8월)에서 가장 최신 버전을 사용하고 있으며, 이 버전은 별도의 주키퍼 클러스터 없이 KRaft 프로토콜[26]을 지원합니다. KRaft는 기존의 외부 주키퍼보다 성능이 크게 향상되었으며, 장기적으로 카프카의 기본 설정이 될 예정입니다.

24 https://debezium.io

25 https://oreil.ly/UdlQc

26 https://oreil.ly/zTbb2

도커 컴포즈를 사용하면 시작 로그에 불필요한 출력이 많아지고, 애플리케이션의 시작과 종료 속도가 현저히 느려지는 문제가 발생할 수 있습니다. 단일 노드 카프카 클러스터를 사용하면 일부 불필요한 출력을 줄일 수 있었겠지만, 클러스터링, 리더 선출, KRaft 동작 과정 등을 관찰하는 것이 더 유익하다고 판단했습니다.

다음으로 코드 변경 사항을 살펴보겠습니다. 각 리프 서비스는 각 선택을 카프카에 알리기 위해 적절한 토픽에 메시지를 생성하고 전송해야 합니다. feline 서비스는 다음과 같이 수정되었으며, fish와 mustelid도 유사한 방식으로 변경되었습니다.

```
@RestController
public class FelineController {
  private final List<String> CATS = List.of("tabby", "jaguar", "leopard");

  private final KafkaProducer<String, String> producer;

  public FelineController() {
    Properties properties = new Properties();
    properties.put("bootstrap.servers", "kafka-1:9092"); // PLAINTEXT
    properties.put(ProducerConfig.KEY_SERIALIZER_CLASS_CONFIG,
      StringSerializer.class);
    properties.put(ProducerConfig.VALUE_SERIALIZER_CLASS_CONFIG,
      StringSerializer.class);
    producer = new KafkaProducer<>(properties);
  }

  @GetMapping("/getAnimal")
  public String makeBattle() throws InterruptedException {
    // 무작위 중단
    Thread.sleep((int) (20 * Math.random()));

    // 무작위로 cat을 반환하고, 동시에 카프카로 전송
    var cat = CATS.get((int) (CATS.size() * Math.random()));
    var key = UUID.randomUUID().toString();
    var producerRecord = new ProducerRecord<>("FELINE", key, cat);
    producer.send(producerRecord);
    return cat;
  }
}
```

생성자의 변경 사항은 카프카 프로듀서producer를 설정하여 메시지를 브로커로 전송할 수 있도록

하는 것뿐입니다. 우리는 카프카의 ProducerRecord 클래스를 사용하며, 이를 통해 토픽, 메시지 키, 값을 명시적으로 지정할 수 있습니다.

카프카가 활성화된 animal 서비스에 첫 번째 요청을 전송하면, 로그에서 다음과 같은 출력을 확인할 수 있습니다.

```
kafka-1-1        | 2024-07-14 09:13:19,275 - INFO  [data-plane-kafka-request- ↩
handler-7:Logging@66] - Sent auto-creation request for Set(MUSTELID) to the ↩
active controller.
kafka-1-1        | 2024-07-14 09:13:19,275 - INFO  [quorum-controller-1-event- ↩
handler:ReplicationControlManager@670] - [QuorumController id=1] CreateTopics ↩
result(s): CreatableTopic(name='MUSTELID', numPartitions=1, ↩
replicationFactor=1, assignments=[], configs=[]): SUCCESS
kafka-1-1        | 2024-07-14 09:13:19,276 - INFO  [quorum-controller-1- ↩
event-handler:ReplicationControlManager@457] - [QuorumController id=1] Replayed ↩
TopicRecord for topic MUSTELID with topic ID cnzLVYp8QO07FIUd6mUkzg.
```

이는 카프카 토픽이나 파티션이 자동 생성되고 설정되는 과정을 보여줍니다. 즉, 수정된 서비스들이 정상적으로 카프카에 연결되어 메시지를 전송하고 있음을 의미합니다. 다만, 발신된outgoing 메시지를 별도로 로그에 기록하지는 않습니다. 다음으로, 카프카 메시지 스트림을 수신하고 처리할 hospital 서비스가 필요합니다.

14.4.2 간단한 hospital 서비스

hospital 서비스는 카프카 기반의 간단한 쿼커스 서비스로 구현되었습니다. 그러나 스프링부트와 쿼커스 구성 요소를 별도의 메이븐 프로젝트로 분리하는 것이 일반적으로 더 쉽기 때문에 설정이 약간 복잡해질 수 있습니다.[27]

쿼커스에 익숙하지 않아도 걱정할 필요는 없습니다. 이 예제의 목적 중 하나는 쿼커스가 얼마나 간단한지 보여주는 것입니다. 특별한 쿼커스 지식이 필요하지 않으며, 메이븐과 도커만 사용할 것입니다.

서비스의 기본 구조skeleton는 쿼커스 CLI 도구를 설치한 후 create app 명령을 사용하여 카프

27 이 두 기술을 동일한 메이븐 빌드 내에서 공존하게 하는 것도 가능합니다. 그러나 이를 위해서는 별도의 서브 모듈이 필요하며, Fighting Animals 프로젝트는 그렇게 설정되어 있지 않습니다. 따라서 이 예제에서는 추가적인 복잡성을 감수할 필요가 없습니다.

카 확장[28]을 지정하면 생성할 수 있습니다. 이 예제에서 사용할 프로젝트는 깃허브의 'Fighting Animals Hospital'[29] 저장소에 있으며, 현재는 listen_and_log 분기를 사용할 예정입니다.

hospital 서비스는 하나의 클래스로 구성됩니다.

```
@ApplicationScoped
public class VeterinaryHospital {

  public static final String FISH_CHANNEL = "fish";
  public static final String FELINE_CHANNEL = "feline";
  public static final String MUSTELID_CHANNEL = "mustelid";

  @PostConstruct
  public void init() {}

  void onStart(@Observes StartupEvent ev) {
    Log.infof("Hospital starting up");
  }

  @Incoming(FISH_CHANNEL)
  @Incoming(FELINE_CHANNEL)
  @Incoming(MUSTELID_CHANNEL)
  public CompletionStage<Void> processMainFlow(Message<String> message) {
    var payload = message.getPayload();
    var topic = message.getMetadata(IncomingKafkaRecordMetadata.class)
                    .get().getTopic();

    Log.infof("Processed: %s on topic %s, benching them for the next round",
     payload, topic);

    return message.ack();
  }
}
```

전체적으로 코드 구조는 이해하기 쉬울 것입니다. 단일 @ApplicationScoped 클래스가 제어기 역할을 하며, 카프카 메시지에 응답하도록 설계되었습니다. 우리는 두 개의 콜백 훅인 init()와 onStart()를 포함했지만 이 예제에서는 특별한 기능을 수행하지 않으며, 보다 복잡한 서

28 https://oreil.ly/wWty8

29 https://oreil.ly/YLGb0

비스에서 서비스 수명 주기 내 특정 지점에서 작업을 수행할 수 있음을 보여주는 역할만 합니다. 메시지 핸들러 `processMainFlow()`의 코드는 단순한 `'Hello World'` 수준의 카프카 서비스보다는 약간 더 복잡하게 작성되었습니다. 특히 쿼커스는 여러 가지 카프카와 상호작용하는 방법을 제공하지만, 이 예제에서는 `message.ack()`를 사용하여 카프카 승인 응답을 수동으로 제어하는 방식을 선택했습니다.

이 방식은 가장 단순한 구현보다 다소 복잡하지만 '마법 같은magical' 동작을 최소화하고 더 명확한 제어권을 제공합니다. 또한 메시지 핸들러 메서드의 반환 타입이 `CompletionStage<Void>`인 점을 보면 이 코드가 더 큰 흐름의 일부로 사용될 가능성이 있음을 암시합니다.

> **WARNING** 서비스가 카프카 승인 응답을 수동으로 처리manual Kafka ACKs하는 경우, 메서드의 모든 실행 경로(예외 발생 경로 포함)에서 `message.ack()`가 호출된 후 종료되도록 보장해야 합니다.
> 이 작업을 수행하지 않으면 카프카 소비자의 오프셋 위치가 갱신되지 않습니다. 그 결과 소비자가 동일한 메시지를 다시 소비할 가능성이 있습니다(이는 서비스가 재시작된 후에도 발생할 수 있음).

또한 `@Incoming` 주석이 반복적으로 사용된 것에 주목해야 합니다. 이는 하나의 코드가 여러 개의 수신 토픽incoming topic을 처리하도록 설계되었기 때문입니다. 우리는 `getMetadata()` 메서드를 사용하여 메시지가 수신된 토픽을 추출합니다. 만약 서비스가 여러 개의 토픽을 구독하지만 메시지가 어떤 토픽에서 왔는지는 신경 쓰지 않는다면, 이런 처리가 필요하지 않을 것입니다.

보통 예제 코드에서 `import` 문을 별도로 살펴보지는 않지만, 이번 경우에는 몇 가지 쿼커스 전용 클래스가 사용되었다는 점이 흥미롭습니다.

```
import io.quarkus.logging.Log;
import io.quarkus.runtime.StartupEvent;
import io.smallrye.reactive.messaging.kafka.api.IncomingKafkaRecordMetadata;
import jakarta.annotation.PostConstruct;
import jakarta.enterprise.context.ApplicationScoped;
import jakarta.enterprise.event.Observes;
import org.eclipse.microprofile.reactive.messaging.Incoming;
import org.eclipse.microprofile.reactive.messaging.Message;

import java.util.concurrent.CompletionStage;
```

간단히 짚고 넘어가야 할 한 가지 사항은 이 서비스가 표준 카프카 소비자 클래스들을 사용하지 **않는다는** 점입니다. 대신 Smallrye와 마이크로프로파일의 **리액티브 메시징**reactive messaging 기능을 활용하고 있습니다.

그러나 이는 주로 구현상의 세부 사항일 뿐입니다. 쿼커스 프레임워크가 리액티브와 비차단 동작을 처리해 주기 때문에, 개발자는 도착하는 `Message` 객체를 처리하는 핸들러 구현에만 집중할 수 있습니다.

hospital 서비스는 구성 파일도 필요하며, 이는 `src/main/resources/application.properties`에 정의되어 있습니다.

```
# 카프카 부트스트랩 설정은 모든 토픽에 적용
kafka.bootstrap.servers=kafka-1:9092,kafka-2:9092,kafka-3:9092

# 카프카 보일러플레이트
kafka.sasl.jaas.config = ""
kafka.sasl.mechanism = PLAIN
kafka.security.protocol = PLAINTEXT

# 입력 큐
mp.messaging.incoming.fish.connector=smallrye-kafka
mp.messaging.incoming.fish.topic=FISH
mp.messaging.incoming.feline.connector=smallrye-kafka
mp.messaging.incoming.feline.topic=FELINE
mp.messaging.incoming.mustelid.connector=smallrye-kafka
mp.messaging.incoming.mustelid.topic=MUSTELID

# 로그
quarkus.log.level=INFO
```

여기에는 약간의 추가적인 복잡성이 있습니다. hospital 서비스가 여러 개의 토픽을 수신해야 하기 때문입니다. 이를 위해 각 토픽을 `mp.messaging.incoming` 설정 블록stanza으로 개별 지정해야 하고, 코드에서는 이에 맞는 반복된 주석을 사용합니다. hospital 서비스는 클러스터의 일부로 실행되어야 하므로, 이를 `fighting-animals` 저장소의 `docker-compose.yml` 파일에 추가해야 합니다.

코드는 다음과 같이 생성할 수 있습니다.

```
# Hospital
hospital-service:
  image: hospital_demo:latest
  ports:
    - "8000:8000"
  depends_on:
    - kafka-1
    - kafka-2
    - kafka-3
```

배포 과정이 다소 복잡해질 수 있는데, `docker compose up`을 실행하기 전에, 메인 프로젝트와 hospital 프로젝트의 `jar` 파일과 컨테이너를 모두 빌드해야 하기 때문입니다.

14.4.3 활성 hospital

다음 단계는 hospital 서비스가 실제로 동작하도록 만드는 것입니다. 부상자가 계속 도착하는데 아무것도 할 수 없는 hospital은 거의 쓸모가 없습니다. 다음 반복에서는 hospital이 다른 서비스들에게 특정 animal이 부상을 입었으며, 다음 fight에 포함되지 않아야 한다는 사실을 알릴 수 있도록 기능을 추가할 것입니다.

이를 위해, 인피니스팬을 원격 캐시로 사용할 것입니다. 관련 코드는 `with_infinispan` 분기에 있으며, [그림 14-4]에서 확인할 수 있습니다.

또한, 카프카 클러스터를 단일 노드로 축소할 예정입니다. 이전 절에서 다중 노드 카프카 클러스터multinode Kafka cluster가 추가적인 복잡성과 시작 지연을 초래한다는 점을 확인했기 때문에 이제는 새로운 인피니스팬 컴포넌트가 가져오는 변화에 집중하고자 합니다.

> **NOTE** 이전에 다중 노드 클러스터를 사용했다면, 단일 노드 분기로 전환할 때 다중 노드 설정을 정리해야 합니다. 카프카를 사용하지 않는 분기(예 `main`)로 전환한 후 `docker compose up -remove-orphans` 명령을 실행하여 이전 카프카 컨테이너를 완전히 제거한 다음, 단일 노드 분기로 전환하면 됩니다.

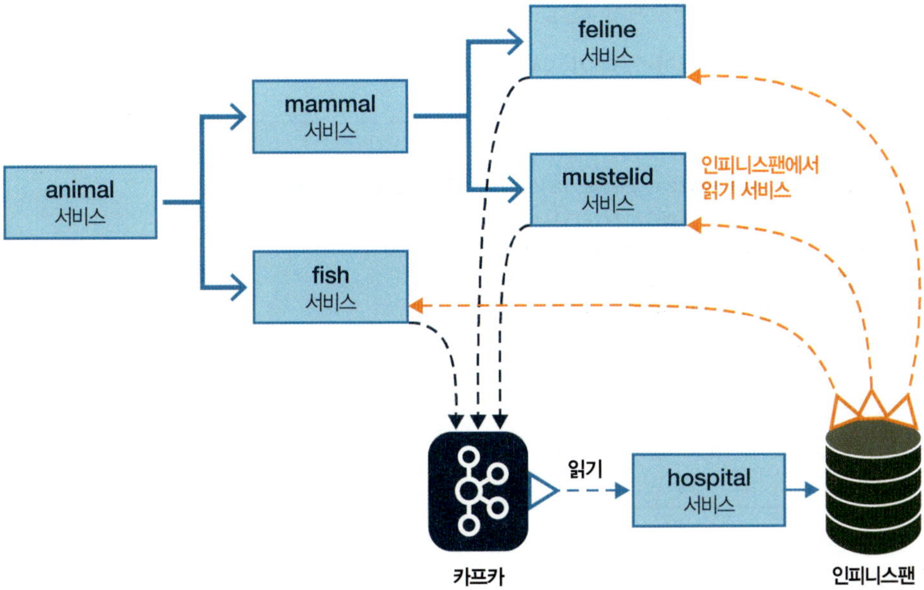

그림 14-4 전체 Fighting Animals 시스템

시작하기 위해, hospital 서비스에 다음 의존성을 추가하겠습니다.

```
<dependency>
  <groupId>io.quarkus</groupId>
  <artifactId>quarkus-infinispan-client</artifactId>
</dependency>
```

또한 `VeterinaryHospital` 클래스의 변경도 필요합니다.

```
@Inject
@Remote("animals")
RemoteCache<String, String> lastBattledAnimal;
```

이 코드는 각 분기군에서 마지막에서 battle에 참여한 animal을 저장합니다. 여기에 마지막 한 줄만 추가하면 됩니다.

```
lastBattledAnimal.put(topic, payload);
```

processMainFlow() 메서드에서 message.ack()를 호출하기 전에 이 코드를 추가해야 합니다. 일부 캐시 구성이 필요하며, application.properties에 부분적으로 저장됩니다.

```
# Infinispan
quarkus.infinispan-client.cache.images.configuration-uri=animals.yaml
quarkus.infinispan-client.devservices.port=11222
quarkus.infinispan-client.hosts=infinispan-1:11222
quarkus.infinispan-client.username=xxxxxx
quarkus.infinispan-client.password=yyyyyy
```

또한, animals.yaml 파일에서도 일부 설정이 필요합니다(이 파일의 이름은 주석이나 애플리케이션 속성과 일치하도록 선택되었습니다).

```
replicatedCache:
  mode: "SYNC"
  statistics: "true"
  encoding:
    key:
      mediaType: "application/x-protostream"
    value:
      mediaType: "application/x-protostream"
  locking:
    isolation: "REPEATABLE_READ"
  indexing:
    enabled: "true"
    storage: "local-heap"
    startupMode: "NONE"
```

Fighting Animals 메인 프로젝트에도 변경이 필요합니다. 먼저, 모든 리프 서비스의 제어기 클래스를 수정해야 합니다. 다음은 FelineController에서 변경된 예제입니다.

```
@GetMapping("/getAnimal")
public String makeBattle() throws InterruptedException {
  // 무작위 중단
  Thread.sleep((int) (20 * Math.random()));

  // 마지막 부상당단 animal을 조회
  var injured = cacheManager.getCache(InfinispanConfiguration.CACHE_NAME)
```

```
                         .get("FELINE");
  String cat;
  do {
    Thread.sleep(1);
    cat = CATS.get((int) (CATS.size() * Math.random()));
    System.out.printf("Looking up uninjured cat - is %s OK?", cat);
  } while (injured == null || injured.equals(cat));

  // 무작위로 부상당하지 않은 cat을 반환하고, 동시에 카프카로 전송
  var key = UUID.randomUUID().toString();
  var producerRecord = new ProducerRecord<>("FELINE", key, cat);
  producer.send(producerRecord);
  return cat;
}
```

이 코드는 do 루프를 사용하여 무작위로 고양이를 선택하되, 부상당하지 않은 개체(즉, hospital 서비스가 유지하는 캐시에 포함되지 않은 개체)를 선택할 때까지 반복합니다. 이를 위해, 제어기 클래스에 RemoteCacheManager를 주입하여 활용합니다.

```
@Autowired private RemoteCacheManager cacheManager;
```

또한, 이쪽에서 animal 캐시를 설정하기 위한 구성 클래스가 필요합니다.

```
@Configuration
public class InfinispanConfiguration {
  public static final String CACHE_NAME = "animals";

  @Bean
  @Order(Ordered.HIGHEST_PRECEDENCE)
  public InfinispanRemoteCacheCustomizer caches() {
    return b -> {
      URI cacheConfigUri;
      try {
        cacheConfigUri = this.getClass().getClassLoader()
                          .getResource("animals.xml").toURI();
      } catch (URISyntaxException e) {
        throw new RuntimeException(e);
      }
```

```
b.remoteCache(CACHE_NAME).configurationURI(cacheConfigUri);
    };
  }
}
```

또한, application.properties 파일에 다음과 같은 구성을 추가해야 합니다.

```
infinispan.remote.server-list=infinispan-1:11222
infinispan.remote.auth-username=xxxxxx
infinispan.remote.auth-password=yyyyyy
infinispan.remote.marshaller=org.infinispan.commons.marshall.ProtoStream ↩
Marshaller
```

또한 캐시 구성 파일이 필요하며, animals.xml을 사용합니다.

```
<?xml version="1.0"?>
<distributed-cache name="animals" mode="SYNC" statistics="false">
    <encoding media-type="application/x-java-object"/>
    <indexing enabled="false" />
</distributed-cache>
```

이제 모든 구성 요소가 갖춰졌으므로, 전체 시스템을 실행할 준비가 완료되었습니다.

```
infinispan-1-1  | 2024-07-22 13:47:19,215 INFO  (main) [org.infinispan. ↩
CONTAINER] ISPN000104: Using EmbeddedTransactionManager
infinispan-1-1  | 2024-07-22 13:47:19,445 INFO  (ForkJoinPool.commonPool- ↩
worker-2) [org.infinispan.server.core.telemetry.TelemetryServiceFactory] ↩
ISPN000953: OpenTelemetry integration is disabled
infinispan-1-1  | 2024-07-22 13:47:19,475 INFO  (main) [org.infinispan.SERVER] ↩
ISPN080018: Started connector Resp (internal)
infinispan-1-1  | 2024-07-22 13:47:19,491 INFO  (ForkJoinPool.commonPool- ↩
worker-1) [org.infinispan.SERVER] ISPN080018: Started connector HotRod (internal)
infinispan-1-1  | 2024-07-22 13:47:19,544 INFO  (ForkJoinPool.commonPool- ↩
worker-2) [org.infinispan.SERVER] ISPN080018: Started connector REST (internal)
infinispan-1-1  | 2024-07-22 13:47:19,559 INFO  (main) [org.infinispan.SERVER] ↩
Using transport: Epoll
infinispan-1-1  | 2024-07-22 13:47:19,640 INFO  (main) [org.infinispan.SERVER] ↩
ISPN080004: Connector SinglePort (default) listening on 0.0.0.0:11222
infinispan-1-1  | 2024-07-22 13:47:19,641 INFO  (main) [org.infinispan.SERVER] ↩
```

```
ISPN080034: Server '8239b401a660-45518' listening on http://0.0.0.0:11222
infinispan-1-1  ¦ 2024-07-22 13:47:19,676 INFO  (main) [org.infinispan.SERVER] ↩
ISPN080001: Infinispan Server 14.0.21.Final started in 10421ms
```

우리가 구축한 아키텍처는 부분적으로 비동기적입니다. HTTP 요청이 마이크로서비스에 도달한 후, 데이터는 카프카를 통해 hospital 서비스로 전달되며, hospital 서비스는 이를 기반으로 인메모리 캐시를 업데이트합니다. 이러한 설계는 **부분적 가용성**의 가능성을 고려하도록 합니다. 만약 hospital 서비스를 사용할 수 없는 경우에는 어떻게 될까요? animal 서비스는 계속 운영되어야 할까요, 아니면 hospital 서비스의 장애 때문에 다른 서비스도 사용할 수 없게 되어야 할까요?

이러한 컨텍스트에서 요청이 너무 빠르게 들어와 hospital에 수용된 animal이 다시 선택될 가능성이 있기 때문에, hospital 서비스의 장애가 전체 시스템의 중단을 초래해서는 안 된다고 볼 수도 있습니다. 같은 관점에서, 동일한 원칙이 인프라 구성 요소(즉, 카프카나 인피니스팬)에도 적용되어야 합니다.

다음 단계로 넘어가기 전에, 관찰 가능성의 역할을 다시 한번 강조하는 것이 중요합니다. 이러한 분산된 인프라 구성 요소들이 반드시 관찰 가능해야 합니다. 우리는 인프라 구성 요소를 포함한 클라우드 애플리케이션의 모든 구성 요소에서 무슨 일이 발생하고 있는지를 이해할 수 있어야 합니다.

명확성을 위해 인피니스팬 노드에서 오픈텔레메트리 지원을 비활성화했지만, 실제 프로덕션 시스템에서는 이것이 필수적입니다. 서비스와 구성 요소 간의 동작을 관찰하고 연관시키는 기능은 강력할 뿐만 아니라 점점 더 중요한 요소가 되고 있습니다.

14.5 요약

이 장에서는 분산 시스템을 구축하기 위한 기본 구성 요소를 소개했습니다. 단일 머신에서의 동시성 데이터 구조를 분산 환경에 맞게 일반화한 구조와, 완전히 새로운 구조 모두를 다루었습니다.

우리는 가장 일반적인 두 가지 합의 프로토콜인 팩소스와 래프트를 개괄적으로 살펴보았습니다.

또한 합의 알고리즘과 기타 저수준 개념을 활용하여, 높은 가용성을 제공하는 클라우드 인프라 구성 요소(자바 기반으로 구현됨)에 대한 몇 가지 사례 연구를 살펴보았습니다.

이를 종합하여, 이러한 기술 중 두 가지를 활용해 Fighting Animals 예제를 개선하는 방법을 시연하고, 그 과정에서 발생하는 트레이드오프에 대해 논의했습니다.

다음이자 마지막 장에서는 앞으로의 전망을 살펴보고, 자바와 자바 가상 머신 환경에서의 최신 발전이 향후 클라우드 기반 애플리케이션에 어떤 영향을 미칠지에 대해 논의할 예정입니다.

15장

현대적 성능과 미래

이 장에서는 자바와 자바 가상 머신의 성능의 미래, 특히 클라우드 네이티브 환경에서의 적용 가능성을 살펴볼 것입니다. 또한, 자바 21에는 포함되지 않았거나, 인큐베이터 또는 프리뷰 기능으로만 제공되는 여러 기술을 논의할 것입니다. 이는 이 책의 주요 내용에서는 장기 지원 버전에 포함된 최종 기능만을 다루고, 비최종 기능non-final features에 대한 논의는 이 장에서 따로 다룬다는 원칙을 반영한 것입니다.

15.1 새로운 동시성 패턴

이 절에서는 가상 스레드를 통해 가능해진 동시성 시스템concurrent system의 새로운 패턴을 논의할 것입니다. 또한, 가상 스레드를 기반으로 '등장한' 관련 기능들, **구조적 동시성**structured concurrency (JEP 453)과 **스코프 값**scoped values (JEP 446)에 대해서도 다룰 것입니다. JDK 21 기준으로, 구조적 동시성과 스코프 값은 프리뷰 상태이므로 프로덕션 애플리케이션에서는 사용할 수 없습니다.

15.1.1 구조적 동시성

새로운 두 가지 API 중 첫 번째는 **구조적 동시성**입니다. 이 API는 스레드 관리용 API로, 협력적인 작업cooperating tasks(보통 가상 스레드)을 하나의 하위 작업 집합으로 간주하고 관리할 수 있도록 설계되었습니다.

이를 이해하는 데 도움이 될 개념으로, 13장에서 다룬 암달의 법칙을 떠올려 볼 수 있습니다. 당시 우리는 병렬 데이터 처리data-parallel problems에 동시성 기술을 적용하는 방법을 설명했습니다.

반면, 구조적 동시성은 작업 병렬task-parallel 문제를 해결하는 데 초점을 맞추고 있으며, 가상 스레드와의 연관성이 높아, 특히 원격 서비스 호출과 같은 I/O 작업에 유용합니다. 그러나, 메모리 내 데이터만을 다루는 작업에서는 상대적으로 덜 유용합니다. 그 이유는, 가상 스레드가 서로 CPU 시간을 두고 경합하기 때문입니다.

구조적 동시성 작업의 일반적인 흐름은 다음과 같습니다.

1. 스코프를 생성합니다. 생성한 스레드가 해당 스코프를 **소유**하며, 스코프를 활용하여 하위 작업 그룹을 구성하고 조정할 수 있습니다.
2. 스코프 내에서 동시 하위 작업을 포크합니다(각 하위 작업은 가상 스레드로 실행됩니다).
3. 스코프 소유자가 스코프(모든 하위 작업)를 하나의 단위로 조인합니다.
4. 스코프의 `join()` 메서드는 모든 하위 작업이 완료될 때까지 차단됩니다.
5. 조인 후, 포크된 하위 작업에서 발생한 오류를 처리하고 결과를 처리합니다.
6. 스코프를 닫습니다.

자바 21에서 출시된 구조적 동시성 API는 자바 20에 비해 일부 변경 사항이 포함되었습니다. 가장 중요한 변화는 `fork()` 메서드가 이제 `Future` 대신 `Subtask`(이는 `Supplier`를 구현)를 반환한다는 점입니다(자바 20에서는 `fork()`가 단순한 `Future` 객체를 반환했습니다).

TIP 자바의 릴리스 주기와 프리뷰 API는 실제 환경에서의 피드백을 조기에 확보하는 데 중요한 역할을 합니다.

이 새로운 인터페이스가 단순히 `Future`를 사용하는 대신 도입된 이유는, 구조적 동시성이 여러 하위 작업을 하나의 작업 단위로 취급하기 때문에 결과는 오직 `join()` 이후에만 조회되기 때문입니다. 그 결과, `get()` 메서드를 호출하여 차단하는 방식이나, 하위 작업에서 발생하는 예외 처리는 사용하지 않으며, 이 때문에 `Future` 인터페이스는 다소 어색한 선택이 됩니다. 반면 `Subtask` 인터페이스는 체크 예외가 없는checked-exception-free 인터페이스로 설계되었습니다.

구조적 동시성이 실제로 어떻게 동작하는지 살펴보기 위해, 주식 추천을 계산하는 예제를 사용하겠습니다. 이를 위해 다음과 같이 레코드 클래스를 정의합니다.

```
record StockTip(String symbol, double sentiment, double delta24) {}
```

우리는 시장이 주식에 대해 가지는 **태도의 강도**[sentiment]와 **향후 24시간 동안 가격 변동 가능성**[delta24]이 어떤 외부 프로세스에 의해 계산된다고 가정하겠습니다. 이러한 요소들은 계산하는 데 시간이 걸릴 수 있으며, 네트워크 트래픽이 발생할 가능성이 높습니다.

이를 계산하기 위해 구조적 하위 작업을 사용할 수 있으며, 다음과 같이 구현할 수 있습니다.

```
String symbol = "IBM";

try (var scope = new StructuredTaskScope.ShutdownOnFailure()) {
    Callable<Double> getSentiment = () -> getSentiment(symbol);
    Subtask<Double> fSentiment = scope.fork(getSentiment);

    Callable<Double> getDelta = () -> getDelta24(symbol);
    Subtask<Double> fDelta = scope.fork(getDelta);

    scope.join();
    scope.throwIfFailed();

    return new StockTip(symbol, fSentiment.get(), fDelta.get());
} catch (ExecutionException | InterruptedException e) {
    throw new RuntimeException(e);
}
```

이는 앞서 설명한 구조적 동시성의 일반적인 흐름을 따릅니다.

스코프 종료는 try-with-resources 블록을 통해 암시적으로 처리됩니다. 이 블록은 스코프를 종료하고, 완료되지 않은 하위 작업이 모두 끝날 때까지 대기합니다. StructuredTaskScope에는 다양한 종료 정책이 있으며, 이전 예제에서는 ShutdownOnFailure()를 사용했지만, 다음 예제에서는 try-with-resources 내에서 ShutdownOnSuccess()를 적용할 것입니다.

추가로 두 가지 중요한 사항을 언급하겠습니다.

첫째, shutdown() 메서드를 호출하면 하위 작업의 조인을 취소할 수 있습니다. 둘째, join()에는 시간 제한이 있는 변형 메서드인 joinUntil()이 있으며, 이는 마감 시한을 Instant 파라미터로 받습니다.

스코프에는 두 가지 기본적인 종료 정책이 있으며, 사용자 정의 종료 정책도 지원됩니다.

- 하위 작업 중 하나라도 실패하면 모든 하위 작업을 취소(ShutdownOnFailure)
- 하위 작업 중 하나라도 성공하면 모든 하위 작업을 취소(ShutdownOnSuccess)

첫 번째 기본 옵션을 이미 첫 예제에서 살펴보았으므로, 이제 두번째 옵션을 살펴보겠습니다.

라이브러리 메서드에서 여러 하위 작업을 실행(같은 작업을 반복 수행할 수 있음)하고, 가장 먼저 완료된 결과만 사용하는 경우를 생각해 보겠습니다. 이때 작업들은 서로 경쟁하며 실행되고, 가장 먼저 성공한 작업이 나오면 나머지 가상 스레드는 즉시 중단되어야 합니다. 따라서 ShutdownOnSuccess 정책을 다음과 같이 사용해야 합니다.

```
<T> T race(List<Callable<T>> tasks, Instant deadline)
        throws InterruptedException, ExecutionException, TimeoutException {

    try (var scope = new StructuredTaskScope.ShutdownOnSuccess<T>()) {
        for (var task : tasks) {
            scope.fork(task);
        }
        return scope.joinUntil(deadline)
                    .result(); // 하위 작업 중 어느 것도 성공적으로 완료되지 않을 경
우 예외를 발생
    }
}
```

이와 명확하게 반대되는 동작도 있습니다. 즉, 모든 작업이 완료될 때까지 실행되어야 하며, 어느 하위 작업이라도 실패하면 전체 작업을 취소해야 합니다. 이를 구현하기 위해 다시 shutdownOnFailure 정책을 사용할 것입니다.

```
<T> List<T> runAll(List<Callable<T>> tasks)
        throws InterruptedException, ExecutionException {

    try (var scope = new StructuredTaskScope.ShutdownOnFailure()) {
        List<? extends Subtask<T>> handles =
            tasks.stream().map(scope::fork).toList();

        scope.join()
             .throwIfFailed(); // 하위 작업 중 하나라도 실패하면 예외를 전파
```

```
        // 모든 작업이 성공했으므로, 그 결과를 합성
        return handles.stream().map(Subtask::get).toList();
    }
}
```

이 코드는 결과를 List로 재구성하지만, 결과를 줄여 단일 값을 반환하는 다른 형태의 최종 연산을 수행하는 버전도 상상할 수 있습니다.

우리는 더 복잡한 구조도 만들 수 있습니다. 즉, 포크로 생성한 하위 작업이 자체적으로 스코프를 생성할 수 있습니다. 이렇게 하면 자연스럽게 스코프와 하위 작업의 트리 구조가 형성되며, 이는 하위 작업 트리에서 최종 값을 도출하고자 할 때 유용합니다.

그러나 코드의 주요 목적이 부작용을 기반으로 동작하는 것이라면, StructuredTaskScope<Void>를 사용할 수 있습니다. 즉, 아래와 같이 void를 반환하는 작업 스코프를 사용할 수 있습니다.

```
void serveScope(ServerSocket serverSocket) throws IOException,
    InterruptedException {
        try (var scope = new StructuredTaskScope<Void>()) {
            try {
                while (true) {
                    final var socket = serverSocket.accept();
                    Callable<Void> task = () -> {
                        handle(socket);
                        return null;
                    };
                    scope.fork(task);
                }
            } finally {
                // 오류가 발생했거나 인터럽트된 경우, 요청 수신을 중단
                scope.shutdown();  // 모든 활성 연결을 종료
                scope.join();
            }
        }
    }
```

그러나 이는 종종 newVirtualThreadPerTaskExecutor()와 같은 실행 후 삭제 패턴을 사용하는 것이 더 적절할 수도 있습니다. 여기서 제네릭과 관련된 몇 가지 작은 문제점이 있으며,

예를 들어 명시적으로 `null`을 반환해야 하는 경우가 있습니다.

지금까지 살펴본 모든 패턴에서 반복적으로 등장하는 핵심 개념은, 이러한 기술을 활용하려면 문제 해결을 위한 설계 사고design thinking, 해당 도메인과 컨텍스트에 대한 이해가 필수적이라는 점입니다. 어떤 스레드가 가상 스레드로 변환하기에 적합한지 100% 정확하게 판단해 주는 소프트웨어 도구는 존재하지 않습니다. 이러한 결정은 소프트웨어 엔지니어가 직접 수행해야 하는 작업입니다.

마찬가지로, 작업을 하위 작업으로 재구성하고 적절한 스코프를 정의하는 과정 역시 프로그래머가 해당 도메인과 하위 작업 간의 데이터 의존성을 충분히 이해하고 있어야만 가능합니다.

이제 우리가 논의할 두 번째 새로운 API를 살펴보겠습니다.

15.1.2 스코프 값

구조적 동시성과 더불어, 새로운 **스코프 값** API가 자바 21에 프리뷰 기능으로 도입되었습니다. 이 API는 `java.lang` 패키지의 새로운 클래스인 `ScopedValue<T>`를 기반으로 하며, 특정 스코프 내에서 변수에 값을 **바인딩**하는 개념을 나타냅니다. 이 값은 한 번만 기록되며, 스코프마다 불변으로 유지됩니다.

스코프에 바인딩된 값은 스코프 내의 모든 호출 체인에서 조회할 수 있지만, 오직 해당 값이 설정된 스코프 내에서만 접근할 수 있습니다. 이를 통해 강력한 안정성robustness과 캡슐화encapsulation 기능을 제공합니다.

특히, 스코프 값을 명시적으로 호출 체인 아래로 전달할 필요가 없습니다. 이는 **암묵적으로**implicitly 접근 가능하다고 볼 수 있지만, 스칼라의 암묵적 메서드 매개변수보다 훨씬 더 제어된 (자바 스타일의) 방식입니다.

스코프 값 API는 또한 스레드 로컬 변수의 현대적 대안으로 볼 수도 있으며, 여기에 불변성immutability 등 몇 가지 향상된 기능이 추가되었습니다. 즉, 스코프 값에는 `set()` 메서드가 존재하지 않으므로, 멀리 떨어진 코드에서 스코프 값을 변경할 수 없습니다. 이러한 설계는 미래의 런타임 최적화를 가능하게 합니다. 런타임에서 스코프 값이 변경되지 않는다는 점을 확신할 수 있기 때문입니다.

이 API의 목표는 다음과 같습니다.

- 스레드 내부와 스레드와 데이터를 공유할 수 있도록 합니다.
- 제어된 범위 내에서 값의 수명 주기를 관리합니다.
- 코드 구조에서 값의 수명 주기를 명확히 파악할 수 있도록 합니다.
- 불변성을 통해 다수의 스레드에서 안전하게 공유할 수 있습니다.
- 불변성과 명시적인 수명 주기는 종종 더 적절한 접근 방식입니다.

프로그래머가 반드시 ThreadLocal을 사용하지 않아야 하는 것은 아니지만, 스코프 값은 실행 후 삭제[fire-and-forget] 같은 가상 스레드 패턴과 잘 결합됩니다. 따라서, 스코프 값이 도입됨에 따라 거의 모든 사용 사례에서 ThreadLocal이 점진적으로 대체될 가능성이 큽니다.

이제 가상 스레드 웹 서버를 스코프 값을 사용하도록 다시 작성해 보겠습니다.

```
public class ServerSV {
    private final static ScopedValue<Socket> SOCKETSV =
        ScopedValue.newInstance();

    void serve(ServerSocket serverSocket) throws IOException,
        InterruptedException {
            while (true) {
                var socket = serverSocket.accept();
                ScopedValue.where(SOCKETSV, socket)
                           .run(() -> handle());
            }
        }

    private void handle() {
        var socket = SOCKETSV.get();
        // 발생하는 트래픽 처리
    }
}
```

handle() 메서드가 이제 더 이상 매개변수를 받지 않는다는 점에 유의해야 합니다. 대신, 소켓은 스코프 값을 통해 접근됩니다. 이것이 앞서 논의한 암묵적 가용성입니다. 이 예제는 매우 간단하며, 실제로 우리가 하는 일은 매개변수 전달을 스코프 값으로 대체하는 것뿐입니다. 거의 사소한 수준의 변경입니다. ScopedValue.where는 스코프 값과 해당 값이 바인딩될 객체를 제공합니다. run이 실행되면, 값이 바인딩되며, 이는 현재 스레드에 대한 개별적인 복사본을 제공합니다. .get()을 호출하면 스코프 값을 읽을 수 있으며, 메서드 실행이 완료되면 바인딩이 해제됩니다.

스코프 값의 진정한 강점은 호출 체인call chain, 스코프, 하위 스코프가 아무리 복잡하더라도 스코프 값는 여전히 접근 가능하다는 점입니다.

스코프 값의 전체적인 목적은 자바에서 이전에는 존재하지 않았던 **동적 스코프**dynamic scope를 제공하는 것입니다. 예를 들어 셸Shell, 리습Lisp 계열 언어, 펄Perl과 같은 언어에서 이와 유사한 스코프 개념을 찾아볼 수 있습니다. 또한, private final static 필드는 객체 컨텍스트에서 생성되며(즉, 클래스가 로드될 때 초기화됨), 반면 동적 스코프dynamic scope는 반드시 메서드 내에서 생성되어야 한다는 점도 중요합니다.

이를 전통적인 자바의 스코프 개념과 비교해 볼 수 있습니다. 이는 일반적으로 **렉시컬 스코프**lexical scope라고 불립니다. 이는 변수의 스코프가 코드 구조로 결정되며, 보통 중괄호 쌍으로 정의됩니다.

동적 스코프 예제는 핵심 패턴이 실제로 어떻게 동작되는지를 보여줍니다.

- 스코프 값을 저장할 static final 필드를 사용
- 클래스 스코프에서 ScopedValue 인스턴스를 선언
- 메서드 내에서 동적 스코프 생성(예 runWhere() 등)
- 람다를 사용하여 스코프 본문을 정의(여기서 호출 체인이 실행됨)

스코프 값은 트랜잭션 컨텍스트transaction context와 **다양한 환경 컨텍스트**ambient context 데이터를 전달하는 데 매우 유용하도록 설계되었습니다.

스코프 값은 구조적 동시성과도 잘 상호작용하며, 특정 스코프에 대해 생성된 후 하위 스코프에서 다시 **바인딩**될 수 있습니다. **다시 바인딩**되지 않은 값은 하위 스코프에서 상속됩니다. 이 기술을 활용하면 '권한 상승privilege scalation'과 같은 패턴을 구현할 수 있습니다. 다음 예제에서는 두 가지 보안 접근 수준을 보겠습니다.

```
enum SecurityLevel { USER, ADMIN }
```

우리는 현재 보안 수준security level을 저장할 스코프 값 하나와 현재 요청 번호를 저장할 스코프 값 하나를 사용할 것입니다.

```java
private static final ScopedValue<SecurityLevel> securitySV =
    ScopedValue.newInstance();
private static final ScopedValue<Integer> requestSV = ScopedValue.newInstance();

private final AtomicInteger req = new AtomicInteger();

public void run() {
    //현재 보안 수준의 바인딩을 표시
    ScopedValue.where(securitySV, level())
            //현재 요청 번호의 바인딩을 표시
            .where(requestSV, req.getAndIncrement())
            //값들을 바인딩
            .run(() -> process());
}
```

다시 바인딩을 시연하기 위해, ADMIN 권한이 사용할 수 없는 상황을 가정해 보면, ADMIN 권한을 사용하려는 모든 시도는 기본적으로 사용자 권한으로 풀백됩니다.

```java
private void process() {
    if (!securitySV.isBound()) {
        throw new RuntimeException(
            "ScopedValue not bound - this should not happen");
    }

    var level = securitySV.get();
    if (level == SecurityLevel.USER) {
        System.out.println("User privileges granted for " +
            requestSV.get() +" on: "+ Thread.currentThread());
    } else {
        //ADMIN은 현재 버전에서는 사용할 수 없음.
        System.out.println("Admin privileges requested for " +
            requestSV.get() +" on: "+ Thread.currentThread());
        System.out.println(
            "System is in lockdown. Falling back to user privileges");
        //USER 수준을 표시하고 바인딩한 후, 새로운 보안 수준으로 프로세스를 다시 실
행
        ScopedValue.where(securitySV, SecurityLevel.USER)
                .run(() -> process());
    }
 }
```

이 절을 마무리하며, 자바 21에는 가상 스레드와 기타 구성 요소를 위한 연속성과 저수준 빌딩 블록을 제공하는 클래스들이 존재한다는 점을 언급해야 합니다. 그러나 이러한 클래스들은 `jdk.internal.vm` 패키지에 포함되어 있으므로, 현재 릴리스에서는 자바 프로그래머가 직접 사용하는 것을 목적으로 하지 않습니다.

이 두 API는 앞으로도 계속 개발될 가능성이 높으며, 미래의 자바 버전에서 최종 형태로 도입될 것으로 기대됩니다. 이제, 지난 몇 년간 개발되어 온 주요 OpenJDK 프로젝트를 살펴보겠습니다.

15.2 파나마

파나마 프로젝트는 주요 OpenJDK 프로젝트 중 하나이며, 이름은 대서양과 태평양을 연결하는 **파나마 운하**에서 유래되었습니다. 파나마 프로젝트의 목표는 자바 가상 머신과 네이티브 코드를 연결하는 것입니다.

> 파나마 프로젝트는 자바 가상 머신과 명확하게 정의된 외부(자바가 아닌) API간의 연결을 개선하고 확장하는 것을 목표로 합니다. 여기에는 C 프로그래머들이 흔히 사용하는 여러 인터페이스도 포함됩니다.
>
> — 파나마 프로젝트[1]

파나마 프로젝트는 두 가지 주요 영역으로 구성됩니다.

- 외부 함수와 메모리Foreign Function and Memory(FFM) API
- 벡터 API

외부 함수와 메모리 API는 자바 19에서 프리뷰 기능으로 처음 제안되었으며, 이후 자바 20과 자바 21에서 개선되었고, 최종적으로 자바 22에서 정식 기능으로 확정되었습니다.

그러나 자바 22는 장기 지원 릴리스가 아니므로, 현재 이 API를 최종 기능으로 포함하는 장기 지원 버전이 없습니다. 따라서 우리는 이전이 아니라 여기에서 파나마를 다루기로 했습니다.

1 *https://oreil.ly/IJbPH*

자바 21에서는 이 API가 `jdk.incubator.foreign` 패키지의 `jdk.incubator.foreign` 모듈에 포함되어 있으며, 자바 22의 최종 기능에서는 `java.lang.foreign` 패키지의 `java.base` 모듈에 포함되어 있습니다.

파나마 프로젝트는 자바에서 다음 기능을 직접 지원합니다.

- 외부 메모리 할당
- 구조화된 외부 메모리 조작
- 외부 리소스의 수명 주기 관리
- 외부 함수 호출

이 구현은 메서드 핸들과 변수 핸들 API를 기반으로 구축되었으며, 전체적인 설계 목표는 다음과 같습니다.

생산성

취약한 네이티브 메서드와 자바 네이티브 인터페이스 메커니즘을 간결하고 가독성이 높은 순수 자바 API로 대체합니다.

성능

자바 네이티브 인터페이스 또는 `sun.misc.Unsafe`와 동등하거나 더 나은 성능의 오버헤드로 외부 함수와 메모리에 접근할 수 있게 합니다.

광범위한 플랫폼 지원

자바 가상 머신이 실행되는 모든 플랫폼에서 네이티브 라이브러리를 탐색하고 호출할 수 있도록 지원합니다.

일관성

구조화되었거나 비구조화된 데이터를 다룰 수 있으며, 네이티브 메모리, 영구 메모리persistent memory, 관리되는 힙 메모리managed heap memory 등 다양한 종류의 메모리에서 무제한 크기의 데이터를 처리할 수 있도록 지원합니다.

건전성

여러 스레드에서 메모리를 할당하고 해제하더라도 use-after-free 버그가 발생하지 않도록 보장합니다.

무결성

프로그램이 네이티브 코드와 데이터를 사용하여 안전하지 않은 작업을 수행할 수 있도록 허용하되, 기본적으로 이러한 작업에 대해 경고를 제공합니다.

파나마 프로젝트에서 가장 중요한 개념 두 가지는 '**아레나**arena'와 '**메모리 세그먼트**memory segment' 입니다.

이 개념을 간단히 시연한 예제는 다음과 같습니다.

```
public class Main {
    private static final int INT_SIZE = 4;
    private static final long ARENA_SIZE = 4 * 1024 * 1024 * 1024L;

    public static void main(String[] args) {
        long l = 0;
        try (var arena = Arena.ofConfined()) {
            MemorySegment segment = arena.allocate(INT_SIZE * ARENA_SIZE);
            for (l = 0 ; l < ARENA_SIZE ; l += 1) {
                segment.setAtIndex(ValueLayout.JAVA_INT, l, (int)(l % 16));
            }
        }
        System.out.println("l = "+ l);
    }
}
```

다음과 같은 몇 가지 중요한 사항이 있습니다.

- Arena 클래스는 메모리 세그먼트의 수명 주기를 제어하는 데 사용됩니다.
- 아레나는 try-with-resources 구문을 사용하여 결정적 해제를 보장하며, 이는 여러 세그먼트 간에 조정될 수도 있습니다.
- 메모리 세그먼트는 아레나에서 할당됩니다.
- allocate() 메서드는 long 인수를 사용하므로, ByteBuffer 클래스(또는 배열)에서 허용하는 크기보다 더 큰 메모리 블록을 할당할 수 있습니다.

이 예제에서는 **제한된 아레나**를 사용하고 있습니다. 이는 가장 단순한 경우로, 현재 스레드에서만 사용할 수 있는 아래나를 의미합니다. 파나마는 또한 공유 아레나, 글로벌 아레나, 자동 아레나(자바 가상 머신의 가비지 컬렉션이 관리)를 지원합니다.

우리가 외부 메모리 API에 대해 논의했지만, 벡터 API에 대해서는 언급하지 않았다는 점을 눈치챘을 수도 있습니다. 이는 벡터 API가 특정 필수 기능이 발할라 프로젝트Project Valhalla에서 프리뷰 기능으로 제공될 때까지 인큐베이팅 상태를 유지하기로 결정했기 때문입니다.

이에 벡터 API는 이 장에서 논의하는 다른 기능들보다 도입 시기가 더 멀리 있으며, 상대적으로 더 실험적인 단계에 있습니다.

따라서, 대신 자바 실행 환경의 발전과 관련된 새로운 OpenJDK 프로젝트를 살펴보겠습니다. 이 프로젝트는 조정이 필요할 수도 있으며, 이 글을 작성하는 시점(2024년 8월) 기준으로 여전히 매우 초기 단계에 있습니다.

15.3 라이덴

라이덴 프로젝트Leyden project는 **라이덴 병**Leyden jar에서 이름을 따왔습니다. 라이덴 병은 18세기 네덜란드 라이덴에서 발명된 초기 형태의 전기 축전기capacitor입니다.

> **NOTE** 축전기는 **콘덴서**condenser라고도 불리며, 이는 이 프로젝트의 명명과 관련하여 중요한 의미를 가집니다. 이 내용은 후에 살펴보겠습니다.

이 프로젝트의 전체 목표는 다음과 같습니다.

> 자바 프로그램의 시작 시간, 최고 성능 도달 시간, 그리고 메모리 사용량을 개선하는 것
>
> — 라이덴 프로젝트[2]

비유적으로, 이 이름은 '병 속에 번개를 가두는capturing lightning in a bottle' 것을 연상시키도록 의도되

2 https://oreil.ly/YJMD6

었습니다. 즉, 자바 프로그램의 의미를 유지하면서도, 핫스팟이 제공하는 동적 기능의 오버헤드를 피하는 것을 목표로 합니다.

이 개념은 자바 가상 머신이 런타임 상태와 최적화에 대해 정적 또는 동적 접근 방식을 모두 균형 있게 활용한다는 점에 기반하고 있습니다. 이는 다른 언어들이 취하는 '하나를 선택하면 다른 하나를 포기해야 하는choose one, lose one' 접근 방식과 차별화되는 요소입니다. 예를 들어, C++과 같은 언어는 정적 추론static reasoning과 컴파일을 선택하며, 그 대가로 동적 기능dynamism을 포기합니다. 반면, 파이썬 같은 언어는 동적 분석dynamic reasoning을 선택하지만, 이후 제한적인 형태의 정적 추론을 추가하려다 어려움을 겪습니다.

이에 반해, 핫스팟은 런타임에서 동적 상태를 추측적으로 최적화하여, 결과적으로 이를 정적 상태로 변환합니다. 라이덴의 목표는 이러한 최적화를 애플리케이션 시작 전에 수행하고, 추측적 최적화speculative optimization를 미리 적용할 수 있도록 하는 것입니다. 이는 단순히 'AOT 컴파일을 제공한다' 개념보다 더 일반적인 접근 방식입니다. 6장에서 논의했듯이, 결과outcome와 메커니즘은 구별되는 개념이며, 라이덴은 결과에 초점을 맞추고 있습니다.

라이덴은 그랄VM 또는 쿼커스와 같은 프로젝트에서 얻은 실용적인 경험을 바탕으로, 이를 일반화하여 OpenJDK와 자바 표준의 핵심에 통합하는 것을 목표로 합니다. 현재 라이덴에서 연구 중인 두 가지 핵심 메커니즘은 다음과 같습니다.

- 콘덴서
- 프리메인 아카이브premain archives

이제 각각을 살펴보겠습니다.

15.3.1 이미지, 제약, 콘덴서

프로젝트에서 가장 중요한 개념은 **정적 런타임 이미지**static run-time image입니다. 이는 애플리케이션과 JDK에서 파생된 독립 실행형 프로그램으로, 해당 특정 애플리케이션에서만 실행되는 형태로 이해할 수 있습니다.

이와 관련된 개념으로 **폐쇄 세계**closed world 제약이 있습니다. 이 제약을 따르는 애플리케이션은 로드 할 수 있는 클래스에 대해 엄격한 제한을 수용하는 것을 의미합니다. 즉, 런타임 동안 이미지 외부에서 클래스를 로드할 수 없으며, 동적으로 클래스를 생성할 수도 없습니다.

폐쇄 세계 제약은 자바의 동적 기능을 크게 제한하며, 특히 런타임 리플렉션이나 클래스 로딩 기능을 사용할 수 없게 만듭니다. 그러나 자바의 많은 라이브러리와 프레임워크는 이러한 기능에 의존하고 있기 때문에, 모든 애플리케이션이 이 제약을 수용하기에 적합한 것은 아니며, 모든 개발자가 이를 받아들이기를 원하는 것도 아닙니다. 따라서, 라이덴은 폐쇄 세계 제약을 절대적인 목표로 삼는 것이 아니라, 점진적이고 단계적인 접근 방식을 추구합니다. 즉, 완전히 폐쇄된 환경이 아니더라도, 자바 워크로드에서 의미 있는 최적화를 제공할 수 있는 보다 완화된 제약 조건을 탐색하는 것을 목표로 합니다.

자바와 자바 가상 머신은 설계상 동적 기능을 포함하고 있으며, 이 때문에 정적 추론이 어렵거나 불가능할 수도 있습니다. 라이덴의 접근 방식은 개발자가 기능과 성능 간의 트레이드오프를 직접 조정할 수 있도록 하는 것입니다.

라이덴에서 가장 중요한 개념은 **연산 시프트**computation shifting입니다. 이는 애플리케이션의 시작 또는 준비 과정 단계에서 수행되는 연산을 더 이른(또는 경우에 따라 더 늦은) 단계로 이동하는 기법을 의미합니다.

우리는 두 가지 유형의 연산을 이동할 수 있습니다.

- 프로그램에서 직접 표현된 작업(예 메서드 호출)
- 프로그램을 대신하여 수행되는 작업(예 메서드를 네이티브 코드로 컴파일)

자바 구현에는 이미 일부 연산을 자동으로 이동할 수 있는 기능이 포함되어 있습니다.

- 컴파일 타임 상수 폴딩(연산을 더 이른 시점으로 이동)
- 사전 처리된 클래스 데이터 아카이브(더 이른 시점으로 이동)
- 지연된 클래스 로딩과 초기화(더 늦은 시점으로 이동)

쿼커스의 빌드 타임 계산과 그랄VM의 AOT 컴파일 기능도 컴파일을 더 이른 시점으로 이동하는 예시로 볼 수 있습니다. 다만, 이러한 기능은 특정 프레임워크에 종속되며 표준화된 기능은 아닙니다.

> **NOTE** 이런 관점에서 보면, 가비지 컬렉션도 계산을 이후 단계로 이동시키는 방식으로 볼 수 있습니다.

계산을 이동할 때는 항상 자바 명세에 따라 프로그램의 의미를 유지해야 하며, 이는 호환성을 보장하기 위해 필수적입니다. 라이덴은 새로운 방식으로 계산을 이동시키는 방법을 탐색할 것입니다.

일부 계산 이동 방식은 명세 변경 없이도 가능할 것으로 예상되지만, 현재 고려 중인 몇 가지 가능성은 명세 변경이 필요할 수도 있습니다. 또한 개발자가 직접 계산 이동을 명확하게 표현할 수 있도록 새로운 기능을 제공하는 것이 목표입니다.

콘덴서는 전체 프로그램 이미지를 분석하여 실행 시점의 계산을 더 이른 단계로 이동시키는 변환 과정을 의미합니다. 즉, **프로그램의 의미를 유지하는 전역적인 프로그램 변환입니다.**

콘덴서는 프로그램 이미지를 변환하여 새로운 이미지로 만들며, 이 이미지에는 다음 요소가 포함될 수 있습니다.

- 새로운 코드(AOT 컴파일된 메서드)
- 새로운 데이터(직렬화된 힙 객체)
- 새로운 메타데이터(사전 로드된 클래스 등)
- 새로운 제약 조건

콘덴서는 조합 가능하도록 설계되었으며, 한 콘덴서의 출력 이미지가 다른 콘덴서의 입력이 될 수 있으며, 특정 콘덴서를 필요에 따라 여러 번 적용할 수도 있습니다.

> **NOTE** 쿼커스 네이티브 모드의 경험에 따르면, 유닛 테스트나 디버깅을 할 때는 프로그램 변환을 수행하지 않는 것이 좋습니다. 그냥 정상적으로 실행하는 것이 좋습니다. 이러한 유형의 테스트를 수행하는 것은 프레임워크를 테스트하는 결과만 초래할 뿐이며, 실질적인 가치를 제공하지 않습니다.

계산을 이동시키는 것은 일반적으로 제약을 수용해야 한다는 의미이며, 선택하는 콘덴서를 통해 기능과 성능을 맞바꿀 수 있다는 개념에 기반합니다.

충분히 강력한 콘덴서를 사용할 경우, 계산을 충분히 앞당기거나 지연시킨다면 완전히 정적인 네이티브 이미지를 생성할 수도 있습니다. 하지만 이를 위해서는 많은 제약을 수용해야 할 가능성이 큽니다.

따라서 라이덴은 반드시 완전히 정적인 네이티브 이미지를 직접적으로 명시할 필요는 없습니다. 대신, 계산을 충분히 이동시키고 동적 동작을 제한할 수 있도록 지원하여, 완전히 정적인 네이티브 이미지가 자연스럽게 발생하는 결과물이 될 수 있도록 합니다.

2024년 8월 기준으로 여러 설계 작업이 진행 중이지만, 콘덴서 관련 작업이 아직 메인라인mainline에 본격적으로 반영되지는 않았습니다. 이 프로젝트의 해당 부분은 아직 초기 개발 단계에 있으며, 컴파일 시점에서 가능한 경우 `invokedynamic` 연결을 미리 해결하는 방식(예 람다의 경우)과 지연 계산되는 정적 최종 필드 개발과 같은 아이디어를 탐색하는 것으로 시작되었습니다.

이제 라이덴의 또 다른 주요 측면인 프리메인을 살펴보겠습니다.

15.3.2 라이덴 프리메인

라이덴 프리메인Leyden premain의 목표는 준비 과정 활동을 줄이는 것입니다. 여기서 준비 과정 활동이란 애플리케이션이 아닌 자바 가상 머신이 최적의 성능에 도달하기 위해 수행하는 최적화 작업을 의미합니다. 최적의 성능은 통계적 최대치로 정의될 수 있으며, 일부 노이즈는 여전히 존재할 수 있습니다.

자바 가상 머신은 일반적으로 상당한 노이즈를 포함하는 환경이며, 이 노이즈는 보통 3~5% 범위에서 발생합니다. 따라서 최대 처리량의 95% 이상에 도달하면 최적의 성능에 도달한 것으로 간주하는 규칙을 정의할 수 있습니다. 이에 따라 준비 과정 시간은 95% 처리량에 도달하는 데 걸리는 시간으로 정의됩니다.

이를 달성하기 위해 라이덴의 프리메인은 **클래스 데이터 공유**class-data sharing(CDS) 개념을 기반으로 구축됩니다. 이 개념은 새로운 것이 아닙니다. 클래스 데이터 공유는 자바 8부터 제공되었으며, 자바 17 장기 지원 버전부터는 기본 설치에 포함되었습니다. 클래스 데이터 공유의 기본 개념은 자바 가상 머신이 시작될 때 공유 아카이브shared archive를 메모리에 매핑하여, 선택된 클래스의 읽기 전용 자바 가상 머신 메타데이터를 즉시 사용할 수 있도록 하는 것입니다. 이를 통해 시작 시간을 단축할 수 있습니다.

현재 자바 버전에서는 기본적으로 표준 자바 라이브러리의 클래스가 클래스 데이터 공유에 포함됩니다. 그러나 최근 개선을 통해 애플리케이션 클래스 데이터 공유(AppCDS)도 지원되며, 이는 더 유연하고 개발자가 직접 제어할 수 있습니다. 애플리케이션 클래스 데이터 공유는 CDS 개념을 확장하여 애플리케이션 클래스 경로에서 선택된 클래스도 포함할 수 있도록 설계되었습니다.

자바 17부터는 **동적 애플리케이션 클래스 데이터 공유 아카이브**dynamic AppCDS archive를 생성할 수도 있습니다. 이를 통해 초기 **학습 실행** 중에 메타데이터를 기록하고, 이후 **배포 실행**deployment run에서 `-XX:SharedArchiveFile=<dynamic archive>` 옵션을 사용하여 이를 재활용할 수 있습니다.

라이덴 프리메인은 이를 한층 더 발전시켜 학습 실행을 활용하여 더 많은 메타데이터와 코드까지 캡처하고, 이를 배포 실행에서 재사용하는 것을 목표로 합니다.

일반적으로 학습 실행은 애플리케이션의 대표적인 실행 과정을 의미합니다. 즉, 일반적인 입력과 설정을 사용하여 애플리케이션을 실행하고, 예상되는 경로와 상태를 거쳐 시작 단계를 완료하며, 안정적인 상태까지 준비하는 과정입니다.

이 방식은 유사하고 반복적인 작업이 많은 시스템에서 가장 효과적이며, 이를 통해 안정적인 최고 성능peak performance에 도달할 수 있습니다. 물론, 모든 시스템이 이러한 특성을 가지는 것은 아닙니다.

학습 실행 중에는 자바 가상 머신이 초기 상태, 프로파일, JIT 컴파일된 코드 등을 수집하고, 이를 로그 또는 클래스 데이터 공유 아카이브로 저장합니다. 추가적으로, 여러 번의 학습 실행을 수행할 수도 있으며, 이를 통해 생성된 데이터 로그를 병합하여 보다 정교한 최적화를 수행할 수 있습니다.

이후 애플리케이션은 콘덴서를 적용하여 **정제**distill되고 최적화된 버전으로 변환됩니다.

> **NOTE** 장기적으로는 자동 학습auto-train을 통해 일부 또는 모든 학습 단계를 '내부적으로' 처리하는 기능성도 흥미로운 발전 방향입니다. 그러나 이를 실현하기 위해서는 먼저 해결해야 할 단기적인 과제들이 많습니다.

최적화된 애플리케이션을 실행하는 것을 배포 실행이라고 합니다. 배포 실행은 초기 상태에서 시작되며, 아카이브된 프로파일과 코드의 혜택을 받습니다.

일반적으로 애플리케이션의 시작 단계에서는 심볼을 해석하고, 클래스 초기화 메서드(`<clinit>`)를 실행하며, `invokedynamic` 부트스트랩 메서드(BSM)를 실행합니다(예 람다). 이 작업은 학습 실행 중에 수행하고 저장한 후, 배포 실행에서 재사용할 수 있으며, 일부 초기화 상태와 코드도 함께 저장할 수 있습니다.

코드는 핫스팟의 계층적 컴파일러의 다양한 계층에서 재사용될 수 있으며, 여기에는 C1(추측적 최적화를 수행하지 않는 '보수적인' JIT 컴파일러로, 디옵티마이즈가 필요 없음)과 C2(즉, Tier 4)의 최적화된 코드가 포함됩니다. 핫스팟의 JIT 컴파일러와 계층화에 대한 자세한 내용은 6장을 참조하세요.

C1 컴파일된 코드는 인터프리터 코드 대신 사용할 수 있으며, 이를 통해 온라인 재컴파일과 인터프리터 실행을 피함으로써 시작 성능을 개선할 수 있습니다. 이 방식은 특히 컴파일되지 않을 가능성이 있는 비 핫코드 경로non-hot code paths나, 시작 시점에는 실행되지만 이후에는 실행되지 않는 코드 경로에서 유용합니다. 초기 성능 결과에 따르면, 이러한 시간 절감 효과는 상당히 큽니다. 또한, 필요할 경우 JIT 코드가 저장된 프로파일에서 다시 생성될 수 있도록 하는 것이 목표입니다.

고수준에서 보면, 학습 실행(애플리케이션을 관찰하는 과정)은 정적 애플리케이션 분석의 동적 반대 측면dynamic flip side으로 볼 수 있으며, 또는 2차 형태의 프로파일 기반 최적화 로 간주할 수도 있습니다.

이러한 동적 관찰 결과는, 디옵티마이제이션의 가능성을 유지하는 한, 마치 정적으로 도출된 것처럼 사용할 수 있습니다. 일단 데이터가 캡처되면 '정적으로 보이지만, 실제로는 동적으로 생성된' 상태가 되며, 변화가 발생하면 최적화를 다시 수행할 수 있습니다. 이러한 추측적 기법speculative techniques과 예기치 않은 상황을 처리할 수 있는 '비상 탈출구escape hatches'의 조합은 핫스팟의 핵심 역량 중 하나입니다.

실제로, 이 접근 방식이 완전한 AOT 컴파일(예 그랄VM 네이티브 이미지 등)보다 우수한 실용적인 이유가 있습니다. 예를 들어, 워크로드에는 '특이한 날unusual days'이 존재하는 경우가 많습니다.

금융 산업에서는 미국 비농업 고용지수 발표일이나 옵션 만기일(분기별 1회) 등이 이에 해당하는 예시입니다. 이러한 특이한 날짜에는 완전한 AOT 컴파일 시스템이 동적 가상 머신이 개입하는 시스템보다 성능이 훨씬 낮아질 가능성이 높습니다. 이는 완전히 정적인 AOT 버전이 학습 실행에서 도출된 코드 경로 실행에 대한 가정을 변경할 수 없기 때문입니다. 반면, 라이덴은 디옵티마이제이션과 재컴파일이 가능하므로 이러한 문제를 해결할 수 있습니다.

2024년 8월 기준, 프리메인 작업의 진행 상태는 다음과 같습니다.[3]

- 프리메인 활동은 학습 실행에서 자동으로 도출됩니다.
- 프리메인을 위해 생성된 최적화 가능한 상태는 아카이브로 저장됩니다.

향후에는 사용자 정의 활동user-defined activities도 포함될 가능성이 있습니다. 그러나 이를 위해서는 어떤 사용자 코드가 순수한 코드로 신뢰될 수 있는지 등을 특성화 하는 작업이 필요합니다. (예 새로운 순수성 주석purity annotations 추가 등) 이러한 과정은 예상된 일입니다. 라이덴은 여전히 진화 중인 기술이며, 비교적 초기 단계에 있습니다.

이제 OpenJDK의 또 다른 장기 프로젝트 발할라를 살펴보겠습니다.

15.4 발할라

발할라 프로젝트는 자바 가상 머신을 매우 깊은 수준에서 재정렬하는 것을 목표로 하는 장기 프로젝트입니다. 자세히 말하면, 프로젝트의 주요 목표는 다음과 같습니다.

- 자바 가상 머신 메모리 레이아웃 동작을 현대 하드웨어의 비용 모델과 정렬합니다.
- 기본형, 값, `void`를 포함한 모든 타입에 대한 추상화를 가능하게 하도록 제네릭스를 확장합니다.
- 기존 라이브러리, 특히 JDK가 이러한 기능을 완전히 활용할 수 있도록 호환성을 유지하며 발전할 수 있도록 합니다.

이 설명 속에는 프로젝트 내에서 가장 복잡한 노력이 숨어 있습니다. 바로 자바 가상 머신에서 **값 클래스**value classes의 가능성을 탐색하는 것입니다.

> **WARNNING** 발할라는 2014년에 시작되었으며, 지난 10년 동안 구현 설계가 여러 차례 크게 변경되었습니다. 발할라에 대한 정보를 읽을 때는 반드시 최신 정보인지 주의해야 합니다. 예를 들어, 이 책의 첫 번째 판에서 제공된 설명은 이제 완전히 틀린 정보입니다.

버전 21까지의 자바에서는 기본형과 객체 참조, 두 가지 유형의 값만 존재했습니다. 다르게 말하면, 자바 환경에서는 메모리 레이아웃에 대한 저수준 제어를 의도적으로 제공하지 않습니다.

3 옮긴이_ 번역 시점 기준인 2025년 4월에도 동일합니다.

자바 가상 머신과 언어의 고급 기능 후보를 탐색하고 실험하는 장이 되는 것입니다.

— 발할라 프로젝트[4]

특별한 경우로, 이는 자바에 그랄VM 가 존재하지 않으며, 모든 복합 데이터 유형composite data type은 참조를 통해서만 접근 가능함을 의미합니다. 이로 인한 영향을 이해하기 위해 배열의 메모리 레이아웃을 살펴보겠습니다. [그림 15-1]에서 볼 수 있듯이, 기본형 `int` 배열의 경우, 이 값들은 객체가 아니므로 메모리에서 인접한 위치에 배치됩니다.

그림 15-1 ints 배열

반면, 박싱된 정수는 객체이므로 참조로 처리됩니다. 즉, `Integer` 객체의 배열은 참조의 배열이 됩니다. 이는 [그림 15-2]에서 보여줍니다.

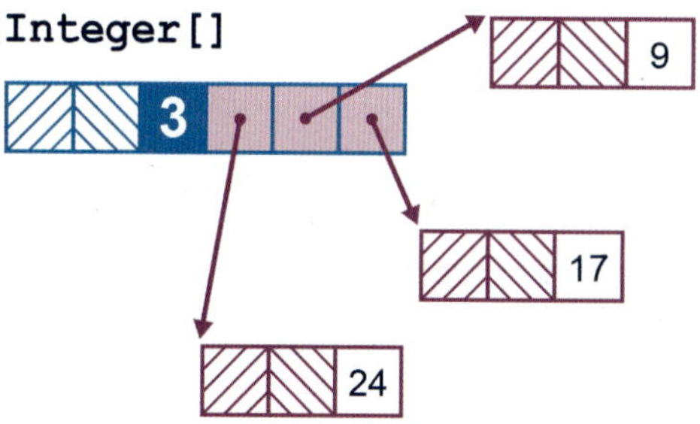

그림 15-2 Integer 배열

25년 이상 동안, 이러한 메모리 레이아웃 패턴은 자바 플랫폼이 작동하는 방식이었습니다. 이 접근 방식은 단순성simplicity이라는 장점이 있지만, 성능상의 트레이드오프도 존재합니다. 즉, 객체 배열을 다룰 때 불가피한 간접 참조indirections와 이에 따른 캐시 누락cache misses가 발생합니다. 그 결과, 성능을 중시하는 많은 개발자들은 메모리에서 더 효율적으로 배치될 수 있는 타입을 정의할 수 있기를 원합니다. 이는 또한 각 복합 데이터 항목마다 전체 객체 헤더object header가 필

4 https://oreil.ly/JU4dP

요한 오버헤드를 제거하는 것을 포함합니다.

예를 들어, 3차원 공간에서의 한 점(Point3D)은 세 개의 공간 좌표만으로 구성됩니다. 자바 21 기준으로, 이러한 타입은 세 개의 필드를 가진 객체 타입으로 표현될 수 있습니다.

```
public record Point3D(double x, double y, double z) {}
```

따라서, 점[point] 배열은 [그림 15-3]에 나타난 메모리 레이아웃을 가지게 됩니다.

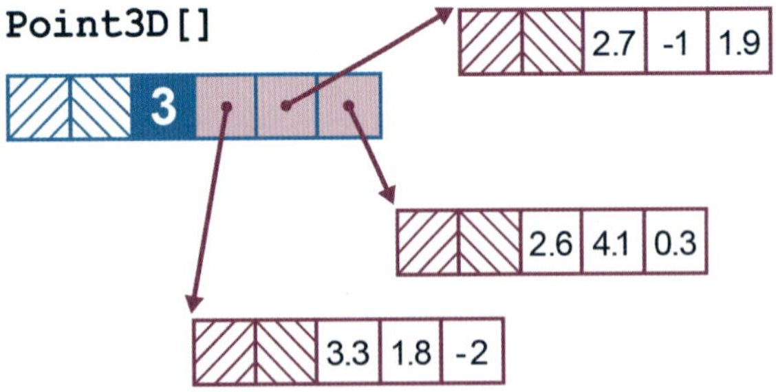

그림 15-3 차원 공간에서의 한 점(Point3D) 배열

이 배열이 처리될 때, 각 항목의 좌표를 가져오기 위해 추가적인 간접 참조[indirection]가 필요합니다. 이에 배열 내의 각 점에 대해 캐시 누락가 발생할 가능성이 있으며, 이는 실질적인 이점 없이 성능 저하를 초래할 수 있습니다. 또한, Point3D 타입에 대해서는 객체 동일성[object identity]이 의미가 없습니다. 즉, 모든 필드가 동일할 때만 두 객체가 동일한 것으로 간주됩니다. 이는 자바 생태계에서 **값 클래스**라는 개념이 의미하는 바와 대체로 일치합니다.

이 개념이 자바 가상 머신에서 구현될 수 있다면, 공간 좌표[spatial point]와 같은 단순한 타입에 대해 [그림 15-4]에 나타난 메모리 레이아웃이 훨씬 더 효율적일 수 있습니다.

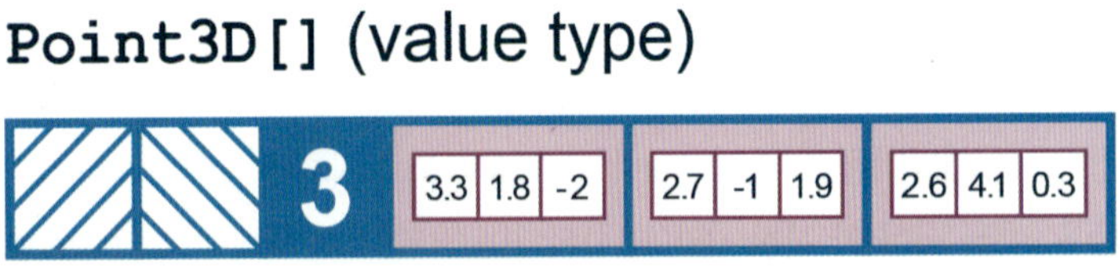

그림 15-4 'struct-like' Point3D 배열

이제 이러한 중첩된 점nested points 배열을 반복하는 과정은 메모리와 캐시 지역성 덕분에 훨씬 더 효율적이 됩니다. 또한, 각 개별 객체의 헤더 비용을 절감할 수 있다는 이점도 있습니다. 뿐만 아니라, 기본형과 유사한 방식으로 동작하는 사용자 정의 타입user-defined types의 가능성도 새롭게 열리게 됩니다.

TIP 'struct-like' 배열을 사용하면 파나마 프로젝트를 통해 외부 함수를 호출할 가능성이 생깁니다. 예를 들어, 구조체를 GPU로 오프로드하여 벡터 연산을 수행하면 더 빠르고 전력 효율적인 처리가 가능합니다.

그러나 이 분야에는 몇 가지 중요한 개념적 어려움이 존재합니다. 가장 중요한 문제는 자바 초창기에 이루어진 설계 결정과 관련이 있습니다. 즉, 자바 타입 시스템에는 **최상위 타입**top type이 존재하지 않으며, `Object`와 `int` 모두의 슈퍼타입이 되는 타입이 없습니다. 다르게 말하면, Java 타입 시스템은 **단일 루트**single-rooted 구조가 아닙니다.

자바 5에서 제네릭이 추가될 당시, 타입 변수type variable는 참조 타입(`Object`의 하위 타입)만을 대상으로 하도록 결정되었습니다. 따라서, `List<int>`와 같은 표현을 일관된 의미로 구성하는 명확한 방법이 존재하지 않습니다. 대신, 자바는 **타입 소거**type erasure를 사용하여 기존 참조 타입 기반의 제네릭을 구현합니다. 이는 하위 호환성backward compatibility을 유지하기 위한 선택이었습니다.

TIP 가끔 타입 소거에 대해 불만을 제기하는 사람들이 있지만, 이 메커니즘이 최상위 타입의 부재와 그로 인한 기본형 컬렉션의 부재를 초래한 것은 아닙니다.

자바 플랫폼이 값 타입을 포함하도록 확장된다면, 자연스럽게 값 타입을 타입 매개변수type parameter로 사용할수 있는지 여부가 문제가 됩니다. 만약 사용할 수 없다면, 값 타입의 활용성이 크게 제한될 가능성이 큽니다.

따라서, 값 타입 설계에는 항상 '강화된 형태의 제네릭스에서 타입 매개변수 값으로 사용할 수 있어야 한다'는 전제가 포함되어 있었습니다.

> 발할라는 성능 개선을 목표로 하지만, 더 나은 관점에서 보면 추상화, 캡슐화, 안전성, 표현력, 유지 보수성maintainability을 향상시키면서도 성능을 희생하지 않는 것이라고 할 수 있습니다.
>
> — 브라이언 괴츠[5]

---

5 *https://oreil.ly/lb94S*

현재 발할라의 설계는 '클래스처럼 코딩하고 int처럼 동작한다'는 원칙을 실현하는 것을 목표로 합니다. 새로운 키워드(value)는 단 하나, 값만 추가되며, 이를 통해 해당 클래스가 값 클래스임을 나타냅니다. 반면, 기존의 모든 클래스는 이제 **정체성 클래스**identity class로 간주됩니다(이 개념은 지금까지 필요하지 않았던 것입니다). 자바 가상 머신 바이트코드도 일부 사소한 변경만 이루어졌으며, 현재까지는 새로운 바이트코드를 추가로 정의할 필요가 없습니다.

가장 눈에 띄는 변화 중 하나는 값 비교(즉, if_acmpeq 바이트코드)의 구현 방식입니다. 현재 자바 버전에서는 이는 단순한 비트 단위 비교bitwise comparison입니다. 두 기본형 값은 비트가 동일하면 같다고 간주됩니다. 두 객체 참조는 동일한 메모리 위치를 가리킬 때만 같다고 간주됩니다.

그러나 값 객체의 비교는 더 복잡합니다. 두 값 객체는 모든 필드의 값이 동일할 때만 동일한 객체로 간주됩니다. 값 클래스의 필드 역시 값 클래스일 수 있기 때문에 문제가 될 수 있습니다.

예를 들면 다음과 같습니다.

```
public value record VR0(VR1 vr1) {}
public value record VR1(VR2 vr2) {}
public value record VR2(VR3 vr3) {}
// ... 등등
public value record VRN(int i) {}
```

이제 VR0 타입의 두 객체를 비교하는 경우를 생각해봅시다. 이들은 내부에 포함된 VRN 인스턴스가 동일한 int 값을 가질 때만 동일하다고 간주됩니다. 다음은 N=3인 경우의 예시입니다.

```
var vr0a = new VR0(new VR1(new VR2(new VR3(42))));
var vr0b = new VR0(new VR1(new VR2(new VR3(73))));
var vr0c = new VR0(new VR1(new VR2(new VR3(42))));

System.out.println(vr0a == vr0b);
System.out.println(vr0a == vr0c);
System.out.println(vr0b == vr0c);
```

결과는 다음과 같습니다.

```
false
true
false
```

그러나 이러한 비교를 수행하기 위해 가상 머신은 중간에 존재하는 모든 타입의 동등성 정의를 재귀적으로 탐색해야 합니다. 이제 `if_acmpeq` 바이트코드에서 임의 깊이arbitrary-depth의 재귀적 동작이 발생할 가능성이 있으며, 이는 성능 측면에서 중요한 부정적 영향을 미칠 수 있습니다. 또한, 이러한 종속성 체인dependency chain은 반드시 종료되어야 합니다.

값 클래스는 순환 종속성cyclic dependency을 유발하는 필드를 가질 수 없습니다. 만약 순환 종속성이 존재한다면, 해당 타입의 객체를 메모리에 배치하는 데 필요한 공간을 예측할 수 없기 때문입니다. JIT 컴파일 관점에서, 가장 큰 영향은 C2 컴파일러에서 필요한 지원입니다. 기본적으로 할당을 가능한 한 피하고, 값 객체에 대해 '고급 박싱fancy boxing'을 구현하는 것이 핵심 목표입니다. 새로운 동등성 의미론을 처리하는 과정에서, JIT 컴파일러가 동작을 추론할 수 있는 경우가 있는 반면, 추론할 수 없는 경우도 존재합니다.

결과적으로, 이러한 가상 머신 변경 사항은 매우 신중하게 구현되어야 합니다. 최악의 경우에도 발할라가 비활성화된 상태에서는 기존 코드의 성능 저하가 발생하지 않아야 합니다.

2024년 8월 기준으로 값 타입이 어느 자바 릴리스에서 정식production 기능으로 도입될지는 아직 불확실합니다.[6]

15.5 결론

이 책의 새로운 판에서는 첫 번째 판에서 여전히 현대 자바 개발자에게 관련 있는 내용을 이어가면서, 동시에 클라우드 환경에서 실행되는 애플리케이션에 필수적인 클라우드 기술 기법을 도입했습니다.

이제 성능을 중시하는 자바 엔지니어에게 자바 가상 머신의 실행 모델과 가비지 컬렉션에 대한

6 옮긴이_ 번역 시점 기준인 2025년 4월에도 동일합니다. 자바 SE 24(2025년 3월 릴리스)에는 도입되지 않았고, 자바 SE 25에도 도입될지 확정되지 않았습니다.

기본적인 지식journeyman's knowledge 만으로는 충분하지 않습니다. 오케스트레이션orchestration과 관측성과 같은 클라우드 네이티브 기술은 이제 대부분의 자바 개발자와 운영 팀에게 일상 업무가 되었습니다.

동시에, 소프트웨어 성능 엔지니어링의 기본 원칙(어떤 환경에서든)은 변하지 않았으며, 여전히 같은 지식과 철저한 적용diligent application이 요구됩니다. 이제 엔지니어들은 더 많은 계층과 더 복잡한 다변수 최적화multivariate optimization 문제를 매일 해결해야 합니다.

지식의 범위도 계속 확장되면서, 엔지니어들 간의 전문화와 협업이 더욱 중요해지고 있습니다. 이 책에서 제공하는 정보와 기법들이 유용하길 바랍니다. 이 책은 완전한 가이드가 아니라, 여러분만의 독창적인 성능 최적화 여정을 위한 출발점입니다.

행운을 빕니다!

부록 A

마이크로벤치마킹

이 부록에서는 자바의 저수준 성능 수치를 직접 측정하는 방법에 대해 구체적으로 살펴보겠습니다. 자바 가상 머신의 동적인 특성 때문에, 성능 수치는 많은 개발자들이 예상하는 것보다 훨씬 다루기 어렵습니다. 때문에 인터넷에는 부정확하거나 오해를 불러일으킬 수 있는 성능 수치가 많이 떠돌아다닙니다.

이 부록의 주요 목표는 잠재적인 함정을 인지하고, 모두가 신뢰할 수 있는 성능 수치만을 산출할 수 있도록 하는 것입니다. 특히, 작은 단위의 자바 코드 성능을 측정는 **마이크로벤치마킹** microbenchmarking은 놀랍도록 미묘하며 올바르게 수행하기 어려운 작업입니다. 이 부록에서는 이 주제와 성능 엔지니어들이 이를 적절히 활용하는 방법을 주로 다룹니다.

2장에서 언급했던 파인먼의 인용문은 마이크로벤치마킹을 수행할 때 특히 중요합니다.

이 부록의 두 번째 부분에서는 마이크로벤치마킹 도구의 금본위제gold standard인 JMH 사용법을 설명합니다. 만약 모든 경고와 주의 사항을 듣고도 여전히 여러분의 애플리케이션과 사용 사례에 마이크로벤치마킹이 필요하다고 판단된다면, 가장 신뢰할 수 있고 발전된 도구를 사용하여, 이미 잘 알려진 수많은 함정과 덫을 피하는 것이 필수적입니다.

A.1 저수준 성능 측정 소개

1.2절의 '자바 성능 개요'에서 성능 분석을 다양한 측면이 결합된 기술이며, 실험 과학으로 확립된 하나의 학문 분야라고 설명했습니다.

즉, 좋은 벤치마크(또는 마이크로벤치마크)를 작성하려면 이를 과학 실험처럼 고려하는 것이 매우 유용합니다.

이 접근 방식은 벤치마크를 '불투명한 상자opaque box'로 바라보게 합니다. 이는 입력과 출력이 있으며, 여기서 데이터를 **수집**하여 결과를 추측하거나 유추하려는 과정입니다.

그러나 조심해야 합니다. 단순히 데이터를 수집하는 것만으로는 충분하지 않으며, 수집한 데이터에 의해 **속지** 않도록 해야 합니다.

> 벤치마크 수치 자체는 중요하지 않습니다. 중요한 것은 그 수치로부터 어떤 모델을 도출하는가입니다.
>
> — 알렉세이 쉬필료프

따라서 이상적인 목표는 벤치마크를 공정한 테스트로 만드는 것입니다. 즉, 가능한 한 시스템의 단 하나의 요소만 변경하고, 벤치마크에서 그 외의 모든 외부 요인은 통제된 상태를 유지하는 것입니다. 이상적인 환경에서는 테스트 간에 변경 가능한 다른 요소들이 완전히 불변해야 하지만, 실제로는 그렇게 운이 좋을 때가 드뭅니다.

NOTE 과학적으로 완벽한 공정한 테스트의 목표가 실질적으로 달성 불가능하더라도, 벤치마크가 최소한 반복 가능해야 한다는 것은 필수적입니다. 이는 모든 실증적 결과의 근본적인 기반이 됩니다.

자바 플랫폼에서 벤치마크를 작성하는 데 있어 중심적인 문제 중 하나는 자바 런타임의 정교함입니다. 이 책의 상당 부분은 자바 가상 머신이 개발자의 코드에 적용하는 자동 최적화를 설명하는 데 할애되었습니다. 이러한 최적화를 고려했을 때, 벤치마크를 과학적 테스트scientific test로 간주하면 선택지는 제한됩니다.

이러한 최적화가 미치는 정확한 영향을 완전히 이해하고 설명하는 것은 거의 불가능합니다. 애플리케이션 코드의 '실제' 성능에 대한 정확한 모델을 만드는 것은 어렵고, 적용 가능한 범위 역시 제한될 수밖에 없습니다.

다르게 말하면, 자바실행 코드와 JIT 컴파일러, 메모리 관리, 자바 런타임이 제공하는 기타 하위 시스템을 완전히 분리할 수 없습니다. 마찬가지로, 테스트 실행 시점의 운영 체제, 하드웨어, 또는 런타임 조건(예 부하)의 영향을 무시할 수도 없습니다.

> 어떤 사람도 그 자체로 온전한 섬이 아닙니다.
>
> — 존 던

이런 영향을 완화하는 더 쉬운 방법은 더 큰 집합(전체 시스템 또는 하위 시스템)을 다루는 것입니다.

반대로, 작은 규모의 벤치마크나 마이크로벤치마크를 수행할 때는 애플리케이션 코드를 런타임의 배경 동작으로부터 완전히 분리하는 것이 훨씬 더 어렵습니다. 이것이 마이크로벤치마킹이 어려운 근본적인 이유이며, 이에 대해서는 이후에 자세히 논의하겠습니다.

이제 겉보기에는 매우 단순해 보이는 예제를 하나 살펴보겠습니다. 100,000개의 숫자로 이루어진 리스트를 정렬하는 코드의 벤치마크입니다. 이를 진정으로 공정한 테스트를 만들려는 관점에서 분석해 보려고 합니다.

```
public class ClassicSort {

    private static final int N = 1_000;
    private static final int I = 150_000;
    private static final List<Integer> testData = new ArrayList<>();

    public static void main(String[] args) {
        Random randomGenerator = new Random();
        for (int i = 0; i < N; i++) {
            testData.add(randomGenerator.nextInt(Integer.MAX_VALUE));
        }

        System.out.println("Testing Sort Algorithm");

        double startTime = System.nanoTime();

        for (int i = 0; i < I; i++) {
            List<Integer> copy = new ArrayList<Integer>(testData);
```

```
            Collections.sort(copy);
        }

        double endTime = System.nanoTime();
        double timePerOperation = ((endTime - startTime) / (1_000_000_000L * I));
        System.out.println("Result: " + (1 / timePerOperation) + " op/s");
    }
}
```

벤치마크는 무작위 정수 배열을 생성하고, 이 과정이 완료되면 벤치마크의 시작 시간을 기록합니다. 그런 다음 템플릿 배열을 복사한 후 데이터를 정렬하는 작업을 반복적으로 실행합니다. 이 과정이 I번 실행되면, 실행 시간을 초 단위로 변환한 후 반복 횟수로 나누어 한 번의 연산에 걸리는 시간을 계산합니다.

벤치마크에서 첫 번째로 고려해야 할 점은 자바 가상 머신의 준비 과정 없이 곧바로 코드 테스트를 수행한다는 것입니다. 정렬 코드가 운영 환경의 서버 애플리케이션에서 실행되는 경우를 생각해 봅시다. 운영 환경에서는 해당 코드가 몇 시간, 어쩌면 며칠 동안 실행되고 있을 가능성이 큽니다. 그러나 자바 가상 머신이 인터프리터 바이트코드를 고도로 최적화된 기계어 코드로 변환하는 JIT 컴파일러를 포함하고 있다는 사실을 알고 있습니다. 이 컴파일러는 해당 메서드가 일정 횟수 이상 실행된 후에만 활성화됩니다.

따라서 수행하는 테스트는 실제 운영 환경에서의 동작을 제대로 반영하지 못합니다. 자바 가상 머신이 벤치마크를 실행하는 동안에도 여전히 최적화 작업을 수행하고 있기 때문입니다. 이런 효과는 몇 가지 자바 가상 머신 플래그를 설정한 후 정렬을 실행하면 확인할 수 있습니다.

```
java -Xms2048m -Xmx2048m -XX:+PrintCompilation ClassicSort
```

`-Xms` 또는 `-Xmx` 옵션은 힙의 크기를 제어하며, 이 경우 힙 크기를 2GB로 고정합니다. `PrintCompilation` 플래그는 메서드가 컴파일 될 때(또는 다른 컴파일 이벤트가 발생할 때) 로그 라인을 출력합니다. 다음은 출력 로그의 일부입니다.

```
Testing Sort Algorithm
73    29   3    java.util.ArrayList::ensureExplicitCapacity (26 bytes)
73    31   3    java.lang.Integer::valueOf (32 bytes)
74    32   3    java.util.concurrent.atomic.AtomicLong::get (5 bytes)
```

```
74   33  3   java.util.concurrent.atomic.AtomicLong::compareAndSet (13 bytes)
74   35  3   java.util.Random::next (47 bytes)
74   36  3   java.lang.Integer::compareTo (9 bytes)
74   38  3   java.lang.Integer::compare (20 bytes)
74   37  3   java.lang.Integer::compareTo (12 bytes)
74   39  4   java.lang.Integer::compareTo (9 bytes)
75   36  3   java.lang.Integer::compareTo (9 bytes) made not entrant
76   40  3   java.util.ComparableTimSort::binarySort (223 bytes)
77   41  3   java.util.ComparableTimSort::mergeLo (656 bytes)
79   42  3   java.util.ComparableTimSort::countRunAndMakeAscending (123 bytes)
79   45  3   java.util.ComparableTimSort::gallopRight (327 bytes)
80   43  3   java.util.ComparableTimSort::pushRun (31 bytes)
```

JIT 컴파일러는 코드의 효율성을 높이기 위해 호출 계층call hierarchy의 일부를 최적화하는 작업을 계속 수행하고 있습니다. 이는 벤치마크의 성능이 시간 측정 과정 동안 변화하며, 결과적으로 실험에서 하나의 변수를 의도치 않게 통제하지 않은 상태로 남겨두게 됩니다. 따라서 준비 과정이 필요합니다. 이 과정을 통해 자바 가상 머신이 안정된 상태로 수렴된 후에 성능 측정을 수행할 수 있습니다. 일반적으로 벤치마크를 실행하기 전에 일정 횟수 동안 코드를 실행하되, 해당 실행에서는 시간 측정을 하지 않는 방식으로 이루어집니다.

또 다른 외부 요인으로 고려해야 할 것은 가비지 컬렉션입니다. 이상적으로는 시간을 측정하는 동안 가비지 컬렉션이 실행되지 않도록 방지하고, 또한 설정이 완료된 후 가비지 컬렉션 상태가 정상화되기를 원합니다. 가비지 컬렉션 가상 함수 테이블의 비결정적nondeterministic 특성 때문에 이를 제어하는 것은 매우 어렵습니다.

확실히 개선할 수 있는 부분은 가비지 컬렉션이 실행될 가능성이 높은 동안에는 성능 측정을 하지 않도록 하는 것입니다. 시스템에 가비지 컬렉션 실행을 요청한 후 잠시 대기하는 방법도 고려할 수 있지만, 시스템이 이를 무시할 가능성도 있습니다. 현재 상태에서는 벤치마크의 시간 측정 범위가 너무 넓어, 발생할 수 있는 가비지 컬렉션 이벤트에 대한 더 많은 세부 정보가 필요합니다.

뿐만 아니라 시간 측정 지점을 선택하는 것과 함께 적절한 반복 횟수를 설정하는 것도 중요합니다. 이는 단순한 시행착오 방식으로 결정하기 어렵습니다. 가비지 컬렉션의 영향을 확인하려면 또 다른 가상 머신 플래그를 사용할 수 있습니다.

```
java -Xms2048m -Xmx2048m -verbose:gc ClassicSort
```

이렇게 하면 다음과 유사한 가비지 컬렉션 로그 항목이 생성됩니다.

```
Testing Sort Algorithm
[GC (Allocation Failure)  524800K->632K(2010112K), 0.0009038 secs]
[GC (Allocation Failure)  525432K->672K(2010112K), 0.0008671 secs]
Result: 9838.556465303362 op/s
```

벤치마크에서 흔히 발생하는 또 다른 실수는 테스트하는 코드에서 생성된 결과를 실제로 사용하지 않는 것입니다. 이 벤치마크에서 복사는 사실상 사용되지 않는 코드이며, 따라서 JIT 컴파일러가 이를 불필요한 코드 경로dead code path로 인식하고 최적화하여 제거할 가능성이 있습니다.

단일 실행 결과만을 기준으로 성능을 평가하는 것도 문제가 될 수 있습니다. 비록 평균값을 계산하더라도, 벤치마크가 실제로 어떻게 수행되었는지에 대한 전체적인 그림을 제공하지 못할 수 있습니다. 이상적으로는 오차 범위margin of error를 함께 측정하여, 수집된 값의 신뢰성을 평가하는 것이 중요합니다.

만약 오차 범위가 높다면, 통제되지 않은 변수가 존재할 가능성이 있거나, 작성한 코드 자체가 성능이 낮을 가능성도 있습니다. 어느 경우 든 오차 범위를 측정하지 않으면, 문제의 존재 여부조차 파악할 방법이 없습니다.

심지어 아주 단순한 정렬조차도 벤치마킹 과정에서 예상치 못한 문제를 초래할 수 있으며, 이에 벤치마크 결과가 크게 왜곡될 가능성이 있습니다. 그러나 코드의 복잡성이 증가할수록 상황은 훨씬 더 악화됩니다.

예를 들어, 멀티스레드 코드의 성능을 평가하는 벤치마크를 생각해봅시다. 멀티스레드 코드는 벤치마킹이 매우 어려운 영역입니다. 정확한 결과를 얻으려면 벤치마크 시작 시점부터 모든 스레드가 완전히 실행될 때까지 동기화된 상태를 유지해야 합니다. 이 과정이 제대로 이루어지지 않으면, 오차 범위가 매우 커질 수 있습니다.

동시성 코드를 벤치마킹할 때는 하드웨어적인 요소도 고려해야 합니다. 이는 단순한 하드웨어 구성 이상의 문제를 포함합니다. 예를 들어, 전력 관리 기능power management이 활성화되는 경우 또는 같은 시스템 내에서 다른 프로세스와 자원을 경쟁하는 상황이 발생하는 경우, 이러한 요소들도 벤치마크 결과에 큰 영향을 미칠 수 있습니다.

벤치마크 코드를 올바르게 작성하는 것은 복잡하며 많은 요소를 고려해야 합니다. 개발자로서 주요 관심사는 프로파일링 하려는 코드 자체이지, 앞에서 언급한 모든 문제들이 아닙니다. 그러나 이러한 모든 문제들이 결합되면서, 자바 가상 머신 전문가가 아닌 이상 무엇인가를 놓치고 잘못된 벤치마크 결과를 얻기가 매우 쉬운 상황이 됩니다.

이 문제를 해결하는 방법은 두 가지가 있습니다. 첫 번째는 시스템 전체를 대상으로만 벤치마킹하는 것입니다. 이 경우 저수준의 수치는 단순히 무시되고 수집되지 않습니다. 수많은 개별적인 효과들의 복합적인 결과가 평균적으로 수렴되면서, 의미 있는 대규모 결과를 얻을 수 있습니다. 대부분의 상황과 대부분의 개발자에게 필요한 접근 방식이 바로 이것입니다.

두 번째 접근 방식은 앞서 언급한 많은 문제들을 해결하기 위해 공통적인 프레임워크를 사용하는 것입니다. 이를 통해 관련된 저수준 결과를 의미 있게 비교할 수 있도록 합니다. 이상적인 프레임워크는 앞서 논의된 몇 가지 부담을 제거해야 합니다. 이런 도구는 OpenJDK의 메인라인 개발을 따라가면서, 새로운 최적화와 기타 외부 제어 변수를 관리할 수 있어야 합니다.

다행히 이런 도구가 존재하며, 다음 절에서 다룰 것입니다.

A.2 JMH 소개

마이크로벤치마킹을 무심코 접근할 경우 얼마나 쉽게 잘못될 수 있는지에 대한 예제와 경고성 이야기[cautionary tale]로 시작합니다. 그 후, 마이크로벤치마킹이 적절한 경우를 판단하는 일련의 휴리스틱을 소개합니다. 대다수의 애플리케이션에서는 마이크로벤치마킹이 적합하지 않다는 결론에 이를 가능성이 큽니다.

A.2.1 마이크로벤치마킹을 피할 수 있다면 피해라

하루 종일 사무실에서 일한 후, 저자 중 한 명이 퇴근하려 건물을 나서던 중 한 동료가 여전히 책상에 앉아 단 하나의 자바 메서드를 뚫어져라 바라보며 작업하고 있는 모습을 보게 되었습니다. 대수롭지 않게 생각하며 기차를 타고 집으로 향했습니다. 그러나 이틀 후, 거의 같은 상황이 반복되었습니다. 동료의 화면에는 여전히 매우 비슷한 메서드가 열려 있었고, 그녀의 얼굴에는 피곤하고 짜증 난 기색이 역력했습니다. 분명히 더 깊은 조사가 필요해 보였습니다.

그녀가 개편 중이던 애플리케이션에는 명백한 성능 문제performance problem가 있었습니다. 새로운 버전은 팀이 대체하려 했던 기존 버전보다 성능이 오히려 떨어졌습니다. 더욱이 새 버전에서는 잘 알려진 라이브러리의 최신 버전을 사용했음에도 불구하고 성능 저하가 발생했습니다. 그녀는 문제의 원인을 찾기 위해 코드 일부를 제거하고, 작은 벤치마크를 작성하며 테스트하는 방식을 사용하고 있었습니다.

하지만 이 방식은 어딘가 잘못된 느낌이 들었습니다. 건초 더미에서 바늘을 찾으려는 것과 다를 바 없어 보였습니다. 그래서 두 사람은 함께 다른 접근 방식을 시도했습니다. 그 결과, 애플리케이션이 CPU 사용량을 최대로 채우고 있음을 빠르게 확인할 수 있었습니다.

이는 실행 프로파일러가 유용하게 활용될 수 있는 전형적인 사례였습니다(프로파일러를 언제 사용해야 하는지에 대한 자세한 내용은 12장을 참조하세요). 단 10분 동안 애플리케이션을 프로파일링한 결과, 문제의 진짜 원인을 밝혀낼 수 있었습니다. 예상대로 문제는 애플리케이션 코드가 아니라, 팀이 새롭게 도입한 인프라 라이브러리infrastructure library에 있었습니다.

이 이야기는 자바 성능 최적화에서 너무나 흔히 발생하는 접근 방식을 보여줍니다. 개발자들은 자신의 코드가 문제의 원인일 것이라는 생각에 집착하다가 더 큰 그림을 놓치는 경우가 많습니다.

TIP 개발자들은 종종 작은 규모의 코드 구조를 면밀히 살펴보며 문제를 찾고 싶어 하지만, 이 수준에서 벤치마킹을 수행하는 것은 매우 어렵고 위험한 '덫'이 존재합니다.

A.2.2 마이크로벤치마킹이 필요한 경우에 대한 휴리스틱

3장에서 간략히 논의했듯이, 자바 플랫폼의 동적인 특성과 가비지 컬렉션, 적극적인 JIT 최적화와 같은 기능들 때문에 성능을 직접적으로 이해하기 어렵습니다. 더욱이 성능 수치는 애플리케이션이 측정될 당시의 정확한 런타임 환경에 크게 영향을 받을 수 있습니다.

> **NOTE** 전체 자바 애플리케이션의 실제 성능을 분석하는 것이 작은 자바 코드 조각을 분석하는 것보다 대부분 더 쉽습니다.

그러나 때때로 개별 메서드나 특정 코드 조각의 성능을 직접 분석해야 하는 경우가 있습니다. 하지만 이러한 분석은 신중하게 접근해야 합니다. 일반적으로 저수준 분석이나 마이크로벤치마킹이 필요한 세 가지 주요 사례가 있습니다.

- OpenJDK나 다른 자바 플랫폼 구현을 개발하는 경우
- 폭넓은 사용 사례를 가진 범용 라이브러리 코드를 개발하는 경우
- 극도로 낮은 지연 시간이 요구되는 코드를 개발하는 경우

각각의 사례에 대한 근거는 약간씩 다릅니다.

플랫폼 개발자는 마이크로벤치마킹의 핵심 사용자층이며, JMH 도구는 원래 OpenJDK 팀이 자체적으로 사용하기 위해 개발한 것입니다. 그러나 이 도구는 성능 전문가들 사이에서도 널리 유용한 도구로 자리 잡았습니다.

범용 라이브러리는(그 정의상) 어떤 환경에서 사용될지에 대한 정보가 제한적입니다. 이러한 유형의 라이브러리의 예로는 구글 구아바Guava나 이클립스 컬렉션이 있습니다. 이들은 몇 십 개의 요소만 포함된 데이터셋부터 수억 개의 요소를 포함한 데이터셋까지 매우 다양한 사용 사례에서 허용할 만한 수준 이상의 성능을 제공해야 합니다. 이처럼 사용 범위가 광범위하기 때문에, 범용 라이브러리는 종종 마이크로벤치마킹을 보다 일반적인 성능과 프록시와 같은 용량 테스트 기법으로 사용할 수밖에 없습니다.

마지막으로, 자바 성능의 최전선에서 작업하는 일부 개발자들은 마이크로벤치마킹을 활용하여 자신의 애플리케이션과 극단적인 사용 사례에 가장 적합한 알고리즘과 기법을 선택하려 할 수 있습니다. 이러한 사례에는 초저지연 금융 트레이딩이 포함되지만, 그 외에는 비교적 드뭅니다.[1]

두 번째와 세 번째 경우에는 JMH 기반 테스트를 CI/CD 파이프라인의 일부로 포함하고, 성능 저하가 발생하면 빌드를 실패시키는 것이 일반적으로 합리적인 접근 방식입니다. 이를 통해 자신의 코드뿐만 아니라 라이브러리 종속성의 변경 사항까지 감지할 수 있습니다.

만약 OpenJDK나 범용 라이브러리 개발자라면 마이크로벤치마킹이 필요한지 쉽게 판단할 수 있겠지만, 일부 개발자는 자신의 성능 요구 사항이 마이크로벤치마킹을 고려할 수준인지 혼란

1 스프링부트나 쿼커스와 같은 프레임워크를 사용하여 표준 웹 서비스를 개발하고 있다면, JMH를 사용해도 거의 확실히 이점이 없을 것입니다.

스러울 수 있습니다.

일반적으로 극단적인 수준의 애플리케이션만이 마이크로벤치마킹을 사용할 가치가 있습니다. 명확한 규칙이 정해져 있지는 않지만, 다음 기준 대부분 또는 전부를 충족하지 않는다면 마이크로벤치마킹을 수행해도 실질적인 이점을 얻기 어려울 가능성이 높습니다.

- 전체 코드 경로 실행 시간code path execution time은 반드시 1ms 이하, 가능하면 100μs 이하여야 합니다.
- 메모리(객체) 할당률memory/object allocation rate을 측정해야 하며(자세한 내용은 '4.4절 할당과 수명 주기allocation and lifetime' 참조), 1MB/s 미만이어야 하며, 이상적으로는 거의 0에 가까워야 합니다.
- 사용 가능한 CPU를 거의 100% 활용해야 하며, 시스템의 활용률은 일관되게 10% 이하여야 합니다.
- 실행 프로파일러(자세한 내용은 12장 참조)를 사용하여 CPU를 소모하는 메서드의 분포를 분석해야 합니다. 분포 내에서 주요하게 CPU를 소비하는 메서드는 최대 2~3개여야 합니다.

이 모든 내용을 고려했을 때, 마이크로벤치마킹은 고급 기법이지만 실제로는 거의 사용되지 않는 기법임이 분명할 것입니다. 그러나 이 기법이 반영하는 기본 이론과 복잡성을 이해하는 것은 중요합니다. 이를 통해 자바 플랫폼에서 극단적이지 않은 애플리케이션에서도 성능 최적화 작업이 얼마나 어려운지 더 잘 이해할 수 있기 때문입니다.

이 절의 나머지 부분에서는 마이크로벤치마킹을 더욱 철저히 탐구하고, 신뢰할 수 있으며 잘못된 결론을 초래하지 않는 결과를 얻기 위해 고려해야 할 사항과 사용 가능한 도구들을 소개합니다. 이 내용은 현재 프로젝트와 직접적인 관련이 있든 없든 모든 성능 분석가들에게 유용한 배경 지식이 될 것입니다.

A.2.3 JMH 프레임워크

JMH는 직전에 논의한 문제들을 해결하기 위해 설계된 프레임워크입니다.

> JMH는 자바와 자바 가상 머신을 대상으로 하는 기타 언어에서 나노nano, 마이크로micro, 밀리milli, 매크로macro 벤치마크를 작성하고 실행하며 분석하기 위한 자바 기반 하네스harness입니다.
>
> — OpenJDK

과거에도 여러 가지 단순한 벤치마킹 라이브러리가 시도되었으며, 그중 구글 캘리퍼Caliper는 개발자들 사이에서 가장 잘 알려진 라이브러리 중 하나였습니다. 그러나 이런 프레임워크들은 각기 나름의 한계를 가지고 있었으며, 코드 성능을 설정하거나 측정하는 과정에서 합리적으로 보이는 접근 방식조차 예상치 못한 '덫'을 포함할 수 있습니다. 이러한 문제는 특히 자바 가상 머신이 지속적으로 발전하고 새로운 최적화가 적용됨에 따라 더욱 두드러집니다.

JMH는 이 점에서 매우 다릅니다. JMH는 자바 가상 머신을 개발하는 엔지니어들이 직접 작업한 프레임워크입니다. 따라서 JMH의 개발자들은 각 자바 가상 머신 버전에서 발생할 수 있는 예기치 않은 문제와 최적화의 '덫'을 피하는 방법을 잘 알고 있습니다. JMH는 자바 가상 머신의 새로운 릴리스와 함께 발전하는 벤치마킹 하네스로서, 개발자들이 도구 자체나 벤치마크 코드에만 집중할 수 있도록 합니다.

JMH는 앞서 언급한 문제들 외에도 벤치마크 하네스 설계에서 중요한 몇 가지 핵심 사항을 고려합니다.

벤치마크 프레임워크는 컴파일 타임에 벤치마크의 내용을 미리 알 수 없기 때문에 동적으로 동작해야 합니다.

이를 해결하기 위한 가장 명확한 선택지는 사용자가 작성한 벤치마크 코드를 리플렉션을 사용하여 실행하는 것입니다. 그러나 리플렉션을 사용할 경우 벤치마크 실행 경로에 또 다른 복잡한 자바 가상 머신 하위 시스템이 개입하게 됩니다. 대신, JMH는 주석 처리를 통해 벤치마크 코드에서 추가적인 자바 소스 코드를 생성하는 방식으로 동작합니다.

> **NOTE** 많은 일반적인 주석 기반 자바 프레임워크(예 JUnit)는 리플렉션을 사용하여 동작하지만, JMH는 추가적인 소스 코드를 생성하는 프로세서를 사용하기 때문에 일부 자바 개발자들에게 다소 낯설 수 있습니다.

한 가지 문제는 벤치마크 프레임워크가 사용자의 코드를 다수의 반복 동안 호출할 경우, 루프 최적화loop optimization가 발생할 가능성이 있다는 점입니다. 이는 벤치마크 실행 자체가 신뢰할 수 있는 결과를 얻는 데 방해가 될 수 있음을 의미합니다.

이러한 루프 최적화 제한을 피하기 위해 JMH는 벤치마크용 코드를 생성하며, 벤치마크 코드를 특정 반복 횟수로 감싼 루프 형태로 구성합니다. 이때 반복 횟수는 최적화가 발생하지 않도록 신중하게 설정됩니다.

A.2.4 벤치마크 실행

JMH 실행에 관련된 복잡한 과정들은 대부분 사용자에게 숨겨져 있으며, 메이븐을 사용하여 간단한 벤치마크를 설정하는 과정은 매우 직관적입니다. 새로운 JMH 프로젝트를 설정하려면 다음 명령을 실행하면 됩니다.

```
$ mvn archetype:generate \
          -DinteractiveMode=false \
          -DarchetypeGroupId=org.openjdk.jmh \
          -DarchetypeArtifactId=jmh-java-benchmark-archetype \
          -DgroupId=org.sample \
          -DartifactId=test \
          -Dversion=1.0
```

이 명령은 필요한 아티팩트artifact를 다운로드하고, 벤치마크 코드를 포함할 기본 벤치마크 스텁stub을 생성합니다. 생성된 벤치마크는 `@Benchmark` 주석이 적용되어 있으며, 프레임워크가 다양한 설정 작업을 수행한 후 해당 메서드를 실행하여 벤치마킹하도록 지정합니다.

```
public class MyBenchmark {
    @Benchmark
    public void testMethod() {
        // 코드용 기본 틀
    }
}
```

벤치마크 작성자는 벤치마크 실행을 설정할 수 있도록 다양한 매개변수를 구성할 수 있습니다. 이러한 매개변수는 명령줄에서 설정하거나, 아래 예제처럼 벤치마크의 `main()` 메서드 내에서 설정할 수도 있습니다.

```
public class MyBenchmark {

    public static void main(String[] args) throws RunnerException {
        Options opt = new OptionsBuilder()
                .include(SortBenchmark.class.getSimpleName())
                .warmupIterations(100)
                .measurementIterations(5).forks(1)
                .jvmArgs("-server", "-Xms2048m", "-Xmx2048m").build();
```

```
        new Runner(opt).run();
    }
}
```

명령줄에서 설정된 매개변수는 main() 메서드에서 설정된 매개변수를 덮어씁니다. 보통 벤치마크는 일부 설정 작업이 필요합니다. 예를 들어, 데이터셋을 생성하거나, 독립적인 벤치마크 세트를 비교하기 위한 조건을 설정하는 과정이 필요할 수 있습니다.

상태 또는 상태 관리는 JMH 프레임워크에 내장된 또 다른 기능입니다. @State 주석을 사용하여 상태를 정의할 수 있으며, Scope 열거형enum (Benchmark, Group, Thread)을 사용하여 상태가 어디에서 공유되는지를 지정할 수 있습니다. @State 주석이 적용된 객체는 벤치마크의 수명 주기 동안 계속 접근 가능하며, 일부 설정 작업이 필요할 수도 있습니다.

멀티스레드 코드 또한 신중하게 다뤄야 하며, 그렇지 않으면 상태가 제대로 관리되지 않아 벤치마크 결과가 왜곡될 수 있습니다.

일반적으로 메서드에서 실행되는 코드가 부작용 없고, 반환 결과가 사용되지 않는 경우, 자바 가상 머신은 해당 메서드를 제거할 후보로 간주합니다. JMH는 이러한 제거가 발생하지 않도록 방지해야 하며, 실제로 벤치마크 작성자가 이를 매우 쉽게 처리할 수 있도록 합니다. 단일 결과는 벤치마크 메서드에서 반환될 수 있으며, 프레임워크는 해당 값이 암묵적으로 블랙홀blackhole에 할당되도록 보장합니다. 블랙홀은 JMH 개발자가 설계한 메커니즘으로, 성능 오버헤드가 거의 없습니다.

벤치마크가 여러 계산을 수행하는 경우, 벤치마크 메서드에서 결과를 결합하여 반환하는 것이 비용이 많이 들 수 있습니다. 이러한 경우, 명시적인 블랙홀을 사용해야 할 수도 있습니다. 벤치마크 메서드의 매개변수로 블랙홀을 받아들이도록 작성하면 벤치마크 실행 시 JMH가 이를 주입합니다.

블랙홀은 벤치마크에 영향을 줄 수 있는 최적화와 관련하여 네 가지 보호 기능을 제공합니다. 일부 보호 기능은 벤치마크가 제한된 범위 내에서 과도하게 최적화over-optimizing되는 것을 방지하는 역할을 하며, 다른 보호 기능은 실제 시스템 실행에서는 발생하지 않을 수 있는 예측 가능한 런타임 패턴을 피하도록 합니다.

다음은 블랙홀이 제공하는 보호 기능들입니다.

- 런타임에서 최적화 때문에 데드 코드dead code가 제거되는 가능성을 방지합니다.
- 반복된 계산이 상수로 접혀folded into constants 최적화되는 것을 방지합니다.
- 값을 읽거나 쓸 때 현재 캐시 라인에 영향을 미칠 수 있는 '거짓 공유' 현상을 방지합니다.
- '쓰기 장벽'을 방어합니다.

성능에서 **'장벽'**이라는 용어는 일반적으로 시스템 리소스가 포화되어 애플리케이션이 병목에 도달하는 지점을 의미합니다. '쓰기 장벽'에 도달하면 캐시에 영향을 미치고, 쓰기 작업에 사용되는 버퍼를 오염시킬 수 있습니다. 벤치마크 실행 중 이러한 문제가 발생하면 벤치마크 결과에 큰 영향을 미칠 수 있습니다.

`Blackhole` 자바 문서에 기록된 내용(또는 앞서 언급한 내용)에 따르면, 이러한 보호 기능을 제공하려면 JIT 컴파일러에 대한 깊은 이해가 필요합니다. 즉, 최적화를 피할 수 있도록 벤치마크를 설계해야 합니다.

이제 JMH가 사용하는 몇 가지 트릭을 이해하기 위해 블랙홀에서 사용되는 두 개의 `consume()` 메서드를 빠르게 살펴보겠습니다(JMH의 구현 방식에 관심이 없다면 이 부분을 건너뛰어도 됩니다).

```
public volatile int i1 = 1, i2 = 2;

/**
* 객체를 소비하는데, 이 호출은 JIT 컴파일러가 관련된 연산을 제거하기 못하도록 하는
부작용을 발생
*
 * @param i int to consume.
 */
public final void consume(int i) {
    if (i == i1 & i == i2) {
         // 절대 발생해서는 안됨
        nullBait.i1 = i; // 암시적 널 포인터 예외
    }
}
```

이 코드는 모든 기본형 타입에 대해 동일한 방식으로 반복되며, `int`를 해당 기본형 타입으로 변경하여 사용합니다. 변수 `i1`과 `i2`는 `volatile`로 선언되어 있어, 런타임에서 반드시 재평가re-evaluate해야 합니다. `if` 문은 절대로 `true`가 될 수 없지만, 컴파일러는 코드가 실행되도록 허

용해야 합니다. 또한, if 문 내부에서 비트 연산자(&)가 사용된 것에 주목해야 합니다. 이는 추가적인 분기branch 로직 때문에 발생할 수 있는 성능 문제를 방지하고, 보다 균일한 성능을 유지하기 위한 조치입니다.

다음은 두 번째 메서드입니다.

```
public int tlr = (int) System.nanoTime();

/**
 * 객체를 소비하는데, 이 호출은 JIT 컴파일러가 관련된 연산을 제거하기 못하도록 하는
부작용을 발생 .
 *
 * @param obj object to consume.
 */
public final void consume(Object obj) {
    int tlr = (this.tlr = (this.tlr * 1664525 + 1013904223));
    if ((tlr & tlrMask) == 0) {
        // 측정 중에는 거의 발생해서는 안되는 상황임
        this.obj1 = obj;
        this.tlrMask = (this.tlrMask << 1) + 1;
    }
}
```

객체에 대해서도 동일한 논리가 적용될 것처럼 보일 수 있습니다. 사용자가 가진 어떤 객체도 Blackkhole이 보유한 객체와 동일할 가능성이 없기 때문입니다. 그러나 컴파일러는 이 점을 더욱 스마트하게 처리하려고 합니다. 만약 이스케이프 분석escape analysis을 통해 객체가 다른 어떤 것과도 같을 수 없다고 판단되면, 비교 연산 자체가 최적화되어 항상 false를 반환할 가능성이 있습니다.

대신 객체는 특정 조건하에서만 소비되도록 처리됩니다. 변수 tlr은 비트 연산을 통해 tlrMask와 비교되며, 0이 될 가능성을 줄이되 완전히 배제하지 않습니다. 이렇게 하면 객체를 명시적으로 할당할 필요 없이 소비할 수 있습니다. 벤치마킹 프레임워크 코드를 분석하는 것은 매우 흥미로운 작업입니다. 왜냐하면 일반적인 자바 애플리케이션 코드와는 완전히 다르기 때문입니다. 사실, 이러한 코드가 실제 프로덕션 애플리케이션에서 발견된다면, 해당 개발자는 해고될 가능성이 높습니다.

JMH의 개발자들은 정확한 마이크로벤치마킹 도구를 만들었을 뿐만 아니라, 클래스에 대한 훌

룡한 문서화도 함께 제공했습니다. 만약 JMH 내부에서 어떤 마법이 이루어지는지 궁금하다면, 소스 코드의 주석이 이를 잘 설명하고 있습니다.

이제 앞서 설명한 내용을 바탕으로 간단한 벤치마크를 실행하는 것은 어렵지 않습니다. 그러나 JMH는 상당히 고급 기능도 포함하고 있으며, 공식 문서[2]에서는 각 기능에 대한 예제를 제공하고 있습니다. 모두 한 번 살펴볼 가치가 있습니다.

JMH의 강력함과 자바 가상 머신과의 긴밀한 연관성을 보여주는 흥미로운 기능들은 다음과 같습니다.

- 컴파일러를 제어할 수 있는 기능
- 벤치마크 동안 CPU 사용량을 시뮬레이션하는 기능

또 다른 흥미로운 기능은 블랙홀을 사용하여 실제로 CPU 사이클을 소비하도록 하여 다양한 CPU 부하 조건에서 벤치마크를 시뮬레이션할 수 있다는 점입니다.

`@CompilerControl` 주석을 사용하면 컴파일러가 특정 메서드를 인라인하지 않도록 하거나, 명시적으로 인라인하도록 요청하거나, 아예 컴파일 대상에서 제외할 수 있습니다. 이 기능은 자바 가상 머신의 인라이닝inlining 또는 컴파일 과정이 특정 성능 문제를 유발한다고 의심될 때 매우 유용합니다.

```
@State(Scope.Benchmark)
@BenchmarkMode(Mode.Throughput)
@Warmup(iterations = 5, time = 1, timeUnit = TimeUnit.SECONDS)
@Measurement(iterations = 5, time = 1, timeUnit = TimeUnit.SECONDS)
@OutputTimeUnit(TimeUnit.SECONDS)
@Fork(1)
public class SortBenchmark {

    private static final int N = 1_000;
    private static final List<Integer> testData = new ArrayList<>();

    @Setup
    public static final void setup() {
        Random randomGenerator = new Random();
        for (int i = 0; i < N; i++) {
            testData.add(randomGenerator.nextInt(Integer.MAX_VALUE));
```

2 *https://oreil.ly/KsqHt*

```
        }
        System.out.println("Setup Complete");
    }

    @Benchmark
    public List<Integer> classicSort() {
        List<Integer> copy = new ArrayList<Integer>(testData);
        Collections.sort(copy);
        return copy;
    }

    @Benchmark
    public List<Integer> standardSort() {
        return testData.stream().sorted().collect(Collectors.toList());
    }

    @Benchmark
    public List<Integer> parallelSort() {
        return testData.parallelStream().sorted().collect(Collectors.toList());
    }

    public static void main(String[] args) throws RunnerException {
        Options opt = new OptionsBuilder()
                .include(SortBenchmark.class.getSimpleName())
                .warmupIterations(100)
                .measurementIterations(5).forks(1)
                .jvmArgs("-server", "-Xms2048m", "-Xmx2048m")
                .addProfiler(GCProfiler.class)
                .addProfiler(StackProfiler.class)
                .build();

        new Runner(opt).run();
    }
}
```

벤치마크를 실행하면 다음과 같은 출력이 생성됩니다.

```
Benchmark                          Mode  Cnt      Score     Error  Units
optjava.SortBenchmark.classicSort  thrpt  200  14373.039 ± 111.586  ops/s
optjava.SortBenchmark.parallelSort thrpt  200   7917.702 ±  87.757  ops/s
optjava.SortBenchmark.standardSort thrpt  200  12656.107 ±  84.849  ops/s
```

이 벤치마크를 보면 고전적인 정렬 방식classic method of sorting 이 스트림을 사용하는 방식보다 더 효과적이라는 결론에 쉽게 도달할 수 있습니다. 두 코드 모두 하나의 배열 복사와 하나의 정렬 작업을 수행하므로, 이를 비교해도 문제가 없어 보일 수 있습니다. 개발자들은 낮은 오차율과 높은 처리량을 보고, 이 벤치마크가 올바른 결과를 제공한다고 결론 내릴 수도 있습니다.

그러나 이 벤치마크가 실제 성능을 정확하게 반영하지 않을 가능성이 있는 이유를 고려해 봐야 합니다. 즉, '이 테스트는 제대로 통제된 실험인가?' 라는 질문에 답하려는 것입니다. 우선, `ClassicSort` 방식에서 가비지 컬렉션이 미치는 영향을 살펴보겠습니다.

```
Iteration   1:
[GC (Allocation Failure)  65496K->1480K(239104K), 0.0012473 secs]
[GC (Allocation Failure)  63944K->1496K(237056K), 0.0013170 secs]
10830.105 ops/s
Iteration   2:
[GC (Allocation Failure)  62936K->1680K(236032K), 0.0004776 secs]
10951.704 ops/s
```

이 스냅샷을 보면 한 번의 반복당 약 한 번의 가비지 컬렉션 사이클이 실행되고 있음이 명확합니다. 이를 병렬 정렬과 비교해 보면 흥미로운 점이 있습니다.

```
Iteration   1:
[GC (Allocation Failure)  52952K->1848K(225792K), 0.0005354 secs]
[GC (Allocation Failure)  52024K->1848K(226816K), 0.0005341 secs]
[GC (Allocation Failure)  51000K->1784K(223744K), 0.0005509 secs]
[GC (Allocation Failure)  49912K->1784K(225280K), 0.0003952 secs]
9526.212 ops/s
Iteration   2:
[GC (Allocation Failure)  49400K->1912K(222720K), 0.0005589 secs]
[GC (Allocation Failure)  49016K->1832K(223744K), 0.0004594 secs]
[GC (Allocation Failure)  48424K->1864K(221696K), 0.0005370 secs]
[GC (Allocation Failure)  47944K->1832K(222720K), 0.0004966 secs]
[GC (Allocation Failure)  47400K->1864K(220672K), 0.0005004 secs]
```

예상하지 못한 차이가 발생하는 원인을 확인하기 위해 플래그를 추가하여 살펴본 결과, 벤치마크 내의 다른 요소가 노이즈를 발생시키고 있음을 확인할 수 있었습니다. 이번 경우에는 가비지 컬렉션이 그 원인이었습니다.

이 경험에서 얻을 수 있는 교훈은, 벤치마크가 통제된 환경을 대표한다고 쉽게 가정할 수 있지만, 실제로는 훨씬 더 복잡할 수 있다는 점입니다. 종종 통제되지 않은 변수들은 발견하기 어렵기 때문에, JMH와 같은 하네스를 사용하더라도 주의가 필요합니다. 또한, 자신의 확증 편향을 경계하고, 측정하는 값이 시스템의 실제 동작을 정확히 반영하는지를 신중히 검토해야 합니다.

6장에서 JITWatch를 살펴보았으며, 이를 통해 JIT 컴파일러가 바이트코드를 어떻게 처리하는지를 확인할 수 있었습니다. 특정 메서드에 대해 생성된 바이트코드가 기대한 성능을 내지 못하는 이유를 분석할 때, JITWatch는 중요한 통찰을 제공할 수 있습니다.

마이크로벤치마킹은 자바 성능 분석 중에서도 가장 난해한 영역에 속합니다. 이 표현이 다소 극적으로 들릴 수 있지만, 완전히 틀린 말은 아닙니다. 결국 마이크로벤치마킹도 개발자들이 수행하는 하나의 엔지니어링 작업입니다. 그러나 마이크로벤치마킹을 사용할 때는 반드시 신중해야 합니다.

- 꼭 필요한 경우가 아니라면 마이크로벤치마킹을 수행하지 말아야 합니다.
- 마이크로벤치마킹이 필요하다면 JMH를 사용하는 것이 좋습니다.
- 가능한 한 공개적으로 동료들과 함께 결과를 논의해야 합니다.
- 자신의 분석이 틀릴 가능성을 항상 염두에 두고, 지속적으로 새로운 도전에 대비해야 합니다.

마이크로벤치마킹의 긍정적인 측면 중 하나는 자바 가상 머신의 저수준 하위 시스템들이 만들어내는 고도로 동적인 동작과 비정규적 분포를 직접 경험할 수 있다는 점입니다. 이는 자바 가상 머신의 복잡성을 더 잘 이해하고, 보다 정교한 정신적 모델mental model을 형성하는 데 기여합니다.

이는 다시 한번 2장에서 논의한 통계의 중요성을 환기시킵니다. 자바 가상 머신은 세심한 해석이 필요한 성능 데이터를 지속적으로 생성하며, 마이크로벤치마킹에서 얻은 수치는 특히 민감합니다. 따라서 성능 엔지니어는 관찰된 결과를 일정 수준의 통계적 정교함을 갖고 다룰 필요가 있습니다.

부록 B

성능 안티 패턴

이 부록에서는 성능 안티 패턴에 대한 간략한 목록을 제공합니다. 이 목록은 완전하지 않으며, 앞으로도 더 많은 안티 패턴이 발견될 가능성이 충분히 있습니다.

B.1 반짝이는 것에 한눈팔기

가장 최신이거나 혁신적인 기술은 종종 첫 번째 튜닝 대상이 됩니다. 이는 새로운 기술이 어떻게 작동하는지 탐색하는 것이 기존 레거시 코드 속에서 문제를 찾는 것보다 더 흥미로울 수 있기 때문입니다. 또한 최신 기술과 함께 제공되는 코드는 일반적으로 더 잘 작성되어 유지 보수가 용이할 가능성이 큽니다. 이러한 요인들은 개발자들이 애플리케이션의 새로운 구성 요소를 우선적으로 살펴보게 만듭니다.

B.1.1 댓글 사례

'이건 초기 문제일 뿐이야. 근본적인 원인을 찾아야 해.'

'아마 내가 도입했고 더 자세히 공부하고 있는 X 구성 요소 때문일 거야.'

B.1.2 현실

- 이는 종종 목표 지향적인 튜닝이나 애플리케이션 성능 측정 없이 막연한 추측에 의존하는 접근 방식입니다.
- 개발자는 새로운 기술을 아직 완전히 이해하지 못한 상태에서 문서를 제대로 검토하기보다 이리저리 실험해 보는 경우가 많으며, 이는 실제로 다른 문제를 유발할 가능성이 큽니다.
- 특히 새로운 기술의 경우, 온라인에서 찾을 수 있는 예제들은 대개 작은 샘플 데이터셋을 대상으로 작성되었으며, 엔터프라이즈 규모로 확장할 때의 모범 사례best practices에 대한 논의가 부족한 경우가 많습니다.

B.1.3 논의

이 안티 패턴 은 새롭게 구성된 팀이나 경험이 부족한 팀에서 흔히 발생합니다. 이들은 자신들의 역량을 증명하려 하거나, **레거시** 시스템에 얽매이는 것을 피하고 싶어 하기 때문에, 새롭고 '핫한' 기술을 적극적으로 도입하려는 경향이 있습니다.

우연히도 이러한 기술들은 새로운 직장을 구할 때 연봉 상승을 기대할 수 있는 분야일 가능성이 큽니다.

따라서 논리적으로 보이는 무의식적 결론은 모든 성능 문제를 해결할 때 먼저 새로운 기술을 살펴보는 것이 맞다는 것입니다. 결국 아직 완전히 이해되지 않은 기술인 만큼 새로운 시각으로 살펴보는 것이 도움이 될 수 있겠다는 생각이 듭니다.

B.1.4 해결책

- 병목 현상의 실제 위치를 측정하여 파악합니다.
- 새로운 구성 요소 주변에 충분한 로깅을 설정합니다.
- 단순한 데모뿐만 아니라 모범 사례도 참고합니다.
- 팀이 새로운 기술을 충분히 이해하도록 하고, 팀 전체에서 모범 사례를 확립합니다.

B.2 단순한 것에 한눈팔기

팀이 애플리케이션 전체를 프로파일링하여 객관적으로 문제 지점을 찾는 대신, 시스템에서 가장 단순한 부분을 우선적으로 개선하려 합니다. 시스템 내 일부 구성 요소는 '전문가만 수정할 수 있는 영역'으로 간주되며, 원래 이를 작성한 특정 개발자만이 변경할 수 있다고 여겨질 수도 있습니다.

B.2.1 댓글 사례

'이해하는 부분부터 시작하자.'

'존이 시스템의 그 부분을 작성했는데 지금 휴가 중이야. 돌아올 때까지 성능을 분석하는 건 미뤄두자.'

B.2.2 현실

- 원래 작성자는 해당 시스템 부분의 튜닝 방법을 알고 있을 가능성이 크지만, 그 부분에 대해서만 이해하고 있을 수도 있습니다.
- 시스템의 다양한 구성 요소에 대한 지식 공유나 페어 프로그래밍이 이루어지지 않아, 특정 구성 요소에 대해 단일 전문가single expert만 존재하는 상황이 발생합니다.

B.2.3 논의

이 안티 패턴은 종종 유지 보수 또는 '불을 끄는keep-the-lights-on' 역할에 더 익숙한 보다 확립된 팀에서 나타납니다. 애플리케이션이 최근에 새로운 기술과 병합되었거나 통합된 경우, 팀은 위축되거나 새로운 시스템을 다루고 싶어 하지 않을 수 있습니다.

이러한 상황에서 개발자들은 익숙한 시스템 부분만 프로파일링하는 것이 더 편하다고 느끼며, 편안한 영역을 벗어나지 않고 원하는 목표를 달성할 수 있기를 바랍니다. 특히 주목할 점은 처음 소개된 두 가지 안티 패턴이 모두 '알려지지 않은 것'에 대한 반응에 의해 발생한다는 것입니다.

'반짝이는 것에 한눈팔기'는 개발자(또는 팀)가 더 많이 배우고 이점을 얻으려는 욕구로 나타나며, 본질적으로 공격적인 접근 방식입니다. 반면 **'단순한 것에 한눈팔기**distracted by simple'는 방어적인 반응으로, 잠재적으로 위협이 될 수 있는 새로운 기술을 다루기보다 익숙한 것에 집중하는 것입니다.

B.2.4 해결책

- 병목 현상의 실제 위치를 측정하여 파악합니다.
- 문제가 익숙하지 않은 구성 요소에서 발생했다면, 해당 도메인의 전문가에게 도움을 요청합니다.
- 개발자들이 시스템의 모든 구성 요소를 이해할 수 있도록 합니다.

B.3 성능 튜닝 마법사

경영진이 할리우드 영화 속 '외톨이 천재lone genius' 해커의 이미지를 신뢰하고, 회사의 모든 성능 문제를 해결할 전문적인 튜닝 기술을 갖춘 것으로 보이는 인물을 채용하여 각 부서를 돌아다니며 문제를 해결하도록 합니다.

> **NOTE** 실제로 진정한 성능 튜닝 전문가와 기업들이 존재하지만, 대부분의 전문가들은 모든 문제를 해결하기 전에 반드시 측정과 분석이 필요하다는 점에 동의할 것입니다. 특정 기술을 사용하는 모든 사례에서 동일한 해결책이 적용될 가능성은 낮습니다.

B.3.1 댓글 사례

'내가 문제의 위치를 정확히 알고 있어...'

B.3.2 현실

대부분의 성능 문제는 정확히 동일하지 않습니다. 마치 마법사나 슈퍼히어로처럼 보이는 인물이 모든 문제를 한눈에 파악하고 해결할 방법을 알고 있을 가능성은 극히 낮습니다.

B.3.3 논의

이러한 안티 패턴은 팀 내에서 스스로를 성능 문제 해결에 능숙하지 않다고 생각하는 개발자들을 소외시킬 수 있습니다. 이는 매우 우려되는 문제입니다. 왜냐하면, 소량의 프로파일러 기반 최적화만으로도 성능을 크게 향상시킬 수 있는 경우가 많기 때문입니다(자세한 내용은 12장 참조).

이는 특정 기술에 대한 전문가가 필요하지 않다는 의미가 아닙니다. 다만, 처음부터 모든 성능 문제를 한눈에 이해할 수 있는 '천재'가 존재한다는 생각은 비현실적입니다. 대부분의 성능 전문가들은 '측정'과 '문제 해결problem-solving'에 특화된 전문가들입니다.

슈퍼히어로 유형의 인물은 자신의 지식과 문제 해결 접근 방식을 공유하려 하지 않는다면 팀의 생산성을 심각하게 저하시킬 수 있습니다.

B.3.4 해결책

- 병목 현상의 실제 위치를 측정하여 파악합니다.
- 채용된 전문가가 팀의 일원으로 협력하고, 지식을 공유할 의지가 있는지 확인합니다.

B.4 전해 내려오는 튜닝 기법

운영 환경에서 발생한 성능 문제를 해결하기 위해 간절한 상황에서, 팀원이 인터넷에서 '마법 같은' 설정 매개변수를 발견합니다. 이 매개변수를 테스트도 하지 않은 채, 인터넷에서 본 것과 동일한 효과를 가져올 것이라 믿고 곧바로 운영 환경에 적용합니다.

B.4.1 댓글 사례

'스택 오버플로에서 정말 좋은 팁을 찾았어. 이거면 **완전히** 해결될 거야!'

B.4.2 현실

- 개발자는 해당 성능 최적화 팁의 컨텍스트나 근거를 이해하지 못한 채 적용하며, 실제 영향도 알지 못합니다.

- 그 설정이 특정 시스템에서는 효과가 있었을지 몰라도, 다른 시스템에서도 동일한 효과를 낼 것이라는 보장은 없습니다. 실제로는 상황을 더 악화시킬 수도 있습니다.

B.4.3 논의

성능 최적화 팁은 본질적으로 이미 알려진 문제에 대한 우회 해결책입니다. 즉, 문제를 찾기 위한 솔루션이라고 할 수 있습니다. 성능 팁은 유효 기간이 짧으며, 시간이 지나면 쓸모없어지는 경우가 많습니다. 이유는 간단합니다. 소프트웨어나 플랫폼의 새로운 릴리스에서 해당 팁을 필요 없게 만드는 근본적인 해결책이 등장할 가능성이 크기 때문입니다.

특히 관리자 매뉴얼은 성능 최적화 정보의 신뢰도가 낮은 대표적인 사례입니다. 이 매뉴얼들은 컨텍스트 없는 일반적인 조언general advice devoid of context만 포함하는 경우가 많습니다. 이는 종종 법적 대응을 위한 변호사들의 요구에 의해 작성되며, 벤더가 소송 당할 경우 '권장 설정recommended configuration'이라는 애매한 조언이 하나의 방어 수단으로 사용되기 때문입니다.

자바 성능 최적화는 매우 구체적인 컨텍스트 내에서 이루어지며, 수많은 요소들이 성능에 영향을 미칩니다. 이러한 컨텍스트를 제거하면 실행 환경의 복잡성 때문에 결과를 제대로 예측하는 것이 거의 불가능해집니다.

> **NOTE** 자바 플랫폼은 지속적으로 발전하기 때문에, 한 버전에서 성능 최적화를 위한 설정이 다음 버전에서는 무효화될 가능성이 높습니다.

예를 들어, 가비지 컬렉션 알고리즘을 제어하는 옵션들은 버전마다 자주 변경됩니다. 이전 자바 가상 머신 버전에서 유효했던 설정이 최신 자바 가상 머신에서는 더 이상 적용되지 않거나, 아예 실행을 방해할 수도 있습니다. 심지어 과거에는 유효했던 설정이 최신 버전에서는 무시되거나, 자바 가상 머신 자체의 실행을 막는 경우도 있습니다.

설정은 단 한두 글자의 변경만으로도 운영 환경에서 심각한 영향을 미칠 수 있으므로, 철저한 관리가 필요합니다.

B.4.4 해결책

- 시스템의 가장 중요한 요소에 직접적인 영향을 미치는, 충분히 검증되고 잘 이해된 기법만 적용합니다.
- 사용자 수용 테스트 환경에서 설정을 테스트하되, 모든 변경 사항은 충분한 검증proof과 프로파일링을 거쳐야 합니다.
- 구성에 대한 리뷰를 진행하고, 다른 개발자, 운영팀(Ops), 또는 데브옵스 엔지니어들과 논의합니다.

B.5 책임 전가

특정 구성 요소가 항상 문제의 원인으로 지목되며, 실제로는 아무런 관련이 없더라도 비난을 받습니다.

예를 들어, 저자 중 한 명은 운영 배포 하루 전, 사용자 수용 테스트 환경에서 대규모 장애가 발생한 사례를 경험했습니다. 코드의 특정 경로가 중앙 데이터베이스 테이블 중 하나에서 테이블 잠금을 유발했습니다. 이후 코드에서 오류가 발생했지만, 잠금이 해제되지 않았고, 그 결과 애플리케이션 전체가 완전히 중단되었습니다. 전체를 다시 시작할 때까지 시스템을 사용할 수 없는 상태가 되었습니다. 이 문제의 원인은 하이버네이트로 추정되었으며, 즉시 비난받았습니다. 그러나 실제 원인은 하이버네이트가 아니라, 타임아웃 예외timeout exception를 처리하는 빈 `catch` 블록이었습니다. 이 블록이 데이터베이스 연결을 정리하지 않았기 때문에 문제가 발생한 것입니다. 개발자들이 하이버네이트를 비난하는 것을 멈추고 자신들의 코드를 직접 살펴보고 실제 버그를 찾는 데 하루가 걸렸습니다.

B.5.1 댓글 사례

'항상 JMS/하이버네이트/기타 특정 라이브러리(A_N_OTHER_LIB) 때문이야.'

B.5.2 현실

- 결론에 도달하기 전에 충분한 분석이 이루어지지 않았습니다.
- 항상 같은 구성 요소가 유일한 용의자로 지목됩니다.

- 팀이 더 넓은 시각으로 문제를 바라보지 않고, 진짜 원인을 찾는 데 소극적입니다.

B.5.3 논의

이 안티 패턴은 경영진이나 비즈니스 부문에서 자주 나타납니다. 많은 경우 이들은 기술 스택에 대한 완전한 이해가 부족하며, 인지적 편향에 의해 과거 경험에 기반한 패턴 매칭으로 결론을 내리는 경향이 있습니다. 그러나 기술 전문가들조차 이 안티 패턴에서 자유롭지 않습니다.

기술 전문가들은 종종 코드베이스나 일반적으로 비난받는 라이브러리 외의 요소들에 대한 이해가 부족할 때 이 안티 패턴에 빠지곤 합니다. 새로운 조사를 수행하기보다, 기존에 문제가 되었던 애플리케이션의 특정 부분을 지목하는 것이 더 쉬운 선택이 되기 때문입니다. 이는 운영 환경에서 발생하는 수많은 문제 때문에 지친 팀이 있다는 신호일 수도 있습니다.

하이버네이트는 이러한 현상의 대표적인 사례입니다. 하이버네이트가 잘못 설정되거나, 부적절하게 사용되면 성능이 저하되는 경우가 많기 때문입니다. 이 때문에 팀은 하이버네이트를 비난하지만, 실제로는 잘못된 쿼리, 비효율적인 인덱스 사용, 물리적인 데이터베이스 연결 문제, 객체 매핑 레이어 문제 등 다양한 원인이 있을 수 있습니다. 따라서 정확한 원인을 찾기 위해서는 반드시 프로파일링을 수행해야 합니다.

B.5.4 해결책

- 성급한 결론을 내리려는 압력에 저항해야 합니다.
- 항상 정상적인 절차에 따라 분석을 수행해야 합니다.
- 분석 결과를 모든 이해관계자stakeholders와 공유하여, 문제의 원인에 대해 더 정확한 인식을 갖도록 해야 합니다.

B.6 더 큰 그림을 보지 못함

팀이 변경 사항의 전체적인 영향을 충분히 고려하지 않은 채, 애플리케이션의 작은 부분을 프로파일링하거나 변경하는 데 집착합니다. 엔지니어들은 더 나은 성능을 얻기 위해 자바 가상 머신 설정을 조정하기 시작하며, 이는 같은 회사의 다른 애플리케이션이나 예제 코드에서 영향을 받았을 수도 있습니다.

또한, 팀은 애플리케이션의 일부를 마이크로벤치마킹하려 할 수도 있습니다(마이크로벤치마킹은 올바르게 수행하기 매우 어려운 작업이며, 이에 대해서는 부록 A에서 다루었습니다).

B.6.1 댓글 사례

'이 설정만 변경하면 성능이 더 좋아질 거야.'

'메서드 디스패치 시간을 조금만 줄이면...'

B.6.2 현실

- 팀이 변경 사항의 영향을 완전히 이해하지 못하고 있습니다.
- 새로운 자바 가상 머신 설정에서 애플리케이션을 충분히 프로파일링하지 않았습니다.
- 마이크로벤치마킹의 결과가 전체 시스템에 미치는 영향이 평가되지 않았습니다.

B.6.3 논의

자바 가상 머신에는 문자 그대로 수백 개의 스위치가 존재합니다. 이는 매우 유연한 실행 환경을 제공하지만, 동시에 이 모든 설정을 활용하고 싶은 유혹을 불러일으킵니다. 그러나 이는 대부분 실수이며, 기본 설정과 자바 가상 머신의 자동 관리 기능만으로도 충분한 경우가 많습니다. 또한, 일부 스위치들은 예상치 못한 방식으로 서로 결합되어 동작하기 때문에, 무작정 설정을 변경하는 것은 더욱 위험할 수 있습니다. 같은 회사의 애플리케이션이라도 동작 방식과 프로파일링 결과가 완전히 다를 가능성이 크므로, 추천된 설정을 적용할 때는 충분한 검증 과정이 필요합니다.

성능 튜닝은 통계 기반의 작업이며, 특정 실행 환경에 강하게 의존합니다. 이는 곧 규모가 큰 시스템이 작은 시스템보다 벤치마킹하기 더 쉬울 가능성이 높다는 것을 의미합니다. 큰 시스템에서는 '대수의 법칙'이 엔지니어에게 유리하게 작용하여, 플랫폼에서 개별 이벤트를 왜곡하는 효과를 자연스럽게 보정할 수 있기 때문입니다.

반면, 시스템의 특정 요소에 초점을 맞출수록, 플랫폼을 구성하는 여러 개별 하위 시스템(예 스레딩, 가비지 컬렉션, 스케줄링, JIT 컴파일 등)의 영향을 분리하는 작업이 더욱 어려워집니다. 특히 자바나 C# 같은 환경에서는 이러한 요소들이 얽혀 있기 때문에 이를 분리하여 분석하는 것은 극도로 어려운 작업입니다. 게다가, 통계를 다루는 작업은 매우 민감하며, 소프트웨어 엔지니어가 일반적으로 익혀온 기술 스택과는 상당히 다를 수 있습니다. 이에 벤치마킹 결과가 실제 시스템의 동작을 제대로 반영하지 못하는 경우가 빈번하게 발생합니다.

더욱이 사람은 존재하지 않는 패턴을 인식하려는 편향을 가지고 있습니다. 이러한 특성은 잘못된 통계 데이터를 신뢰하는 엔지니어가, 부정확한 성능 벤치마크 결과나 최적화 효과를 주장하는 상황을 초래할 수 있습니다. 동료 엔지니어들이 같은 결과를 재현할 수 없음에도, 해당 엔지니어는 자신의 분석이 옳다고 강하게 주장할 수 있습니다.

여기에서 주의해야 할 몇 가지 추가 사항이 있습니다. 첫째, 운영 환경을 완전히 에뮬레이션할 수 있는 사용자 수용 테스트 환경 없이 최적화의 효과를 평가하는 것은 어렵습니다. 둘째, 극한 상황에서만 효과가 있는 최적화가 일반적인 상황에서는 성능을 저하시킨다면 의미가 없습니다. 그러나 일반적인 애플리케이션 사용 패턴을 반영하면서도 동시에 부하 테스트까지 유효한 데이터를 확보하는 것은 쉽지 않은 과제입니다.

B.6.4 해결책

운영 환경에서 스위치를 변경하기 전에 다음을 수행합시다.

1. 운영 환경에서 측정합니다.
2. 사용자 수용 테스트에서 한 번에 하나의 스위치만 변경합니다.
3. 사용자 수용 테스트 환경이 운영 환경과 동일한 부하 지점을 가지도록 합니다.
4. 운영 시스템의 정상적인 부하를 반영하는 테스트 데이터가 존재하는지 확인합니다.
5. 사용자 수용 테스트에서 변경 사항을 테스트합니다.
6. 사용자 수용 테스트에서 다시 테스트합니다.
7. 다른 사람이 논리를 다시 검토하도록 합니다.
8. 그들과 함께 결론을 논의하며 페어 작업을 수행합니다.

스위치 만지작거리기

'전해 내려오는 튜닝 기법'과 **'더 큰 그림을 보지 못하는** 마이크로벤치마크 남용'은 환원주의적 사고와 확증 편향이 결합하여 발생하는 대표적인 안티 패턴입니다. 그 중에서도 특히 심각한 사례가 바로 **'스위치 만지작거리기'** 라고 불리는 **'전해 내려오는 튜닝 기법'**의 하위 유형입니다.

이 안티 패턴은 가상 머신이 감지된 하드웨어에 적절한 설정을 자동으로 선택하려 하지만, 특정 상황에서는 엔지니어가 직접 플래그를 조정하여 코드 성능을 튜닝해야 할 필요성이 있기 때문에 발생합니다. 이러한 조정 자체가 반드시 해로운 것은 아니지만, 자바 가상 머신의 극도로 다양한 명령줄 스위치 설정 가능성이라는 숨겨진 인지적 함정이 존재합니다.

가상머신에서 사용 가능한 플래그 목록을 확인하려면 다음 스위치를 사용할 수 있습니다.

```
-XX:+PrintFlagsFinal
```

자바 8u131 기준으로 이 명령을 실행하면 700개 이상의 설정 가능한 스위치 목록 이 출력됩니다. 뿐만 아니라, 가상 머신이 진단 모드[diagnostic mode]에서 실행될 때만 활성화되는 추가 튜닝 옵션 도 존재합니다. 이러한 옵션을 확인하려면 다음 스위치를 추가해야 합니다.

```
-XX:+UnlockDiagnosticVMOptions
```

이를 활성화하면 약 100개의 추가적인 스위치를 사용할 수 있습니다. 결국 어떤 인간도 이러한 수많은 스위치 조합이 시스템 전체에 미치는 영향을 정확하게 예측할 수 없습니다. 더욱이, 대부분의 경우 실험적 관찰 결과를 보면, 스위치 값을 변경하는 효과는 매우 미미하며, 개발자들이 기대하는 것보다 훨씬 적은 영향을 미치는 경우가 많습니다.

B.7 사용자 수용 테스트가 곧 내 데스크톱

사용자 수용 테스트 환경은 종종 운영 환경과 크게 다르며, 이는 예상하지 못하거나 완전히 이해되지 않은 방식으로 나타날 수 있습니다. 많은 개발자들은 저사양 데스크톱에서 코드를 작성한 후 고성능 운영 서버에서 실행하는 상황을 경험해 봤을 것입니다. 그러나 반대로 개발자의 로컬 머신이 운영 환경에 배포된 작은 서버들보다 훨씬 강력한 경우도 흔히 발생합니다. 저사양 마이크로 환경은 일반적으로 문제가 되지 않습니다. 가상화를 통해 개발자가 동일한 환경을 쉽게 구성할 수 있기 때문입니다. 하지만 운영 환경의 고성능 머신은 이와 다릅니다. 일반적으로 개발자의 로컬 환경보다 훨씬 더 많은 코어, 메모리, 그리고 효율적인 I/O를 갖추고 있습니다.

B.7.1 댓글 사례

'운영 환경과 동일한 규모의 사용자 수용 테스트 환경을 구축하는 것은 비용이 너무 많이 든다.'

B.7.2 현실

- 환경 차이 때문에 발생하는 장애는 추가적인 서버 비용보다 거의 항상 더 큰 손실을 초래합니다.

B.7.3 논의

'사용자 수용 테스트가 곧 내 데스크톱UAT Is My Desktop**'** 안티 패턴은 지금까지 다룬 것과는 다른 종류의 인지적 편향에서 비롯됩니다. 이 편향은 어떤 형태로든 사용자 수용 테스트를 수행하는 것이 아예 하지 않는 것보다 낫다는 가정에 기반합니다. 그러나 이러한 낙관적인 접근 방식은 엔터프라이즈 환경의 복잡한 특성을 근본적으로 오해하는 것입니다. 의미 있는 예측을 수행하려면, 사용자 수용 테스트 환경이 운영 환경과 최대한 유사해야 합니다.

현대적인 적응형adaptive 환경에서는 런타임 하위 시스템이 사용 가능한 리소스를 최대한 활용하려고 합니다. 만약 사용자 수용 테스트 환경과 운영 환경의 리소스가 크게 다르다면, 시스템은 다른 상황에서 다른 결정을 내리게 되며, 이를 기반으로 한 예측은 무용지물이 될 가능성이 큽니다.

9.2.7절의 'Remocal 개발을 활용한 원격 컨테이너 작업'에서 설명했듯이, remocal 개발 방식을 활용하면 개발자가 로컬 환경을 운영 환경과 유사한 환경에 직접 연결할 수 있습니다. 클라우드 네이티브 컴퓨팅 재단 플랫폼의 도입 때문에 **'사용자 수용 테스트가 곧 내 데스크톱'** 문제를 해결할 수 있는 방법이 과거보다 훨씬 많아졌습니다. 다만, 컨테이너 환경의 제약 사항은 또 다른 문제를 야기할 수 있으며, 이에 대한 자세한 내용은 '이미지 구축'에서 다루고 있습니다.

B.7.4 해결책

- 장애로 인한 비용과 고객 손실에 따른 기회 비용을 추적합니다.
- 운영 환경과 동일한 사용자 수용 테스트 환경을 구축하고, remocal 개발을 지원하는 기술을 검토합니다.
- 대부분의 경우, 완전한 사용자 수용 테스트 환경을 구축하는 비용은 중요한 비즈니스 영향 때문에 발생하는 손실보다 낮으며, 때로는 이러한 점을 경영진에게 명확하게 설명하는 것이 필요할 수 있습니다.

B.8 운영 환경과 유사한 데이터 확보의 어려움

이 안티 패턴은 **데이터라이트**DataLite 안티 패턴이라고도 불리며, 운영 환경과 유사한 데이터를 재현하려 할 때 사람들이 흔히 빠지는 몇 가지 함정과 관련이 있습니다. 예를 들어, 대형 은행의 트레이드 처리 시스템을 생각해봅시다. 이 시스템은 예약된 선물과 옵션 거래를 처리하며, 하루에 수백만 개의 메시지를 다룰 수 있습니다. 이제 다음과 같은 사용자 수용 테스트 전략과 그에 따른 잠재적 문제를 살펴보겠습니다.

- 테스트를 쉽게 하기 위해, 하루 동안 일부 메시지를 선택하여 캡처한 후 사용자 수용 테스트 시스템에서 실행합니다. 이 접근 방식은 시스템이 실제로 경험할 수 있는 버스트 형태의 트래픽을 반영하지 못합니다. 또한, 특정 시장에서 옵션 거래가 시작되기 전에 선물 거래가 더 활발하게 이루어지는 경우 발생하는 준비 과정 효과를 포착하지 못할 수 있습니다.
- 테스트 시나리오를 단순화하기 위해, 거래 옵션 데이터를 검증이 쉬운 값으로 변경합니다. 이렇게 하면 운영 환경 데이터의 '진짜' 특성을 잃게 됩니다. 예를 들어, 옵션 가격을 결정하는 외부 라이브러리나 시스템을 사용하고 있다면, 사용자 수용 테스트에서 사용된 단순화된 데이터셋만으로는 운영 환경에서 해당 의존성이 성능 문제를 일으키는지를 파악할 수 없습니다. 즉, 실제 운영 환경에서 발생할 수 있는 다양한 계산 범위를 충분히 반영하지 못하는 것입니다.
- 테스트를 쉽게 하기 위해, 모든 데이터를 한 번에 시스템에 밀어 넣습니다. 사용자 수용 테스트에서 흔히 사용하는 방법이지만, 데이터가 일정한 속도로 유입될 때 발생할 수 있는 준비 과정과 최적화 효과를 놓칠 가능성이 큽니다.

대부분의 경우, 사용자 수용 테스트에서는 테스트 데이터를 단순화하여 사용하지만, 이렇게 하면 테스트 결과가 실용성을 잃게 되는 경우가 **많습니다**.

B.8.1 댓글 사례

'운영 환경과 사용자 수용 테스트 데이터를 동기화하는 것은 너무 어렵다.'

'시스템이 기대하는 형식에 맞추려면 데이터를 조작해야 하는데, 이 과정이 너무 힘들다.'

'운영 데이터는 보안상 보호되어야 하므로, 개발자가 접근해서는 안 된다.'

B.8.2 현실

- 사용자 수용 테스트 데이터는 운영 환경과 최대한 유사해야만 정확한 결과를 얻을 수 있습니다.
- 보안상의 이유로 운영 데이터를 사용할 수 없다면, 데이터를 난독화 또는 마스킹하여 의미 있는 테스트에 활용할 수 있도록 해야 합니다.
- 또 다른 방법으로는, 사용자 수용 테스트 환경을 분리하여 개발자가 실제 데이터를 직접 볼 수는 없지만, 성능 테스트의 결과를 확인하여 문제를 식별할 수 있도록 하는 것입니다.

B.8.3 논의

이 안티 패턴은 '아무것도 하지 않는 것보다는 나은 선택을 해야 한다'는 잘못된 사고방식에서 비롯됩니다. 즉, 비록 오래되었거나 실제 운영 환경을 제대로 반영하지 못하는 데이터일지라도, 없는 것보다는 낫다는 생각입니다.

그러나 앞서 살펴본 바와 같이, 이러한 접근 방식은 매우 위험한 논리입니다. 실제 운영 데이터와는 전혀 다르더라도, 대규모로 **무언가에** 대해 테스트하는 것은 시스템 테스트에서의 결함과 누락을 발견할 수 있게 해 줍니다. 그러나 이는 잘못된 안전감false sense of security을 제공할 수 있습니다.

운영 환경에서 시스템이 가동되었을 때, 실제 사용 패턴이 사용자 수용 테스트 데이터에 기반한 예상 패턴과 일치하지 않으면, 개발과 운영 팀은 사용자 수용 테스트에서 얻은 안정적인 결과에 대한 맹신으로 방심하게 될 수 있습니다.

그 결과, 운영 환경에서 발생하는 심각한 문제에 대해 제대로 대비하지 못한 채 공포에 빠질 가능성이 큽니다.

B.8.4 해결책

- 데이터 도메인 전문가와 협력하여, 운영 데이터를 사용자 수용 테스트로 안전하게 마이그레이션하는 프로세스를 구축하고, 필요 시 데이터 난독화 또는 마스킹을 적용합니다.
- 대량의 고객이나 트랜잭션이 예상되는 릴리스를 앞두고 철저하게 준비합니다.